昆山高新区（玉山镇）村志系列丛书

景村村志

村民家庭记载

JINGCUN CUNZHI CUNMIN JIATING JIZAI

昆山高新区（玉山镇）村志系列丛书编纂委员会 编

苏州大学出版社
Soochow University Press

图书在版编目（CIP）数据

景村村志．村民家庭记载／卞晓平主编；昆山高新区（玉山镇）村志系列丛书编纂委员会编．-- 苏州：苏州大学出版社，2022.12
（昆山高新区（玉山镇）村志系列丛书）
ISBN 978-7-5672-4101-5

Ⅰ．①景… Ⅱ．①卞… ②昆… Ⅲ．①村史-昆山 Ⅳ．①K295.35

中国版本图书馆 CIP 数据核字（2022）第 240864 号

景村村志　村民家庭记载

编　　者　昆山高新区(玉山镇)村志系列丛书编纂委员会
主　　编　卞晓平
责任编辑　刘荣珍
装帧设计　刘　俊
出版发行　苏州大学出版社
地　　址　苏州市十梓街 1 号
邮　　编　215006
电　　话　0512-67481020
网　　址　http://www.sudapress.com
邮　　箱　sdcbs@suda.edu.cn
印　　刷　苏州市深广印刷有限公司
开　　本　787 mm×1 092 mm　1/16　插页 16　印张 40.5(共两册)　字数 694 千
版　　次　2022 年 12 月第 1 版
　　　　　2022 年 12 月第 1 次印刷
书　　号　ISBN 978-7-5672-4101-5
定　　价　120.00 元(共两册)

目　录

村民家庭记载

村民家庭记载

至2019年，景村村辖16个村民小组，有村民628户，2 851人，其中男1 378人，女1 473人。村民世代居住在景村、杨庄、郁港里、殷家巷、朱家厍5个自然村，繁衍生息。2019年，村域内5个自然村已基本完成动迁，村民分别安置到茗景苑、义和苑、礼和苑、美丰苑等小区。

本村民家庭记载将628户村民中的625户进行列表记述，个别家庭因特殊原因未予录入。各村民家庭记载重点对家庭人员信息、家庭大事内容的现状和历史片段进行了简明记录。所载“家庭成员”以户籍登记为主，辅以生于域内而户籍不在者。各家庭的信息均以家庭代表人员确认签字为准。

一、景村村村民小组、户数、人数一览表

景村村村民小组、户数、人数一览表

组别	户数/户	人数/人	男/人	女/人	组别	户数/户	人数/人	男/人	女/人
1	57	260	125	135	9	38	188	88	100
2	38	180	92	88	10	31	139	65	74
3	25	116	55	61	11	27	115	58	57
4	22	102	46	56	12	43	191	95	96
5	32	153	75	78	13	42	198	95	103
6	33	152	73	79	14	43	207	100	107
7	42	196	96	100	15	47	195	94	101
8	37	175	86	89	16	71	284	135	149

二、景村村村民家庭记载

景村村第一小组

	姓名	与户主关系	出生年月	民族
现有家庭成员	钱士生	户主	1935 年 8 月	汉
	徐玉媛	妻子	1941 年 12 月	汉
	钱志方	长子	1965 年 1 月	汉
	严菊芬	长媳	1967 年 12 月	汉
	钱志康	次子	1969 年 4 月	汉
	唐建琴	次媳	1972 年 5 月	汉
	钱志娟	女儿	1967 年 4 月	汉
	陈国培	女婿	1964 年 8 月	汉
家庭大事	1955 年 3 月钱士生参军，1959 年 10 月退役； 1991 年购买商品房一套； 1993 年分配到房改房一套； 2002 年购买汽车一辆； 2003 年购买全套家电； 2016 年动迁安置。			

	姓名	与户主关系	出生年月	民族
现有家庭成员	钱金根	户主	1946 年 4 月	汉
	陆梅英	妻子	1945 年 1 月	汉
	钱健林	儿子	1967 年 12 月	汉
	陈　香	儿媳	1969 年 5 月	汉
	钱晓东	孙子	1991 年 1 月	汉
	梁伟霞	孙媳	1990 年 3 月	汉
	钱　槿	曾孙	2014 年 9 月	汉
	钱　胤	曾孙	2018 年 8 月	汉
家庭大事	1970 年平房翻建平房； 1986 年平房翻建楼房； 2014 年购买汽车两辆； 2017 年购买汽车两辆； 2019 年动迁安置； 2019 年购买全套家电。			

	姓名	与户主关系	出生年月	民族
现有家庭成员	钱健龙	户主	1969年8月	汉
	杨小华	妻子	1974年5月	汉
	钱奕杨	长女	1998年4月	汉
	钱小阳	次女	2017年3月	汉
家庭大事	1983年平房翻建楼房； 2005年钱健龙毕业于江苏教育学院，本科学历，任昆山市正仪中学教师； 2001年购买全套家电； 2010年购买汽车一辆； 2012年购买汽车一辆； 2016年动迁安置； 2018年钱奕杨就读于扬州大学师范学院。			

	姓名	与户主关系	出生年月	民族
现有家庭成员	景法良	户主	1966年1月	汉
	钱雪珍	妻子	1966年5月	汉
	景夏箐	女儿	1989年7月	汉
	岳熠阳	孙子	2014年1月	汉
	景熠暄	孙女	2016年3月	汉
	景巧英	母亲	1933年1月	汉
家庭大事	1984年景法良做木匠； 1986年平房翻建楼房； 1990年购买商品房一套； 1990年购买全套家电。			

<table>
<tr><td rowspan="5">现有家庭成员</td><th>姓名</th><th>与户主关系</th><th>出生年月</th><th>民族</th></tr>
<tr><td>方根花</td><td>户主</td><td>1953 年 12 月</td><td>汉</td></tr>
<tr><td>钱华刚</td><td>儿子</td><td>1975 年 11 月</td><td>汉</td></tr>
<tr><td>陈　芳</td><td>儿媳</td><td>1976 年 12 月</td><td>汉</td></tr>
<tr><td>钱　昱</td><td>孙子</td><td>1999 年 2 月</td><td>汉</td></tr>
<tr><td>家庭大事</td><td colspan="4">1983 年平房翻建平房；
2003 年购买汽车一辆；
2004 年购买商品房一套；
2004 年购买全套家电；
2016 年动迁安置；
2017 年钱昱就读于江苏财经职业技术学院；
2019 年钱华刚创办昆山永岐包装材料有限公司。</td></tr>
</table>

<table>
<tr><td rowspan="6">现有家庭成员</td><th>姓名</th><th>与户主关系</th><th>出生年月</th><th>民族</th></tr>
<tr><td>姜水生</td><td>户主</td><td>1949 年 1 月</td><td>汉</td></tr>
<tr><td>钱金妹</td><td>妻子</td><td>1950 年 2 月</td><td>汉</td></tr>
<tr><td>姜忠华</td><td>儿子</td><td>1972 年 2 月</td><td>汉</td></tr>
<tr><td>钱雪兰</td><td>儿媳</td><td>1974 年 2 月</td><td>汉</td></tr>
<tr><td>姜　昊</td><td>孙子</td><td>1994 年 10 月</td><td>汉</td></tr>
<tr><td>家庭大事</td><td colspan="4">1975 年平房翻建平房；
1986 年平房翻建楼房；
1995 年购买商品房一套；
1995 年购买全套家电；
2003 年购买商品房一套；
2016 年购买汽车一辆；
2016 年姜昊毕业于江苏师范大学，在统杰图文（昆山）有限公司工作。</td></tr>
</table>

	姓名	与户主关系	出生年月	民族
现有家庭成员	姜培龙	户主	1966 年 4 月	汉
	陈香妹	妻子	1966 年 4 月	汉
	姜丽君	女儿	1989 年 8 月	汉
	姜尚佑	孙子	2018 年 6 月	汉
	陆黑妹	母亲	1936 年 11 月	汉
家庭大事	1984 年姜培龙做瓦匠； 1988 年平房翻建楼房； 2009 年姜丽君毕业于江苏省太仓师范学校，任昆山市西湾幼儿园教师； 2014 年购买汽车一辆； 2019 年动迁安置； 2019 年购买全套家电。			

	姓名	与户主关系	出生年月	民族
现有家庭成员	姜火根	户主	1944 年 9 月	汉
	金花金	妻子	1946 年 2 月	汉
	姜晓华	儿子	1971 年 9 月	汉
	邱克琴	儿媳	1971 年 1 月	汉
	姜丽萍	孙女	2000 年 11 月	汉
家庭大事	1986 年平房翻建楼房； 2016 年动迁安置； 2016 年购买全套家电。			

<table>
<tr><td rowspan="6">现有家庭成员</td><th>姓名</th><th>与户主关系</th><th>出生年月</th><th>民族</th></tr>
<tr><td>姜全根</td><td>户主</td><td>1947 年 12 月</td><td>汉</td></tr>
<tr><td>金水菊</td><td>妻子</td><td>1949 年 2 月</td><td>汉</td></tr>
<tr><td>姜群芳</td><td>女儿</td><td>1969 年 11 月</td><td>汉</td></tr>
<tr><td>宋三香</td><td>女婿</td><td>1967 年 9 月</td><td>汉</td></tr>
<tr><td>姜晓雯</td><td>孙女</td><td>1990 年 8 月</td><td>汉</td></tr>
<tr><td>家庭大事</td><td colspan="4">1980 年平房翻建平房;
1982 年宋三香做瓦匠;
1990 年平房翻建楼房;
2016 年购买全套家电;
2019 年动迁安置。</td></tr>
</table>

<table>
<tr><td rowspan="7">现有家庭成员</td><th>姓名</th><th>与户主关系</th><th>出生年月</th><th>民族</th></tr>
<tr><td>姜福明</td><td>户主</td><td>1949 年 12 月</td><td>汉</td></tr>
<tr><td>吴金花</td><td>妻子</td><td>1952 年 10 月</td><td>汉</td></tr>
<tr><td>姜春芳</td><td>女儿</td><td>1977 年 3 月</td><td>汉</td></tr>
<tr><td>陈勤弟</td><td>女婿</td><td>1973 年 7 月</td><td>汉</td></tr>
<tr><td>陈逸飞</td><td>孙子</td><td>1999 年 12 月</td><td>汉</td></tr>
<tr><td>姜奕欣</td><td>孙女</td><td>2007 年 5 月</td><td>汉</td></tr>
<tr><td>家庭大事</td><td colspan="4">1971 年姜福明参军，1975 年退役;
1988 年平房翻建楼房;
2016 年动迁安置;
2016 年购买全套家电;
2018 年陈逸飞就读于南京信息工程大学，本科学历。</td></tr>
</table>

<table>
<tr><td rowspan="6">现有家庭成员</td><th>姓名</th><th>与户主关系</th><th>出生年月</th><th>民族</th></tr>
<tr><td>姜卫明</td><td>户主</td><td>1953 年 2 月</td><td>汉</td></tr>
<tr><td>景翠香</td><td>妻子</td><td>1955 年 5 月</td><td>汉</td></tr>
<tr><td>姜秀华</td><td>女儿</td><td>1975 年 5 月</td><td>汉</td></tr>
<tr><td>景花元</td><td>女婿</td><td>1972 年 6 月</td><td>汉</td></tr>
<tr><td>姜叶婧</td><td>孙女</td><td>1996 年 6 月</td><td>汉</td></tr>
<tr><td>家庭大事</td><td colspan="4">1987 年平房翻建楼房；
1990 年景花元做瓦匠；
2014 年购买全套家电；
2016 年动迁安置；
2018 年购买汽车一辆；
2019 年姜叶婧在苏州市中医院规培。</td></tr>
</table>

<table>
<tr><td rowspan="4">现有家庭成员</td><th>姓名</th><th>与户主关系</th><th>出生年月</th><th>民族</th></tr>
<tr><td>刘　建</td><td>户主</td><td>1977 年 8 月</td><td>汉</td></tr>
<tr><td>姜群仙</td><td>妻子</td><td>1972 年 2 月</td><td>汉</td></tr>
<tr><td>刘正青</td><td>儿子</td><td>2007 年 10 月</td><td>汉</td></tr>
<tr><td>家庭大事</td><td colspan="4">1999 年刘建毕业于合肥林业学校（今安徽林业职业技术学院）；
2009 年安置经济适用房一套；
2009 年购买全套家电；
2006 年刘建自考本科（南京大学）法律专业，在昆山富钛金属科技（昆山）有限公司工作；
2012 年购买汽车一辆。</td></tr>
</table>

<table>
<tr><td rowspan="2">现有家庭成员</td><th>姓名</th><th>与户主关系</th><th>出生年月</th><th>民族</th></tr>
<tr><td>方　琴</td><td>户主</td><td>1969 年 6 月</td><td>汉</td></tr>
<tr><td>家庭大事</td><td colspan="4">2013 年安置经济适用房一套。</td></tr>
</table>

<table>
<tr><td rowspan="2">现有家庭成员</td><td>姓名</td><td>与户主关系</td><td>出生年月</td><td>民族</td></tr>
<tr><td>徐小琴</td><td>户主</td><td>1975 年 1 月</td><td>汉</td></tr>
<tr><td>家庭大事</td><td colspan="4">台湾定居。</td></tr>
</table>

<table>
<tr><td rowspan="6">现有家庭成员</td><td>姓名</td><td>与户主关系</td><td>出生年月</td><td>民族</td></tr>
<tr><td>景永福</td><td>户主</td><td>1940 年 12 月</td><td>汉</td></tr>
<tr><td>景兴法</td><td>儿子</td><td>1966 年 1 月</td><td>汉</td></tr>
<tr><td>金冬青</td><td>儿媳</td><td>1976 年 3 月</td><td>汉</td></tr>
<tr><td>景　影</td><td>孙女</td><td>1990 年 2 月</td><td>汉</td></tr>
<tr><td>景宇丰</td><td>孙子</td><td>2005 年 9 月</td><td>汉</td></tr>
<tr><td>家庭大事</td><td colspan="4">1989 年平房翻建楼房；
2003 年购买汽车一辆。</td></tr>
</table>

<table>
<tr><td rowspan="7">现有家庭成员</td><td>姓名</td><td>与户主关系</td><td>出生年月</td><td>民族</td></tr>
<tr><td>景根泉</td><td>户主</td><td>1946 年 4 月</td><td>汉</td></tr>
<tr><td>景红英</td><td>女儿</td><td>1970 年 7 月</td><td>汉</td></tr>
<tr><td>景红军</td><td>儿子</td><td>1971 年 11 月</td><td>汉</td></tr>
<tr><td>朱学萍</td><td>儿媳</td><td>1978 年 8 月</td><td>汉</td></tr>
<tr><td>景思怡</td><td>孙女</td><td>1996 年 4 月</td><td>汉</td></tr>
<tr><td>景　琦</td><td>孙子</td><td>2010 年 6 月</td><td>汉</td></tr>
<tr><td>家庭大事</td><td colspan="4">1965 年景根泉参军，1971 年退役；
1985 年平房翻建楼房；
2009 年购买汽车一辆；
2019 年动迁安置；
2019 年购买全套家电。</td></tr>
</table>

	姓名	与户主关系	出生年月	民族
现有家庭成员	景黑男	户主	1949 年 7 月	汉
	景学良	儿子	1973 年 3 月	汉
	金　芬	儿媳	1974 年 9 月	汉
	景一超	孙子	1998 年 2 月	汉
家庭大事	1985 年平房翻建楼房； 1995 年景学良师范毕业，任昆山市正仪中学教师； 2004 年购买全套家电； 2017 年景一超就读于南通理工学院； 2019 年动迁安置。			

	姓名	与户主关系	出生年月	民族
现有家庭成员	景白男	户主	1951 年 5 月	汉
	姜金凤	妻子	1954 年 7 月	汉
	景红星	长女	1976 年 11 月	汉
	景红兰	次女	1979 年 2 月	汉
家庭大事	1983 年平房翻建楼房； 2015 年购买汽车一辆； 2019 年动迁安置； 2019 年购买全套家电。			

<table>
<tr><td rowspan="7">现有家庭成员</td><th>姓名</th><th>与户主关系</th><th>出生年月</th><th>民族</th></tr>
<tr><td>景金泉</td><td>户主</td><td>1956 年 11 月</td><td>汉</td></tr>
<tr><td>金桂英</td><td>妻子</td><td>1956 年 2 月</td><td>汉</td></tr>
<tr><td>景华明</td><td>儿子</td><td>1982 年 5 月</td><td>汉</td></tr>
<tr><td>周玲梅</td><td>儿媳</td><td>1985 年 1 月</td><td>汉</td></tr>
<tr><td>金子城</td><td>孙子</td><td>2009 年 9 月</td><td>汉</td></tr>
<tr><td>景子琪</td><td>孙女</td><td>2017 年 6 月</td><td>汉</td></tr>
<tr><td>家庭大事</td><td colspan="4">1987 年平房翻建楼房；
2003 年购买商品房一套；
2003 年购买全套家电；
2005 年景华明毕业于武汉警官职业学院，在昆山通力电梯有限公司工作；
2011 年购买汽车一辆；
2018 年动迁安置。</td></tr>
</table>

<table>
<tr><td rowspan="5">现有家庭成员</td><th>姓名</th><th>与户主关系</th><th>出生年月</th><th>民族</th></tr>
<tr><td>景桂泉</td><td>户主</td><td>1954 年 11 月</td><td>汉</td></tr>
<tr><td>金密凤</td><td>妻子</td><td>1957 年 8 月</td><td>汉</td></tr>
<tr><td>景艳红</td><td>女儿</td><td>1981 年 3 月</td><td>汉</td></tr>
<tr><td>景灵杰</td><td>孙子</td><td>2007 年 1 月</td><td>汉</td></tr>
<tr><td>家庭大事</td><td colspan="4">1989 年平房翻建楼房；
2010 年景艳红进入景村村村委会工作；
2011 年购买汽车一辆；
2018 年动迁安置；
2018 年购买全套家电。</td></tr>
</table>

<table>
<tr><td rowspan="2">现有家庭成员</td><th>姓名</th><th>与户主关系</th><th>出生年月</th><th>民族</th></tr>
<tr><td>张仁福</td><td>户主</td><td>1932 年 10 月</td><td>汉</td></tr>
<tr><td>家庭大事</td><td colspan="4">五保户。</td></tr>
</table>

	姓名	与户主关系	出生年月	民族
现有家庭成员	张卫育	户主	1966 年 11 月	汉
	范红英	妻子	1968 年 6 月	汉
	张　贤	儿子	1991 年 4 月	汉
	张桂秀	母亲	1928 年 9 月	汉
家庭大事	1982 年平房翻建平房； 1995 年平房翻建楼房； 2013 年购买汽车一辆； 2013 年购买全套家电； 2016 年动迁安置。			

	姓名	与户主关系	出生年月	民族
现有家庭成员	张红明	户主	1979 年 9 月	汉
	贺菊彬	妻子	1979 年 3 月	汉
	张天宇	儿子	2008 年 6 月	汉
	张红芳	姐姐	1975 年 5 月	汉
	张红妹	妹妹	1979 年 9 月	汉
家庭大事	1998 年平房翻建楼房； 2016 年购买汽车； 2019 年动迁安置； 2019 年购买全套家电。			

<table>
<tr><td rowspan="5">现有家庭成员</td><td>姓名</td><td>与户主关系</td><td>出生年月</td><td>民族</td></tr>
<tr><td>吴金凤</td><td>户主</td><td>1948 年 12 月</td><td>汉</td></tr>
<tr><td>吴惠芳</td><td>女儿</td><td>1974 年 8 月</td><td>汉</td></tr>
<tr><td>祝建伟</td><td>女婿</td><td>1972 年 6 月</td><td>汉</td></tr>
<tr><td>吴云杰</td><td>孙子</td><td>1997 年 2 月</td><td>汉</td></tr>
<tr><td>家庭大事</td><td colspan="4">1965 年平房翻建平房；
1993 年平房翻建楼房；
2016 年动迁安置；
2017 年吴云杰毕业于苏州幼儿师范高等专科学校，任昆山市张浦中心幼儿园教师；
2017 年购买汽车一辆；
2019 年购买全套家电。</td></tr>
</table>

<table>
<tr><td rowspan="5">现有家庭成员</td><td>姓名</td><td>与户主关系</td><td>出生年月</td><td>民族</td></tr>
<tr><td>吴银花</td><td>户主</td><td>1964 年 3 月</td><td>汉</td></tr>
<tr><td>唐甫卿</td><td>女婿</td><td>1989 年 2 月</td><td>汉</td></tr>
<tr><td>唐　果</td><td>孙女</td><td>2012 年 1 月</td><td>汉</td></tr>
<tr><td>唐　鑫</td><td>孙子</td><td>2015 年 12 月</td><td>汉</td></tr>
<tr><td>家庭大事</td><td colspan="4">2002 年购买商品房一套；
2002 年购买全套家电。</td></tr>
</table>

<table>
<tr><td rowspan="4">现有家庭成员</td><td>姓名</td><td>与户主关系</td><td>出生年月</td><td>民族</td></tr>
<tr><td>凌秀花</td><td>户主</td><td>1948 年 1 月</td><td>汉</td></tr>
<tr><td>范学英</td><td>儿媳</td><td>1974 年 11 月</td><td>汉</td></tr>
<tr><td>钱海威</td><td>孙子</td><td>1996 年 1 月</td><td>汉</td></tr>
<tr><td>家庭大事</td><td colspan="4">1984 年平房翻建平房；
1988 年平房翻建楼房；
2016 年动迁安置；
2019 年购买汽车一辆；
2019 年购买全套家电。</td></tr>
</table>

<table>
<tr><td rowspan="6">现有家庭成员</td><th>姓名</th><th>与户主关系</th><th>出生年月</th><th>民族</th></tr>
<tr><td>钱花香</td><td>户主</td><td>1951 年 12 月</td><td>汉</td></tr>
<tr><td>景素英</td><td>妻子</td><td>1952 年 12 月</td><td>汉</td></tr>
<tr><td>钱建强</td><td>儿子</td><td>1972 年 1 月</td><td>汉</td></tr>
<tr><td>钱　芳</td><td>儿媳</td><td>1974 年 1 月</td><td>汉</td></tr>
<tr><td>钱毅敏</td><td>孙子</td><td>1995 年 9 月</td><td>汉</td></tr>
<tr><td>家庭大事</td><td colspan="4">1984 年平房翻建平房；
1986 年平房翻建楼房；
2014 年购买全套家电；
2019 年动迁安置。</td></tr>
</table>

<table>
<tr><td rowspan="4">现有家庭成员</td><th>姓名</th><th>与户主关系</th><th>出生年月</th><th>民族</th></tr>
<tr><td>景木根</td><td>户主</td><td>1941 年 6 月</td><td>汉</td></tr>
<tr><td>金银凤</td><td>妻子</td><td>1946 年 7 月</td><td>汉</td></tr>
<tr><td>景建良</td><td>儿子</td><td>1967 年 1 月</td><td>汉</td></tr>
<tr><td>家庭大事</td><td colspan="4">1986 年翻建平房；
2016 年动迁安置；
2018 年购买全套家电。</td></tr>
</table>

<table>
<tr><td rowspan="5">现有家庭成员</td><th>姓名</th><th>与户主关系</th><th>出生年月</th><th>民族</th></tr>
<tr><td>景永良</td><td>户主</td><td>1973 年 3 月</td><td>汉</td></tr>
<tr><td>木厚霞</td><td>妻子</td><td>1974 年 4 月</td><td>汉</td></tr>
<tr><td>景晗烨</td><td>女儿</td><td>2001 年 1 月</td><td>汉</td></tr>
<tr><td>景晗煜</td><td>儿子</td><td>2012 年 3 月</td><td>汉</td></tr>
<tr><td>家庭大事</td><td colspan="4">1990 年平房翻建楼房；
2017 年购买全套家电；
2019 年动迁安置；
2019 年景晗烨就读于南京林业大学。</td></tr>
</table>

	姓名	与户主关系	出生年月	民族
现有家庭成员	金小林	户主	1947 年 9 月	汉
	李冬明	儿子	1969 年 11 月	汉
	邱美红	儿媳	1971 年 8 月	汉
	李雨菲	孙女	1998 年 12 月	汉
家庭大事	1987 年平房翻建楼房； 2008 年动迁安置； 2008 年购买全套家电； 2019 年李雨菲大专毕业； 2019 年购买汽车一辆。			

	姓名	与户主关系	出生年月	民族
现有家庭成员	李福元	户主	1950 年 11 月	汉
	金珠凤	妻子	1950 年 11 月	汉
	李永刚	儿子	1975 年 4 月	汉
	夏　娟	儿媳	1977 年 8 月	汉
	李嘉辛	孙女	2004 年 9 月	汉
家庭大事	1967 年李福元做瓦匠； 1987 年平房翻建楼房； 2000 年购买商品房一套； 2004 年购买汽车一辆； 2005 年购买全套家电； 2009 年动迁安置。			

	姓名	与户主关系	出生年月	民族
现有家庭成员	刘志平	户主	1970 年 2 月	汉
	王雪琴	妻子	1975 年 12 月	汉
	刘云飞	儿子	2000 年 9 月	汉
	刘毛毛	父亲	1944 年 6 月	汉
家庭大事	1963 年刘毛毛从正仪插队到五一大队； 1963 年建造平房； 1985 年平房翻建楼房； 2006 年动迁安置； 2015 年购买全套家电。			

	姓名	与户主关系	出生年月	民族
现有家庭成员	朱敬德	户主	1965 年 8 月	汉
	陆密花	妻子	1965 年 1 月	汉
	朱春晓	儿子	1989 年 4 月	汉
	朱梓妍	孙女	2015 年 4 月	汉
家庭大事	1986 年建造楼房； 2015 年购买全套家电； 2017 年购买汽车一辆； 2019 年动迁安置。			

	姓名	与户主关系	出生年月	民族
现有家庭成员	朱敬贤	户主	1963 年 8 月	汉
	吴国霞	妻子	1969 年 3 月	汉
	朱　辉	儿子	1990 年 6 月	汉
	许云官	母亲	1938 年 9 月	汉
家庭大事	1998 年购买商品房一套； 1999 年购买全套家电； 2019 年安置经济适用房一套。			

	姓名	与户主关系	出生年月	民族
现有家庭成员	朱小明	户主	1968 年 12 月	汉
	杨　玲	妻子	1973 年 12 月	汉
	朱文婷	女儿	1995 年 1 月	汉
家庭大事	1999 年建造楼房； 2011 年购买全套家电； 2017 年购买汽车一辆； 2019 年动迁安置。			

	姓名	与户主关系	出生年月	民族
现有家庭成员	李巧生	户主	1941 年 7 月	汉
	李　明	长子	1970 年 12 月	汉
	李慧华	长媳	1972 年 8 月	汉
	李　冰	孙女	2003 年 1 月	汉
	李　华	次子	1973 年 6 月	汉
家庭大事	1995 年李华毕业于华东船舶工业学院（今江苏科技大学），本科学历，在上海江南造船厂工作； 1997 年购买全套家电； 2012 年购买商品房一套。			

	姓名	与户主关系	出生年月	民族
现有家庭成员	陆凤根	户主	1953 年 4 月	汉
	陆金东	儿子	1973 年 7 月	汉
	杨雪红	儿媳	1973 年 9 月	汉
	陆劲峰	孙子	1996 年 8 月	汉
家庭大事	1989 年平房翻建楼房； 2016 年动迁安置； 2017 年购买全套家电； 2019 年购买汽车一辆。			

	姓名	与户主关系	出生年月	民族
现有家庭成员	陆凤林	户主	1957 年 7 月	汉
	金雪凤	妻子	1957 年 12 月	汉
	陆敏华	女儿	1981 年 11 月	汉
	方雨涵	孙女	2012 年 7 月	汉
	陆紫涵	孙女	2016 年 4 月	汉
家庭大事	1993 年平房翻建楼房； 2016 年动迁安置； 2016 年购买全套家电。			

	姓名	与户主关系	出生年月	民族
现有家庭成员	陆密珍	户主	1957 年 9 月	汉
	张　英	女儿	1981 年 10 月	汉
	何晓逸	孙子	2003 年 1 月	汉
家庭大事	1996 年平房翻建楼房； 2019 年动迁安置； 2019 年购买全套家电。			

	姓名	与户主关系	出生年月	民族
现有家庭成员	陆花根	户主	1961 年 9 月	汉
	归香妹	妻子	1961 年 8 月	汉
	陆　伟	儿子	1986 年 6 月	汉
	陆　琴	女儿	1990 年 1 月	汉
	陆语晨	孙子	2011 年 8 月	汉
	陆金生	父亲	1940 年 9 月	汉
家庭大事	1983 年陆花根做瓦匠； 1985 年平房翻建楼房； 2002 年购买商品房一套； 2002 年购买全套家电； 2016 年动迁安置； 2017 年购买汽车一辆。			

<table>
<tr><td rowspan="5">现有家庭成员</td><td>姓名</td><td>与户主关系</td><td>出生年月</td><td>民族</td></tr>
<tr><td>陆花生</td><td>户主</td><td>1963 年 11 月</td><td>汉</td></tr>
<tr><td>唐小妹</td><td>妻子</td><td>1964 年 5 月</td><td>汉</td></tr>
<tr><td>陆　菁</td><td>女儿</td><td>1986 年 9 月</td><td>汉</td></tr>
<tr><td>陆歆嫩</td><td>孙女</td><td>2014 年 10 月</td><td>汉</td></tr>
<tr><td>家庭大事</td><td colspan="4">1977 年陆花生做瓦匠；
1998 年平房翻建楼房；
1999 年购买全套家电；
1999 年陆菁毕业于连云港职业技术学院，在昆山商厦股份有限公司工作；
2009 年购买商品房一套；
2010 年购买汽车一辆；
2018 年动迁安置。</td></tr>
</table>

<table>
<tr><td rowspan="6">现有家庭成员</td><td>姓名</td><td>与户主关系</td><td>出生年月</td><td>民族</td></tr>
<tr><td>陆花林</td><td>户主</td><td>1965 年 5 月</td><td>汉</td></tr>
<tr><td>凌玉凤</td><td>妻子</td><td>1965 年 2 月</td><td>汉</td></tr>
<tr><td>陆　强</td><td>儿子</td><td>1988 年 11 月</td><td>汉</td></tr>
<tr><td>罗晓茜</td><td>儿媳</td><td>1987 年 8 月</td><td>汉</td></tr>
<tr><td>陆仪航</td><td>孙子</td><td>2016 年 7 月</td><td>汉</td></tr>
<tr><td>家庭大事</td><td colspan="4">1983 年陆花林做瓦匠；
1983 年平房翻建楼房；
2004 年购买商品房一套；
2004 年购买全套家电；
2009 年陆强大学毕业；
2012 年购买汽车一辆；
2018 年购买汽车一辆；
2018 年动迁安置。</td></tr>
</table>

<table>
<tr><td rowspan="6">现有家庭成员</td><th>姓名</th><th>与户主关系</th><th>出生年月</th><th>民族</th></tr>
<tr><td>钱金皇</td><td>户主</td><td>1950 年 7 月</td><td>汉</td></tr>
<tr><td>陆密英</td><td>妻子</td><td>1950 年 3 月</td><td>汉</td></tr>
<tr><td>钱学秀</td><td>女儿</td><td>1972 年 11 月</td><td>汉</td></tr>
<tr><td>刘建元</td><td>女婿</td><td>1971 年 11 月</td><td>汉</td></tr>
<tr><td>钱星怡</td><td>孙女</td><td>1994 年 9 月</td><td>汉</td></tr>
<tr><td>家庭大事</td><td colspan="4">1967 年平房翻建平房；
1984 年平房翻建楼房；
1989 年刘建元做木匠；
2012 年购买全套家电；
2013 年钱星怡大专毕业；
2014 年购买汽车一辆；
2019 年动迁安置。</td></tr>
</table>

<table>
<tr><td rowspan="9">现有家庭成员</td><th>姓名</th><th>与户主关系</th><th>出生年月</th><th>民族</th></tr>
<tr><td>钱阿狗</td><td>户主</td><td>1952 年 8 月</td><td>汉</td></tr>
<tr><td>景惠英</td><td>妻子</td><td>1952 年 12 月</td><td>汉</td></tr>
<tr><td>钱金刚</td><td>长子</td><td>1976 年 11 月</td><td>汉</td></tr>
<tr><td>钱木刚</td><td>次子</td><td>1979 年 5 月</td><td>汉</td></tr>
<tr><td>梁方群</td><td>次媳</td><td>1983 年 4 月</td><td>汉</td></tr>
<tr><td>钱宇晴</td><td>孙女</td><td>2004 年 6 月</td><td>汉</td></tr>
<tr><td>钱宇辰</td><td>孙子</td><td>2004 年 6 月</td><td>汉</td></tr>
<tr><td>钱彦汐</td><td>孙女</td><td>2013 年 8 月</td><td>汉</td></tr>
<tr><td>家庭大事</td><td colspan="4">1984 年平房翻建楼房；
1998 年钱木刚参军，2000 年退役；
2014 年购买汽车一辆；
2018 年动迁安置；
2018 年购买全套家电。</td></tr>
</table>

	姓名	与户主关系	出生年月	民族
现有家庭成员	钱阿毛	户主	1955年8月	汉
	景雪妹	妻子	1956年1月	汉
	钱志良	儿子	1981年2月	汉
	方　美	儿媳	1982年10月	汉
	钱　灏	孙子	2006年2月	汉
	方思齐	孙女	2012年11月	汉
家庭大事	1985年平房翻建楼房； 2010年购买商品房一套； 2013年购买全套家电； 2017年购买汽车一辆； 2019年动迁安置。			

	姓名	与户主关系	出生年月	民族
现有家庭成员	钱夫根	户主	1941年3月	汉
	杨凤英	妻子	1945年2月	汉
	钱群星	儿子	1972年2月	汉
	钱琴仙	儿媳	1972年3月	汉
	钱晓琦	孙子	1995年9月	汉
家庭大事	1962年钱夫根做木匠； 1989年平房翻建楼房； 1995年楼房翻建楼房； 2013年钱晓琦参军，2015年退役； 2013年购买全套家电； 2017年购买汽车一辆； 2018年动迁安置。			

<table>
<tr><td rowspan="6">现有家庭成员</td><th>姓名</th><th>与户主关系</th><th>出生年月</th><th>民族</th></tr>
<tr><td>钱福根</td><td>户主</td><td>1947 年 8 月</td><td>汉</td></tr>
<tr><td>顾海妹</td><td>妻子</td><td>1948 年 8 月</td><td>汉</td></tr>
<tr><td>钱雪琴</td><td>女儿</td><td>1971 年 2 月</td><td>汉</td></tr>
<tr><td>赵雪刚</td><td>女婿</td><td>1971 年 1 月</td><td>汉</td></tr>
<tr><td>钱文娟</td><td>孙女</td><td>1993 年 8 月</td><td>汉</td></tr>
<tr><td>家庭大事</td><td colspan="4">1989 年赵雪刚做木匠；
1993 年平房翻建楼房；
2009 年购买全套家电；
2011 年钱文娟毕业于昆山开放大学，大专学历；
2014 年购买汽车一辆；
2016 年动迁安置。</td></tr>
</table>

<table>
<tr><td rowspan="5">现有家庭成员</td><th>姓名</th><th>与户主关系</th><th>出生年月</th><th>民族</th></tr>
<tr><td>钱福男</td><td>户主</td><td>1956 年 12 月</td><td>汉</td></tr>
<tr><td>朱林珍</td><td>妻子</td><td>1956 年 1 月</td><td>汉</td></tr>
<tr><td>钱玉兰</td><td>女儿</td><td>1981 年 7 月</td><td>汉</td></tr>
<tr><td>钱启轩</td><td>孙子</td><td>2012 年 4 月</td><td>汉</td></tr>
<tr><td>家庭大事</td><td colspan="4">1971 年建造平房；
1984 年平房翻建平房；
1994 年平房翻建楼房；
2001 年购买全套家电；
2019 年动迁安置。</td></tr>
</table>

	姓名	与户主关系	出生年月	民族
现有家庭成员	钱桂泉	户主	1954 年 8 月	汉
	郁道英	妻子	1952 年 5 月	汉
	钱龙刚	儿子	1977 年 1 月	汉
	陈国芳	儿媳	1978 年 1 月	汉
	钱雨欣	孙女	2000 年 11 月	汉
	钱欣语	孙女	2008 年 5 月	汉
家庭大事	1987 年平房翻建楼房； 1988 年钱桂泉开办娄江沙石码头； 2005 年购买商品房一套； 2010 年购买汽车一辆； 2012 年购买全套家电； 2019 年动迁安置。			

	姓名	与户主关系	出生年月	民族
现有家庭成员	钱香泉	户主	1965 年 3 月	汉
	李爱英	妻子	1966 年 6 月	汉
	钱　青	女儿	1988 年 6 月	汉
	陆晓峰	女婿	1987 年 12 月	汉
	陆沂沂	孙女	2013 年 1 月	汉
	陆沂辰	孙子	2015 年 11 月	汉
家庭大事	1989 年平房翻建楼房； 1998 年购买商品房一套； 2004 年购买汽车一辆； 2010 年钱青毕业于江苏大学京江学院，本科学历，在景村村村委会任会计； 2010 年陆晓峰毕业江苏大学京江学院，从事个体经营； 2018 年动迁安置。			

<table>
<tr><th></th><th>姓名</th><th>与户主关系</th><th>出生年月</th><th>民族</th></tr>
<tr><td rowspan="4">现有家庭成员</td><td>钱建泉</td><td>户主</td><td>1968 年 11 月</td><td>汉</td></tr>
<tr><td>顾琴花</td><td>妻子</td><td>1968 年 12 月</td><td>汉</td></tr>
<tr><td>钱文芳</td><td>女儿</td><td>1991 年 9 月</td><td>汉</td></tr>
<tr><td>钱姿含</td><td>孙女</td><td>2017 年 7 月</td><td>汉</td></tr>
<tr><td>家庭大事</td><td colspan="4">1987 年平房翻建楼房；
1990 年购买汽车一辆；
2003 年购买全套家电；
2011 年钱文芳毕业于南京财经大学，本科学历，在中国邮政储蓄银行昆山市支行工作。</td></tr>
</table>

<table>
<tr><th></th><th>姓名</th><th>与户主关系</th><th>出生年月</th><th>民族</th></tr>
<tr><td rowspan="5">现有家庭成员</td><td>景金香</td><td>户主</td><td>1949 年 12 月</td><td>汉</td></tr>
<tr><td>汤火英</td><td>妻子</td><td>1949 年 8 月</td><td>汉</td></tr>
<tr><td>景　卫</td><td>儿子</td><td>1971 年 12 月</td><td>汉</td></tr>
<tr><td>凌学仙</td><td>儿媳</td><td>1973 年 3 月</td><td>汉</td></tr>
<tr><td>景思敏</td><td>孙子</td><td>1994 年 1 月</td><td>汉</td></tr>
<tr><td>家庭大事</td><td colspan="4">1965 年景金香做木匠；
1989 年平房翻建楼房；
2002 年购买全套家电；
2015 年购买汽车一辆；
2017 年景思敏毕业于苏州大学，本科学历，在昆山新城幼儿园任校医；
2018 年购买汽车一辆；
2019 年动迁安置。</td></tr>
</table>

<table>
<tr><td rowspan="7">现有家庭成员</td><th>姓名</th><th>与户主关系</th><th>出生年月</th><th>民族</th></tr>
<tr><td>景林香</td><td>户主</td><td>1954 年 3 月</td><td>汉</td></tr>
<tr><td>钱花英</td><td>妻子</td><td>1957 年 1 月</td><td>汉</td></tr>
<tr><td>景喜清</td><td>儿子</td><td>1981 年 12 月</td><td>汉</td></tr>
<tr><td>顾良芳</td><td>儿媳</td><td>1981 年 2 月</td><td>汉</td></tr>
<tr><td>景　岑</td><td>孙子</td><td>2005 年 7 月</td><td>汉</td></tr>
<tr><td>景宇杰</td><td>孙子</td><td>2013 年 7 月</td><td>汉</td></tr>
<tr><td>家庭大事</td><td colspan="4">1972 年景林香做木匠；
1989 年平房翻建楼房；
2000 年景喜清参军，2002 年退役；
2010 年购买全套家电；
2019 年动迁安置。</td></tr>
</table>

<table>
<tr><td rowspan="5">现有家庭成员</td><th>姓名</th><th>与户主关系</th><th>出生年月</th><th>民族</th></tr>
<tr><td>景福香</td><td>户主</td><td>1963 年 6 月</td><td>汉</td></tr>
<tr><td>汤翠娥</td><td>妻子</td><td>1965 年 12 月</td><td>汉</td></tr>
<tr><td>景柳青</td><td>女儿</td><td>1986 年 1 月</td><td>汉</td></tr>
<tr><td>景毅顺</td><td>儿子</td><td>1993 年 5 月</td><td>汉</td></tr>
<tr><td>家庭大事</td><td colspan="4">1980 年景福香做木匠；
1993 年平房翻建楼房；
2002 年景柳青大专毕业；
2005 年购买全套家电；
2011 年景毅顺大专毕业；
2019 年购买汽车一辆。</td></tr>
</table>

现有家庭成员	姓名	与户主关系	出生年月	民族
	杨林元	户主	1962 年 1 月	汉
	周秋香	妻子	1963 年 8 月	汉
	杨丽娟	女儿	1985 年 12 月	汉
	李　米	孙女	2009 年 8 月	汉
	杨惠元	父亲	1935 年 5 月	汉
家庭大事	1985 年平房翻建楼房； 2005 年动迁安置； 2005 年购买全套家电； 2007 年杨丽娟毕业于苏州工业职业技术学院，大专学历。			

现有家庭成员	姓名	与户主关系	出生年月	民族
	杨林法	户主	1964 年 7 月	汉
	徐金英	妻子	1964 年 11 月	汉
	杨礼宾	儿子	1987 年 12 月	汉
家庭大事	1985 年平房翻建楼房； 2008 年动迁安置； 2008 年购买全套家电； 2009 年杨礼宾毕业于南京审计学院（今南京审计大学），本科学历。			

现有家庭成员	姓名	与户主关系	出生年月	民族
	杨雪龙	户主	1969 年 12 月	汉
	徐凤秀	妻子	1971 年 1 月	汉
	杨　燕	女儿	1993 年 6 月	汉
	陆杏妹	母亲	1945 年 3 月	汉
家庭大事	1965 年父亲杨凤元（已故）参军，1971 年退役； 1988 年平房翻建楼房； 2006 年动迁安置； 2006 年购买全套家电。			

景村村第二小组

	姓名	与户主关系	出生年月	民族
现有家庭成员	陆金环	户主	1944 年 6 月	汉
	陆密花	妻子	1945 年 11 月	汉
	陆建芳	女儿	1967 年 1 月	汉
	沈小明	女婿	1964 年 1 月	汉
	陆　洁	孙女	1988 年 6 月	汉
	陆圣琦	孙子	1994 年 1 月	汉
	宋科涵	曾孙	2012 年 6 月	汉
家庭大事	1984 年平房翻建楼房； 2003 年购买商品房一套； 2003 年购买全套家电； 2015 年购买汽车一辆； 2019 年动迁安置。			

	姓名	与户主关系	出生年月	民族
现有家庭成员	陆永芳	户主	1955 年 4 月	汉
	王秀珍	妻子	1956 年 1 月	汉
	陆周冰	儿子	1981 年 3 月	汉
	陆张祺	孙子	2008 年 11 月	汉
	陆云宝	母亲	1933 年 4 月	汉
家庭大事	1974 年陆永芳参军，1977 年退役； 1986 年平房翻建楼房； 2018 年动迁安置； 2018 年购买全套家电。			

	姓名	与户主关系	出生年月	民族
现有家庭成员	陆正芳	户主	1964 年 2 月	汉
	周海英	妻子	1966 年 2 月	汉
	陆　叶	儿子	1989 年 11 月	汉
家庭大事	1984 年陆正芳参军，1989 年退役； 1989 年平房翻建楼房； 2009 年陆叶参军，2012 年退役； 2009 年陆叶就读于宿迁高等师范学校； 2012 年陆叶再读于宿迁学院，任昆山正仪中心校教师； 2016 年动迁安置； 2016 年购买全套家电。			

	姓名	与户主关系	出生年月	民族
现有家庭成员	周金生	户主	1938 年 12 月	汉
	周海荣	儿子	1963 年 6 月	汉
家庭大事	1959 年周金生参军，1966 年退役； 1975 年平房翻建平房； 1997 年周海荣武汉大学博士毕业，在广东晟典律师事务所工作； 2004 年购买全套家电； 2016 年动迁安置。			

	姓名	与户主关系	出生年月	民族
现有家庭成员	钱阿翠	户主	1951 年 12 月	汉
	钱勤刚	儿子	1973 年 12 月	汉
	钱戏琴	儿媳	1972 年 12 月	汉
	钱志伟	孙子	1998 年 11 月	汉
家庭大事	1976 年平房翻建平房； 1981 年平房翻建楼房； 1993 年钱勤刚做木匠； 2019 年动迁安置； 2019 年购买全套家电。			

<table>
<tr><th></th><th>姓名</th><th>与户主关系</th><th>出生年月</th><th>民族</th></tr>
<tr><td rowspan="5">现有家庭成员</td><td>陆永明</td><td>户主</td><td>1950 年 1 月</td><td>汉</td></tr>
<tr><td>钱福妹</td><td>妻子</td><td>1949 年 8 月</td><td>汉</td></tr>
<tr><td>钱彩琴</td><td>女儿</td><td>1971 年 11 月</td><td>汉</td></tr>
<tr><td>景花弟</td><td>女婿</td><td>1969 年 6 月</td><td>汉</td></tr>
<tr><td>陆　燕</td><td>孙女</td><td>1993 年 9 月</td><td>汉</td></tr>
<tr><td>家庭大事</td><td colspan="4">1976 年平房翻建平房；
1989 年平房翻建楼房；
2010 年购买汽车两辆；
2011 年购买商品房一套；
2015 年购买全套家电；
2015 年陆燕毕业于中国传媒大学南广学院（今南京传媒学院），本科学历，在昆山市青阳街道办事处工作；
2016 年购买全套家电；
2018 年购买汽车一辆；
2019 年动迁安置。</td></tr>
</table>

<table>
<tr><th></th><th>姓名</th><th>与户主关系</th><th>出生年月</th><th>民族</th></tr>
<tr><td rowspan="5">现有家庭成员</td><td>陆小毛</td><td>户主</td><td>1953 年 9 月</td><td>汉</td></tr>
<tr><td>王金英</td><td>妻子</td><td>1953 年 1 月</td><td>汉</td></tr>
<tr><td>陆志华</td><td>儿子</td><td>1981 年 2 月</td><td>汉</td></tr>
<tr><td>李景行</td><td>长孙</td><td>2010 年 2 月</td><td>汉</td></tr>
<tr><td>陆景云</td><td>次孙</td><td>2014 年 4 月</td><td>汉</td></tr>
<tr><td>家庭大事</td><td colspan="4">1987 年平房翻建楼房；
2004 年陆志华毕业于清华大学，本科学历，在外企工作；
2004 年购买商品房一套；
2012 年购买汽车一辆；
2013 年购买商品房一套；
2013 年购买全套家电；
2018 年动迁安置。</td></tr>
</table>

<table>
<tr><th rowspan="7">现有家庭成员</th><th>姓名</th><th>与户主关系</th><th>出生年月</th><th>民族</th></tr>
<tr><td>景阿道</td><td>户主</td><td>1938 年 2 月</td><td>汉</td></tr>
<tr><td>谢冬英</td><td>妻子</td><td>1951 年 1 月</td><td>汉</td></tr>
<tr><td>景雪芳</td><td>女儿</td><td>1971 年 5 月</td><td>汉</td></tr>
<tr><td>张志强</td><td>女婿</td><td>1967 年 8 月</td><td>汉</td></tr>
<tr><td>景晓挺</td><td>孙女</td><td>1993 年 12 月</td><td>汉</td></tr>
<tr><td>景雪华</td><td>儿子</td><td>1973 年 9 月</td><td>汉</td></tr>
<tr><th>家庭大事</th><td colspan="4">1990 年购买彩电一台；
2000 年平房翻建楼房；
2004 年景雪华创办昆山市开发区天合航空票务中心；
2012 年景晓挺毕业于苏州科技大学，本科学历，任苏州高新区达善小学教师；
2014 年购买冰箱、洗衣机；
2017 年购买汽车一辆；
2018 年动迁安置；
2019 年购买全套家电。</td></tr>
</table>

<table>
<tr><th rowspan="7">现有家庭成员</th><th>姓名</th><th>与户主关系</th><th>出生年月</th><th>民族</th></tr>
<tr><td>景香林</td><td>户主</td><td>1953 年 3 月</td><td>汉</td></tr>
<tr><td>王社珍</td><td>妻子</td><td>1956 年 1 月</td><td>汉</td></tr>
<tr><td>景建峰</td><td>长子</td><td>1975 年 2 月</td><td>汉</td></tr>
<tr><td>王梁良</td><td>次子</td><td>1989 年 6 月</td><td>汉</td></tr>
<tr><td>金春林</td><td>次媳</td><td>1976 年 2 月</td><td>汉</td></tr>
<tr><td>王任忆</td><td>孙子</td><td>2001 年 11 月</td><td>汉</td></tr>
<tr><th>家庭大事</th><td colspan="4">1985 年平房翻建楼房；
2001 年购买汽车一辆；
2001 年购买全套家电；
2006 年购买商品房一套；
2019 年动迁安置。</td></tr>
</table>

<table>
<tr><td rowspan="6">现有家庭成员</td><th>姓名</th><th>与户主关系</th><th>出生年月</th><th>民族</th></tr>
<tr><td>钱花根</td><td>户主</td><td>1962 年 9 月</td><td>汉</td></tr>
<tr><td>景菊花</td><td>妻子</td><td>1964 年 1 月</td><td>汉</td></tr>
<tr><td>景志豪</td><td>儿子</td><td>1986 年 1 月</td><td>汉</td></tr>
<tr><td>景煜雯</td><td>孙女</td><td>2010 年 9 月</td><td>汉</td></tr>
<tr><td>金凤英</td><td>母亲</td><td>1941 年 7 月</td><td>汉</td></tr>
<tr><td>家庭大事</td><td colspan="4">1987 年平房翻建楼房；
2003 年购买全套家电；
2009 年景志豪毕业于苏州大学，本科学历；
2009 年购买汽车一辆；
2014 年钱花根在昆山国创投资集团有限公司工作；
2017 年动迁安置。</td></tr>
</table>

<table>
<tr><td rowspan="5">现有家庭成员</td><th>姓名</th><th>与户主关系</th><th>出生年月</th><th>民族</th></tr>
<tr><td>景雪弟</td><td>户主</td><td>1962 年 1 月</td><td>汉</td></tr>
<tr><td>姚抱花</td><td>妻子</td><td>1964 年 9 月</td><td>汉</td></tr>
<tr><td>景宇轩</td><td>孙子</td><td>2011 年 8 月</td><td>汉</td></tr>
<tr><td>景阿腊</td><td>父亲</td><td>1930 年 8 月</td><td>汉</td></tr>
<tr><td>家庭大事</td><td colspan="4">1967 年平房翻建平房；
1994 年购买楼房一幢；
1996 年购买全套家电；
2016 年动迁安置。</td></tr>
</table>

<table>
<tr><td rowspan="4">现有家庭成员</td><th>姓名</th><th>与户主关系</th><th>出生年月</th><th>民族</th></tr>
<tr><td>景林元</td><td>户主</td><td>1955 年 1 月</td><td>汉</td></tr>
<tr><td>陆凤秀</td><td>妻子</td><td>1956 年 9 月</td><td>汉</td></tr>
<tr><td>景翠蓝</td><td>女儿</td><td>1980 年 12 月</td><td>汉</td></tr>
<tr><td>家庭大事</td><td colspan="4">1988 年平房翻建楼房；
2001 年购买全套家电；
2019 年动迁安置。</td></tr>
</table>

	姓名	与户主关系	出生年月	民族
现有家庭成员	景玉元	户主	1963 年 4 月	汉
	唐杏花	妻子	1962 年 2 月	汉
	景翠娟	女儿	1985 年 12 月	汉
	朱景微	孙子	2008 年 7 月	汉
	景　琰	孙女	2013 年 11 月	汉
	凌小弟	父亲	1936 年 6 月	汉
	景招媛	母亲	1939 年 2 月	汉
家庭大事	1958 年凌小弟做木匠； 1967 年平房翻建平房； 1979 年景玉元做木匠； 1983 年平房翻建楼房； 2018 年购买全套家电； 2019 年动迁安置。			

	姓名	与户主关系	出生年月	民族
现有家庭成员	景杏花	户主	1940 年 1 月	汉
	陈向荣	长子	1962 年 6 月	汉
	沈红英	长媳	1968 年 4 月	汉
	陈宇轩	长孙	1990 年 12 月	汉
	陈祎嵘	次子	1968 年 11 月	汉
	周春花	次媳	1967 年 2 月	汉
	陈宇奇	次孙	1995 年 5 月	汉
家庭大事	1985 年陈向荣毕业于南京师范大学，本科学历； 1985 年陈向荣任昆山高新区南星渎中学教师，后在昆山市委组织部工作； 1987 年平房翻建楼房； 1989 年周春花毕业于苏州医学院，后在昆山中医院工作； 1990 年沈红英毕业于江南大学，任昆山市一中教师； 1991 年陈炜嵘毕业于南京师范大学，在昆山市城北中学工作； 2013 年陈宇奇就读于湖南中医药大学（硕士研究生）； 2018 年动迁安置，购买全套家电。			

	姓名	与户主关系	出生年月	民族
现有家庭成员	陈三弟	户主	1950 年 6 月	汉
	陆永珍	妻子	1951 年 11 月	汉
	陈　青	女儿	1972 年 12 月	汉
家庭大事	1985 年平房翻建楼房； 2015 年购买全套家电； 2016 年动迁安置。			

	姓名	与户主关系	出生年月	民族
现有家庭成员	陈小弟	户主	1946 年 11 月	汉
	金凤香	妻子	1949 年 2 月	汉
	陈志刚	儿子	1969 年 7 月	汉
	张　凤	儿媳	1968 年 6 月	汉
	陈小宇	孙女	1995 年 4 月	汉
家庭大事	1976 年平房翻建平房； 1991 年陈志刚毕业于青岛化工学院（今青岛科技大学），本科学历，从事个体经营； 2005 年动迁安置； 2005 年购买全套家电； 2010 年购买汽车一辆； 2017 年陈小宇毕业于盐城师范学院，本科学历，任苏州工业园区星汇学校教师。			

	姓名	与户主关系	出生年月	民族
现有家庭成员	钱泉男	户主	1947 年 6 月	汉
	吴社妹	妻子	1955 年 4 月	汉
	钱秋发	长子	1975 年 8 月	汉
	方娟娟	长媳	1976 年 5 月	汉
	钱红杰	孙子	2005 年 4 月	汉
	钱社林	次子	1979 年 4 月	汉
家庭大事	1985 年平房翻建楼房； 2010 年购买商品房一套； 2010 年购买全套家电； 2011 年购买汽车一辆； 2019 年动迁安置。			

	姓名	与户主关系	出生年月	民族
现有家庭成员	钱全生	户主	1952 年 7 月	汉
	金密林	妻子	1953 年 9 月	汉
	金卫国	儿子	1977 年 11 月	汉
	薛翠兰	儿媳	1978 年 9 月	汉
	金炜杰	孙子	2001 年 12 月	汉
家庭大事	1988 年平房翻建楼房； 1997 年金卫国参军，2000 年退役； 2012 年购买商品房一套； 2015 年购买汽车一辆； 2016 年购买全套家电； 2019 年动迁安置。			

<table>
<tr><td rowspan="6">现有家庭成员</td><th>姓名</th><th>与户主关系</th><th>出生年月</th><th>民族</th></tr>
<tr><td>景阿元</td><td>户主</td><td>1933 年 6 月</td><td>汉</td></tr>
<tr><td>景金妹</td><td>妻子</td><td>1937 年 3 月</td><td>汉</td></tr>
<tr><td>王密琴</td><td>长媳</td><td>1961 年 1 月</td><td>汉</td></tr>
<tr><td>景　峰</td><td>长孙</td><td>1985 年 8 月</td><td>汉</td></tr>
<tr><td>景瑶瑶</td><td>曾孙女</td><td>2009 年 1 月</td><td>汉</td></tr>
<tr><td>家庭大事</td><td colspan="4">1977 年长子景玉林（已故）参军，1980 年退役；
1983 年景玉林在昆山农村商业银行工作；
1988 年平房翻建楼房；
2003 年景峰毕业于泰州职业技术学院，大专学历，现在昆山市自来水集团有限公司工作；
2010 年购买汽车一辆；
2011 年购买全套家电；
2019 年动迁安置。</td></tr>
</table>

<table>
<tr><td rowspan="4">现有家庭成员</td><th>姓名</th><th>与户主关系</th><th>出生年月</th><th>民族</th></tr>
<tr><td>景玉明</td><td>户主</td><td>1963 年 8 月</td><td>汉</td></tr>
<tr><td>景银仙</td><td>妻子</td><td>1963 年 12 月</td><td>汉</td></tr>
<tr><td>景　仰</td><td>儿子</td><td>1987 年 9 月</td><td>汉</td></tr>
<tr><td>家庭大事</td><td colspan="4">1992 年建造楼房；
2003 年购买商品房一套；
2010 年购买汽车一辆；
2010 年购买全套家电；
2010 年景玉明注册昆山申才劳务服务有限公司；
2011 年景仰毕业于中国矿业大学徐海学院，本科学历，在浙商银行股份有限公司昆山支行工作；
2014 年景银仙注册昆山申信人力资源有限公司；
2019 年动迁安置。</td></tr>
</table>

	姓名	与户主关系	出生年月	民族
现有家庭成员	凌林泉	户主	1952 年 3 月	汉
	景玉英	妻子	1955 年 6 月	汉
	景冬华	儿子	1981 年 1 月	汉
	仲晓花	儿媳	1979 年 5 月	汉
	景听辰	孙女	2006 年 1 月	汉
	景知乐	孙子	2018 年 1 月	汉
家庭大事	1971 年凌林泉参军，1975 年退役； 1986 年建造楼房； 2009 年购买商品房一套； 2011 年购买全套家电； 2015 年购买汽车一辆； 2018 年动迁安置。			

	姓名	与户主关系	出生年月	民族
现有家庭成员	景阿雪	户主	1955 年 2 月	汉
	景雪龙	儿子	1981 年 8 月	汉
	秦红梅	儿媳	1981 年 6 月	汉
	景忆轩	孙子	2007 年 1 月	汉
	景惠根	父亲	1933 年 12 月	汉
	钱水花	母亲	1931 年 6 月	汉
家庭大事	1988 年平房翻建楼房； 2002 年购买商品房一套； 2005 年购买全套家电； 2005 年秦红梅毕业于合肥幼儿师范高等专科学校，现在昆山东方巴城幼儿园任教师； 2019 年动迁安置。			

	姓名	与户主关系	出生年月	民族
现有家庭成员	景梅忠	户主	1969 年 5 月	汉
	程　清	妻子	1968 年 12 月	汉
	景程华	儿子	1992 年 12 月	汉
	段心萌	儿媳	1990 年 11 月	汉
家庭大事	1979 年建造平房； 1990 年景梅忠大专毕业，现在中国农业银行昆山市支行工作； 1990 年购买汽车一辆； 2008 年动迁安置； 2008 年购买全套家电。			

	姓名	与户主关系	出生年月	民族
现有家庭成员	景雪根	户主	1936 年 11 月	汉
	金巧宝	妻子	1937 年 1 月	汉
	景香男	儿子	1959 年 9 月	汉
	景小凤	儿媳	1957 年 9 月	汉
	景静娟	孙女	1982 年 6 月	汉
	邓　军	孙女婿	1977 年 12 月	汉
	邓芊芷	曾孙女	2009 年 7 月	汉
	景承天	曾孙	2012 年 2 月	汉
家庭大事	1978 年平房翻建平房； 1987 年平房翻建楼房； 2002 年购买商品房一套； 2002 年购买汽车一辆； 2003 年购买全套家电； 2006 年购买汽车一辆； 2018 年动迁安置。			

	姓名	与户主关系	出生年月	民族
现有家庭成员	景香根	户主	1962 年 12 月	汉
	谢素珍	妻子	1963 年 7 月	汉
	景翠芳	女儿	1986 年 1 月	汉
	景昕怡	孙女	2012 年 11 月	汉
家庭大事	1991 年平房翻建楼房； 2013 年购买全套家电； 2016 年动迁安置。			

	姓名	与户主关系	出生年月	民族
现有家庭成员	景香元	户主	1964 年 12 月	汉
	金雪凤	妻子	1965 年 11 月	汉
	景文炎	女儿	1988 年 11 月	汉
家庭大事	1991 年平房翻建楼房； 2002 年购买全套家电； 2009 年购买商品房一套； 2009 年景文炎毕业于淮海工学院（今江苏海洋大学），本科学历，现在私企工作。			

	姓名	与户主关系	出生年月	民族
现有家庭成员	景小元	户主	1966 年 7 月	汉
	陆凤珍	妻子	1966 年 1 月	汉
	景宇超	儿子	1990 年 6 月	汉
	景忆晨	孙子	2016 年 11 月	汉
家庭大事	1994 年平房翻建楼房； 2001 年购买全套家电； 2013 年购买汽车一辆； 2014 年动迁安置； 2014 年景宇超毕业于苏州科技学院（今苏州科技大学），本科学历。			

	姓名	与户主关系	出生年月	民族
现有家庭成员	钱正贵	户主	1957 年 8 月	汉
	钱东华	儿子	1983 年 10 月	汉
家庭大事	1987 年平房翻建楼房； 2005 年钱东华参军，2007 年退役； 2015 年购买电视机一台； 2019 年动迁安置； 2019 年购买全套家电。			

	姓名	与户主关系	出生年月	民族
现有家庭成员	钱正良	户主	1968 年 8 月	汉
	杨林秀	妻子	1967 年 11 月	汉
	钱云华	女儿	1991 年 8 月	汉
家庭大事	1987 年钱正良做油漆工； 1987 年平房翻建楼房； 1999 年购买全套家电； 2005 年购买商品房一套； 2011 年动迁安置； 2013 年钱云华毕业于江苏大学，现在昆山市第一人民医院任护士； 2014 年购买汽车一辆。			

	姓名	与户主关系	出生年月	民族
现有家庭成员	景社良	户主	1965 年 9 月	汉
	王花妹	妻子	1965 年 8 月	汉
	景亚艳	女儿	1988 年 8 月	汉
	钱爱妹	母亲	1936 年 8 月	汉
家庭大事	1976 年平房翻建平房； 1989 年平房翻建楼房； 2016 年动迁安置； 2017 年购买全套家电。			

	姓名	与户主关系	出生年月	民族
现有家庭成员	钱福英	户主	1945 年 6 月	汉
	陆菊林	儿子	1967 年 1 月	汉
	周学琴	儿媳	1968 年 11 月	汉
	陆佳情	孙女	1990 年 1 月	汉
	陆佳艺	孙女	1994 年 4 月	汉
家庭大事	1983 年平房翻建楼房； 1985 年陆菊林做瓦匠； 2000 年购买商品房一套； 2001 年购买全套家电； 2012 年陆佳情毕业于江苏大学，本科学历，现在中国农业银行昆山市支行工作； 2016 年动迁安置； 2017 年陆佳艺毕业于南京财经大学，本科学历，现在中国银行昆山分行工作。			

	姓名	与户主关系	出生年月	民族
现有家庭成员	陆金荣	户主	1952 年 3 月	汉
	钱巧金	妻子	1952 年 11 月	汉
	陆建龙	长子	1976 年 12 月	汉
	陆建华	次子	1979 年 6 月	汉
	彭秀大	次媳	1978 年 7 月	汉
	陆　平	孙子	2006 年 8 月	汉
	陆奕承	孙子	2016 年 3 月	汉
家庭大事	1986 年平房翻建楼房； 1997 年陆建龙参军，2000 年退役； 2016 年购买全套家电； 2019 年动迁安置。			

<table>
<tr><td rowspan="3">现有家庭成员</td><td>姓名</td><td>与户主关系</td><td>出生年月</td><td>民族</td></tr>
<tr><td>陆香林</td><td>户主</td><td>1963 年 4 月</td><td>汉</td></tr>
<tr><td>陆玲玲</td><td>女儿</td><td>1986 年 3 月</td><td>汉</td></tr>
<tr><td>家庭大事</td><td colspan="4">1993 年平房翻建楼房；
2007 年陆玲玲毕业于扬州大学工学院，现在外企工作；
2013 年购买商品房一套；
2013 年购买全套家电；
2018 年动迁安置。</td></tr>
</table>

<table>
<tr><td rowspan="7">现有家庭成员</td><td>姓名</td><td>与户主关系</td><td>出生年月</td><td>民族</td></tr>
<tr><td>周阿荣</td><td>户主</td><td>1948 年 7 月</td><td>汉</td></tr>
<tr><td>陆金妹</td><td>妻子</td><td>1949 年 7 月</td><td>汉</td></tr>
<tr><td>周惠琴</td><td>次子</td><td>1972 年 9 月</td><td>汉</td></tr>
<tr><td>姜宗明</td><td>女婿</td><td>1971 年 1 月</td><td>汉</td></tr>
<tr><td>周　倩</td><td>孙女</td><td>1994 年 2 月</td><td>汉</td></tr>
<tr><td>周大妹</td><td>母亲</td><td>1927 年 1 月</td><td>汉</td></tr>
<tr><td>家庭大事</td><td colspan="4">1967 年平房翻建平房；
1985 年平房翻建楼房；
2012 年购买商品房一套；
2016 年周倩毕业于苏州大学，现在昆山高新区南星渎小学任校医；
2018 年购买汽车一辆；
2018 年购买全套家电；
2019 年动迁安置。</td></tr>
</table>

	姓名	与户主关系	出生年月	民族
现有家庭成员	钱友良	户主	1965 年 8 月	汉
	金瑞花	妻子	1965 年 1 月	汉
	钱亚琴	女儿	1988 年 12 月	汉
	钱田馨	孙女	2009 年 1 月	汉
	田　博	女婿	1984 年 10 月	汉
	戴海宝	母亲	1928 年 8 月	汉
家庭大事	1984 年平房翻建楼房； 2002 年购买商品房一套； 2015 年购买汽车一辆； 2016 年购买全套家电； 2019 年动迁安置。			

	姓名	与户主关系	出生年月	民族
现有家庭成员	景阿五	户主	1945 年 11 月	汉
	金巧妹	妻子	1945 年 11 月	汉
	景林东	儿子	1971 年 11 月	汉
	戈永梅	儿媳	1976 年 6 月	汉
	景明珺	孙女	1999 年 11 月	汉
家庭大事	1987 年平房翻建楼房； 1991 年景林东参军，1996 年退役； 1996 年购买商品房一套； 2000 年购买全套家电； 2019 年动迁安置。			

现有家庭成员	姓名	与户主关系	出生年月	民族
	金阿龙	户主	1950 年 1 月	汉
	凌林珍	妻子	1952 年 8 月	汉
	金　华	儿子	1973 年 1 月	汉
	金水英	儿媳	1978 年 6 月	汉
	金怡文	孙女	1998 年 8 月	汉
	金夫宝	母亲	1927 年 8 月	汉
家庭大事	1986 年平房翻建楼房； 2001 年购买全套家电； 2017 年金怡文毕业于南京师范大学，本科学历，现在南京市长江路小学工作； 2019 年动迁安置。			

现有家庭成员	姓名	与户主关系	出生年月	民族
	景林香	户主	1968 年 1 月	汉
	钱学青	丈夫	1970 年 11 月	汉
	景文豪	儿子	1997 年 3 月	汉
家庭大事	2002 年建造平房； 2011 年动迁安置； 2018 年购买全套家电。			

景村村第三小组

<table>
<tr><th rowspan="8">现有家庭成员</th><th>姓名</th><th>与户主关系</th><th>出生年月</th><th>民族</th></tr>
<tr><td>钱凤根</td><td>户主</td><td>1947 年 1 月</td><td>汉</td></tr>
<tr><td>金瑞芳</td><td>妻子</td><td>1949 年 1 月</td><td>汉</td></tr>
<tr><td>钱冬林</td><td>长子</td><td>1968 年 11 月</td><td>汉</td></tr>
<tr><td>钱冬明</td><td>次子</td><td>1971 年 1 月</td><td>汉</td></tr>
<tr><td>王建兰</td><td>次媳</td><td>1970 年 9 月</td><td>汉</td></tr>
<tr><td>钱　超</td><td>孙子</td><td>1993 年 9 月</td><td>汉</td></tr>
<tr><td>钱玉洁</td><td>孙女</td><td>1996 年 8 月</td><td>汉</td></tr>
<tr><th>家庭大事</th><td colspan="4">1987 年平房翻建楼房；
1988 年钱冬明做木匠；
2010 年购买汽车一辆；
2011 年钱超毕业江苏城市职业学院，现在昆山市吴淞江派出所工作；
2013 年购买全套家电；
2015 年钱玉洁毕业于淮阴师范学院，外企工作；
2015 年购买汽车一辆；
2018 年动迁安置。</td></tr>
</table>

<table>
<tr><th rowspan="6">现有家庭成员</th><th>姓名</th><th>与户主关系</th><th>出生年月</th><th>民族</th></tr>
<tr><td>钱凤生</td><td>户主</td><td>1938 年 7 月</td><td>汉</td></tr>
<tr><td>姜二宝</td><td>妻子</td><td>1937 年 6 月</td><td>汉</td></tr>
<tr><td>钱建荣</td><td>儿子</td><td>1968 年 11 月</td><td>汉</td></tr>
<tr><td>钱美琴</td><td>儿媳</td><td>1970 年 11 月</td><td>汉</td></tr>
<tr><td>钱双双</td><td>孙女</td><td>1992 年 1 月</td><td>汉</td></tr>
<tr><th>家庭大事</th><td colspan="4">1955 年钱凤生参军，1958 年退役；
1986 年平房翻建楼房；
2002 年购买全套家电；
2011 年钱双双毕业于江苏开放大学，从事个体经商。</td></tr>
</table>

<table>
<tr><td rowspan="4">现有家庭成员</td><td>姓名</td><td>与户主关系</td><td>出生年月</td><td>民族</td></tr>
<tr><td>钱建明</td><td>户主</td><td>1964 年 3 月</td><td>汉</td></tr>
<tr><td>凌学娥</td><td>妻子</td><td>1967 年 12 月</td><td>汉</td></tr>
<tr><td>钱叶萍</td><td>女儿</td><td>1989 年 1 月</td><td>汉</td></tr>
<tr><td>家庭大事</td><td colspan="4">1984 年钱建明参军，1989 年退役；
1986 年平房翻建楼房；
1995 年购买商品房一套；
1995 年购买全套家电；
2012 年钱叶萍毕业于海南医学院，本科学历，现在昆山市急救中心工作。</td></tr>
</table>

<table>
<tr><td rowspan="4">现有家庭成员</td><td>姓名</td><td>与户主关系</td><td>出生年月</td><td>民族</td></tr>
<tr><td>钱根生</td><td>户主</td><td>1933 年 9 月</td><td>汉</td></tr>
<tr><td>钱建林</td><td>儿子</td><td>1963 年 9 月</td><td>汉</td></tr>
<tr><td>钱红怡</td><td>孙女</td><td>1986 年 11 月</td><td>汉</td></tr>
<tr><td>家庭大事</td><td colspan="4">1976 年平房翻建平房；
1982 年钱建林做瓦匠；
2006 年动迁安置；
2007 年购买全套家电；
2011 年钱红怡毕业于江苏教育学院，本科学历，现任昆山市陆家镇菉溪小学教师。</td></tr>
</table>

<table>
<tr><td rowspan="4">现有家庭成员</td><td>姓名</td><td>与户主关系</td><td>出生年月</td><td>民族</td></tr>
<tr><td>陆金姐</td><td>户主</td><td>1953 年 1 月</td><td>汉</td></tr>
<tr><td>钱红兰</td><td>女儿</td><td>1979 年 1 月</td><td>汉</td></tr>
<tr><td>钱嘉航</td><td>孙子</td><td>2010 年 11 月</td><td>汉</td></tr>
<tr><td>家庭大事</td><td colspan="4">1987 年平房翻建楼房；
2015 年购买商品房一套；
2015 年购买全套家电；
2016 年购买汽车一辆；
2018 年动迁安置。</td></tr>
</table>

	姓名	与户主关系	出生年月	民族
现有家庭成员	钱金生	户主	1943年9月	汉
	金小秀	妻子	1947年12月	汉
	钱梅忠	儿子	1971年4月	汉
	徐翠芳	儿媳	1971年1月	汉
	钱梦豪	孙子	1995年3月	汉
家庭大事	1989年平房翻建楼房； 2013年购买全套家电； 2016年动迁安置； 2017年购买汽车一辆。			

	姓名	与户主关系	出生年月	民族
现有家庭成员	钱金木	户主	1946年12月	汉
	钱火英	妻子	1948年12月	汉
	钱勤刚	儿子	1973年4月	汉
	余　英	儿媳	1974年8月	汉
	钱雨晖	孙子	2001年6月	汉
	钱勤仙	女儿	1971年4月	汉
	屠芮箐	孙女	2010年7月	汉
家庭大事	1978年建造平房； 1995年购买全套家电； 1997年钱勤仙创办昆山市前景商贸有限公司； 1998年购买商品房一套； 2000年购买汽车一辆； 2006年动迁安置。			

<table>
<tr><th rowspan="6">现有家庭成员</th><th>姓名</th><th>与户主关系</th><th>出生年月</th><th>民族</th></tr>
<tr><td>钱全元</td><td>户主</td><td>1954 年 2 月</td><td>汉</td></tr>
<tr><td>钱小妹</td><td>妻子</td><td>1955 年 2 月</td><td>汉</td></tr>
<tr><td>钱金东</td><td>儿子</td><td>1978 年 12 月</td><td>汉</td></tr>
<tr><td>罗　倩</td><td>儿媳</td><td>1978 年 11 月</td><td>汉</td></tr>
<tr><td>钱红艳</td><td>孙女</td><td>2007 年 12 月</td><td>汉</td></tr>
<tr><th>家庭大事</th><td colspan="4">1991 年平房翻建楼房；
1995 年钱金东做油漆工；
2011 年购买汽车一辆；
2013 年购买汽车一辆；
2013 年购买全套家电；
2016 年动迁安置。</td></tr>
</table>

<table>
<tr><th rowspan="5">现有家庭成员</th><th>姓名</th><th>与户主关系</th><th>出生年月</th><th>民族</th></tr>
<tr><td>钱小元</td><td>户主</td><td>1957 年 2 月</td><td>汉</td></tr>
<tr><td>陆云珍</td><td>妻子</td><td>1958 年 7 月</td><td>汉</td></tr>
<tr><td>钱晓芬</td><td>女儿</td><td>1982 年 3 月</td><td>汉</td></tr>
<tr><td>钱逸涵</td><td>孙子</td><td>2011 年 5 月</td><td>汉</td></tr>
<tr><th>家庭大事</th><td colspan="4">1994 年平房翻建楼房；
2003 年钱晓芬大学毕业，现在昆山百德利电子有限公司工作；
2006 年购买全套家电；
2016 年动迁安置。</td></tr>
</table>

<table>
<tr><td rowspan="4">现有家庭成员</td><th>姓名</th><th>与户主关系</th><th>出生年月</th><th>民族</th></tr>
<tr><td>钱学峰</td><td>户主</td><td>1971 年 4 月</td><td>汉</td></tr>
<tr><td>金培花</td><td>妻子</td><td>1971 年 10 月</td><td>汉</td></tr>
<tr><td>钱聪艳</td><td>女儿</td><td>1994 年 6 月</td><td>汉</td></tr>
<tr><td>家庭大事</td><td colspan="4">1988 年平房翻建楼房；
1989 年钱学峰做油漆工；
2002 年购买商品房一套；
2002 年购买全套家电；
2012 年购买汽车一辆；
2016 年钱聪艳毕业于江南大学，现任昆山市陆家镇菉溪幼儿园教师；
2019 年动迁安置。</td></tr>
</table>

<table>
<tr><td rowspan="3">现有家庭成员</td><th>姓名</th><th>与户主关系</th><th>出生年月</th><th>民族</th></tr>
<tr><td>钱向阳</td><td>户主</td><td>1966 年 1 月</td><td>汉</td></tr>
<tr><td>钱爱大</td><td>母亲</td><td>1925 年 3 月</td><td>汉</td></tr>
<tr><td>家庭大事</td><td colspan="4">1980 年平房翻建平房；
2010 年购买汽车一辆；
2019 年动迁安置。</td></tr>
</table>

<table>
<tr><td rowspan="6">现有家庭成员</td><th>姓名</th><th>与户主关系</th><th>出生年月</th><th>民族</th></tr>
<tr><td>钱伯元</td><td>户主</td><td>1939 年 4 月</td><td>汉</td></tr>
<tr><td>金凤宝</td><td>妻子</td><td>1943 年 9 月</td><td>汉</td></tr>
<tr><td>钱建康</td><td>儿子</td><td>1968 年 6 月</td><td>汉</td></tr>
<tr><td>陈剑英</td><td>儿媳</td><td>1972 年 8 月</td><td>汉</td></tr>
<tr><td>钱　程</td><td>孙子</td><td>1995 年 9 月</td><td>汉</td></tr>
<tr><td>家庭大事</td><td colspan="4">1980 年购买电视机一台；
1986 年平房翻建楼房；
2008 年购买全套家电；
2018 年钱程毕业于南京医科大学，本科学历，现在昆山市市场监督管理局高新区分局工作；
2019 年购买汽车一辆。</td></tr>
</table>

<table>
<tr><td rowspan="6">现有家庭成员</td><th>姓名</th><th>与户主关系</th><th>出生年月</th><th>民族</th></tr>
<tr><td>钱建华</td><td>户主</td><td>1963 年 8 月</td><td>汉</td></tr>
<tr><td>钱才英</td><td>妻子</td><td>1964 年 12 月</td><td>汉</td></tr>
<tr><td>钱　伟</td><td>儿子</td><td>1986 年 9 月</td><td>汉</td></tr>
<tr><td>钱韵寒</td><td>孙女</td><td>2012 年 1 月</td><td>汉</td></tr>
<tr><td>钱梓然</td><td>孙女</td><td>2014 年 8 月</td><td>汉</td></tr>
<tr><td>家庭大事</td><td colspan="4">1978 年平房翻建平房；
1987 年平房翻建楼房；
1993 年钱建华做油漆工；
2002 年购买商品房一套；
2006 年购买商品房一套；
2008 年钱伟毕业于四川大学，本科学历，在昆山市交通运输局工作；
2011 年购买汽车一辆；
2015 年购买商品房一套；
2015 年购买全套家电。</td></tr>
</table>

<table>
<tr><td rowspan="7">现有家庭成员</td><th>姓名</th><th>与户主关系</th><th>出生年月</th><th>民族</th></tr>
<tr><td>金雪林</td><td>户主</td><td>1949 年 1 月</td><td>汉</td></tr>
<tr><td>钱凤英</td><td>妻子</td><td>1951 年 8 月</td><td>汉</td></tr>
<tr><td>钱勤丰</td><td>儿子</td><td>1976 年 1 月</td><td>汉</td></tr>
<tr><td>钱红芳</td><td>儿媳</td><td>1977 年 11 月</td><td>汉</td></tr>
<tr><td>钱　尉</td><td>孙子</td><td>2001 年 5 月</td><td>汉</td></tr>
<tr><td>景阿花</td><td>岳母</td><td>1928 年 8 月</td><td>汉</td></tr>
<tr><td>家庭大事</td><td colspan="4">1985 年平房翻建楼房；
1995 年钱勤丰毕业，从事个体经营；
1997 年钱红芳毕业于苏州医学院（今苏州大学医学院），现在昆山市正仪卫生院工作；
2010 年购买汽车一辆；
2010 年购买全套家电；
2016 年动迁安置。</td></tr>
</table>

	姓名	与户主关系	出生年月	民族
现有家庭成员	钱福林	户主	1952 年 9 月	汉
	景小花	妻子	1952 年 6 月	汉
	钱丽芳	女儿	1974 年 7 月	汉
	顾金良	女婿	1970 年 6 月	汉
	钱旭文	孙女	1995 年 5 月	汉
家庭大事	1987 年平房翻建楼房； 2012 年购买商品房一套； 2013 年购买全套家电； 2018 年购买汽车一辆。			

	姓名	与户主关系	出生年月	民族
现有家庭成员	钱抱妹	户主	1947 年 8 月	汉
	景秋良	儿子	1968 年 6 月	汉
	钱琴花	儿媳	1969 年 6 月	汉
	景寒伟	孙子	1990 年 12 月	汉
家庭大事	1982 年购买电视机； 1987 年平房翻建楼房； 2012 年景寒伟毕业于苏州大学，在私企工作； 2014 年购买全套家电； 2017 年购买汽车一辆。			

	姓名	与户主关系	出生年月	民族
现有家庭成员	钱社林	户主	1954 年 8 月	汉
	景招花	妻子	1955 年 3 月	汉
	钱亚萍	女儿	1986 年 8 月	汉
家庭大事	1967 年建造平房； 1974 年钱社林参军，1996 年转业； 1985 年钱社林参与老山战役； 2004 年动迁安置； 2007 年钱亚萍毕业于南京财经大学，本科学历，现在昆山银行系统工作。			

<table>
<tr><td rowspan="8">现有家庭成员</td><td>姓名</td><td>与户主关系</td><td>出生年月</td><td>民族</td></tr>
<tr><td>凌密根</td><td>户主</td><td>1941 年 5 月</td><td>汉</td></tr>
<tr><td>钱阿密</td><td>妻子</td><td>1938 年 12 月</td><td>汉</td></tr>
<tr><td>钱白妹</td><td>女儿</td><td>1962 年 10 月</td><td>汉</td></tr>
<tr><td>陈文明</td><td>女婿</td><td>1965 年 1 月</td><td>汉</td></tr>
<tr><td>钱晓红</td><td>孙女</td><td>1987 年 9 月</td><td>汉</td></tr>
<tr><td>荆宇杰</td><td>孙女婿</td><td>1987 年 9 月</td><td>汉</td></tr>
<tr><td>钱玉林</td><td>儿子</td><td>1966 年 11 月</td><td>汉</td></tr>
<tr><td>家庭大事</td><td colspan="4">1987 年平房翻建楼房；
1988 年陈文明做瓦匠；
1999 年钱玉林清华大学博士毕业，现任华东政法大学经济法学院院长；
2010 年钱晓红毕业于扬州大学，本科学历，现在太仓市城市管理局工作；
2010 年荆宇杰毕业于扬州大学，硕士研究生学历，现在昆山市水务局工作；
2018 年动迁安置；
2018 年购买全套家电。</td></tr>
</table>

<table>
<tr><td rowspan="9">现有家庭成员</td><td>姓名</td><td>与户主关系</td><td>出生年月</td><td>民族</td></tr>
<tr><td>钱火根</td><td>户主</td><td>1945 年 3 月</td><td>汉</td></tr>
<tr><td>钱雪花</td><td>妻子</td><td>1944 年 11 月</td><td>汉</td></tr>
<tr><td>钱学明</td><td>长子</td><td>1967 年 8 月</td><td>汉</td></tr>
<tr><td>钱学良</td><td>次子</td><td>1970 年 1 月</td><td>汉</td></tr>
<tr><td>钱学珍</td><td>女儿</td><td>1972 年 9 月</td><td>汉</td></tr>
<tr><td>钱誉诚</td><td>孙子</td><td>1999 年 4 月</td><td>汉</td></tr>
<tr><td>钱於龙</td><td>孙子</td><td>1999 年 9 月</td><td>汉</td></tr>
<tr><td>陈佳颖</td><td>孙女</td><td>1999 年 10 月</td><td>汉</td></tr>
<tr><td>家庭大事</td><td colspan="4">1951 年父亲钱祥林（已故）参军，1953 年退役；
1982 年平房翻建楼房；
1989 年钱学明毕业于吉林农业大学，现在昆山海关工作；
1985 年钱学良毕业于南京审计学院（今南京审计大学），在私企工作。</td></tr>
</table>

	姓名	与户主关系	出生年月	民族
现有家庭成员	凌水英	户主	1941 年 12 月	汉
	姜友法	儿子	1964 年 3 月	汉
	凌惠琴	儿媳	1964 年 10 月	汉
	姜燕青	孙女	1986 年 11 月	汉
	姜梦涵	曾孙女	2009 年 8 月	汉
家庭大事	1989 年平房翻建楼房； 2008 年姜燕青毕业于江苏海洋大学，本科学历，现在昆山市张浦中心校任教； 2016 年购买全套家电； 2019 年动迁安置。			

	姓名	与户主关系	出生年月	民族
现有家庭成员	姜金生	户主	1948 年 2 月	汉
	姜建忠	儿子	1971 年 3 月	汉
	孙银芳	儿媳	1970 年 5 月	汉
	陈志灏	孙子	1994 年 4 月	汉
家庭大事	1982 年平房翻建楼房； 1995 年购买商品房一套； 1995 年购买全套家电； 1999 年购买商品房一套； 2006 年购买汽车一辆； 2018 年陈志灏毕业于扬州大学，本科学历，现任昆山培本小学教师； 2018 年购买商品房一套； 2019 年购买双门冰箱一台。			

	姓名	与户主关系	出生年月	民族
现有家庭成员	景香泉	户主	1969 年 1 月	汉
	景梅香	妻子	1969 年 3 月	汉
	景晓雷	儿子	1993 年 5 月	汉
	景翠英	母亲	1947 年 11 月	汉
家庭大事	1985 年景香泉做瓦匠； 1985 年平房翻建楼房； 2015 年景晓雷毕业于扬州大学，在私企工作； 2019 年购买全套家电。			

	姓名	与户主关系	出生年月	民族
现有家庭成员	王社珍	户主	1955 年 8 月	汉
	景春龙	长子	1979 年 3 月	汉
	景金龙	次子	1981 年 10 月	汉
家庭大事	1991 年平房翻建楼房； 2001 年景春龙毕业于江苏开放大学，大专学历，现在中国人民财产保险股份有限公司工作； 2003 年购买汽车一辆； 2005 年购买全套家电。			

	姓名	与户主关系	出生年月	民族
现有家庭成员	景二男	户主	1951 年 12 月	汉
	景秋香	妻子	1951 年 7 月	汉
	景秀丽	长女	1973 年 6 月	汉
	陆凤明	女婿	1970 年 9 月	汉
	景　雯	孙女	1995 年 4 月	汉
家庭大事	1968 年景二男任昆山市正仪中心校教师，中师学历； 1986 年平房翻建楼房； 1998 年购买商品房一套； 2012 年购买汽车一辆； 2017 年景雯毕业于南京艺术学院，本科学历，现在昆山一农业公司工作。			

	姓名	与户主关系	出生年月	民族
现有家庭成员	景凤良	户主	1952 年 12 月	汉
	金巧英	妻子	1953 年 5 月	汉
	景秀兰	女儿	1976 年 1 月	汉
	孙逸文	孙女	1999 年 7 月	汉
	王根妹	母亲	1929 年 9 月	汉
家庭大事	1969 年景凤良任五一大队电工； 1992 年平房翻建楼房； 1997 年景秀兰毕业于江苏教育学院，现在昆山市娄江实验学校任教； 2015 年购买全套家电； 2015 年购买汽车一辆； 2016 年动迁安置； 2017 年孙逸文就读于华东师范大学。			

景村村第四小组

<table>
<tr><td rowspan="4">现有家庭成员</td><td>姓名</td><td>与户主关系</td><td>出生年月</td><td>民族</td></tr>
<tr><td>金巧明</td><td>户主</td><td>1968 年 3 月</td><td>汉</td></tr>
<tr><td>姜红英</td><td>妻子</td><td>1970 年 1 月</td><td>汉</td></tr>
<tr><td>金益一</td><td>儿子</td><td>1991 年 2 月</td><td>汉</td></tr>
<tr><td>家庭大事</td><td colspan="4">1985 年平房翻建楼房；
2009 年购买全套家电；
2014 年金益一毕业于扬州大学，本科学历，在昆山市第三人民医院工作；
2018 年购买汽车一辆。</td></tr>
</table>

<table>
<tr><td rowspan="4">现有家庭成员</td><td>姓名</td><td>与户主关系</td><td>出生年月</td><td>民族</td></tr>
<tr><td>金巧良</td><td>户主</td><td>1965 年 8 月</td><td>汉</td></tr>
<tr><td>韩建凤</td><td>妻子</td><td>1966 年 8 月</td><td>汉</td></tr>
<tr><td>金　晗</td><td>儿子</td><td>1988 年 7 月</td><td>汉</td></tr>
<tr><td>家庭大事</td><td colspan="4">1984 年平房翻建楼房；
1985 年金巧良毕业于南京师范大学，本科学历，任昆山文峰高级中学校长；
2002 年购买商品房一套；
2002 年购买全套家电；
2006 年金晗留学美国，在峰芮资本公司工作。</td></tr>
</table>

<table>
<tr><td rowspan="5">现有家庭成员</td><td>姓名</td><td>与户主关系</td><td>出生年月</td><td>民族</td></tr>
<tr><td>钱密宝</td><td>户主</td><td>1945 年 11 月</td><td>汉</td></tr>
<tr><td>钱建良</td><td>儿子</td><td>1966 年 9 月</td><td>汉</td></tr>
<tr><td>周小红</td><td>儿媳</td><td>1966 年 10 月</td><td>汉</td></tr>
<tr><td>陈亚仙</td><td>孙女</td><td>1993 年 3 月</td><td>汉</td></tr>
<tr><td>家庭大事</td><td colspan="4">1990 年平房翻建楼房；
2005 年购买全套家电；
2014 年购买商品房一套；
2014 年陈亚仙毕业于无锡科技职业学院，在外企工作；
2015 年购买汽车一辆。</td></tr>
</table>

<table>
<tr><th></th><th>姓名</th><th>与户主关系</th><th>出生年月</th><th>民族</th></tr>
<tr><td rowspan="5">现有家庭成员</td><td>钱秋良</td><td>户主</td><td>1969 年 7 月</td><td>汉</td></tr>
<tr><td>钱健珍</td><td>妻子</td><td>1971 年 8 月</td><td>汉</td></tr>
<tr><td>钱志佳</td><td>儿子</td><td>1992 年 7 月</td><td>汉</td></tr>
<tr><td>蔡瑆舒</td><td>儿媳</td><td>1994 年 9 月</td><td>汉</td></tr>
<tr><td>钱芷宁</td><td>孙女</td><td>2018 年 10 月</td><td>汉</td></tr>
<tr><td>家庭大事</td><td colspan="4">1990 年平房翻建楼房；
2007 年钱志佳毕业于昆山职业中学，在私企工作；
2012 年购买商品房一套；
2012 年购买全套家电；
2014 年购买汽车一辆。</td></tr>
</table>

<table>
<tr><th></th><th>姓名</th><th>与户主关系</th><th>出生年月</th><th>民族</th></tr>
<tr><td rowspan="6">现有家庭成员</td><td>景林法</td><td>户主</td><td>1965 年 3 月</td><td>汉</td></tr>
<tr><td>金巧珍</td><td>妻子</td><td>1963 年 3 月</td><td>汉</td></tr>
<tr><td>景迤春</td><td>女儿</td><td>1988 年 1 月</td><td>汉</td></tr>
<tr><td>钱晓峰</td><td>女婿</td><td>1987 年 9 月</td><td>汉</td></tr>
<tr><td>景修杰</td><td>孙子</td><td>2011 年 10 月</td><td>汉</td></tr>
<tr><td>钱　嫤</td><td>孙女</td><td>2016 年 4 月</td><td>汉</td></tr>
<tr><td>家庭大事</td><td colspan="4">1984 年平房翻建楼房；
2000 年购买商品房一套；
2000 年购买全套家电；
2007 年购买汽车一辆；
2010 年景迤春毕业于天津医科大学，本科学历，现在昆山市第三人民医院工作；
2010 年钱晓峰毕业于吉林大学，本科学历，现在昆山市交通运输局工作。</td></tr>
</table>

	姓名	与户主关系	出生年月	民族
现有家庭成员	景林弟	户主	1969 年 1 月	汉
	凌学芳	妻子	1968 年 5 月	汉
	景怡峰	儿子	1991 年 8 月	汉
	景阿根	母亲	1934 年 1 月	汉
家庭大事	1984 年平房翻建楼房； 2003 年购买商品房一套； 2003 年购买全套家电； 2010 年购买汽车一辆； 2014 年景怡峰毕业于盐城工学院，本科学历，现在昆山市财政局张浦分局工作。			

	姓名	与户主关系	出生年月	民族
现有家庭成员	姜宗良	户主	1968 年 11 月	汉
	钱会群	妻子	1972 年 11 月	汉
	姜紫娟	女儿	1994 年 11 月	汉
家庭大事	1984 年姜宗良做瓦匠； 1991 年平房翻建楼房； 2003 年购买商品房一套； 2003 年购买全套家电； 2013 年姜紫娟大专毕业，现在昆山市江南春晓幼儿园工作。			

<table>
<tr><td rowspan="6">现有家庭成员</td><th>姓名</th><th>与户主关系</th><th>出生年月</th><th>民族</th></tr>
<tr><td>姜祥生</td><td>户主</td><td>1943 年 8 月</td><td>汉</td></tr>
<tr><td>王菊英</td><td>妻子</td><td>1943 年 9 月</td><td>汉</td></tr>
<tr><td>姜友良</td><td>儿子</td><td>1966 年 9 月</td><td>汉</td></tr>
<tr><td>郭小英</td><td>儿媳</td><td>1966 年 2 月</td><td>汉</td></tr>
<tr><td>姜艳娟</td><td>孙女</td><td>1989 年 7 月</td><td>汉</td></tr>
<tr><td>家庭大事</td><td colspan="4">1985 年姜友良参军，1989 年退役；
1987 年平房翻建楼房；
2000 年购买全套家电；
2001 年购买汽车一辆；
2006 年动迁安置；
2007 年姜艳娟毕业于昆山开放大学，大专学历。</td></tr>
</table>

<table>
<tr><td rowspan="2">现有家庭成员</td><th>姓名</th><th>与户主关系</th><th>出生年月</th><th>民族</th></tr>
<tr><td>景道元</td><td>户主</td><td>1965 年 4 月</td><td>汉</td></tr>
<tr><td>家庭大事</td><td colspan="4">1985 年景道元参军，1990 年退役；
1995 年景道元毕业于西安工业大学，本科学历，现在苏州机电高等职业技术学校工作。</td></tr>
</table>

<table>
<tr><th rowspan="8">现有家庭成员</th><th>姓名</th><th>与户主关系</th><th>出生年月</th><th>民族</th></tr>
<tr><td>景才元</td><td>户主</td><td>1961 年 10 月</td><td>汉</td></tr>
<tr><td>王社英</td><td>妻子</td><td>1963 年 1 月</td><td>汉</td></tr>
<tr><td>景子玮</td><td>女儿</td><td>1987 年 2 月</td><td>汉</td></tr>
<tr><td>陆秀清</td><td>女婿</td><td>1986 年 10 月</td><td>汉</td></tr>
<tr><td>陆　夕</td><td>孙女</td><td>2012 年 8 月</td><td>汉</td></tr>
<tr><td>景　言</td><td>孙女</td><td>2014 年 7 月</td><td>汉</td></tr>
<tr><td>金巧花</td><td>母亲</td><td>1929 年 12 月</td><td>汉</td></tr>
<tr><th>家庭大事</th><td colspan="4">1979 年景才元做瓦匠；
1988 年平房翻建楼房；
2010 年景子玮毕业于江苏大学，本科学历，从事个体经商；
2011 年购买商品房一套；
2011 年购买全套家电。</td></tr>
</table>

<table>
<tr><th rowspan="6">现有家庭成员</th><th>姓名</th><th>与户主关系</th><th>出生年月</th><th>民族</th></tr>
<tr><td>景宗生</td><td>户主</td><td>1941 年 10 月</td><td>汉</td></tr>
<tr><td>陆杏素</td><td>妻子</td><td>1942 年 6 月</td><td>汉</td></tr>
<tr><td>景道良</td><td>儿子</td><td>1967 年 3 月</td><td>汉</td></tr>
<tr><td>姜建琴</td><td>儿媳</td><td>1969 年 1 月</td><td>汉</td></tr>
<tr><td>景梦莉</td><td>孙女</td><td>1989 年 10 月</td><td>汉</td></tr>
<tr><th>家庭大事</th><td colspan="4">1988 年平房翻建楼房；
2006 年购买汽车一辆；
2009 年购买商品房一套；
2009 年购买全套家电；
2012 年景梦莉毕业于淮阴师范学院，本科学历，2019 年考取公务员。</td></tr>
</table>

	姓名	与户主关系	出生年月	民族
现有家庭成员	景卫林	户主	1951 年 8 月	汉
	张林花	妻子	1956 年 3 月	汉
	景欢庆	儿子	1977 年 10 月	汉
	顾建青	儿媳	1977 年 10 月	汉
	景　琦	孙子	2004 年 4 月	汉
家庭大事	1984 年平房翻建楼房； 1998 年景欢庆毕业于苏州医学院，本科学历，现在昆山正仪卫生院工作； 2001 年购买商品房一套； 2001 年购买全套家电； 2014 年购买汽车一辆。			

	姓名	与户主关系	出生年月	民族
现有家庭成员	景凤男	户主	1966 年 9 月	汉
	王利勤	妻子	1964 年 7 月	汉
	景少雄	儿子	1989 年 7 月	汉
	杨　柳	儿媳	1989 年 4 月	汉
	景歆岩	孙女	2018 年 3 月	汉
家庭大事	1982 年景凤男做木匠； 1988 年平房翻建楼房； 1992 年购买摩托车一辆； 1993 年购买汽车一辆； 1996 年购买卡车一辆。			

	姓名	与户主关系	出生年月	民族
现有家庭成员	景凤林	户主	1952 年 8 月	汉
	孙菊英	妻子	1950 年 9 月	汉
	景月芳	女儿	1976 年 11 月	汉
	金建明	女婿	1970 年 12 月	汉
	景　怡	孙女	1996 年 10 月	汉
家庭大事	1987 年平房翻建楼房； 1997 年购买商品房一套； 1998 年购买全套家电； 2019 年景怡毕业于南京师范大学，本科学历，现任昆山城北中学教师； 2019 年购买汽车一辆。			

	姓名	与户主关系	出生年月	民族
现有家庭成员	凌林凤	户主	1949 年 1 月	汉
	钱雪峰	儿子	1977 年 12 月	汉
	顾敏芳	儿媳	1981 年 5 月	汉
	钱思霖	孙子	2006 年 5 月	汉
	钱思蓓	孙女	2006 年 5 月	汉
家庭大事	1982 年平房翻建楼房； 1999 年钱雪峰毕业于昆山广播电视大学（今昆山开放大学），大专学历，现在住重电磁设备（昆山）有限公司工作； 2009 年动迁安置； 2010 年购买全套家电； 2011 年购买汽车一辆。			

	姓名	与户主关系	出生年月	民族
现有家庭成员	景桂林	户主	1953 年 4 月	汉
	钱香妹	妻子	1955 年 1 月	汉
	景喜兰	女儿	1979 年 1 月	汉
	朱国海	女婿	1977 年 12 月	汉
	朱　璟	孙女	2003 年 10 月	汉
家庭大事	1987 年平房翻建楼房； 2009 年购买汽车一辆； 2011 年购买全套家电。			

	姓名	与户主关系	出生年月	民族
现有家庭成员	景桂元	户主	1963 年 7 月	汉
	蓝桂蓉	妻子	1965 年 9 月	汉
	景　丽	女儿	1987 年 9 月	汉
	范剑平	女婿	1988 年 7 月	汉
	范语诺	孙女	2015 年 7 月	汉
	景语轩	孙子	2017 年 12 月	汉
	钱云娣	母亲	1933 年 7 月	汉
家庭大事	1993 年平房翻建楼房； 2004 年购买商品房一套； 2004 年购买全套家电； 2010 年景丽毕业于扬州职业技术学院，现任昆山高新区鹿城幼儿园教师； 2012 年购买汽车一辆。			

	姓名	与户主关系	出生年月	民族
现有家庭成员	景全荣	户主	1942 年 2 月	汉
	景建国	儿子	1971 年 7 月	汉
	顾小芹	儿媳	1972 年 6 月	汉
	景思源	孙子	2002 年 1 月	汉
家庭大事	1988 年平房翻建楼房； 1997 年景建国毕业于扬州大学，本科学历，在江苏绿利来股份有限公司工作； 1998 年顾小芹毕业于扬州大学，本科学历，在淳华科技（昆山）有限公司工作； 2000 年购买商品房一套； 2001 年购买全套家电； 2010 年购买汽车一辆。			

	姓名	与户主关系	出生年月	民族
现有家庭成员	景香元	户主	1949 年 1 月	汉
	陆大妹	妻子	1951 年 5 月	汉
	景雪龙	儿子	1973 年 1 月	汉
	雷辉丽	儿媳	1976 年 11 月	汉
	景晓青	孙女	1995 年 12 月	汉
	景成飞	孙子	2001 年 2 月	汉
家庭大事	1989 年平房翻建楼房； 1998 年购买全套家电； 2011 年购买商品房一套； 2012 年购买空调三台。			

	姓名	与户主关系	出生年月	民族
现有家庭成员	景爱弟	户主	1952 年 12 月	汉
	高爱妹	妻子	1954 年 12 月	汉
	景华良	儿子	1979 年 9 月	汉
	景宇宸	孙女	2004 年 10 月	汉
家庭大事	1989 年平房翻建楼房； 1999 年景华良毕业于盐城商业学校，从事个体经商； 2004 年购买商品房一套； 2004 年购买全套家电。			

	姓名	与户主关系	出生年月	民族
现有家庭成员	景凤元	户主	1942 年 9 月	汉
	凌友妹	妻子	1945 年 7 月	汉
	景巧香	女儿	1966 年 1 月	汉
	凌根荣	女婿	1964 年 9 月	汉
	景利宏	孙女	1987 年 10 月	汉
	景利峰	孙子	1992 年 9 月	汉
家庭大事	1980 年凌根荣做木匠； 1983 年购买冰箱、电视机； 1986 年平房翻建楼房； 2003 年购买商品房一套； 2010 年景利宏本科毕业，在昆山市地方税务局工作； 2015 年景利峰毕业于江苏大学，本科学历，现在昆山便民服务中心工作； 2016 年动迁安置。			

	姓名	与户主关系	出生年月	民族
现有家庭成员	陈梅生	户主	1952 年 1 月	汉
	王秀宝	妻子	1952 年 11 月	汉
	陈政芳	女儿	1977 年 7 月	汉
	陈　妍	孙女	2008 年 4 月	汉
家庭大事	1988 年平房翻建楼房； 2014 年购买电视机； 2016 年购买汽车一辆； 2017 年购买全套家电。			

	姓名	与户主关系	出生年月	民族
现有家庭成员	金巧荣	户主	1961 年 9 月	汉
	金瑞珍	妻子	1963 年 5 月	汉
	金　龙	长子	1985 年 8 月	汉
	金歆妤	孙女	2010 年 5 月	汉
	金建伟	次子	1991 年 10 月	汉
	金艳伶	次媳	1991 年 1 月	汉
	金芳芊	孙女	2016 年 5 月	汉
	金炳根	岳父	1934 年 11 月	汉
	王招英	岳母	1936 年 2 月	汉
家庭大事	1987 年平房翻建楼房； 2007 年金龙毕业于苏州科技大学，本科学历； 2008 年购买商品房一套； 2008 年购买汽车一辆； 2010 年购买商品房一套； 2014 年金建伟毕业于安徽建筑大学，本科学历，现在云谷食品科技（昆山）有限公司工作； 2016 年购买汽车一辆； 2018 年动迁安置。			

	姓名	与户主关系	出生年月	民族
现有家庭成员	金菊明	户主	1954 年 12 月	汉
	孙海珍	妻子	1953 年 9 月	汉
	金建英	女儿	1978 年 11 月	汉
家庭大事	1982 年平房翻建楼房； 1991 年金建英大专毕业； 2002 年购买商品房一套； 2002 年购买全套家电； 2016 年动迁安置。			

<table>
<tr><td rowspan="7">现有家庭成员</td><th>姓名</th><th>与户主关系</th><th>出生年月</th><th>民族</th></tr>
<tr><td>金菊林</td><td>户主</td><td>1957 年 8 月</td><td>汉</td></tr>
<tr><td>王小妹</td><td>妻子</td><td>1962 年 6 月</td><td>汉</td></tr>
<tr><td>金春兰</td><td>女儿</td><td>1983 年 6 月</td><td>汉</td></tr>
<tr><td>韩　寿</td><td>女婿</td><td>1982 年 6 月</td><td>汉</td></tr>
<tr><td>金韩莀</td><td>孙女</td><td>2001 年 3 月</td><td>汉</td></tr>
<tr><td>凌云花</td><td>母亲</td><td>1929 年 2 月</td><td>汉</td></tr>
<tr><td>家庭大事</td><td colspan="4">1990 年平房翻建楼房；
2001 年购买汽车一辆；
2013 年购买全套家电；
2016 年动迁安置。</td></tr>
</table>

<table>
<tr><td rowspan="6">现有家庭成员</td><th>姓名</th><th>与户主关系</th><th>出生年月</th><th>民族</th></tr>
<tr><td>钱小和</td><td>户主</td><td>1950 年 12 月</td><td>汉</td></tr>
<tr><td>顾抱花</td><td>妻子</td><td>1952 年 12 月</td><td>汉</td></tr>
<tr><td>钱　刚</td><td>儿子</td><td>1977 年 10 月</td><td>汉</td></tr>
<tr><td>景小娥</td><td>儿媳</td><td>1976 年 10 月</td><td>汉</td></tr>
<tr><td>钱艺元</td><td>孙子</td><td>2000 年 6 月</td><td>汉</td></tr>
<tr><td>家庭大事</td><td colspan="4">1987 年平房翻建楼房；
2015 年购买商品房一套；
2016 年动迁安置；
2017 年购买全套家电；
2018 年钱艺元就读于苏州市高级技工学校。</td></tr>
</table>

<table>
<tr><th rowspan="6">现有家庭成员</th><th>姓名</th><th>与户主关系</th><th>出生年月</th><th>民族</th></tr>
<tr><td>钱介仁</td><td>户主</td><td>1947 年 1 月</td><td>汉</td></tr>
<tr><td>张林凤</td><td>妻子</td><td>1948 年 9 月</td><td>汉</td></tr>
<tr><td>钱学平</td><td>儿子</td><td>1970 年 3 月</td><td>汉</td></tr>
<tr><td>陆菊兰</td><td>儿媳</td><td>1971 年 4 月</td><td>汉</td></tr>
<tr><td>钱亚芬</td><td>孙女</td><td>1994 年 2 月</td><td>汉</td></tr>
<tr><td>家庭大事</td><td colspan="4">1989 年平房翻建楼房；
2003 年购买全套家电；
2012 年动迁安置；
2013 年钱亚芬毕业于昆山广播电视大学（今昆山开放大学），大专学历，现在昆山市公安局长江派出所工作；
2017 年购买汽车一辆。</td></tr>
</table>

<table>
<tr><th rowspan="5">现有家庭成员</th><th>姓名</th><th>与户主关系</th><th>出生年月</th><th>民族</th></tr>
<tr><td>金凤官</td><td>户主</td><td>1945 年 1 月</td><td>汉</td></tr>
<tr><td>金雪林</td><td>儿子</td><td>1968 年 5 月</td><td>汉</td></tr>
<tr><td>钱勤花</td><td>儿媳</td><td>1969 年 2 月</td><td>汉</td></tr>
<tr><td>金莨娅</td><td>孙女</td><td>1990 年 12 月</td><td>汉</td></tr>
<tr><td>家庭大事</td><td colspan="4">1993 年平房翻建楼房；
2016 年动迁安置；
2016 年购买全套家电。</td></tr>
</table>

<table>
<tr><th rowspan="4">现有家庭成员</th><th>姓名</th><th>与户主关系</th><th>出生年月</th><th>民族</th></tr>
<tr><td>金永明</td><td>户主</td><td>1963 年 8 月</td><td>汉</td></tr>
<tr><td>陈秀珍</td><td>妻子</td><td>1963 年 2 月</td><td>汉</td></tr>
<tr><td>金华海</td><td>儿子</td><td>1986 年 6 月</td><td>汉</td></tr>
<tr><td>家庭大事</td><td colspan="4">1990 年平房翻建楼房；
2006 年购买商品房一套；
2006 年购买全套家电；
2008 年金华海毕业于常州建东学院，大专学历，现在昆山知富企业管理咨询有限公司工作；
2014 年购买汽车一辆。</td></tr>
</table>

	姓名	与户主关系	出生年月	民族
现有家庭成员	陈密林	户主	1959年5月	汉
	顾招妹	母亲	1936年6月	汉
家庭大事	1977年陈密林任昆山市正仪中心校教师； 1986年陈密林在昆山教师进修学校中师毕业； 1995年平房翻建平房； 2001年购买商品房一套； 2001年购买全套家电； 2002年购买汽车一辆。			

	姓名	与户主关系	出生年月	民族
现有家庭成员	王金根	户主	1946年10月	汉
	景水菊	妻子	1950年2月	汉
	王雪良	儿子	1969年6月	汉
	钱桃花	儿媳	1969年12月	汉
	王　欣	孙子	1992年4月	汉
	赵梦婷	孙媳	1993年12月	汉
	王乐萱	曾孙	2017年10月	汉
家庭大事	1989年平房翻建楼房； 2000年购买安置房一套； 2001年购买全套家电； 2015年购买汽车一辆； 2016年动迁安置。			

	姓名	与户主关系	出生年月	民族
现有家庭成员	钱和尚	户主	1946 年 8 月	汉
	金美英	妻子	1950 年 1 月	汉
	凌学花	儿媳	1971 年 3 月	汉
	钱飞帆	孙子	1992 年 4 月	汉
家庭大事	1989 年平房翻建楼房； 2000 年购买全套家电； 2013 年钱飞帆毕业于无锡科技职业学院，大专学历； 2016 年动迁安置。			

	姓名	与户主关系	出生年月	民族
现有家庭成员	钱汉荣	户主	1951 年 9 月	汉
家庭大事	1988 年平房翻建楼房； 2007 年购买全套家电； 2016 年动迁安置。			

	姓名	与户主关系	出生年月	民族
现有家庭成员	钱汉林	户主	1946 年 6 月	汉
	钱松华	儿子	1973 年 12 月	汉
家庭大事	1982 年平房翻建楼房； 2006 年购买全套家电； 2019 年动迁安置。			

<table>
<tr><th></th><th>姓名</th><th>与户主关系</th><th>出生年月</th><th>民族</th></tr>
<tr><td rowspan="6">现有家庭成员</td><td>钱汉元</td><td>户主</td><td>1963 年 3 月</td><td>汉</td></tr>
<tr><td>郁友珍</td><td>妻子</td><td>1964 年 2 月</td><td>汉</td></tr>
<tr><td>钱美娟</td><td>女儿</td><td>1986 年 1 月</td><td>汉</td></tr>
<tr><td>李国良</td><td>女婿</td><td>1983 年 9 月</td><td>汉</td></tr>
<tr><td>钱欣悦</td><td>孙女</td><td>2010 年 7 月</td><td>汉</td></tr>
<tr><td>李梓豪</td><td>孙子</td><td>2015 年 7 月</td><td>汉</td></tr>
<tr><td>家庭大事</td><td colspan="4">1990 年平房翻建楼房；
1999 年购买商品房一套；
1999 年购买全套家电；
2019 年动迁安置。</td></tr>
</table>

<table>
<tr><th></th><th>姓名</th><th>与户主关系</th><th>出生年月</th><th>民族</th></tr>
<tr><td rowspan="6">现有家庭成员</td><td>钱汉生</td><td>户主</td><td>1947 年 5 月</td><td>汉</td></tr>
<tr><td>凌阿宝</td><td>妻子</td><td>1948 年 8 月</td><td>汉</td></tr>
<tr><td>钱勤良</td><td>儿子</td><td>1971 年 1 月</td><td>汉</td></tr>
<tr><td>钱静芳</td><td>儿媳</td><td>1972 年 10 月</td><td>汉</td></tr>
<tr><td>钱　程</td><td>孙女</td><td>1993 年 8 月</td><td>汉</td></tr>
<tr><td>郭桂大</td><td>母亲</td><td>1925 年 8 月</td><td>汉</td></tr>
<tr><td>家庭大事</td><td colspan="4">1982 年平房翻建楼房；
2014 年钱程毕业于华东师范大学，现任昆山高新区印象花园幼儿园教师；
2016 年购买全套家电；
2017 年购买汽车一辆；
2018 年动迁安置。</td></tr>
</table>

	姓名	与户主关系	出生年月	民族
现有家庭成员	唐小林	户主	1947 年 3 月	汉
	景金秀	妻子	1949 年 3 月	汉
	景雪忠	儿子	1974 年 9 月	汉
	景香花	儿媳	1967 年 1 月	汉
	景美洁	孙女	1990 年 11 月	汉
	景美虹	孙女	1994 年 9 月	汉
家庭大事	1962 年唐小林做木匠； 1994 年平房翻建楼房； 1999 年购买商品房一套； 1999 年购买全套家电； 2013 年景美洁毕业于扬州大学广陵学院，本科学历，现在昆山市人力资源和社会保障局工作； 2013 年购买汽车一辆； 2016 年购买汽车一辆； 2017 年景美虹毕业于江苏师范大学，本科学历，现任昆山培本小学教师。			

	姓名	与户主关系	出生年月	民族
现有家庭成员	景惠明	户主	1946 年 7 月	汉
	范秀英	妻子	1949 年 3 月	汉
	景云娥	女儿	1970 年 2 月	汉
	凌建良	女婿	1968 年 12 月	汉
	景晓廷	孙子	1991 年 12 月	汉
家庭大事	1986 年凌建良做瓦匠； 1987 年平房翻建楼房； 2000 年购买商品房一套； 2001 年购买全套家电； 2010 年景晓廷毕业于昆山广播电视大学（今昆山开放大学），大专学历，现在外企工作； 2016 年购买汽车一辆。			

<table>
<tr><th></th><th>姓名</th><th>与户主关系</th><th>出生年月</th><th>民族</th></tr>
<tr><td rowspan="4">现有家庭成员</td><td>景三妹</td><td>户主</td><td>1949 年 4 月</td><td>汉</td></tr>
<tr><td>景勤龙</td><td>儿子</td><td>1972 年 9 月</td><td>汉</td></tr>
<tr><td>魏小英</td><td>儿媳</td><td>1974 年 8 月</td><td>汉</td></tr>
<tr><td>景阳阳</td><td>孙女</td><td>1995 年 11 月</td><td>汉</td></tr>
<tr><td>家庭大事</td><td colspan="4">1987 年平房翻建楼房；
1988 年景勤龙做瓦匠；
2009 年购买商品房一套；
2009 年购买汽车一辆；
2010 年购买全套家电；
2017 年景阳阳毕业于淮阴师范学院，本科学历，现任昆山市新镇中学教师；
2018 年动迁安置。</td></tr>
</table>

<table>
<tr><th></th><th>姓名</th><th>与户主关系</th><th>出生年月</th><th>民族</th></tr>
<tr><td rowspan="6">现有家庭成员</td><td>景火林</td><td>户主</td><td>1955 年 4 月</td><td>汉</td></tr>
<tr><td>钱社英</td><td>妻子</td><td>1955 年 11 月</td><td>汉</td></tr>
<tr><td>景峰龙</td><td>儿子</td><td>1979 年 9 月</td><td>汉</td></tr>
<tr><td>晶　晶</td><td>儿媳</td><td>1984 年 8 月</td><td>汉</td></tr>
<tr><td>景翊陈</td><td>孙子</td><td>2004 年 5 月</td><td>汉</td></tr>
<tr><td>景翊兴</td><td>孙子</td><td>2013 年 11 月</td><td>汉</td></tr>
<tr><td>家庭大事</td><td colspan="4">1989 年平房翻建楼房；
2001 年购买商品房一套；
2003 年景峰龙毕业于西安交通大学，本科学历，现在昆山从事保险工作；
2004 年购买全套家电。</td></tr>
</table>

<table>
<tr><td rowspan="5">现有家庭成员</td><th>姓名</th><th>与户主关系</th><th>出生年月</th><th>民族</th></tr>
<tr><td>景海林</td><td>户主</td><td>1964 年 6 月</td><td>汉</td></tr>
<tr><td>金秀妹</td><td>妻子</td><td>1963 年 2 月</td><td>汉</td></tr>
<tr><td>景方明</td><td>儿子</td><td>1987 年 5 月</td><td>汉</td></tr>
<tr><td>景　睿</td><td>孙子</td><td>2011 年 4 月</td><td>汉</td></tr>
<tr><td>家庭大事</td><td colspan="4">1990 年平房翻建楼房；
2006 年购买商品房一套；
2006 年购买全套家电；
2019 年动迁安置。</td></tr>
</table>

<table>
<tr><td rowspan="8">现有家庭成员</td><th>姓名</th><th>与户主关系</th><th>出生年月</th><th>民族</th></tr>
<tr><td>王林根</td><td>户主</td><td>1940 年 10 月</td><td>汉</td></tr>
<tr><td>钱福仙</td><td>妻子</td><td>1944 年 12 月</td><td>汉</td></tr>
<tr><td>王利明</td><td>儿子</td><td>1965 年 4 月</td><td>汉</td></tr>
<tr><td>王学芬</td><td>儿媳</td><td>1964 年 9 月</td><td>汉</td></tr>
<tr><td>王珺微</td><td>孙女</td><td>1990 年 6 月</td><td>汉</td></tr>
<tr><td>怀胜荣</td><td>孙女婿</td><td>1990 年 8 月</td><td>汉</td></tr>
<tr><td>王利华</td><td>女儿</td><td>1966 年 5 月</td><td>汉</td></tr>
<tr><td>家庭大事</td><td colspan="4">1987 年平房翻建楼房；
1988 年王利华毕业于苏州教育学院（今苏州市职业大学），大专学历，现任昆山新镇中学教师；
2001 年购买全套家电；
2001 年购买商品房一套；
2014 年购买汽车一辆。</td></tr>
</table>

	姓名	与户主关系	出生年月	民族
现有家庭成员	金小弟	户主	1943 年 10 月	汉
	钱密金	妻子	1946 年 10 月	汉
	钱才林	儿子	1967 年 2 月	汉
	金秋香	儿媳	1966 年 6 月	汉
	钱金蕾	孙女	1989 年 12 月	汉
	钱奕言	曾孙女	2019 年 9 月	汉
家庭大事	1984 年钱才林做木匠； 1986 年平房翻建楼房； 2010 年购买全套家电； 2016 年动迁安置。			

	姓名	与户主关系	出生年月	民族
现有家庭成员	钱巧仙	户主	1953 年 7 月	汉
	陈大丰	儿子	1979 年 2 月	汉
	薛小红	儿媳	1978 年 2 月	汉
	陈志恒	孙子	2002 年 11 月	汉
家庭大事	1995 年平房翻建楼房； 1998 年陈大丰参军，2000 年退役； 1998 年购买商品房一套； 2015 年购买汽车一辆； 2015 年购买全套家电； 2018 年动迁安置。			

	姓名	与户主关系	出生年月	民族
现有家庭成员	金火荣	户主	1957年11月	汉
	严菊宝	妻子	1955年9月	汉
	金　刚	儿子	1987年5月	汉
	王　芳	儿媳	1987年9月	汉
	金浩然	孙子	2016年7月	汉
	金志成	父亲	1932年2月	汉
	王凤珠	母亲	1933年9月	汉
家庭大事	1991年平房翻建楼房； 2006年金刚参军，2008年退役； 2012年动迁安置； 2013年购买全套家电； 2017年购买汽车一辆。			

	姓名	与户主关系	出生年月	民族
现有家庭成员	金小龙	户主	1964年9月	汉
	金梅花	妻子	1965年2月	汉
	金晓云	女儿	1987年5月	汉
	王典章	女婿	1982年1月	汉
	王翌鑫	孙子	2013年1月	汉
	金玥彤	孙女	2014年4月	汉
家庭大事	1982年金小龙做木匠； 1988年平房翻建楼房； 2008年动迁安置； 2009年购买全套家电。			

	姓名	与户主关系	出生年月	民族
现有家庭成员	王社林	户主	1957 年 10 月	汉
	凌花妹	妻子	1956 年 9 月	汉
	王静翠	女儿	1981 年 8 月	汉
	王　洁	孙女	2006 年 5 月	汉
家庭大事	1990 年平房翻建楼房； 2001 年购买商品房一套； 2001 年购买全套家电； 2018 年动迁安置。			

	姓名	与户主关系	出生年月	民族
现有家庭成员	金凤宝	户主	1952 年 3 月	汉
	钱金华	儿子	1973 年 11 月	汉
	顾素洁	儿媳	1975 年 9 月	汉
	钱俞岚	孙女	1997 年 8 月	汉
家庭大事	1989 年平房翻建楼房； 1995 年钱金华做厨师； 2018 年购买商品房一套； 2018 年钱俞岚毕业于淮阴师范学院，本科学历，曾任角直中学教师，现任昆山市第二中学教师； 2019 年动迁安置； 2019 年购买全套家电。			

	姓名	与户主关系	出生年月	民族
现有家庭成员	钱金伟	户主	1976 年 10 月	汉
	宋　银	妻子	1978 年 8 月	汉
	钱飞鸿	儿子	2009 年 7 月	汉
家庭大事	1989 年平房翻建平房； 2011 年购买全套家电； 2016 年分配到经济适用房一套。			

<table>
<tr><td rowspan="7">现有家庭成员</td><td>姓名</td><td>与户主关系</td><td>出生年月</td><td>民族</td></tr>
<tr><td>钱花林</td><td>户主</td><td>1964 年 2 月</td><td>汉</td></tr>
<tr><td>薛伏香</td><td>妻子</td><td>1964 年 4 月</td><td>汉</td></tr>
<tr><td>钱晓斌</td><td>儿子</td><td>1987 年 6 月</td><td>汉</td></tr>
<tr><td>吴　霞</td><td>儿媳</td><td>1988 年 9 月</td><td>汉</td></tr>
<tr><td>钱玮祺</td><td>孙子</td><td>2010 年 7 月</td><td>汉</td></tr>
<tr><td>钱嘉祺</td><td>孙子</td><td>2017 年 9 月</td><td>汉</td></tr>
<tr><td>家庭大事</td><td colspan="4">1981 年钱花林做圆匠（箍桶匠）;
1990 年平房翻建楼房;
2007 年购买商品房一套;
2012 年购买汽车一辆;
2016 年动迁安置。</td></tr>
</table>

<table>
<tr><td rowspan="5">现有家庭成员</td><td>姓名</td><td>与户主关系</td><td>出生年月</td><td>民族</td></tr>
<tr><td>钱花弟</td><td>户主</td><td>1967 年 1 月</td><td>汉</td></tr>
<tr><td>沈密琴</td><td>妻子</td><td>1970 年 1 月</td><td>汉</td></tr>
<tr><td>钱凯翔</td><td>儿子</td><td>1991 年 4 月</td><td>汉</td></tr>
<tr><td>陆秀英</td><td>母亲</td><td>1933 年 11 月</td><td>汉</td></tr>
<tr><td>家庭大事</td><td colspan="4">1990 年平房翻建楼房;
2006 年钱凯翔毕业于南通纺织职业技术学院，大专学历;
2012 年钱凯翔毕业于南京工业大学，本科学历，现在昆山宏新工程管理咨询有限公司工作;
2012 年购买商品房一套;
2012 年购买全套家电;
2016 年购买汽车一辆。</td></tr>
</table>

	姓名	与户主关系	出生年月	民族
现有家庭成员	凌小男	户主	1958 年 8 月	汉
	凌　俊	儿子	1981 年 11 月	汉
	凌陆妍	孙女	2006 年 2 月	汉
	陆圣昊	孙子	2009 年 12 月	汉
	景招男	母亲	1937 年 8 月	汉
家庭大事	1978 年凌小男参军，1981 年退役； 1989 年平房翻建楼房； 2000 年购买汽车一辆； 2005 年购买全套家电； 2018 年动迁安置。			

	姓名	与户主关系	出生年月	民族
现有家庭成员	凌白男	户主	1962 年 6 月	汉
	景梅香	妻子	1965 年 5 月	汉
	凌　艳	女儿	1987 年 2 月	汉
	姜　浩	女婿	1985 年 5 月	汉
	凌志恒	孙子	2013 年 10 月	汉
	姜彦羽	孙女	2010 年 4 月	汉
家庭大事	1980 年建楼房； 2006 年动迁安置； 2007 年购买商品房一套； 2008 年凌艳大专毕业，自谋职业； 2009 年购买全套家电； 2010 年购买汽车一辆。			

	姓名	与户主关系	出生年月	民族
现有家庭成员	金阿木	户主	1953 年 9 月	汉
	戴金妹	妻子	1954 年 7 月	汉
	金叶新	女儿	1979 年 12 月	汉
家庭大事	1982 年平房翻建楼房； 2009 年动迁安置； 2013 年购买全套家电； 2018 年购买汽车一辆。			

景村村第六小组

	姓名	与户主关系	出生年月	民族
现有家庭成员	金建勤	户主	1963 年 10 月	汉
	景密珍	妻子	1963 年 4 月	汉
	金婵娟	女儿	1986 年 11 月	汉
	任依然	孙女	2012 年 1 月	汉
	金　缘	孙子	2017 年 10 月	汉
	金银元	父亲	1939 年 8 月	汉
	金阿宝	母亲	1943 年 2 月	汉
家庭大事	1987 年平房翻建楼房； 2009 年金婵娟毕业于扬州大学，本科学历，现在昆山建元项目管理有限公司工作； 2012 年购买汽车一辆； 2014 年购买全套家电； 2016 年购买汽车一辆； 2019 年动迁安置。			

	姓名	与户主关系	出生年月	民族
现有家庭成员	陆伯男	户主	1965 年 7 月	汉
	景卫花	妻子	1968 年 7 月	汉
	陆春晓	儿子	1989 年 2 月	汉
	陆翊涵	孙子	2017 年 8 月	汉
	陆金照	父亲	1930 年 3 月	汉
家庭大事	1987 年平房翻建楼房； 2010 年购买商品房一套； 2010 年购买全套家电； 2014 年购买汽车一辆； 2016 年陆春晓毕业于沈阳农业大学，本科学历，现在昆山市委组织部工作。			

<table>
<tr><td rowspan="7">现有家庭成员</td><th>姓名</th><th>与户主关系</th><th>出生年月</th><th>民族</th></tr>
<tr><td>凌胜荣</td><td>户主</td><td>1952 年 8 月</td><td>汉</td></tr>
<tr><td>景香英</td><td>妻子</td><td>1953 年 6 月</td><td>汉</td></tr>
<tr><td>凌建刚</td><td>儿子</td><td>1976 年 2 月</td><td>汉</td></tr>
<tr><td>顾良妹</td><td>儿媳</td><td>1976 年 8 月</td><td>汉</td></tr>
<tr><td>凌顾晨</td><td>孙子</td><td>2013 年 5 月</td><td>汉</td></tr>
<tr><td>凌诗颖</td><td>孙女</td><td>2001 年 8 月</td><td>汉</td></tr>
<tr><td>家庭大事</td><td colspan="4">1987 年平房翻建楼房；
2000 年购买商品房一套；
2001 年购买全套家电；
2001 年购买汽车一辆；
2011 年凌建刚毕业于昆山开放大学，大专学历，现在昆山盛英电气有限公司工作。</td></tr>
</table>

<table>
<tr><td rowspan="5">现有家庭成员</td><th>姓名</th><th>与户主关系</th><th>出生年月</th><th>民族</th></tr>
<tr><td>金巧荣</td><td>户主</td><td>1958 年 3 月</td><td>汉</td></tr>
<tr><td>周花妹</td><td>妻子</td><td>1956 年 2 月</td><td>汉</td></tr>
<tr><td>金　磊</td><td>儿子</td><td>1981 年 9 月</td><td>汉</td></tr>
<tr><td>金佑成</td><td>孙子</td><td>2007 年 8 月</td><td>汉</td></tr>
<tr><td>家庭大事</td><td colspan="4">1994 年平房翻建楼房；
2004 年金磊大专毕业，自谋职业；
2016 年动迁安置；
2016 年购买全套家电；
2017 年购买汽车一辆。</td></tr>
</table>

<table>
<tr><td rowspan="8">现有家庭成员</td><td>姓名</td><td>与户主关系</td><td>出生年月</td><td>民族</td></tr>
<tr><td>金水泉</td><td>户主</td><td>1946 年 2 月</td><td>汉</td></tr>
<tr><td>景凤金</td><td>妻子</td><td>1947 年 6 月</td><td>汉</td></tr>
<tr><td>金素芳</td><td>女儿</td><td>1967 年 11 月</td><td>汉</td></tr>
<tr><td>王云良</td><td>女婿</td><td>1966 年 1 月</td><td>汉</td></tr>
<tr><td>金玉倩</td><td>孙女</td><td>1988 年 7 月</td><td>汉</td></tr>
<tr><td>金玉燕</td><td>孙女</td><td>1988 年 7 月</td><td>汉</td></tr>
<tr><td>王水宝</td><td>母亲</td><td>1927 年 6 月</td><td>汉</td></tr>
<tr><td>家庭大事</td><td colspan="4">1990 年平房翻建楼房；
2001 年购买商品房一套；
2001 年购买全套家电；
2008 年金玉燕毕业于江苏教育学院，现任昆山高新区西塘实验小学教师；
2015 年购买汽车三辆；
2016 年动迁安置。</td></tr>
</table>

<table>
<tr><td rowspan="6">现有家庭成员</td><td>姓名</td><td>与户主关系</td><td>出生年月</td><td>民族</td></tr>
<tr><td>金建新</td><td>户主</td><td>1971 年 1 月</td><td>汉</td></tr>
<tr><td>王庆弟</td><td>妻子</td><td>1977 年 10 月</td><td>汉</td></tr>
<tr><td>金　辉</td><td>长子</td><td>1994 年 7 月</td><td>汉</td></tr>
<tr><td>金友仰</td><td>次子</td><td>2007 年 2 月</td><td>汉</td></tr>
<tr><td>金雨恒</td><td>孙女</td><td>2019 年 10 月</td><td>汉</td></tr>
<tr><td>家庭大事</td><td colspan="4">1986 年平房翻建楼房；
2009 年购买汽车一辆；
2014 年金辉毕业于昆山开放大学，大专学历；
2016 年购买全套家电；
2016 年动迁安置。</td></tr>
</table>

<table>
<tr><td rowspan="6">现有家庭成员</td><th>姓名</th><th>与户主关系</th><th>出生年月</th><th>民族</th></tr>
<tr><td>陆大男</td><td>户主</td><td>1953 年 7 月</td><td>汉</td></tr>
<tr><td>景林花</td><td>妻子</td><td>1953 年 10 月</td><td>汉</td></tr>
<tr><td>陆正东</td><td>儿子</td><td>1975 年 12 月</td><td>汉</td></tr>
<tr><td>陈学英</td><td>儿媳</td><td>1976 年 1 月</td><td>汉</td></tr>
<tr><td>陆　畅</td><td>孙子</td><td>2002 年 10 月</td><td>汉</td></tr>
<tr><td>家庭大事</td><td colspan="4">1985 年平房翻建楼房；
1999 年陆正东毕业于南京工业大学，本科学历，现在昆山旅游度假区规划建设局工作，曾被昆山市委组织部派去援疆 3 年；
1999 年陈学英毕业于同济大学，本科学历，现在昆山市利悦建筑图审有限公司工作；
2000 年购买商品房一套；
2000 年购买全套家电；
2014 年购买汽车一辆；
2019 年动迁安置。</td></tr>
</table>

<table>
<tr><td rowspan="6">现有家庭成员</td><th>姓名</th><th>与户主关系</th><th>出生年月</th><th>民族</th></tr>
<tr><td>徐花生</td><td>户主</td><td>1956 年 3 月</td><td>汉</td></tr>
<tr><td>凌惠芬</td><td>妻子</td><td>1961 年 7 月</td><td>汉</td></tr>
<tr><td>徐忠明</td><td>儿子</td><td>1982 年 9 月</td><td>汉</td></tr>
<tr><td>崔单单</td><td>儿媳</td><td>1984 年 4 月</td><td>汉</td></tr>
<tr><td>徐　瑾</td><td>孙女</td><td>2018 年 2 月</td><td>汉</td></tr>
<tr><td>家庭大事</td><td colspan="4">1980 年平房翻建平房；
1990 年平房翻建楼房；
2016 年购买全套家电；
2019 年动迁安置。</td></tr>
</table>

	姓名	与户主关系	出生年月	民族
现有家庭成员	顾金虎	户主	1948 年 8 月	汉
	金银宝	妻子	1950 年 11 月	汉
	金培林	儿子	1969 年 11 月	汉
	王雪芳	儿媳	1971 年 8 月	汉
	金梦艳	孙女	1993 年 1 月	汉
	金培芳	女儿	1974 年 4 月	汉
家庭大事	1984 年平房翻建楼房； 2015 年金梦艳毕业于南通大学，本科学历，现任昆山市城北中学教师； 2015 年购买汽车一辆； 2015 年购买全套家电。			

	姓名	与户主关系	出生年月	民族
现有家庭成员	金建中	户主	1964 年 9 月	汉
	王秀妹	妻子	1963 年 3 月	汉
	金少华	儿子	1987 年 11 月	汉
	金梓宸	孙子	2014 年 9 月	汉
	袁菊宝	母亲	1942 年 10 月	汉
家庭大事	1980 年金建中做木匠； 1986 年平房翻建楼房； 2008 年动迁安置； 2011 年金少华毕业于西安交通大学微电子专业，本科学历，现在瑞晟微电子（苏州）有限公司工作； 2013 年购买全套家电。			

现有家庭成员	姓名	与户主关系	出生年月	民族
	凌胜福	户主	1956 年 11 月	汉
	凌　薇	女儿	1989 年 2 月	汉
家庭大事	1988 年平房翻建楼房； 2014 年凌薇毕业于扬州大学广陵学院，本科学历，现在中国工商银行昆山分行工作； 2014 年购买汽车一辆； 2016 年动迁安置； 2016 年购买全套家电。			

现有家庭成员	姓名	与户主关系	出生年月	民族
	李花根	户主	1964 年 1 月	汉
	李金秀	妻子	1967 年 11 月	汉
	李　峰	儿子	1988 年 7 月	汉
	陈　浩	儿媳	1988 年 8 月	汉
	李宸皓	孙子	2012 年 7 月	汉
	李宸乐	孙子	2017 年 9 月	汉
家庭大事	1983 年李花根做木匠； 1988 年平房翻建楼房； 2007 年购买商品房一套； 2009 年李峰毕业于常州纺织服装职业技术学院，大专学历，现在昆山人力资源和社会保障局市民卡管理中心工作； 2009 年购买全套家电； 2015 年购买汽车一辆； 2019 年动迁安置。			

现有家庭成员	姓名	与户主关系	出生年月	民族
	金彩英	户主	1946 年 11 月	汉
家庭大事	1987 年平房翻建楼房； 2016 年动迁安置； 2016 年购买全套家电。			

	姓名	与户主关系	出生年月	民族
现有家庭成员	凌秋生	户主	1967 年 6 月	汉
	徐学珍	妻子	1967 年 9 月	汉
	凌　虹	女儿	1991 年 1 月	汉
家庭大事	1982 年平房翻建楼房； 1989 年凌秋生做瓦匠； 2010 年购买商品房一套； 2010 年购买全套家电； 2016 年动迁安置。			

	姓名	与户主关系	出生年月	民族
现有家庭成员	凌培生	户主	1969 年 9 月	汉
	翁玉芳	妻子	1970 年 12 月	汉
	凌　峰	儿子	1992 年 8 月	汉
	顾传妹	母亲	1945 年 12 月	汉
家庭大事	1991 年建造楼房； 2001 年购买商品房一套； 2001 年购买全套家电； 2011 年动迁安置； 2012 年购买汽车一辆。			

	姓名	与户主关系	出生年月	民族
现有家庭成员	李花林	户主	1967 年 2 月	汉
	钱学珍	妻子	1967 年 9 月	汉
	李　静	女儿	1990 年 6 月	汉
	李希颜	孙女	2013 年 7 月	汉
	姚奕乐	孙子	2016 年 7 月	汉
家庭大事	1986 年李花林做瓦匠； 1986 年平房翻建楼房； 2016 年购买全套家电； 2016 年动迁安置。			

<table>
<tr><th></th><th>姓名</th><th>与户主关系</th><th>出生年月</th><th>民族</th></tr>
<tr><td rowspan="5">现有家庭成员</td><td>金仲华</td><td>户主</td><td>1946 年 1 月</td><td>汉</td></tr>
<tr><td>金小宝</td><td>妻子</td><td>1947 年 9 月</td><td>汉</td></tr>
<tr><td>金卫星</td><td>儿子</td><td>1972 年 11 月</td><td>汉</td></tr>
<tr><td>葛　萍</td><td>儿媳</td><td>1970 年 2 月</td><td>汉</td></tr>
<tr><td>金星平</td><td>孙子</td><td>1998 年 5 月</td><td>汉</td></tr>
<tr><td>家庭大事</td><td colspan="4">1981 年平房翻建楼房；
1995 年金卫星毕业于东南大学，本科学历，在昆山开发区规划建设局工作；
2010 年购买商品房一套；
2010 年购买全套家电；
2011 年购买汽车一辆；
2016 年金星平就读于上海财经大学，2019 年在美国留学。</td></tr>
</table>

<table>
<tr><th></th><th>姓名</th><th>与户主关系</th><th>出生年月</th><th>民族</th></tr>
<tr><td rowspan="4">现有家庭成员</td><td>王友法</td><td>户主</td><td>1964 年 2 月</td><td>汉</td></tr>
<tr><td>金翠琴</td><td>妻子</td><td>1967 年 12 月</td><td>汉</td></tr>
<tr><td>金晓峰</td><td>儿子</td><td>1988 年 5 月</td><td>汉</td></tr>
<tr><td>金晓青</td><td>女儿</td><td>1995 年 1 月</td><td>汉</td></tr>
<tr><td>家庭大事</td><td colspan="4">1984 年平房翻建楼房；
2014 年购买商品房一套；
2014 年购买全套家电。</td></tr>
</table>

<table>
<tr><th></th><th>姓名</th><th>与户主关系</th><th>出生年月</th><th>民族</th></tr>
<tr><td rowspan="8">现有家庭成员</td><td>金泉生</td><td>户主</td><td>1950 年 3 月</td><td>汉</td></tr>
<tr><td>杜金宝</td><td>妻子</td><td>1954 年 2 月</td><td>汉</td></tr>
<tr><td>李　斌</td><td>长子</td><td>1975 年 11 月</td><td>汉</td></tr>
<tr><td>陈华英</td><td>长媳</td><td>1977 年 6 月</td><td>汉</td></tr>
<tr><td>李　明</td><td>次子</td><td>1977 年 5 月</td><td>汉</td></tr>
<tr><td>凌胜芳</td><td>次媳</td><td>1977 年 5 月</td><td>汉</td></tr>
<tr><td>李亦晨</td><td>孙子</td><td>2001 年 2 月</td><td>汉</td></tr>
<tr><td>李琳奕</td><td>孙女</td><td>2003 年 5 月</td><td>汉</td></tr>
<tr><td>家庭大事</td><td colspan="4">1966 年金泉生做木匠；
1983 年平房翻建楼房；
1984 年又建楼房；
1997 年购买商品房一套；
1997 年购买全套家电；
2006 年购买汽车一辆；
2016 年动迁安置；
2019 年李亦晨就读于苏州大学。</td></tr>
</table>

<table>
<tr><th></th><th>姓名</th><th>与户主关系</th><th>出生年月</th><th>民族</th></tr>
<tr><td rowspan="3">现有家庭成员</td><td>金泉荣</td><td>户主</td><td>1955 年 2 月</td><td>汉</td></tr>
<tr><td>景林英</td><td>妻子</td><td>1956 年 8 月</td><td>汉</td></tr>
<tr><td>金美娟</td><td>女儿</td><td>1981 年 5 月</td><td>汉</td></tr>
<tr><td>家庭大事</td><td colspan="4">1983 年平房翻建楼房；
1995 年购买商品房一套；
1995 年购买全套家电；
1998 年购买汽车一辆；
2005 年金美娟毕业于苏州大学，本科学历，现在昆山开发区建筑设计院有限公司工作。</td></tr>
</table>

	姓名	与户主关系	出生年月	民族
现有家庭成员	凌海水	户主	1941 年 6 月	汉
	夏林大	妻子	1946 年 4 月	汉
	谭　新	儿媳	1971 年 2 月	汉
	凌佳琪	孙女	1996 年 3 月	汉
家庭大事	1987 年平房翻建楼房； 2017 年购买全套家电； 2018 年购买汽车一辆； 2019 年动迁安置。			

	姓名	与户主关系	出生年月	民族
现有家庭成员	凌胜法	户主	1965 年 6 月	汉
	凌鹰伟	儿子	1990 年 8 月	汉
家庭大事	1981 年凌胜法做木匠； 1983 年平房翻建楼房； 1986 年购买全套家电。			

	姓名	与户主关系	出生年月	民族
现有家庭成员	景香法	户主	1964 年 5 月	汉
	金金凤	妻子	1962 年 3 月	汉
	金　峰	儿子	1987 年 4 月	汉
	龙　姗	儿媳	1981 年 11 月	汉
	金诗婷	孙女	2011 年 5 月	汉
	金彧慕龙	孙子	2017 年 6 月	汉
	王小妹	岳母	1934 年 12 月	汉
家庭大事	1986 年平房翻建楼房； 2004 年购买商品房一套； 2004 年购买全套家电； 2006 年购买汽车一辆； 2012 年动迁安置； 2014 年金峰大专毕业，自谋职业。			

<table>
<tr><td rowspan="7">现有家庭成员</td><th>姓名</th><th>与户主关系</th><th>出生年月</th><th>民族</th></tr>
<tr><td>陆海荣</td><td>户主</td><td>1948 年 4 月</td><td>汉</td></tr>
<tr><td>唐新妹</td><td>妻子</td><td>1947 年 7 月</td><td>汉</td></tr>
<tr><td>陆震龙</td><td>儿子</td><td>1977 年 1 月</td><td>汉</td></tr>
<tr><td>徐　琴</td><td>儿媳</td><td>1978 年 4 月</td><td>汉</td></tr>
<tr><td>陆婷妤</td><td>孙女</td><td>2003 年 4 月</td><td>汉</td></tr>
<tr><td>徐　艺</td><td>孙女</td><td>2008 年 11 月</td><td>汉</td></tr>
<tr><td>家庭大事</td><td colspan="4">1979 年平房翻建平房；
1997 年陆震龙毕业于江苏城乡建设职业学院，大专学历，现在 AB 集团工作；
1998 年平房翻建楼房；
2001 年购买商品房一套；
2001 年购买全套家电；
2009 年购买汽车一辆。</td></tr>
</table>

<table>
<tr><td rowspan="3">现有家庭成员</td><th>姓名</th><th>与户主关系</th><th>出生年月</th><th>民族</th></tr>
<tr><td>姜爱妹</td><td>户主</td><td>1937 年 2 月</td><td>汉</td></tr>
<tr><td>金白男</td><td>儿子</td><td>1955 年 4 月</td><td>汉</td></tr>
<tr><td>家庭大事</td><td colspan="4">1987 年平房翻建楼房；
2012 年动迁安置；
2012 年购买全套家电。</td></tr>
</table>

<table>
<tr><td rowspan="2">现有家庭成员</td><th>姓名</th><th>与户主关系</th><th>出生年月</th><th>民族</th></tr>
<tr><td>李招根</td><td>户主</td><td>1957 年 8 月</td><td>汉</td></tr>
<tr><td>家庭大事</td><td colspan="4">2009 年安排经济适用房一套；
2009 年购买全套家电。</td></tr>
</table>

<table>
<tr><th rowspan="7">现有家庭成员</th><th>姓名</th><th>与户主关系</th><th>出生年月</th><th>民族</th></tr>
<tr><td>金立新</td><td>户主</td><td>1961 年 9 月</td><td>汉</td></tr>
<tr><td>凌金秀</td><td>妻子</td><td>1961 年 8 月</td><td>汉</td></tr>
<tr><td>金永剑</td><td>长子</td><td>1985 年 2 月</td><td>汉</td></tr>
<tr><td>金永军</td><td>次子</td><td>1990 年 12 月</td><td>汉</td></tr>
<tr><td>金雨馨</td><td>孙女</td><td>2016 年 5 月</td><td>汉</td></tr>
<tr><td>金般若</td><td>孙女</td><td>2019 年 1 月</td><td>汉</td></tr>
<tr><td>家庭大事</td><td colspan="4">1980 年金立新做瓦匠；
1987 年平房翻建楼房；
2005 年金永剑参军，2007 年退役；
2006 年购买商品房一套；
2008 年金永军参军，2010 年退役；
2008 年购买全套家电；
2017 年购买商品房一套。</td></tr>
</table>

<table>
<tr><th rowspan="8">现有家庭成员</th><th>姓名</th><th>与户主关系</th><th>出生年月</th><th>民族</th></tr>
<tr><td>陆小关</td><td>户主</td><td>1935 年 5 月</td><td>汉</td></tr>
<tr><td>金银媛</td><td>妻子</td><td>1933 年 1 月</td><td>汉</td></tr>
<tr><td>陆炳林</td><td>儿子</td><td>1965 年 1 月</td><td>汉</td></tr>
<tr><td>凌梅香</td><td>儿媳</td><td>1963 年 5 月</td><td>汉</td></tr>
<tr><td>陆明刚</td><td>孙子</td><td>1987 年 8 月</td><td>汉</td></tr>
<tr><td>李文娟</td><td>孙媳</td><td>1985 年 5 月</td><td>汉</td></tr>
<tr><td>陆仁信</td><td>曾孙女</td><td>2012 年 3 月</td><td>汉</td></tr>
<tr><td>家庭大事</td><td colspan="4">1992 年平房翻建楼房；
2001 年购买汽车一辆；
2004 年购买商品房一套；
2004 年购买全套家电；
2013 年陆明刚毕业于无锡商业职业技术学院，大专学历，现在外企工作；
2016 年动迁安置；
2018 年购买汽车一辆。</td></tr>
</table>

<table>
<tr><th rowspan="4">现有家庭成员</th><th>姓名</th><th>与户主关系</th><th>出生年月</th><th>民族</th></tr>
<tr><td>金建文</td><td>户主</td><td>1968 年 7 月</td><td>汉</td></tr>
<tr><td>金秋花</td><td>妻子</td><td>1968 年 8 月</td><td>汉</td></tr>
<tr><td>金　伟</td><td>儿子</td><td>1991 年 5 月</td><td>汉</td></tr>
<tr><th>家庭大事</th><td colspan="4">1988 年平房翻建楼房；
1997 年购买商品房一套；
1997 年购买全套家电；
2017 年购买汽车一辆。</td></tr>
</table>

<table>
<tr><th rowspan="4">现有家庭成员</th><th>姓名</th><th>与户主关系</th><th>出生年月</th><th>民族</th></tr>
<tr><td>金密龙</td><td>户主</td><td>1964 年 7 月</td><td>汉</td></tr>
<tr><td>陆密琴</td><td>妻子</td><td>1965 年 5 月</td><td>汉</td></tr>
<tr><td>金　颖</td><td>女儿</td><td>1987 年 11 月</td><td>汉</td></tr>
<tr><th>家庭大事</th><td colspan="4">1978 年建造平房；
1999 年购买商品房一套；
2011 年购买汽车一辆；
2012 年动迁安置；
2012 年购买全套家电；
2012 年金颖毕业于新加坡国立大学，本科学历，现在昆山好孩子集团有限公司工作；
2016 年购买汽车一辆。</td></tr>
</table>

<table>
<tr><th rowspan="7">现有家庭成员</th><th>姓名</th><th>与户主关系</th><th>出生年月</th><th>民族</th></tr>
<tr><td>凌三男</td><td>户主</td><td>1947 年 8 月</td><td>汉</td></tr>
<tr><td>金巧林</td><td>妻子</td><td>1950 年 10 月</td><td>汉</td></tr>
<tr><td>金建芬</td><td>女儿</td><td>1975 年 3 月</td><td>汉</td></tr>
<tr><td>金建明</td><td>儿子</td><td>1968 年 12 月</td><td>汉</td></tr>
<tr><td>张和秀</td><td>儿媳</td><td>1967 年 2 月</td><td>汉</td></tr>
<tr><td>金　旭</td><td>孙子</td><td>2004 年 4 月</td><td>汉</td></tr>
<tr><th>家庭大事</th><td colspan="4">1986 年建造楼房；
2009 年动迁安置；
2015 年购买商品房一套；
2015 年购买全套家电。</td></tr>
</table>

<table>
<tr><th rowspan="7">现有家庭成员</th><th>姓名</th><th>与户主关系</th><th>出生年月</th><th>民族</th></tr>
<tr><td>徐官生</td><td>户主</td><td>1954 年 6 月</td><td>汉</td></tr>
<tr><td>浦密凤</td><td>妻子</td><td>1954 年 5 月</td><td>汉</td></tr>
<tr><td>徐洪刚</td><td>儿子</td><td>1982 年 3 月</td><td>汉</td></tr>
<tr><td>刘文娟</td><td>儿媳</td><td>1986 年 2 月</td><td>汉</td></tr>
<tr><td>徐雨璇</td><td>孙女</td><td>2008 年 2 月</td><td>汉</td></tr>
<tr><td>徐红英</td><td>女儿</td><td>1979 年 10 月</td><td>汉</td></tr>
<tr><th>家庭大事</th><td colspan="4">1993 年徐官生做电焊工；
1995 年平房翻建楼房；
2015 年购买全套家电；
2016 年动迁安置。</td></tr>
</table>

景村村第七小组

	姓名	与户主关系	出生年月	民族
现有家庭成员	王友良	户主	1948 年 1 月	汉
	钱根妹	妻子	1948 年 11 月	汉
	王丽琴	女儿	1974 年 2 月	汉
	为立成	儿子	1978 年 6 月	汉
	陈翠容	儿媳	1980 年 4 月	汉
	王悦非	孙女	2010 年 7 月	汉
家庭大事	1964 年王友良做兽医； 1966 年王友良做瓦匠； 1984 年平房翻建楼房； 2000 年购买商品房一套； 2000 年购买全套家电； 2009 年购买汽车一辆。			

	姓名	与户主关系	出生年月	民族
现有家庭成员	金火根	户主	1934 年 3 月	汉
	王水花	妻子	1938 年 6 月	汉
	金翠珍	女儿	1967 年 8 月	汉
	金建学	女婿	1965 年 11 月	汉
	金月华	孙女	1991 年 8 月	汉
家庭大事	1969 年平房翻建平房； 1984 年平房翻建楼房； 2006 年购买全套家电； 2014 年金月华毕业于中国传媒大学，本科学历，现在昆山电视台工作。			

现有家庭成员	姓名	与户主关系	出生年月	民族
	景小男	户主	1950 年 12 月	汉
	顾雪妹	妻子	1952 年 11 月	汉
	景　华	儿子	1973 年 6 月	汉
家庭大事	1987 年平房翻建楼房； 2016 年动迁安置； 2016 年购买全套家电。			

现有家庭成员	姓名	与户主关系	出生年月	民族
	景花根	户主	1967 年 2 月	汉
	金雪芳	妻子	1966 年 11 月	汉
	景芸芸	女儿	1991 年 10 月	汉
	景美妹	父亲	1946 年 9 月	汉
	沈桂宝	母亲	1945 年 4 月	汉
家庭大事	1984 年景花根做瓦匠； 1996 年平房翻建楼房； 2000 年购买汽车一辆； 2018 年动迁安置； 2018 年购买全套家电。			

现有家庭成员	姓名	与户主关系	出生年月	民族
	徐桂生	户主	1948 年 7 月	汉
	凌小妹	妻子	1949 年 7 月	汉
	凌　良	儿子	1974 年 5 月	汉
	陈　英	儿媳	1976 年 1 月	汉
	凌思语	孙女	1997 年 3 月	汉
家庭大事	1986 年平房翻建楼房； 1994 年购买商品房一套； 1994 年购买全套家电； 2019 年凌思语毕业于南京大学，本科学历，现任苏州吴中实验小学教师。			

	姓名	与户主关系	出生年月	民族
现有家庭成员	金雪明	户主	1959 年 2 月	汉
	徐小妹	妻子	1961 年 10 月	汉
	金　华	儿子	1982 年 9 月	汉
	余国华	儿媳	1978 年 1 月	汉
	金诺函	孙女	2005 年 4 月	汉
	杨巧英	母亲	1931 年 2 月	汉
家庭大事	1985 年平房翻建楼房； 2005 年动迁安置； 2005 年购买全套家电。			

	姓名	与户主关系	出生年月	民族
现有家庭成员	李全元	户主	1956 年 8 月	汉
	金密珍	妻子	1957 年 10 月	汉
	金惠青	女儿	1979 年 1 月	汉
	姚金鑫	孙子	2001 年 12 月	汉
	景圣杰	孙子	2011 年 12 月	汉
家庭大事	1973 年李全元做瓦匠； 1984 年平房翻建楼房； 2008 年购买全套家电。			

	姓名	与户主关系	出生年月	民族
现有家庭成员	金玉勤	户主	1953 年 6 月	汉
	李巧金	妻子	1953 年 5 月	汉
	金美芳	女儿	1978 年 1 月	汉
	金　昊	孙子	2003 年 6 月	汉
家庭大事	1972 年金玉勤参军，1976 年退役； 1988 年平房翻建楼房； 2012 年购买全套家电。			

	姓名	与户主关系	出生年月	民族
现有家庭成员	陆阿二	户主	1954 年 4 月	汉
	王秀香	妻子	1954 年 2 月	汉
	陆海燕	儿子	1978 年 11 月	汉
	孙晓燕	儿媳	1982 年 5 月	汉
	陆孙瑜	孙子	2004 年 5 月	汉
	孙陆瑜	孙子	2014 年 5 月	汉
	陆阿道	母亲	1932 年 11 月	汉
家庭大事	1985 年平房翻建楼房； 1999 年陆海燕毕业于苏州评弹学校，现在南星渎派出所工作； 2003 年购买商品房一套； 2003 年购买全套家电。			

	姓名	与户主关系	出生年月	民族
现有家庭成员	金元春	户主	1947 年 1 月	汉
	范林香	妻子	1952 年 7 月	汉
	金　龙	长子	1980 年 6 月	汉
	张春芳	长媳	1981 年 11 月	汉
	金昆龙	次子	1981 年 10 月	汉
	金喜恒	长孙	2006 年 2 月	汉
	周睿昊	次孙	2009 年 3 月	汉
家庭大事	1988 年平房翻建楼房； 2000 年金龙参军，2002 年退役； 2001 年购买商品房一套； 2001 年购买全套家电； 2011 年购买汽车一辆。			

	姓名	与户主关系	出生年月	民族
现有家庭成员	金自强	户主	1946 年 8 月	汉
	金素珍	母亲	1930 年 12 月	汉
家庭大事	1984 年建造平房； 2007 年动迁安置； 2007 年购买全套家电。			

	姓名	与户主关系	出生年月	民族
现有家庭成员	王多生	户主	1941 年 10 月	汉
	王招仙	妻子	1944 年 5 月	汉
	王建龙	儿子	1976 年 3 月	汉
	盛王亦	孙子	2001 年 10 月	汉
家庭大事	1983 年平房翻建楼房； 1996 年购买商品房一套； 1996 年购买全套家电； 2011 年动迁安置； 2015 年购买汽车一辆。			

	姓名	与户主关系	出生年月	民族
现有家庭成员	金玉明	户主	1948 年 12 月	汉
	金　芳	女儿	1969 年 11 月	汉
	归兴良	女婿	1967 年 12 月	汉
	金孙伟	孙子	1990 年 7 月	汉
家庭大事	1986 年平房翻建楼房； 2000 年购买商品房一套； 2000 年购买全套家电； 2013 年金孙伟毕业于江苏大学，本科学历，现在昆山市政府工作。			

	姓名	与户主关系	出生年月	民族
现有家庭成员	景凤明	户主	1963 年 8 月	汉
	姚祥花	妻子	1965 年 9 月	汉
	景雪娟	女儿	1986 年 6 月	汉
家庭大事	1984 年平房翻建楼房； 2011 年动迁安置； 2011 年购买全套家电。			

	姓名	与户主关系	出生年月	民族
现有家庭成员	金培福	户主	1964 年 5 月	汉
	陆花妹	妻子	1966 年 1 月	汉
	金亚婷	女儿	1987 年 8 月	汉
	钱秀英	母亲	1936 年 12 月	汉
家庭大事	1985 年平房翻建楼房； 2002 年购买商品房一套； 2012 年购买汽车一辆； 2012 年购买全套家电。			

	姓名	与户主关系	出生年月	民族
现有家庭成员	凌瑞法	户主	1965 年 2 月	汉
	凌福珍	妻子	1964 年 2 月	汉
	凌晓晨	儿子	1990 年 10 月	汉
	朱丽华	儿媳	1989 年 11 月	汉
	凌可欣	孙女	2013 年 5 月	汉
家庭大事	1983 年凌瑞法做木匠； 1985 年平房翻建楼房； 2010 年动迁安置； 2010 年购买全套家电； 2010 年购买汽车一辆。			

	姓名	与户主关系	出生年月	民族
现有家庭成员	凌根元	户主	1942 年 10 月	汉
	金凤珠	妻子	1939 年 6 月	汉
	凌林法	儿子	1970 年 2 月	汉
	刘纪艳	儿媳	1965 年 4 月	汉
	凌　杰	孙子	1995 年 1 月	汉
家庭大事	1990 年平房翻建楼房； 2010 年购买汽车一辆； 2013 年购买商品房一套； 2013 年购买全套家电； 2015 年动迁安置。			

	姓名	与户主关系	出生年月	民族
现有家庭成员	凌火根	户主	1955 年 6 月	汉
	金巧香	妻子	1954 年 3 月	汉
	凌刚荣	长子	1979 年 3 月	汉
	凌高荣	次子	1985 年 12 月	汉
	凌家俊	孙子	2011 年 10 月	汉
家庭大事	1989 年平房翻建楼房； 2016 年动迁安置； 2016 年购买全套家电。			

	姓名	与户主关系	出生年月	民族
现有家庭成员	金自法	户主	1963 年 5 月	汉
	金玉凤	妻子	1964 年 7 月	汉
	金亚娟	女儿	1986 年 7 月	汉
家庭大事	1984 年平房翻建楼房； 2019 年动迁安置； 2019 年购买全套家电。			

	姓名	与户主关系	出生年月	民族
现有家庭成员	金红林	户主	1953 年 10 月	汉
	陆玉林	妻子	1954 年 12 月	汉
	金惠娟	女儿	1978 年 10 月	汉
	金元丰	孙子	2003 年 10 月	汉
家庭大事	1983 年平房翻建楼房； 1993 年购买全套家电； 2016 年动迁安置。			

	姓名	与户主关系	出生年月	民族
现有家庭成员	金金寿	户主	1953 年 2 月	汉
	王　妹	妻子	1954 年 12 月	汉
	金　建	儿子	1977 年 8 月	汉
	邓正青	儿媳	1981 年 11 月	汉
	金晓文	孙子	2005 年 10 月	汉
	金欣怡	孙女	2013 年 4 月	汉
家庭大事	1995 年平房翻建楼房； 2017 年购买商品房一套； 2017 年购买全套家电； 2018 年购买汽车一辆。			

<table>
<tr><td rowspan="6">现有家庭成员</td><th>姓名</th><th>与户主关系</th><th>出生年月</th><th>民族</th></tr>
<tr><td>陆密龙</td><td>户主</td><td>1963 年 11 月</td><td>汉</td></tr>
<tr><td>李花妹</td><td>妻子</td><td>1963 年 6 月</td><td>汉</td></tr>
<tr><td>陆　静</td><td>女儿</td><td>1986 年 8 月</td><td>汉</td></tr>
<tr><td>王敏君</td><td>孙女</td><td>2011 年 9 月</td><td>汉</td></tr>
<tr><td>钱惠英</td><td>母亲</td><td>1935 年 7 月</td><td>汉</td></tr>
<tr><td>家庭大事</td><td colspan="4">1950 年父亲陆仁泉参军，1956 年退役；
1980 年平房翻建楼房；
1991 年购买商品房一套；
2001 年购买全套家电；
2011 年动迁安置。</td></tr>
</table>

<table>
<tr><td rowspan="6">现有家庭成员</td><th>姓名</th><th>与户主关系</th><th>出生年月</th><th>民族</th></tr>
<tr><td>金永明</td><td>户主</td><td>1949 年 5 月</td><td>汉</td></tr>
<tr><td>陆小金</td><td>妻子</td><td>1950 年 1 月</td><td>汉</td></tr>
<tr><td>金华良</td><td>儿子</td><td>1986 年 8 月</td><td>汉</td></tr>
<tr><td>金华英</td><td>女儿</td><td>1971 年 7 月</td><td>汉</td></tr>
<tr><td>金思怡</td><td>孙女</td><td>1996 年 4 月</td><td>汉</td></tr>
<tr><td>家庭大事</td><td colspan="4">1992 年平房翻建楼房；
2001 年购买全套家电；
2006 年金华良毕业于苏州医学院，本科学历，现在昆山市第一人民医院担任麻醉师。</td></tr>
</table>

	姓名	与户主关系	出生年月	民族
现有家庭成员	金凤珍	户主	1944 年 9 月	汉
	金香妹	女儿	1961 年 10 月	汉
	凌花荣	女婿	1960 年 7 月	汉
	金琳玮	孙子	1984 年 12 月	汉
	金琳彬	孙子	1989 年 3 月	汉
	金奕岑	曾孙女	2012 年 5 月	汉
	姚昕岑	曾孙女	2015 年 3 月	汉
	金苡萩	曾孙女	2018 年 11 月	汉
家庭大事	1984 年凌花荣师范毕业，任正仪小学教师； 1985 年平房翻建楼房； 2002 年购买商品房一套； 2004 年、2011 年、2015 年各购买汽车一辆； 2007 年金琳玮毕业于合肥工业大学，本科学历，现在上海江南造船厂工作； 2011 年金琳彬毕业于江苏大学，本科学历，现在博世汽车部件（苏州）有限公司工作。			

	姓名	与户主关系	出生年月	民族
现有家庭成员	金林寿	户主	1950 年 10 月	汉
	王云妹	妻子	1950 年 8 月	汉
	金　明	儿子	1972 年 11 月	汉
	凌翠红	儿媳	1974 年 12 月	汉
	金旭东	孙子	1996 年 6 月	汉
家庭大事	1984 年平房翻建楼房； 2011 年动迁安置； 2015 年金旭东参军，2017 年退役； 2016 年购买全套家电； 2017 年购买汽车一辆。			

	姓名	与户主关系	出生年月	民族
现有家庭成员	凌金福	户主	1963 年 2 月	汉
	凌志燕	女儿	1986 年 1 月	汉
	金惠英	母亲	1932 年 5 月	汉
家庭大事	1995 年购买景村村民楼房一套； 1996 年购买全套家电； 2007 年凌志燕毕业于苏州评弹学校，大专学历。			

	姓名	与户主关系	出生年月	民族
现有家庭成员	陆　涛	户主	1965 年 1 月	汉
	薛秧妹	妻子	1965 年 7 月	汉
	陆月婷	女儿	1987 年 9 月	汉
	陆惠生	父亲	1932 年 6 月	汉
	陆巧英	母亲	1940 年 8 月	汉
家庭大事	1983 年陆涛做木匠； 1994 年购买商品房一套； 1994 年购买全套家电； 2008 年、2009 年各购买汽车一辆。			

<table>
<tr><th rowspan="10">现有家庭成员</th><th>姓名</th><th>与户主关系</th><th>出生年月</th><th>民族</th></tr>
<tr><td>姜水根</td><td>户主</td><td>1943 年 2 月</td><td>汉</td></tr>
<tr><td>周秀宝</td><td>妻子</td><td>1944 年 8 月</td><td>汉</td></tr>
<tr><td>姜建英</td><td>女儿</td><td>1964 年 10 月</td><td>汉</td></tr>
<tr><td>金何香</td><td>女婿</td><td>1962 年 6 月</td><td>汉</td></tr>
<tr><td>姜丽燕</td><td>孙女</td><td>1985 年 12 月</td><td>汉</td></tr>
<tr><td>姜秋燕</td><td>孙女</td><td>1990 年 8 月</td><td>汉</td></tr>
<tr><td>俞渟曜</td><td>曾孙</td><td>2011 年 2 月</td><td>汉</td></tr>
<tr><td>姜渟晞</td><td>曾孙女</td><td>2013 年 2 月</td><td>汉</td></tr>
<tr><td>沈乐宪</td><td>曾孙</td><td>2015 年 9 月</td><td>汉</td></tr>
<tr><th>家庭大事</th><td colspan="4">1980 年姜水根任正仪中心校教师；
1983 年平房翻建楼房；
1985 年购买全套家电；
1992 年购买商品房一套；
2003 年购买商品房一套；
2004 年、2010 年各购买汽车一辆；
2016 年动迁安置。</td></tr>
</table>

<table>
<tr><th rowspan="4">现有家庭成员</th><th>姓名</th><th>与户主关系</th><th>出生年月</th><th>民族</th></tr>
<tr><td>金秀娥</td><td>户主</td><td>1965 年 2 月</td><td>汉</td></tr>
<tr><td>凌叶华</td><td>儿子</td><td>1989 年 2 月</td><td>汉</td></tr>
<tr><td>凌慕妍</td><td>孙女</td><td>2014 年 12 月</td><td>汉</td></tr>
<tr><th>家庭大事</th><td colspan="4">1987 年建楼房；
2008 年凌叶华毕业于南京航空航天大学，本科学历；
2013 年动迁安置；
2013 年购买全套家电。</td></tr>
</table>

<table>
<tr><th rowspan="9">现有家庭成员</th><th>姓名</th><th>与户主关系</th><th>出生年月</th><th>民族</th></tr>
<tr><td>金凤香</td><td>户主</td><td>1957 年 4 月</td><td>汉</td></tr>
<tr><td>陆密宝</td><td>妻子</td><td>1958 年 7 月</td><td>汉</td></tr>
<tr><td>金单娟</td><td>女儿</td><td>1981 年 8 月</td><td>汉</td></tr>
<tr><td>薛　强</td><td>女婿</td><td>1982 年 3 月</td><td>汉</td></tr>
<tr><td>金栩懿</td><td>孙女</td><td>2005 年 6 月</td><td>汉</td></tr>
<tr><td>金栩哲</td><td>孙子</td><td>2018 年 5 月</td><td>汉</td></tr>
<tr><td>金士明</td><td>父亲</td><td>1930 年 3 月</td><td>汉</td></tr>
<tr><td>沈水妹</td><td>母亲</td><td>1929 年 8 月</td><td>汉</td></tr>
<tr><th>家庭大事</th><td colspan="4">1976 年金凤香参军，1980 年退役；
1988 年平房翻建楼房；
2003 年购买商品房一套；
2003 年购买全套家电；
2009 年购买汽车一辆；
2016 年动迁安置。</td></tr>
</table>

<table>
<tr><th rowspan="4">现有家庭成员</th><th>姓名</th><th>与户主关系</th><th>出生年月</th><th>民族</th></tr>
<tr><td>褚大弟</td><td>户主</td><td>1944 年 10 月</td><td>汉</td></tr>
<tr><td>金素凤</td><td>妻子</td><td>1951 年 9 月</td><td>汉</td></tr>
<tr><td>金旗林</td><td>儿子</td><td>1982 年 4 月</td><td>汉</td></tr>
<tr><th>家庭大事</th><td colspan="4">1975 年建平房；
1985 年购买全套家电；
2004 年动迁安置。</td></tr>
</table>

<table>
<tr><th rowspan="7">现有家庭成员</th><th>姓名</th><th>与户主关系</th><th>出生年月</th><th>民族</th></tr>
<tr><td>金社林</td><td>户主</td><td>1955 年 11 月</td><td>汉</td></tr>
<tr><td>金密林</td><td>妻子</td><td>1957 年 2 月</td><td>汉</td></tr>
<tr><td>金志华</td><td>儿子</td><td>1981 年 7 月</td><td>汉</td></tr>
<tr><td>周　欢</td><td>儿媳</td><td>1982 年 12 月</td><td>汉</td></tr>
<tr><td>金宇豪</td><td>孙子</td><td>2005 年 10 月</td><td>汉</td></tr>
<tr><td>金　艳</td><td>女儿</td><td>1990 年 10 月</td><td>汉</td></tr>
<tr><th>家庭大事</th><td colspan="4">1988 年平房翻建楼房；
2002 年购买商品房一套；
2002 年购买全套家电；
2015 年购买汽车一辆；
2016 年动迁安置。</td></tr>
</table>

<table>
<tr><th rowspan="6">现有家庭成员</th><th>姓名</th><th>与户主关系</th><th>出生年月</th><th>民族</th></tr>
<tr><td>凌招弟</td><td>户主</td><td>1951 年 6 月</td><td>汉</td></tr>
<tr><td>凌凤秀</td><td>妻子</td><td>1953 年 9 月</td><td>汉</td></tr>
<tr><td>凌胜燕</td><td>女儿</td><td>1982 年 7 月</td><td>汉</td></tr>
<tr><td>邹雪华</td><td>女婿</td><td>1981 年 8 月</td><td>汉</td></tr>
<tr><td>凌晨欣</td><td>孙子</td><td>2001 年 3 月</td><td>汉</td></tr>
<tr><th>家庭大事</th><td colspan="4">1990 年平房翻建楼房；
1997 年购买商品房一套；
2000 年购买全套家电；
2008 年购买汽车一辆。</td></tr>
</table>

<table>
<tr><th rowspan="3">现有家庭成员</th><th>姓名</th><th>与户主关系</th><th>出生年月</th><th>民族</th></tr>
<tr><td>凌雪荣</td><td>户主</td><td>1965 年 10 月</td><td>汉</td></tr>
<tr><td>顾小花</td><td>母亲</td><td>1937 年 2 月</td><td>汉</td></tr>
<tr><th>家庭大事</th><td colspan="4">1982 年凌雪荣做木匠；
租房居住。</td></tr>
</table>

现有家庭成员	姓名	与户主关系	出生年月	民族
	姜根法	户主	1953 年 3 月	汉
	薛学英	妻子	1950 年 2 月	汉
	姜志华	长子	1973 年 9 月	汉
	姜志刚	次子	1976 年 9 月	汉
	姜晓晴	孙女	2005 年 1 月	汉
	凌阿二	母亲	1931 年 12 月	汉
家庭大事	1983 年平房翻建楼房； 2018 年购买商品房一套； 2018 年购买全套家电。			

现有家庭成员	姓名	与户主关系	出生年月	民族
	金社根	户主	1959 年 11 月	汉
	汤云娥	妻子	1963 年 3 月	汉
	汤晓旦	儿子	1982 年 4 月	汉
	邓春燕	儿媳	1985 年 1 月	汉
	汤欣雨	孙女	2007 年 3 月	汉
	金桂珍	母亲	1941 年 8 月	汉
家庭大事	1985 年平房翻建楼房； 2003 年购买商品房一套； 2003 年购买全套家电； 2018 年购买汽车一辆。			

	姓名	与户主关系	出生年月	民族
现有家庭成员	姜志荣	户主	1972 年 11 月	汉
	戴秋芳	妻子	1975 年 6 月	汉
	姜晓裕	女儿	1996 年 9 月	汉
家庭大事	1988 年凌志荣做木匠； 1992 年平房翻建楼房； 2010 年购买商品房一套； 2016 年动迁安置； 2017 年购买全套家电； 2017 年购买汽车一辆。			

现有家庭成员	姓名	与户主关系	出生年月	民族
	凌招泉	户主	1942 年 8 月	汉
家庭大事	2007 年分配到经济适用房一套； 2007 年购买电视机一台。			

	姓名	与户主关系	出生年月	民族
现有家庭成员	金小妹	户主	1947 年 12 月	汉
	金　刚	长子	1969 年 1 月	汉
	金　星	次子	1971 年 10 月	汉
家庭大事	1964 年丈夫金永泉（已故）参军，1968 年退役； 1968 年金永泉任正仪中心校教师； 1989 年金刚参军，2002 年退役； 1990 年平房翻建楼房； 1994 年金星毕业于苏州大学，本科学历，现在任昆山市正仪中学教师； 2002 年金刚在昆山市人民法院工作； 2016 年动迁安置。			

	姓名	与户主关系	出生年月	民族
现有家庭成员	景凤林	户主	1956 年 7 月	汉
	景云雨	儿子	1987 年 2 月	汉
	汪　兰	女儿	1986 年 10 月	汉
家庭大事	1998 年平房翻建楼房； 2013 年购买全套家电； 2014 年购买汽车一辆。			

	姓名	与户主关系	出生年月	民族
现有家庭成员	金玉英	户主	1948 年 9 月	汉
	姜林香	妻子	1951 年 1 月	汉
	金　峰	长子	1971 年 12 月	汉
	金　良	次子	1974 年 12 月	汉
家庭大事	1984 年平房翻建楼房； 1994 年金峰毕业于扬州大学，本科学历； 2007 年动迁安置； 2007 年购买全套家电； 2010 年购买汽车一辆。			

	姓名	与户主关系	出生年月	民族
现有家庭成员	金雪良	户主	1964 年 8 月	汉
	金香凤	妻子	1963 年 8 月	汉
	金翠婷	女儿	1987 年 5 月	汉
	金歆玥	孙女	2012 年 2 月	汉
	金歆宸	孙子	2013 年 8 月	汉
家庭大事	1985 年平房翻建楼房； 1991 年购买全套家电； 2007 年金翠婷毕业于江苏工业学院（今常州大学），本科学历，现在丹尼斯克（中国）有限公司工作。			

景村村第八小组

	姓名	与户主关系	出生年月	民族
现有家庭成员	钱桂英	户主	1945 年 6 月	汉
	凌学林	长子	1975 年 6 月	汉
	朱雪琴	长媳	1968 年 9 月	汉
	凌筱云	孙女	1992 年 1 月	汉
	凌冬林	次子	1972 年 1 月	汉
	顾明花	次媳	1973 年 2 月	汉
	凌新宇	孙子	1999 年 7 月	汉
家庭大事	1985 年平房翻建楼房； 1992 年凌冬林入伍，1996 年退役； 1995 年购买商品房一套； 1999 年凌学林毕业于南京农业大学，本科学历，现在昆山市巴城镇农村工作局工作； 2008 年购买全套家电； 2016 年动迁安置。			

	姓名	与户主关系	出生年月	民族
现有家庭成员	凌根林	户主	1945 年 12 月	汉
	凌瑞香	妻子	1963 年 2 月	汉
	凌　明	儿子	1976 年 3 月	汉
	凌志燕	女儿	1986 年 1 月	汉
家庭大事	1964 年凌根林入伍，1969 年退役； 1972 年凌根林任正仪中心校教师； 1987 年平房翻建楼房； 2016 年动迁安置； 2016 年购买全套家电。			

<table>
<tr><td rowspan="5">现有家庭成员</td><th>姓名</th><th>与户主关系</th><th>出生年月</th><th>民族</th></tr>
<tr><td>凌建林</td><td>户主</td><td>1966 年 9 月</td><td>汉</td></tr>
<tr><td>王玉珍</td><td>妻子</td><td>1968 年 3 月</td><td>汉</td></tr>
<tr><td>凌　丽</td><td>女儿</td><td>1994 年 3 月</td><td>汉</td></tr>
<tr><td>景秀花</td><td>母亲</td><td>1944 年 3 月</td><td>汉</td></tr>
<tr><td>家庭大事</td><td colspan="4">1983 年凌建林做木匠；
1988 年平房翻建楼房；
2011 年动迁安置；
2015 年购买全套家电；
2016 年购买汽车一辆；
2016 年凌丽毕业于盐城师范学院，本科学历，现在昆山市石浦中心小学校任教；
2019 年购买商品房一套。</td></tr>
</table>

<table>
<tr><td rowspan="7">现有家庭成员</td><th>姓名</th><th>与户主关系</th><th>出生年月</th><th>民族</th></tr>
<tr><td>凌木泉</td><td>户主</td><td>1946 年 8 月</td><td>汉</td></tr>
<tr><td>钱玉秀</td><td>妻子</td><td>1950 年 11 月</td><td>汉</td></tr>
<tr><td>凌学良</td><td>儿子</td><td>1969 年 3 月</td><td>汉</td></tr>
<tr><td>李琴花</td><td>儿媳</td><td>1968 年 8 月</td><td>汉</td></tr>
<tr><td>凌艺珈</td><td>孙女</td><td>1991 年 12 月</td><td>汉</td></tr>
<tr><td>凌晓雄</td><td>孙子</td><td>1995 年 10 月</td><td>汉</td></tr>
<tr><td>家庭大事</td><td colspan="4">1980 年平房翻建楼房；
1985 年购买商品房一套；
1985 年购买全套家电；
2010 年购买汽车一辆；
2013 年凌艺珈毕业于江苏第二师范学院，现在昆山市正仪中心幼儿园工作；
2017 年凌晓雄毕业于苏州大学财经学院，现在昆山农村商业银行巴城支行工作。</td></tr>
</table>

	姓名	与户主关系	出生年月	民族
现有家庭成员	凌金香	户主	1958 年 1 月	汉
	凌花珍	妻子	1958 年 12 月	汉
	凌　青	儿子	1982 年 9 月	汉
	姚丽娟	儿媳	1982 年 3 月	汉
	凌子涵	孙女	2007 年 12 月	汉
家庭大事	1978 年凌金香入伍，1981 年退役； 1989 年平房翻建平房； 2014 年购买商品房一套； 2014 年购买全套家电。			

	姓名	与户主关系	出生年月	民族
现有家庭成员	凌爱林	户主	1938 年 3 月	汉
	金海明	儿子	1963 年 5 月	汉
	金海珍	女儿	1972 年 1 月	汉
家庭大事	1984 年平房翻建楼房； 1984 年金海明入伍，1987 年退役； 1995 年购买商品房一套； 1995 年购买全套家电； 2005 年购买汽车一辆。			

	姓名	与户主关系	出生年月	民族
现有家庭成员	陆林珍	户主	1965 年 10 月	汉
	凌　伟	儿子	1987 年 9 月	汉
	王贵芬	儿媳	1985 年 4 月	汉
	凌智辰	孙子	2010 年 11 月	汉
	凌依冉	孙女	2019 年 8 月	汉
家庭大事	1994 年平房翻建楼房； 2009 年购买全套家电； 2014 年购买汽车一辆； 2019 年动迁安置。			

<table>
<tr><td rowspan="6">现有家庭成员</td><td>姓名</td><td>与户主关系</td><td>出生年月</td><td>民族</td></tr>
<tr><td>凌黑男</td><td>户主</td><td>1949 年 9 月</td><td>汉</td></tr>
<tr><td>顾凤仙</td><td>妻子</td><td>1951 年 6 月</td><td>汉</td></tr>
<tr><td>凌建芳</td><td>女儿</td><td>1973 年 1 月</td><td>汉</td></tr>
<tr><td>王海明</td><td>女婿</td><td>1969 年 9 月</td><td>汉</td></tr>
<tr><td>凌　琦</td><td>孙子</td><td>1993 年 6 月</td><td>汉</td></tr>
<tr><td>家庭大事</td><td colspan="4">1986 年平房翻建楼房；
1995 年购买商品房一套；
2017 年购买商品房一套；
2018 年购买汽车一辆；
2019 年动迁安置；
2019 年购买全套家电。</td></tr>
</table>

<table>
<tr><td rowspan="6">现有家庭成员</td><td>姓名</td><td>与户主关系</td><td>出生年月</td><td>民族</td></tr>
<tr><td>金水龙</td><td>户主</td><td>1962 年 8 月</td><td>汉</td></tr>
<tr><td>袁建珍</td><td>妻子</td><td>1962 年 11 月</td><td>汉</td></tr>
<tr><td>金　燕</td><td>女儿</td><td>1985 年 10 月</td><td>汉</td></tr>
<tr><td>金雨彤</td><td>孙女</td><td>2011 年 3 月</td><td>汉</td></tr>
<tr><td>金根林</td><td>父亲</td><td>1943 年 12 月</td><td>汉</td></tr>
<tr><td>家庭大事</td><td colspan="4">1984 年平房翻建楼房；
1995 年购买商品房一套；
1995 年购买汽车一辆；
1995 年购买全套家电；
2019 年动迁安置。</td></tr>
</table>

<table>
<tr><td rowspan="2">现有家庭成员</td><td>姓名</td><td>与户主关系</td><td>出生年月</td><td>民族</td></tr>
<tr><td>凌兴男</td><td>户主</td><td>1961 年 1 月</td><td>汉</td></tr>
<tr><td>家庭大事</td><td colspan="4">1974 年建造平房；
2007 年动迁安置；
2012 年购买电视机一台。</td></tr>
</table>

现有家庭成员	姓名	与户主关系	出生年月	民族
	凌兴根	户主	1952 年 6 月	汉
	景桂花	妻子	1955 年 7 月	汉
	凌喜芳	女儿	1979 年 12 月	汉
家庭大事	1974 年建造平房； 1999 年凌喜芳考入南京审计学院（今南京审计大学），现自由择业； 2012 年动迁安置； 2012 年购买全套家电； 2014 年购买汽车一辆。			

现有家庭成员	姓名	与户主关系	出生年月	民族
	徐社荣	户主	1955 年 11 月	汉
	陆密香	妻子	1956 年 7 月	汉
	徐　凯	儿子	1996 年 9 月	汉
家庭大事	1991 年平房翻建楼房； 2013 年购买商品房一套； 2013 年购买全套家电； 2019 年动迁安置。			

现有家庭成员	姓名	与户主关系	出生年月	民族
	凌木男	户主	1950 年 12 月	汉
	钱火仙	妻子	1950 年 9 月	汉
	凌兴元	儿子	1973 年 4 月	汉
	常　颜	儿媳	1978 年 12 月	汉
	凌语墨	孙子	2007 年 8 月	汉
	凌语夕	孙女	2017 年 2 月	汉
家庭大事	1986 年平房翻建楼房； 1997 年凌兴元毕业于西北纺织学院（今西安工程大学纺织科学与工程学院），本科学历； 1997、2004、2018 年各购买商品房一套； 2009 年购买全套家电； 2011 年购买汽车一辆。			

	姓名	与户主关系	出生年月	民族
现有家庭成员	凌如德	户主	1948 年 10 月	汉
	凌妹郎	妻子	1950 年 1 月	汉
	凌雪荣	儿子	1972 年 2 月	汉
	钱勤花	儿媳	1971 年 12 月	汉
	凌旭斌	孙子	1996 年 1 月	汉
家庭大事	1984 年平房翻建楼房； 2001 年购买商品房一套； 2001 年购买全套家电； 2018 年凌旭斌毕业于淮阴师范学院，本科学历。			

	姓名	与户主关系	出生年月	民族
现有家庭成员	凌卫龙	户主	1964 年 2 月	汉
	陆香妹	妻子	1964 年 3 月	汉
	陆晓洁	长女	1990 年 5 月	汉
	陆晓慧	次女	1993 年 1 月	汉
家庭大事	1984 年平房翻建楼房； 2011 年动迁安置； 2011 年购买全套家电； 2011 年陆晓慧毕业于南京晓庄学院，本科学历，现在江苏鑫诚润建设有限公司工作； 2016、2017 年各购买汽车一辆。			

	姓名	与户主关系	出生年月	民族
现有家庭成员	金海良	户主	1967 年 6 月	汉
	吴建英	妻子	1969 年 12 月	汉
	金絮飞	女儿	1991 年 2 月	汉
家庭大事	1989 年平房翻建楼房； 1992 年购买全套家电； 2011 年购买汽车一辆； 2014 年金絮飞毕业于北京理工大学，本科学历，现在昆山智勇模具有限公司工作； 2015 年购买商品房一套。			

	姓名	与户主关系	出生年月	民族
现有家庭成员	凌雪根	户主	1951 年 10 月	汉
	陆爱妹	妻子	1956 年 2 月	汉
	凌春龙	儿子	1979 年 4 月	汉
	沈　燕	儿媳	1981 年 9 月	汉
	沈凌承	孙子	2006 年 12 月	汉
	凌春芳	女儿	1989 年 3 月	汉
	章凌乐	孙子	2016 年 5 月	汉
家庭大事	1986 年平房翻建楼房； 2000 年凌春龙毕业于北京理工大学，本科学历，现在中国电信股份有限公司昆山分公司工作； 2002 年购买商品房一套； 2010 年购买全套家电； 2011 年凌春芳毕业于河南理工大学，本科学历，现在江苏奇意投资有限公司工作； 2018 年购买汽车一辆。			

<table>
<tr><th></th><th>姓名</th><th>与户主关系</th><th>出生年月</th><th>民族</th></tr>
<tr><td rowspan="4">现有家庭成员</td><td>凌道全</td><td>户主</td><td>1964 年 3 月</td><td>汉</td></tr>
<tr><td>钱玉妹</td><td>妻子</td><td>1965 年 1 月</td><td>汉</td></tr>
<tr><td>凌　娟</td><td>女儿</td><td>1987 年 9 月</td><td>汉</td></tr>
<tr><td>凌兆秀</td><td>母亲</td><td>1938 年 7 月</td><td>汉</td></tr>
<tr><td>家庭大事</td><td colspan="4">1984 年平房翻建楼房；
2005 年购买汽车一辆；
2005 年购买商品房一套；
2005 年购买全套家电；
2010 年凌娟毕业于扬州大学，本科学历，现在昆山南北物流有限公司工作。</td></tr>
</table>

<table>
<tr><th></th><th>姓名</th><th>与户主关系</th><th>出生年月</th><th>民族</th></tr>
<tr><td rowspan="5">现有家庭成员</td><td>凌大男</td><td>户主</td><td>1958 年 8 月</td><td>汉</td></tr>
<tr><td>金密香</td><td>妻子</td><td>1957 年 6 月</td><td>汉</td></tr>
<tr><td>凌铭华</td><td>儿子</td><td>1981 年 10 月</td><td>汉</td></tr>
<tr><td>蒋双燕</td><td>儿媳</td><td>1986 年 1 月</td><td>汉</td></tr>
<tr><td>凌志雨</td><td>孙子</td><td>2007 年 8 月</td><td>汉</td></tr>
<tr><td>家庭大事</td><td colspan="4">1989 年平房翻建楼房；
2003 年购买商品房一套；
2003 年购买全套家电；
2014 年购买汽车一辆。</td></tr>
</table>

<table>
<tr><td rowspan="9">现有家庭成员</td><th>姓名</th><th>与户主关系</th><th>出生年月</th><th>民族</th></tr>
<tr><td>陆宗泉</td><td>户主</td><td>1940 年 10 月</td><td>汉</td></tr>
<tr><td>陆大凤</td><td>妻子</td><td>1942 年 9 月</td><td>汉</td></tr>
<tr><td>陆翠根</td><td>儿子</td><td>1965 年 6 月</td><td>汉</td></tr>
<tr><td>凌爱英</td><td>儿媳</td><td>1965 年 3 月</td><td>汉</td></tr>
<tr><td>陆亚娟</td><td>孙女</td><td>1989 年 2 月</td><td>汉</td></tr>
<tr><td>陆子轩</td><td>曾孙</td><td>2014 年 11 月</td><td>汉</td></tr>
<tr><td>杨子涵</td><td>曾孙</td><td>2014 年 11 月</td><td>汉</td></tr>
<tr><td>陆翠琴</td><td>女儿</td><td>1966 年 9 月</td><td>汉</td></tr>
<tr><td>家庭大事</td><td colspan="4">1982 年陆翠根做木匠；
1987 年陆翠琴江苏教育学院毕业，本科学历，在昆山市娄江实验学校工作；
1987 年平房翻建楼房；
2001 年购买全套家电；
2010 年购买汽车一辆；
2019 年动迁安置。</td></tr>
</table>

<table>
<tr><td rowspan="6">现有家庭成员</td><th>姓名</th><th>与户主关系</th><th>出生年月</th><th>民族</th></tr>
<tr><td>徐金荣</td><td>户主</td><td>1949 年 12 月</td><td>汉</td></tr>
<tr><td>顾惠英</td><td>妻子</td><td>1951 年 1 月</td><td>汉</td></tr>
<tr><td>徐桂琴</td><td>女儿</td><td>1979 年 9 月</td><td>汉</td></tr>
<tr><td>戴春凤</td><td>女婿</td><td>1978 年 9 月</td><td>汉</td></tr>
<tr><td>徐佳伟</td><td>孙子</td><td>2003 年 7 月</td><td>汉</td></tr>
<tr><td>家庭大事</td><td colspan="4">1950 年父亲徐腊子（已故）入伍，1956 年退役；
1983 年平房翻建楼房；
2000 年购买全套家电；
2015 年购买汽车一辆。</td></tr>
</table>

<table>
<tr><td rowspan="6">现有家庭成员</td><th>姓名</th><th>与户主关系</th><th>出生年月</th><th>民族</th></tr>
<tr><td>凌友香</td><td>户主</td><td>1951 年 8 月</td><td>汉</td></tr>
<tr><td>凌林英</td><td>妻子</td><td>1951 年 8 月</td><td>汉</td></tr>
<tr><td>凌建刚</td><td>儿子</td><td>1974 年 7 月</td><td>汉</td></tr>
<tr><td>王惠青</td><td>儿媳</td><td>1976 年 2 月</td><td>汉</td></tr>
<tr><td>凌晨杰</td><td>孙子</td><td>1997 年 6 月</td><td>汉</td></tr>
<tr><td>家庭大事</td><td colspan="4">1983 年平房翻建楼房；
2009 年购买全套家电；
2014 年购买商品房一套；
2016 年凌晨杰入伍，2018 年退役；
2018 年动迁安置。</td></tr>
</table>

<table>
<tr><td rowspan="6">现有家庭成员</td><th>姓名</th><th>与户主关系</th><th>出生年月</th><th>民族</th></tr>
<tr><td>凌林泉</td><td>户主</td><td>1950 年 11 月</td><td>汉</td></tr>
<tr><td>赵梅英</td><td>妻子</td><td>1950 年 8 月</td><td>汉</td></tr>
<tr><td>凌　东</td><td>儿子</td><td>1973 年 1 月</td><td>汉</td></tr>
<tr><td>凌红艳</td><td>女儿</td><td>1976 年 1 月</td><td>汉</td></tr>
<tr><td>沈　莉</td><td>孙女</td><td>2005 年 10 月</td><td>汉</td></tr>
<tr><td>家庭大事</td><td colspan="4">1951 年父亲凌金寿（已故）入伍，1952 年退役；
1983 年平房翻建楼房；
2001 年购买商品房一套；
2001 年购买全套家电；
2001 年购买汽车一辆；
2017 年动迁安置。</td></tr>
</table>

	姓名	与户主关系	出生年月	民族
现有家庭成员	王林根	户主	1941 年 4 月	汉
	凌大林	妻子	1946 年 11 月	汉
	凌冬良	儿子	1970 年 1 月	汉
	徐　琴	儿媳	1972 年 12 月	汉
	凌文杰	孙子	1996 年 3 月	汉
家庭大事	1999 年平房翻建楼房； 2009 年动迁安置； 2009 年购买全套家电； 2017 年凌文杰毕业于常州工程职业技术学院，大专学历，现在昆山便民服务中心工作； 2017 年购买汽车一辆。			

	姓名	与户主关系	出生年月	民族
现有家庭成员	凌林生	户主	1955 年 9 月	汉
	钱密香	妻子	1956 年 7 月	汉
	凌晓燕	女儿	1981 年 2 月	汉
	吴振凌	孙子	2006 年 10 月	汉
	凌�婷	孙女	2011 年 6 月	汉
家庭大事	1986 年平房翻建楼房； 2001 年购买商品房一套； 2001 年购买全套家电； 2001 年购买汽车一辆； 2003 年凌晓燕毕业于西安科技大学，本科学历，现在昆山南北物流有限公司工作。			

	姓名	与户主关系	出生年月	民族
现有家庭成员	凌震仙	户主	1976 年 8 月	汉
	陆振华	儿子	1998 年 6 月	汉
家庭大事	2016 年购买商品房一套；2016 年购买全套家电。			

	姓名	与户主关系	出生年月	民族
现有家庭成员	金阿林	户主	1937 年 5 月	汉
	凌卫东	儿子	1962 年 3 月	汉
	王金妹	儿媳	1961 年 1 月	汉
	凌　峰	孙子	1985 年 6 月	汉
	凌晨曦	曾孙	2011 年 12 月	汉
家庭大事	1979 年凌卫东做瓦匠； 1990 年平房翻建楼房； 1996 年购买全套家电； 2004 年购买商品房一套； 2016 年凌峰毕业于河海大学建筑专业，大专学历，现在苏州福地美建筑装饰工程有限公司工作； 2016 年购买汽车一辆； 2018 年动迁安置； 2018 年购买商品房一套； 2018 年购买汽车一辆。			

	姓名	与户主关系	出生年月	民族
现有家庭成员	徐根荣	户主	1951 年 11 月	汉
	朱秧金	妻子	1952 年 5 月	汉
	徐景刚	长子	1976 年 9 月	汉
	沈约云	长媳	1982 年 7 月	汉
	徐双刚	次子	1978 年 12 月	汉
	廖　群	次媳	1981 年 3 月	汉
	徐　鑫	孙子	2005 年 11 月	汉
	徐敏筠	孙女	2013 年 5 月	汉
家庭大事	1985 年平房翻建楼房； 2002 年购买全套家电。			

	姓名	与户主关系	出生年月	民族
现有家庭成员	凌秋龙	户主	1964 年 8 月	汉
	陆桂仙	妻子	1964 年 3 月	汉
	凌　强	儿子	1988 年 4 月	汉
家庭大事	1999 年平房翻建楼房； 2011 年动迁安置； 2012 年购买全套家电。			

	姓名	与户主关系	出生年月	民族
现有家庭成员	方银媛	户主	1941 年 1 月	汉
	金雪刚	儿子	1969 年 9 月	汉
	金建芳	儿媳	1971 年 2 月	汉
	金　傲	孙女	1992 年 8 月	汉
	金银凤	女儿	1972 年 6 月	汉
家庭大事	1983 年平房翻建楼房； 1992 年购买商品房一套； 1993 年购买全套家电； 1999 年购买汽车一辆； 2015 年金傲毕业于苏州大学，本科学历，现在昆山市人民法院工作。			

	姓名	与户主关系	出生年月	民族
现有家庭成员	王社林	户主	1955 年 5 月	汉
	凌菊香	妻子	1958 年 9 月	汉
	王　峰	儿子	1981 年 12 月	汉
	臧彩红	儿媳	1984 年 9 月	汉
	王玮杰	孙子	2006 年 4 月	汉
家庭大事	1983 年平房翻建楼房； 2000 年购买商品房一套； 2000 年购买全套家电； 2001 年王峰入伍，2004 年退役； 2012 年购买汽车一辆； 2018 年动迁安置。			

	姓名	与户主关系	出生年月	民族
现有家庭成员	凌木英	户主	1947 年 7 月	汉
	凌学刚	儿子	1970 年 3 月	汉
	景勤英	儿媳	1970 年 11 月	汉
	凌耀明	孙子	1993 年 7 月	汉
家庭大事	1983 年平房翻建楼房； 1998 年凌学刚做木匠； 1998 年购买商品房一套； 2006 年动迁安置； 2013 年凌耀明入伍，2015 年退役； 2016 年凌耀明进入昆山市人民法院工作； 2016 年购买全套家电； 2016 年购买汽车一辆。			

<table>
<tr><th rowspan="5">现有家庭成员</th><th>姓名</th><th>与户主关系</th><th>出生年月</th><th>民族</th></tr>
<tr><td>凌兴林</td><td>户主</td><td>1968 年 2 月</td><td>汉</td></tr>
<tr><td>景香英</td><td>妻子</td><td>1968 年 8 月</td><td>汉</td></tr>
<tr><td>凌　佳</td><td>女儿</td><td>1990 年 11 月</td><td>汉</td></tr>
<tr><td>李夫英</td><td>母亲</td><td>1941 年 1 月</td><td>汉</td></tr>
<tr><th>家庭大事</th><td colspan="4">1990 年平房翻建楼房；
2014 年购买商品房一套；
2014 年动迁安置；
2014 年凌佳毕业于盐城师范学院，本科学历，现在昆山市城北中心小学任教；
2014 年购买全套家电；
2015 年购买汽车一辆；
凌兴林现在吴淞江派出所工作。</td></tr>
</table>

<table>
<tr><th rowspan="6">现有家庭成员</th><th>姓名</th><th>与户主关系</th><th>出生年月</th><th>民族</th></tr>
<tr><td>凌兴泉</td><td>户主</td><td>1963 年 5 月</td><td>汉</td></tr>
<tr><td>陆翠珍</td><td>妻子</td><td>1963 年 12 月</td><td>汉</td></tr>
<tr><td>凌芳良</td><td>儿子</td><td>1986 年 4 月</td><td>汉</td></tr>
<tr><td>凌语忆</td><td>孙女</td><td>2010 年 12 月</td><td>汉</td></tr>
<tr><td>周宸逸</td><td>孙子</td><td>2017 年 1 月</td><td>汉</td></tr>
<tr><th>家庭大事</th><td colspan="4">1996 年平房翻建楼房；
2002 年购买全套家电；
2008 年凌芳良毕业于天津工业大学，本科学历，现在昆山元耕机电有限公司工作；
2009 年购买汽车一辆；
2018 年动迁安置。</td></tr>
</table>

<table>
<tr><td rowspan="4">现有家庭成员</td><th>姓名</th><th>与户主关系</th><th>出生年月</th><th>民族</th></tr>
<tr><td>李文仙</td><td>户主</td><td>1964 年 9 月</td><td>汉</td></tr>
<tr><td>金　烨</td><td>儿子</td><td>1986 年 12 月</td><td>汉</td></tr>
<tr><td>李昕燃</td><td>孙子</td><td>2012 年 1 月</td><td>汉</td></tr>
<tr><td>家庭大事</td><td colspan="4">2007 年购买商品房一套；
2007 年购买全套家电；
2008 年购买汽车一辆；
2009 年金烨毕业于南京审计学院，现在中国工商银行苏州分行工作。</td></tr>
</table>

<table>
<tr><td rowspan="10">现有家庭成员</td><th>姓名</th><th>与户主关系</th><th>出生年月</th><th>民族</th></tr>
<tr><td>凌考生</td><td>户主</td><td>1951 年 4 月</td><td>汉</td></tr>
<tr><td>金秧妹</td><td>妻子</td><td>1952 年 5 月</td><td>汉</td></tr>
<tr><td>凌　龙</td><td>儿子</td><td>1972 年 1 月</td><td>汉</td></tr>
<tr><td>秦莉英</td><td>儿媳</td><td>1974 年 3 月</td><td>汉</td></tr>
<tr><td>凌　欣</td><td>孙女</td><td>1999 年 7 月</td><td>汉</td></tr>
<tr><td>凌　昊</td><td>孙子</td><td>2003 年 8 月</td><td>汉</td></tr>
<tr><td>凌　玲</td><td>女儿</td><td>1975 年 3 月</td><td>汉</td></tr>
<tr><td>陈春秋</td><td>女婿</td><td>1980 年 4 月</td><td>汉</td></tr>
<tr><td>凌　陈</td><td>孙子</td><td>2014 年 6 月</td><td>汉</td></tr>
<tr><td>家庭大事</td><td colspan="4">1967 年凌考生做木匠；
1988 年平房翻建楼房；
1994 年凌龙毕业于南京邮电大学，本科学历，现在昆山市电信局工作；
1998 年凌玲毕业于苏州医学院，本科学历，现在昆山市第一人民医院任护士。</td></tr>
</table>

景村村第九小组

<table>
<tr><td rowspan="7">现有家庭成员</td><th>姓名</th><th>与户主关系</th><th>出生年月</th><th>民族</th></tr>
<tr><td>景素龙</td><td>户主</td><td>1961 年 3 月</td><td>汉</td></tr>
<tr><td>金凤英</td><td>妻子</td><td>1961 年 2 月</td><td>汉</td></tr>
<tr><td>景红娟</td><td>女儿</td><td>1982 年 11 月</td><td>汉</td></tr>
<tr><td>李　坚</td><td>女婿</td><td>1975 年 1 月</td><td>汉</td></tr>
<tr><td>景子宁</td><td>孙女</td><td>2006 年 8 月</td><td>汉</td></tr>
<tr><td>景子宇</td><td>孙子</td><td>2012 年 11 月</td><td>汉</td></tr>
<tr><td>家庭大事</td><td colspan="4">1990 年建造楼房；
1997 年李坚毕业于江西洪侨大学，任职业培训师；
2000 年购买汽车一辆；
2001 年景红娟毕业于苏州市艺术学校，大专学历，现在昆山市正仪中心幼儿园工作；
2011 年购买商品房一套；
2012 年在红峰购买商品房一套。
2016 年购买汽车一辆；
2018 年动迁安置。</td></tr>
</table>

<table>
<tr><td rowspan="7">现有家庭成员</td><th>姓名</th><th>与户主关系</th><th>出生年月</th><th>民族</th></tr>
<tr><td>凌丙荣</td><td>户主</td><td>1953 年 3 月</td><td>汉</td></tr>
<tr><td>陆招凤</td><td>妻子</td><td>1953 年 1 月</td><td>汉</td></tr>
<tr><td>凌振刚</td><td>儿子</td><td>1975 年 5 月</td><td>汉</td></tr>
<tr><td>李　荣</td><td>儿媳</td><td>1983 年 8 月</td><td>汉</td></tr>
<tr><td>凌陈文宇</td><td>孙子</td><td>1999 年 4 月</td><td>汉</td></tr>
<tr><td>凌宇萱</td><td>孙女</td><td>2007 年 2 月</td><td>汉</td></tr>
<tr><td>家庭大事</td><td colspan="4">1986 年平房翻建楼房；
1991 年购买全套家电；
1998 年购买商品房一套；
2010 年购买商品房一套；
2013 年购买汽车一辆；
2019 年凌陈文宇毕业于无锡卫生高等职业技术学校，大专学历，现在苏州大学附属儿童医院园区总院工作；
2019 年动迁安置。</td></tr>
</table>

	姓名	与户主关系	出生年月	民族
现有家庭成员	凌惠明	户主	1948 年 11 月	汉
	钱巧英	妻子	1949 年 7 月	汉
	凌国刚	儿子	1974 年 12 月	汉
	何　香	儿媳	1974 年 10 月	汉
	凌　斐	孙子	1998 年 6 月	汉
家庭大事	1987 年平房翻建楼房； 2003 年购买汽车一辆； 2006 年购买全套家电； 2006 年购买商品房一套； 2009 年动迁安置； 2016 年凌斐毕业于苏州建设交通高等职业技术学校，大专学历； 2017 年凌斐转入苏州大学，2019 年毕业，本科学历，现在昆山市建设咨询监理有限公司工作。			

	姓名	与户主关系	出生年月	民族
现有家庭成员	陆米元	户主	1962 年 6 月	汉
	方秋香	妻子	1963 年 7 月	汉
	陆春燕	女儿	1986 年 4 月	汉
	许　磊	女婿	1981 年 8 月	汉
	陆以晨	孙子	2009 年 11 月	汉
	唐阿四	母亲	1936 年 3 月	汉
家庭大事	1979 年陆米元做木匠； 1990 年平房翻建楼房； 2008 年购买商品房一套； 2008 年购买全套家电； 2008 年陆春燕毕业于南京大学，本科学历，现在苏州领创先进智能装备有限公司工作； 2016 年动迁安置。			

	姓名	与户主关系	出生年月	民族
现有家庭成员	凌木林	户主	1931 年 8 月	汉
	凌兴生	儿子	1954 年 3 月	汉
	凌　晖	孙子	1975 年 6 月	汉
	凌方兰	孙女	1982 年 3 月	汉
家庭大事	1971 年凌兴生做瓦匠； 1983 年平房翻建楼房； 1987 年购买商品房一套； 2001 年购买电视机、冰箱各一台。			

	姓名	与户主关系	出生年月	民族
现有家庭成员	陆小元	户主	1947 年 2 月	汉
	凌秀英	妻子	1948 年 7 月	汉
	凌学忠	儿子	1970 年 4 月	汉
	钱兰芳	儿媳	1972 年 8 月	汉
	凌程伟	孙子	1993 年 9 月	汉
家庭大事	1984 年平房翻建楼房； 1986 年凌学忠做木匠； 2005 年购买商品房一套； 2005 年购买全套家电； 2015 年凌程伟毕业于江苏农林职业技术学院； 2016 年动迁安置； 2017 年购买汽车一辆。			

<table>
<tr><td rowspan="6">现有家庭成员</td><td>姓名</td><td>与户主关系</td><td>出生年月</td><td>民族</td></tr>
<tr><td>陆花根</td><td>户主</td><td>1967 年 12 月</td><td>汉</td></tr>
<tr><td>凌福琴</td><td>妻子</td><td>1968 年 12 月</td><td>汉</td></tr>
<tr><td>陆　剑</td><td>儿子</td><td>1990 年 9 月</td><td>汉</td></tr>
<tr><td>周晓敏</td><td>儿媳</td><td>1993 年 3 月</td><td>汉</td></tr>
<tr><td>陆若旻</td><td>孙女</td><td>2019 年 11 月</td><td>汉</td></tr>
<tr><td>家庭大事</td><td colspan="4">1986 年平房翻建楼房；
2005 年购买商品房一套；
2012 年购买汽车一辆；
2015 年购买电视机四台、冰箱三台；
2015 年陆剑毕业于淮阴工学院，本科学历，现在昆山高新集团有限公司工作。</td></tr>
</table>

<table>
<tr><td rowspan="5">现有家庭成员</td><td>姓名</td><td>与户主关系</td><td>出生年月</td><td>民族</td></tr>
<tr><td>张密林</td><td>户主</td><td>1942 年 1 月</td><td>汉</td></tr>
<tr><td>钱桃良</td><td>儿子</td><td>1971 年 11 月</td><td>汉</td></tr>
<tr><td>胡　奎</td><td>儿媳</td><td>1973 年 2 月</td><td>汉</td></tr>
<tr><td>钱梦丽</td><td>孙女</td><td>1995 年 3 月</td><td>汉</td></tr>
<tr><td>家庭大事</td><td colspan="4">1964 年丈夫钱文元（已故）入伍，1969 年退役；
1991 年平房翻建楼房；
1991 年钱桃良做瓦匠；
2006 年动迁安置；
2006 年购买全套家电；
2017 年钱梦丽就读于上海财经大学（硕士研究生）。</td></tr>
</table>

	姓名	与户主关系	出生年月	民族
现有家庭成员	钱巧荣	户主	1946 年 1 月	汉
	郭菊妹	妻子	1947 年 9 月	汉
	凌翠仙	儿媳	1972 年 11 月	汉
	钱佳虹	孙女	1993 年 12 月	汉
家庭大事	1971 年建造平房； 1985 年平房翻建楼房； 1986 年购买汽车一辆； 2016 年购买全套家电； 2016 年动迁安置； 2016 年钱佳虹毕业于南京大学，现在昆山市兵希中心小学工作。			

	姓名	与户主关系	出生年月	民族
现有家庭成员	钱学明	户主	1967 年 10 月	汉
	李建琴	妻子	1968 年 8 月	汉
	钱丽玲	女儿	1990 年 1 月	汉
家庭大事	1984 年钱学明做瓦匠； 1989 年平房翻建楼房； 2004 年动迁安置； 2010 年购买全套家电和汽车一辆； 2010 年钱丽玲毕业，现在昆山开发区管委会规建局工作； 2010 年购买商品房一套。			

	姓名	与户主关系	出生年月	民族
现有家庭成员	钱菊花	户主	1964 年 10 月	汉
	钱　丽	女儿	1987 年 7 月	汉
家庭大事	1988 年购买商品房； 2006 年购买全套家电； 2008 年钱丽毕业于扬州大学，本科学历，现工作于昆山人才派遣中心有限公司。			

<table>
<tr><th></th><th>姓名</th><th>与户主关系</th><th>出生年月</th><th>民族</th></tr>
<tr><td rowspan="9">现有家庭成员</td><td>凌林荣</td><td>户主</td><td>1945 年 1 月</td><td>汉</td></tr>
<tr><td>王　妹</td><td>妻子</td><td>1945 年 11 月</td><td>汉</td></tr>
<tr><td>凌福明</td><td>儿子</td><td>1966 年 8 月</td><td>汉</td></tr>
<tr><td>张惠琴</td><td>儿媳</td><td>1965 年 6 月</td><td>汉</td></tr>
<tr><td>凌佳颖</td><td>孙女</td><td>1990 年 6 月</td><td>汉</td></tr>
<tr><td>凌　宵</td><td>曾孙</td><td>2016 年 2 月</td><td>汉</td></tr>
<tr><td>凌花琴</td><td>女儿</td><td>1968 年 1 月</td><td>汉</td></tr>
<tr><td>王宇钵</td><td>女婿</td><td>1970 年 2 月</td><td>汉</td></tr>
<tr><td>王纯熙</td><td>孙女</td><td>1996 年 6 月</td><td>汉</td></tr>
<tr><td>家庭大事</td><td colspan="4">1981 年平房翻建楼房；
1984 年张惠琴毕业于苏州大学，现在昆山市第一人民医院工作；
1990 年购买商品房一套；
1990 年购买全套家电；
2008 年购买汽车一辆；
2015 年凌福明获评“苏州市劳动模范”。</td></tr>
</table>

<table>
<tr><th></th><th>姓名</th><th>与户主关系</th><th>出生年月</th><th>民族</th></tr>
<tr><td rowspan="5">现有家庭成员</td><td>翁小元</td><td>户主</td><td>1953 年 3 月</td><td>汉</td></tr>
<tr><td>金银娥</td><td>妻子</td><td>1956 年 9 月</td><td>汉</td></tr>
<tr><td>金彩芳</td><td>女儿</td><td>1974 年 1 月</td><td>汉</td></tr>
<tr><td>金翁明</td><td>儿子</td><td>1982 年 9 月</td><td>汉</td></tr>
<tr><td>金　依</td><td>孙女</td><td>1995 年 8 月</td><td>汉</td></tr>
<tr><td>家庭大事</td><td colspan="4">1988 年平房翻建楼房；
2001 年购买电视机、冰箱、空调各一台；
2005 年金翁明毕业于东华大学，现工作于欧尚超市；
2015 年金依毕业于江南大学，现自谋职业；
2016 年动迁安置。</td></tr>
</table>

	姓名	与户主关系	出生年月	民族
现有家庭成员	陆福男	户主	1961 年 11 月	汉
	陆密花	妻子	1962 年 12 月	汉
	陆文娟	女儿	1985 年 11 月	汉
	陆梓夏	孙女	2017 年 7 月	汉
	金小妹	母亲	1937 年 3 月	汉
家庭大事	1978 年陆福男做木匠； 1983 年平房翻建楼房； 2005 年购买商品房一套； 2005 年购买全套家电； 2009 年陆文娟毕业于淮阴师范学院； 2012 年购买汽车一辆； 2019 年动迁安置。			

	姓名	与户主关系	出生年月	民族
现有家庭成员	钱菊英	户主	1954 年 1 月	汉
	凌　晖	儿子	1975 年 6 月	汉
	凌欣雨	孙女	2004 年 5 月	汉
家庭大事	1986 年平房翻建楼房； 2006 年购买商品房一套； 2006 年购买电视机、冰箱、空调等全套家电； 2009 年购买汽车一辆。			

	姓名	与户主关系	出生年月	民族
现有家庭成员	钱菊林	户主	1952 年 1 月	汉
	钱国红	长子	1974 年 2 月	汉
	郎翠丽	长媳	1978 年 4 月	汉
	钱星潼	孙女	2008 年 4 月	汉
	钱国锋	次子	1976 年 4 月	汉
	闵　芳	次媳	1978 年 2 月	汉
	钱逸恒	孙子	1999 年 1 月	汉
家庭大事	1988 年平房翻建楼房； 1990 年购买汽车一辆； 1992 年钱国红做电工； 2006 年购买商品房一套； 2006 年购买全套家电； 2018 年购买汽车一辆； 2019 年动迁安置。			

现有家庭成员	姓名	与户主关系	出生年月	民族
	钱菊明	户主	1963 年 7 月	汉
家庭大事	1983 年钱菊明做瓦匠； 1986 年平房翻建楼房； 2000 年在昆山市人才市场做电工； 2017 年购买全套家电； 2017 年动迁安置。			

	姓名	与户主关系	出生年月	民族
现有家庭成员	张苗龙	户主	1955 年 6 月	汉
	凌培珍	妻子	1956 年 5 月	汉
	张春龙	长子	1981 年 3 月	汉
	吴　宁	长媳	1985 年 7 月	汉
	张　钰	孙女	2009 年 1 月	汉
	张忠华	次子	1992 年 8 月	汉
家庭大事	1988 年平房翻建楼房； 2005 年购买商品房一套； 2005 年购买全套家电； 2009 年购买汽车一辆； 2015 年购买汽车一辆； 2019 年动迁安置。			

	姓名	与户主关系	出生年月	民族
现有家庭成员	钱根林	户主	1951 年 1 月	汉
	钱风仙	妻子	1952 年 1 月	汉
	钱华刚	长子	1975 年 6 月	汉
	周玲燕	长媳	1983 年 6 月	汉
	钱佳怡	孙女	2005 年 7 月	汉
	钱冬刚	次子	1977 年 12 月	汉
家庭大事	1962 年建造平房； 1988 年平房翻建楼房； 1989 年购买商品房一套； 1989 年购买全套家电； 1996 年钱华刚入伍，1998 年退役； 2014 年购买汽车一辆； 2019 年动迁安置。			

	姓名	与户主关系	出生年月	民族
现有家庭成员	李建华	户主	1971 年 5 月	汉
	龚玉燕	妻子	1974 年 12 月	汉
	李哲臣	儿子	2000 年 4 月	汉
家庭大事	1986 年平房翻建楼房； 1993 年李建华毕业于西北纺织工学院（今西安工程大学），本科学历； 2003 年购买商品房一套； 2009 年购买全套家电； 2009 年动迁安置。			

	姓名	与户主关系	出生年月	民族
现有家庭成员	凌米龙	户主	1964 年 4 月	汉
	金翠英	妻子	1964 年 1 月	汉
	凌玉峰	儿子	1987 年 1 月	汉
	范根菊	儿媳	1988 年 12 月	汉
	凌欣妍	孙女	2012 年 12 月	汉
	凌梓妍	孙女	2016 年 5 月	汉
家庭大事	1984 年凌米龙做瓦匠； 1985 年建造平房； 1995 年平房翻建楼房； 2013 年购买汽车一辆； 2015 年购买动迁房一套； 2016 年购买全套家电。			

	姓名	与户主关系	出生年月	民族
现有家庭成员	凌林刚	户主	1972 年 3 月	汉
	凌　妹	妻子	1974 年 12 月	汉
	凌宇琦	儿子	2001 年 11 月	汉
家庭大事	1988 年平房翻建楼房； 1990 年凌林刚入伍，1992 年退役； 2018 年动迁安置； 2018 年购买全套家电。			

	姓名	与户主关系	出生年月	民族
现有家庭成员	钱社林	户主	1955 年 8 月	汉
	姚　妹	妻子	1957 年 9 月	汉
	钱彩勤	女儿	1981 年 3 月	汉
	陈　广	女婿	1974 年 8 月	汉
	钱程辉	孙子	2003 年 3 月	汉
	陈艺菡	孙女	2007 年 3 月	汉
	王根妹	母亲	1926 年 1 月	汉
家庭大事	1969 年建造平房； 1985 年平房翻建楼房； 2006 年动迁安置； 2006 年购买全套家电。			

<table>
<tr><td rowspan="5">现有家庭成员</td><td>姓名</td><td>与户主关系</td><td>出生年月</td><td>民族</td></tr>
<tr><td>钱巧花</td><td>户主</td><td>1955 年 7 月</td><td>汉</td></tr>
<tr><td>凌海松</td><td>儿子</td><td>1980 年 8 月</td><td>汉</td></tr>
<tr><td>周明霞</td><td>儿媳</td><td>1981 年 1 月</td><td>汉</td></tr>
<tr><td>凌　铭</td><td>孙子</td><td>2004 年 11 月</td><td>汉</td></tr>
<tr><td>家庭大事</td><td colspan="4">1990 年平房翻建楼房；
1990 年购买电视机一台；
1998 年凌海松职高毕业，大专学历，现任驾校培训师；
2001 年购买冰箱一台；
2003 年购买商品房一套；
2004 年购买汽车一辆；
2018 年购买商品房一套。</td></tr>
</table>

<table>
<tr><td rowspan="4">现有家庭成员</td><td>姓名</td><td>与户主关系</td><td>出生年月</td><td>民族</td></tr>
<tr><td>钱本忠</td><td>户主</td><td>1945 年 8 月</td><td>汉</td></tr>
<tr><td>陆小凤</td><td>妻子</td><td>1945 年 6 月</td><td>汉</td></tr>
<tr><td>陆银秀</td><td>母亲</td><td>1927 年 8 月</td><td>汉</td></tr>
<tr><td>家庭大事</td><td colspan="4">1953 年父亲钱阿二（已故）入伍，1956 年退役；
1985 年平房翻建楼房；
2001 年购买全套家电。</td></tr>
</table>

<table>
<tr><td rowspan="6">现有家庭成员</td><td>姓名</td><td>与户主关系</td><td>出生年月</td><td>民族</td></tr>
<tr><td>陆金良</td><td>户主</td><td>1961 年 11 月</td><td>汉</td></tr>
<tr><td>凌玉秀</td><td>妻子</td><td>1961 年 2 月</td><td>汉</td></tr>
<tr><td>陆春刚</td><td>儿子</td><td>1985 年 4 月</td><td>汉</td></tr>
<tr><td>黄　佳</td><td>儿媳</td><td>1991 年 1 月</td><td>汉</td></tr>
<tr><td>陆予杰</td><td>孙子</td><td>2017 年 10 月</td><td>汉</td></tr>
<tr><td>家庭大事</td><td colspan="4">1981 年平房翻建楼房；
1986 年购买全套家电；
1994 年购买商品房一套；
2010 年购买汽车一辆。</td></tr>
</table>

<table>
<tr><th rowspan="5">现有家庭成员</th><th>姓名</th><th>与户主关系</th><th>出生年月</th><th>民族</th></tr>
<tr><td>凌惠生</td><td>户主</td><td>1952 年 8 月</td><td>汉</td></tr>
<tr><td>钱密秀</td><td>妻子</td><td>1952 年 12 月</td><td>汉</td></tr>
<tr><td>凌大荣</td><td>儿子</td><td>1979 年 1 月</td><td>汉</td></tr>
<tr><td>凌艺枫</td><td>孙子</td><td>2003 年 1 月</td><td>汉</td></tr>
<tr><th>家庭大事</th><td colspan="4">1969 年凌惠生做瓦匠；
1988 年平房翻建楼房；
1997 年凌大荣入伍，2000 年退役；
2016 年购买商品房一套；
2016 年购买全套家电；
2018 年购买汽车。</td></tr>
</table>

<table>
<tr><th rowspan="10">现有家庭成员</th><th>姓名</th><th>与户主关系</th><th>出生年月</th><th>民族</th></tr>
<tr><td>凌才华</td><td>户主</td><td>1935 年 1 月</td><td>汉</td></tr>
<tr><td>景秀宝</td><td>妻子</td><td>1939 年 4 月</td><td>汉</td></tr>
<tr><td>凌卫忠</td><td>儿子</td><td>1956 年 9 月</td><td>汉</td></tr>
<tr><td>顾秀花</td><td>儿媳</td><td>1957 年 12 月</td><td>汉</td></tr>
<tr><td>凌丽静</td><td>孙女</td><td>1981 年 7 月</td><td>汉</td></tr>
<tr><td>凌振静</td><td>孙子</td><td>1982 年 12 月</td><td>汉</td></tr>
<tr><td>邱　婷</td><td>孙媳</td><td>1983 年 7 月</td><td>汉</td></tr>
<tr><td>凌圣来</td><td>曾孙</td><td>2011 年 9 月</td><td>汉</td></tr>
<tr><td>凌湫来</td><td>曾孙女</td><td>2015 年 10 月</td><td>汉</td></tr>
<tr><th>家庭大事</th><td colspan="4">1991 年平房翻建楼房；
2008 年购买汽车一辆；
2010 年购买全套家电；
2012 年凌丽静毕业于苏州大学，本科学历，现在昆山市第一人民医院工作；
2015 年凌振静毕业于复旦大学，硕士研究生学历，现在昆山高新区纪律检查委员会工作。</td></tr>
</table>

<table>
<tr><td rowspan="8">现有家庭成员</td><td>姓名</td><td>与户主关系</td><td>出生年月</td><td>民族</td></tr>
<tr><td>金玉元</td><td>户主</td><td>1946 年 8 月</td><td>汉</td></tr>
<tr><td>景林凤</td><td>妻子</td><td>1948 年 11 月</td><td>汉</td></tr>
<tr><td>金　青</td><td>女儿</td><td>1968 年 10 月</td><td>汉</td></tr>
<tr><td>金　岚</td><td>女儿</td><td>1970 年 7 月</td><td>汉</td></tr>
<tr><td>金金山</td><td>儿子</td><td>1972 年 9 月</td><td>汉</td></tr>
<tr><td>陆美芳</td><td>儿媳</td><td>1973 年 1 月</td><td>汉</td></tr>
<tr><td>景思成</td><td>孙子</td><td>1996 年 4 月</td><td>汉</td></tr>
<tr><td>家庭大事</td><td colspan="4">1969 年金玉元在景村合作医疗室任医生；
1990 年建造楼房；
2003 年陆美芳毕业于苏州教育学院（今苏州市职业大学），大专学历，现在外企任会计师；
2009 年购买第一辆汽车；
2010 年购买全套家具；
2018 年景思成毕业于江苏师范大学外国语学院，现在昆山食品质量检测机构工作；
2019 年购买第二辆汽车。</td></tr>
</table>

<table>
<tr><td rowspan="2">现有家庭成员</td><td>姓名</td><td>与户主关系</td><td>出生年月</td><td>民族</td></tr>
<tr><td>景风花</td><td>户主</td><td>1949 年 8 月</td><td>汉</td></tr>
<tr><td>家庭大事</td><td colspan="4">1968 年建造平房；
1985 年平房翻建楼房；
1998 年购买电视机、冰箱各一台；
2011 年动迁安置。</td></tr>
</table>

<table>
<tr><td rowspan="3">现有家庭成员</td><td>姓名</td><td>与户主关系</td><td>出生年月</td><td>民族</td></tr>
<tr><td>凌梅香</td><td>户主</td><td>1949 年 3 月</td><td>汉</td></tr>
<tr><td>钱　钧</td><td>儿子</td><td>1974 年 5 月</td><td>汉</td></tr>
<tr><td>家庭大事</td><td colspan="4">1986 年平房翻建楼房；
1999 年购买商品房一套；
2018 年动迁安置；
2018 年购买全套家电。</td></tr>
</table>

<table>
<tr><td rowspan="8">现有家庭成员</td><th>姓名</th><th>与户主关系</th><th>出生年月</th><th>民族</th></tr>
<tr><td>景素根</td><td>户主</td><td>1957 年 1 月</td><td>汉</td></tr>
<tr><td>景国妹</td><td>妻子</td><td>1955 年 1 月</td><td>汉</td></tr>
<tr><td>景晓红</td><td>女儿</td><td>1983 年 1 月</td><td>汉</td></tr>
<tr><td>景云云</td><td>女儿</td><td>1985 年 7 月</td><td>汉</td></tr>
<tr><td>景博闻</td><td>孙子</td><td>2017 年 1 月</td><td>汉</td></tr>
<tr><td>胡雯馨</td><td>孙女</td><td>2009 年 2 月</td><td>汉</td></tr>
<tr><td>景水宝</td><td>母亲</td><td>1930 年 7 月</td><td>汉</td></tr>
<tr><td>家庭大事</td><td colspan="4">1985 年平房翻建楼房；
2005 年景晓红毕业于镇江市高等专科学校，大专学历，现在吴淞江学校工作；
2006 年景云云毕业于昆山广播电视大学（今昆山开放大学），大专学历，现在台资企业工作；
2018 年动迁安置；
2018 年购买全套家电。</td></tr>
</table>

<table>
<tr><td rowspan="8">现有家庭成员</td><th>姓名</th><th>与户主关系</th><th>出生年月</th><th>民族</th></tr>
<tr><td>李梅根</td><td>户主</td><td>1954 年 2 月</td><td>汉</td></tr>
<tr><td>陆素珍</td><td>妻子</td><td>1955 年 7 月</td><td>汉</td></tr>
<tr><td>李　伟</td><td>儿子</td><td>1978 年 12 月</td><td>汉</td></tr>
<tr><td>刘兴彩</td><td>儿媳</td><td>1979 年 12 月</td><td>汉</td></tr>
<tr><td>李诗怡</td><td>孙女</td><td>2001 年 12 月</td><td>汉</td></tr>
<tr><td>李　兴</td><td>孙子</td><td>2012 年 1 月</td><td>汉</td></tr>
<tr><td>李招林</td><td>父亲</td><td>1926 年 6 月</td><td>汉</td></tr>
<tr><td>家庭大事</td><td colspan="4">1993 年平房翻建楼房；
2003 年购买商品房一套；
2003 年购买全套家电；
2005 年购买汽车一辆。</td></tr>
</table>

	姓名	与户主关系	出生年月	民族
现有家庭成员	钱福忠	户主	1958 年 3 月	汉
	唐秋花	妻子	1959 年 7 月	汉
	钱　锋	儿子	1982 年 1 月	汉
	吴月花	儿媳	1982 年 6 月	汉
	钱　奕	孙子	2004 年 11 月	汉
	钱奕潼	孙女	2012 年 8 月	汉
家庭大事	1987 年建造楼房； 2002 年购买商品房一套； 2002 年购买全套家电； 2003 年购买出租车一辆； 2019 年动迁安置。			

	姓名	与户主关系	出生年月	民族
现有家庭成员	金雪明	户主	1966 年 7 月	汉
	凌雪芳	妻子	1969 年 1 月	汉
	金　国	儿子	1989 年 5 月	汉
	李如群	儿媳	1986 年 6 月	汉
	金莉宸	孙女	2012 年 5 月	汉
	金俊宸	孙子	2014 年 12 月	汉
家庭大事	1986 年购买全套家电； 1988 年平房翻建楼房； 2011 年购买商品房一套； 2016 年动迁安置； 2016 年购买汽车一辆。			

	姓名	与户主关系	出生年月	民族
现有家庭成员	凌三男	户主	1944 年 12 月	汉
	顾秀妹	妻子	1947 年 12 月	汉
	凌建福	儿子	1966 年 11 月	汉
	姜友珍	儿媳	1965 年 1 月	汉
	凌春伟	孙子	1990 年 2 月	汉
	凌奕凡	曾孙	2013 年 4 月	汉
家庭大事	1985 年平房翻建楼房； 1986 年购买全套家电； 2006 年购买商品房一套。			

	姓名	与户主关系	出生年月	民族
现有家庭成员	张苗林	户主	1964 年 12 月	汉
	凌康妹	妻子	1964 年 4 月	汉
	张　英	女儿	1987 年 10 月	汉
	张萱玥	孙女	2018 年 3 月	汉
	金金宝	母亲	1935 年 12 月	汉
家庭大事	1981 年张苗林做木匠； 1994 年平房翻建楼房； 2009 年张英毕业于徐州工程学院，大专学历，后转入江苏第二师范学院，2013 年毕业，本科学历，现在昆山市正仪中心小学校任教； 2012 年购买商品房一套； 2012 年购买全套家电； 2019 年动迁安置。			

	姓名	与户主关系	出生年月	民族
现有家庭成员	凌培荣	户主	1949 年 1 月	汉
	钱根宝	妻子	1949 年 6 月	汉
	凌小刚	儿子	1975 年 1 月	汉
	凌艳红	女儿	1977 年 8 月	汉
	陆秋诚	孙子	2010 年 11 月	汉
家庭大事	1990 年凌小刚入伍，1992 年退役； 1995 年平房翻建楼房； 1996 年购买全套家电； 2018 年购买汽车一辆； 2019 年购买汽车一辆。			

景村村第十小组

	姓名	与户主关系	出生年月	民族
现有家庭成员	王桂泉	户主	1952 年 4 月	汉
	夏福妹	妻子	1955 年 3 月	汉
	王雪芳	女儿	1979 年 1 月	汉
	周久龙	女婿	1976 年 11 月	汉
	王思蕊	孙女	2006 年 6 月	汉
	周思语	孙女	2010 年 11 月	汉
	钱阿二	母亲	1933 年 3 月	汉
家庭大事	1975 年建造平房； 1990 年平房翻建楼房； 1996 年周久龙毕业于合肥工业大学； 2000 年王雪芳毕业于昆山广播电视大学（今昆山开放大学），大专学历； 2005 年购买全套家电； 2006 年购买动迁房一套； 2019 年动迁安置。			

	姓名	与户主关系	出生年月	民族
现有家庭成员	钱铭玉	户主	1952 年 10 月	汉
	金友宝	妻子	1952 年 1 月	汉
	钱福刚	儿子	1978 年 7 月	汉
	浦春香	儿媳	1982 年 2 月	汉
	钱舜昌	孙子	2004 年 6 月	汉
家庭大事	1989 年平房翻建楼房； 2000 年钱福刚大专毕业，现在昆山善辉合成纤维有限公司工作； 2018 年动迁安置； 2018 年购买全套家电。			

	姓名	与户主关系	出生年月	民族
现有家庭成员	王品良	户主	1963 年 8 月	汉
	景桃花	妻子	1964 年 3 月	汉
	王凯华	儿子	1986 年 6 月	汉
	谢冬梅	儿媳	1982 年 11 月	汉
	王睿杰	孙子	2013 年 12 月	汉
家庭大事	1990 年平房翻建楼房； 2002 年购买商品房一套； 2002 年购买全套家电； 2008 年王凯华毕业于昆山广播电视大学（今昆山开放大学），大专学历，现在昆山市公积金管理中心工作； 2010 年购买汽车一辆。			

	姓名	与户主关系	出生年月	民族
现有家庭成员	王金荣	户主	1963 年 11 月	汉
	陆凤珍	妻子	1962 年 6 月	汉
	王　强	儿子	1986 年 9 月	汉
	王泉生	父亲	1934 年 10 月	汉
	金夫宝	母亲	1935 年 7 月	汉
家庭大事	1980 年王金荣做瓦匠； 1990 年平房翻建楼房； 2004 年王强毕业于昆山信息工程大学，本科学历，现在昆山建设工程质量检测中心工作； 2009 年动迁安置； 2013 年购买商品房一套； 2013 年购买全套家电。			

	姓名	与户主关系	出生年月	民族
现有家庭成员	陆明良	户主	1967 年 3 月	汉
	钱惠珍	妻子	1967 年 5 月	汉
	钱正亚	女儿	1990 年 2 月	汉
	钱梅生	岳父	1938 年 12 月	汉
	金秀妹	岳母	1939 年 5 月	汉
	钱惠兰	小姨	1965 年 7 月	汉
家庭大事	1984 年陆明良做瓦匠； 1989 年平房翻建楼房； 2008 年购买全套家电； 2008 年钱正亚毕业于西安培华学院，本科学历，现在昆山恩斯克有限公司工作。			

	姓名	与户主关系	出生年月	民族
现有家庭成员	陈国英	户主	1947 年 3 月	汉
	王弟弟	丈夫	1949 年 10 月	汉
	王丽芳	女儿	1971 年 1 月	汉
	王利刚	儿子	1973 年 3 月	汉
家庭大事	1969 年王弟弟任五一学校教师； 1983 年平房翻建楼房； 1985 年购买全套家电； 1995 年王利刚毕业于中国科学技术大学，本科学历； 2000 年王利刚到美国工作，现住美国新泽西州； 1999 年购买商品房一套； 2009 年动迁安置。			

<table>
<tr><td rowspan="4">现有家庭成员</td><th>姓名</th><th>与户主关系</th><th>出生年月</th><th>民族</th></tr>
<tr><td>王玉明</td><td>户主</td><td>1970 年 8 月</td><td>汉</td></tr>
<tr><td>李翠萍</td><td>妻子</td><td>1972 年 1 月</td><td>汉</td></tr>
<tr><td>王　安</td><td>儿子</td><td>1994 年 7 月</td><td>汉</td></tr>
<tr><td>家庭大事</td><td colspan="4">1987 年平房翻建楼房；
1991 年王玉明做瓦匠；
2009 年动迁安置；
2009 年购买全套家电；
2015 年王安毕业于武汉科技大学，本科学历，现在陆家医药公司工作；
2016 年购买汽车一辆。</td></tr>
</table>

<table>
<tr><td rowspan="6">现有家庭成员</td><th>姓名</th><th>与户主关系</th><th>出生年月</th><th>民族</th></tr>
<tr><td>陈国强</td><td>户主</td><td>1945 年 11 月</td><td>汉</td></tr>
<tr><td>苏雪妹</td><td>妻子</td><td>1948 年 4 月</td><td>汉</td></tr>
<tr><td>陈　明</td><td>儿子</td><td>1970 年 11 月</td><td>汉</td></tr>
<tr><td>景雪娥</td><td>儿媳</td><td>1970 年 2 月</td><td>汉</td></tr>
<tr><td>陈晓文</td><td>孙子</td><td>1993 年 5 月</td><td>汉</td></tr>
<tr><td>家庭大事</td><td colspan="4">1988 年建造楼房；
2009 年动迁安置；
2012 年购买商品房一套；
2012 年购买全套家电；
2016 年购买汽车一辆；
2016 年陈晓文毕业于南京航空航天大学，本科学历，现在昆山市自来水集团有限公司工作。</td></tr>
</table>

	姓名	与户主关系	出生年月	民族
现有家庭成员	陈国欢	户主	1958 年 6 月	汉
	何木莲	妻子	1960 年 5 月	汉
	陈秀娥	女儿	1982 年 2 月	汉
家庭大事	1975 年建造平房； 2004 年动迁安置； 2005 年购买全套家电； 2013 年陈秀娥毕业于苏州纺织工业学校，大专学历，现在苏州私企工作。			

	姓名	与户主关系	出生年月	民族
现有家庭成员	戴建平	户主	1965 年 10 月	汉
	曾仕芬	妻子	1972 年 10 月	汉
	戴佳春	儿子	1993 年 2 月	汉
	王桂林	母亲	1942 年 5 月	汉
家庭大事	1987 年平房翻建楼房； 2009 年动迁安置； 2009 年购买全套家电。			

	姓名	与户主关系	出生年月	民族
现有家庭成员	王品泉	户主	1954 年 9 月	汉
	凌兴珍	妻子	1957 年 10 月	汉
	王春华	儿子	1982 年 2 月	汉
	孙利娟	儿媳	1983 年 3 月	汉
	王文浩	孙子	2006 年 8 月	汉
	沈秀英	母亲	1933 年 3 月	汉
家庭大事	1989 年平房翻建楼房； 1995 年购买商品房一套； 1995 年购买全套家电； 2012 年购买汽车一辆； 2014 年购买商品房一套； 2019 年动迁安置。			

	姓名	与户主关系	出生年月	民族
现有家庭成员	唐雪良	户主	1965 年 1 月	汉
	景梅香	妻子	1966 年 8 月	汉
	唐　静	女儿	1987 年 12 月	汉
	李翌瑞	孙子	2012 年 2 月	汉
	唐泉林	父亲	1940 年 12 月	汉
	凌林妹	母亲	1945 年 3 月	汉
家庭大事	1982 年唐雪良做木匠； 1983 年平房翻建楼房； 2007 年购买商品房一套； 2007 年购买全套家电； 2010 年购买汽车一辆； 2019 年动迁安置。			

	姓名	与户主关系	出生年月	民族
现有家庭成员	凌玉男	户主	1964 年 12 月	汉
	王风珍	妻子	1965 年 1 月	汉
	凌敏雅	女儿	1987 年 7 月	汉
	凌彩珠	母亲	1932 年 7	汉
家庭大事	1981 年凌玉男做木匠； 1990 年建造楼房； 2008 年凌敏雅毕业于南京炮兵学院，本科学历，现在昆山开发区小学任会计； 2011 年购买商品房一套； 2013 年购买全套家电； 2015 年购买汽车两辆； 2019 年动迁安置。			

<table>
<tr><td rowspan="8">现有家庭成员</td><td>姓名</td><td>与户主关系</td><td>出生年月</td><td>民族</td></tr>
<tr><td>王云根</td><td>户主</td><td>1934 年 8 月</td><td>汉</td></tr>
<tr><td>王藕花</td><td>女儿</td><td>1962 年 11 月</td><td>汉</td></tr>
<tr><td>景林男</td><td>女婿</td><td>1962 年 11 月</td><td>汉</td></tr>
<tr><td>王　景</td><td>孙子</td><td>1985 年 6 月</td><td>汉</td></tr>
<tr><td>施愫娟</td><td>孙媳</td><td>1985 年 12 月</td><td>汉</td></tr>
<tr><td>王颢霏</td><td>曾孙女</td><td>2010 年 11 月</td><td>汉</td></tr>
<tr><td>景彦程</td><td>曾孙</td><td>2017 年 8 月</td><td>汉</td></tr>
<tr><td>家庭大事</td><td colspan="4">1950 年王云根参加抗美援朝，1953 年退役；
1987 年平房翻建楼房；
1994 年购买商品房一套和全套家电；
2002 年景林男毕业于江苏省委党校；
2005 年购买汽车两辆；
2007 年王景毕业于南京工业大学，本科学历，现在昆山市交通运输局工作；
2007 年施愫娟毕业于南京医科大学，本科学历，现在昆山开发区疗养院工作；
2019 年动迁安置。</td></tr>
</table>

<table>
<tr><td rowspan="6">现有家庭成员</td><td>姓名</td><td>与户主关系</td><td>出生年月</td><td>民族</td></tr>
<tr><td>凌花生</td><td>户主</td><td>1953 年 9 月</td><td>汉</td></tr>
<tr><td>唐素花</td><td>妻子</td><td>1953 年 2 月</td><td>汉</td></tr>
<tr><td>凌林红</td><td>女儿</td><td>1977 年 9 月</td><td>汉</td></tr>
<tr><td>凌和尚</td><td>父亲</td><td>1933 年 9 月</td><td>汉</td></tr>
<tr><td>钱大妹</td><td>母亲</td><td>1931 年 12 月</td><td>汉</td></tr>
<tr><td>家庭大事</td><td colspan="4">1986 年平房翻建楼房；
1998 年购买商品房一套；
1998 年购买全套家电；
2019 年动迁安置。</td></tr>
</table>

	姓名	与户主关系	出生年月	民族
现有家庭成员	王密男	户主	1964 年 7 月	汉
	陆福香	妻子	1964 年 8 月	汉
	王玄杰	儿子	1988 年 2 月	汉
家庭大事	1985 年平房翻建楼房； 1997 年购买商品房一套； 1997 年购买全套家电； 2010 年王玄杰毕业于昆山广播电视大学（今昆山开放大学），大专学历； 2019 年动迁安置。			

	姓名	与户主关系	出生年月	民族
现有家庭成员	钱火林	户主	1963 年 4 月	汉
	王秀凤	妻子	1963 年 5 月	汉
	王静娟	女儿	1986 年 3 月	汉
	王国艳	女婿	1984 年 7 月	汉
	王依晗	孙女	2010 年 7 月	汉
	王坤泉	岳父	1930 年 8 月	汉
	王凤花	岳母	1929 年 9 月	汉
家庭大事	1951 年王坤泉入伍，1956 年退役； 1988 年建造楼房； 2003 年王国艳入伍，2005 年退役； 2003 年购买商品房一套； 2008 年购买汽车一辆； 2009 年购买全套家电； 2009 年动迁安置。			

	姓名	与户主关系	出生年月	民族
现有家庭成员	王桂林	户主	1963 年 6 月	汉
	王　芳	女儿	1986 年 3 月	汉
	王羽萱	孙女	2011 年 9 月	汉
家庭大事	1993 年建造楼房； 2009 年动迁安置； 2012 年购买动迁房一套； 2012 年购买全套家电。			

	姓名	与户主关系	出生年月	民族
现有家庭成员	陆阿四	户主	1938 年 3 月	汉
	钱桃英	儿媳	1964 年 8 月	汉
	凌永明	继子	1968 年 1 月	汉
	陆凌晨	孙子	1987 年 12 月	汉
家庭大事	1984 年平房翻建楼房； 2008 年购买商品房一套； 2010 年购买汽车一辆； 2014 年陆凌晨毕业于南京医科大学，本科学历，现在昆山市开发区蓬朗医院工作； 2019 年动迁安置。			

	姓名	与户主关系	出生年月	民族
现有家庭成员	凌林男	户主	1962 年 5 月	汉
	景香妹	妻子	1962 年 1 月	汉
	凌　叶	女儿	1985 年 10 月	汉
	唐歆宥	孙女	2008 年 10 月	汉
家庭大事	1979 年凌林男入伍，1983 年退役； 1986 年建造平房； 2003 年购买商品房一套； 2003 年购买全套家电； 2007 年凌叶毕业于中国农业大学，本科学历，现在安盛天平财产保险有限公司苏州中心支公司工作； 2009 年动迁安置； 2010 年购买汽车一辆。			

<table>
<tr><td rowspan="6">现有家庭成员</td><td>姓名</td><td>与户主关系</td><td>出生年月</td><td>民族</td></tr>
<tr><td>王风男</td><td>户主</td><td>1962 年 7 月</td><td>汉</td></tr>
<tr><td>凌菊花</td><td>妻子</td><td>1967 年 1 月</td><td>汉</td></tr>
<tr><td>王叶青</td><td>女儿</td><td>1987 年 10 月</td><td>汉</td></tr>
<tr><td>王二男</td><td>父亲</td><td>1935 年 9 月</td><td>汉</td></tr>
<tr><td>凌玉英</td><td>母亲</td><td>1936 年 5 月</td><td>汉</td></tr>
<tr><td>家庭大事</td><td colspan="4">1979 年王风男做瓦匠；
1980 年建造平房；
1989 年平房翻建楼房；
1997 年购买商品房一套；
2011 年王叶青毕业于日本名古屋产业大学，本科学历，现在私营企业工作；
2019 年动迁安置。</td></tr>
</table>

<table>
<tr><td rowspan="6">现有家庭成员</td><td>姓名</td><td>与户主关系</td><td>出生年月</td><td>民族</td></tr>
<tr><td>钱泉玉</td><td>户主</td><td>1954 年 9 月</td><td>汉</td></tr>
<tr><td>钱福妹</td><td>妻子</td><td>1953 年 12 月</td><td>汉</td></tr>
<tr><td>钱国荣</td><td>儿子</td><td>1977 年 8 月</td><td>汉</td></tr>
<tr><td>甘美芳</td><td>儿媳</td><td>1980 年 7 月</td><td>汉</td></tr>
<tr><td>钱柏廷</td><td>孙子</td><td>2005 年 9 月</td><td>汉</td></tr>
<tr><td>家庭大事</td><td colspan="4">1987 年建造楼房；
1999 年购买商品房一套；
2009 年购买汽车一辆；
2009 年购买全套家电；
2009 年动迁安置。</td></tr>
</table>

	姓名	与户主关系	出生年月	民族
现有家庭成员	金林正	户主	1940 年 2 月	汉
	黄坤妹	妻子	1942 年 1 月	汉
	金翠芳	女儿	1970 年 11 月	汉
	金建华	儿子	1972 年 2 月	汉
家庭大事	1986 年平房翻建楼房； 1996 年购买商品房一套； 1996 年购买全套家电； 2019 年商品房动迁安置； 2019 年农村房动迁安置。			

	姓名	与户主关系	出生年月	民族
现有家庭成员	王金法	户主	1954 年 9 月	汉
	景阿二	妻子	1956 年 6 月	汉
	王　英	女儿	1980 年 1 月	汉
家庭大事	1971 年王金法做瓦匠； 1989 年平房翻建楼房； 2009 年动迁安置； 2013 年购买商品房一套； 2013 年购买全套家电。			

	姓名	与户主关系	出生年月	民族
现有家庭成员	蔡泉英	户主	1949 年 10 月	汉
	王建峰	儿子	1972 年 5 月	汉
	王建奕	女儿	1974 年 8 月	汉
家庭大事	1986 年建造平房； 2005 年动迁安置； 2005 年购买全套家电。			

<table>
<tr><td rowspan="3">现有家庭成员</td><td>姓名</td><td>与户主关系</td><td>出生年月</td><td>民族</td></tr>
<tr><td>王秀香</td><td>户主</td><td>1960 年 3 月</td><td>汉</td></tr>
<tr><td>陈翠娟</td><td>女儿</td><td>1983 年 4 月</td><td>汉</td></tr>
<tr><td>家庭大事</td><td colspan="4">1995 年购买商品房一套；
1996 年购买电视机、冰箱等电器；
2005 年陈翠娟大学毕业，现在昆山市第一人民医院工作。</td></tr>
</table>

<table>
<tr><td rowspan="4">现有家庭成员</td><td>姓名</td><td>与户主关系</td><td>出生年月</td><td>民族</td></tr>
<tr><td>唐雪龙</td><td>户主</td><td>1969 年 3 月</td><td>汉</td></tr>
<tr><td>王晓雁</td><td>妻子</td><td>1974 年 3 月</td><td>汉</td></tr>
<tr><td>唐钰皓</td><td>儿子</td><td>2003 年 10 月</td><td>汉</td></tr>
<tr><td>家庭大事</td><td colspan="4">1983 年建造楼房；
1987 年唐雪龙入伍，1991 年退役；
1990 年购买全套家电；
1997 年购买第一辆卡车；
2002 年购买商品房一套；
2019 年动迁安置。</td></tr>
</table>

<table>
<tr><td rowspan="5">现有家庭成员</td><td>姓名</td><td>与户主关系</td><td>出生年月</td><td>民族</td></tr>
<tr><td>王雪林</td><td>户主</td><td>1968 年 10 月</td><td>汉</td></tr>
<tr><td>姜林芳</td><td>妻子</td><td>1972 年 11 月</td><td>汉</td></tr>
<tr><td>姜晓萍</td><td>女儿</td><td>1993 年 9 月</td><td>汉</td></tr>
<tr><td>姜林刚</td><td>妻弟</td><td>1975 年 2 月</td><td>汉</td></tr>
<tr><td>家庭大事</td><td colspan="4">1989 年平房翻建楼房；
2017 年购买商品房一套；
2017 年购买全套家电；
2019 年动迁安置。</td></tr>
</table>

<table>
<tr><th rowspan="6">现有家庭成员</th><th>姓名</th><th>与户主关系</th><th>出生年月</th><th>民族</th></tr>
<tr><td>陈国才</td><td>户主</td><td>1950 年 11 月</td><td>汉</td></tr>
<tr><td>景云秀</td><td>妻子</td><td>1951 年 10 月</td><td>汉</td></tr>
<tr><td>陈学明</td><td>儿子</td><td>1972 年 12 月</td><td>汉</td></tr>
<tr><td>沈文雅</td><td>儿媳</td><td>1971 年 2 月</td><td>汉</td></tr>
<tr><td>陈子晗</td><td>孙子</td><td>1996 年 7 月</td><td>汉</td></tr>
<tr><th>家庭大事</th><td colspan="4">1968 年陈国才做理发师；
1987 年平房翻建楼房；
1994 年陈学明毕业于上海师范大学，现在昆山市正仪中学工作；
1994 年沈文雅江苏教育学院毕业，现在昆山市正仪中学工作；
2000 年购买商品房一套；
2000 年购买全套家电；
2011 年购买汽车一辆；
2019 年动迁安置。</td></tr>
</table>

<table>
<tr><th rowspan="6">现有家庭成员</th><th>姓名</th><th>与户主关系</th><th>出生年月</th><th>民族</th></tr>
<tr><td>唐栋良</td><td>户主</td><td>1964 年 7 月</td><td>汉</td></tr>
<tr><td>陆云娥</td><td>妻子</td><td>1964 年 2 月</td><td>汉</td></tr>
<tr><td>唐丽娜</td><td>女儿</td><td>1987 年 4 月</td><td>汉</td></tr>
<tr><td>唐丽雅</td><td>女儿</td><td>1993 年 3 月</td><td>汉</td></tr>
<tr><td>唐密花</td><td>母亲</td><td>1945 年 8 月</td><td>汉</td></tr>
<tr><th>家庭大事</th><td colspan="4">1983 年平房翻建楼房；
1984 年唐栋良做木匠；
2001 年购买商品房及全套家电；
2008 年购买汽车一辆；
2009 年唐丽娜毕业于南京航空航天大学金城学院，本科学历，现在中国民生银行工作；
2018 年唐丽雅毕业于北京邮电大学，硕士研究生学历，现在上海依图网络科技有限公司工作；
2019 年动迁安置。</td></tr>
</table>

	姓名	与户主关系	出生年月	民族
现有家庭成员	王金良	户主	1966 年 10 月	汉
	王建香	妻子	1970 年 7 月	汉
	王俊刚	儿子	1991 年 5 月	汉
	唐小花	岳母	1948 年 7 月	汉
家庭大事	1966 年岳父王三男（已故）入伍，1969 年退役； 1976 年建造平房； 1988 年平房翻建楼房； 2019 年动迁安置； 2019 年购买全套家电。			

景村村第十一小组

<table>
<tr><th></th><th>姓名</th><th>与户主关系</th><th>出生年月</th><th>民族</th></tr>
<tr><td rowspan="6">现有家庭成员</td><td>凌白男</td><td>户主</td><td>1962 年 2 月</td><td>汉</td></tr>
<tr><td>徐密珍</td><td>妻子</td><td>1962 年 4 月</td><td>汉</td></tr>
<tr><td>凌　敏</td><td>儿子</td><td>1985 年 8 月</td><td>汉</td></tr>
<tr><td>曹海艳</td><td>儿媳</td><td>1984 年 1 月</td><td>汉</td></tr>
<tr><td>凌忻熠</td><td>孙子</td><td>2006 年 1 月</td><td>汉</td></tr>
<tr><td>凌忻苒</td><td>孙女</td><td>2014 年 3 月</td><td>汉</td></tr>
<tr><td>家庭大事</td><td colspan="4">1983 年平房翻建楼房；
1992 年凌白男做电工；
2007 年凌敏毕业于无锡职业技术学院；
2009 年动迁安置；
2009 年购买汽车一辆以及全套家电。</td></tr>
</table>

<table>
<tr><th></th><th>姓名</th><th>与户主关系</th><th>出生年月</th><th>民族</th></tr>
<tr><td rowspan="4">现有家庭成员</td><td>陆梅弟</td><td>户主</td><td>1965 年 4 月</td><td>汉</td></tr>
<tr><td>钱花珍</td><td>妻子</td><td>1966 年 5 月</td><td>汉</td></tr>
<tr><td>陆毅华</td><td>儿子</td><td>1988 年 1 月</td><td>汉</td></tr>
<tr><td>陆佳琪</td><td>孙子</td><td>2016 年 2 月</td><td>汉</td></tr>
<tr><td>家庭大事</td><td colspan="4">1980 年建造平房；
1990 年平房翻建楼房；
2008 年购买商品房一套；
2008 年购买全套家电；
2009 年陆毅华毕业于南京化工职业技术学院（今南京科技职业学院），现在外企工作；
2013 年购买汽车一辆；
2017 年动迁安置。</td></tr>
</table>

<table>
<tr><td rowspan="4">现有家庭成员</td><td>姓名</td><td>与户主关系</td><td>出生年月</td><td>民族</td></tr>
<tr><td>金凤男</td><td>户主</td><td>1964 年 3 月</td><td>汉</td></tr>
<tr><td>凌学琴</td><td>妻子</td><td>1967 年 8 月</td><td>汉</td></tr>
<tr><td>金燕飞</td><td>女儿</td><td>1988 年 9 月</td><td>汉</td></tr>
<tr><td>家庭大事</td><td colspan="4">1981 年金凤男入伍，1986 年退役；
1994 年建造楼房；
2004 年购买商品房以及全套家电；
2010 年金燕飞毕业于南通农业职业技术学院（今南通科技职业学院），现在昆山中茵世贸广场酒店有限公司工作；
2011 年购买汽车一辆；
2016 年动迁安置。</td></tr>
</table>

<table>
<tr><td rowspan="6">现有家庭成员</td><td>姓名</td><td>与户主关系</td><td>出生年月</td><td>民族</td></tr>
<tr><td>凌根福</td><td>户主</td><td>1954 年 10 月</td><td>汉</td></tr>
<tr><td>金六宝</td><td>妻子</td><td>1955 年 6 月</td><td>汉</td></tr>
<tr><td>凌志龙</td><td>儿子</td><td>1978 年 8 月</td><td>汉</td></tr>
<tr><td>凌静忆</td><td>孙女</td><td>2003 年 1 月</td><td>汉</td></tr>
<tr><td>凌　皓</td><td>孙子</td><td>2013 年 10 月</td><td>汉</td></tr>
<tr><td>家庭大事</td><td colspan="4">1990 年平房翻建楼房；
1999 年购买商品房一套；
1999 年凌志龙入伍，2001 年退役；
1999 年购买全套家电；
2011 年购买汽车一辆；
2018 年动迁安置。</td></tr>
</table>

	姓名	与户主关系	出生年月	民族
现有家庭成员	陆正林	户主	1950 年 6 月	汉
	凌秀英	妻子	1952 年 10 月	汉
	陆金龙	儿子	1971 年 4 月	汉
	黄海琴	儿媳	1975 年 3 月	汉
	陆家彬	孙子	2000 年 4 月	汉
	陆家磊	孙子	2000 年 4 月	汉
家庭大事	1985 年平房翻建楼房； 2008 年购买商品房一套； 2008 年购买全套家电； 2012 年动迁安置。			

	姓名	与户主关系	出生年月	民族
现有家庭成员	景国林	户主	1957 年 11 月	汉
	钱花英	妻子	1957 年 5 月	汉
	景秋强	儿子	1981 年 8 月	汉
	吴克元	儿媳	1981 年 7 月	汉
	景鹏语	孙子	2006 年 12 月	汉
家庭大事	1953 年父亲景木泉（已故）入伍，1955 年退役； 1989 年平房翻建楼房； 2004 年景秋强入伍，2006 年退役； 2010 年购买商品房一套； 2010 年购买全套家电； 2016 年动迁安置； 2018 年购买汽车一辆。			

	姓名	与户主关系	出生年月	民族
现有家庭成员	金凤泉	户主	1950 年 5 月	汉
	景单林	妻子	1951 年 8 月	汉
	金林冬	儿子	1972 年 12 月	汉
	钱冬琴	儿媳	1975 年 1 月	汉
	金　斌	孙子	1996 年 2 月	汉
家庭大事	1990 年平房翻建楼房； 1999 年购买商品房一套； 1999 年购买全套家电； 2005 年购买汽车一辆； 2010 年钱冬琴开办昆山市玉山镇冬琴钢管出租站； 2018 年金斌毕业于南通师范高等专科学校，现在九方城幼儿园工作； 2018 年动迁安置。			

	姓名	与户主关系	出生年月	民族
现有家庭成员	景香林	户主	1966 年 1 月	汉
	唐雪琴	妻子	1966 年 12 月	汉
	景丽青	女儿	1989 年 1 月	汉
家庭大事	1994 年建造楼房； 2010 年购买商品房一套； 2010 年购买全套家电； 2015 年购买汽车一辆； 2018 年动迁安置。			

<table>
<tr><td rowspan="4">现有家庭成员</td><th>姓名</th><th>与户主关系</th><th>出生年月</th><th>民族</th></tr>
<tr><td>王瑞根</td><td>户主</td><td>1960 年 6 月</td><td>汉</td></tr>
<tr><td>钱建珍</td><td>妻子</td><td>1961 年 12 月</td><td>汉</td></tr>
<tr><td>王亚英</td><td>女儿</td><td>1983 年 12 月</td><td>汉</td></tr>
<tr><td>家庭大事</td><td colspan="4">1978 年王瑞根毕业于昆山教师进修学校，在昆山正仪中心校工作；
1988 年平房翻建楼房；
1999 年购买全套家电；
2004 年王亚英毕业于江苏省吴江师范学校，大专学历，现在昆山司徒街小学工作；
2006 年购买商品房一套；
2018 年动迁安置。</td></tr>
</table>

<table>
<tr><td rowspan="4">现有家庭成员</td><th>姓名</th><th>与户主关系</th><th>出生年月</th><th>民族</th></tr>
<tr><td>凌香男</td><td>户主</td><td>1965 年 4 月</td><td>汉</td></tr>
<tr><td>钱建英</td><td>妻子</td><td>1966 年 1 月</td><td>汉</td></tr>
<tr><td>凌　超</td><td>儿子</td><td>1988 年 2 月</td><td>汉</td></tr>
<tr><td>家庭大事</td><td colspan="4">1984 年平房翻建楼房；
2009 年动迁安置；
2011 年凌超毕业于南京中医药大学，本科学历，现在广州杨森药业有限公司工作；
2013 年购买汽车一辆以及全套家电；
2017 年购买商品房一套。</td></tr>
</table>

	姓名	与户主关系	出生年月	民族
现有家庭成员	凌宗林	户主	1949 年 10 月	汉
	凌风宝	妻子	1950 年 11 月	汉
	凌翠刚	儿子	1976 年 10 月	汉
	周　艳	儿媳	1979 年 3 月	汉
	凌　懿	孙子	2001 年 5 月	汉
家庭大事	1983 年平房翻建楼房； 2000 年购买商品房一套； 2000 年购买全套家电； 2008 年购买商品房一套； 2010 年动迁安置； 2016 年购买汽车一辆。			

	姓名	与户主关系	出生年月	民族
现有家庭成员	金凤林	户主	1956 年 11 月	汉
	王风金	妻子	1957 年 7 月	汉
	金仁刚	儿子	1981 年 12 月	汉
	唐利芳	儿媳	1983 年 12 月	汉
	金善雨	孙女	2007 年 8 月	汉
家庭大事	1987 年建造楼房； 2001 年购买商品房一套； 2001 年购买全套家电； 2009 年动迁安置。			

	姓名	与户主关系	出生年月	民族
现有家庭成员	王雪男	户主	1963 年 7 月	汉
	李梅珍	妻子	1963 年 10 月	汉
	王燕兰	女儿	1986 年 2 月	汉
	王昊悦	孙子	2010 年 9 月	汉
	景密花	母亲	1942 年 12 月	汉
家庭大事	1988 年平房翻建楼房； 2007 年购买商品房一套； 2017 年购买全套家电； 2018 年动迁安置。			

	姓名	与户主关系	出生年月	民族
现有家庭成员	金凤土	户主	1947 年 5 月	汉
	钱金花	妻子	1947 年 9 月	汉
	金大方	儿子	1972 年 6 月	汉
	吴密芳	儿媳	1973 年 4 月	汉
	金程希	孙女	1996 年 2 月	汉
	金子纯	孙女	2011 年 12 月	汉
家庭大事	1984 年平房翻建楼房； 2001 年购买商品房一套； 2001 年购买全套家电； 2018 年动迁安置。			

	姓名	与户主关系	出生年月	民族
现有家庭成员	凌花泉	户主	1956 年 12 月	汉
	凌白妹	妻子	1957 年 11 月	汉
	凌　燕	女儿	1981 年 12 月	汉
	徐云亮	女婿	1982 年 1 月	汉
	凌紫依	孙女	2005 年 8 月	汉
	徐紫言	孙女	2010 年 3 月	汉
家庭大事	1987 年平房翻建楼房； 2003 年购买商品房一套； 2003 年购买全套家电； 2018 年动迁安置。			

	姓名	与户主关系	出生年月	民族
现有家庭成员	王雪良	户主	1965 年 1 月	汉
	姜培珍	妻子	1963 年 11 月	汉
	王春兰	女儿	1988 年 5 月	汉
家庭大事	1996 年平房翻建楼房； 2008 年购买商品房一套； 2008 年购买全套家电； 2018 年动迁安置。			

	姓名	与户主关系	出生年月	民族
现有家庭成员	景福林	户主	1963 年 6 月	汉
	范凤娥	妻子	1963 年 9 月	汉
	景剑荣	儿子	1986 年 5 月	汉
	唐绣叶	儿媳	1985 年 12 月	汉
	景宇浩	孙子	2008 年 11 月	汉
	景金秀	母亲	1939 年 7 月	汉
家庭大事	1986 年平房翻建楼房； 2000 年购买汽车一辆； 2000 年购买全套家电； 2007 年景剑荣毕业于常州大学，本科学历； 2018 年动迁安置。			

	姓名	与户主关系	出生年月	民族
现有家庭成员	凌玉林	户主	1961 年 7 月	汉
	姜银花	妻子	1962 年 4 月	汉
	凌智平	儿子	1985 年 6 月	汉
家庭大事	1987 年建造楼房； 2000 年购买商品房一套； 2000 年购买全套家电； 2008 年凌智平毕业于南京医科大学，现在昆山南星渎社区工作； 2009 年动迁安置。			

<table>
<tr><td rowspan="4">现有家庭成员</td><td>姓名</td><td>与户主关系</td><td>出生年月</td><td>民族</td></tr>
<tr><td>凌福明</td><td>户主</td><td>1953 年 4 月</td><td>汉</td></tr>
<tr><td>张小花</td><td>妻子</td><td>1954 年 5 月</td><td>汉</td></tr>
<tr><td>凌建芳</td><td>女儿</td><td>1973 年 1 月</td><td>汉</td></tr>
<tr><td>家庭大事</td><td colspan="4">1952 年父亲凌夫根（已故）入伍，1956 年退役；
1989 年平房翻建楼房；
1999 年购买商品房一套；
1999 年购买全套家电；
2014 年购买汽车一辆；
2018 年动迁安置。</td></tr>
</table>

<table>
<tr><td rowspan="4">现有家庭成员</td><td>姓名</td><td>与户主关系</td><td>出生年月</td><td>民族</td></tr>
<tr><td>凌小林</td><td>户主</td><td>1951 年 12 月</td><td>汉</td></tr>
<tr><td>凌玉英</td><td>妻子</td><td>1952 年 9 月</td><td>汉</td></tr>
<tr><td>凌翠龙</td><td>儿子</td><td>1977 年 4 月</td><td>汉</td></tr>
<tr><td>家庭大事</td><td colspan="4">1986 年平房翻建楼房；
2008 年购买全套家电；
2018 年动迁安置。</td></tr>
</table>

<table>
<tr><td rowspan="6">现有家庭成员</td><td>姓名</td><td>与户主关系</td><td>出生年月</td><td>民族</td></tr>
<tr><td>凌坤祥</td><td>户主</td><td>1955 年 1 月</td><td>汉</td></tr>
<tr><td>彭小妹</td><td>妻子</td><td>1956 年 3 月</td><td>汉</td></tr>
<tr><td>凌　水</td><td>儿子</td><td>1980 年 9 月</td><td>汉</td></tr>
<tr><td>凯菊花</td><td>儿媳</td><td>1985 年 10 月</td><td>汉</td></tr>
<tr><td>凌嘉豪</td><td>孙子</td><td>2006 年 10 月</td><td>汉</td></tr>
<tr><td>家庭大事</td><td colspan="4">1997 年建造楼房；
2003 年购买商品房一套；
2003 年购买全套家电；
2018 年动迁安置。</td></tr>
</table>

	姓名	与户主关系	出生年月	民族
现有家庭成员	王秀根	户主	1954 年 11 月	汉
	景林妹	妻子	1954 年 10 月	汉
	王志强	儿子	1978 年 12 月	汉
	赵书芹	儿媳	1981 年 10 月	汉
	王芷瑄	孙女	2010 年 7 月	汉
	陈招英	母亲	1932 年 11 月	汉
家庭大事	1973 年王秀根入伍，1976 年退役； 1993 年平房翻建楼房； 2000 年王志强毕业于北京航空航天大学，本科学历，现在浙江一家电器公司工作； 2009 年动迁安置； 2012 年购买全套家电； 2015 年购买汽车一辆。			

	姓名	与户主关系	出生年月	民族
现有家庭成员	凌明泉	户主	1963 年 9 月	汉
	金金珍	妻子	1963 年 2 月	汉
	凌华强	儿子	1987 年 6 月	汉
家庭大事	1994 年平房翻建楼房； 2004 年购买商品房一套； 2004 年购买全套家电； 2018 年动迁安置。			

<table>
<tr><td rowspan="6">现有家庭成员</td><th>姓名</th><th>与户主关系</th><th>出生年月</th><th>民族</th></tr>
<tr><td>凌卫东</td><td>户主</td><td>1971 年 12 月</td><td>汉</td></tr>
<tr><td>景兴娥</td><td>妻子</td><td>1971 年 10 月</td><td>汉</td></tr>
<tr><td>凌景涛</td><td>儿子</td><td>2000 年 6 月</td><td>汉</td></tr>
<tr><td>凌解放</td><td>父亲</td><td>1949 年 4 月</td><td>汉</td></tr>
<tr><td>凌卫红</td><td>妹妹</td><td>1974 年 5 月</td><td>汉</td></tr>
<tr><td>家庭大事</td><td colspan="4">1985 年平房翻建楼房；
1993 年凌卫红毕业于扬州大学，现在昆山市中医院工作；
2018 年购买全套家电；
2018 年动迁安置。</td></tr>
</table>

<table>
<tr><td rowspan="4">现有家庭成员</td><th>姓名</th><th>与户主关系</th><th>出生年月</th><th>民族</th></tr>
<tr><td>凌巧仙</td><td>户主</td><td>1953 年 7 月</td><td>汉</td></tr>
<tr><td>凌　克</td><td>儿子</td><td>1980 年 4 月</td><td>汉</td></tr>
<tr><td>凌瑞雪</td><td>孙子</td><td>2001 年 1 月</td><td>汉</td></tr>
<tr><td>家庭大事</td><td colspan="4">1971 年丈夫凌根水（已故）入伍，1975 年退役；
1987 年平房翻建楼房；
2001 年凌克入伍，2003 年退役；
2003 年购买全套家电；
2018 年动迁安置。</td></tr>
</table>

<table>
<tr><td rowspan="4">现有家庭成员</td><th>姓名</th><th>与户主关系</th><th>出生年月</th><th>民族</th></tr>
<tr><td>杨花林</td><td>户主</td><td>1954 年 6 月</td><td>汉</td></tr>
<tr><td>凌风仙</td><td>妻子</td><td>1956 年 10 月</td><td>汉</td></tr>
<tr><td>杨秋芳</td><td>女儿</td><td>1979 年 8 月</td><td>汉</td></tr>
<tr><td>家庭大事</td><td colspan="4">1986 年平房翻建楼房；
2018 年动迁安置；
2019 年购买全套家电。</td></tr>
</table>

	姓名	与户主关系	出生年月	民族
现有家庭成员	金福妹	户主	1956 年 9 月	汉
	杨志刚	儿子	1982 年 11 月	汉
家庭大事	1986 年平房翻建楼房； 2016 年动迁安置； 2016 年购买全套家电。			

景村村第十二小组

<table>
<tr><th></th><th>姓名</th><th>与户主关系</th><th>出生年月</th><th>民族</th></tr>
<tr><td rowspan="5">现有家庭成员</td><td>王进福</td><td>户主</td><td>1964 年 12 月</td><td>汉</td></tr>
<tr><td>陆玲风</td><td>妻子</td><td>1964 年 7 月</td><td>汉</td></tr>
<tr><td>王　英</td><td>女儿</td><td>1988 年 3 月</td><td>汉</td></tr>
<tr><td>王品泉</td><td>父亲</td><td>1943 年 8 月</td><td>汉</td></tr>
<tr><td>金阿秀</td><td>母亲</td><td>1944 年 10 月</td><td>汉</td></tr>
<tr><td>家庭大事</td><td colspan="4">1980 年王进福做木匠；
1994 年平房翻建楼房；
2004 年购买汽车一辆；
2006 年动迁安置；
2008 年王英毕业于襄樊职业技术学院（今襄阳职业技术学院），现在苏州和合医学检验有限公司工作；
2013 年购买商品房一套；
2013 年购买商品房一套。</td></tr>
</table>

<table>
<tr><th></th><th>姓名</th><th>与户主关系</th><th>出生年月</th><th>民族</th></tr>
<tr><td rowspan="6">现有家庭成员</td><td>景花生</td><td>户主</td><td>1943 年 11 月</td><td>汉</td></tr>
<tr><td>景素花</td><td>妻子</td><td>1945 年 6 月</td><td>汉</td></tr>
<tr><td>景根元</td><td>长子</td><td>1966 年 3 月</td><td>汉</td></tr>
<tr><td>景雪元</td><td>次子</td><td>1971 年 1 月</td><td>汉</td></tr>
<tr><td>陆宁芳</td><td>次媳</td><td>1971 年 6 月</td><td>汉</td></tr>
<tr><td>景思婷</td><td>孙女</td><td>1999 年 9 月</td><td>汉</td></tr>
<tr><td>家庭大事</td><td colspan="4">1985 年平房翻建楼房；
1987 年景根元毕业于西北电讯工程学院（今西安电子科技大学），本科学历，现在重庆市政府工作；
1992 年景雪元毕业于南通纺织工学院（今南通大学）；
2006 年动迁安置；
2006 年购买商品房一套；
2006 年购买全套家电；
2013 年购买汽车一辆。</td></tr>
</table>

<table>
<tr><th rowspan="5">现有家庭成员</th><th>姓名</th><th>与户主关系</th><th>出生年月</th><th>民族</th></tr>
<tr><td>陶金水</td><td>户主</td><td>1946 年 7 月</td><td>汉</td></tr>
<tr><td>刘瑞珍</td><td>妻子</td><td>1951 年 8 月</td><td>汉</td></tr>
<tr><td>陶子寒</td><td>儿子</td><td>1972 年 12 月</td><td>汉</td></tr>
<tr><td>陶　萤</td><td>女儿</td><td>1974 年 7 月</td><td>汉</td></tr>
<tr><th>家庭大事</th><td colspan="4">1970 年陶金水毕业于唐山铁道学院（今西南交通大学），本科学历，先在北京铁路司机学校任教，1980 年调到昆山市正仪中学任教；
1990 年陶子寒毕业于扬州大学，本科学历，现在中国农业银行工作；
1994 年陶萤就读于昆山广播电视大学（今昆山开放大学），大专学历，现在昆山市人力资源和社会保障局工作；
2004 年购买汽车一辆。</td></tr>
</table>

<table>
<tr><th rowspan="6">现有家庭成员</th><th>姓名</th><th>与户主关系</th><th>出生年月</th><th>民族</th></tr>
<tr><td>周泉元</td><td>户主</td><td>1950 年 10 月</td><td>汉</td></tr>
<tr><td>徐忠妹</td><td>妻子</td><td>1953 年 3 月</td><td>汉</td></tr>
<tr><td>周　刚</td><td>长子</td><td>1978 年 12 月</td><td>汉</td></tr>
<tr><td>周　峰</td><td>次子</td><td>1984 年 3 月</td><td>汉</td></tr>
<tr><td>周莉华</td><td>孙女</td><td>2002 年 6 月</td><td>汉</td></tr>
<tr><th>家庭大事</th><td colspan="4">1970 年周泉元入伍，1977 年退役；
1998 年自建别墅一幢；
1998 年购买全套家电；
2008 年周峰毕业于南通大学；
2017 年购买汽车一辆。</td></tr>
</table>

	姓名	与户主关系	出生年月	民族
现有家庭成员	陶引弟	户主	1947 年 12 月	汉
	陶惠囡	妻子	1949 年 7 月	汉
	陶建红	长子	1970 年 8 月	汉
	陶耀华	次子	1972 年 1 月	汉
家庭大事	1981 年陶引弟毕业于江苏师范学院（今苏州大学），在昆山市正仪中学工作； 1994 年平房翻建平房； 1993 年陶建红毕业于江苏广播电视大学（今江苏开放大学），大专学历，现在中国银行（昆山分行）工作； 1995 年陶耀华毕业于上海交通大学，本科学历，现在昆山农村商业银行工作； 1997 年购买汽车一辆； 2001 年购买商品房一套； 2001 年购买全套家电； 2006 年动迁安置。			

	姓名	与户主关系	出生年月	民族
现有家庭成员	王社良	户主	1954 年 12 月	汉
	王宗花	妻子	1953 年 1 月	汉
	王美芳	长女	1975 年 8 月	汉
	刘卫平	女婿	1972 年 11 月	汉
	王丽芳	次女	1982 年 5 月	汉
	王　珺	孙子	1996 年 10 月	汉
家庭大事	1976 年王社良做瓦匠； 1987 年平房翻建楼房； 1995 年购买商品房一套； 2005 年王丽芳毕业于苏州市职工大学，大专学历，现在私企工作； 2006 年动迁安置； 2006 年购买全套家电； 2010 年王珺毕业于昆山广播电视大学（今昆山开放大学），大专学历，现私企工作； 2014 年又购买商品房一套； 2018 年、2019 年各购买汽车一辆。			

	姓名	与户主关系	出生年月	民族
现有家庭成员	金　龙	户主	1968 年 11 月	汉
	景菊芳	妻子	1967 年 8 月	汉
	金志贤	儿子	1991 年 10 月	汉
	顾冬生	父亲	1948 年 11 月	汉
	金密金	母亲	1950 年 7 月	汉
家庭大事	1986 年金龙做瓦匠； 1989 年平房翻建楼房； 2006 年动迁安置； 2006 年购买全套家电； 2012 年购买商品房一套； 2015 年购买汽车一辆。			

	姓名	与户主关系	出生年月	民族
现有家庭成员	陈文兴	户主	1963 年 3 月	汉
	王玉珍	妻子	1968 年 1 月	汉
	陈　艳	女儿	1989 年 8 月	汉
	周云弟	母亲	1940 年 1 月	汉
家庭大事	1999 年平房翻建楼房； 2006 年动迁安置； 2006 年购买全套家电； 2009 年陈艳毕业于苏州市艺术学校，大专学历。			

	姓名	与户主关系	出生年月	民族
现有家庭成员	王根福	户主	1966 年 11 月	汉
	景翠英	妻子	1968 年 3 月	汉
	王　磊	儿子	1989 年 10 月	汉
家庭大事	1982 年王根福做瓦匠； 1999 年平房翻建楼房； 2006 年动迁安置； 2012 年购买商品房一套； 2012 年购买全套家电； 2014 年购买汽车一辆。			

	姓名	与户主关系	出生年月	民族
现有家庭成员	景永生	户主	1965 年 10 月	汉
	郭秋花	妻子	1966 年 7 月	汉
	景　超	儿子	1988 年 12 月	汉
	丁水宝	母亲	1935 年 3 月	汉
家庭大事	1980 年景永生做木匠； 2006 年动迁安置； 2006 年购买全套家电； 2011 年景超毕业于沈阳理工大学，本科学历，现在昆山力鹏节能工程安装有限公司工作。			

	姓名	与户主关系	出生年月	民族
现有家庭成员	景花根	户主	1956 年 11 月	汉
	唐根花	妻子	1957 年 12 月	汉
	景文元	儿子	1981 年 11 月	汉
	张　救	儿媳	1982 年 1 月	汉
	景　琦	孙子	2005 年 1 月	汉
家庭大事	1990 年平房翻建楼房； 1999 年购买商品房一套； 2000 年购买全套家电； 2006 年动迁安置。			

	姓名	与户主关系	出生年月	民族
现有家庭成员	王菊良	户主	1968 年 10 月	汉
	景花芳	妻子	1970 年 6 月	汉
	王志琪	儿子	1991 年 10 月	汉
家庭大事	1983 年王菊良做瓦匠； 1993 年平房翻建楼房； 2006 年动迁安置； 2006 年购买全套家电； 2011 年购买汽车一辆； 2012 年王志琪毕业于昆山第一职业高级中学，大专学历； 2013 年购买商品房一套。			

	姓名	与户主关系	出生年月	民族
现有家庭成员	唐士良	户主	1958 年 4 月	汉
	张林花	妻子	1957 年 4 月	汉
	唐志成	儿子	1981 年 10 月	汉
	唐明宽	孙子	2004 年 5 月	汉
	王　菊	非亲属	1980 年 9 月	汉
家庭大事	2000 年平房翻建楼房； 2003 年购买商品房一套； 2003 年购买全套家电； 2006 年动迁安置。			

	姓名	与户主关系	出生年月	民族
现有家庭成员	王玉林	户主	1970 年 3 月	汉
	黄家秀	妻子	1972 年 10 月	汉
	王　涛	儿子	1994 年 2 月	汉
家庭大事	1986 年王玉林做瓦匠； 1986 年平房翻建楼房； 2006 年动迁安置； 2006 年购买全套家电； 2012 年购买商品房一套； 2016 年购买汽车一辆。			

	姓名	与户主关系	出生年月	民族
现有家庭成员	王菊明	户主	1966 年 1 月	汉
	顾桃妹	妻子	1968 年 1 月	汉
	王春燕	女儿	1989 年 2 月	汉
	陈语馨	孙女	2013 年 5 月	汉
	金祖兴	父亲	1941 年 8 月	汉
	王阿巧	母亲	1939 年 8 月	汉
家庭大事	1980 年王菊明做瓦匠； 1991 年平房翻建楼房； 2006 年动迁安置； 2006 年购买全套家电； 2010 年王春燕毕业于常熟理工学院，大专学历； 2017 年购买商品房一套； 2017 年购买汽车一辆。			

	姓名	与户主关系	出生年月	民族
现有家庭成员	王雪刚	户主	1972 年 3 月	汉
	文爱玲	妻子	1978 年 3 月	汉
	王晨祎	儿子	1994 年 11 月	汉
	王雯怡	女儿	2000 年 1 月	汉
	金美珍	母亲	1949 年 11 月	汉
家庭大事	1989 年平房翻建楼房； 1990 年王雪刚入伍，1992 年退役； 2006 年动迁安置； 2011 年购买商品房一套； 2011 年购买全套家电； 2011 年王晨祎毕业于江苏师范大学连云港分校，本科学历，现在昆山农村商业银行（巴城支行）工作。			

<table>
<tr><td rowspan="4">现有家庭成员</td><th>姓名</th><th>与户主关系</th><th>出生年月</th><th>民族</th></tr>
<tr><td>周根法</td><td>户主</td><td>1952 年 2 月</td><td>汉</td></tr>
<tr><td>陆密香</td><td>妻子</td><td>1954 年 5 月</td><td>汉</td></tr>
<tr><td>周建明</td><td>儿子</td><td>1982 年 6 月</td><td>汉</td></tr>
<tr><td>家庭大事</td><td colspan="4">1970 年周根法入伍，1975 年退役；
1992 年平房翻建楼房；
2006 年动迁安置；
2006 年购买汽车一辆；
2006 年周建明毕业于河南科技大学，本科学历，现在私企工作；
2008 年购买商品房一套；
2008 年购买全套家电。</td></tr>
</table>

<table>
<tr><td rowspan="6">现有家庭成员</td><th>姓名</th><th>与户主关系</th><th>出生年月</th><th>民族</th></tr>
<tr><td>周海元</td><td>户主</td><td>1944 年 12 月</td><td>汉</td></tr>
<tr><td>王阿梅</td><td>妻子</td><td>1946 年 1 月</td><td>汉</td></tr>
<tr><td>周玉芳</td><td>女儿</td><td>1967 年 12 月</td><td>汉</td></tr>
<tr><td>陈勤良</td><td>女婿</td><td>1963 年 8 月</td><td>汉</td></tr>
<tr><td>周钇廷</td><td>孙女</td><td>1990 年 4 月</td><td>汉</td></tr>
<tr><td>家庭大事</td><td colspan="4">1981 年陈勤良入伍，1986 年退役；
1992 年平房翻建楼房；
2006 年动迁安置；
2011 年购买商品房一套；
2011 年购买全套家电；
2014 年周钇廷毕业于南京财经大学国际经贸学院，现在昆山市保安服务行业协会工作。</td></tr>
</table>

	姓名	与户主关系	出生年月	民族
现有家庭成员	周国良	户主	1958 年 5 月	汉
	沈花英	妻子	1962 年 4 月	汉
	周建强	儿子	1983 年 6 月	汉
	刘　杰	儿媳	1984 年 11 月	汉
	周梓怡	孙女	2008 年 7 月	汉
	周梓豪	孙子	2012 年 10 月	汉
家庭大事	1977 年周国良任教师； 1981 年平房翻建楼房； 2006 年动迁安置； 2011 年购买商品房一套； 2011 年购买全套家电； 2012 年购买汽车一辆。			

	姓名	与户主关系	出生年月	民族
现有家庭成员	唐桂福	户主	1959 年 11 月	汉
	景秀英	妻子	1956 年 11 月	汉
	唐明华	儿子	1978 年 12 月	汉
	金冬花	儿媳	1982 年 1 月	汉
	唐梦琪	孙女	2006 年 4 月	汉
家庭大事	1993 年平房翻建楼房； 2006 年动迁安置； 2006 年购买全套家电； 2010 年唐明华大专毕业，现在昆山市城市管理局工作； 2010 年购买商品房一套； 2016 年购买汽车一辆。			

<table>
<tr><td rowspan="4">现有家庭成员</td><td>姓名</td><td>与户主关系</td><td>出生年月</td><td>民族</td></tr>
<tr><td>唐桂良</td><td>户主</td><td>1957 年 8 月</td><td>汉</td></tr>
<tr><td>陈密珍</td><td>妻子</td><td>1956 年 3 月</td><td>汉</td></tr>
<tr><td>唐华林</td><td>儿子</td><td>1981 年 6 月</td><td>汉</td></tr>
<tr><td>家庭大事</td><td colspan="4">1990 年平房翻建楼房；
1990 年唐桂良做电工；
2003 年唐华林毕业于武汉大学，本科学历，现在海蓝集团工作；
2006 年动迁安置；
2006 年购买商品房一套；
2009 年购买汽车一辆；
2010 年购买全套家电。</td></tr>
</table>

<table>
<tr><td rowspan="5">现有家庭成员</td><td>姓名</td><td>与户主关系</td><td>出生年月</td><td>民族</td></tr>
<tr><td>张惠元</td><td>户主</td><td>1963 年 5 月</td><td>汉</td></tr>
<tr><td>杨春花</td><td>妻子</td><td>1962 年 2 月</td><td>汉</td></tr>
<tr><td>张　华</td><td>儿子</td><td>1985 年 12 月</td><td>汉</td></tr>
<tr><td>张子恒</td><td>孙子</td><td>2009 年 4 月</td><td>汉</td></tr>
<tr><td>家庭大事</td><td colspan="4">1985 年张惠元做木匠；
1987 年平房翻建楼房；
2000 年购买商品房一套；
2006 年动迁安置；
2009 年购买汽车一辆；
2014 年又购买商品房一套；
2014 年购买全套家电。</td></tr>
</table>

<table>
<tr><th rowspan="8">现有家庭成员</th><th>姓名</th><th>与户主关系</th><th>出生年月</th><th>民族</th></tr>
<tr><td>陶进香</td><td>户主</td><td>1955 年 3 月</td><td>汉</td></tr>
<tr><td>陶妹笃</td><td>妻子</td><td>1955 年 2 月</td><td>汉</td></tr>
<tr><td>陶烨华</td><td>儿子</td><td>1980 年 7 月</td><td>汉</td></tr>
<tr><td>陶烨兰</td><td>女儿</td><td>1982 年 7 月</td><td>汉</td></tr>
<tr><td>陈春霞</td><td>儿媳</td><td>1981 年 4 月</td><td>汉</td></tr>
<tr><td>陈芮晞</td><td>孙女</td><td>2007 年 9 月</td><td>汉</td></tr>
<tr><td>陶　辰</td><td>孙女</td><td>2003 年 1 月</td><td>汉</td></tr>
<tr><th>家庭大事</th><td colspan="4">1992 年平房翻建楼房；
2005 年陶烨兰毕业于江苏广播电视大学（今江苏开放大学），大专学历，现在外企工作；
2006 年动迁安置；
2013 年购买商品房一套；
2013 年购买全套家电。</td></tr>
</table>

<table>
<tr><th rowspan="5">现有家庭成员</th><th>姓名</th><th>与户主关系</th><th>出生年月</th><th>民族</th></tr>
<tr><td>杨巧花</td><td>户主</td><td>1963 年 8 月</td><td>汉</td></tr>
<tr><td>杨　英</td><td>女儿</td><td>1983 年 4 月</td><td>汉</td></tr>
<tr><td>杨姿妤</td><td>孙女</td><td>2008 年 1 月</td><td>汉</td></tr>
<tr><td>陆欣妤</td><td>孙女</td><td>2009 年 1 月</td><td>汉</td></tr>
<tr><th>家庭大事</th><td colspan="4">1991 年平房翻建楼房；
2003 年杨英毕业于上海市城市建设工程学校（今上海城建职业学院），大专学历，现在茗景苑社区工作；
2006 年动迁安置；
2006 年购买全套家电；
2012 年购买汽车一辆。</td></tr>
</table>

<table>
<tr><td rowspan="6">现有家庭成员</td><th>姓名</th><th>与户主关系</th><th>出生年月</th><th>民族</th></tr>
<tr><td>张荣福</td><td>户主</td><td>1961 年 12 月</td><td>汉</td></tr>
<tr><td>陶云花</td><td>妻子</td><td>1963 年 9 月</td><td>汉</td></tr>
<tr><td>张雨芳</td><td>女儿</td><td>1985 年 7 月</td><td>汉</td></tr>
<tr><td>金一诺</td><td>孙女</td><td>2011 年 3 月</td><td>汉</td></tr>
<tr><td>张火根</td><td>父亲</td><td>1935 年 8 月</td><td>汉</td></tr>
<tr><td>家庭大事</td><td colspan="4">1988 年平房翻建楼房；
1994 年购买全套家电；
2002 年购买商品房一套；
2006 年动迁安置；
2007 年张雨芳毕业于淮海工学院（今江苏海洋大学），本科学历，现在中国银行昆山分行工作。</td></tr>
</table>

<table>
<tr><td rowspan="6">现有家庭成员</td><th>姓名</th><th>与户主关系</th><th>出生年月</th><th>民族</th></tr>
<tr><td>王秋良</td><td>户主</td><td>1959 年 7 月</td><td>汉</td></tr>
<tr><td>陆秀珍</td><td>妻子</td><td>1962 年 12 月</td><td>汉</td></tr>
<tr><td>王敏海</td><td>儿子</td><td>1985 年 5 月</td><td>汉</td></tr>
<tr><td>王易辰</td><td>孙子</td><td>2012 年 9 月</td><td>汉</td></tr>
<tr><td>陈阿密</td><td>母亲</td><td>1937 年 3 月</td><td>汉</td></tr>
<tr><td>家庭大事</td><td colspan="4">1985 年陆秀珍做缝纫师；
1989 年平房翻建楼房；
2006 年动迁安置；
2006 年购买商品房一套；
2006 年购买全套家电；
2007 年王敏海毕业于南京理工大学，本科学历，现在苏州市文化广电和旅游局工作；
2009 年购买汽车一辆。</td></tr>
</table>

	姓名	与户主关系	出生年月	民族
现有家庭成员	张建华	户主	1971 年 1 月	汉
	张　振	儿子	2004 年 4 月	汉
家庭大事	1983 年建造楼房； 2006 年动迁安置； 2008 年购买商品房一套； 2008 年购买全套家电。			

	姓名	与户主关系	出生年月	民族
现有家庭成员	张建伟	户主	1967 年 11 月	汉
	张良仙	妻子	1967 年 11 月	汉
	张林洁	女儿	1991 年 1 月	汉
	唐桂英	母亲	1947 年 8 月	汉
家庭大事	1989 年平房翻建楼房； 2006 年动迁安置； 2008 年购买全套家电； 2013 年购买商品房一套； 2013 年购买汽车一辆。			

	姓名	与户主关系	出生年月	民族
现有家庭成员	王建成	户主	1983 年 10 月	汉
	唐桂珍	母亲	1962 年 3 月	汉
家庭大事	1991 年平房翻建楼房； 2002 年王建成毕业于桂林理工大学，本科学历，现在私企工作； 2006 年动迁安置； 2007 年购买汽车一辆； 2008 年购买全套家电。			

<table>
<tr><td rowspan="4">现有家庭成员</td><td>姓名</td><td>与户主关系</td><td>出生年月</td><td>民族</td></tr>
<tr><td>景根良</td><td>户主</td><td>1964 年 5 月</td><td>汉</td></tr>
<tr><td>吴桂英</td><td>妻子</td><td>1963 年 8 月</td><td>汉</td></tr>
<tr><td>景鹰英</td><td>女儿</td><td>1987 年 6 月</td><td>汉</td></tr>
<tr><td>家庭大事</td><td colspan="4">1992 年平房翻建楼房;
2006 年动迁安置;
2009 年景鹰英毕业于南京三江学院，本科学历，现在外企工作;
2013 年购买汽车一辆;
2014 年购买全套家电。</td></tr>
</table>

<table>
<tr><td rowspan="5">现有家庭成员</td><td>姓名</td><td>与户主关系</td><td>出生年月</td><td>民族</td></tr>
<tr><td>陶红良</td><td>户主</td><td>1970 年 10 月</td><td>汉</td></tr>
<tr><td>顾雪芳</td><td>妻子</td><td>1970 年 2 月</td><td>汉</td></tr>
<tr><td>陶晓刚</td><td>儿子</td><td>1993 年 12 月</td><td>汉</td></tr>
<tr><td>陶琴珍</td><td>妹妹</td><td>1973 年 12 月</td><td>汉</td></tr>
<tr><td>家庭大事</td><td colspan="4">1986 年平房翻建楼房;
2000 年陶红良做瓦匠;
2006 年动迁安置;
2012 年购买商品房一套;
2012 年购买全套家电;
2017 年购买汽车一辆。</td></tr>
</table>

<table>
<tr><td rowspan="5">现有家庭成员</td><td>姓名</td><td>与户主关系</td><td>出生年月</td><td>民族</td></tr>
<tr><td>唐素良</td><td>户主</td><td>1958 年 5 月</td><td>汉</td></tr>
<tr><td>张秋娥</td><td>妻子</td><td>1957 年 7 月</td><td>汉</td></tr>
<tr><td>唐火龙</td><td>儿子</td><td>1983 年 2 月</td><td>汉</td></tr>
<tr><td>唐麒钧</td><td>孙子</td><td>2009 年 6 月</td><td>汉</td></tr>
<tr><td>家庭大事</td><td colspan="4">1985 年唐素良做木匠;
1990 年平房翻建楼房;
2001 年购买商品房一套;
2001 年购买全套家电;
2006 年动迁安置;
2010 年购买汽车一辆。</td></tr>
</table>

现有家庭成员	姓名	与户主关系	出生年月	民族
	顾建英	户主	1970 年 3 月	汉
家庭大事	2006 年动迁安置； 2006 年购买电视机一台； 2002 年购买冰箱一台。			

现有家庭成员	姓名	与户主关系	出生年月	民族
	周华锋	户主	1981 年 11 月	汉
	谭海梅	妻子	1985 年 4 月	汉
	周珈羽	长子	2005 年 7 月	汉
	周宸轩	次子	2013 年 6 月	汉
	周惠良	父亲	1958 年 1 月	汉
	金花英	母亲	1956 年 7 月	汉
家庭大事	1989 年平房翻建楼房； 2006 年动迁安置； 2009 年购买商品房一套； 2009 年购买全套家电； 2011 年购买汽车一辆。			

<table>
<tr><td rowspan="6">现有家庭成员</td><th>姓名</th><th>与户主关系</th><th>出生年月</th><th>民族</th></tr>
<tr><td>周裕良</td><td>户主</td><td>1952 年 1 月</td><td>汉</td></tr>
<tr><td>金金秀</td><td>妻子</td><td>1952 年 2 月</td><td>汉</td></tr>
<tr><td>周　强</td><td>儿子</td><td>1983 年 1 月</td><td>汉</td></tr>
<tr><td>堵晓芳</td><td>儿媳</td><td>1986 年 9 月</td><td>汉</td></tr>
<tr><td>周旭杰</td><td>孙子</td><td>2007 年 1 月</td><td>汉</td></tr>
<tr><td>家庭大事</td><td colspan="4">1988 年周裕良做木匠；
1989 年平房翻建楼房；
2003 年购买商品房一套；
2003 年购买全套家电；
2006 年动迁安置；
2010 年购买汽车一辆；
2015 年周强毕业于中国农业大学，本科学历，现在昆山移动公司工作。</td></tr>
</table>

<table>
<tr><td rowspan="5">现有家庭成员</td><th>姓名</th><th>与户主关系</th><th>出生年月</th><th>民族</th></tr>
<tr><td>陶云根</td><td>户主</td><td>1951 年 1 月</td><td>汉</td></tr>
<tr><td>张金娥</td><td>妻子</td><td>1950 年 7 月</td><td>汉</td></tr>
<tr><td>陶雪峰</td><td>儿子</td><td>1975 年 2 月</td><td>汉</td></tr>
<tr><td>戴根生</td><td>父亲</td><td>1926 年 10 月</td><td>汉</td></tr>
<tr><td>家庭大事</td><td colspan="4">1989 年平房翻建楼房；
1998 年陶雪峰毕业于南京大学金陵学院，大专学历，现在昆山华利大酒店工作；
1998 年购买商品房一套；
1998 年购买全套家电；
2006 年动迁安置。</td></tr>
</table>

	姓名	与户主关系	出生年月	民族
现有家庭成员	唐素根	户主	1963 年 7 月	汉
	沈密珍	妻子	1965 年 2 月	汉
	唐国华	儿子	1986 年 7 月	汉
	盛佳莹	孙女	2013 年 8 月	汉
家庭大事	1983 年平房翻建楼房； 2000 年购买商品房一套； 2000 年购买全套家电； 2006 年动迁安置； 2006 年购买汽车一辆； 2007 年唐国华毕业于淮阴工学院，本科学历，现在昆山污水处理有限公司工作。			

	姓名	与户主关系	出生年月	民族
现有家庭成员	王荣泉	户主	1946 年 2 月	汉
	金金翠	妻子	1947 年 10 月	汉
	王建良	儿子	1968 年 12 月	汉
	王建芳	女儿	1971 年 4 月	汉
	沈金梅	儿媳	1970 年 3 月	汉
	王　巍	孙子	1991 年 10 月	汉
	王怡淳	孙女	2002 年 2 月	汉
家庭大事	1998 年平房翻建楼房； 2005 年购买商品房一套； 2005 年购买全套家电； 2006 年动迁安置； 2014 年王巍毕业于南京师范大学泰州学院，本科学历，现在昆山城北街道办事处工作； 2015 年购买汽车一辆。			

	姓名	与户主关系	出生年月	民族
现有家庭成员	殷福英	户主	1949 年 12 月	汉
	张　鹰	儿子	1975 年 1 月	汉
	张婷婷	孙女	1992 年 10 月	汉
	张　昱	孙子	2008 年 4 月	汉
家庭大事	1970 年丈夫张水根（已故）入伍，1975 年退役； 1990 年平房翻建楼房； 2006 年动迁安置； 2012 年购买商品房一套； 2012 年购买全套家电； 2013 年张婷婷毕业于苏州大学，本科学历，现在昆山市中医院工作； 2015 年购买汽车一辆。			

	姓名	与户主关系	出生年月	民族
现有家庭成员	吴金荣	户主	1955 年 6 月	汉
	陆密花	妻子	1955 年 3 月	汉
	吴虹英	女儿	1978 年 1 月	汉
	刘志堂	女婿	1972 年 11 月	汉
	吴文利	孙子	1998 年 11 月	汉
家庭大事	1992 年平房翻建楼房； 2006 年动迁安置； 2010 年购买汽车一辆； 2015 年购买商品房一套； 2015 年购买全套家电； 2018 年吴文利就读于徐州工程学院，本科学历。			

<table>
<tr><th></th><th>姓名</th><th>与户主关系</th><th>出生年月</th><th>民族</th></tr>
<tr><td rowspan="7">现有家庭成员</td><td>翁根男</td><td>户主</td><td>1956 年 2 月</td><td>汉</td></tr>
<tr><td>陶建花</td><td>妻子</td><td>1956 年 11 月</td><td>汉</td></tr>
<tr><td>陶　刚</td><td>儿子</td><td>1981 年 12 月</td><td>汉</td></tr>
<tr><td>杜　娟</td><td>儿媳</td><td>1983 年 10 月</td><td>汉</td></tr>
<tr><td>陶宇晨</td><td>孙子</td><td>2004 年 4 月</td><td>汉</td></tr>
<tr><td>杜羽菲</td><td>孙女</td><td>2012 年 5 月</td><td>汉</td></tr>
<tr><td>陶阿玉</td><td>岳母</td><td>1938 年 7 月</td><td>汉</td></tr>
<tr><td>家庭大事</td><td colspan="4">1990 年平房翻建楼房；
2002 年购买商品房一套；
2002 年购买全套家电；
2006 年动迁安置；
2007 年购买汽车一辆。</td></tr>
</table>

<table>
<tr><th></th><th>姓名</th><th>与户主关系</th><th>出生年月</th><th>民族</th></tr>
<tr><td rowspan="5">现有家庭成员</td><td>唐进良</td><td>户主</td><td>1954 年 5 月</td><td>汉</td></tr>
<tr><td>周密英</td><td>妻子</td><td>1954 年 1 月</td><td>汉</td></tr>
<tr><td>唐志刚</td><td>儿子</td><td>1976 年 5 月</td><td>汉</td></tr>
<tr><td>汪　英</td><td>儿媳</td><td>1978 年 10 月</td><td>汉</td></tr>
<tr><td>唐　倩</td><td>孙女</td><td>2001 年 1 月</td><td>汉</td></tr>
<tr><td>家庭大事</td><td colspan="4">1986 年平房翻建楼房；
2006 年动迁安置；
2009 年购买汽车一辆；
2010 年购买商品房一套；
2010 年购买全套家电；
2019 年唐倩就读于苏州大学文正学院。</td></tr>
</table>

	姓名	与户主关系	出生年月	民族
现有家庭成员	周建新	户主	1972 年 12 月	汉
	刘冬梅	妻子	1984 年 12 月	汉
	周丽美	女儿	2004 年 12 月	汉
	姚招金	母亲	1951 年 11 月	汉
家庭大事	1989 年平房翻建楼房； 2006 年动迁安置； 2013 年购买汽车一辆； 2014 年购买全套家电。			

景村村第十三小组

<table>
<tr><td rowspan="3">现有家庭成员</td><th>姓名</th><th>与户主关系</th><th>出生年月</th><th>民族</th></tr>
<tr><td>景雪东</td><td>户主</td><td>1980 年 3 月</td><td>汉</td></tr>
<tr><td>景子菲</td><td>女儿</td><td>2007 年 6 月</td><td>汉</td></tr>
<tr><td>家庭大事</td><td colspan="4">2003 年景雪东毕业于淮海工学院，本科学历，现在蒙德拉贡自动化设备（昆山）有限公司工作；
2008 年分配到经济房一套；
2008 年购买全套家电；
2010 年购买汽车一辆；
2015 年购买商品房一套。</td></tr>
</table>

<table>
<tr><td rowspan="6">现有家庭成员</td><th>姓名</th><th>与户主关系</th><th>出生年月</th><th>民族</th></tr>
<tr><td>顾明华</td><td>户主</td><td>1969 年 4 月</td><td>汉</td></tr>
<tr><td>顾红英</td><td>妻子</td><td>1970 年 12 月</td><td>汉</td></tr>
<tr><td>顾铭原</td><td>儿子</td><td>1992 年 7 月</td><td>汉</td></tr>
<tr><td>顾艳奕</td><td>儿媳</td><td>1993 年 9 月</td><td>汉</td></tr>
<tr><td>顾恩齐</td><td>孙子</td><td>2016 年 5 月</td><td>汉</td></tr>
<tr><td>家庭大事</td><td colspan="4">1985 年顾明华做瓦匠；
1988 年平房翻建楼房；
1995 年购买汽车一辆；
2005 年又购买汽车一辆；
2006 年动迁安置；
2010 年购买别墅一套以及全套家电；
2013 年顾艳奕毕业于常熟理工学院，大专学历；
2015 年顾铭原毕业于英国谢菲尔德哈勒姆大学，本科学历。</td></tr>
</table>

<table>
<tr><td rowspan="6">现有家庭成员</td><td>姓名</td><td>与户主关系</td><td>出生年月</td><td>民族</td></tr>
<tr><td>姜惠清</td><td>户主</td><td>1965 年 1 月</td><td>汉</td></tr>
<tr><td>张惠宝</td><td>妻子</td><td>1966 年 1 月</td><td>汉</td></tr>
<tr><td>姜晓华</td><td>儿子</td><td>1988 年 6 月</td><td>汉</td></tr>
<tr><td>蔡美娟</td><td>儿媳</td><td>1986 年 9 月</td><td>汉</td></tr>
<tr><td>姜辰瑞</td><td>孙子</td><td>2013 年 10 月</td><td>汉</td></tr>
<tr><td>家庭大事</td><td colspan="4">2006 年动迁安置；
2009 年姜晓华毕业于江苏畜牧兽医职业技术学院（今江苏农牧科技职业学院），大专学历，现在波特农场有限公司工作；
2011 年购买汽车一辆；
2016 年购买商品房一套；
2016 年购买全套家电。</td></tr>
</table>

<table>
<tr><td rowspan="9">现有家庭成员</td><td>姓名</td><td>与户主关系</td><td>出生年月</td><td>民族</td></tr>
<tr><td>姜惠忠</td><td>户主</td><td>1961 年 12 月</td><td>汉</td></tr>
<tr><td>沈林珍</td><td>妻子</td><td>1963 年 3 月</td><td>汉</td></tr>
<tr><td>姜静芳</td><td>女儿</td><td>1985 年 10 月</td><td>汉</td></tr>
<tr><td>赵晓东</td><td>女婿</td><td>1982 年 2 月</td><td>汉</td></tr>
<tr><td>姜思睿</td><td>孙女</td><td>2009 年 7 月</td><td>汉</td></tr>
<tr><td>赵宇祺</td><td>孙子</td><td>2016 年 11 月</td><td>汉</td></tr>
<tr><td>周福元</td><td>父亲</td><td>1938 年 6 月</td><td>汉</td></tr>
<tr><td>姜彩林</td><td>母亲</td><td>1942 年 7 月</td><td>汉</td></tr>
<tr><td>家庭大事</td><td colspan="4">1993 年平房翻建楼房；
2004 年赵晓东毕业于南京理工大学，本科学历；
2006 年动迁安置；
2007 年姜静芳毕业于江苏畜牧兽医职业技术学院（今江苏农牧科技职业学院），大专学历，现在昆山市圣欣幼儿园工作；
2010 年购买商品房一套；
2010 年购买全套家电；
2016 年购买汽车一辆。</td></tr>
</table>

	姓名	与户主关系	出生年月	民族
现有家庭成员	刁洪明	户主	1946 年 8 月	汉
	沈齐妹	妻子	1954 年 7 月	汉
	刁庆英	女儿	1973 年 8 月	汉
	刁庆华	女儿	1976 年 2 月	汉
	刁立新	孙子	1994 年 4 月	汉
家庭大事	1989 年平房翻建楼房； 2006 年动迁安置； 2007 年购买全套家电； 2014 年购买商品房一套； 2016 年刁立新毕业于南京政治学院，大专学历，现在昆山奥德鲁自动化技术有限公司工作。			

	姓名	与户主关系	出生年月	民族
现有家庭成员	朱巧良	户主	1963 年 12 月	汉
	沈叙珍	妻子	1963 年 11 月	汉
	沈陈雄	儿子	1986 年 7 月	汉
	赵剑侠	儿媳	1987 年 11 月	汉
	沈弋冉	孙女	2010 年 2 月	汉
	沈逸茱	孙子	2014 年 11 月	汉
家庭大事	1993 年平房翻建楼房； 2006 年动迁安置； 2006 年购买全套家电； 2007 年沈陈雄毕业于淮安信息职业技术学院（今江苏电子信息职业学院），大专学历，现在苏州工业园区普尔世电源产品部工作； 2015 年购买汽车一辆； 2015 年购买昆城博奥苑商品房一套。			

<table>
<tr><td rowspan="5">现有家庭成员</td><td>姓名</td><td>与户主关系</td><td>出生年月</td><td>民族</td></tr>
<tr><td>钱菊良</td><td>户主</td><td>1964 年 4 月</td><td>汉</td></tr>
<tr><td>阮素珍</td><td>妻子</td><td>1964 年 9 月</td><td>汉</td></tr>
<tr><td>钱晓春</td><td>女儿</td><td>1987 年 9 月</td><td>汉</td></tr>
<tr><td>钱思悦</td><td>孙女</td><td>2014 年 12 月</td><td>汉</td></tr>
<tr><td>家庭大事</td><td colspan="4">1986 年平房翻建楼房；
2006 年动迁安置；
2006 年购买全套家电；
2006 年钱晓春毕业于江苏食品职业技术学院（今江苏食品药品职业技术学院），大专学历，现在昆山市翼友通信服务有限公司工作；
2014 年购买汽车一辆；
2015 年购买商品房一套。</td></tr>
</table>

<table>
<tr><td rowspan="7">现有家庭成员</td><td>姓名</td><td>与户主关系</td><td>出生年月</td><td>民族</td></tr>
<tr><td>陈　龙</td><td>户主</td><td>1970 年 9 月</td><td>汉</td></tr>
<tr><td>金群芳</td><td>妻子</td><td>1971 年 3 月</td><td>汉</td></tr>
<tr><td>陈飞鸿</td><td>儿子</td><td>1993 年 8 月</td><td>汉</td></tr>
<tr><td>陈金男</td><td>父亲</td><td>1948 年 10 月</td><td>汉</td></tr>
<tr><td>张金凤</td><td>母亲</td><td>1948 年 9 月</td><td>汉</td></tr>
<tr><td>陈　秀</td><td>妹妹</td><td>1972 年 12 月</td><td>汉</td></tr>
<tr><td>家庭大事</td><td colspan="4">1989 年平房翻建楼房；
2006 年动迁安置；
2006 年购买全套家电；
2011 年购买汽车一辆；
2014 年陈飞鸿毕业于无锡科技职业学院，大专学历，现在景村村委会工作；
2014 年购买商品房一套；
2016 年又购买汽车一辆。</td></tr>
</table>

<table>
<tr><td rowspan="4">现有家庭成员</td><td>姓名</td><td>与户主关系</td><td>出生年月</td><td>民族</td></tr>
<tr><td>李翠良</td><td>户主</td><td>1978 年 11 月</td><td>汉</td></tr>
<tr><td>李承霖</td><td>儿子</td><td>2003 年 3 月</td><td>汉</td></tr>
<tr><td>凌雪香</td><td>母亲</td><td>1954 年 11 月</td><td>汉</td></tr>
<tr><td>家庭大事</td><td colspan="4">1987 年平房翻建平房；
1996 年李翠良入伍，2000 年退役；
2001 年购买商品房一套；
2001 年购买全套家电；
2006 年动迁安置；
2006 年购买汽车一辆。</td></tr>
</table>

<table>
<tr><td rowspan="5">现有家庭成员</td><td>姓名</td><td>与户主关系</td><td>出生年月</td><td>民族</td></tr>
<tr><td>姜惠刚</td><td>户主</td><td>1968 年 12 月</td><td>汉</td></tr>
<tr><td>金培英</td><td>妻子</td><td>1967 年 8 月</td><td>汉</td></tr>
<tr><td>姜　敏</td><td>儿子</td><td>1991 年 11 月</td><td>汉</td></tr>
<tr><td>赵佳琪</td><td>儿媳</td><td>1992 年 10 月</td><td>汉</td></tr>
<tr><td>家庭大事</td><td colspan="4">2006 年动迁安置；
2011 年购买汽车一辆；
2015 年姜敏毕业于南京陆军指挥学院，本科学历，现在中国人寿保险（昆山支公司）工作；
2015 年购买商品房一套；
2015 年购买全套家电；
2015 年赵佳琪毕业于南京陆军指挥学院，现在昆山市中医院任护士。</td></tr>
</table>

	姓名	与户主关系	出生年月	民族
现有家庭成员	沈正良	户主	1967 年 12 月	汉
	顾丽英	妻子	1968 年 3 月	汉
	顾庭铱	女儿	1990 年 12 月	汉
	王通文	女婿	1989 年 7 月	汉
	顾福良	岳父	1947 年 7 月	汉
	周秀英	岳母	1949 年 12 月	汉
家庭大事	1988 年平房翻建楼房； 2003 年购买商品房一套和电视机一台； 2006 年动迁安置； 2012 年王通文毕业于安庆师范大学，本科学历，现在昆山加拿大国际学校工作； 2013 年顾庭铱毕业于江苏师范大学，本科学历； 2014 和 2015 年各购买汽车一辆； 2017 年又购买商品房一套以及全套家电。			

	姓名	与户主关系	出生年月	民族
现有家庭成员	沈巧明	户主	1958 年 7 月	汉
	徐金妹	妻子	1959 年 6 月	汉
	沈凤金	母亲	1936 年 12 月	汉
家庭大事	1975 年建造平房； 2006 年动迁安置； 2007 年购买全套家电。			

	姓名	与户主关系	出生年月	民族
现有家庭成员	金培良	户主	1966年1月	汉
	顾榴珍	妻子	1966年6月	汉
	金晓峰	儿子	1989年3月	汉
	沈凤英	母亲	1944年2月	汉
家庭大事	2006年动迁安置； 2006年购买全套家电； 2009年金晓峰毕业于苏州市职业大学，大专学历，现在外企工作。			

	姓名	与户主关系	出生年月	民族
现有家庭成员	金旭弟	户主	1961年5月	汉
	徐雨珍	妻子	1961年12月	汉
	金志成	儿子	1987年11月	汉
	许丽娜	儿媳	1987年11月	汉
	许圆心	孙女	2011年6月	汉
	金奕兴	孙子	2014年6月	汉
家庭大事	1994年购买商品房一套； 1994年购买全套家电； 1996年购买汽车一辆； 2006年动迁安置； 2008年金志成毕业于南通商贸高等职业学校（今江苏商贸职业学院），大专学历。			

	姓名	与户主关系	出生年月	民族
现有家庭成员	金大弟	户主	1958 年 4 月	汉
	陆云妹	妻子	1960 年 3 月	汉
	陈建林	女婿	1981 年 9 月	汉
	金樱芳	女儿	1982 年 7 月	汉
	金芝琦	孙女	2005 年 2 月	汉
	陈金琦	孙子	2014 年 3 月	汉
家庭大事	1979 年金大弟入伍，1982 年退役； 1993 年平房翻建楼房； 2006 年动迁安置； 2008 年购买汽车一辆； 2013 年金樱芳毕业于南京陆军指挥学院，本科学历，现在中国人民财产保险股份有限公司工作； 2013 年陈建林毕业于南京陆军指挥学院，本科学历，现在昆山市城区电力工程有限公司工作； 2014 年购买商品房一套； 2018 年购买全套家电。			

	姓名	与户主关系	出生年月	民族
现有家庭成员	吴侯龙	户主	1967 年 8 月	汉
	吴晓刚	儿子	1990 年 6 月	汉
	朱　颖	儿媳	1989 年 1 月	汉
	吴梓睿	孙子	2018 年 11 月	汉
	吴士明	父亲	1941 年 10 月	汉
	浦香梅	母亲	1944 年 1 月	汉
家庭大事	1987 年吴侯龙做瓦匠； 2001 年平房翻建楼房； 2006 年动迁安置； 2008 年购买全套家电； 2014 年购买汽车一辆； 2017 年吴晓刚毕业于江苏财经职业技术学院，大专学历，现在昆山顺丰快递公司工作。			

<table>
<tr><th></th><th>姓名</th><th>与户主关系</th><th>出生年月</th><th>民族</th></tr>
<tr><td rowspan="6">现有家庭成员</td><td>顾凤林</td><td>户主</td><td>1954 年 3 月</td><td>汉</td></tr>
<tr><td>刘玲珍</td><td>妻子</td><td>1956 年 3 月</td><td>汉</td></tr>
<tr><td>顾利良</td><td>儿子</td><td>1980 年 2 月</td><td>汉</td></tr>
<tr><td>顾丽娟</td><td>女儿</td><td>1982 年 4 月</td><td>汉</td></tr>
<tr><td>李艳霞</td><td>儿媳</td><td>1980 年 7 月</td><td>汉</td></tr>
<tr><td>顾欣妍</td><td>孙女</td><td>2005 年 9 月</td><td>汉</td></tr>
<tr><td>家庭大事</td><td colspan="4">1985 年顾凤林做瓦匠；
1990 年平房翻建楼房；
2006 年动迁安置；
2006 年购买汽车一辆；
2012 年购买全套家电；
2014 年顾利良毕业于南京理工大学，本科学历，现在上海联影医疗科技股份有限公司工作。</td></tr>
</table>

<table>
<tr><th></th><th>姓名</th><th>与户主关系</th><th>出生年月</th><th>民族</th></tr>
<tr><td rowspan="5">现有家庭成员</td><td>顾春华</td><td>户主</td><td>1965 年 3 月</td><td>汉</td></tr>
<tr><td>凌雪宝</td><td>妻子</td><td>1963 年 9 月</td><td>汉</td></tr>
<tr><td>顾文娟</td><td>女儿</td><td>1988 年 1 月</td><td>汉</td></tr>
<tr><td>顾品良</td><td>父亲</td><td>1943 年 8 月</td><td>汉</td></tr>
<tr><td>刘梅英</td><td>母亲</td><td>1946 年 8 月</td><td>汉</td></tr>
<tr><td>家庭大事</td><td colspan="4">1962 年顾品良做木匠；
1985 年平房翻建楼房；
2006 年动迁安置；
2009 年购买商品房一套；
2009 年购买全套家电；
2010 年顾文娟毕业于苏州大学，本科学历，现在昆山城投集团工作。</td></tr>
</table>

	姓名	与户主关系	出生年月	民族
现有家庭成员	顾桃根	户主	1965 年 1 月	汉
	吴桃英	妻子	1966 年 5 月	汉
	顾秋琴	女儿	1989 年 8 月	汉
	周伟星	女婿	1989 年 10 月	汉
	周佳妤	孙女	2019 年 5 月	汉
家庭大事	1995 年平房翻建楼房； 2006 年动迁安置； 2007 年购买全套家电； 2010 年顾秋琴毕业于南通卫生高等职业技术学校，大专学历，现在外企工作。			

	姓名	与户主关系	出生年月	民族
现有家庭成员	顾桃元	户主	1961 年 10 月	汉
	黄桂芳	妻子	1966 年 2 月	汉
	顾黄毅	女儿	1987 年 6 月	汉
	李星宇	孙子	2011 年 3 月	汉
	顾星辰	孙子	2013 年 9 月	汉
	顾宗英	母亲	1940 年 8 月	汉
家庭大事	1985 年建造平房； 2006 年动迁安置； 2009 年顾黄毅毕业于江苏农林职业技术学院，大专学历，现在中国邮政集团有限公司昆山陆杨支局工作； 2013 年购买汽车一辆； 2015 年购买商品房一套； 2016 年购买全套家电。			

<table>
<tr><td rowspan="9">现有家庭成员</td><th>姓名</th><th>与户主关系</th><th>出生年月</th><th>民族</th></tr>
<tr><td>顾建明</td><td>户主</td><td>1968 年 1 月</td><td>汉</td></tr>
<tr><td>姜秀芳</td><td>妻子</td><td>1967 年 8 月</td><td>汉</td></tr>
<tr><td>顾爱萍</td><td>女儿</td><td>1990 年 8 月</td><td>汉</td></tr>
<tr><td>金志平</td><td>女婿</td><td>1989 年 2 月</td><td>汉</td></tr>
<tr><td>金熙宇顾</td><td>孙子</td><td>2013 年 10 月</td><td>汉</td></tr>
<tr><td>顾家熙</td><td>孙子</td><td>2016 年 8 月</td><td>汉</td></tr>
<tr><td>顾火泉</td><td>父亲</td><td>1944 年 8 月</td><td>汉</td></tr>
<tr><td>钱全宝</td><td>母亲</td><td>1945 年 11 月</td><td>汉</td></tr>
<tr><td>家庭大事</td><td colspan="4">1989 年平房翻建楼房；
1993 年顾建明做瓦匠；
2000 年购买商品房一套；
2000 年购买全套家电；
2006 年动迁安置；
2009 年购买汽车一辆；
2012 年顾爱萍毕业于硅湖职业技术学院，现自谋职业。</td></tr>
</table>

<table>
<tr><td rowspan="7">现有家庭成员</td><th>姓名</th><th>与户主关系</th><th>出生年月</th><th>民族</th></tr>
<tr><td>陆炳福</td><td>户主</td><td>1962 年 1 月</td><td>汉</td></tr>
<tr><td>刁翠花</td><td>妻子</td><td>1965 年 7 月</td><td>汉</td></tr>
<tr><td>刁顺强</td><td>儿子</td><td>1990 年 8 月</td><td>汉</td></tr>
<tr><td>徐冰艳</td><td>儿媳</td><td>1991 年 11 月</td><td>汉</td></tr>
<tr><td>刁子峪</td><td>孙子</td><td>2017 年 1 月</td><td>汉</td></tr>
<tr><td>杜水英</td><td>岳母</td><td>1944 年 2 月</td><td>汉</td></tr>
<tr><td>家庭大事</td><td colspan="4">1979 年建造平房；
1991 年平房翻建楼房；
2006 年动迁安置；
2009 年购买商品房一套；
2009 年购买全套家电；
2013 年刁顺强毕业于盐城师范学院，本科学历，现在昆山高新区社会事业局工作；
2015 年购买汽车一辆。</td></tr>
</table>

	姓名	与户主关系	出生年月	民族
现有家庭成员	景雪苹	户主	1974 年 3 月	汉
	李翠芳	妻子	1977 年 1 月	汉
	景佳敏	儿子	1999 年 3 月	汉
	景惠根	父亲	1951 年 6 月	汉
家庭大事	1990 年平房翻建楼房； 2004 年购买商品房一套； 2004 年购买全套家电； 2006 年动迁安置； 2012 年购买汽车一辆； 2017 年景佳敏就读于南通大学杏林学院。			

	姓名	与户主关系	出生年月	民族
现有家庭成员	汤火根	户主	1952 年 3 月	汉
	唐桂花	妻子	1950 年 10 月	汉
	汤建刚	儿子	1974 年 2 月	汉
	景华丽	儿媳	1975 年 12 月	汉
	汤子骏	孙子	2002 年 4 月	汉
家庭大事	1971 年汤火根做圆匠； 1989 年平房翻建楼房； 1991 年景华丽毕业，在昆山正仪幼儿园工作； 1993 年汤建刚毕业于南京无线电工业学校（今南京信息职业技术学院），大专学历，现在私企工作； 2006 年动迁安置； 2006 年购买全套家电； 2008 年购买商品房一套； 2010 年、2012 年各购买汽车一辆。			

<table>
<tr><td rowspan="4">现有家庭成员</td><td>姓名</td><td>与户主关系</td><td>出生年月</td><td>民族</td></tr>
<tr><td>沈　龙</td><td>户主</td><td>1975 年 1 月</td><td>汉</td></tr>
<tr><td>沈　聪</td><td>儿子</td><td>1998 年 2 月</td><td>汉</td></tr>
<tr><td>沈叙宝</td><td>母亲</td><td>1951 年 1 月</td><td>汉</td></tr>
<tr><td>家庭大事</td><td colspan="4">1989 年平房翻建楼房；
2006 年动迁安置；
2009 年购买汽车一辆；
2012 年购买商品房一套；
2012 年购买全套家电；
2018 年购买商品房一套。</td></tr>
</table>

<table>
<tr><td rowspan="7">现有家庭成员</td><td>姓名</td><td>与户主关系</td><td>出生年月</td><td>民族</td></tr>
<tr><td>宗林兴</td><td>户主</td><td>1966 年 4 月</td><td>汉</td></tr>
<tr><td>沈密香</td><td>妻子</td><td>1967 年 8 月</td><td>汉</td></tr>
<tr><td>沈　华</td><td>儿子</td><td>1988 年 10 月</td><td>汉</td></tr>
<tr><td>沈钇名</td><td>孙子</td><td>2013 年 4 月</td><td>汉</td></tr>
<tr><td>沈炳生</td><td>岳父</td><td>1939 年 9 月</td><td>汉</td></tr>
<tr><td>景金花</td><td>岳母</td><td>1943 年 5 月</td><td>汉</td></tr>
<tr><td>家庭大事</td><td colspan="4">1988 年平房翻建楼房；
2006 年动迁安置；
2006 年购买全套家电；
2010 年购买汽车一辆。</td></tr>
</table>

	姓名	与户主关系	出生年月	民族
现有家庭成员	钱菊林	户主	1955 年 10 月	汉
	陆密英	妻子	1954 年 6 月	汉
	钱雪芳	女儿	1978 年 10 月	汉
	凌　明	女婿	1976 年 3 月	汉
	钱婉怡	孙女	2001 年 11 月	汉
家庭大事	1989 年平房翻建楼房； 2000 年购买商品房一套以及全套家电； 2006 年动迁安置； 2014 年购买汽车一辆。			

	姓名	与户主关系	出生年月	民族
现有家庭成员	钱福男	户主	1981 年 11 月	汉
	刘华林	妻子	1982 年 6 月	汉
	钱梦佚	女儿	2004 年 12 月	汉
	钱梦洁	女儿	2014 年 9 月	汉
	李巧花	母亲	1957 年 1 月	汉
家庭大事	1991 年平房翻建楼房； 2006 年动迁安置； 2008 年购买全套家电； 2017 年购买汽车一辆。			

	姓名	与户主关系	出生年月	民族
现有家庭成员	曹阿三	户主	1955 年 10 月	汉
	张秋香	妻子	1961 年 10 月	汉
	张曹燕	女儿	1987 年 3 月	汉
	陆秀宝	岳母	1929 年 10 月	汉
家庭大事	1995 年平房翻建楼房； 2006 年动迁安置； 2013 年购买全套家电。			

	姓名	与户主关系	出生年月	民族
现有家庭成员	周引根	户主	1947 年 1 月	汉
	周建芳	女儿	1979 年 1 月	汉
家庭大事	1975 年建造平房； 2006 年动迁安置； 2006 年购买全套家电。			

	姓名	与户主关系	出生年月	民族
现有家庭成员	沈学明	户主	1963 年 11 月	汉
	周雪花	妻子	1968 年 1 月	汉
	周敏龙	儿子	1989 年 7 月	汉
	李凤艳	儿媳	1981 年 3 月	汉
	周一昕	孙子	2012 年 9 月	汉
	浦秀珍	岳母	1938 年 1 月	汉
家庭大事	1988 年平房翻建楼房； 2006 年动迁安置； 2018 年购买全套家电。			

	姓名	与户主关系	出生年月	民族
现有家庭成员	景惠龙	户主	1958 年 2 月	汉
	张火珍	妻子	1961 年 10 月	汉
	景建法	儿子	1982 年 8 月	汉
	景诗怡	孙女	2005 年 9 月	汉
家庭大事	1991 年建造楼房； 2006 年动迁安置； 2007 年购买全套家电； 2017 年购买汽车一辆。			

<table>
<tr><td rowspan="5">现有家庭成员</td><th>姓名</th><th>与户主关系</th><th>出生年月</th><th>民族</th></tr>
<tr><td>凌风泉</td><td>户主</td><td>1957 年 3 月</td><td>汉</td></tr>
<tr><td>周建花</td><td>妻子</td><td>1959 年 8 月</td><td>汉</td></tr>
<tr><td>凌　玲</td><td>女儿</td><td>1986 年 12 月</td><td>汉</td></tr>
<tr><td>顾巧宝</td><td>母亲</td><td>1924 年 7 月</td><td>汉</td></tr>
<tr><td>家庭大事</td><td colspan="4">1989 年平房翻建楼房；
2006 年动迁安置；
2006 年购买全套家电。</td></tr>
</table>

<table>
<tr><td rowspan="7">现有家庭成员</td><th>姓名</th><th>与户主关系</th><th>出生年月</th><th>民族</th></tr>
<tr><td>李金明</td><td>户主</td><td>1963 年 11 月</td><td>汉</td></tr>
<tr><td>戴梅郎</td><td>妻子</td><td>1963 年 4 月</td><td>汉</td></tr>
<tr><td>李刚强</td><td>儿子</td><td>1986 年 8 月</td><td>汉</td></tr>
<tr><td>林　玲</td><td>儿媳</td><td>1985 年 5 月</td><td>汉</td></tr>
<tr><td>李梓怡</td><td>孙女</td><td>2009 年 5 月</td><td>汉</td></tr>
<tr><td>吴宗妹</td><td>母亲</td><td>1933 年 3 月</td><td>汉</td></tr>
<tr><td>家庭大事</td><td colspan="4">2001 年平房翻建楼房；
2006 年动迁安置；
2006 年购买全套家电。</td></tr>
</table>

<table>
<tr><td rowspan="2">现有家庭成员</td><th>姓名</th><th>与户主关系</th><th>出生年月</th><th>民族</th></tr>
<tr><td>李多泉</td><td>户主</td><td>1938 年 11 月</td><td>汉</td></tr>
<tr><td>家庭大事</td><td colspan="4">1976 年建造平房；
2006 年动迁安置。</td></tr>
</table>

现有家庭成员	姓名	与户主关系	出生年月	民族
	周林福	户主	1953 年 12 月	汉
	周　颖	女儿	1992 年 2 月	汉
	谢　洁	女婿	1991 年 1 月	汉
	谢欣辰	孙女	2018 年 2 月	汉
	周梓欣	孙女	2019 年 9 月	汉
家庭大事	1984 年平房翻建楼房； 2006 年动迁安置； 2014 年购买全套家电。			

现有家庭成员	姓名	与户主关系	出生年月	民族
	金　良	户主	1968 年 10 月	汉
	金梦佳	女儿	2005 年 12 月	汉
家庭大事	2006 年动迁安置； 2006 年购买全套家电。			

现有家庭成员	姓名	与户主关系	出生年月	民族
	景全男	户主	1949 年 12 月	汉
	景新丰	儿子	1977 年 4 月	汉
	郭芬英	儿媳	1978 年 12 月	汉
	景子涛	孙子	2010 年 9 月	汉
家庭大事	1988 年平房翻建楼房； 2006 年动迁安置； 2008 年购买全套家电； 2016 年购买商品房一套。			

<table>
<tr><td rowspan="4">现有家庭成员</td><td>姓名</td><td>与户主关系</td><td>出生年月</td><td>民族</td></tr>
<tr><td>李元清</td><td>户主</td><td>1973 年 11 月</td><td>汉</td></tr>
<tr><td>吴美英</td><td>妻子</td><td>1975 年 2 月</td><td>汉</td></tr>
<tr><td>李艾琳</td><td>女儿</td><td>2001 年 5 月</td><td>汉</td></tr>
<tr><td>家庭大事</td><td colspan="4">1986 年平房翻建楼房；
2006 年动迁安置；
2012 年购买电视机一台；
2018 年购买冰箱一台。</td></tr>
</table>

<table>
<tr><td rowspan="7">现有家庭成员</td><td>姓名</td><td>与户主关系</td><td>出生年月</td><td>民族</td></tr>
<tr><td>吴利龙</td><td>户主</td><td>1971 年 12 月</td><td>汉</td></tr>
<tr><td>马建芬</td><td>妻子</td><td>1972 年 2 月</td><td>汉</td></tr>
<tr><td>吴媛媛</td><td>女儿</td><td>1995 年 1 月</td><td>汉</td></tr>
<tr><td>吴昊天</td><td>孙子</td><td>2017 年 3 月</td><td>汉</td></tr>
<tr><td>吴依晴</td><td>孙女</td><td>2019 年 4 月</td><td>汉</td></tr>
<tr><td>夏金仙</td><td>母亲</td><td>1950 年 1 月</td><td>汉</td></tr>
<tr><td>家庭大事</td><td colspan="4">1989 年平房翻建楼房；
2006 年动迁安置；
2011 年购买电视机两台；
2017 年购买汽车一辆；
2019 年购买冰箱一台。</td></tr>
</table>

<table>
<tr><td rowspan="2">现有家庭成员</td><td>姓名</td><td>与户主关系</td><td>出生年月</td><td>民族</td></tr>
<tr><td>陈文仙</td><td>户主</td><td>1970 年 10 月</td><td>汉</td></tr>
<tr><td>家庭大事</td><td colspan="4">2006 年动迁，分配到经济适用房一套；
2006 年购买电视机、冰箱各一台。</td></tr>
</table>

景村村第十四小组

<table>
<tr><th rowspan="7">现有家庭成员</th><th>姓名</th><th>与户主关系</th><th>出生年月</th><th>民族</th></tr>
<tr><td>周雪男</td><td>户主</td><td>1946 年 2 月</td><td>汉</td></tr>
<tr><td>景全妹</td><td>妻子</td><td>1944 年 9 月</td><td>汉</td></tr>
<tr><td>周美华</td><td>女儿</td><td>1967 年 1 月</td><td>汉</td></tr>
<tr><td>毛志明</td><td>女婿</td><td>1964 年 12 月</td><td>汉</td></tr>
<tr><td>周　丽</td><td>孙女</td><td>1987 年 10 月</td><td>汉</td></tr>
<tr><td>周琴华</td><td>女儿</td><td>1971 年 6 月</td><td>汉</td></tr>
<tr><th>家庭大事</th><td colspan="4">1964 年周雪男做木匠；
1985 年毛志明入伍，1988 年退役；
1986 年平房翻建楼房；
2006 年动迁安置；
2011 年购买冰箱和电视机各一台；
2012 年周丽毕业于南京师范大学（泰州学院），本科学历，现在昆山新镇中心小学校工作；
2012 年购买商品房一套；
2015 年购买汽车一辆；
2018 年又购买商品房一套。</td></tr>
</table>

<table>
<tr><th rowspan="7">现有家庭成员</th><th>姓名</th><th>与户主关系</th><th>出生年月</th><th>民族</th></tr>
<tr><td>沈林根</td><td>户主</td><td>1953 年 7 月</td><td>汉</td></tr>
<tr><td>汤火宝</td><td>妻子</td><td>1954 年 12 月</td><td>汉</td></tr>
<tr><td>沈丽芳</td><td>女儿</td><td>1977 年 11 月</td><td>汉</td></tr>
<tr><td>吴文炳</td><td>女婿</td><td>1977 年 7 月</td><td>汉</td></tr>
<tr><td>沈嘉宇</td><td>孙子</td><td>2001 年 11 月</td><td>汉</td></tr>
<tr><td>徐巧英</td><td>母亲</td><td>1931 年 3 月</td><td>汉</td></tr>
<tr><th>家庭大事</th><td colspan="4">1989 年平房翻建楼房；
1999 年吴文炳毕业于苏州大学，本科学历；
2004 年购买商品房一套；
2004 年购买冰箱一台；
2004 年购买冰箱一台；
2006 年动迁安置；
2017 年购买汽车一辆。</td></tr>
</table>

<table>
<tr><th></th><th>姓名</th><th>与户主关系</th><th>出生年月</th><th>民族</th></tr>
<tr><td rowspan="5">现有家庭成员</td><td>沈金林</td><td>户主</td><td>1957 年 7 月</td><td>汉</td></tr>
<tr><td>顾桂珍</td><td>妻子</td><td>1957 年 8 月</td><td>汉</td></tr>
<tr><td>沈　良</td><td>儿子</td><td>1981 年 12 月</td><td>汉</td></tr>
<tr><td>沈志涵</td><td>孙子</td><td>2012 年 3 月</td><td>汉</td></tr>
<tr><td>沈小黑</td><td>父亲</td><td>1937 年 10 月</td><td>汉</td></tr>
<tr><td>家庭大事</td><td colspan="4">1987 年平房翻建楼房；
1999 年沈良入伍，2001 年退役；
2006 年动迁安置；
2007 年购买全套家电；
2016 年购买汽车一辆。</td></tr>
</table>

<table>
<tr><th></th><th>姓名</th><th>与户主关系</th><th>出生年月</th><th>民族</th></tr>
<tr><td rowspan="7">现有家庭成员</td><td>沈根林</td><td>户主</td><td>1954 年 6 月</td><td>汉</td></tr>
<tr><td>万杏花</td><td>妻子</td><td>1955 年 2 月</td><td>汉</td></tr>
<tr><td>沈翠芳</td><td>女儿</td><td>1978 年 11 月</td><td>汉</td></tr>
<tr><td>王素良</td><td>女婿</td><td>1975 年 9 月</td><td>汉</td></tr>
<tr><td>沈丽婧</td><td>孙女</td><td>1999 年 11 月</td><td>汉</td></tr>
<tr><td>王沈鑫</td><td>孙子</td><td>2011 年 4 月</td><td>汉</td></tr>
<tr><td>沈万芳</td><td>女儿</td><td>1987 年 4 月</td><td>汉</td></tr>
<tr><td>家庭大事</td><td colspan="4">1987 年平房翻建楼房；
1993 年王素良入伍，1996 年退役；
2000 年购买冰箱一台；
2006 年动迁安置；
2008 年购买商品房一套；
2008 年购买电视机一台；
2008 年购买汽车一辆。</td></tr>
</table>

	姓名	与户主关系	出生年月	民族
现有家庭成员	沈根法	户主	1947 年 7 月	汉
	朱夫宝	妻子	1946 年 12 月	汉
	沈建荣	长子	1970 年 6 月	汉
	沈水花	儿媳	1970 年 3 月	汉
	沈　超	孙子	1993 年 8 月	汉
	沈建良	次子	1972 年 3 月	汉
家庭大事	1969 年沈根法做木匠； 1988 年平房翻建楼房； 2006 年动迁安置； 2016 年购买商品房一套； 2017 年购买全套家电； 2018 年购买汽车一辆。			

	姓名	与户主关系	出生年月	民族
现有家庭成员	周三男	户主	1949 年 11 月	汉
	顾云花	妻子	1951 年 5 月	汉
	周　刚	儿子	1972 年 10 月	汉
	周　妹	女儿	1975 年 4 月	汉
家庭大事	1969 年周三男做木匠； 1989 年平房翻建楼房； 1994 年周刚毕业于上海财经大学，硕士研究生学历，现在中国农业银行苏州分行工作； 2006 年动迁安置； 2010 年购买汽车一辆； 2014 年购买商品房一套； 2014 年购买全套家电。			

	姓名	与户主关系	出生年月	民族
现有家庭成员	朱巧荣	户主	1952 年 9 月	汉
	顾海秀	妻子	1953 年 8 月	汉
	朱正龙	长子	1976 年 10 月	汉
	陈　平	儿媳	1983 年 1 月	汉
	朱瑞希	孙女	2006 年 5 月	汉
	朱正刚	次子	1978 年 11 月	汉
家庭大事	1991 年平房翻建楼房； 2000 年朱正刚毕业于苏州市职业大学，大专学历，现在外企工作； 2006 年动迁安置； 2009 年购买商品房一套； 2009 年购买全套家电； 2011 年购买汽车一辆。			

	姓名	与户主关系	出生年月	民族
现有家庭成员	周武耀	户主	1966 年 4 月	汉
	景玉秀	妻子	1969 年 9 月	汉
	周　亮	儿子	1989 年 9 月	汉
家庭大事	1990 年平房翻建楼房； 2006 年动迁安置； 2013 年周亮毕业于河海大学，硕士研究生学历，现在上海市水利工程设计研究院有限公司工作； 2016 年购买商品房一套； 2016 年购买全套家电； 2016 年购买汽车一辆。			

<table>
<tr><td rowspan="6">现有家庭成员</td><th>姓名</th><th>与户主关系</th><th>出生年月</th><th>民族</th></tr>
<tr><td>周文荣</td><td>户主</td><td>1964 年 10 月</td><td>汉</td></tr>
<tr><td>王秋香</td><td>妻子</td><td>1964 年 4 月</td><td>汉</td></tr>
<tr><td>周裕兰</td><td>女儿</td><td>1987 年 10 月</td><td>汉</td></tr>
<tr><td>周月明</td><td>父亲</td><td>1941 年 5 月</td><td>汉</td></tr>
<tr><td>陆密英</td><td>母亲</td><td>1945 年 11 月</td><td>汉</td></tr>
<tr><td>家庭大事</td><td colspan="4">1989 年平房翻建楼房；
1994 年分配到经济适用房一套；
1994 年购买全套家电；
2006 年动迁安置；
2010 年购买汽车一辆；
2011 年周裕兰毕业于南京信息工程大学，本科学历，现在东亚银行（中国）有限公司苏州分行工作。</td></tr>
</table>

<table>
<tr><td rowspan="6">现有家庭成员</td><th>姓名</th><th>与户主关系</th><th>出生年月</th><th>民族</th></tr>
<tr><td>沈士荣</td><td>户主</td><td>1964 年 3 月</td><td>汉</td></tr>
<tr><td>朱美珍</td><td>妻子</td><td>1964 年 12 月</td><td>汉</td></tr>
<tr><td>沈　虹</td><td>女儿</td><td>1988 年 1 月</td><td>汉</td></tr>
<tr><td>沈晨欣</td><td>孙女</td><td>2013 年 7 月</td><td>汉</td></tr>
<tr><td>沈菊生</td><td>父亲</td><td>1937 年 1 月</td><td>汉</td></tr>
<tr><td>家庭大事</td><td colspan="4">1984 年沈士荣做木匠；
1989 年平房翻建楼房；
2006 年动迁安置；
2008 年沈虹毕业于常州师范学院，本科学历，现在在外企工作；
2009 年购买商品房一套；
2009 年购买全套家电；
2014 年、2019 年各购买汽车一辆。</td></tr>
</table>

	姓名	与户主关系	出生年月	民族
现有家庭成员	苏雪男	户主	1953 年 9 月	汉
	杨引花	妻子	1953 年 10 月	汉
	苏　芳	女儿	1975 年 5 月	汉
	钱方良	女婿	1971 年 12 月	汉
	苏俊杰	孙子	1996 年 9 月	汉
家庭大事	1990 年平房翻建楼房； 1990 年钱方良入伍，1992 年退役； 2006 年动迁安置； 2008 年购买商品房一套； 2011 年购买汽车一辆。			

	姓名	与户主关系	出生年月	民族
现有家庭成员	朱风珍	户主	1963 年 4 月	汉
	朱美芳	女儿	1983 年 5 月	汉
	朱春芳	女儿	1990 年 5 月	汉
	黄若飞	孙子	2016 年 9 月	汉
	朱逸飞	孙子	2018 年 2 月	汉
家庭大事	1985 年平房翻建楼房； 2004 年朱美芳毕业于华中农业大学，本科学历，现在外企工作； 2006 年动迁安置； 2007 年购买全套家电； 2012 年朱春芳毕业于盐城师范学院，本科学历，现在外企工作； 2014 年购买汽车一辆。			

	姓名	与户主关系	出生年月	民族
现有家庭成员	沈又良	户主	1964 年 12 月	汉
	方小花	妻子	1964 年 12 月	汉
	沈　峰	儿子	1987 年 8 月	汉
	金叶萍	儿媳	1987 年 8 月	汉
	沈文妤	孙女	2011 年 3 月	汉
	金彦妤	孙女	2013 年 5 月	汉
	沈惠明	父亲	1939 年 2 月	汉
	方大妹	母亲	1939 年 8 月	汉
家庭大事	1988 年平房翻建楼房； 1989 年沈又良做木匠； 2006 年动迁安置； 2006 年购买商品房一套； 2006 年购买全套家电； 2016 年购买汽车一辆。			

	姓名	与户主关系	出生年月	民族
现有家庭成员	苏小弟	户主	1962 年 2 月	汉
	何巧妹	妻子	1963 年 9 月	汉
	苏丽皎	女儿	1985 年 12 月	汉
	杨　邗	女婿	1986 年 6 月	汉
	杨宇辰	孙子	2014 年 4 月	汉
	杨苏瑞	孙女	2018 年 10 月	汉
家庭大事	1981 年苏小弟入伍，1983 年退役； 1992 年平房翻建楼房； 2000 年购买商品房一套； 2000 年购买全套家电； 2006 年动迁安置； 2008 年苏丽皎毕业于江南大学，本科学历，现在昆山第一中心小学任校医； 2011 年购买汽车一辆。			

	姓名	与户主关系	出生年月	民族
现有家庭成员	沈杏元	户主	1941 年 11 月	汉
	王菊花	儿媳	1963 年 8 月	汉
	沈歆春	孙子	1987 年 4 月	汉
	徐　奕	孙媳	1990 年 9 月	汉
	沈欣宜	曾孙女	2013 年 4 月	汉
	徐虹希	曾孙女	2016 年 12 月	汉
家庭大事	1985 年平房翻建楼房； 1995 年沈杏元做瓦匠； 1996 年购买商品房一套； 1996 年购买全套家电； 2000 年购买商品房一套； 2006 年动迁安置； 2010 年购买汽车一辆。			

	姓名	与户主关系	出生年月	民族
现有家庭成员	沈金泉	户主	1964 年 7 月	汉
	朱雪珍	妻子	1965 年 11 月	汉
	沈　娟	女儿	1989 年 2 月	汉
	黄　忠	女婿	1987 年 7 月	汉
	黄浩宸	孙子	2012 年 9 月	汉
	沈听晨	孙女	2015 年 1 月	汉
	沈小黑	父亲	1937 年 8 月	汉
家庭大事	1989 年平房翻建楼房； 2006 年动迁安置； 2011 年购买汽车一辆； 2015 年购买商品房一套； 2015 年购买全套家电。			

<table>
<tr><td rowspan="5">现有家庭成员</td><th>姓名</th><th>与户主关系</th><th>出生年月</th><th>民族</th></tr>
<tr><td>沈林福</td><td>户主</td><td>1956 年 9 月</td><td>汉</td></tr>
<tr><td>沈花梅</td><td>妻子</td><td>1958 年 6 月</td><td>汉</td></tr>
<tr><td>沈　瑛</td><td>女儿</td><td>1981 年 12 月</td><td>汉</td></tr>
<tr><td>沈　金</td><td>孙子</td><td>2006 年 11 月</td><td>汉</td></tr>
<tr><td>家庭大事</td><td colspan="4">1990 年平房翻建楼房;
2001 年购买商品房一套;
2001 年购买全套家电;
2006 年动迁安置。</td></tr>
</table>

<table>
<tr><td rowspan="6">现有家庭成员</td><th>姓名</th><th>与户主关系</th><th>出生年月</th><th>民族</th></tr>
<tr><td>沈金荣</td><td>户主</td><td>1965 年 11 月</td><td>汉</td></tr>
<tr><td>王秋英</td><td>妻子</td><td>1966 年 7 月</td><td>汉</td></tr>
<tr><td>沈晓华</td><td>儿子</td><td>1988 年 7 月</td><td>汉</td></tr>
<tr><td>沈林泉</td><td>父亲</td><td>1943 年 10 月</td><td>汉</td></tr>
<tr><td>王小宝</td><td>母亲</td><td>1944 年 7 月</td><td>汉</td></tr>
<tr><td>家庭大事</td><td colspan="4">1981 年沈金荣做瓦匠;
1989 年购买汽车一辆;
1990 年平房翻建楼房;
2006 年动迁安置;
2014 年、2016 年各购买商品房一套;
2016 年购买全套家电。</td></tr>
</table>

	姓名	与户主关系	出生年月	民族
现有家庭成员	沈菊林	户主	1957 年 9 月	汉
	苏小梅	妻子	1956 年 6 月	汉
	沈金明	儿子	1981 年 11 月	汉
	吕爱林	儿媳	1984 年 3 月	汉
	沈文杰	孙子	2005 年 6 月	汉
家庭大事	1989 年平房翻建楼房； 2004 年购买商品房一套； 2004 年购买全套家电； 2006 年动迁安置； 2014 年购买汽车一辆。			

	姓名	与户主关系	出生年月	民族
现有家庭成员	沈惠英	户主	1937 年 11 月	汉
	沈菊花	女儿	1964 年 9 月	汉
	金　怡	孙女	2002 年 6 月	汉
家庭大事	2006 年购买经济房一套； 2006 年购买全套家电； 2010 年购买汽车一辆。			

	姓名	与户主关系	出生年月	民族
现有家庭成员	杨春荣	户主	1965 年 3 月	汉
	沈菊香	妻子	1966 年 7 月	汉
	杨子文	儿子	1988 年 4 月	汉
	沈小宝	母亲	1927 年 6 月	汉
家庭大事	1990 年平房翻建楼房； 2006 年动迁安置； 2006 年购买全套家电。			

	姓名	与户主关系	出生年月	民族
现有家庭成员	王小妹	户主	1949 年 2 月	汉
	杨华芳	女儿	1972 年 2 月	汉
	景福良	女婿	1969 年 9 月	汉
	杨　帆	孙子	1994 年 2 月	汉
家庭大事	1969 年丈夫杨坤荣（已故）入伍，1971 年退役； 1989 年平房翻建楼房； 2006 年动迁安置； 2006 年购买汽车一辆； 2007 年购买商品房一套； 2007 年购买全套家电。			

	姓名	与户主关系	出生年月	民族
现有家庭成员	沈建忠	户主	1967 年 2 月	汉
	赵晓英	妻子	1973 年 8 月	汉
	沈　冬	儿子	1994 年 4 月	汉
	沈亦馨	孙女	2017 年 2 月	汉
	李亦鸯	孙女	2019 年 4 月	汉
	陆阿玉	母亲	1945 年 8 月	汉
家庭大事	1984 年沈建忠做油漆工； 1989 年平房翻建楼房； 2006 年动迁安置； 2013 年购买商品房一套； 2015 年购买全套家电； 2017 年购买汽车一辆。			

	姓名	与户主关系	出生年月	民族
现有家庭成员	郭引良	户主	1961 年 10 月	汉
	郭惠娟	女儿	1985 年 11 月	汉
	郭付睿	孙子	2008 年 12 月	汉
	顾杏花	母亲	1928 年 6 月	汉
家庭大事	1992 年平房翻建楼房； 2000 年购买电视机一台； 2003 年购买商品房一套； 2005 年购买汽车一辆； 2006 年动迁安置； 2007 年购买冰箱一台。			

	姓名	与户主关系	出生年月	民族
现有家庭成员	郭引泉	户主	1957 年 8 月	汉
	沈爱梅	妻子	1958 年 3 月	汉
	郭　平	儿子	1981 年 10 月	汉
	刘华桃	儿媳	1985 年 10 月	汉
	郭龄蔓	孙女	2007 年 5 月	汉
	郭芯语	孙女	2012 年 3 月	汉
家庭大事	1993 年平房翻建楼房； 2006 年动迁安置； 2013 年购买商品房一套； 2013 年购买全套家电； 2016 年购买汽车一辆。			

<table>
<tr><th></th><th>姓名</th><th>与户主关系</th><th>出生年月</th><th>民族</th></tr>
<tr><td rowspan="5">现有家庭成员</td><td>苏雪根</td><td>户主</td><td>1949 年 4 月</td><td>汉</td></tr>
<tr><td>顾凤花</td><td>妻子</td><td>1951 年 1 月</td><td>汉</td></tr>
<tr><td>苏　良</td><td>儿子</td><td>1972 年 8 月</td><td>汉</td></tr>
<tr><td>陆金仙</td><td>儿媳</td><td>1974 年 7 月</td><td>汉</td></tr>
<tr><td>苏雨婷</td><td>孙女</td><td>1995 年 9 月</td><td>汉</td></tr>
<tr><td>家庭大事</td><td colspan="4">1990 年平房翻建楼房；
2004 年购买商品房一套；
2004 年购买全套家电；
2006 年动迁安置；
2011 年购买汽车一辆。</td></tr>
</table>

<table>
<tr><th></th><th>姓名</th><th>与户主关系</th><th>出生年月</th><th>民族</th></tr>
<tr><td rowspan="3">现有家庭成员</td><td>沈林泉</td><td>户主</td><td>1952 年 4 月</td><td>汉</td></tr>
<tr><td>蒋琼芬</td><td>妻子</td><td>1963 年 7 月</td><td>汉</td></tr>
<tr><td>沈　斌</td><td>儿子</td><td>1991 年 4 月</td><td>汉</td></tr>
<tr><td>家庭大事</td><td colspan="4">1994 年建造平房；
2006 年动迁安置；
2019 年购买电视机一台。</td></tr>
</table>

	姓名	与户主关系	出生年月	民族
现有家庭成员	沈健生	户主	1966 年 8 月	汉
	郁秀芳	妻子	1967 年 1 月	汉
	沈晓强	儿子	1992 年 3 月	汉
	沈杏根	父亲	1944 年 8 月	汉
	汤小林	母亲	1942 年 1 月	汉
家庭大事	1962 年沈杏根做瓦匠； 1988 年平房翻建楼房； 1998 年购买商品房一套； 2006 年动迁安置； 2010 年购买电视机一台； 2014 年购买商品房一套； 2014 年购买冰箱一台； 2019 年购买商品房一套； 2019 年购买汽车一辆。			

	姓名	与户主关系	出生年月	民族
现有家庭成员	周二男	户主	1946 年 12 月	汉
	钱金珍	妻子	1948 年 11 月	汉
	周学文	儿子	1973 年 8 月	汉
	陈广兰	儿媳	1974 年 8 月	汉
	周　倩	孙女	1998 年 6 月	汉
家庭大事	1953 年周二男做木匠； 1988 年平房翻建楼房； 2002 年购买商品房一套； 2006 年动迁安置； 2006 年购买汽车一辆； 2016 年购买全套家电； 2016 年周倩就读于苏州大学，本科学历。			

<table>
<tr><th></th><th>姓名</th><th>与户主关系</th><th>出生年月</th><th>民族</th></tr>
<tr><td rowspan="5">现有家庭成员</td><td>沈志刚</td><td>户主</td><td>1974 年 7 月</td><td>汉</td></tr>
<tr><td>王　英</td><td>妻子</td><td>1977 年 11 月</td><td>汉</td></tr>
<tr><td>沈佳豫</td><td>儿子</td><td>1999 年 12 月</td><td>汉</td></tr>
<tr><td>沈志芳</td><td>妹妹</td><td>1977 年 1 月</td><td>汉</td></tr>
<tr><td>周梅花</td><td>母亲</td><td>1950 年 12 月</td><td>汉</td></tr>
<tr><td>家庭大事</td><td colspan="4">1989 年平房翻建楼房；
2006 年动迁安置；
2007 年购买汽车一辆；
2009 年购买商品房一套；
2009 年购买全套家电。</td></tr>
</table>

<table>
<tr><th></th><th>姓名</th><th>与户主关系</th><th>出生年月</th><th>民族</th></tr>
<tr><td rowspan="5">现有家庭成员</td><td>殷密花</td><td>户主</td><td>1957 年 10 月</td><td>汉</td></tr>
<tr><td>周文炳</td><td>长子</td><td>1981 年 6 月</td><td>汉</td></tr>
<tr><td>沈建芳</td><td>长媳</td><td>1983 年 2 月</td><td>汉</td></tr>
<tr><td>周文龙</td><td>次子</td><td>1983 年 2 月</td><td>汉</td></tr>
<tr><td>周欣悦</td><td>孙女</td><td>2005 年 2 月</td><td>汉</td></tr>
<tr><td>家庭大事</td><td colspan="4">1990 年平房翻建楼房；
1999 年购买商品房一套；
1999 年购买全套家电；
2001 年购买汽车一辆；
2006 年动迁安置。</td></tr>
</table>

<table>
<tr><td rowspan="7">现有家庭成员</td><td>姓名</td><td>与户主关系</td><td>出生年月</td><td>民族</td></tr>
<tr><td>朱美根</td><td>户主</td><td>1968 年 6 月</td><td>汉</td></tr>
<tr><td>李玉花</td><td>妻子</td><td>1969 年 9 月</td><td>汉</td></tr>
<tr><td>朱凯峰</td><td>儿子</td><td>1991 年 3 月</td><td>汉</td></tr>
<tr><td>陆纯洁</td><td>儿媳</td><td>1990 年 6 月</td><td>汉</td></tr>
<tr><td>朱灵毓</td><td>孙女</td><td>2019 年 10 月</td><td>汉</td></tr>
<tr><td>朱小夫</td><td>父亲</td><td>1940 年 11 月</td><td>汉</td></tr>
<tr><td>家庭大事</td><td colspan="4">1990 年平房翻建楼房；
2006 年动迁安置；
2010 年购买全套家电；
2016 年购买汽车一辆。</td></tr>
</table>

<table>
<tr><td rowspan="2">现有家庭成员</td><td>姓名</td><td>与户主关系</td><td>出生年月</td><td>民族</td></tr>
<tr><td>朱建根</td><td>户主</td><td>1971 年 7 月</td><td>汉</td></tr>
<tr><td>家庭大事</td><td colspan="4">1997 年平房翻建楼房；
2006 年动迁安置；
2008 年购买全套家电；
2015 年购买商品房一套。</td></tr>
</table>

<table>
<tr><td rowspan="5">现有家庭成员</td><td>姓名</td><td>与户主关系</td><td>出生年月</td><td>民族</td></tr>
<tr><td>沈林荣</td><td>户主</td><td>1955 年 5 月</td><td>汉</td></tr>
<tr><td>汤引妹</td><td>妻子</td><td>1955 年 1 月</td><td>汉</td></tr>
<tr><td>沈冬良</td><td>儿子</td><td>1979 年 12 月</td><td>汉</td></tr>
<tr><td>沈铭昊</td><td>孙子</td><td>2002 年 7 月</td><td>汉</td></tr>
<tr><td>家庭大事</td><td colspan="4">1987 年平房翻建楼房；
2006 年动迁安置；
2008 年购买电视机一台；
2010 年购买冰箱一台；
2016 年购买汽车一辆。</td></tr>
</table>

<table>
<tr><td rowspan="5">现有家庭成员</td><th>姓名</th><th>与户主关系</th><th>出生年月</th><th>民族</th></tr>
<tr><td>沈齐花</td><td>户主</td><td>1961 年 6 月</td><td>汉</td></tr>
<tr><td>朱美娟</td><td>女儿</td><td>1982 年 12 月</td><td>汉</td></tr>
<tr><td>张朱钰</td><td>孙女</td><td>2007 年 10 月</td><td>汉</td></tr>
<tr><td>朱楷瑞</td><td>孙子</td><td>2014 年 1 月</td><td>汉</td></tr>
<tr><td>家庭大事</td><td colspan="4">1989 年平房翻建楼房;
2006 年动迁安置;
2012 年购买商品房一套;
2012 年购买全套家电;
2017 年购买汽车一辆。</td></tr>
</table>

<table>
<tr><td rowspan="3">现有家庭成员</td><th>姓名</th><th>与户主关系</th><th>出生年月</th><th>民族</th></tr>
<tr><td>汤巧明</td><td>户主</td><td>1957 年 12 月</td><td>汉</td></tr>
<tr><td>汤宏根</td><td>儿子</td><td>1987 年 12 月</td><td>汉</td></tr>
<tr><td>家庭大事</td><td colspan="4">1994 年建造平房;
2006 年动迁安置;
2012 年购买全套家电;
汤巧明长期在医院康复治疗。</td></tr>
</table>

<table>
<tr><td rowspan="5">现有家庭成员</td><th>姓名</th><th>与户主关系</th><th>出生年月</th><th>民族</th></tr>
<tr><td>汤巧根</td><td>户主</td><td>1953 年 3 月</td><td>汉</td></tr>
<tr><td>杜梅郎</td><td>妻子</td><td>1954 年 9 月</td><td>汉</td></tr>
<tr><td>汤红英</td><td>儿子</td><td>1977 年 9 月</td><td>汉</td></tr>
<tr><td>顾宇鹏</td><td>孙子</td><td>1998 年 5 月</td><td>汉</td></tr>
<tr><td>家庭大事</td><td colspan="4">1983 年平房翻建楼房;
2006 年动迁安置;
2016 年购买全套家电;
2017 年顾宇鹏就读于南京大学。</td></tr>
</table>

<table>
<tr><td rowspan="5">现有家庭成员</td><td>姓名</td><td>与户主关系</td><td>出生年月</td><td>民族</td></tr>
<tr><td>胡　建</td><td>户主</td><td>1968 年 2 月</td><td>汉</td></tr>
<tr><td>周学华</td><td>妻子</td><td>1968 年 10 月</td><td>汉</td></tr>
<tr><td>胡晓平</td><td>儿子</td><td>1991 年 10 月</td><td>汉</td></tr>
<tr><td>汤巧宝</td><td>母亲</td><td>1945 年 1 月</td><td>汉</td></tr>
<tr><td>家庭大事</td><td colspan="4">1986 年平房翻建楼房；
1988 年胡建做瓦匠；
2006 年动迁安置；
2013 年购买商品房一套；
2015 年购买汽车一辆；
2017 年购买全套家电。</td></tr>
</table>

<table>
<tr><td rowspan="4">现有家庭成员</td><td>姓名</td><td>与户主关系</td><td>出生年月</td><td>民族</td></tr>
<tr><td>汤红良</td><td>户主</td><td>1970 年 11 月</td><td>汉</td></tr>
<tr><td>汤依婷</td><td>女儿</td><td>2003 年 1 月</td><td>汉</td></tr>
<tr><td>杨秋菊</td><td>非亲属</td><td>1974 年 8 月</td><td>汉</td></tr>
<tr><td>家庭大事</td><td colspan="4">2000 年建造平房；
2005 年购买汽车一辆；
2006 年动迁安置；
2016 年购买商品房一套；
2016 年购买全套家电。</td></tr>
</table>

	姓名	与户主关系	出生年月	民族
现有家庭成员	汤宝良	户主	1963 年 5 月	汉
	狄花林	妻子	1962 年 3 月	汉
	汤晓菊	女儿	1986 年 9 月	汉
	李明旺	女婿	1984 年 11 月	汉
	汤子轩	孙女	2010 年 8 月	汉
	汤小惠	父亲	1938 年 4 月	汉
	李小妹	母亲	1936 年 1 月	汉
家庭大事	1990 年平房翻建楼房； 2006 年动迁安置； 2010 年购买汽车一辆； 2010 年购买全套家电； 2012 年购买商品房一套。			

	姓名	与户主关系	出生年月	民族
现有家庭成员	汤文明	户主	1964 年 2 月	汉
	郭密英	妻子	1964 年 3 月	汉
	汤艳丹	女儿	1986 年 10 月	汉
	徐芝菲	孙女	2007 年 6 月	汉
	徐汤杰	孙子	2013 年 2 月	汉
家庭大事	1995 年平房翻建楼房； 2003 年购买出租汽车一辆； 2006 年动迁安置； 2008 年购买电视机一台； 2012 年购买商品房一套。			

	姓名	与户主关系	出生年月	民族
现有家庭成员	汤根生	户主	1932 年 12 月	汉
	周惠英	妻子	1930 年 8 月	汉
	汤文华	儿子	1967 年 6 月	汉
家庭大事	1945 年建造平房； 2006 年动迁安置； 2008 年购买电视机一台。			

	姓名	与户主关系	出生年月	民族
现有家庭成员	汤火根	户主	1969 年 1 月	汉
	沈建芬	妻子	1968 年 8 月	汉
	汤凯杰	儿子	1991 年 11 月	汉
	汤奕轩	孙子	2017 年 10 月	汉
	汤桃花	母亲	1948 年 3 月	汉
家庭大事	1988 年平房翻建楼房； 2006 年动迁安置； 2010 年购买汽车一辆； 2012 年购买商品房一套； 2013 年购买全套家电。			

景村村第十五小组

	姓名	与户主关系	出生年月	民族
现有家庭成员	郁金元	户主	1954 年 1 月	汉
	郁裕花	妻子	1953 年 9 月	汉
	郁雪刚	儿子	1978 年 12 月	汉
	沈冬梅	儿媳	1981 年 1 月	汉
	郁叶欣	孙子	2002 年 8 月	汉
家庭大事	1990 年平房翻建楼房； 2000 年郁雪刚毕业于昆山广播电视大学，大专学历； 2006 年动迁安置； 2006 年购买商品房一套； 2008 年购买全套家电； 2009 年购买汽车一辆。			

	姓名	与户主关系	出生年月	民族
现有家庭成员	郁林元	户主	1954 年 6 月	汉
	王文英	妻子	1955 年 2 月	汉
	郁志坚	儿子	1979 年 1 月	汉
	曹　燕	儿媳	1979 年 10 月	汉
	郁萌兴	孙女	2001 年 3 月	汉
	郁依博	孙子	2017 年 3 月	汉
家庭大事	1975 年郁林元入伍，1978 年退伍； 1992 年平房翻建平房； 2005 年购买汽车一辆； 2006 年动迁安置； 2006 年购买商品房一套； 2006 年购买电视机一台； 2009 年购买冰箱一台； 2015 年购买汽车一辆。			

<table>
<tr><td rowspan="4">现有家庭成员</td><td>姓名</td><td>与户主关系</td><td>出生年月</td><td>民族</td></tr>
<tr><td>方征良</td><td>户主</td><td>1969 年 1 月</td><td>汉</td></tr>
<tr><td>方　川</td><td>女儿</td><td>1992 年 10 月</td><td>汉</td></tr>
<tr><td>汤招青</td><td>非亲属</td><td>1971 年 3 月</td><td>汉</td></tr>
<tr><td>家庭大事</td><td colspan="4">1975 年建造平房；
2006 年动迁安置；
2006 年购买全套家电。</td></tr>
</table>

<table>
<tr><td rowspan="4">现有家庭成员</td><td>姓名</td><td>与户主关系</td><td>出生年月</td><td>民族</td></tr>
<tr><td>沈明福</td><td>户主</td><td>1958 年 3 月</td><td>汉</td></tr>
<tr><td>吴梅香</td><td>妻子</td><td>1961 年 8 月</td><td>汉</td></tr>
<tr><td>沈　琴</td><td>女儿</td><td>1984 年 6 月</td><td>汉</td></tr>
<tr><td>家庭大事</td><td colspan="4">1975 年建造平房；
1991 年购买汽车一辆；
2006 年动迁安置；
2007 年沈琴毕业于华东政法大学，本科学历，现在外企工作；
2007 年购买全套家电。</td></tr>
</table>

<table>
<tr><td rowspan="4">现有家庭成员</td><td>姓名</td><td>与户主关系</td><td>出生年月</td><td>民族</td></tr>
<tr><td>凌小花</td><td>户主</td><td>1950 年 11 月</td><td>汉</td></tr>
<tr><td>翁素芳</td><td>女儿</td><td>1969 年 4 月</td><td>汉</td></tr>
<tr><td>翁叶青</td><td>孙女</td><td>1991 年 1 月</td><td>汉</td></tr>
<tr><td>家庭大事</td><td colspan="4">1987 年建造楼房；
2006 年动迁安置；
2006 年购买全套家电；
2012 年购买商品房一套。</td></tr>
</table>

<table>
<tr><td rowspan="7">现有家庭成员</td><td>姓名</td><td>与户主关系</td><td>出生年月</td><td>民族</td></tr>
<tr><td>陆士荣</td><td>户主</td><td>1956 年 12 月</td><td>汉</td></tr>
<tr><td>汤花英</td><td>妻子</td><td>1959 年 2 月</td><td>汉</td></tr>
<tr><td>陆　逊</td><td>儿子</td><td>1982 年 8 月</td><td>汉</td></tr>
<tr><td>马小茹</td><td>儿媳</td><td>1983 年 4 月</td><td>汉</td></tr>
<tr><td>陆昭蓉</td><td>孙女</td><td>2006 年 4 月</td><td>汉</td></tr>
<tr><td>陆玲蓉</td><td>孙女</td><td>2012 年 11 月</td><td>汉</td></tr>
<tr><td>家庭大事</td><td colspan="4">1989 年平房翻建楼房；
2006 年动迁安置；
2013 年购买汽车一辆；
2016 年购买全套家电。</td></tr>
</table>

<table>
<tr><td rowspan="5">现有家庭成员</td><td>姓名</td><td>与户主关系</td><td>出生年月</td><td>民族</td></tr>
<tr><td>郭阿三</td><td>户主</td><td>1952 年 7 月</td><td>汉</td></tr>
<tr><td>颜素娥</td><td>妻子</td><td>1953 年 1 月</td><td>汉</td></tr>
<tr><td>郭建红</td><td>儿子</td><td>1978 年 11 月</td><td>汉</td></tr>
<tr><td>郭中晖</td><td>孙子</td><td>2004 年 3 月</td><td>汉</td></tr>
<tr><td>家庭大事</td><td colspan="4">1992 年平房翻建楼房；
1999 年购买商品房一套；
2006 年动迁安置；
2015 年购买商品房一套；
2015 年购买全套家电；
2017 年购买汽车一辆。</td></tr>
</table>

	姓名	与户主关系	出生年月	民族
现有家庭成员	彭林弟	户主	1948 年 11 月	汉
	狄花大	妻子	1955 年 11 月	汉
	狄金龙	儿子	1974 年 8 月	汉
	凯祥珍	儿媳	1975 年 3 月	汉
	狄夏伟	孙子	1997 年 7 月	汉
家庭大事	1986 年平房翻建楼房； 2006 年动迁安置； 2016 年购买汽车一辆； 2017 年购买全套家电。			

	姓名	与户主关系	出生年月	民族
现有家庭成员	郁仙珍	户主	1968 年 3 月	汉
	沈学良	丈夫	1966 年 8 月	汉
	郁沈良	儿子	1989 年 1 月	汉
	郁哲钦	孙子	2012 年 12 月	汉
家庭大事	1993 年平房翻建楼房； 2006 年动迁安置； 2013 年购买汽车一辆； 2014 年购买全套家电； 2012 年购买商品房一套。			

	姓名	与户主关系	出生年月	民族
现有家庭成员	吴瑞高	户主	1941 年 6 月	汉
	周素珍	妻子	1941 年 7 月	汉
	吴建珍	女儿	1964 年 11 月	汉
	景和生	女婿	1963 年 6 月	汉
	吴晓燕	孙女	1987 年 3 月	汉
	吴晓芬	孙女	1991 年 1 月	汉
家庭大事	1989 年平房翻建楼房； 2006 年动迁安置； 2011 年购买全套家电； 2016 年购买商品房一套； 2017 年购买汽车一辆。			

	姓名	与户主关系	出生年月	民族
现有家庭成员	郁汉臣	户主	1944 年 12 月	汉
	吴小妹	妻子	1945 年 3 月	汉
	郁翠英	女儿	1964 年 3 月	汉
	俞三男	女婿	1965 年 8 月	汉
	俞晨敏	孙子	1988 年 6 月	汉
家庭大事	1986 年平房翻建楼房； 1986 年购买全套家电； 2006 年动迁安置； 2008 年购买汽车一辆； 2012 年购买汽车一辆。			

	姓名	与户主关系	出生年月	民族
现有家庭成员	郁小珍	户主	1970 年 4 月	汉
	李　郁	女儿	1998 年 1 月	汉
家庭大事	2006 年分配到经济适用房一套； 2014 年购买全套家电。			

<table>
<tr><td rowspan="6">现有家庭成员</td><td>姓名</td><td>与户主关系</td><td>出生年月</td><td>民族</td></tr>
<tr><td>郁腊明</td><td>户主</td><td>1948 年 12 月</td><td>汉</td></tr>
<tr><td>沈杏仙</td><td>妻子</td><td>1948 年 3 月</td><td>汉</td></tr>
<tr><td>郁建龙</td><td>儿子</td><td>1970 年 11 月</td><td>汉</td></tr>
<tr><td>郁鹤楹</td><td>儿媳</td><td>1972 年 1 月</td><td>汉</td></tr>
<tr><td>郁　青</td><td>孙女</td><td>1994 年 1 月</td><td>汉</td></tr>
<tr><td>家庭大事</td><td colspan="4">1988 年平房翻建楼房；
2006 年动迁安置；
2007 年购买全套家电；
2016 年购买汽车一辆。</td></tr>
</table>

<table>
<tr><td rowspan="5">现有家庭成员</td><td>姓名</td><td>与户主关系</td><td>出生年月</td><td>民族</td></tr>
<tr><td>翁福元</td><td>户主</td><td>1957 年 2 月</td><td>汉</td></tr>
<tr><td>顾林珍</td><td>妻子</td><td>1965 年 6 月</td><td>汉</td></tr>
<tr><td>翁美玲</td><td>女儿</td><td>1986 年 8 月</td><td>汉</td></tr>
<tr><td>翁顺辉</td><td>孙子</td><td>2018 年 5 月</td><td>汉</td></tr>
<tr><td>家庭大事</td><td colspan="4">1984 年平房翻建楼房；
2006 年动迁安置；
2016 年购买全套家电。</td></tr>
</table>

<table>
<tr><td rowspan="5">现有家庭成员</td><td>姓名</td><td>与户主关系</td><td>出生年月</td><td>民族</td></tr>
<tr><td>郁二男</td><td>户主</td><td>1953 年 8 月</td><td>汉</td></tr>
<tr><td>金火云</td><td>妻子</td><td>1952 年 1 月</td><td>汉</td></tr>
<tr><td>郁正国</td><td>儿子</td><td>1982 年 4 月</td><td>汉</td></tr>
<tr><td>郁晨翔</td><td>孙子</td><td>2007 年 8 月</td><td>汉</td></tr>
<tr><td>家庭大事</td><td colspan="4">1994 年平房翻建楼房；
2006 年动迁安置；
2010 年购买全套家电；
2016 年购买汽车一辆。</td></tr>
</table>

<table>
<tr><td rowspan="4">现有家庭成员</td><td>姓名</td><td>与户主关系</td><td>出生年月</td><td>民族</td></tr>
<tr><td>周国文</td><td>户主</td><td>1970 年 2 月</td><td>汉</td></tr>
<tr><td>郁正花</td><td>妻子</td><td>1977 年 11 月</td><td>汉</td></tr>
<tr><td>郁春娟</td><td>女儿</td><td>1999 年 12 月</td><td>汉</td></tr>
<tr><td>家庭大事</td><td colspan="4">2006 年动迁安置；
2006 年购买冰箱一台；
2019 年景村村委会赠送电视机一台。</td></tr>
</table>

<table>
<tr><td rowspan="6">现有家庭成员</td><td>姓名</td><td>与户主关系</td><td>出生年月</td><td>民族</td></tr>
<tr><td>王梅花</td><td>户主</td><td>1946 年 1 月</td><td>汉</td></tr>
<tr><td>郁秀良</td><td>儿子</td><td>1970 年 1 月</td><td>汉</td></tr>
<tr><td>钱建美</td><td>儿媳</td><td>1971 年 1 月</td><td>汉</td></tr>
<tr><td>郁知涵</td><td>孙子</td><td>1998 年 8 月</td><td>汉</td></tr>
<tr><td>郁圣滔</td><td>孙子</td><td>2009 年 11 月</td><td>汉</td></tr>
<tr><td>家庭大事</td><td colspan="4">1990 年平房翻建楼房；
1990 年郁秀良入伍，2004 年退伍；
2006 年动迁安置；
2007 年购买商品房一套；
2007 年购买全套家电；
2010 年购买汽车一辆。</td></tr>
</table>

<table>
<tr><td rowspan="7">现有家庭成员</td><th>姓名</th><th>与户主关系</th><th>出生年月</th><th>民族</th></tr>
<tr><td>祝建明</td><td>户主</td><td>1967 年 5 月</td><td>汉</td></tr>
<tr><td>荣密珍</td><td>妻子</td><td>1964 年 8 月</td><td>汉</td></tr>
<tr><td>祝晓纯</td><td>女儿</td><td>1990 年 3 月</td><td>汉</td></tr>
<tr><td>祝白男</td><td>父亲</td><td>1942 年 11 月</td><td>汉</td></tr>
<tr><td>韩金翠</td><td>母亲</td><td>1946 年 7 月</td><td>汉</td></tr>
<tr><td>祝月华</td><td>妹妹</td><td>1970 年 1 月</td><td>汉</td></tr>
<tr><td>家庭大事</td><td colspan="4">1985 年购买电视机一台；
1988 年平房翻建楼房；
1991 年购买商品房一套；
1992 年祝月华苏州医学院毕业，本科学历，现在苏州市立医院工作；
2003 年购买全套家电；
2006 年动迁安置；
2008 年购买汽车一辆。</td></tr>
</table>

<table>
<tr><td rowspan="7">现有家庭成员</td><th>姓名</th><th>与户主关系</th><th>出生年月</th><th>民族</th></tr>
<tr><td>俞雪根</td><td>户主</td><td>1951 年 1 月</td><td>汉</td></tr>
<tr><td>吴杏花</td><td>妻子</td><td>1953 年 2 月</td><td>汉</td></tr>
<tr><td>吴文斌</td><td>儿子</td><td>1977 年 7 月</td><td>汉</td></tr>
<tr><td>吴文庆</td><td>儿子</td><td>1977 年 7 月</td><td>汉</td></tr>
<tr><td>吴欣悦</td><td>孙女</td><td>2002 年 10 月</td><td>汉</td></tr>
<tr><td>戴君芳</td><td>儿媳</td><td>1981 年 6 月</td><td>汉</td></tr>
<tr><td>家庭大事</td><td colspan="4">1991 年平房翻建楼房；
2000 年购买商品房一套；
2001 年购买全套家电；
2006 年动迁安置；
2009 年购买汽车一辆。</td></tr>
</table>

现有家庭成员	姓名	与户主关系	出生年月	民族
	陆惠琴	户主	1949 年 7 月	汉
	郁铁楹	女儿	1971 年 1 月	汉
家庭大事	1973 年建造平房； 1998 年购买全套家电； 2006 年动迁安置； 2008 年购买商品房一套。			

现有家庭成员	姓名	与户主关系	出生年月	民族
	方巧福	户主	1941 年 11 月	汉
	方社良	儿子	1963 年 7 月	汉
家庭大事	1972 年建造平房； 2006 年动迁安置； 2013 年购买电视机一台； 2016 年购买冰箱一台。			

现有家庭成员	姓名	与户主关系	出生年月	民族
	方根发	户主	1950 年 11 月	汉
	周秀珍	妻子	1950 年 5 月	汉
	方　龙	儿子	1976 年 8 月	汉
家庭大事	1974 年建造平房； 2000 年购买商品房一套； 2006 年动迁安置； 2013 年购买全套家电； 2014 年购买汽车一辆。			

现有家庭成员	姓名	与户主关系	出生年月	民族
	郁金弟	户主	1970 年 2 月	汉
家庭大事	1976 年建造平房； 2006 年动迁安置； 2007 年购买电视机、空调各一台。			

	姓名	与户主关系	出生年月	民族
现有家庭成员	方梅根	户主	1955 年 8 月	汉
	郭密金	妻子	1955 年 7 月	汉
	方征荣	儿子	1979 年 7 月	汉
	方征英	女儿	1982 年 1 月	汉
	方艺成	孙子	2004 年 11 月	汉
家庭大事	1990 年平房翻建楼房； 2006 年动迁安置； 2008 年购买汽车一辆； 2017 年购买商品房一套； 2017 年购买全套家电。			

	姓名	与户主关系	出生年月	民族
现有家庭成员	方金官	户主	1948 年 12 月	汉
	沈全英	妻子	1947 年 6 月	汉
	方　荣	儿子	1971 年 7 月	汉
	方润杰	孙子	1994 年 3 月	汉
家庭大事	1972 年建造平房； 1992 年购买商品房一套； 2006 年动迁安置； 1992 年购买全套家电； 2016 年购买汽车一辆。			

	姓名	与户主关系	出生年月	民族
现有家庭成员	狄炳华	户主	1969 年 5 月	汉
	狄　蕾	女儿	2001 年 6 月	汉
	狄素珍	母亲	1941 年 12 月	汉
	朱月琴	非亲属	1971 年 5 月	汉
家庭大事	1973 年建造平房； 1998 年购买商品房一套； 2006 年动迁安置； 2019 年购买汽车一辆； 2019 年购买全套家电； 2018 年开始狄蕾就读于无锡卫生高等职业技术学校。			

	姓名	与户主关系	出生年月	民族
现有家庭成员	狄正华	户主	1972 年 6 月	汉
	蔡惠霞	妻子	1975 年 9 月	汉
	狄书琪	女儿	2000 年 1 月	汉
家庭大事	2009 年购买商品房一套； 2009 年购买全套家电； 2015 年购买汽车一辆； 2019 年更换汽车一辆。			

	姓名	与户主关系	出生年月	民族
现有家庭成员	郭黑男	户主	1949 年 8 月	汉
	钱菊英	妻子	1950 年 9 月	汉
	郭建友	儿子	1973 年 5 月	汉
	姚彩芳	儿媳	1977 年 1 月	汉
	郭天宇	孙子	1997 年 11 月	汉
	郭泉根	父亲	1927 年 9 月	汉
家庭大事	1993 年平房翻建楼房； 2000 年购买全套家电； 2001 年购买商品房一套； 2006 年动迁安置； 2011 年购买汽车一辆； 2016 年购买商品房一套； 2018 年郭天宇就读于苏州大学。			

	姓名	与户主关系	出生年月	民族
现有家庭成员	郁惠明	户主	1955 年 3 月	汉
	钱秀花	妻子	1962 年 2 月	汉
	郁翠仙	女儿	1982 年 7 月	汉
	郁思妍	孙女	2005 年 7 月	汉
	郁思珏	孙女	2007 年 11 月	汉
家庭大事	1995 年平房翻建楼房； 2006 年动迁安置； 2014 年购买商品房一套； 2014 年购买全套家电； 2016 年购买汽车一辆。			

	姓名	与户主关系	出生年月	民族
现有家庭成员	郁金良	户主	1962 年 1 月	汉
	陆凤花	妻子	1965 年 1 月	汉
	郁惠清	儿子	1982 年 1 月	汉
	晁东香	儿媳	1981 年 11 月	汉
	郁诗雨	孙女	2007 年 11 月	汉
	郁梓妍	孙女	2016 年 4 月	汉
	郁黑男	父亲	1940 年 12 月	汉
	张巧林	母亲	1941 年 12 月	汉
家庭大事	1987 年平房翻建楼房； 2006 年动迁安置； 2006 年购买全套家电； 2015 年购买汽车一辆。			

	姓名	与户主关系	出生年月	民族
现有家庭成员	翁生元	户主	1941 年 6 月	汉
	翁雪英	女儿	1962 年 11 月	汉
	沈裕芳	女婿	1961 年 12 月	汉
	翁锡峰	孙子	1986 年 6 月	汉
	金未来	孙媳	1987 年 8 月	汉
	翁燊杨	曾孙	2013 年 8 月	汉
家庭大事	1984 年平房翻建楼房； 1997 年购买商品房一套； 1997 年购买全套家电； 2001 年购买汽车一辆； 2006 年动迁安置。			

	姓名	与户主关系	出生年月	民族
现有家庭成员	沈福良	户主	1961 年 7 月	汉
	陆素花	妻子	1963 年 8 月	汉
	沈文华	儿子	1985 年 11 月	汉
	徐利群	儿媳	1987 年 8 月	汉
	沈诗涵	孙女	2012 年 8 月	汉
	沈涛辰	孙子	2016 年 10 月	汉
	徐秋泉	父亲	1939 年 7 月	汉
	沈杏英	母亲	1938 年 11 月	汉
家庭大事	1994 年平房翻建楼房； 2006 年动迁安置； 2009 年购买全套家电； 2012 年购买汽车一辆。			

现有家庭成员	姓名	与户主关系	出生年月	民族
	沈福花	户主	1964 年 10 月	汉
	沈晓娟	女儿	1988 年 3 月	汉
家庭大事	1992 年建造平房； 2006 年购买全套家电； 2006 年动迁安置。			

现有家庭成员	姓名	与户主关系	出生年月	民族
	郁小弟	户主	1965 年 11 月	汉
家庭大事	五保户（智残），生活在托老所。			

现有家庭成员	姓名	与户主关系	出生年月	民族
	沈志良	户主	1945 年 2 月	汉
	沈伊珍	妻子	1946 年 4 月	汉
	沈菊东	儿子	1972 年 2 月	汉
	沈欣宜	孙女	2008 年 5 月	汉
家庭大事	1987 年平房翻建楼房； 1990 年购买全套家电； 1996 年购买商品房一套； 2006 年动迁安置。			

<table>
<tr><td rowspan="5">现有家庭成员</td><th>姓名</th><th>与户主关系</th><th>出生年月</th><th>民族</th></tr>
<tr><td>狄花良</td><td>户主</td><td>1965 年 1 月</td><td>汉</td></tr>
<tr><td>汤彩英</td><td>妻子</td><td>1966 年 12 月</td><td>汉</td></tr>
<tr><td>狄佳霞</td><td>女儿</td><td>1987 年 9 月</td><td>汉</td></tr>
<tr><td>狄筱萌</td><td>孙女</td><td>2011 年 12 月</td><td>汉</td></tr>
<tr><td>家庭大事</td><td colspan="4">1989 年平房翻建楼房；
2006 年动迁安置；
2015 年购买商品房一套；
2015 年购买汽车一辆；
2018 年购买全套家电。</td></tr>
</table>

<table>
<tr><td rowspan="5">现有家庭成员</td><th>姓名</th><th>与户主关系</th><th>出生年月</th><th>民族</th></tr>
<tr><td>沈全英</td><td>户主</td><td>1954 年 8 月</td><td>汉</td></tr>
<tr><td>沈美芳</td><td>女儿</td><td>1982 年 4 月</td><td>汉</td></tr>
<tr><td>张添溢</td><td>孙子</td><td>2009 年 5 月</td><td>汉</td></tr>
<tr><td>沈士杰</td><td>孙子</td><td>2014 年 1 月</td><td>汉</td></tr>
<tr><td>家庭大事</td><td colspan="4">1972 年建造平房；
1989 年平房翻建楼房；
2006 年动迁安置；
2009 年购买商品房一套；
2009 年购买全套家电；
2015 年购买汽车一辆。</td></tr>
</table>

	姓名	与户主关系	出生年月	民族
现有家庭成员	郁林荣	户主	1964 年 8 月	汉
	郁兰兰	女儿	1991 年 6 月	汉
	杨桂宝	母亲	1933 年 7 月	汉
	郁林发	哥哥	1961 年 10 月	汉
家庭大事	1986 年建造平房； 2001 年购买全套家电； 2005 年动迁安置； 2019 年购买汽车一辆。			

	姓名	与户主关系	出生年月	民族
现有家庭成员	陆杞荣	户主	1953 年 11 月	汉
	王凤花	妻子	1954 年 11 月	汉
	陆　琦	儿子	1979 年 2 月	汉
家庭大事	1989 年平房翻建楼房； 2003 年陆琦毕业于南京医科大学，本科学历，现在昆山市中医院工作； 2006 年动迁安置； 2008 年购买商品房一套； 2008 年购买全套家电； 2017 年购买汽车一辆。			

<table>
<tr><td rowspan="6">现有家庭成员</td><th>姓名</th><th>与户主关系</th><th>出生年月</th><th>民族</th></tr>
<tr><td>郁裕良</td><td>户主</td><td>1956 年 9 月</td><td>汉</td></tr>
<tr><td>彭林英</td><td>妻子</td><td>1959 年 3 月</td><td>汉</td></tr>
<tr><td>郁雪平</td><td>儿子</td><td>1981 年 12 月</td><td>汉</td></tr>
<tr><td>郁康乐</td><td>孙子</td><td>2008 年 12 月</td><td>汉</td></tr>
<tr><td>郁全宝</td><td>母亲</td><td>1932 年 6 月</td><td>汉</td></tr>
<tr><td>家庭大事</td><td colspan="4">1986 年平房翻建楼房；
1993 年购买全套家电；
1993 年购买商品房一套；
2006 年动迁安置；
2007 年郁雪平毕业于华东理工大学，硕士研究生学历，现创办私营企业；
2007 年购买汽车一辆。</td></tr>
</table>

<table>
<tr><td rowspan="4">现有家庭成员</td><th>姓名</th><th>与户主关系</th><th>出生年月</th><th>民族</th></tr>
<tr><td>沈杞东</td><td>户主</td><td>1968 年 3 月</td><td>汉</td></tr>
<tr><td>金建珍</td><td>妻子</td><td>1968 年 1 月</td><td>汉</td></tr>
<tr><td>沈重金</td><td>儿子</td><td>1990 年 12 月</td><td>汉</td></tr>
<tr><td>家庭大事</td><td colspan="4">1987 年平房翻建楼房；
2006 年动迁安置；
2009 年购买商品房一套；
2009 年购买全套家电；
2012 年沈重金毕业于华东理工大学，博士研究生学历，现在瑞士工作。</td></tr>
</table>

<table>
<tr><td rowspan="3">现有家庭成员</td><th>姓名</th><th>与户主关系</th><th>出生年月</th><th>民族</th></tr>
<tr><td>施林香</td><td>户主</td><td>1966 年 4 月</td><td>汉</td></tr>
<tr><td>郁程芳</td><td>女儿</td><td>1987 年 7 月</td><td>汉</td></tr>
<tr><td>家庭大事</td><td colspan="4">1998 年平房翻建楼房；
2006 年动迁安置；
2006 年购买全套家电；
2009 年郁程芳毕业于九州职业技术学院，大专学历，现在昆山市玉山镇大众村村委会工作。</td></tr>
</table>

<table>
<tr><td rowspan="3">现有家庭成员</td><th>姓名</th><th>与户主关系</th><th>出生年月</th><th>民族</th></tr>
<tr><td>狄花根</td><td>户主</td><td>1956 年 6 月</td><td>汉</td></tr>
<tr><td>毛金英</td><td>母亲</td><td>1929 年 12 月</td><td>汉</td></tr>
<tr><td>家庭大事</td><td colspan="4">1966 年建造平房；
1976 年狄花根入伍，1981 年退伍；
2000 年购买商品房一套；
2006 年动迁安置；
2006 年购买全套家电。</td></tr>
</table>

<table>
<tr><td rowspan="5">现有家庭成员</td><th>姓名</th><th>与户主关系</th><th>出生年月</th><th>民族</th></tr>
<tr><td>翁永刚</td><td>户主</td><td>1978 年 6 月</td><td>汉</td></tr>
<tr><td>王海英</td><td>妻子</td><td>1981 年 6 月</td><td>汉</td></tr>
<tr><td>翁一禾</td><td>儿子</td><td>2006 年 1 月</td><td>汉</td></tr>
<tr><td>王一齐</td><td>儿子</td><td>2012 年 2 月</td><td>汉</td></tr>
<tr><td>家庭大事</td><td colspan="4">1977 年建造平房；
1999 年翁永刚毕业于黑龙江工程学院，大专学历，现从事个体经营；
2006 年动迁安置；
2006 年购买全套家电；
2017 年购买汽车一辆。</td></tr>
</table>

	姓名	与户主关系	出生年月	民族
现有家庭成员	郁凤花	户主	1947 年 1 月	汉
	翁宝龙	儿子	1970 年 10 月	汉
	吴　浩	儿媳	1973 年 12 月	汉
	翁民韬	孙子	1997 年 2 月	汉
家庭大事	1973 年建造平房； 1993 年翁宝龙毕业于苏州大学，本科学历，现在昆山市财政局工作； 1995 年购买汽车一辆； 2006 年动迁安置； 2016 年购买商品房一套。			

	姓名	与户主关系	出生年月	民族
现有家庭成员	祝金生	户主	1948 年 12 月	汉
	狄水英	妻子	1951 年 5 月	汉
	祝丽琴	女儿	1971 年 1 月	汉
	沈卫东	女婿	1970 年 2 月	汉
	祝怡星	孙女	1993 年 3 月	汉
	张浙宇	孙女婿	1992 年 8 月	汉
	祝宏嘉	曾孙	2018 年 5 月	汉
家庭大事	1990 年平房翻建楼房； 2000 年购买商品房一套； 2000 年购买全套家电； 2015 年动迁安置。			

	姓名	与户主关系	出生年月	民族
现有家庭成员	方国良	户主	1967 年 6 月	汉
	王年华	妻子	1965 年 11 月	汉
	方亚一	女儿	1990 年 1 月	汉
	方玖希	孙女	2019 年 10 月	汉
家庭大事	2004 年建造平房； 2014 年购买汽车一辆； 2015 年动迁安置； 2016 年购买全套家电； 2019 年购买商品房一套。			

景村村第十六小组

	姓名	与户主关系	出生年月	民族
现有家庭成员	陆生林	户主	1944 年 10 月	汉
	徐小水	妻子	1946 年 12 月	汉
	陆雪荣	儿子	1970 年 11 月	汉
	朱云芬	儿媳	1972 年 4 月	汉
	陆美珍	女儿	1964 年 11 月	汉
	薛　松	女婿	1961 年 1 月	汉
	薛　云	孙子	1989 年 3 月	汉
	陆永洁	孙女	1995 年 8 月	汉
家庭大事	1965 年陆生林入伍，1982 年退伍，在昆山市司法局工作，2004 年退休； 1982 年购买商品房一套； 1982 年购买全套家电。			

	姓名	与户主关系	出生年月	民族
现有家庭成员	刘兴根	户主	1949 年 4 月	汉
	苏宗大	妻子	1950 年 12 月	汉
	刘忆琴	女儿	1972 年 1 月	汉
	刘忆荣	儿子	1974 年 2 月	汉
家庭大事	1968 年建造平房； 1968 年刘兴根开始做竹匠； 2014 年购买商品房一套； 2014 年购买全套家电； 2015 年购买汽车一辆。			

	姓名	与户主关系	出生年月	民族
现有家庭成员	沈社明	户主	1957 年 12 月	汉
	徐云珍	妻子	1957 年 08 月	汉
	徐学华	儿子	1981 年 10 月	汉
	徐晨溪	孙子	2001 年 7 月	汉
家庭大事	1953 年岳父徐早狗（已故）入伍，1956 年退伍； 1976 年沈社明入伍，1981 年退伍； 1981 年建造平房； 1981 年购买全套家电； 1992 年购买商品房一套； 1999 年徐学华入伍，2001 年退伍； 2006 年动迁安置。			

	姓名	与户主关系	出生年月	民族
现有家庭成员	陈香妹	户主	1963 年 6 月	汉
	王雅琴	女儿	1985 年 4 月	汉
	王亚珍	女儿	1991 年 4 月	汉
家庭大事	1998 年建造楼房； 2006 年动迁安置； 2006 年购买全套家电； 2013 年王亚珍毕业于江苏理工大学，本科学历，现在昆山市水利设计院工作。			

	姓名	与户主关系	出生年月	民族
现有家庭成员	顾坤元	户主	1953 年 10 月	汉
	戴建凤	妻子	1966 年 6 月	汉
	顾亚萍	女儿	1982 年 2 月	汉
家庭大事	1989 年建造平房； 1994 年购买全套家电； 1995 年购买商品房一套； 2004 年顾亚萍毕业于南京师范大学，本科学历，现在昆山市教师进修学校工作； 2007 年购买汽车一辆； 2008 年动迁安置。			

<table>
<tr><td rowspan="7">现有家庭成员</td><th>姓名</th><th>与户主关系</th><th>出生年月</th><th>民族</th></tr>
<tr><td>顾耀良</td><td>户主</td><td>1964 年 11 月</td><td>汉</td></tr>
<tr><td>顾静娟</td><td>女儿</td><td>1987 年 11 月</td><td>汉</td></tr>
<tr><td>顾晓炜</td><td>儿子</td><td>1994 年 12 月</td><td>汉</td></tr>
<tr><td>顾思琦</td><td>孙女</td><td>2011 年 12 月</td><td>汉</td></tr>
<tr><td>王小男</td><td>父亲</td><td>1942 年 5 月</td><td>汉</td></tr>
<tr><td>顾小花</td><td>母亲</td><td>1944 年 10 月</td><td>汉</td></tr>
<tr><td>家庭大事</td><td colspan="4">1960 年王小男开始做木匠；
1980 年顾耀良开始做木匠，现从事个体经营；
1990 年购买全套家电；
1993 年平房翻建楼房；
2015 年购买汽车一辆；
2016 年动迁安置。</td></tr>
</table>

<table>
<tr><td rowspan="4">现有家庭成员</td><th>姓名</th><th>与户主关系</th><th>出生年月</th><th>民族</th></tr>
<tr><td>王建康</td><td>户主</td><td>1970 年 10 月</td><td>汉</td></tr>
<tr><td>闵香珍</td><td>妻子</td><td>1973 年 12 月</td><td>汉</td></tr>
<tr><td>闵　欢</td><td>儿子</td><td>1994 年 8 月</td><td>汉</td></tr>
<tr><td>家庭大事</td><td colspan="4">1990 年闵香珍任郁港村“赤脚”医生，现在社区医务室工作；
1994 年平房翻建楼房；
2002 年购买商品房一套；
2013 年动迁安置；
2015 年购买商品房一套；
2016 年闵欢毕业于东北师范大学，本科学历，现在昆山市千灯镇人民政府工作；
2016 年购买汽车一辆；
2017 年换购汽车一辆；
2018 年购买商品房一套。</td></tr>
</table>

	姓名	与户主关系	出生年月	民族
现有家庭成员	王巧良	户主	1955 年 7 月	汉
	王　建	儿子	1980 年 1 月	汉
	王夏婧琦	孙女	2006 年 1 月	汉
家庭大事	2001 年平房翻建楼房； 2003 年王建毕业于徐州师范大学（今江苏师范大学），本科学历，现在昆山市正仪中学工作； 2006 年购买商品房一套； 2006 年购买全套家电； 2011 年购买汽车一辆； 2013 年动迁安置。			

	姓名	与户主关系	出生年月	民族
现有家庭成员	王正伟	户主	1965 年 9 月	汉
	陆凤香	妻子	1971 年 4 月	汉
	王凯力	儿子	1992 年 2 月	汉
家庭大事	1992 年建造楼房； 1998 年王正伟开始做瓦匠； 2000 年购买全套家电； 2004 年动迁安置； 2013 年王凯力毕业于昆山广播电视大学（今昆山开放大学），大专学历，现在昆山市城管大队工作； 2014 年购买汽车一辆。			

	姓名	与户主关系	出生年月	民族
现有家庭成员	王振秋	户主	1963 年 7 月	汉
	王　磊	儿子	1989 年 7 月	汉
家庭大事	1981 年王振秋入伍，1995 年退伍； 1988 年建造楼房； 2007 年动迁安置； 2012 年王磊毕业于苏州高博软件技术职业学院，现从事个体经营； 2012 年购买汽车一辆； 2013 年购买全套家电。			

	姓名	与户主关系	出生年月	民族
现有家庭成员	王夫根	户主	1964 年 10 月	汉
	顾根英	妻子	1966 年 12 月	汉
	王明龙	儿子	1988 年 6 月	汉
	孙　静	儿媳	1989 年 1 月	汉
	王孙蕊	孙女	2010 年 9 月	汉
	王梦蕊	孙女	2013 年 12 月	汉
家庭大事	1984 年王夫根开始做油漆工； 1989 年建造平房； 2009 年动迁安置； 2010 年购买全套家电； 2012 年购买汽车一辆。			

<table>
<tr><td rowspan="7">现有家庭成员</td><th>姓名</th><th>与户主关系</th><th>出生年月</th><th>民族</th></tr>
<tr><td>费社林</td><td>户主</td><td>1956 年 7 月</td><td>汉</td></tr>
<tr><td>徐桂花</td><td>妻子</td><td>1957 年 6 月</td><td>汉</td></tr>
<tr><td>费震宇</td><td>儿子</td><td>1978 年 12 月</td><td>汉</td></tr>
<tr><td>顾小英</td><td>儿媳</td><td>1979 年 9 月</td><td>汉</td></tr>
<tr><td>费　越</td><td>孙女</td><td>2003 年 12 月</td><td>汉</td></tr>
<tr><td>费　晗</td><td>孙女</td><td>2010 年 1 月</td><td>汉</td></tr>
<tr><td>家庭大事</td><td colspan="4">1982 年建造平房；
1988 年平房翻建楼房；
2000 年费震宇毕业于北京理工大学，大专学历，现在景村村村委会工作；
2002 年购买全套家电；
2011 年购买商品房一套；
2013 年动迁安置；
2014 年购买汽车一辆。</td></tr>
</table>

<table>
<tr><td rowspan="6">现有家庭成员</td><th>姓名</th><th>与户主关系</th><th>出生年月</th><th>民族</th></tr>
<tr><td>徐惠良</td><td>户主</td><td>1963 年 5 月</td><td>汉</td></tr>
<tr><td>沈雪琴</td><td>妻子</td><td>1964 年 9 月</td><td>汉</td></tr>
<tr><td>徐明华</td><td>儿子</td><td>1986 年 4 月</td><td>汉</td></tr>
<tr><td>徐菊林</td><td>父亲</td><td>1943 年 2 月</td><td>汉</td></tr>
<tr><td>费梅英</td><td>母亲</td><td>1941 年 6 月</td><td>汉</td></tr>
<tr><td>家庭大事</td><td colspan="4">1981 年徐惠良做木匠；
1989 年平房翻建楼房；
2007 年徐明华毕业于苏州城建技工学校，大专学历，现在私企工作；
2012 年购买汽车一辆；
2013 年动迁安置；
2014 年购买商品房一套；
2014 年购买全套家电。</td></tr>
</table>

	姓名	与户主关系	出生年月	民族
现有家庭成员	徐学良	户主	1961 年 12 月	汉
	钱社英	妻子	1961 年 11 月	汉
	徐　俊	儿子	1986 年 12 月	汉
	陈金妹	母亲	1936 年 9 月	汉
家庭大事	1976 年建造平房； 2004 年购买商品房一套； 2004 年购买全套家电； 2008 年动迁安置； 2009 年徐俊毕业于江苏大学，本科学历，现在私企工作； 2010 年购买汽车一辆。			

	姓名	与户主关系	出生年月	民族
现有家庭成员	徐惠忠	户主	1966 年 1 月	汉
	钱小花	妻子	1964 年 3 月	汉
	徐洁	女儿	1988 年 10 月	汉
	徐周铭	孙子	2013 年 10 月	汉
	徐秋根	父亲	1945 年 7 月	汉
	谬小妹	母亲	1946 年 10 月	汉
家庭大事	1984 年购买商品房一套； 1984 年购买全套家电； 1985 年平房翻建楼房； 2009 年徐洁毕业于昆山广播电视大学（今昆山开放大学），大专学历，现在台企工作； 2013 年动迁安置。			

<table>
<tr><td rowspan="5">现有家庭成员</td><th>姓名</th><th>与户主关系</th><th>出生年月</th><th>民族</th></tr>
<tr><td>徐学明</td><td>户主</td><td>1968 年 11 月</td><td>汉</td></tr>
<tr><td>周三花</td><td>妻子</td><td>1970 年 1 月</td><td>汉</td></tr>
<tr><td>徐　成</td><td>儿子</td><td>1991 年 8 月</td><td>汉</td></tr>
<tr><td>徐　熙</td><td>孙女</td><td>2013 年 6 月</td><td>汉</td></tr>
<tr><td>家庭大事</td><td colspan="4">1987 年徐学明做瓦匠；
1988 年建造楼房；
2011 年动迁安置；
2015 年购买汽车一辆；
2015 年购买全套家电；
2016 年购买商品房一套。</td></tr>
</table>

<table>
<tr><td rowspan="4">现有家庭成员</td><th>姓名</th><th>与户主关系</th><th>出生年月</th><th>民族</th></tr>
<tr><td>徐学伟</td><td>户主</td><td>1970 年 5 月</td><td>汉</td></tr>
<tr><td>陈岚妹</td><td>妻子</td><td>1970 年 4 月</td><td>汉</td></tr>
<tr><td>徐夕夕</td><td>女儿</td><td>1995 年 1 月</td><td>汉</td></tr>
<tr><td>家庭大事</td><td colspan="4">1984 年徐学伟做木匠；
1987 年平房翻建楼房；
2013 年动迁安置；
2013 年购买全套家电；
2017 年徐夕夕毕业于常州大学，本科学历，现在外企工作；
2018 年购买汽车一辆。</td></tr>
</table>

<table>
<tr><td rowspan="3">现有家庭成员</td><th>姓名</th><th>与户主关系</th><th>出生年月</th><th>民族</th></tr>
<tr><td>张根荣</td><td>户主</td><td>1968 年 5 月</td><td>汉</td></tr>
<tr><td>张鸿懿</td><td>女儿</td><td>1995 年 8 月</td><td>汉</td></tr>
<tr><td>家庭大事</td><td colspan="4">1984 年建造平房；
1992 年张根荣毕业于扬州工学院，本科学历，现在 AB 集团工作；
2005 年动迁安置；
2005 年购买全套家电；
2016 年张懿毕业于连云港中医药高等职业技术学校，大专学历，现在昆山市第三人民医院工作。</td></tr>
</table>

<table>
<tr><td rowspan="4">现有家庭成员</td><th>姓名</th><th>与户主关系</th><th>出生年月</th><th>民族</th></tr>
<tr><td>王秀男</td><td>户主</td><td>1961 年 9 月</td><td>汉</td></tr>
<tr><td>范桂珍</td><td>妻子</td><td>1962 年 8 月</td><td>汉</td></tr>
<tr><td>王晓青</td><td>女儿</td><td>1986 年 6 月</td><td>汉</td></tr>
<tr><td>家庭大事</td><td colspan="4">1982 年王秀男做瓦匠；
1988 年购买电视机一台；
1991 年平房翻建楼房；
2009 年动迁安置；
2010 年购买冰箱、空调各一台。</td></tr>
</table>

<table>
<tr><td rowspan="6">现有家庭成员</td><td>姓名</td><td>与户主关系</td><td>出生年月</td><td>民族</td></tr>
<tr><td>张林荣</td><td>户主</td><td>1966 年 10 月</td><td>汉</td></tr>
<tr><td>翁培英</td><td>妻子</td><td>1966 年 12 月</td><td>汉</td></tr>
<tr><td>张　勋</td><td>儿子</td><td>1989 年 7 月</td><td>汉</td></tr>
<tr><td>张招泉</td><td>父亲</td><td>1940 年 3 月</td><td>汉</td></tr>
<tr><td>张招英</td><td>母亲</td><td>1944 年 3 月</td><td>汉</td></tr>
<tr><td>家庭大事</td><td colspan="4">1981 年建造平房；
2007 年张勋毕业于南京财经大学，本科学历，现在昆山市震川办事处工作；
2009 年动迁安置；
2009 年购买商品房一套；
2009 年购买全套家电；
2013 年购买汽车一辆。</td></tr>
</table>

<table>
<tr><td rowspan="4">现有家庭成员</td><td>姓名</td><td>与户主关系</td><td>出生年月</td><td>民族</td></tr>
<tr><td>徐林香</td><td>户主</td><td>1950 年 12 月</td><td>汉</td></tr>
<tr><td>程学琴</td><td>女儿</td><td>1972 年 1 月</td><td>汉</td></tr>
<tr><td>程学琦</td><td>儿子</td><td>1974 年 2 月</td><td>汉</td></tr>
<tr><td>家庭大事</td><td colspan="4">1982 年建造平房；
1995 年购买商品房一套；
1997 年购买全套家电；
2013 年动迁安置；
2019 年购买汽车一辆。</td></tr>
</table>

	姓名	与户主关系	出生年月	民族
现有家庭成员	徐　震	户主	1964 年 1 月	汉
	王花珍	妻子	1964 年 10 月	汉
	徐凯敏	儿子	1987 年 5 月	汉
家庭大事	1984 年建造平房； 2013 年动迁安置； 2017 年购买汽车一辆； 2018 年购买商品房一套； 2018 年购买全套家电。			

	姓名	与户主关系	出生年月	民族
现有家庭成员	周　菊	户主	1982 年 6 月	汉
家庭大事	2018 年分配到经济房一套； 2018 年购买全套家电。			

	姓名	与户主关系	出生年月	民族
现有家庭成员	单友根	户主	1963 年 5 月	汉
	方红英	妻子	1965 年 3 月	汉
	顾叶青	儿子	1986 年 5 月	汉
	顾燕青	女儿	1992 年 4 月	汉
	顾宸旭	孙子	2013 年 1 月	汉
家庭大事	1983 年平房翻建楼房； 2013 年动迁安置； 2014 年购买汽车一辆； 2018 年购买商品房一套； 2018 年购买全套家电。			

<table>
<tr><td rowspan="2">现有家庭成员</td><td>姓名</td><td>与户主关系</td><td>出生年月</td><td>民族</td></tr>
<tr><td>徐惠香</td><td>户主</td><td>1966 年 12 月</td><td>汉</td></tr>
<tr><td>家庭大事</td><td colspan="4">2016 年分配到经济房一套；
2016 年购买全套家电。</td></tr>
</table>

<table>
<tr><td rowspan="6">现有家庭成员</td><td>姓名</td><td>与户主关系</td><td>出生年月</td><td>民族</td></tr>
<tr><td>顾建红</td><td>户主</td><td>1968 年 12 月</td><td>汉</td></tr>
<tr><td>金华芳</td><td>妻子</td><td>1969 年 3 月</td><td>汉</td></tr>
<tr><td>顾　洁</td><td>女儿</td><td>1991 年 12 月</td><td>汉</td></tr>
<tr><td>顾　熹</td><td>孙女</td><td>2018 年 4 月</td><td>汉</td></tr>
<tr><td>顾招妹</td><td>母亲</td><td>1947 年 6 月</td><td>汉</td></tr>
<tr><td>家庭大事</td><td colspan="4">1983 年顾建红做瓦匠；
1994 年平房翻建楼房；
2010 年购买商品房一套；
2010 年购买全套家电；
2013 年动迁安置。</td></tr>
</table>

<table>
<tr><td rowspan="5">现有家庭成员</td><td>姓名</td><td>与户主关系</td><td>出生年月</td><td>民族</td></tr>
<tr><td>顾　红</td><td>户主</td><td>1966 年 12 月</td><td>汉</td></tr>
<tr><td>秦梅英</td><td>妻子</td><td>1972 年 4 月</td><td>汉</td></tr>
<tr><td>顾　鹏</td><td>儿子</td><td>1995 年 2 月</td><td>汉</td></tr>
<tr><td>支阿毛</td><td>父亲</td><td>1942 年 2 月</td><td>汉</td></tr>
<tr><td>家庭大事</td><td colspan="4">1990 年平房翻建楼房；
2006 年动迁安置；
2006 年购买全套家电；
2014 年购买汽车一辆。</td></tr>
</table>

<table>
<tr><td rowspan="7">现有家庭成员</td><th>姓名</th><th>与户主关系</th><th>出生年月</th><th>民族</th></tr>
<tr><td>王腊狗</td><td>户主</td><td>1934 年 12 月</td><td>汉</td></tr>
<tr><td>徐大水</td><td>妻子</td><td>1944 年 6 月</td><td>汉</td></tr>
<tr><td>王荷英</td><td>女儿</td><td>1966 年 2 月</td><td>汉</td></tr>
<tr><td>王仁龙</td><td>儿子</td><td>1967 年 11 月</td><td>汉</td></tr>
<tr><td>赵小妹</td><td>儿媳</td><td>1971 年 6 月</td><td>汉</td></tr>
<tr><td>王振超</td><td>孙子</td><td>2002 年 2 月</td><td>汉</td></tr>
<tr><td>家庭大事</td><td colspan="4">1990 年平房翻建楼房；
2013 年动迁安置；
2015 年购买全套家电。</td></tr>
</table>

<table>
<tr><td rowspan="2">现有家庭成员</td><th>姓名</th><th>与户主关系</th><th>出生年月</th><th>民族</th></tr>
<tr><td>沈　忠</td><td>户主</td><td>1965 年 1 月</td><td>汉</td></tr>
<tr><td>家庭大事</td><td colspan="4">2000 年建造平房；
2005 年动迁安置；
2005 年购买全套家电。</td></tr>
</table>

<table>
<tr><td rowspan="6">现有家庭成员</td><th>姓名</th><th>与户主关系</th><th>出生年月</th><th>民族</th></tr>
<tr><td>沈　荣</td><td>户主</td><td>1967 年 12 月</td><td>汉</td></tr>
<tr><td>辛金凤</td><td>妻子</td><td>1966 年 2 月</td><td>汉</td></tr>
<tr><td>沈　洁</td><td>女儿</td><td>1990 年 10 月</td><td>汉</td></tr>
<tr><td>沈阿林</td><td>父亲</td><td>1934 年 6 月</td><td>汉</td></tr>
<tr><td>王阿林</td><td>母亲</td><td>1938 年 9 月</td><td>汉</td></tr>
<tr><td>家庭大事</td><td colspan="4">1993 年建造平房；
2001 年购买商品房一套；
2002 年购买全套家电；
2006 年沈荣创办公司；
2009 年购买汽车一辆；
2013 年动迁安置。</td></tr>
</table>

	姓名	与户主关系	出生年月	民族
现有家庭成员	王花根	户主	1970 年 3 月	汉
	徐文花	妻子	1974 年 5 月	汉
	王易得	儿子	1998 年 4 月	汉
家庭大事	1987 年购买全套家电； 1988 年建造平房； 1998 年购买商品房一套； 2012 年动迁安置； 2017 年王易得就读于连云港师范高等专科学校。			

	姓名	与户主关系	出生年月	民族
现有家庭成员	王全根	户主	1948 年 5 月	汉
	盛娥花	妻子	1953 年 11 月	汉
	王春华	长子	1974 年 3 月	汉
	田红萍	长媳	1978 年 3 月	汉
	王惠华	次子	1975 年 6 月	汉
	王若茜	孙女	2002 年 5 月	汉
	钱金大	母亲	1929 年 11 月	汉
家庭大事	1999 年平房翻建楼房； 1999 年购买商品房一套； 1999 年购买全套家电； 2012 年动迁安置； 2015 年购买汽车一辆。			

	姓名	与户主关系	出生年月	民族
现有家庭成员	范密英	户主	1949 年 12 月	汉
	胡菊芬	女儿	1971 年 1 月	汉
	胡惠芬	女儿	1972 年 12 月	汉
家庭大事	1990 年平房翻建楼房； 2009 年购买商品房一套； 2009 年购买全套家电； 2013 年动迁安置。			

<table>
<tr><td rowspan="6">现有家庭成员</td><th>姓名</th><th>与户主关系</th><th>出生年月</th><th>民族</th></tr>
<tr><td>胡雪龙</td><td>户主</td><td>1957 年 12 月</td><td>汉</td></tr>
<tr><td>顾巧花</td><td>妻子</td><td>1957 年 6 月</td><td>汉</td></tr>
<tr><td>户晓燕</td><td>女儿</td><td>1983 年 6 月</td><td>汉</td></tr>
<tr><td>杜民民</td><td>女婿</td><td>1978 年 3 月</td><td>汉</td></tr>
<tr><td>胡傲祖</td><td>孙子</td><td>2006 年 12 月</td><td>汉</td></tr>
<tr><td>家庭大事</td><td colspan="4">1993 年平房翻建楼房；
2002 年购买全套家电；
2013 年动迁安置；
2015 年购买汽车一辆。</td></tr>
</table>

<table>
<tr><td rowspan="3">现有家庭成员</td><th>姓名</th><th>与户主关系</th><th>出生年月</th><th>民族</th></tr>
<tr><td>王凤根</td><td>户主</td><td>1957 年 11 月</td><td>汉</td></tr>
<tr><td>王　岚</td><td>女儿</td><td>1981 年 6 月</td><td>汉</td></tr>
<tr><td>家庭大事</td><td colspan="4">1993 年建造平房；
2005 年动迁安置。</td></tr>
</table>

<table>
<tr><td rowspan="2">现有家庭成员</td><th>姓名</th><th>与户主关系</th><th>出生年月</th><th>民族</th></tr>
<tr><td>姚伟琴</td><td>户主</td><td>1970 年 8 月</td><td>汉</td></tr>
<tr><td>家庭大事</td><td colspan="4">2007 年分配到经济房一套；
2007 年购买全套家电。</td></tr>
</table>

<table>
<tr><td rowspan="5">现有家庭成员</td><th>姓名</th><th>与户主关系</th><th>出生年月</th><th>民族</th></tr>
<tr><td>徐腊男</td><td>户主</td><td>1949 年 12 月</td><td>汉</td></tr>
<tr><td>范林翠</td><td>妻子</td><td>1946 年 1 月</td><td>汉</td></tr>
<tr><td>徐伟建</td><td>儿子</td><td>1972 年 1 月</td><td>汉</td></tr>
<tr><td>徐　雷</td><td>孙女</td><td>1996 年 8 月</td><td>汉</td></tr>
<tr><td>家庭大事</td><td colspan="4">1986 年平房翻建楼房；
2013 年动迁安置；
2015 年购买全套家电。</td></tr>
</table>

<table>
<tr><td rowspan="4">现有家庭成员</td><th>姓名</th><th>与户主关系</th><th>出生年月</th><th>民族</th></tr>
<tr><td>王秀根</td><td>户主</td><td>1957 年 8 月</td><td>汉</td></tr>
<tr><td>陆云秀</td><td>妻子</td><td>1956 年 11 月</td><td>汉</td></tr>
<tr><td>王晓楹</td><td>女儿</td><td>1981 年 10 月</td><td>汉</td></tr>
<tr><td>家庭大事</td><td colspan="4">1988 年平房翻建楼房；
1998 年王秀根毕业于江苏教育学院（今江苏第二师范学院），大专学历；
2000 年购买全套家电；
2000 年购买商品房一套；
2003 年王晓楹毕业于苏州大学，本科学历，现在昆山电视台工作；
2014 年动迁安置；
2008 年购买汽车一辆。</td></tr>
</table>

<table>
<tr><td rowspan="4">现有家庭成员</td><th>姓名</th><th>与户主关系</th><th>出生年月</th><th>民族</th></tr>
<tr><td>王白男</td><td>户主</td><td>1938 年 10 月</td><td>汉</td></tr>
<tr><td>王秀珍</td><td>女儿</td><td>1965 年 8 月</td><td>汉</td></tr>
<tr><td>蒋淳纯</td><td>孙子</td><td>1987 年 6 月</td><td>汉</td></tr>
<tr><td>家庭大事</td><td colspan="4">1986 年至今王秀珍分别在昆山市正仪中心校和新城域小学工作；
2005 年购买商品房一套；
2005 年购买全套家电；
2003 年蒋淳纯毕业于烟台海军航空工程学院，本科学历，现在昆山市人民法院工作；
2013 年购买汽车一辆。</td></tr>
</table>

	姓名	与户主关系	出生年月	民族
现有家庭成员	费正良	户主	1963 年 9 月	汉
	金月娥	妻子	1963 年 3 月	汉
	费明峰	儿子	1986 年 6 月	汉
	费梓涵	孙子	2010 年 3 月	汉
家庭大事	1981 年费正良开始做木匠； 1989 年建造楼房； 2009 年购买商品房一套； 2009 年购买全套家电； 2014 年购买汽车一辆。			

	姓名	与户主关系	出生年月	民族
现有家庭成员	王建国	户主	1965 年 7 月	汉
	陆惠仙	妻子	1967 年 4 月	汉
	王晓峰	儿子	1989 年 4 月	汉
	王梦涵	孙女	2013 年 6 月	汉
	王梦琪	孙女	2016 年 9 月	汉
	王根水	父亲	1944 年 9 月	汉
	景全英	母亲	1943 年 8 月	汉
家庭大事	1992 年建造楼房； 1995 年王建国开始做木匠； 2012 年动迁安置； 2012 年购买汽车一辆； 2016 年购买全套家电。			

	姓名	与户主关系	出生年月	民族
现有家庭成员	陆惠明	户主	1970 年 2 月	汉
	胡菊珍	妻子	1972 年 4 月	汉
	陆　凯	儿子	1994 年 1 月	汉
家庭大事	1987 年陆惠明开始做瓦匠； 1989 年平房翻建楼房； 2005 年购买商品房一套； 2005 年购买全套家电； 2011 年购买汽车一辆； 2013 年动迁安置； 2015 年陆凯毕业于无锡职业技术学院，大专学历，现在中国电信昆山电信局工作。			

	姓名	与户主关系	出生年月	民族
现有家庭成员	费小狗	户主	1945 年 12 月	汉
	翁玉英	妻子	1946 年 1 月	汉
	张俊霞	儿媳	1968 年 11 月	汉
	费程婷	孙女	1993 年 10 月	汉
家庭大事	1992 年平房翻建楼房； 2013 年动迁安置； 2016 年购买全套家电。			

	姓名	与户主关系	出生年月	民族
现有家庭成员	陆玉生	户主	1952 年 9 月	汉
	陆美琪	女儿	1988 年 1 月	汉
	陆　易	孙女	2016 年 4 月	汉
家庭大事	1981 年建造平房； 2006 年动迁安置； 2006 年购买全套家电； 2012 年购买汽车一辆； 2012 年陆美琪毕业于淮海大学，大专学历，现在昆山市税务局工作。			

<table>
<tr><td rowspan="5">现有家庭成员</td><td>姓名</td><td>与户主关系</td><td>出生年月</td><td>民族</td></tr>
<tr><td>何多男</td><td>户主</td><td>1960 年 4 月</td><td>汉</td></tr>
<tr><td>赵鸿秀</td><td>妻子</td><td>1967 年 8 月</td><td>汉</td></tr>
<tr><td>何金金</td><td>儿子</td><td>1987 年 6 月</td><td>汉</td></tr>
<tr><td>陈　洁</td><td>儿媳</td><td>1987 年 8 月</td><td>汉</td></tr>
<tr><td>家庭大事</td><td colspan="4">1970 年建造平房；
2005 年动迁安置；
2010 年购买汽车一辆；
2011 年何金金毕业于盐城工学院，本科学历，现在昆山信衡土地房地产评估造价咨询有限公司工作；
2011 年陈洁毕业于常州工学院，本科学历，现在外企工作。</td></tr>
</table>

<table>
<tr><td rowspan="4">现有家庭成员</td><td>姓名</td><td>与户主关系</td><td>出生年月</td><td>民族</td></tr>
<tr><td>王建华</td><td>户主</td><td>1967 年 10 月</td><td>汉</td></tr>
<tr><td>顾素花</td><td>妻子</td><td>1967 年 8 月</td><td>汉</td></tr>
<tr><td>王晓萍</td><td>女儿</td><td>1990 年 8 月</td><td>汉</td></tr>
<tr><td>家庭大事</td><td colspan="4">1982 年王建华开始做瓦匠；
1982 年建造楼房；
1998 年购买商品房一套；
1998 年购买全套家电；
2008 年购买汽车一辆；
2013 年王晓萍毕业于江苏大学，本科学历，现在昆山市西塘实验小学工作。</td></tr>
</table>

	姓名	与户主关系	出生年月	民族
现有家庭成员	王根福	户主	1955 年 10 月	汉
	陆多妹	妻子	1957 年 12 月	汉
	王秋英	女儿	1983 年 10 月	汉
家庭大事	1982 年平房翻建楼房； 2005 年王秋英毕业于南京中医药大学，本科学历，现在昆山市中医院工作； 2006 年购买商品房一套； 2006 年购买全套家电； 2013 年动迁安置； 2016 年购买汽车一辆。			

	姓名	与户主关系	出生年月	民族
现有家庭成员	王根元	户主	1952 年 3 月	汉
	范秋香	妻子	1953 年 9 月	汉
	王雪东	儿子	1977 年 1 月	汉
	赵丕清	儿媳	1975 年 4 月	汉
	王　奕	孙子	2000 年 12 月	汉
家庭大事	1990 年平房翻建楼房； 2013 年动迁安置； 2013 年购买全套家电。			

	姓名	与户主关系	出生年月	民族
现有家庭成员	王惠国	户主	1965 年 10 月	汉
	顾荷英	妻子	1965 年 7 月	汉
	费晨虹	女儿	1989 年 11 月	汉
	费小弟	父亲	1941 年 5 月	汉
	王阿香	母亲	1943 年 8 月	汉
家庭大事	1983 年王惠国做木匠； 1996 年平房翻建楼房； 2011 年动迁安置； 2012 年费晨虹毕业于南京航天航空大学，本科学历，现在昆山第一职业高级中学工作； 2013 年购买汽车一辆； 2015 年购买全套家电。			

	姓名	与户主关系	出生年月	民族
现有家庭成员	王社根	户主	1956 年 8 月	汉
	王杏英	妻子	1957 年 8 月	汉
	王华荣	儿子	1982 年 6 月	汉
	王依萱	孙女	2008 年 5 月	汉
家庭大事	1978 年建造平房； 1997 年购买商品房一套； 1998 年购买全套家电； 2006 年动迁安置； 2009 年购买汽车一辆； 2013 年王华荣毕业于昆山广播电视大学（今昆山开放大学），大专学历，现在做监理工作。			

<table>
<tr><td rowspan="5">现有家庭成员</td><th>姓名</th><th>与户主关系</th><th>出生年月</th><th>民族</th></tr>
<tr><td>王建良</td><td>户主</td><td>1968 年 9 月</td><td>汉</td></tr>
<tr><td>徐凤仙</td><td>妻子</td><td>1968 年 7 月</td><td>汉</td></tr>
<tr><td>王洁萍</td><td>女儿</td><td>1991 年 10 月</td><td>汉</td></tr>
<tr><td>王雪玲</td><td>孙女</td><td>2014 年 8 月</td><td>汉</td></tr>
<tr><td>家庭大事</td><td colspan="4">1979 年建造楼房；
1986 年王建良做瓦匠；
2009 年购买汽车一辆；
2013 年动迁安置；
2013 年购买商品房一套；
2013 年购买全套家电；
2013 年王洁萍毕业于苏州健雄职业技术学院，大专学历，现在昆山市电信局工作。</td></tr>
</table>

<table>
<tr><td rowspan="3">现有家庭成员</td><th>姓名</th><th>与户主关系</th><th>出生年月</th><th>民族</th></tr>
<tr><td>景阿水</td><td>户主</td><td>1941 年 2 月</td><td>汉</td></tr>
<tr><td>王建忠</td><td>儿子</td><td>1972 年 5 月</td><td>汉</td></tr>
<tr><td>家庭大事</td><td colspan="4">1989 年平房翻建楼房；
2014 年动迁安置；
2014 年购买全套家电。</td></tr>
</table>

<table>
<tr><td rowspan="5">现有家庭成员</td><th>姓名</th><th>与户主关系</th><th>出生年月</th><th>民族</th></tr>
<tr><td>胡士良</td><td>户主</td><td>1962 年 3 月</td><td>汉</td></tr>
<tr><td>陆惠宝</td><td>妻子</td><td>1963 年 4 月</td><td>汉</td></tr>
<tr><td>胡佳明</td><td>儿子</td><td>1986 年 10 月</td><td>汉</td></tr>
<tr><td>胡明轩</td><td>孙子</td><td>2012 年 8 月</td><td>汉</td></tr>
<tr><td>家庭大事</td><td colspan="4">1989 年平房翻建楼房；
2006 年购买商品房一套；
2006 年购买全套家电；
2013 年购买汽车一辆；
2013 年动迁安置。</td></tr>
</table>

<table>
<tr><td rowspan="6">现有家庭成员</td><th>姓名</th><th>与户主关系</th><th>出生年月</th><th>民族</th></tr>
<tr><td>徐水良</td><td>户主</td><td>1961 年 12 月</td><td>汉</td></tr>
<tr><td>费金秀</td><td>妻子</td><td>1963 年 8 月</td><td>汉</td></tr>
<tr><td>徐　敏</td><td>儿子</td><td>1985 年 12 月</td><td>汉</td></tr>
<tr><td>徐志浩</td><td>孙子</td><td>2010 年 5 月</td><td>汉</td></tr>
<tr><td>王大媛</td><td>母亲</td><td>1941 年 5 月</td><td>汉</td></tr>
<tr><td>家庭大事</td><td colspan="4">1984 年建造平房；
2001 年购买全套家电；
2003 年徐敏入伍，2005 年退伍；
2005 年动迁安置。</td></tr>
</table>

<table>
<tr><td rowspan="8">现有家庭成员</td><th>姓名</th><th>与户主关系</th><th>出生年月</th><th>民族</th></tr>
<tr><td>胡士生</td><td>户主</td><td>1952 年 7 月</td><td>汉</td></tr>
<tr><td>费林英</td><td>妻子</td><td>1952 年 11 月</td><td>汉</td></tr>
<tr><td>胡金龙</td><td>儿子</td><td>1976 年 5 月</td><td>汉</td></tr>
<tr><td>张为娟</td><td>儿媳</td><td>1979 年 3 月</td><td>汉</td></tr>
<tr><td>胡宇杰</td><td>孙子</td><td>2000 年 10 月</td><td>汉</td></tr>
<tr><td>胡东婷</td><td>孙女</td><td>2004 年 3 月</td><td>汉</td></tr>
<tr><td>胡金芳</td><td>女儿</td><td>1977 年 9 月</td><td>汉</td></tr>
<tr><td>家庭大事</td><td colspan="4">1972 年建造平房；
1988 年平房翻建楼房；
1998 年购买商品房一套；
2013 年动迁安置；
2017 年购买全套家电。</td></tr>
</table>

<table>
<tr><td rowspan="5">现有家庭成员</td><td>姓名</td><td>与户主关系</td><td>出生年月</td><td>民族</td></tr>
<tr><td>周建良</td><td>户主</td><td>1969 年 8 月</td><td>汉</td></tr>
<tr><td>胡菊芬</td><td>妻子</td><td>1969 年 12 月</td><td>汉</td></tr>
<tr><td>胡静艳</td><td>女儿</td><td>1993 年 3 月</td><td>汉</td></tr>
<tr><td>王根花</td><td>岳母</td><td>1949 年 8 月</td><td>汉</td></tr>
<tr><td>家庭大事</td><td colspan="4">1991 年平房翻建楼房；
2011 年动迁安置；
2011 年购买全套家电；
2015 年购买汽车一辆。</td></tr>
</table>

<table>
<tr><td rowspan="4">现有家庭成员</td><td>姓名</td><td>与户主关系</td><td>出生年月</td><td>民族</td></tr>
<tr><td>徐小腊</td><td>户主</td><td>1957 年 12 月</td><td>汉</td></tr>
<tr><td>陶引妹</td><td>妻子</td><td>1954 年 8 月</td><td>汉</td></tr>
<tr><td>徐雪芳</td><td>女儿</td><td>1980 年 9 月</td><td>汉</td></tr>
<tr><td>家庭大事</td><td colspan="4">1990 年平房翻建楼房；
2002 年徐雪芳毕业于苏州市职业大学，大专学历，现在私企工作；
2005 年购买商品房一套；
2013 年动迁安置；
2017 年购买全套家电。</td></tr>
</table>

<table>
<tr><td rowspan="2">现有家庭成员</td><td>姓名</td><td>与户主关系</td><td>出生年月</td><td>民族</td></tr>
<tr><td>刘招娣</td><td>户主</td><td>1972 年 3 月</td><td>汉</td></tr>
<tr><td>家庭大事</td><td colspan="4">2011 年分配到经济房一套；
2015 年购买全套家电。</td></tr>
</table>

<table>
<tr><td rowspan="6">现有家庭成员</td><th>姓名</th><th>与户主关系</th><th>出生年月</th><th>民族</th></tr>
<tr><td>朱蓝宝</td><td>户主</td><td>1946 年 9 月</td><td>汉</td></tr>
<tr><td>徐黑妹</td><td>妻子</td><td>1949 年 8 月</td><td>汉</td></tr>
<tr><td>徐国英</td><td>女儿</td><td>1970 年 9 月</td><td>汉</td></tr>
<tr><td>徐国华</td><td>儿子</td><td>1972 年 6 月</td><td>汉</td></tr>
<tr><td>徐晓辰</td><td>孙子</td><td>1996 年 11 月</td><td>汉</td></tr>
<tr><td>家庭大事</td><td colspan="4">1985 年平房翻建楼房；
2013 年动迁安置；
2013 年购买全套家电。</td></tr>
</table>

<table>
<tr><td rowspan="7">现有家庭成员</td><th>姓名</th><th>与户主关系</th><th>出生年月</th><th>民族</th></tr>
<tr><td>王惠坤</td><td>户主</td><td>1962 年 11 月</td><td>汉</td></tr>
<tr><td>李秀花</td><td>妻子</td><td>1963 年 1 月</td><td>汉</td></tr>
<tr><td>王肖华</td><td>儿子</td><td>1985 年 9 月</td><td>汉</td></tr>
<tr><td>朱晓琴</td><td>儿媳</td><td>1986 年 8 月</td><td>汉</td></tr>
<tr><td>王梓睿</td><td>孙子</td><td>2014 年 6 月</td><td>汉</td></tr>
<tr><td>朱�溪</td><td>孙女</td><td>2018 年 2 月</td><td>汉</td></tr>
<tr><td>家庭大事</td><td colspan="4">1975 年建造平房；
1992 年购买商品房一套；
1992 年购买全套家电；
2011 年动迁安置。</td></tr>
</table>

	姓名	与户主关系	出生年月	民族
现有家庭成员	徐良虎	户主	1950 年 3 月	汉
	王甫英	妻子	1949 年 8 月	汉
	王建兰	女儿	1971 年 1 月	汉
	汤卫国	女婿	1971 年 10 月	汉
	王怡频	孙女	1994 年 3 月	汉
家庭大事	1989 年平房翻建楼房； 2002 年购买商品房一套； 2002 年购买全套家电； 2014 年购买汽车一辆； 2015 年动迁安置。			

	姓名	与户主关系	出生年月	民族
现有家庭成员	王社良	户主	1957 年 11 月	汉
	费社琴	妻子	1958 年 11 月	汉
	王　瑛	女儿	1981 年 10 月	汉
	龙海成	女婿	1982 年 8 月	汉
	龙鸣翀	孙女	2009 年 3 月	汉
家庭大事	1979 年建造平房； 2006 年王瑛毕业于武汉理工大学，硕士研究生学历，现从事个体经营； 2009 年动迁安置； 2009 年购买汽车一辆； 2013 年购买商品房一套； 2013 年购买全套家电。			

<table>
<tr><th rowspan="5">现有家庭成员</th><th>姓名</th><th>与户主关系</th><th>出生年月</th><th>民族</th></tr>
<tr><td>王品良</td><td>户主</td><td>1965 年 4 月</td><td>汉</td></tr>
<tr><td>费秀英</td><td>妻子</td><td>1966 年 2 月</td><td>汉</td></tr>
<tr><td>王丽金</td><td>女儿</td><td>1991 年 3 月</td><td>汉</td></tr>
<tr><td>王鑫乐</td><td>孙子</td><td>2017 年 8 月</td><td>汉</td></tr>
<tr><td>家庭大事</td><td colspan="4">1982 年王品良做瓦匠；
1995 年平房翻建楼房；
2013 年动迁安置；
2016 年购买商品房一套；
2016 年购买全套家电；
2017 年购买汽车一辆。</td></tr>
</table>

<table>
<tr><th rowspan="5">现有家庭成员</th><th>姓名</th><th>与户主关系</th><th>出生年月</th><th>民族</th></tr>
<tr><td>费友成</td><td>户主</td><td>1964 年 8 月</td><td>汉</td></tr>
<tr><td>王伏英</td><td>妻子</td><td>1965 年 7 月</td><td>汉</td></tr>
<tr><td>费友佳</td><td>女儿</td><td>1987 年 6 月</td><td>汉</td></tr>
<tr><td>陆小媛</td><td>母亲</td><td>1933 年 12 月</td><td>汉</td></tr>
<tr><td>家庭大事</td><td colspan="4">1985 年费友成做瓦匠；
1994 年平房翻建楼房；
2010 年购买商品房一套；
2010 年购买全套家电；
2013 年动迁安置。</td></tr>
</table>

	姓名	与户主关系	出生年月	民族
现有家庭成员	钱月芳	户主	1966 年 11 月	汉
	徐晓成	儿子	1992 年 9 月	汉
	徐婧姝	孙女	2018 年 9 月	汉
	徐菊生	父亲	1939 年 12 月	汉
	顾雪妹	母亲	1941 年 12 月	汉
家庭大事	1989 年平房翻建楼房； 2014 年动迁安置； 2015 年徐晓成毕业于盐城师范学院，本科学历，现在昆山丰田律师事务所工作； 2018 年购买全套家电。			

	姓名	与户主关系	出生年月	民族
现有家庭成员	费菊良	户主	1961 年 3 月	汉
	丁翠仙	妻子	1961 年 11 月	汉
	费冬剑	儿子	1985 年 1 月	汉
	费嘉玲	孙子	2008 年 10 月	汉
	沈梅英	母亲	1937 年 4 月	汉
家庭大事	1989 年平房翻建楼房； 2003 年费冬剑入伍，2005 年退伍； 2008 年购买商品房一套； 2008 年购买全套家电； 2013 年动迁安置。			

	姓名	与户主关系	出生年月	民族
现有家庭成员	王黑龙	户主	1952 年 12 月	汉
	蒋秀琴	妻子	1954 年 11 月	汉
	王　建	儿子	1979 年 6 月	汉
	王彦文	孙子	2003 年 7 月	汉
家庭大事	1989 年建造楼房； 1999 年王建入伍，2001 年退伍； 2000 年购买全套家电； 2001 年购买商品房一套； 2006 年动迁安置； 2006 年购买汽车一辆。			

	姓名	与户主关系	出生年月	民族
现有家庭成员	顾根泉	户主	1952 年 7 月	汉
	费宗英	妻子	1955 年 10 月	汉
	王志强	女婿	1977 年 7 月	汉
	费秀芳	女儿	1978 年 12 月	汉
	费嘉浩	孙女	2008 年 12 月	汉
	费嘉雯	孙女	1999 年 12 月	汉
家庭大事	1990 年建造楼房； 1997 年购买全套家电； 1997 年购买商品房一套； 2012 年动迁安置； 2013 年购买汽车一辆； 2018 年费嘉雯就读于南通大学，本科学历。			

	姓名	与户主关系	出生年月	民族
现有家庭成员	费友根	户主	1968 年 2 月	汉
	高瑞琴	妻子	1968 年 10 月	汉
	费鸿剑	儿子	1990 年 9 月	汉
	范水金	父亲	1945 年 9 月	汉
	费宗宝	母亲	1945 年 10 月	汉
家庭大事	1990 年平房翻建楼房； 1992 年购买汽车一辆； 2010 年购买商品房一套； 2010 年购买全套家电； 2015 年动迁安置。			

	姓名	与户主关系	出生年月	民族
现有家庭成员	徐喜良	户主	1963 年 11 月	汉
	蒋雪英	妻子	1963 年 10 月	汉
	徐　冬	儿子	1986 年 10 月	汉
	徐芷昕	孙女	2012 年 3 月	汉
家庭大事	1985 年购买汽车一辆； 1990 年平房翻建楼房； 2006 年购买商品房一套； 2006 年购买全套家电； 2008 年动迁安置； 2008 年徐冬毕业于常州大学，大专学历，现在外企工作。			

	姓名	与户主关系	出生年月	民族
现有家庭成员	王小男	户主	1945 年 1 月	汉
	郭密花	妻子	1945 年 8 月	汉
	王翠芳	女儿	1981 年 2 月	汉
家庭大事	1988 年平房翻建楼房； 1989 年购买电视机一台； 2003 年王翠芳毕业于江苏大学，本科学历，现在外企工作； 2015 年动迁安置； 2015 年购买全套家电。			

昆山高新区（玉山镇）村志系列丛书

景村村志

JINGCUN CUNZHI

昆山高新区（玉山镇）村志系列丛书编纂委员会 编

苏州大学出版社
Soochow University Press

图书在版编目（CIP）数据

景村村志 / 卞晓平主编；昆山高新区（玉山镇）村志系列丛书编纂委员会编. -- 苏州：苏州大学出版社，2022. 12

（昆山高新区（玉山镇）村志系列丛书）

ISBN 978-7-5672-4101-5

Ⅰ. ①景… Ⅱ. ①卞… ②昆… Ⅲ. ①村史－昆山 Ⅳ. ①K295. 35

中国版本图书馆 CIP 数据核字（2022）第 240867 号

景村村志

编　　者　昆山高新区(玉山镇)村志系列丛书编纂委员会
主　　编　卞晓平
责任编辑　刘荣珍
装帧设计　刘　俊
出版发行　苏州大学出版社
地　　址　苏州市十梓街 1 号
邮　　编　215006
电　　话　0512-67481020
网　　址　http://www.sudapress.com
邮　　箱　sdcbs@suda.edu.cn
印　　刷　苏州市深广印刷有限公司
开　　本　787 mm×1 092 mm　1/16　插页 16　印张 40.5(共两册)　字数 694 千
版　　次　2022 年 12 月第 1 版
　　　　　2022 年 12 月第 1 次印刷
书　　号　ISBN 978-7-5672-4101-5
定　　价　120. 00 元(共两册)

昆山高新区（玉山镇）村志系列丛书编纂办公室

主　　任：刘清涛

副 主 任：姚　兰　高喜冬　张振华

成　　员：姚　晨　赵赋俊

编纂统筹：苏洪根

编　　务：张国良　金小华　朱小萍　周凤花

《景村村志》编纂委员会

主　　任：卞晓平

副 主 任：唐雪龙

委　　员：凌志龙　钱　青　景艳红　费震宇　盛叶强

《景村村志》编纂组

主　　编：卞晓平

副 主 编：唐雪龙　景素龙

特聘总纂：邬才生

撰　　稿：王秀根（主笔）　王弟弟　景二男

编　　务：陈飞鸿　景雪根　顾福良　王二男　沈惠明

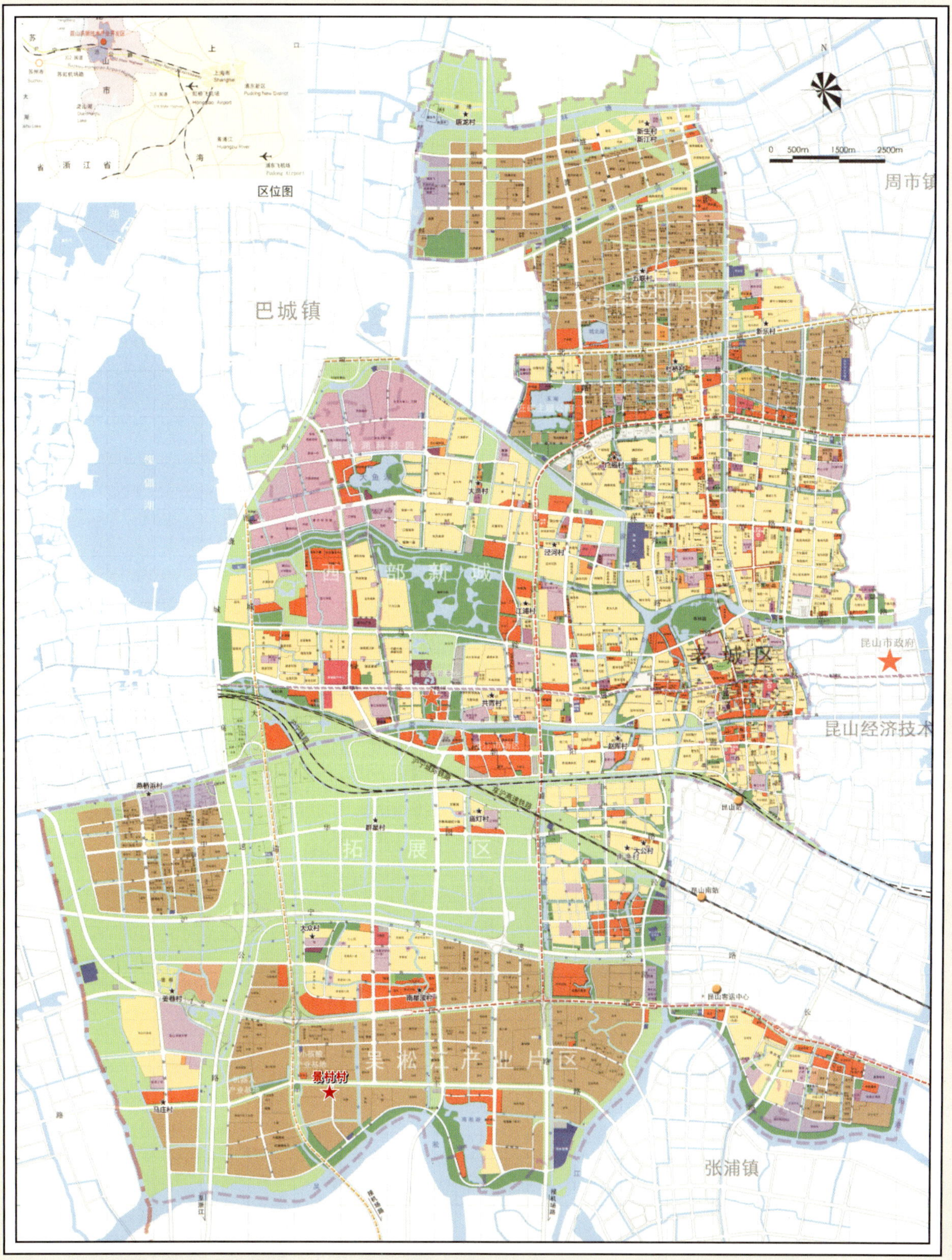

注：①本示意图由昆山高新区规划建设局提供（2020年）

②★表示景村村在昆山高新区（玉山镇）的位置

昆山高新区（玉山镇）区划示意图

上 景村村全景图（2019年，罗英摄）

上 景村现状图（2019年，罗英摄）

景村村党总支“不忘初心，牢记使命”主题教育报告会（2019年，罗英摄）

景村村集体土地招租听证会（2019年，罗英摄）

景村村党总支“两学一做”暨庆祝建党97周年专题党课（2018年，罗英摄）

景村村“两委”工作会议（2019年，罗英摄）

左起：景林男、陈向荣、郁大林、景兴良、卞晓平、唐雪龙

左起：钱青、盛叶强、唐雪龙、卞晓平、凌志龙、费震宇、景艳红

上 党建顾问团与景村村“两委”联席会议（2019年，罗英摄）

中 景村村党总支“美丽景村，携手新征程”活动（2020年，罗英摄）

下 2019年景村村“两委会”成员（2019年，罗英摄）

上 景村村“三八”妇女节活动（2019年，景艳红摄）

中 景村村妇联举办“巾帼心向党，礼赞新中国”讲座（2019年，陈飞鸿摄）

下 景村村举办田园亲子活动（2019年，景艳红摄）

景村村公交站（2019年，罗英摄）

吴淞江大桥（2020年，罗英摄）

景村小桥流水（2016年，罗英摄）

景村北大桥（兴隆桥）（2019年，罗英摄）

景村民居（2016年，罗英摄）

景村碧水鸭群（1998年，罗英摄）

景村田间油菜（2016年，罗英摄）

景村南溇（1984年，罗英摄）

机械化插秧（2019年，罗英摄）

虾稻种植（2019年，罗英摄）

机械化收粮（2019年，罗英摄）

丰收在望（2019年，王秀根摄）

机械化收割（2019年，罗英摄）

上 树苗培植（2019年，罗英摄）

中 美丽菜园（2020年，罗英摄）

下 河道清淤（2016年，罗英摄）

上 茗景苑幼儿园（2017年，罗英摄）

中 南星渎小学（2018年，罗英摄）

下 南星渎中学（2020年，罗英摄）

上 南星渎医院（2019年，罗英摄）

中 南星渎商业中心（2019年，罗英摄）

下 南星渎市场（2019年，罗英摄）

上 景村村门球队（2019年，罗英摄）

下 景村村红客堂书场（2018年，罗英摄）

安徽善和生物科技有限公司（2020年，郁雪平摄）

通力电梯有限公司（2017年，罗英摄）

苏州华测生物有限公司（2018年，罗英摄）

昆山市前景商贸有限公司（2019年，钱勤仙摄）

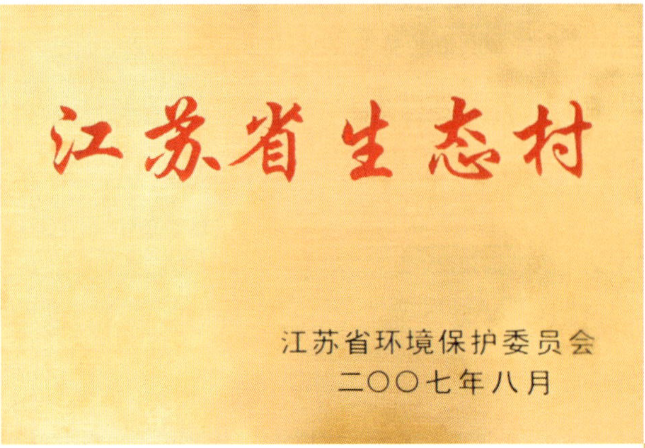

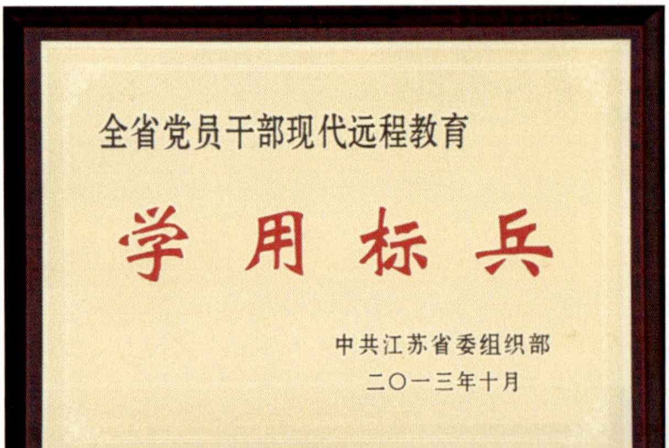

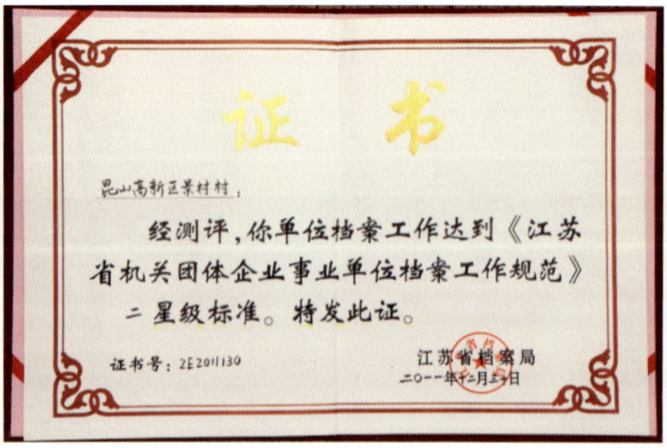

江苏省级荣誉（2020年，罗英摄）

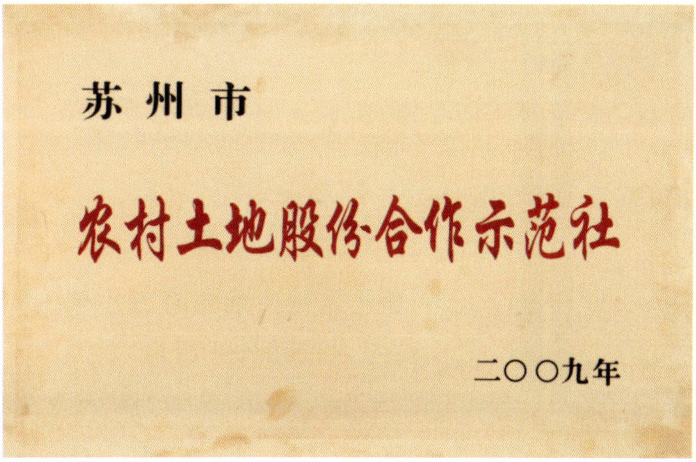

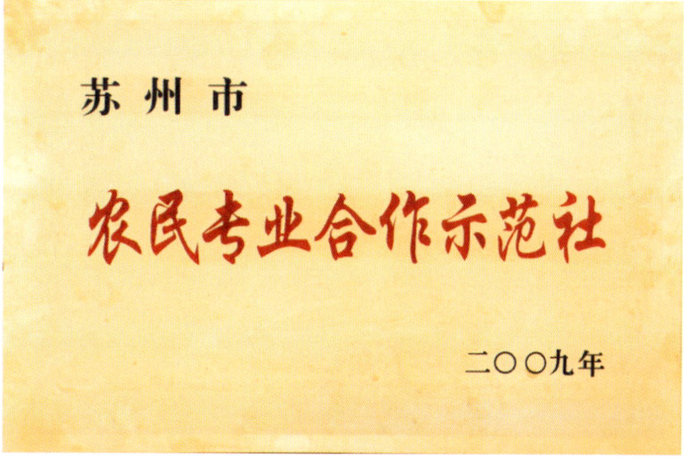

苏州市级荣誉（2020年，罗英摄）

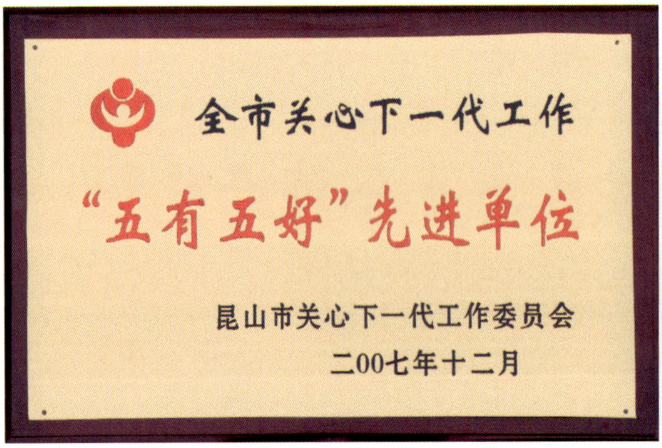

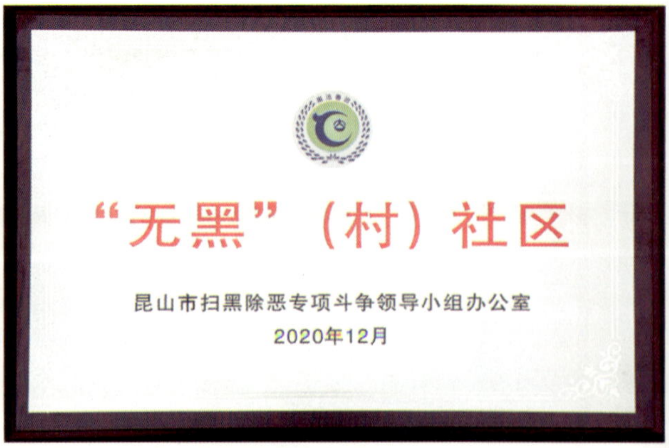

昆山市级荣誉（2020年，罗英摄）

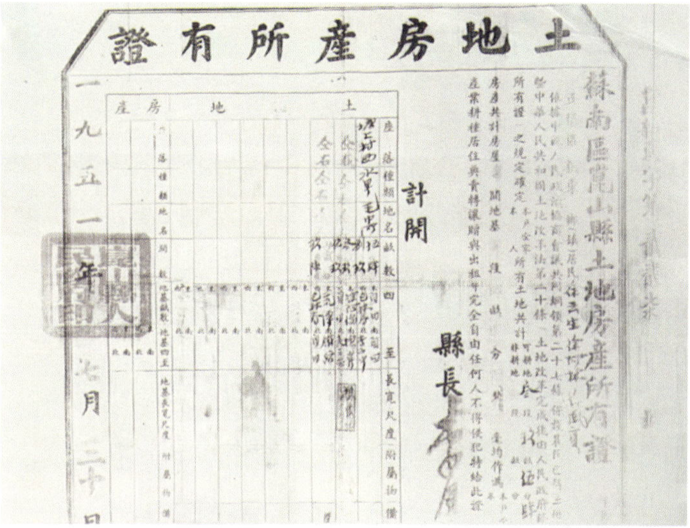
土地房產所有證
蘇南區崑山縣土地房產所有證
縣長
一九五一年

编号 2062
江苏省昆山市
昆山市城镇粮食局供应专用章
居民购粮证
昆粮(91)字第 0003587 号

宅基地使用证
江苏省苏州市人民政府

农村社区股份专业合作社
股权证
昆山市委农村工作办公室统一印制

农村集体土地承包经营权
证书
中共江苏省委农村工作部监制

自行车行驶证
昆山县公安局

結婚証

独生子女光荣证
江苏省
JIANG SU SHENG

职工退休养老证

中华人民共和国
教师资格证书

无偿献血证

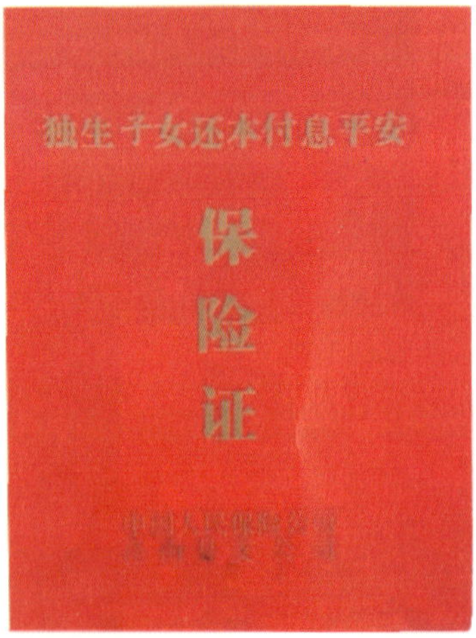
独生子女还本付息平安
保险证

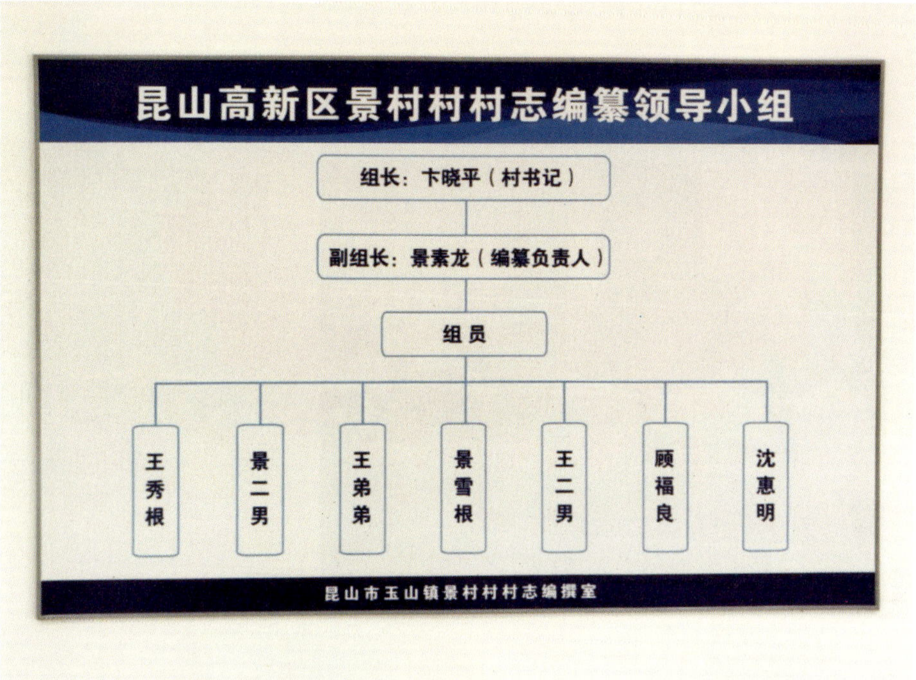
昆山高新区景村村村志编纂领导小组
组长：卞晓平（村书记）
副组长：景素龙（编纂负责人）
组员
王秀根
景二男
王弟弟
景雪根
王二男
顾福良
沈惠明
昆山市玉山镇景村村村志编撰室

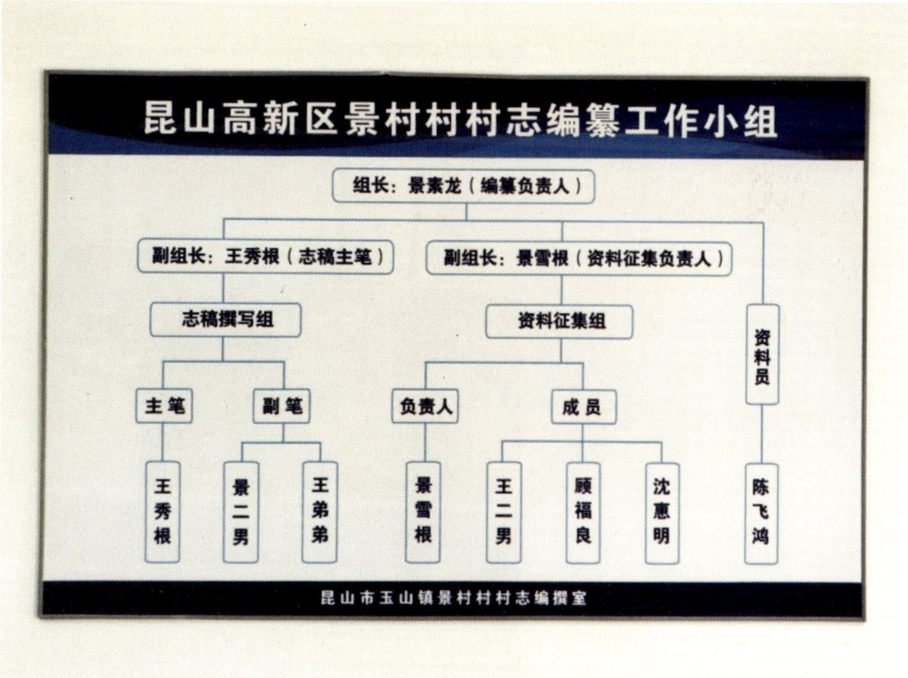
昆山高新区景村村村志编纂工作小组
组长：景素龙（编纂负责人）
副组长：王秀根（志稿主笔）
副组长：景雪根（资料征集负责人）
志稿撰写组
资料征集组
资料员
主笔
副笔
负责人
成员
王秀根
景二男
王弟弟
景雪根
王二男
顾福良
沈惠明
陈飞鸿
昆山市玉山镇景村村村志编撰室

《景村村志》编撰小组架构

上 《景村村志》编纂动员会（2018年，景艳红摄）

下 《景村村志》资料征集会（2018年，陈飞鸿摄）

上 《景村村志》编纂资料征集整理推进会议（2019年，钱青摄）

中 《景村村志》编纂五老会议（2019年，景艳红摄）

下 《景村村志》编纂资料审核会议（2020年，罗英摄）

上 《景村村志》编纂工作小组成员合影（2019年，罗英摄）
第一排左起：景二男、王二男、景雪根、顾福良
第二排左起：王秀根、卞晓平、王弟弟

下 《景村村志》编纂工作小组成员在伏案工作（2019年，罗英摄）

总 序

盛世修志，志载盛世。

值此中国共产党第二十次全国代表大会胜利召开的喜庆之年，欣闻“昆山高新区（玉山镇）村志系列丛书”之《庙灯村志》《赵厍村志》《共青村志》《大渔村志》《五联村志》《大众村志》《景村村志》《唐龙村志》8部村志即将付梓。编修乡镇村志是落实国家“十四五”规划纲要，助力乡村文化振兴的一项重要内容，任务艰巨、意义重大。

2018年，昆山高新区（玉山镇）启动22个建制村的村志编修工作，为探索新型城镇化发展经验、发展模式、发展道路提供历史智慧和现实借鉴，也是响应国家“学党史、学新中国史、学改革开放史、学社会主义发展史”的生动实践。村落是乡土文化赖以生存的土壤，活态地保存着各种村庄形态、传统民居、传统美食和民俗风情。村庄里的一座座祠堂、一本本家谱、一口口古井、一条条古道，无一不是村落文化的印记。那些反映宗族文化的家风家训、乡规乡约，反映村民声音的方言俚语，反映传统生活方式的手工技艺、民俗节庆等，对生活在这片土地上的村民来说，是难以割舍的精神滋养。

史志合一，存史资政。“昆山高新区（玉山镇）村志系列丛书”脉络清晰，内容丰富；既有理论，又有实践；既有历史，又有现实，客观地再现了村民们在伟大历史进程中的奋进足迹和优异成绩。村志作为省、市、县三级志书的延伸和拓展，其丰富多彩的体裁形式在一定程度上体现了盛世修志工作的灵活性、包容性和多样性。

修史问道，以启未来。希望“昆山高新区（玉山镇）村志系列丛书”能讲好昆山高新区（玉山镇）乡村振兴的故事，并把昆山高新区（玉山镇）的故事和智慧传递得更远。同时，在新征程上，我们期待全区广大干部和村民能够持续聚焦乡村振兴，做这一历史伟业的见证者、记录者和传承者。

历史是人民创造的，也是人民书写的。在此，谨向在昆山高新区（玉山镇）发展改革进程中洒下了汗水、奉献了青春的先辈们致以崇高的敬意！向辛勤编纂“昆山高新区（玉山镇）村志系列丛书”的编纂人员表示衷心的感谢！

是为序。

中共昆山市委常委
昆山高新区党工委书记 孙道寻
2022 年 12 月

序

盛世修志，自古皆然。适逢中国共产党“两个一百年”奋斗目标的历史交汇期，《景村村志》经过村志编纂人员三年有余的辛勤耕耘，终于付梓并与读者见面了。这是景村村文化建设的一件大事，可喜可贺！

昔日的景村村地处偏僻，交通不便，名不见经传，经过多年的发展，现如今的景村村道路成网，交通便捷，正步入城乡一体化建设的快车道。为了记载传承景村村前世今生发展变化的历史，为子孙后代留一份珍贵遗产，村“两委”决定组织编纂《景村村志》。

《景村村志》上溯至清道光时期，下叙至现代，详细记载了景村村的历史渊源、村落文化和文明传承，记录了景村村人的创业历程、村民风采，彰显了景村村的时代风貌、地方特色。《景村村志》是景村村村民共同心血凝就的结晶，是所有编纂人员奋力苦耕的优秀成果，也是景村村历史传承中不可忽视的一道文化大餐。

《景村村志》编纂人员本着对历史负责、对村民负责、对未来负责的编撰态度，始终遵循客观真实的编撰原则。为保证志书的可信度，每一位编纂者对事物、事件、人物、数据等进行大量的采集、勘验和筛选，切实做到了收之有据、记之有考，经得起时间的检验。

披览全书，《景村村志》亮点纷呈。《景村村志》集一方古今总览，全面记述了景村村的自然、经济、文化、教育、卫生、人物、古迹、传说、忆事、物产、语言、习俗等诸多方面，古今往事一应俱全，堪称一部容纳百川、搜罗详尽的景村村百科全书。

《景村村志》的记述内容注重体现景村村地域特色和时代特色。从景村村各自然村村名的由来到景村村的风土人情，从景村村传统村落到景村村的征地动迁，从景村村的农业特色到景村村新的产业布局，从景村村的方言土语、山歌民谣、习俗礼仪到景村村的现代乡村文明，无不体现了景村村独有的性格与气质。

掩卷深思，村志编纂人员以三年多的时间，完成内容如此精彩、浩繁的村志编纂，实乃付出了巨大的精力和辛勤的汗水。图书馆、档案馆、农机水利站等地方都有编纂人员的身影，庙宇、古桥、小巷、河溇等都留下了编纂人员的足迹，他们真正做到了把景村村的历史渊源和乡土文化丰厚底蕴挖掘得深而细，把点滴历史缩影还原于景村村百姓。

《景村村志》编纂的目的，不仅在于回顾历史，还在于勉励将来。正因如此，《景村村志》中收集了大量爱心助学、扶贫帮困、抗疫先锋等充满正能量的人和事，激励大家乐于生活、乐于助人、乐于奋进。

志载历史，启迪未来。《景村村志》是一部记录景村村发展历史的资料性著作，也是一部景村村人爱祖国、爱家乡的教科书。期望每一位景村村人或在景村村工作的人都会记住景村村的历史，也期望景村村的未来会更加美好。

是为序。

昆山高新区（玉山镇）景村
村 党 总 支 书 记
2022 年 11 月 23 日

凡 例

一、本志以马克思列宁主义、毛泽东思想、邓小平理论、“三个代表”重要思想、科学发展观、习近平新时代中国特色社会主义思想为指导，遵循辩证唯物主义、历史唯物主义，坚持实事求是、存真求实的原则，全面、客观地反映景村村在各个历史时期的发展变化。

二、本志按照“详今略古”的原则，上限追溯至事物发端，下限迄2019年年底。图照、大事记延至2020年。

三、本志以2019年的景村村行政区域为记事域限，凡在本域内的企事业单位，道路设施，包括动迁小区的建设、安置等均予以记载。

四、本志采用章、节、目结构，横列门类，纵记史实，辅以图表。大事记以编年体为主，辅以纪事本末体。本志以语体文记述，所涉及地名、政区及机构单位名称一律用当时名称，必要时加注现名。首次出现使用全称，后用简称时用括号加注说明。凡未用全称的“省”“市”“县”“公社”“乡”“镇”分别指江苏省、昆山市、昆山县、正仪公社、正仪乡、正仪镇（玉山镇）。

五、本志收录人物遵循“生不立传”的原则，对在地方上有重大影响或对社会经济发展有较大影响的在世人物作简介，对各类专业特色人物列表入志。

六、本志纪年方法，1912年前采用朝代年号纪年，括注公元纪年；1912年后直接采用公元纪年；年代前不注明世纪者均为20世纪。

七、本志所涉及的数字数据、文字标点按照国家有关规定书写。本志计量单位，在中华人民共和国成立前一般沿用旧制，中华人民共和国成立后采用国家计量单位。考虑到村民的习惯，保留“亩”“斤”等计量单位。

八、本志资料来源于档案、文献和村民的调查、采访材料，所有入志资料均经过考证核实，均不注明出处。

目　录

第三章 农业生产

第四章 村域经济

第八章 方言俗语

第九章 习俗礼仪

第十章 村民生活

第十一章 物产美食

第十二章 人物荣誉

第十三章 村民忆事

概　述

景村村是2001年由五一村和郁港村合并组建而成的建制村。村域地处昆山高新区（玉山镇）西南部的吴淞江畔，东至南星渎村，南至吴淞江，西至马庄村，北至大众村。村域东西长2 120米，南北长2 704米，呈不规则的长方形，村域面积5.733平方千米。2019年，村辖16个村民小组，总户数628户，户籍人口共2 156人。村域内地势平坦，土地肥沃，河网密布，水资源丰富，盛产粮油作物和水产品，是富饶的江南水乡。

一

清代以前，景村境域内已有自然村。清代，景村境域先后属昆山县、新阳县信义镇（后改为朱塘乡）管辖。民国时期，新阳县并入昆山县、朱塘乡改称真义乡以后，景村境域属昆山县真义乡（后改为正仪乡）管辖。

1949年4月28日，正仪全境解放。中华人民共和国成立后，境域内废除保甲制，建立村农民协会，村农协组织村民开展土地改革，贫困农民分得了土地。农业合作化时期，境域内先后建立17个互助组、8个初级社和2个高级社，村民共同走上社会主义道路。

1958年，正仪人民公社建立。境域内的景村自然村组建为五一生产大队（简称五一大队），杨庄、朱家厍、郁港里、殷家巷4个自然村组建为前进生产大队（简称前进大队）。自此至1982年，五一、前进两个大队组织开展社会主义建设，学习大寨精神，进行农田基本建设，发展副业和社队企业，壮大集体经济。

1983年，恢复乡村建制，正仪人民公社改为正仪乡，五一大队改为五一村村民委员会（简称五一村），前进大队改为郁港村村民委员会（简称郁港村）。

随后，两个村全面实行家庭联产承包责任制，充分调动村民生产积极性，积极发展多种经营，鼓励个体私营经济发展。其间，村民收入逐步提升，村民家庭普遍修建楼房，住房条件大为改善。

1988 年，置正仪镇。2001 年，正仪镇进行区划调整，五一村和郁港村合并，建立景村村。村域内有景村、杨庄、郁港里、朱家厍和殷家巷 5 个自然村落。2003 年，昆山市撤销正仪镇建制，景村村划归玉山镇管辖。后景村村按照昆山高新区新一轮建设规划，做好自然村落整体动迁和村民安置工作，加快农村城镇化建设步伐。至 2019 年，除景村自然村未整体动迁外，其余的杨庄等 4 个自然村全部整体动迁，村民安置于茗景苑等集中居住小区。同时，景村村积极创建江苏省卫生村，开展环境综合整治，村域内经济社会协调发展，形成高新产业园区、现代农业区和村民集居区等布局合理的新格局。

二

景村村经济发展历经私有制到公有制的变革和农业集体经营到家庭经营的转变，随之推动农业经济、村办企业和股份合作经济的发展，实现村域经济规模不断拓展，村级经济实力不断提升。

中华人民共和国成立之初，景村境域内的村民以农为本，以稻麦种植为主，是一个纯农业村。1950 年，境域内有耕地 3 043 亩，主要种植稻、麦，部分土地种植油菜。由于农业技术落后，加上经常受自然灾害特别是洪涝灾害的影响，水稻亩产约 500 斤，三麦亩产不到 200 斤。农业合作化和人民公社时期，境域内生产大队和生产队充分发挥集体组织优势，大搞农田水利建设，建立农业灌溉系统，大力开展积肥活动，有效提升了农业防灾抗灾能力，增加了农田的有机质，加上化肥农药的使用，使得农业产量得到提升，水稻亩产超 1 000 斤，三麦亩产达 500 斤。1983 年，实行家庭联产承包责任制以后，五一村、郁港村实行统分结合的农业经营管理体制，并适时推进土地流转和土地经营权转让、培育种粮大户、发展农业规模经营。2001 年后，随着城镇化的推进和园区开发建设力度的加大，村域内农田逐步被征用，全村农业生产规模逐年缩小，至 2019 年，全村农业用地面积仅为 600 余亩。但村域内的农业产业化、规模化和机械化程度进一步提升，粮食亩均产量达到新高。是年，水稻亩产最高为 1 331 斤；三麦亩产最高超 900 斤，其中，小麦最高亩产为 1 126 斤。

20 世纪 50 年代末，境域内各生产队开始发展畜禽养殖，办起养猪场和鸡鸭鹅养殖场。60 年代末，村民掀起纺毛、编草辫、搓绳、打草包、踏绳等家庭副业高潮，家庭收入大大增加，景村自然村成为当时昆山村民致富的典型。70 年代，五一大队和前进大队及部分生产队开始兴办队办企业，先后开办前进席厂、五一灯泡厂等 11 家企业。80 年代后，境域内产业经济结构进一步得到调整优化，村民开展水产养殖、树苗种植，兴办民营工业和商贸产业，先后有 23 人从事水产养殖，41 人从事树苗种植，16 人创办生产型企业，34 人创办服务型企业，呈现出产业兴旺的良好态势。

2001 年后，随着昆山高新区在村域内开发建设步伐的加快，产业园区建设初具规模，先后有 37 家企业入驻景村村域。随着村域产业结构的改变，景村村“两委”调整发展思路，鼓励村民发展物业经济，除了村民家庭利用空余房屋出租给外来人员获取租金收入外，村里还建立社区股份合作社，把集体资产股份化，把股份量化到村民。同时，村股份合作社利用村集体存量资产出租，并筹集资金建标准厂房、打工楼和店面房，开拓租赁业务。2019 年，村社区股份合作社经营性资产总值 1 800 多万元，村级经济总收入超过 800 万元。

三

中华人民共和国成立前，景村境域内 98%以上的村民都是文盲。中华人民共和国成立后，在县（市）、乡（镇）政府的支持下，境域内办起景村小学、前进小学、五一大队幼儿园等多所学校，为村民子女入学创造了良好条件。景村小学从初级小学发展为完全小学，从小学办到“戴帽”初中，学生由 40 余人发展到最多时 400 余人。同时，境域内各村积极响应政府号召，以自然村落为单位举办扫盲班，开展成人扫盲工作，脱盲率为 84%；村里还办起耕读小学，为困难家庭的子女教育提供了帮助。村民尊师重教，受教育水平不断提升。1964 年，前进大队陶金水考取大学，成为境域内第一个大学生，至 2019 年，全村有 210 人大学毕业，取得本科以上学历。

中华人民共和国成立前，境域内基本没有文化设施，村民的文化生活枯燥贫乏，大多只能在庙会、做寿、过满月时才能看戏、听宣卷和弹堂名等。中华人民共和国成立后，随着村民物质条件的改善和精神文明的提高，文化生活不断丰富，从草根戏剧到样板戏，再到电影电视、百姓舞台、红客堂书场、文体活动室、图书室，村民的文化需求得到日益满足。村民不断增长的文体活动也从传统的游泳、拎石柱架、摇快船等，逐步发展为打篮球、乒乓球、羽毛球、门球等。2000 年后，村域内兴起跳广场舞，每当夜晚来临，很多村民特别是中老年人聚集在社区广场或村里的活动中心，随着音乐节奏翩翩起舞，舞出愉悦心情，舞出健康体质。

中华人民共和国成立前，境域内缺医少药。中华人民共和国成立后，村里建起医务室，培养“赤脚”医生，初步解决了看病难的问题。20 世纪 50—70 年代，五一大队和前进大队组织社员开展查灭钉螺、防治血吸虫病行动；并按照上级政府要求，组织开展妇科病防治和村民常见的疫病防治，村民中的常见病、多发病得到有效控制；同时，建立农村合作医疗制度和城乡一体的医疗保障制度，解决村民看病难、看病贵的问题。2001 年以后，随着村民动迁安置到茗景苑小区，茗景苑社区卫生服务中心开始同步建设。村域内的医疗设施和医疗条件进一步改善，医疗服务水平进一步提升，为村民健康长寿提供了可靠保障。2019 年，村民人均寿命超过 76 岁，80 岁以上的老人有 133 人，占全村人口的 6. 17%。

中华人民共和国成立前，境域内贫困人口多，20%的村民家庭住的是茅草屋。中华人民共和国成立后，特别是改革开放后，村民的生活水平有了翻天覆地的变化：村民的年人均净收入由 20 世纪 50 年代初的 20 多元增至 2019 年的 3. 65 万元；饮食方面，从粗菜淡饭、为温饱发愁发展到食物充足、讲究食品营养健康；穿着方面，从缝缝补补、“哥哥穿了弟弟穿”发展到年年有新衣、讲究款式品牌；住房方面，从茅草屋发展到砖瓦房，从平房发展到楼房；出行方面，从泥土路上艰难步行，到水泥路和柏油路上开着小汽车随意行。20 世纪 60—70 年代，村民用上电灯、电话；80—90 年代，村里户户住上楼房；90 年代，村民都喝上自来水；2000 年以后，村民们纷纷购置小汽车。2019 年，95%的村民家庭有一辆或多辆汽车，85%的家庭在城镇购买商品房，最低生活保障、养老保险、医疗保险、普惠补助等民生保障体系更加健全，村民生活更加安定幸福。

四

景村村的发展，离不开党的领导和各级政府的关心支持，离不开全村干部群众的团结拼搏、艰苦奋斗、开拓创新、锐意进取。景村村始终坚持把思想道德建设、文明示范引领贯穿社会主义建设和现代化建设的全过程，20世纪50—70年代，生产大队组织村民学文化知识、学农业科技、学党的路线方针，引领全村干部群众坚定爱国爱党信念，坚持走社会主义道路。改革开放以后，村"两委"始终坚持物质文明和精神文明两手抓，不断推进精神文明建设，组织开展文明家庭和文明村镇创建，从"五讲四美三热爱"活动的开展到村规民约的形成，从社会主义荣辱观教育到社会主义核心价值观的自觉践行，从"不忘初心、牢记使命"主题教育到新时代文明实践，持续推进思想道德建设，为村民的文明素质提升和全村的文明创建打下坚实基础。

景村村推进文明创建和新时代文明实践取得显著成效，先后评出卫生户551户，新风户540户，文明家庭533户，五好文明家庭5户，平安家庭551户，最美家庭8户，文明和谐家庭3户，最美特色家庭3户；同时，还涌现出一批热爱本职、一心为民、助人为乐、尊老爱幼的好党员、好干部、好村民。70多年来，景村村人才辈出。截至2019年，景村村共产生210名大学毕业生、60位教师、31名医务人员、85名军人、145位手艺人（工匠）、22位科级以上公职人员。他们中，有在困难时期带领村民艰苦奋斗、攻坚克难的党支部书记，有扎根村庄为村里农业科技发展做出突出贡献的劳动模范，有在建设家乡、服务村民中默默付出的能工巧匠，有孝敬长辈、真情付出的道德模范，也有志在四方、为国家建设取得突出成就的全国条线能手、高等院校和国家重点企业的领导，还有踊跃参军保家卫国的军人，他们为国家建设、为家乡建设和发展做出了贡献。

自建村以来，景村村"两委"带领全村党员干部和群众解放思想、锐意进取，发展经济、建设家乡，村级经济不断迈上新台阶，村民生活水平逐年提升，文明创建取得显著成效。景村村获得"江苏省卫生村""江苏省生态村""苏州市农村土地股份合作示范社""昆山市农村精神文明建设先进村""昆山市村民自治模范村"等称号。景村村党总支被昆山市委授予"学习型党组织"称号。如今，景村村正努力走出一条新时代乡村振兴之路，朝着产业兴旺、生态宜居、乡风文明、治理有效、生活富裕、制度保障的目标奋力前行！

大事记

清以前—清

清以前，境域内已形成景村、杨庄、郁港里、殷家巷、陆家港、朱家厍6个自然村。

道光三年（1823），朱家厍东南方约150米处建土地庙。1967年，此庙在“破四旧”中被拆除。

道光十六年（1836），陆家港河西岸建红庙。民国期间，此庙坍塌。

道光二十五年（1845），杨庄庙堂桥与东石桥间的沿河地基上建造东庙，取名集福庵。1968年，集福庵被改建为村小学校。

咸丰四年（1854），郁港里在村西南约80米处河岸边建郁港庙。1966年年初，此庙被拆除。

咸丰八年（1858），景村建造兴隆桥，村民称之为“北大桥”。

咸丰九年（1859）八月，景村飞蝗灾害严重，水稻减产一半。

同治三年（1864），景村西北处（北大江与后浜交汇处）的兴隆桥东桥堍下，建时运庙。1966年，此庙被拆除。

同治五年（1866），杨庄西石桥旁建西林庙。1956年，此庙被改为村小学校。

同治八年（1869），景村前浜北岸靠南溇口建土地庙。1947年后，此庙逐渐破落，1955年被拆除。

光绪三十一年（1905），陆家港东南方的下白溇南岸建黑庙。1946年，此庙坍塌。

宣统三年（1911），景村境域属新阳县信义镇（后改为朱塘乡）。

中华民国

1912年，新阳县并入昆山县，朱塘乡改称真义乡，属昆山县。景村属真义乡。

1914年，景村开办第一所公立初小校，校长为张股球。

1923年，景村南大江上建永丰桥，村民称之为“南大桥”。至2019年，此桥仍横跨在南大江上。

1929年，试行区、乡（镇）、村制，真义乡与南星乡并为第八区，景村属第八区真义乡。

是年，景村东设立小学，由昆山籍教师张学界任教。

1931年7月，连续降雨，四乡圩岸水深没膝，景村境域内稻田受灾严重，水退后禾苗大多腐烂枯死。

1934年，村民景杏金入景村小学就读，乃景村小学第一位女学生。

是年，实行区镇制，并进行区划调整，百户以上集市为镇，真义始称镇。景村境域属第七区真义镇。

1935年，大旱。景村境域内连续5个月无雨，80%以上的庄稼颗粒无收。

1937年8月18日，因日军入侵昆山，景村青壮年乘船外出逃难，船进入吴淞江时，被敌机发现，船遭轰炸，炸死炸伤多人。

1938年，景村村民金文俊为改造60多亩低洼田，专门购买一台内燃机排涝。为方便运送船只通行，他在下白漤通南大江出口处建小桥一座，俗称“新桥”，至2019年此桥仍在。

是年，景村木匠戴永林在南大江西岸开设一家简易船厂，以农户订制为主。船厂工匠有王老五等。船厂开设约6年，共造木船10多艘。

1939年，景村境域内出现霍乱（俗称瘪螺痧），传染极快，多人染病死亡。

1942年，地方武装在景村时运庙剿灭土匪30余人。

1946年，陆家港因经常受强盗抢劫，村民难以生存而早就逐渐搬离。是年，仅存的马姓、阮姓两家也随之搬离，陆家港从此消亡。

1947年，真义镇划归张浦区，改为正仪乡。景村境域属张浦区正仪乡。

1949年5月11日，景村村民组成130余人的支前队伍，征用60多艘船只，把解放军战士送至陆家浜龙王庙，支援昆山解放。

7月，正仪区人民政府建立，辖4个乡，景村属正仪区正仪乡；杨庄、郁港里、殷家巷、朱家厍属正仪区南星乡。

中华人民共和国

1949 年

冬，景村等境域彻底废除封建保甲制度，组建中国共产党领导下的村农民协会。

是年，景村小学扩充班级，学生有40余人，周祖生任校长。

1950 年

5月1日，村民景文明、金荣品等10余人，作为式庄乡代表出席在正仪区召开的公审土匪周某某的大会。

是年，赵利明任组长的土地改革工作队驻村，景村和郁港里、杨庄、朱家厍、殷家巷的农会积极配合，开展土地改革。

是年，国家制定《婚姻法》，提倡婚姻自由，废除封建包办婚姻。景村的王和尚、杨庄的顾南生等村民解除父母包办的婚约。

1951 年

5月，式庄乡、新南乡的土地改革工作基本完成，有124户村民获得政府发放的土地证。按土地、大型农具等生产资料的占用情况，划分地主、富农、富裕中农、中农、贫农和雇农。

6月，景村和杨庄、殷家巷、朱家厍、郁港里农会发动农民购买正仪供销合作社发行的股票，每个劳动力可购买1—3股，每股3元。

10月，景村境域内的稻田受螟虫严重侵害，村民开展田间点灯引螟、灭螟工作。

是年，景村一地主的圆堂被改为村里的俱乐部，成为村里开会学习、开展娱乐活动的场所。

1952 年

3月，景村先后成立9个互助组。杨庄、郁港里、殷家巷、朱家厍成立了8

个互助组。

5月，景村村民陆巧生、杨庄村民沈早金加入中国共产党，分别成为两个村中首位中国共产党党员。

是月，景村境域内开展第一次扫盲工作，景村、杨庄、殷家巷、朱家库、郁港里分别举办扫盲班。

12月，景村村民王泉生带领农户在河家溇与南大江之间开挖一条东西走向的新河，全长约200米，并建简易小桥一座。

是年，景村境域内三对恋人自由恋爱，率先带头领取结婚证，并到甪直拍摄结婚照。

1953年

2月，村民积极响应党中央“抗美援朝，保家卫国”的号召，徐早狗等9人参加中国人民志愿军。

3月，金荣品、景文明、沈早金参加正仪区第一届人民代表大会。

6月30日，第一次全国人口普查开展。正仪区人口普查结果显示，截至6月30日24时，式庄乡3 097人，其中景村境域内1 016人。

冬，在互助组基础上组建成立初级社。景村自然村分东、南、西、北成立4个初级社，社长分别是金荣品、景文明、唐泉根、杨仲夫。杨庄、郁港里、殷家巷、朱家库4个自然村也成立4个初级社，社长分别是顾金生、苏水泉、郁阿炳、王阿二。

1954年

5月18日—7月24日，景村境域内连续下雨67天，农田受淹，受灾面积1 500多亩。

9月，粮油、棉花、棉布实行统购统销，村民每人每年定量发放粮、油、布票，布票1丈6尺、棉花票0.5斤。

是年，正仪区区划进行调整，辖18个乡（镇），176个行政村，景村隶属正仪区正仪乡，杨庄、郁港里、殷家巷、朱家库并入正仪乡。

1955年

是年，景村初级社合并组建五星农业高级合作一社（简称五星高级一社）。杨庄、郁港里、殷家巷、朱家库的初级社合并组建前进农业高级合作社（简称前进高级社）。

是年，国家实行粮食定产、定购、定销的“三定”政策，景村境域内村民的粮食按人口定量供应。

是年，景村村民钱士生、钱风生当兵入伍，为景村境域内首批义务兵。

1956 年

3 月，昆山县进行区划调整，正仪与巴城合并组建成立环城区，景村村域属环城区正仪乡。

8 月，五星高级一社、前进高级社分别建立预防血吸虫病领导小组，组长分别为王凤花、方大宝。

9 月，昆山县撤销环城区，正仪乡改由昆山县政府直管，景村村域属正仪乡。

11 月，五星高级一社的景文明、前进高级社的徐早狗参加正仪乡召开的第二届人民代表大会。

是月，五星高级一社的金荣品、前进高级社的徐早狗带领 50 余名民工参加太仓七浦塘拓浚工程，历时 50 天。

1957 年

6—7 月，景村境域内连降暴雨，受灾面积约 1 000 亩。

8 月 21 日，景文明、沈早金当选正仪乡党代表，出席中国共产党正仪乡第一次代表大会。

9 月，正仪供销社派吴志豪到五星高级一社，在景惠根家开设景村第一家“下伸店”，方便村民购买物品。

10 月，五星高级一社组织社员对南大江两岸和景村境域内的吴淞江北岸堤岸加固加高，预防洪水漫淹农田。

是年，景村小学在原教室的东边扩建一个教室，扩建后的景村小学成为景村完全小学校（简称景村完小校），开始招收高年级学生，当年招收五年级一个班 40 人。

1958 年

6 月，景村境域内开展“除四害”活动，各生产队分别组织灭螺队伍，用“五氯酚”喷洒河滩进行灭螺。同时，对患有血吸虫病的青壮年分批进行治疗。

9月，撤销正仪乡，成立正仪人民公社，取消高级社建制，五星高级一社改为五一大队，前进高级社改为前进大队。

10月，五一大队和前进大队，分别配备副业主任。两个大队都办起养猪场，规模化饲养母猪、肉猪。

是月，人民公社实行军事化管理，五一大队和前进大队合并为第七营，陆巧生任营长，景文明任教导员，徐早狗任副教导员，下设连和排。

是年，五一大队、前进大队开办公共食堂，社员集体劳动，集体吃饭。

是年，景村完小校实行集体上课、集体用餐、集体住宿、集体劳动。周围几个自然村的学生集中在景村完小校学习。

是年，村民姜彩玲参加正仪卫生院举办的接生员培训班，结束后配备接生用的医用器材，结束了域内土法接生的历史。

是年，五一大队在时运庙中开办幼儿园，园长王凤花，教师戴凤英，入园幼儿30多名。这是景村境域内的第一家幼儿园。

1959年

2月16日，景雪根带领第七营120多位民工组队赴常熟，参加望虞河拓浚工程。

是月，撤销第七营建制，恢复五一大队和前进大队建制，景文明任五一大队党支部书记，徐早狗任前进大队党支部书记。五一大队划分为11个生产队，前进大队划分为7个生产队。

3月，正仪公社召开农商合同制现场会议，公社供销商业单位与五一大队、前进大队分别签订粮食、油料、生猪、稻麦草收购合同。

1960年

2月，由于干旱、草荒等原因，造成农业减产，口粮短缺，五一大队、前进大队开始定量消费，人均口粮每天5两3钱（16两制），持续半年多。

3月，五一大队和前进大队分别与正仪公社党委、政府签订水稻亩产1 500斤、三麦亩产500斤、油菜亩产300斤、蚕豆亩产400斤、养鸡鸭鹅4万只、养鱼20万尾、每亩田养猪1.3头的协议。

7月，在反贪污、反浪费、反官僚主义的“三反”运动中，五一大队1人被查处，被开除党籍和公职。

是年，计划供应范围扩大，五一大队、前进大队村民（社员）的日用品都要凭票在供销社驻村的代销店中购买。

1961 年

2 月，村民因粮食短缺、饥饿，出现浮肿病、消瘦病，五一大队由赵立树负责医疗，前进大队由杨宝元负责医疗。

10 月，正仪人民公社成立机电排灌站，五一大队和前进大队的抽水机归机电排灌站统一管理使用。

是年，五一大队、前进大队的食堂全部解散，村民回家自行煮饭烧菜。

1962 年

4 月，李福生、朱丽生等城镇人口 4 户共 18 人到五一大队的第 1 生产队和第 9 生产队安家落户；姜腊子一家落户前进大队。

9 月 6 日，五一大队、前进大队域内遭受大风和暴雨侵袭，雨量达 270 毫米，农作物受灾严重，水稻减产约两成。

10 月，五一大队和前进大队按每人 2 分地，给村民划分自留田。

是年，五一大队第 1 生产队队长景根福到上海松江皮革厂采运黑淤泥作农田基肥，带动了境域内其他生产队外出采运黑淤泥作肥料。

1963 年

5 月 8 日，五一大队和前进大队域内遭受冰雹灾害，持续时间约一刻钟，最大的冰雹重约半斤，农作物大面积受灾。

7 月，五一大队和前进大队开展清理仓库、清理财务、清理账目、清理工分的“小四清”运动，至年底结束。

8 月 25 日，正仪铁业社下放到五一大队的朱丽生、张仁法在第 1 生产队（村庙的下场屋里）开设铁匠铺。

9 月 11—13 日，五一大队和前进大队域内遭强台风袭击，房屋受损严重。

是年，在学雷锋活动中，景村村民金六宝和杨庄村民王小妹先后获得昆山县、正仪乡“学雷锋、做好事积极分子”称号。

是年，五一大队、前进大队村民利用空闲时间，家家户户搞纺毛家庭副业，村民到式庄站点领取毛料，回家用纺车把毛纺成线，赚取加工费。

1964 年

6 月 12 日，正仪镇青年徐惠明、徐永泉到五一大队第 4 生产队和第 7 生产队插队落户，成为首批到村里插队落户的知青。

6 月 30 日，第二次全国人口普查开展。境域内人口普查结果显示，截至 7 月 1 日零时，五一大队 1 118 人，前进大队 724 人。

9 月，杨庄陶金水考取唐山铁道学院，成为中华人民共和国成立后域内第一名大学生。

12 月，五一大队的凌根林入伍后，随所在部队赴越南参战，历时 9 个月回国。

是年，五一大队和前进大队各生产队都开始建造会议室，面积均在 70—90 平方米。1983 年家庭联产承包责任制实行后，会议室逐渐弃用。

1965 年

1 月，五一大队和前进大队分别安装有线高音喇叭，并配有专人负责。

2 月，五一大队和前进大队开展“学大寨”运动，各生产队推行“大寨式”的评工记分。

7 月，五一大队和前进大队组织开展“四清”运动，上级派出的“四清”工作队驻村指导工作。前进大队一名村干部在运动中被查处。

10 月，玉山城区知青程惠荣插队落户到前进大队第 7 生产队，成为前进大队第一位插队知青。

是年，五一大队在大队俱乐部开设耕读小学，开设 4 个班，由金凤土等 4 位教师任教，学生上完半天课后放学，老师上完半天课后劳动半天。

是年，五一大队在景村的西方江边建电灌站，陆仁泉任站长，金银元任电工。昆山县水利站投资，在前进大队建电灌站，郁阿炳任站长，徐良火任电工。

1966 年

3 月，五一大队、前进大队分别设立信用服务站，陈小弟、张瑞根分别任会计。

5 月，五一大队拆除时运庙，并在其原址建造大礼堂，礼堂面积约 480 平方米。

是年，五一大队共筑大小排灌水渠约 4 680 米，倒洪蓄（过江排水管）13

条。前进大队共筑大小排灌水渠3 000米，倒洪蓄6条。境域内70%的农田得到电灌站的灌溉。

1967年

3月，五一大队开挖林树溇接通西方江段、开挖南溇接通盂田江河道，两条新开河共计长380米。

春，五一大队组建成立“5·13”战斗队，前进大队组建成立“昆革联”战斗队，域内出现大字报高潮。

5月，五一大队、前进大队组织人员对每一条小河进行干河，开展灭螺工作，对血吸虫病患者分期分批进行针剂、油剂治疗，昆山县兽医站对耕牛进行检查治疗。

是月，五一大队、前进大队开展“破四旧”运动，拆除部分古老建筑。

冬，五一大队的景雪根和前进大队的吴传根带领50名社员，参加庙泾河第一次拓宽工程。

是年，五一大队在电灌站旁建加工厂，加工粉碎草秆、稻柴作猪饲料；另有一台小钢磨，用来磨米粉。景文瑞任加工厂负责人。后加工厂扩大生产规模，增添碾米等设备。

是年，前进大队第6生产队（郁港里），经申请批准建一座土砖窑。1985年，土砖窑转为郁港村集体经营。1988年，停产并拆除。

1968年

3月，正仪公社为解决医务人员不足，组织培养“赤脚”医生。徐友良和杨宝元分别成为五一大队和前进大队第一位“赤脚”医生。

5月，五一大队和前进大队撤销党支部，成立大队革命委员会，陆巧生和翁水元分别任五一大队和前进大队革命委员会主任。

是月，五一大队和前进大队分别成立文艺宣传队。五一大队由李根元负责，排练《沙家浜》《逛新城》等文艺节目；前进大队由范水金负责，排练《智取威虎山》等文艺节目。

7月，五一大队和前进大队的各生产队设置“三忠于”请示台，每天组织社员早请示、晚汇报。

8月，农村学校为解决师资不足问题，开始使用民办教师，景二男和陶引弟分别成为五一小学和前进小学的首位民办教师。

10月，五一大队和前进大队开始成批次接收苏州插队知青。五一大队共接收插队知青34名，分别安排到11个生产队落户；前进大队共接收插队知青11名，安排到7个生产队落户。

是年，杨庄的集福庵改为小学校，由陶引弟任教；杨庄的西林庵也改为小学校，由胡文明任教。

是年，五一大队、前进大队实行贫下中农管理学校。五一大队贫协主任金洪文和前进大队贫协主任吴传根分别管理两个大队的小学校。

是年，前进大队第6生产队（郁港里和殷家巷）利用做砖瓦起土造成的低洼田栽种席草，开办织席厂，郁汉臣任厂长。

1969年

3月3日，正值元宵节，五一大队第11生产队景全根家因“炱田角落”炱到鸡棚引发火灾，三间下场房屋全部烧毁，无人员伤亡。

5月24日，景村境域内遭受冰雹袭击，小麦、油菜减产两成多。

8月，生产大队设立合作医疗室。五一大队的医疗室设在第6生产队凌全梅家，“赤脚”医生为李关男。前进大队的医疗室设在集福庵，“赤脚”医生为杨宝元。

10月6日，五一大队的唐泉根和前进大队的张惠生，参加昆山县革委会召开的三级干部会议。会议提出“奋斗三年”把昆山建成“大寨式”县。会后，两个大队掀起“学大寨”新高潮。

1970年

2月，五一大队和前进大队开展打击反革命破坏活动、反对投机倒把、反对铺张浪费、反对贪污盗窃的“一打三反”活动。

9月，朱家厍的顾坤元购买一台家用缝纫机，成为境域内第一家拥有缝纫机的农户。

12月，王二男带领五一大队和前进大队80多位民工，参加正仪段庙泾河拓浚工程。

是年，受极“左”思潮影响，五一大队、前进大队打草包副业遭到封杀，打草包工具被集中烧毁。

1971 年

5 月，恢复大队党支部，唐泉根和张惠生分别任五一大队和前进大队党支部书记。

是月，五一大队在低洼塘田试种 60 多亩双季稻。之后，双季稻种植在境域内大面积推广。

是月，五一大队和前进大队为增加有机肥料，开始放养水花生、水葫芦、水浮莲和绿萍，“三水一绿”成为境域内农肥的重要原料。

6 月，五一大队和前进大队各生产队开展“深挖洞，广积粮”的备战备荒行动，各生产队都在公场上建土圆囤，共建土圆囤 28 个。

是年，前进大队第 5 生产队建成毛纺加工厂，费小狗任负责人。

是年，五一大队在大礼堂里开办灯泡厂，姜火根任负责人。

是年，五一大队和前进大队改革殡葬制度。五一大队第 3 生产队景云泉病故，经村干部反复做其家属工作，同意将其遗体火化，景云泉成为五一大队第一个火化者。前进大队第一个火化者是第 6 生产队的方二观。

1972 年

1 月，五一大队和前进大队各分配到 1 台大型抽水机，主要用于农田灌溉和排涝。凌炳荣和王小男分别担任两个大队的机手。

是月，五一大队、前进大队各生产队开始清坟、整田、填浜、填潭行动，五一大队增加农田 20 多亩，前进大队增加农田 10 多亩。

2 月，王林根加入中国共产党。

8 月 15 日，五一大队和前进大队 80 人参与沪宁铁路路基工程，完成 4 000 多立方米的土方工程量。

是年，五一大队利用境域内大江干河，挑泥填牛角尖浜，填土约 1 000 立方米。

是年，前进大队和五一大队分别办起豆制品加工厂，分别由翁傲生、陈大弟负责。

1973 年

1 月，五一大队和前进大队组织基干民兵进行军事训练，在营长凌根林、范水金带领下，到黄泥山靶场进行实弹射击。

春，五一大队开始为各农户家安装电线。年底全大队家家户户通电。

是年，前进大队在“下高头”开挖一条东西向的河道，东头出口连通西尤泾江，全长约750米。

是年，郁港里的几位村民开船到吴江芦墟镇购买旧家具及旧木材，半夜有贼上船偷窃行凶，刺死颜姓村民，刺伤方姓村民。

是年，五一大队和前进大队提倡村民饮用井水，两个大队有70%的农户在自家宅基地上挖井。

1974年

3月，五一小学在牛角尖浜建新校舍，整栋教学楼上下两层共280平方米，建有4个教室。是年9月1日，五一小学搬入新校舍。

5月，五一大队和前进大队各生产队双季稻种植面积扩大到80%以上，个别生产队做到100%种植双季稻。

6月，五一大队为完善第3到第6生产队的农田灌溉，在南溇东南角建村东电灌站，站长王云生，电工景风良。

11月，五一大队由姜水生带队，前进大队由徐根水带队，共出动250多人参加正仪乡西娄江拓宽工程。

1975年

5月30日，景村境域内遭受冰雹、暴雨、大风灾害，小麦、油菜等受损面积近1 000亩。

8月，五一大队推荐知青许浩到江苏师范学院外语系学习，毕业后回正仪中学任教。

12月，五一大队和前进大队分别由王二男、顾福良带队，共100多位民工参加正仪黄泥山中心河开挖工程。

1976年

1月8日，周恩来总理逝世。五一大队和前进大队分别组织干部群众进行悼念活动。

是月，五一大队和前进大队组织150多名民工拓浚青龙江，总计完成4 000立方米的工程量。

4月22日，五一大队、前进大队域内遭遇雷电大风，造成早稻秧田受灾而重播，小麦、油菜也受损严重，吹塌吹坏不少棚舍。

8 月，唐山大地震后，当地也发出地震预报，村民都在室外搭棚并夜宿防震棚。五一大队、前进大队组织民兵日夜巡逻，预防发生意外。

9 月 18 日，五一大队和前进大队党支部组织全体党员干部群众收看收听毛泽东主席追悼大会实况。

是月，五一小学开设初中班，招收初中新生 50 名。

10 月 5 日，五一大队的第 1 和第 2 生产队各分拆成两个小队，新增第 12 和第 13 生产队。

10 月 21 日，五一大队和前进大队派出 10 余名党员、群众代表，参加昆山县召开的万人群众大会，庆祝粉碎江青反革命集团。

是月，五一大队景二男家购买电视机，成为境域内第一家拥有电视机的农户。

12 月，五一大队和前进大队组织全部男劳动力，开挖姚家港河，使姚家港河北连娄江，南通吴淞江。

1977 年

1 月，五一大队书记姜水生，前进大队书记翁水元分别带领生产队长参加昆山县委召开的“农业学大寨”四级干部会议。

2 月，苏州地区路线教育工作队进驻五一大队和前进大队。工作队队员共计 20 多名，队长为苏州地区教育局原副局长谢文荣。

4 月，前进大队第 5 和第 7 生产队开挖一条约 300 米长的小河，使朱家厍的村中河向西连通姚家港河。

7 月，昆山县委书记徐彦同在正仪公社党委书记陆佰林的陪同下到五一大队调研双季稻的种植和收获情况。

11 月，五一大队姜水生、前进大队翁水元带领两个大队 200 多民工开挖东娄江，历时 1 个月。

12 月，五一大队姜金生、前进大队顾福良组织 100 多名民工开挖正仪镇东、镇西河道。

是年，全国第一次农业普查，五一大队和前进大队组织专门人员，分别对整个大队社会经济状况，包括经营单位数量、结构、农业从业人员、农机具状况进行普查。

1978 年

1 月，五一大队、前进大队全体共产党员，参加正仪公社组织的第一次党员冬训活动。

6—7 月，五一大队、前进大队域内连续高温，7 月 8 日最高气温 37.9 ℃，降雨量为常年平均数的 50%，域内遭受严重干旱。

11 月，五一大队、前进大队组织 150 多名民工参加太浦河二期拓宽工程，五一大队由姜金生带队，前进大队由沈林根带队。

是年，五一大队有 11 个生产队建造蘑菇棚，在正仪菌种厂的技术指导下，安排专人负责种植蘑菇，蘑菇销往正仪供销社。

1979 年

2 月 15—26 日，五一大队书记姜水生、前进大队书记姜彩英出席昆山县委召开的三级干部会议。

7 月，前进大队对在苏州地区路线教育运动中出现的冤假错案进行纠错，有 2 位相关人员得到妥善安排。

9 月，五一小学初中部停止招生，初中学生转入南星渎中学。

10 月，景村南大桥因被船只碰撞造成严重损坏，五一大队筹集资金对大桥进行修缮，把原来的一孔改成三孔。

11 月，正仪公社计划生育办公室颁发第一代独生子女证。第一批领取独生子女证的是五一大队的景凤良和前进大队的陆杞荣。

是年，前进大队各生产队建起蘑菇房，在正仪菌种厂的技术指导下，由专人负责培育蘑菇，蘑菇销往正仪供销社。

1980 年

2 月，前进大队成立育蚌小组，组长胡伯根。在西尤泾江开始培育小蚌，养殖水面共计约 80 亩。

是月，按照中央要求落实政策，五一大队和前进大队对冤假错案进行纠错。

5 月，前进大队向苏州地区教育局争取到资金 3 000 元，在杨玉坟建造小学，面积约 280 平方米，建有 3 间教室，1 间办公室，1 间广播室（村、校兼用）。小学建成后，原来分散在几个自然村的教学点，包括幼儿教学都集中到一起，王秀根等担任小学教师，汤云媛担任幼儿老师。

是年，前进大队的医疗室搬至杨玉坟。

1981 年

6 月 30 日—7 月 5 日，昆山县人民代表陆阿四和王小男参加昆山县第八届人民代表大会第一次会议。

8 月，五一大队、前进大队组织开展第一次全国地名普查。

11 月，五一大队、前进大队各生产队开始推广板田麦播种，播种面积 2 000 多亩。

1982 年

7 月 1 日，第三次全国人口普查开展，人口普查结果显示，截至 11 月 1 日，五一大队 1 535 人，前进大队 955 人。

8 月，昆山县水利局在景村南大江出吴淞江口处建一座排涝站，陆仁泉任站长。

是年，五一大队第 9 生产队陆菊泉建两上三下楼房，前进大队第 1 生产队张泉根建三上三下楼房，建筑面积都在 200 平方米左右。他们分别是两个大队第一个建楼房的村民。

1983 年

5 月 2 日，实行政社分开，五一大队改为五一村，前进大队改为郁港村，生产小队改为村民小组。

5 月 8 日，五一村、郁港村分别成立第一届村民委员会，陆永芳任五一村村民委员会主任，陆士荣任郁港村村民委员会主任。

是月，五一村、郁港村域内全面实行家庭联产承包责任制，农田除按每人 0.5 亩分口粮田外，余下土地按实有劳动力人数平均分配责任田。

1984 年

5 月，郁港村组织 100 多名村民参加正仪傀儡湖水产养殖场建设。

8 月 12 日，五一村的陆永芳和郁港村的姜彩玲等参加正仪乡第十届人民代表大会第一次会议。

8 月 23 日，姜金生当选昆山县党代表，出席中共昆山县第六次代表大会。

9 月，在正仪乡妇联的指导督促下，五一村、郁港村攀“娃娃亲”的农户全部被劝退亲。

10月，郁港村的杨庄东石桥坍塌，拆除重建，改建成环型桥，同时对烧香桥进行修缮。

11月，五一村的景宗生、郁港村的汤义元分别购买运输船，分别成为两个村最早拥有运输船的农户。

是年，五一村用陆家港宅基土围筑吴淞江北岸浅滩成鱼塘，面积约50亩。村里组织养殖队，王社林任负责人。是年养殖队收益约2.5万元。

是年，五一村开办建筑机械厂，钱阿毛担任厂长。

1985年

3月，钱社林随所在部队赴越南参战。

5月，五一村把60多亩塘田全挖成鱼塘，由王社林负责的养殖队进行养殖工作。

6月，五一村的农户全部安装广播喇叭，村里配有广播室，姜祥生担任广播线路员。

是年，郁港村自筹资金更新1台大功率变压器，同时增装1台变压器。完成后，在新装变压器附近建造粮食饲料加工厂。

1986年

3月，郁港村为全村农户安装广播喇叭，吴金荣任广播线路员。

是年，郁港村自筹资金，对连通4个自然村的便道进行拓宽、加固，并全部铺上黑钾子（一种化工产品的下脚料）。改造后的便道宽约2米，总长度4.5千米。

是年，五一村党支部被中共昆山县委授予“综合治理先进集体”称号。

1987年

3月，五一村、郁港村域内启动居民身份证颁发工作。10月，年满18周岁的村民都获得身份证。

6月，五一村、郁港村域内村民开始大批平房翻建楼房。到1990年时，95%的村民家庭都建成楼房。

12月，郁港村投资在姚家港河上建造水泥桥。

1988 年

7 月，正仪撤乡设镇，实行镇管村体制。五一村、郁港村隶属于正仪镇。

是年，五一村、郁港村各家各户编排门牌号码，门牌统一钉置在墙门框上。

是年，五一村村民、昆山化工二厂驾驶员王云根被评为 1987 年苏州市“劳动模范”。

是年，郁港村建办前进五金厂，唐桂良担任厂长。五一村建办五一麻袋厂，姜火根担任厂长。

1989 年

10 月，五一村幼儿园教室中间立柱因地基下陷，使得房屋坍塌，所幸正值午饭时间，未造成人员伤亡，11 月在原址上翻建成 2 间标准教室。幼儿园撤并后，教室改为村里的老年活动室。

是月，五一村、郁港村分别成立老年协会，唐泉根和顾金生分别担任村首任老年协会会长。

是年，五一村修筑到东式庄的村级简易路，道路全长约 750 米，用碎石铺面。

是年，郁港村建办前进玩具厂，周林荣担任厂长。

1990 年

7 月 1 日，第四次全国人口普查开展。两村的人口普查，五一村由王林根负责，郁港村由闵爱泉负责。普查结果显示，截至 10 月 30 日，五一村 1 521 人，郁港村 910 人。

11 月，郁港村第 6 村民小组的郁小弟入住正仪敬老院，是村里第一个入住敬老院的村民。

1991 年

3 月，郁港村在烧香桥北的坟地上新建一所小学校（仍称前进小学），总建筑面积 144 平方米，建有 2 间教室和 1 间办公室。

是月，郁港村杨庄的汤文明家庭购买摩托车，成为村里第一家拥有摩托车的农户。

1992 年

4 月，郁港村在姜字圩的农田上开挖 60 多亩精鱼塘，由郭黑男等 4 人承包养鱼。

6月，正仪镇多服公司在景村西南面的吴淞江边建办切草场和多种经营实验场，为造纸厂收购稻麦草并切细打包送厂，并开展养殖、种植等多种经营试验。

是月，五一村有400多亩土地承包给常熟高姓人耕种，承包合同期限为2年。这是境域内出现的第一位种植规模超百亩的农业大户。

是年，两村域内开始推行农民养老保障工作。五一村的唐冬良、郁港村的闵爱泉分别负责村民信息登记、采集和统计工作。

是年，五一村的五一初小校为改善办学条件，建办五一包装厂，由钟菊泉具体负责。

1993年

5月，郁港村成立村集体小农场，面积200多亩，场长金大弟。

12月28日，五一村、郁港村家家户户通上自来水，由新华水厂供水。五一村陆阿毛、郁港村陈金男负责安装及维护。

是年，五一村建办五一五金配件厂，王秀根任厂长；郁港村建办前进保安电子厂，谢春元任厂长。

1994年

5月，五一村村民钱伯元承包双浦圩、东浦圩的226亩耕地，成为本村第一个承包大户。

是月，郁港村朱家厍的徐征购买手机，成为本村第一个拥有手机的村民。

6月，五一村村民景凤男购买“天津大发”汽车一辆，成为本村第一个购买汽车的农户。

10月，五一村的常熟高姓承包经营人撤走，其承包的农田转由村集体农场经营，张根木、钱菊林负责管理。

是年，五一村、郁港村均被中共昆山市委评为“‘五有六统一’农业规模服务合格村”。

1995年

2月，五一村村民委员会被苏州市委、市政府评为“社会治安综合治理先进单位”。

是年，郁港村获评“昆山市养殖先进集体”和“计划生育示范村”。顾福良被昆山市政府记个人三等功。

1996 年

4 月，五一村、郁港村开始给村民户安装固定电话，当年两村共安装电话 358 部。

是年，五一村各条河岸、村巷全部铺设水泥楼板，共计铺设道路长度 2 000 多米，累计投入资金约 20 万元。

1997 年

7 月 1 日，五一、郁港两村党支部组织全体党员干部和部分村民共 80 余人收看香港回归祖国交接仪式实况。

是年，五一村的姜水生先后获评江苏省委农工部“1995—1996 年度省农村财会先进工作者”和苏州市人事局“全国第三次工业普查先进工作者”。

1998 年

3 月，五一村、郁港村域内发放责任田 30 年不变的承包证，共发放 629 本，其中五一村 432 本、郁港村 197 本。

5 月 4 日，五一村景林男被评为 1997 年度昆山市“青年科技兴农带头人”。

10 月，五一村、郁港村对域内农户的房产进行确权，发放房产证、土地证 634 本，其中五一村 432 本、郁港村 202 本。

是年，郁港村张荣福荣获评昆山市年度“优秀民兵”。

1999 年

1 月 1 日，正仪镇党委组织开展农村党员冬训工作，五一村、郁港村共 86 名党员参加。

7 月 1 日，五一村党支部获评“昆山市先进基层党组织”。

7 月，五一初小校撤并，学校财产归姜巷完小校，4 位教师分别到姜巷、南星渎两所学校任教。

9 月，五一村、郁港村党支部分别组织党员干部集中收看澳门回归祖国交接仪式实况。

2000 年

5 月，五一村村民金瑞英被中共昆山市委授予“2000—2002 年度计划生育先进个人”。

6月，五一村周边道路铺设水泥路面，硬化路面面积共计1 000多平方米。

11月1日，第五次全国人口普查开展。普查结果显示，截至11月1日零时，五一村1 540人，郁港村915人。

12月，五一村被昆山市民政局评为“昆山市村民自治模范村”。

是年，五一村和郁港村整治村庄环境，清理河道淤泥。清理河道总长10 000米，并将淤泥填埋低洼地，增加复耕面积20亩。

是年，五一村、郁港村村合作医疗站撤并到南星渎的医疗站。

是年，五一村被昆山市委、市政府评为“社会治安综合治理先进单位”和“计划生育示范村”。

是年，五一村被江苏省爱国卫生运动委员会评为“江苏省卫生村”。

2001年

3月，五一村对北大桥进行翻修，降低高度，减小两边坡度，把台阶改成滑坡，并加装栏杆。另建北大江和东娄江上的机耕桥，使村北的机耕路全部连通。

5月，五一村开挖精鱼塘200多亩，扩大水产养殖面积。

6月，昆山市水利局对南大江排涝站进行翻建，并更新水泵。

8月13日，五一村和郁港村合并，组建为景村村，隶属正仪镇。合并后的景村村重新组建村“两委”班子，景林男任景村村党总支书记，钱方良任景村村村委会主任，景素龙任景村村经济合作社社长，金林冬任景村村会计，金瑞英任景村村妇女主任。

11月20日，景林男参加江苏省委党校2000级经济管理专业大专班学习，被评为优秀学员。

12月，景村村被昆山市委、市政府评为“2000年度社会治安综合治理先进单位”。

是月，景村村开始为村民安装有线电视线路，至年底有线电视实行全村通。

是年，村民沈香荣被苏州市见义勇为基金会授予“见义勇为”荣誉。

2002年

2月，景村村“两委”筹集资金，新建便民公厕6处，给全村每户免费安装抽水马桶1只，在村域内全面消灭露天粪坑。

5月，景素龙当选为昆山市人民代表。

8月，景村村民钱桂泉三兄弟利用开设建筑材料基地的有利条件，把北大桥到简易公路口路长约300米的泥土路筑成水泥路，宽度能使小车通行。

9月16日，凌卫东、景素龙分别获评昆山市政府“劳动模范”。

是年，拆除景村自然村北的新开河上的简易便桥，投资3万元，在原桥址建造水泥小桥。

2003年

3月，景村村获评昆山市“2000—2002年度人口与计划生育工作先进集体”。

4月，正仪镇政府开始发放农村基本养老金，景村村有126位60—69周岁的老人每月享受100元养老金，62位70周岁及以上老人每月享受130元养老金。

是月，元丰路开始施工，征用景村村第1、2、5村民小组的耕地共140多亩。

5月，景村村新建2座机耕桥，铺设村西和村北2片共2 530平方米的停车场，铺设停车场连接公路的通道500多米。

7月，景村村村办幼儿班撤并到马庄村，教师王利勤到马庄村幼儿园任教。

8月，景村村在燕桥浜村区域建造标准厂房2栋，面积约3 000平方米。

9月，景村村域南大桥翻修，减小桥的坡度，加装栏杆。

11月，景村村村民委员会获昆山市司法局颁发的“昆山市安置帮教工作先进单位”称号。

12月，昆山市撤销正仪镇建制。景村村改属玉山镇管辖。

是年，杨庄、郁港里、朱家厍3个自然村对村内河道进行挖淤清河，总长约5 500米。

2004年

2月，景村村被评为“昆山市农村精神文明建设先进村”。

3月，景村村被评为“昆山市村民自治模范村”。

4月，景村村第一批平危房户动迁，陈国欢等5户被安置至南星渎茗景苑A区。

是月，景村村开始实施社会养老保障（简称社保）和医疗保障（简称医保）制度，全村共有688人参加社保，846人参加医保。

5 月，景村村道路河道全面实行村级保洁，全村有河道保洁打捞人员 12 人，道路保洁员 10 人，陆玉生任负责人。

9 月，玉山镇规划建设包括景村村在内的南片村集中墓地，地点选在燕桥浜村。

2005 年

4 月，景村村与泾河村等共同投资建造青淞打工楼。

6 月，景村村投资 5 万元，在新开河上建造一座小桥，并对全村所有小桥进行修缮，安装护栏。

8 月，昆山市水利局在吴淞江景村段江岸沿线建石驳岸。

9 月，景村村村委会在村老年活动室旁建门球场，村里成立老年门球队，队长景雪根，球员 9 人。同时对老年活动室进行改造，增添影像设施器材。

是年，景村村在原庙宇基地上建露天大戏台，对戏台前整片场地用混凝土铺设，场地面积 1 500 平方米。

2006 年

1 月，国家实行免征农业税政策，景村村村民每年受益 10 多万元。

3 月，景村村被昆山市依法治市领导小组评为“民主法治示范村”。

4 月，景村村被昆山市司法局评为“2003—2005 年度先进人民调解委员会”。

7 月，景村村投资 9.7 万元，翻建景村自然村东站房屋，调换水泵。

8 月，杨庄自然村 118 户、郁港自然村 38 户、殷家巷自然村 4 户整体动迁，3 个自然村消亡。所有动迁户分别迁入南星渎茗景苑 A、B、C 区。

12 月，村民景素龙被评为“苏州市农民专家”。

是年，景村村开展新农村建设，修缮村内村巷、便道，填埋死潭浜 2 个，农房的外墙面全部用涂料刷白。

是年，景村村在村域东南约 200 亩的耕地上建“昆山水稻、小麦原种培植生产基地”，景素龙任基地负责人。

2007 年

4 月，景村村在村域东南建农场仓库和农机房，建主房 2 间，建筑面积 256 平方米；建侧房 4 间，建筑面积 306 平方米；用混凝土铺设晒场，面积 2 230 平方米。

8月，景村村被江苏省环境保护委员会评为“江苏省生态村”。

12月，景村村获评昆山市“‘五有五好’先进单位”。

是月，在江苏省农林厅组织的2007年全省稻麦高产创建活动中，村民景素龙荣获一等奖。

是年，景村村域内培植基地的原种种植获得成功，水稻亩产1 250斤，小麦亩产1 132斤。收获的稻谷加工成“五一”牌大米，在南京农产品展销会上展销，获得好评。

2008年

1月，景村村域内遭受百年未遇的大雪，地面积雪厚约30厘米。村党支部组织干部和村民，清除道路、桥梁上的积雪，保障道路畅通，撤离危房村民1户。

3月，景村村获昆山市计划生育办公室“2006—2007年度人口与计划生育工作先进集体”称号。

是月，景村村被“全国亿万农民健康促进行动”苏州市领导小组办公室评为2007年“苏州市示范村”。

4月，景村村被昆山市依法治市领导小组评为“民主法治示范村”。

5月，景村村党总支号召全体党员为汶川大地震募捐，共捐得义款1万多元。

10月，玉山农机站在景村村新建机房，成立机耕队，负责全村承包户土地的农机耕作。

是年，景村村对域内河道再次进行清理，在河岸水边打上木桩，总长约800多米，防止泥土流入河中。

是年，朱家厍自然村整体动迁，村民迁至南星渎茗景苑小区。朱家厍自然村消失。

2009年

4月，因古城路修筑需要，景村村域西涉及路基的第10、11村民小组共19户提前动迁至南星渎茗景苑B、C小区。

5月，古城路开始施工，征用景村村第8、9村民小组的耕地共200多亩。

6月，景村村成为玉山农机站第一家机插秧基地，玉山农机站安排3台插秧机到村试插，当年机插水稻面积350多亩。

是年，景村村获评苏州市“农村土地股份合作示范社”和“农民专业合作示范社”。

2010年

2月5日，景村村村民刁翠花继1994年5月26日、1996年5月11日、1999年4月16日三次无偿献血后，进行第四次无偿献血，成为此时本村无偿献血最多的村民。

4月，为配合古城路建设，景村村对村域西沿古城路的民房筑起南北向的围墙，长度100多米，同时对周边环境进行整治。

8月，景村村村委会新办公大楼竣工，占地2 000平方米，大楼建有上下两层，建筑面积1 439.43平方米。

10月，昆山市水利站在景村村域内西尤泾江的吴淞江出口处建造一座排涝站，张水根任站长。

11月1日，第六次全国人口普查开展。普查结果显示，截至11月1日零时，景村村总人口2 221人。

是月，景村村村民委员会换届选举，选举沈香荣为村民委员会主任，景素龙为村合作社社长。

12月，在昆山市实施的新一轮兴农富民工程中，景村村村民景素龙被评为“2009—2010年度先进个人”。

2011年

1月，景村村被昆山市人民武装部评为“2010年度基层建设先进单位”。

12月30日，景村村获江苏省机关团体企业事业单位档案工作规范二星级标准。

是月，昆山市玉山镇景村村企业联合工会委员会成立，沈香荣任工会主席。

是年，景村村获评“苏州市生态村”。

是年，景林男立个人三等功。

2012年

11月，景村村党总支组织全体党员干部集中收看中国共产党第十八次全国代表大会直播。

是年，景村村获评“苏州市新农村达标村”。

2013 年

1 月，景村村创建江苏省卫生村领导小组成立，村党总支书记刘香元任组长。

是月，进村大学生盛叶强任景村村村主任助理。

是年，景素龙接任村党总支书记。

2014 年

3 月，昆山高新区管委会与景村村村委会分别签订《食品药品安全工作责任书》《信访工作目标责任书》《社会管理综合治理责任书》。

2015 年

5 月 13 日，昆山高新区管委会与景村村村委会签订环境保护目标责任书。

是年，昆山市水利站对景村南大江排涝站拆除彻底重建，更新设备，更换闸门。

2016 年

2 月 26 日，昆山高新区管委会与景村村村委会签订安全生产目标责任书。

3 月，费震宇任景村村民兵营长。

8 月，凌志龙任景村村经济合作社社长，钱青任景村村会计，景艳红任景村村妇联主席，陈飞鸿任景村村劳动保障协理员。

是月，景村村党总支进行换届选举，金龙任党总支书记，唐雪龙、钱青、景艳红任党总支委员。

12 月，景村村村民委员会进行换届选举，唐雪龙任村委会主任，凌志龙、钱青、景艳红、费震宇任村委会委员。

2017 年

1 月 9 日，景村村选举产生新一届妇女联合会执委会成员，选举景艳红任村妇联主席，钱青等 3 人任副主席，刁翠花等 4 人任委员。

5 月，景村村开展“创建文明家庭”活动，制定社区居民文明公约、卫生公约和村规民约，并发放到村民家中。

是月，景村村“两委”组织开展全面纳污填塘排查整治工作，对村里的建筑垃圾彻底清理，把路边、荒地的杂草进行填埋。

6 月 28 日，景村村“两委”对村绿化及环境整治专项工作自查自纠。在老年活动室场地上建了花坛并种上花草，有专人负责养护。

10 月，景村村党总支组织全体党员干部收看中国共产党第十九次全国代表大会直播。

12 月 2 日，景村村妇女联合会选举增补景文炎、王利勤等 6 人为执委会成员。

是年，景村村党总支获评“昆山市学习型党组织”。

是年，景林男被评为“昆山市春运工作先进个人”。

2018 年

8 月，景村自然村有 120 多户动迁，入住南星渎义和苑小区。

9 月 1 日，景村村“两委”举行老年人重阳节福利发放标准听证会，村“两委会”成员、党员代表和村民代表 34 人参加会议。

10 月，卞晓平任景村村党总支书记。

2019 年

3 月 21 日，景村村成立“331”工作专职领导小组，落实专职人员，开展专项排查整治，村党总支书记卞晓平任组长。

5 月 20 日，景村村落实高新区安全环境消防领域专项严打整治要求，村“两委”组织力量进行联合执法，拆除村内多处违章建筑。

是月，景村村成立扫黑除恶专项斗争领导小组，村党总支书记卞晓平任组长，村委会主任任副组长，民兵营长、团书记、妇女主任、治安员等为领导小组成员。

是月，昆山高新区管委会与景村村党总支书记签订扫黑除恶专项斗争责任书。

6 月，《景村村志》编纂工作小组成立，村党总支书记卞晓平任组长，景素龙任副组长。编纂工作小组下设志稿撰写组和资料征集组，编写工作正式启动。

是月，盛叶强任景村村团支部书记。

7 月 26 日，景村村党总支组织全体党员到浙江南湖参观中国共产党一大会址。

是月，在全村启动垃圾分类工作，给每户安置分类垃圾桶 2 个。

8 月，台风“利奇马”袭击景村村，风力强劲，庄稼倒伏。因村民在台风来临前已做好防范工作，台风造成的村民财产损失较小。

10 月，景村村村民朱仙生承包村内耕地 34 亩，种植的“南粳 46”号水稻品种喜获丰收，亩产 1 690 斤，成为村域历史上最高水稻单产纪录。

2020 年

1 月 20 日，景村村中共党员钱勤仙捐资 1 万元，为全村 400 多位 70 周岁以上的老年人赠送新年礼物。

1 月 28 日，景村村开始实行新冠疫情防控封闭管理。

7 月，景村村实施垃圾分类处理，自然村域和村域村民居住的小区设立固定的投放点，定时进行投放。

11 月 7 日，景村村“两委”举行“新起航　新未来——美丽景村，携手新征程”房屋动迁纪念活动，镇村领导、党员代表和村民代表共 100 余人参加。

12 月，景林男被评为昆山市新冠疫情防控工作先进个人。

第一章　村情概览

景村村地处江南水乡昆山高新区（玉山镇）西南部，村域内水网交错，土地肥沃，田地平整，物产丰富，村民世代以农为本，具有典型的水乡风情和鱼米之乡特质。清代以前，境域内形成自然村落。清代和民国时期，先后属新阳县信义镇、昆山县正仪乡。中华人民共和国成立后的合作化时期，境域内的景村成立五星高级一社，杨庄、郁港里、殷家巷和朱家库成立前进高级社；人民公社时期，设五一大队和前进大队；1983 年，又分别改称五一村和郁港村，属正仪镇。2001 年，两村合并组建成景村村，下辖 16 个村民小组。2003 年，景村村划归昆山高新区（玉山镇）管辖后，土地纳入昆山高新区规划，开发建设步伐加快。至 2019 年，村域内基本完成动迁安置，形成规划建设科学、布局合理的现代产业园区和村民集中居住小区新格局。2019 年，全村户籍人口 2 156 人，耕地 642 亩、水面 570 亩，绿化 754 亩；村级总资产累计 5 009. 91 万元，净资产 4 411. 54 万元，年总收入 839 万元。景村村先后获昆山市级以上荣誉 28 项。

第一节 历史沿革

一、村域区划

景村村地处昆山高新区（玉山镇）西南部的吴淞江畔，距离昆山城区 10 多千米。村域东至南星渎村，南至吴淞江，西至马庄村，北至大众村，呈不规则长方形，村域面积 5.733 平方千米。1958 年建立人民公社体制时，景村自然村组建五一大队，划分成 11 个生产队；杨庄、朱家厍、郁港里、殷家巷 4 个自然村组建前进大队，划分成 7 个生产队。1983 年恢复乡村建制后，五一大队改为五一村，有 22 个村民小组；前进大队改为郁港村，有 12 个村民小组。2001 年，五一、郁巷两村合并组建新的建制村景村村，辖 16 个村民小组，以村域内最大的自然村景村为新的行政村名。至 2019 年，动迁的村民分别居住在茗景苑等 5 个小区。

二、建置沿革

清代以前，景村境域内已形成自然村落。清宣统三年（1911），景村境域属新阳县信义镇。后信义镇改为朱塘乡，景村境域属新阳县朱塘乡。

1912 年，新阳县并入昆山县，朱塘乡改称真义乡，属昆山县。景村境域时属昆山县真义乡。

1929 年，昆山县试行区、乡（镇）、村建制，昆山县第八区辖真义乡和南星乡，景村境域属第八区真义乡。

1934 年，第八区改为第七区，按百户以上集市为镇的规定，真义始称镇，第七区辖真义、南星渎等 6 个乡镇。景村境域属第七区真义镇。

1947 年，真义镇划归张浦区，改为正仪乡，景村境域属昆山县张浦区正仪乡。同年 9 月，撤销区级建制，正仪乡改为县属乡，景村境域属昆山县正仪乡。

1949 年 4 月 28 日，正仪乡解放。7 月，昆山县人民政府成立，建立区、乡（镇）人民政府，设正仪区，辖正仪、南星等 4 个乡。景村自然村属正仪区正仪乡，杨庄、朱家厍、郁港里、殷家巷 4 个自然村属正仪区南星乡。

1950 年，正仪区辖正仪、新南等 10 个乡镇，下设 95 个行政村，并对村属区划进行调整。景村境域属正仪区正仪乡。

1956 年 3 月，正仪与巴城合并为环城区，保留正仪乡，辖 31 个高级农业生产合作社。景村自然村成立五星高级一社；杨庄、朱家厍、郁港里、殷家巷 4 个自然村组建前进高级社，均属昆山县环城区正仪乡。

1958 年 9 月，成立正仪人民公社，实行政社合一体制，取消村建制，辖 29 个生产大队。景村自然村组建为五一大队，杨庄、朱家厍、郁港里、殷家巷 4 个自然村组建为前进大队。是年，根据上级生产军事化要求，五一大队和前进大队合为第七营。但不久即恢复五一大队和前进大队。

1983 年，恢复乡村建制，正仪人民公社改为正仪乡，以所辖生产大队为基础，建立 30 个行政村。五一大队改为五一村，前进大队改为郁港村。

1988 年，正仪乡撤乡建镇。五一村和郁港村属正仪镇。

2001 年，正仪镇进行区划调整，五一村和郁港村合并，建立景村村，属正仪镇。

2003 年，昆山市撤销正仪镇建制，把正仪镇辖区一分为二，娄江南面区域划归玉山镇管辖，北面区域划归巴城镇管辖。景村村属玉山镇，至 2019 年未变。

三、撤并建村

郁港村 前身为前进大队。位于正仪镇的东南部，东靠方向村，南临五一村，西靠五四村，北接新华村；距离正仪镇 8 千米，距昆山市区约 15 千米；村域面积 2. 29 平方千米。1958 年，前进高级社改建为前进大队，下辖 7 个生产队。1983 年，政社分设，前进大队改为郁港村。2000 年，郁港村辖 4 个自然村，12 个村民小组，分别是杨庄 6 个村民小组、郁港里（含殷家巷）2 个村民小组、朱家厍 4 个村民小组。全村总户籍数 213 户，总人数 915 人；耕地面积 1 909. 15

亩。村内有杨庄村北的两座标志性的单孔古石桥，桥面各由三块大条石铺成，即东石桥和西石桥；还有“杨百万”宅基地遗址。特色产业有蚌珠养殖、集体和家庭副业等，尤其是蚌珠产业闻名昆山，多次受到市、镇两级政府的表彰，并在昆山全市得到推广。2000 年，村级经济总收入约 16 万元，人均收入 2 225 元。

五一村　前身为五一大队，属景村自然村。1983 年，政社分设，五一生产大队改为五一村。2000 年，五一村共有 22 个村民小组。全村总户籍数 382 户，总人数 1 540 人；耕地面积 3 201. 85 亩。村内有村西的两座标志性大桥——北大桥、南大桥，以及风景优美的南漤。特色产业有废品回收、家庭副业和良种培植等。2000 年，村级经济总收入约 26 万元，人均收入 2 315 元。

2001 年 8 月，正仪镇对辖区内的部分行政村进行撤并调整，郁港村、五一村合并组建景村村。

四、自然村落

景村　清代以前形成村落，以村内大姓景姓为村名。南大江、北大江把景村分为东村和西村。随着人口的增长，景村的村庄规模不断拓展，东村有两条东西向的小河，开始时村民主要居住在两条小河中间位置，村民习惯称为中村；后逐步扩充到河南和河北，河南的村民习惯称为南村，河北的村民习惯称为北村。景村是远近闻名的大村，1982 年，第三次全国人口普查显示，景村有 415 户，1 535 人，为当时苏州地区农村“三最”，即村庄最大（住户多）、村里人口最多、村民人均住房面积最小的自然村。2004 年开始，根据规划建设要求，景村开始动迁。至 2019 年，全村仅存 50 余户，根据规划 2 年内全部动迁，景村自然村将消失。

杨庄　清代以前形成村落，因最初村庄中的村民杨姓居多，所以取名杨庄。杨庄东西向长，南北向短，地处原郁港村南端。村子北面有一条东西向的河，河上有两座建造年代久远的石桥，村民称为东石桥和西石桥。2006 年，因全村的土地被征用，村庄整体动迁，村民迁入茗景苑小区，杨庄自然村消失。

朱家厍　清代年间形成村落，坐落在原郁港村最北面。关于朱家厍村落的形成和村民的由来，民间的说法是：在太平天国时期，战事纷乱，百姓生活不安定，有一王姓人携全家逃难到朱家厍地域，在此定居，过起农耕生活。一天，他在野外捕捉到一窝猪崽，带回家后筑圈饲养，猪崽渐渐长大，还繁殖了很多小猪崽。从此以后，养猪成为他的家庭副业，一家人生活有了很大改善，也吸引了不少过路的流浪者在此定居，此地逐渐形成村庄。在给村庄取名方面，村民们有不同的建议，而且谁也说服不了谁，最后村里的一名长者说，第一个来此定居的王家，靠养猪生活好起来，才吸引大家在此定居，建议叫“猪家厍”。大家一致同意，但考虑到“猪”字为名有失雅致，就改用谐音“朱”字，朱家厍由此得名。朱家厍的村庄不大，1949 年全村有 28 户，一条东西向的河流贯穿全村。2006 年，因建设发展之需，村庄整体动迁而消失。

郁港里 清代以前形成村落，因村里郁姓村民比较多，且村民又依港（姚家港河）而居，所以村庄取名为郁港里。郁港里地处杨庄与朱家厍的中间。中华人民共和国成立初期，全村有 25 户。相比其他村庄，郁港里人多地少，属贫困村落，从 20 世纪六七十年代开始发展家庭副业，增加经济收入，村民才逐渐富裕起来。2006 年，因建设发展之需，村庄整体动迁，村民迁至茗景苑小区，整个村庄消失。

殷家巷 清代以前形成村落，村落位于郁港里的东北面，离郁港里仅 100 多米。因原来村中殷姓是名门望族，所以用“殷家巷”为村名。殷家巷原本是一个狭长的村庄，村后有一条连接西尤泾江的支流，而西尤泾江直通吴淞江，故村庄水运交通十分便利。依靠发达的水运条件，殷姓人家积累起一定的财富，生活过得相当殷实。后来由于家族成员中有不良嗜好，导致家族逐渐败落，再加上当地的水源不洁而致病等原因，子孙后代避逃离村，中华人民共和国成立初仅剩 4 户人家，长期归属于郁港里。2006 年，因建设发展之需，村庄整体动迁，村民被安置在茗景苑小区，村庄消失。

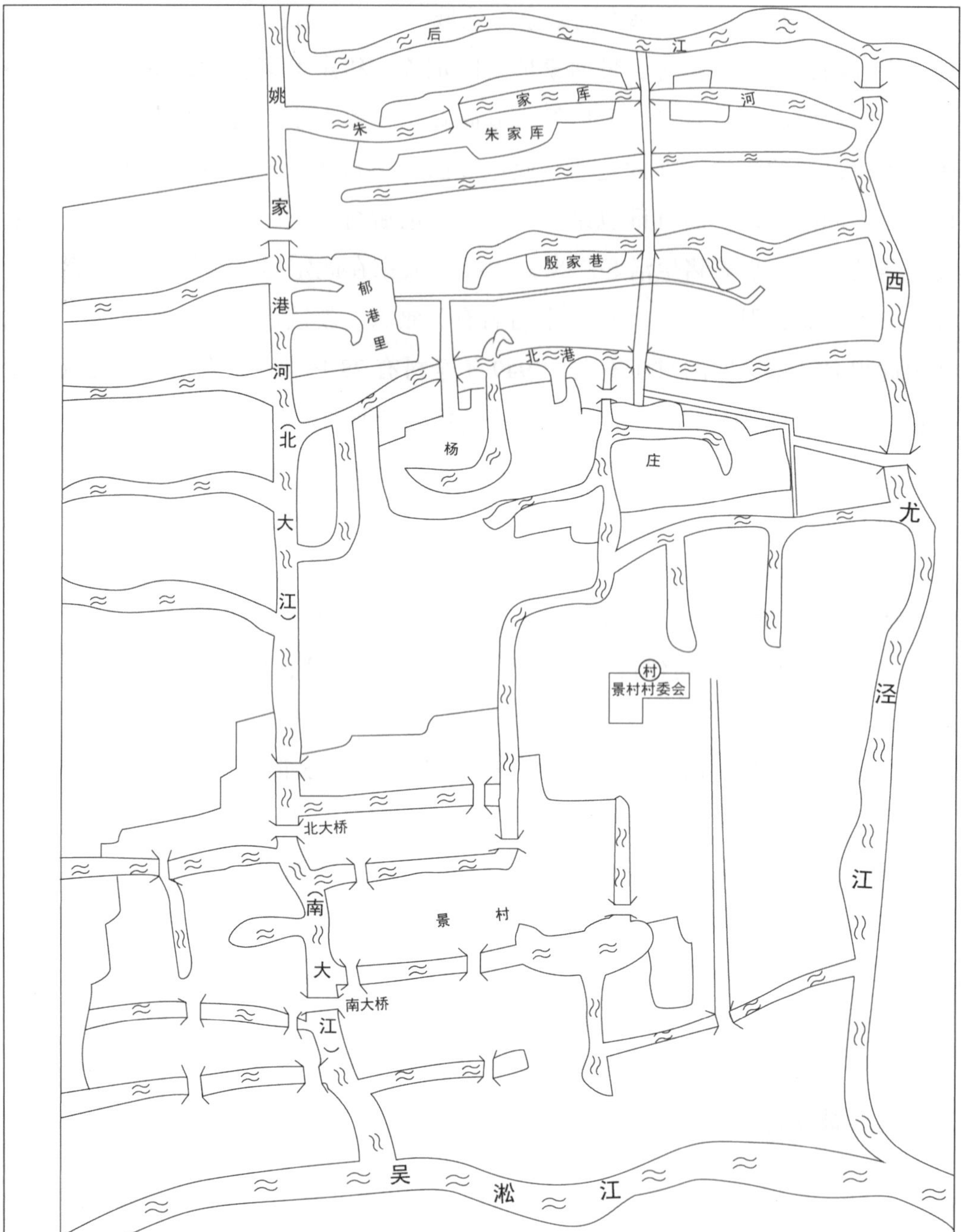

2001 年景村村区域示意图

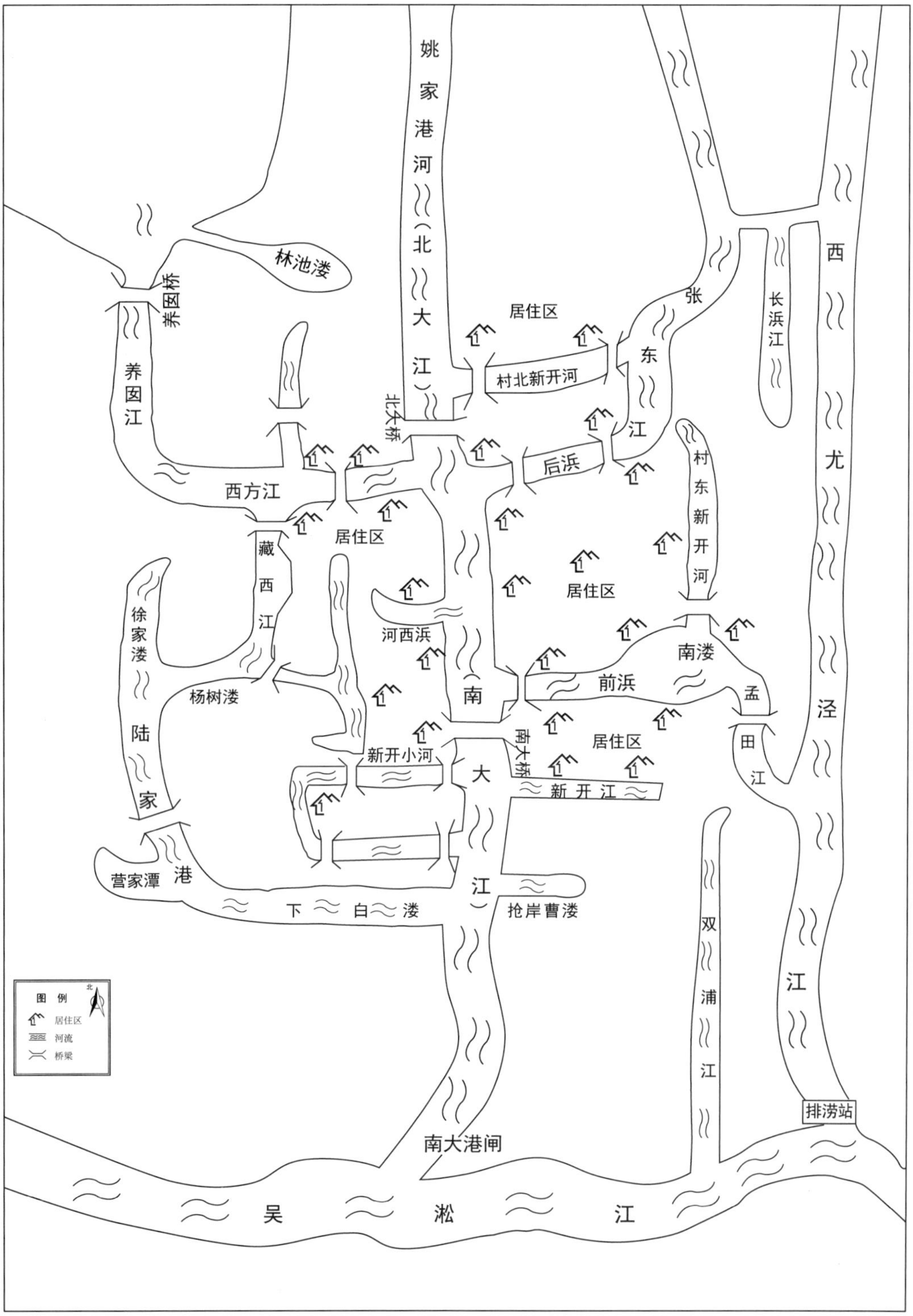

2000年五一村村民居住区分布图

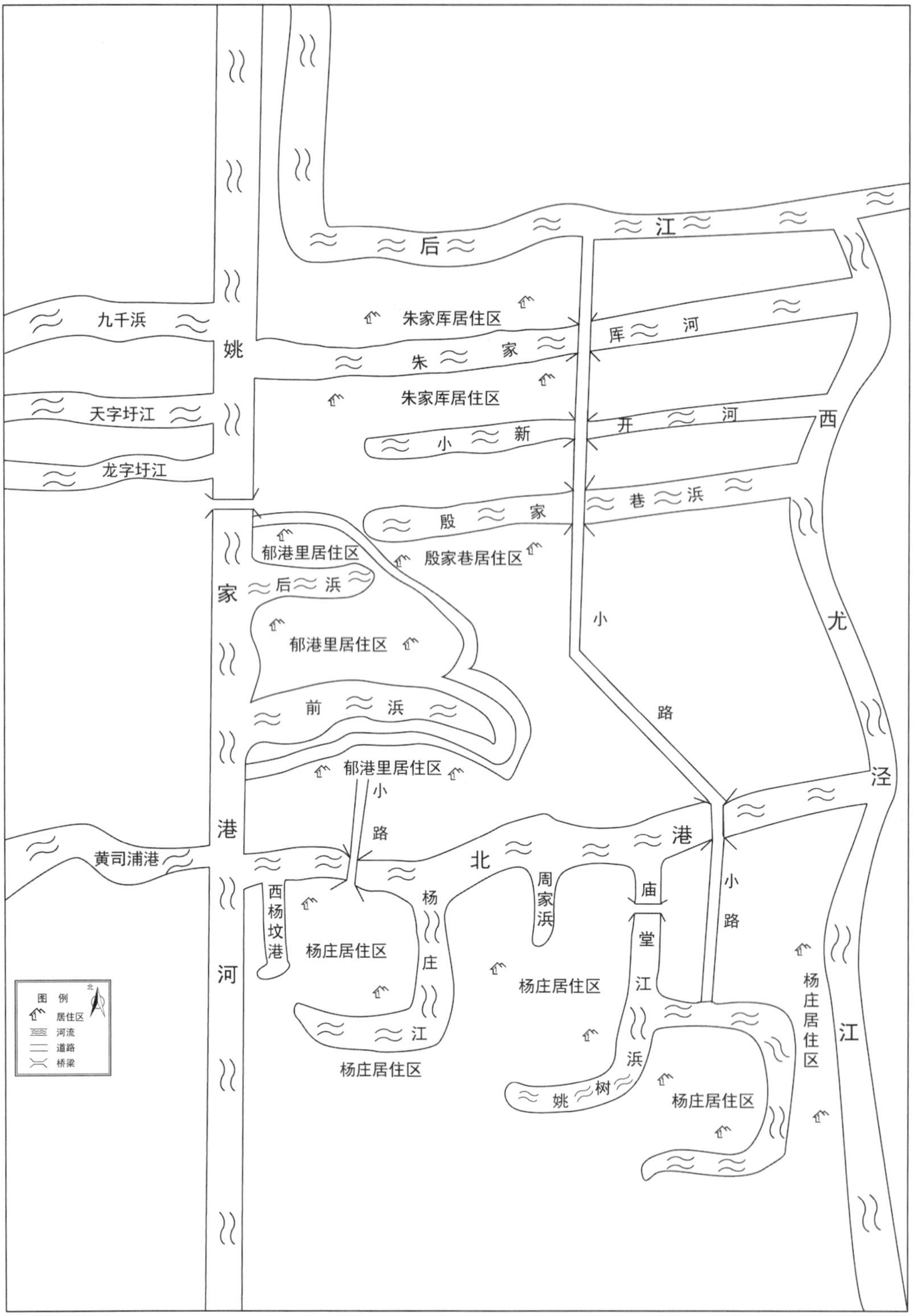

2000年郁港村村民居住区分布图

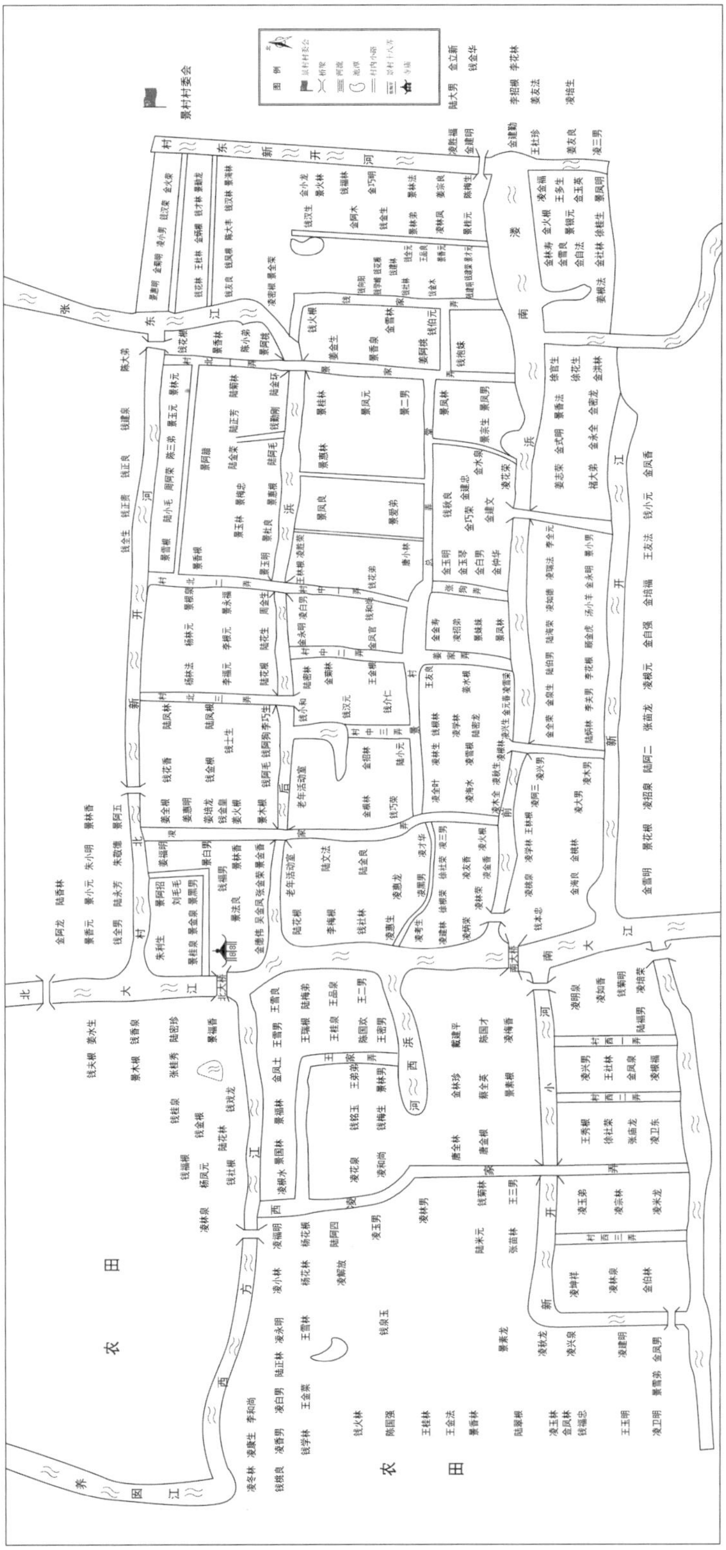

2003年景村自然村村民房屋位置示意图

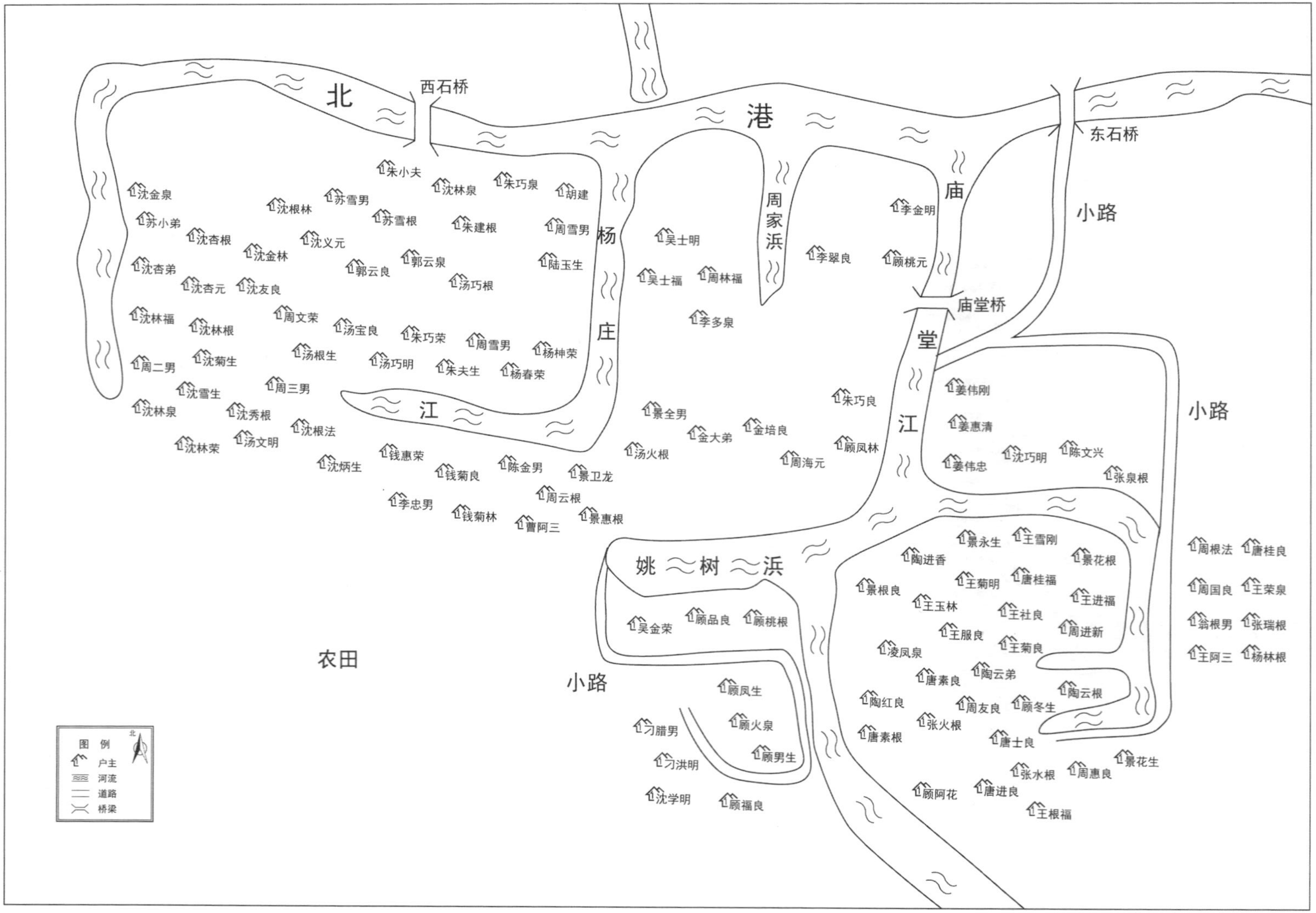

2003年杨庄自然村村民房屋位置示意图

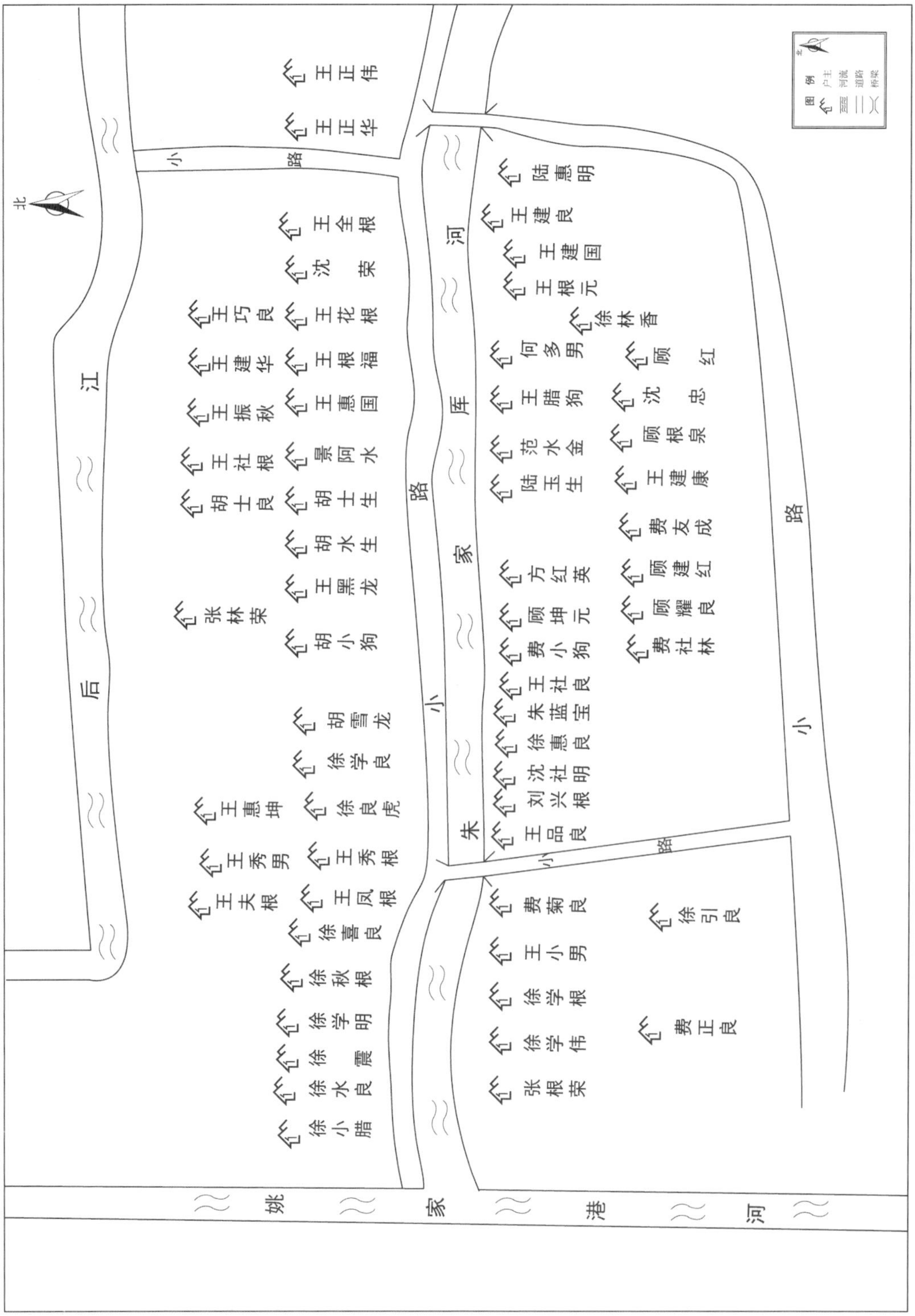

2003年朱家厍自然村村民房屋位置示意图

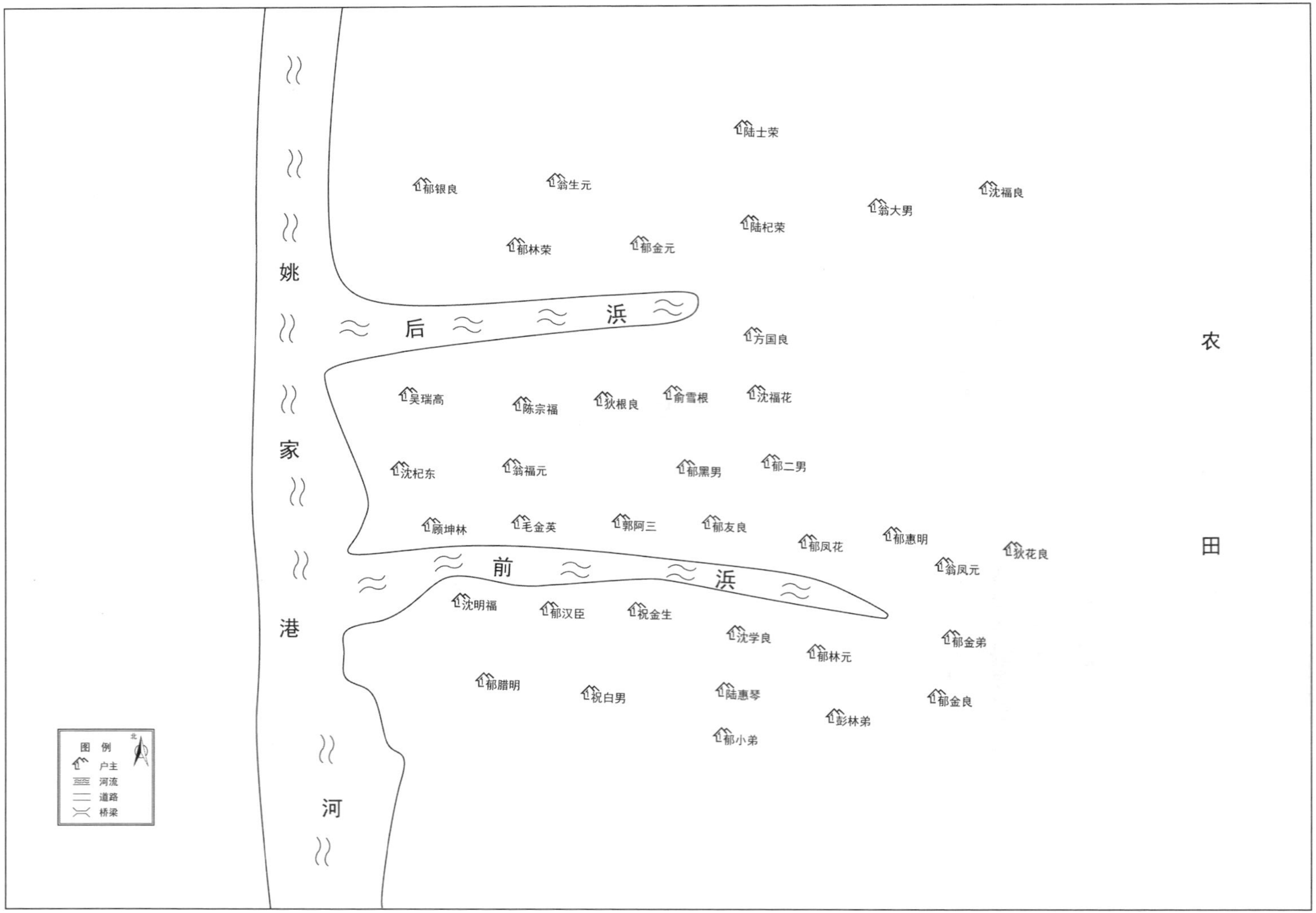

2003年郁港里自然村村民房屋位置示意图

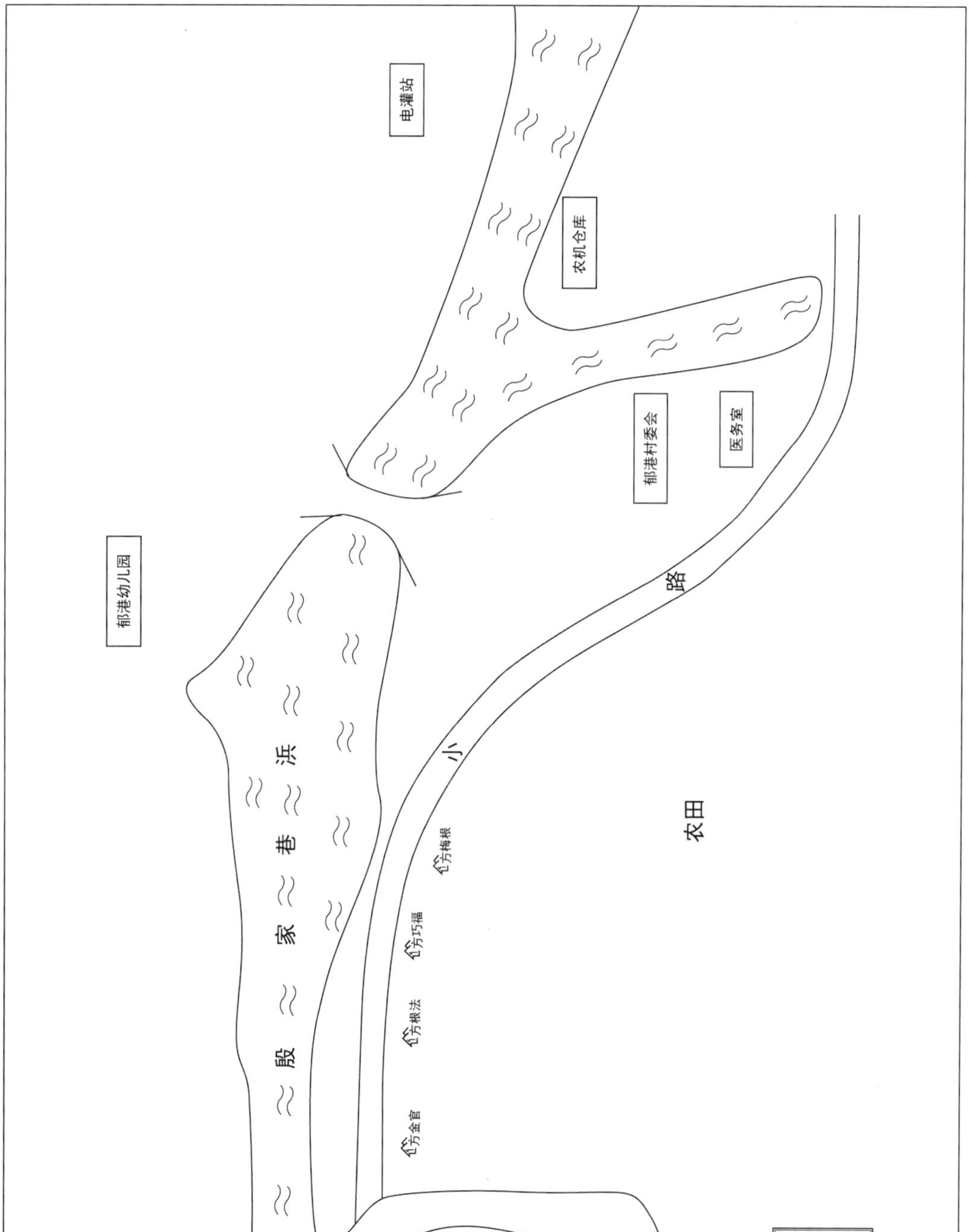

2003年殷家巷自然村村民房屋位置示意图

第二节　自然环境

一、地形地貌

景村村南临吴淞江，北距阳澄湖不足8千米。村域内河流纵横，田块被错综交叉的自然河流分割成不同形状的字圩，地势平坦，自然坡度极小，各耕地字圩之间的田块高低仅差几厘米，陆地高程在3.21米以上。除特别大的雨水会使农田受涝灾外，正常年份均不会受涝。20世纪60年代开始，境域内建设水利工程，防洪抗灾设施不断完善，农田汛期受灾概率大大降低。

20世纪70年代，开展农田整治，大搞“格子化”农田建设，挑荒坟、填水潭，使大批农田变得略有规格。2006年开始，随着元丰路、古城路相继建成并通车，村域内大批土地被征用，杨庄、郁港里、殷家巷、朱家厍4个自然村整村动迁。2009年开始，景村也开始动迁，至2019年，90%完成动迁。

村域内的土壤大多为乌底黄泥土，并逐渐形成田园土。此种土壤适合种植稻麦。部分黄泥土主要分布在较高的地块、坟堆、宅基地。还有少量砂粒黄泥土、铁质土、小粉土。砂粒黄泥土主要分布在旱地，铁质土和小粉土都在熟土层的底下或河底下。另外，用开河、挖潭的泥土堆积而成的堆叠土，俗称“生泥”。

二、河道浜溇

景村村地处江南水乡，村域内河流纵横交错，是典型的水网地区。穿村而过的南北大江，南通吴淞江，北接娄江；村中的前浜和后浜两条小河把景村村分隔成前村、中村、后村。杨庄、郁港里、殷家巷、朱家厍4个自然村，村中、村前或村后也都有一条小河经过，东通西尤泾江，西通姚家港河。村域中还有不少浜，如郁港里的前浜、后浜，杨庄的姚树浜等；各自然村周围还有许多溇，较有特色的有南溇、刁家溇等。中华人民共和国成立前后的很长一段时间，这些河流是村民世代饮用水的水源，也是村民的洗刷用水。丰富的水网为交通、灌溉、泄洪提供了有利条件，20 世纪 60—70 年代，各生产队通过吴淞江到上海、苏州运肥。随着域内挖掘新开河，开通断头河，以及河道疏浚等水利工程的建设，抗洪涝、排灌溉的能力得到提高。2003 年开始的元丰路、产业园区、村民集中居住区的建设，以及 2009 年古城路吴淞江大桥的建设，使得村域内的部分河流被填埋。至 2019 年，村域内尚存河流浜溇详见表 1-1。

景村曾有溇多之盛名，村中及周围分别有南溇、下白溇、徐家溇等共计 11 个溇。这些溇中只有南溇在村边。南溇呈椭圆形状，东西长约 200 米，南北宽约 70 米，最深的水位有 3 米多。溇的西边与南浜连接，直通南大江。因南溇水深且水质优良，溇内有大量的鱼虾，吸引渔民前来捕捉。南溇一年四季环境优美，特别是夏季的傍晚，东南风掠过溇面，引来村民到溇边乘凉，成了一道靓丽风景线。刁家溇在村北的字圩中，四面农田环绕，此溇面积约 6 000 平方米，水位较深，是周围农田灌溉的水源。40 年代，在溇边占有数块农田的金姓大地主欲要霸占溇边所有农田，他先从占溇开始，向溇边有农田的其他农户提出，该溇周边只有他一家向政府交公粮，所以该溇是他家的。为此事，有一钱姓村民组织其他农户联名上诉，法院支持钱姓及村民的诉求，判决金姓大地主败诉。这样的结果被村民誉为“棉纱线牵倒石牌楼”。村域内所有溇在中华人民共和国成立前主要用于农田排水和水稻灌溉，有的也用来种菱、茭白、藕等水生植物。70 年代，有一部分溇被填埋，也有几个溇如下白溇、徐家溇等用来养殖水产。2000 年后，随着昆山高新区产业园区的规划建设和征地动迁，村域内又有多个浜溇被填埋。详见表 1-2、表 1-3。

表 1-1 2019 年景村村域河道浜溇一览表

序号	名称	地处方位	流向	全长/米	起点	村境长度/米	止点	河宽/米	水深/米
1	南大江、北大江	景村自然村西	南北	6 000	吴淞江	2 500	娄 江	22	2. 3
2	下白溇	景村村南	东西	800	南大江	800	是字圩	20	1. 1
3	前 浜	景村村中	东西	200	南大江	200	南 溇	10	1. 2
4	后 浜	景村村中	东西	420	北大江	420	张东江	10	0. 9
5	南 溇	景村村东	南北	200	南 溇	200	前 浜	30	1. 3
6	张东江	景村村东北	南北	150	后 浜	150	元丰路	20	1. 0
7	村北新开河	景村村北	东西	250	张东江	250	北大江	10	1. 0
8	西方江	景村村西	东西	100	北大江	100	古城路	10	1. 0
9	北无界溇	景村村南	东西	150	南大江	150	古城路	12	1. 0
10	抢岸曹溇	景村村南	东西	150	南大江	150	浜 底	8	1. 0
11	新开流水河	景村村南	南北	400	西尤泾江	400	南大江	30	1. 5
12	双浦江	景村村东南	南北	200	吴淞江	200	新开流水河	12	1. 0
13	野菱溇	景村村东南	东西	150	西尤泾江	150	浜 底	10	0. 8
14	西尤泾江	景村村东	南北	3 800	吴淞江	1 800	南星渎	25	2. 1
15	陆家港	景村村西南	南北	1 000	南大江	1 000	马庄路	10	1. 8
16	新开小河	景村村西南	东西	600	南大江	600	马庄路	8	1. 2

表 1-2 景村村域历年填埋河流一览表

序号	河名	地处方位	流向	全长/米	起点	止点	河宽/米	填埋时间	填埋原因
1	林池溇	景村村西北	东西	150	西方江	养囡江	8	2008 年	建厂
2	长浜江	景村村东北	南北	300	浜 底	杨庄江	8	2008 年	建厂
3	北 港	景村村北	东西	400	西尤泾江	姚家港河	8	2008 年	建厂
4	杨庄东浜	景村村北	东西	300	浜 底	庙堂江	8	2008 年	建厂

续表

序号	河名	地处方位	流向	全长/米	起点	止点	河宽/米	填埋时间	填埋原因
5	杨庄西浜	景村村北	南北	300	浜 底	杨庄后江	8	2008 年	建厂
6	庙堂江	景村村北	南北	500	张东江	杨庄后江	8	2008 年	建厂
7	殷家巷浜	景村村北	东西	1 000	西尤泾江	浜 底	10	2008 年	建厂
8	后 浜	景村村北	东西	280	浜 底	姚家港河	8	2008 年	建厂
9	前 浜	景村村北	东西	150	浜 底	姚家港河	8	2008 年	建厂
10	村北新开河	景村村北	东西	1 000	西尤泾江	浜 底	10	2008 年	建厂
11	西杨坟港	景村村西北	南北	300	浜 底	杨庄后江	8	2008 年	建厂
12	九千浜	景村村西北	东西	400	姚家港河	家桥江	8	2008 年	建厂
13	龙字圩江	景村村西北	东西	600	姚家港河	杨庄江	10	2008 年	建厂
14	黄司浦港	景村村西	东西	600	北大江	浜 底	8	2008 年	建厂
15	徐家溇	景村村西	南北	850	杨树溇	浜 底	12	2008 年	建厂
16	杨树溇	景村村西南	东西	200	藏西江	徐家娄口	10	2012 年	建厂
17	藏西江	景村村西	南北	500	杨树溇	西方江	10	2012 年	建厂筑路
18	养囡江	景村村西	南北	300	藏西江	式庄江	8	2012 年	建厂筑路
19	西方江	景村村西	东西	200	南大江	藏西江	8	2012 年	建厂筑路
20	南无界溇	景村村南	南北	100	下白溇	浜 底	8	2012 年	建厂筑路
21	孟田江	景村村东南	东西	150	西尤泾江	南 溇	8	2012 年	改道

表 1-3 景村村域历年填埋浜溇一览表

序号	名称	地处方位	溇潭/只	面积/亩	填埋时间	填埋原因
1	姜字圩	村北	1	1. 32	1958 年	复耕还田
2	双字圩	村南	5	8. 30	1959 年	复耕还田
3	北大江	村北	1	1. 49	1970 年	复耕还田
4	牛角尖	村中	1	2. 00	1976 年	村民建房
5	河 西	村中	2	4. 95	1976 年	村民建房
6	河 东	村中	1	2. 00	1976 年	村民建房

续表

序号	名称	地处方位	溇潭/只	面积/亩	填埋时间	填埋原因
7	木字圩	村南	2	4.50	1982年	复耕还田
8	白字圩	村南	5	5.00	1982年	复耕还田
9	坟字圩	村南	8	11.10	1982年	复耕还田
10	村　北	村中	1	1.40	1982年	村民建房
11	村　南	村中	1	2.00	1982年	村民建房
12	光字圩	村北	3	3.10	1982年	复耕还田
13	刁字圩	村北	2	2.00	1982年	复耕还田
14	发字圩	村北	2	1.90	1982年	复耕还田
15	长浜东	村东	1	1.30	1982年	复耕还田
16	江　东	村东	2	1.20	1982年	复耕还田
17	龙字圩	村北	2	2.00	1982年	复耕还田
18	朱家库	村北	3	2.00	1982年	复耕还田

三、自然气候

景村村夏季东南风多，冬季西北风多，全年以东南风为主，四季分明，日照充足，雨量充沛，无霜期长。但冬夏季节时的季节风进退有早有迟，而且强弱变化差异较大；年均降水量也有很大的差距，因而旱涝风雪时有发生。

春季　一般为每年的2月下旬至5月下旬或6月上旬。春季的最高温度一般在15 ℃—30 ℃，最低温度在10 ℃以内，也有的年份初春时温度低至0 ℃，春季特别冷的天气俗称“拗春冷”。

夏季　一般到了小满节气，气温升高会特别快，也就预示着进入夏季。夏季最高温度一般出现在大暑，即每年的7月上中旬，极端最高气温可达37 ℃以上，超过35 ℃的高温日各个年份也有很大的差别，少的几天，多的20多天。

秋季　一般在每年的9月下旬进入秋季。此时气温逐渐下降，北方的冷空气一股接着一股周期性地不断南下，南下的冷空气会带来一场场明显的降雨。除了秋雨绵绵，秋高气爽是当地人对秋季气象的总体感觉。

冬季 一般每年 11 月开始入冬。进入冬季，受到北方冷空气不断侵袭，气温骤降，最低气温有的年份可达-4 ℃—5 ℃，有的年份会在-7 ℃—8 ℃。各年之间 0 ℃以下的天数也有很大的差别，偶尔会出现“暖冬”现象。

四、自然资源

土地资源 根据 2002 年的土地测绘结果，景村村耕地总面积 5 111.07 亩，包括水田、旱地和自留地等。2002 年后，村域内产业园区建设、自然村落整体动迁和村民集中居住等情况使得土地资源的利用发生重大变化，工商业企业用地、道路及绿化用地大量增加，农用耕地逐年减少。至 2019 年，全村企业用地 4 692 亩，农业耕地面积 642 亩，住宅面积 1 012 亩，道路面积 817 亩，绿化面积 754 亩，未利用土地 107 亩。

水资源 村域内河流众多，水资源丰富，共有河道 40 多条，水域面积长期保持在 770 亩左右。此外，村域内地下水源也极丰富，70 年代，村民自挖浅井 500 余口，改善用水条件。2000 年以后，随着村域内开发建设进度的加快，一些河塘浜溇随之消失；2002 年，全村的水域面积降至 708 亩；2019 年，进一步降至 500 多亩。

动物资源 主要有鱼类：白条鱼、鳜鱼、鳊鱼、鲶鱼、鲫鱼、鲤鱼、草鱼、鲢鱼、青鱼等；两栖类：青蛙、蟾蜍、乌龟、甲鱼等；爬行类：蛇、蜥蜴、壁虎等；鸟类：鸡、鸭、鹅、麻雀、燕子、乌鸦、啄木鸟、猫头鹰、鸽子、白头鹎、杜鹃、喜鹊、画眉鸟等；哺乳类：牛、羊、猪、狗、老鼠、兔、猫、黄鼠狼等；扁形类：血吸虫等；线形类：蛔虫等；环节类：蚯蚓、蚂蟥等；软体类：田螺、河蚌、螺蛳等；节肢类：虾、蟹、蝴蝶、蝗虫、蜈蚣等。

植物资源 主要有草本植物：车前草、马头兰、狗尾巴草、蒲公英、马齿苋、水花生、水浮莲、浮萍、绿萍等；木本植物：棕竹、香樟、杨树、柳树、柏树、银杏、柿子树、水杉、橘树、玉兰等；苔藓植物：葫芦藓、黑藓等。

五、自然灾害

1935 年，大旱之年，景村域内 5 个月不下雨，小河干枯，禾苗枯萎，八成以上的庄稼颗粒无收。

1951 年 7 月，景村遭台风袭击，连续下大雨，水位猛涨至 3.3 米，境域内近 3 000 亩稻田被淹。

1951 年 10 月，景村境域内稻田受螟虫严重侵害。

1954 年 5 月 18 日至 7 月 24 日，景村境域内连续下雨 67 天，遭遇历史上少见的特大洪水，共有 1 500 多亩农田被淹。

1957 年 6 月，梅雨季节连降暴雨，景村境域内近 1 000 亩农田被淹，庄稼歉收。

1961 年 6 月，连续阴雨，导致景村境域内刚收获的小麦、油菜籽发芽、发霉、腐烂，造成很大损失。

1963 年 5 月，景村境域内遭受雹灾，持续时间约一刻钟，冰雹最大的重约半斤，庄稼被砸倒砸烂，造成严重损失。

1963 年 9 月 11—13 日，景村境域内遭强台风袭击，10 多间房屋被大风吹倒，船坊、牛棚等受损严重。

1969 年 5 月 24 日，景村境域内遭冰雹袭击，小麦、油菜减产两成多。

1975 年 5 月 30 日，景村境域内遭冰雹、暴雨、大风侵袭，受灾面积近 1 000 亩，小麦、油菜等农作物受损严重。

1978 年 6—7 月，连续高温无雨，降雨量为常年平均数的 50%，景村境域内出现严重干旱。

1979 年 8 月 24 日，景村境域内遭强台风袭击，早熟品种水稻“国际 661”受害严重。

1983 年 4 月 28 日，景村境域内遭雷暴雨伴随大风袭击，800 多亩小麦倒伏，450 多亩油菜受灾。

1988 年 5 月 3 日夜至 5 日晨，景村境域内遭狂风暴雨袭击，河水猛涨，800 多亩小麦和 300 多亩油菜受灾。

1991 年 7 月上旬，连降暴雨，五一村、郁港村域内遭受百年未遇的特大洪涝灾害，新栽水稻大多被淹，两村受灾面积约 1 500 亩。

1993 年 8 月，因连降大雨造成河水猛涨，景村境域内低洼田被水淹没。

1997 年 8 月 20 日，受台风影响，景村境域内有 1 000 多亩水稻严重倒伏。

2008 年 1 月，景村境域内降暴雪，积雪厚 30 多厘米，2 处简易房被压塌，同时严重冰冻造成路滑。

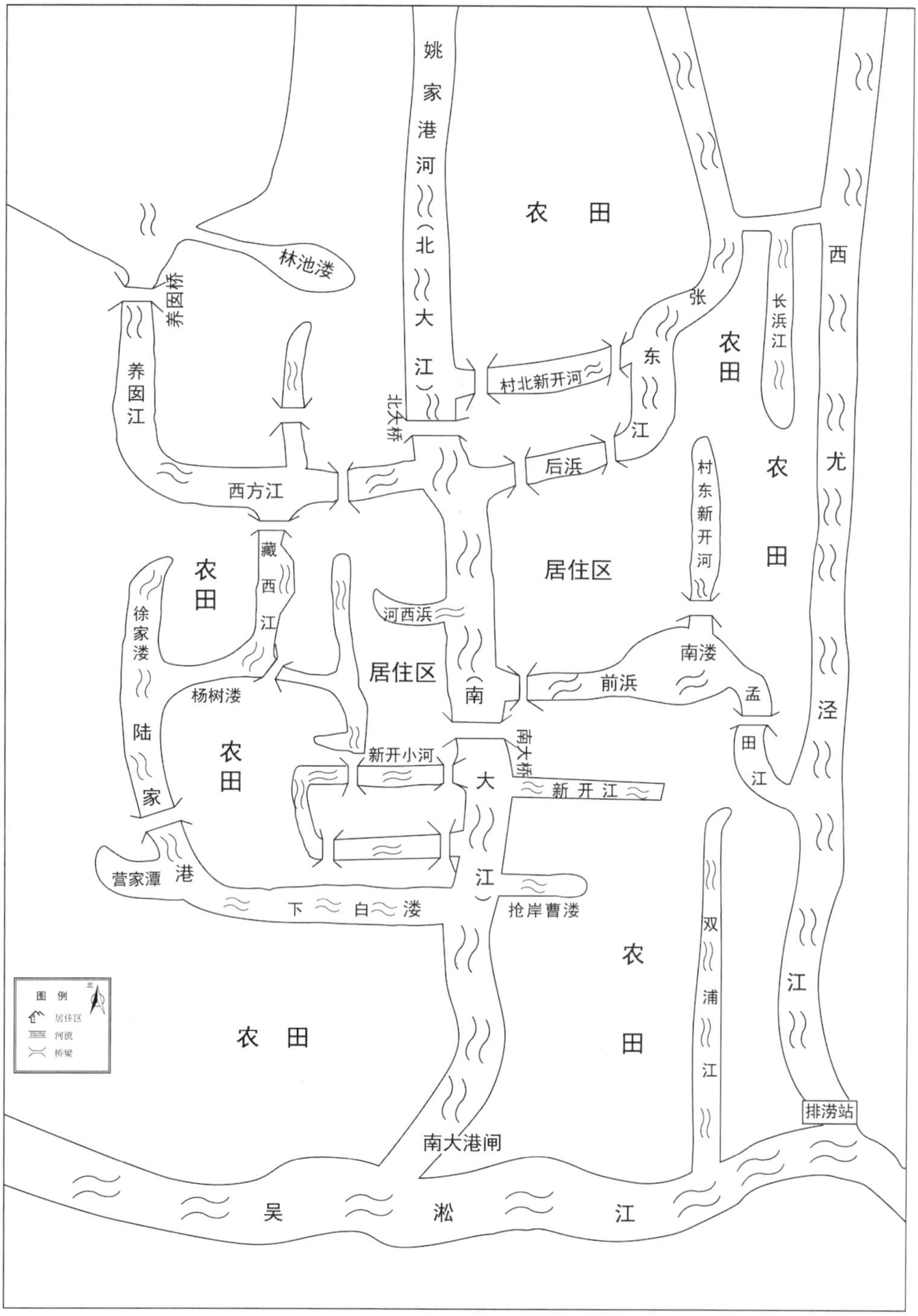

2003 年原五一村地形示意图

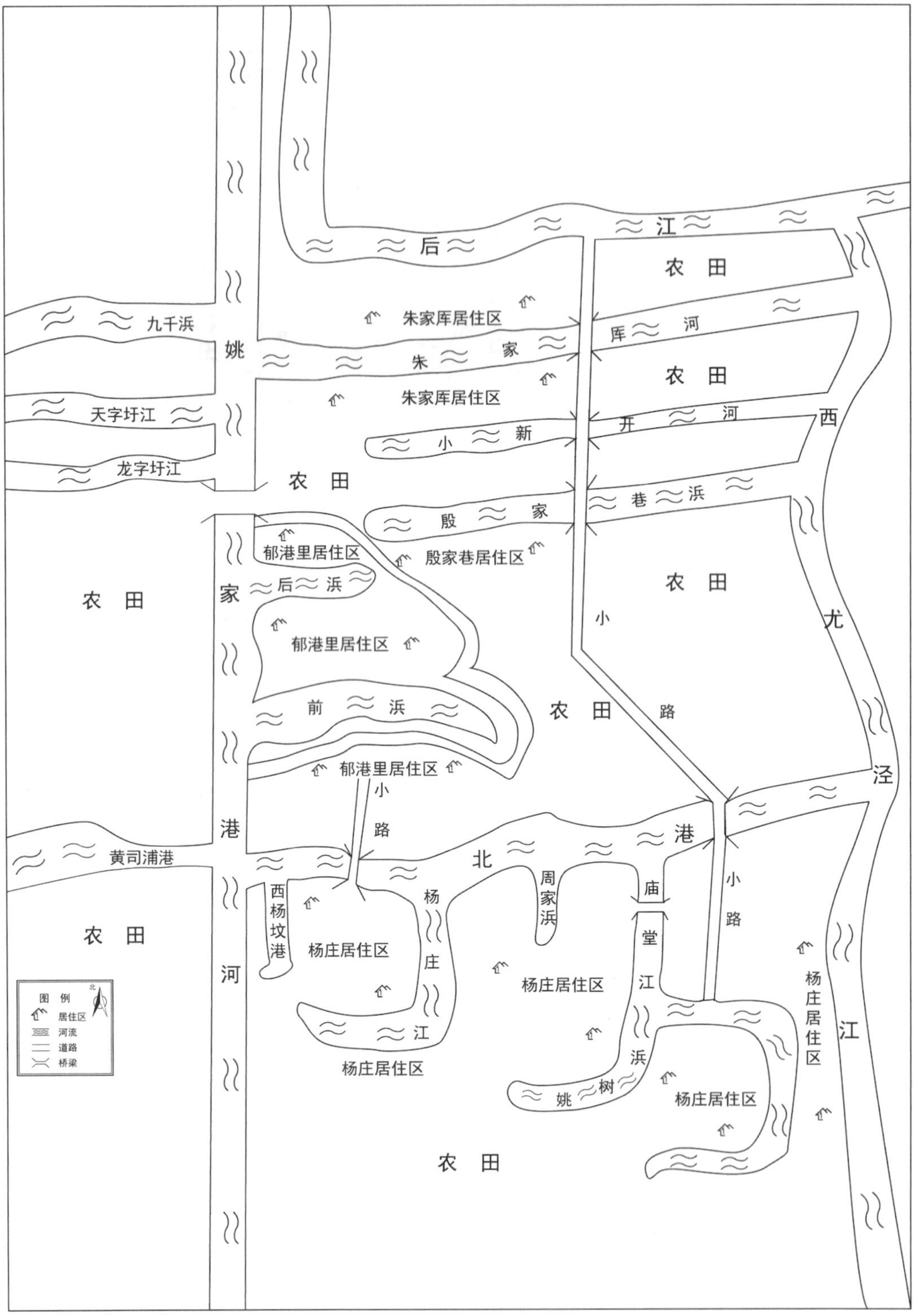

2003 年原郁港村地形示意图

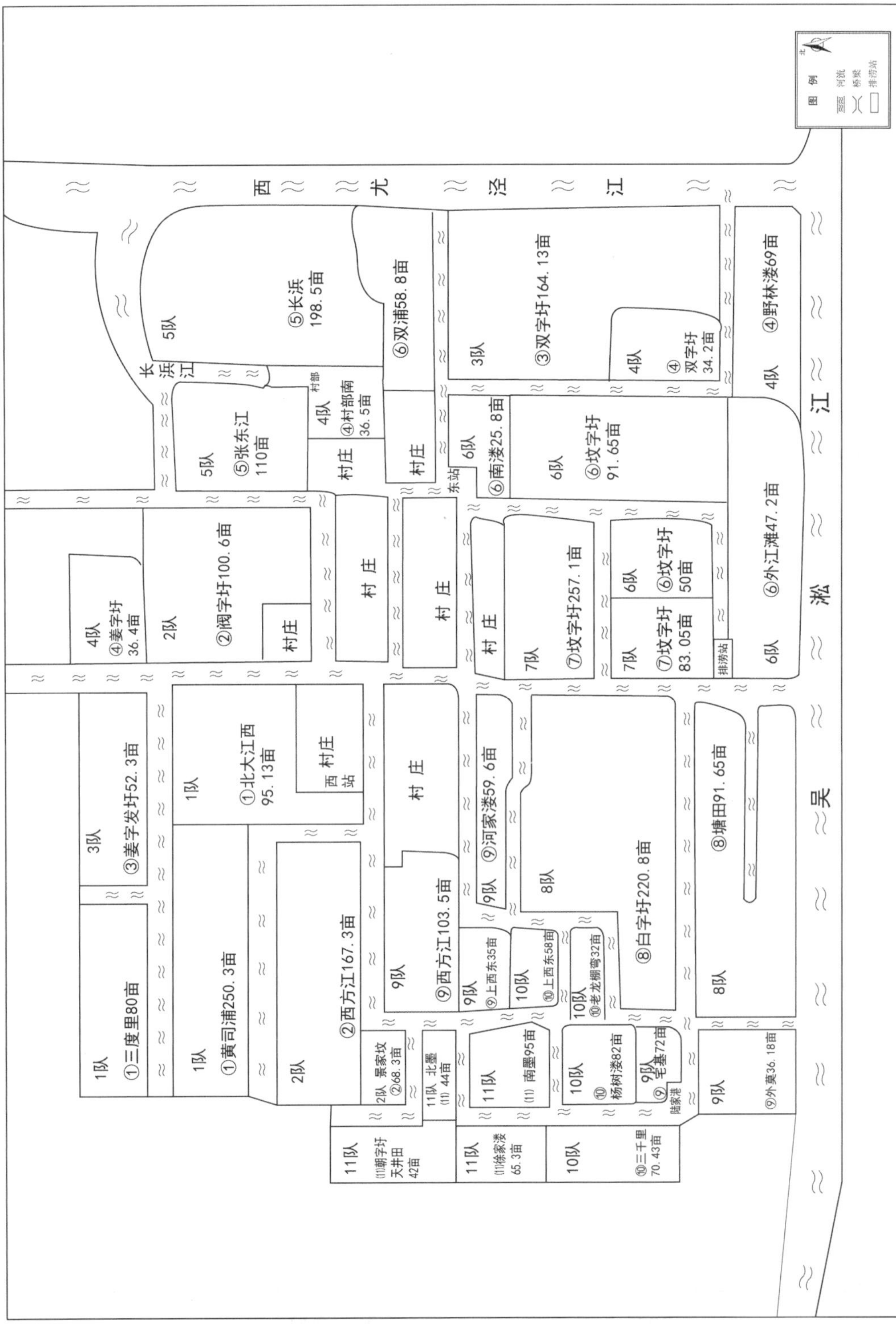

2003年原五一村农田圩分布示意图

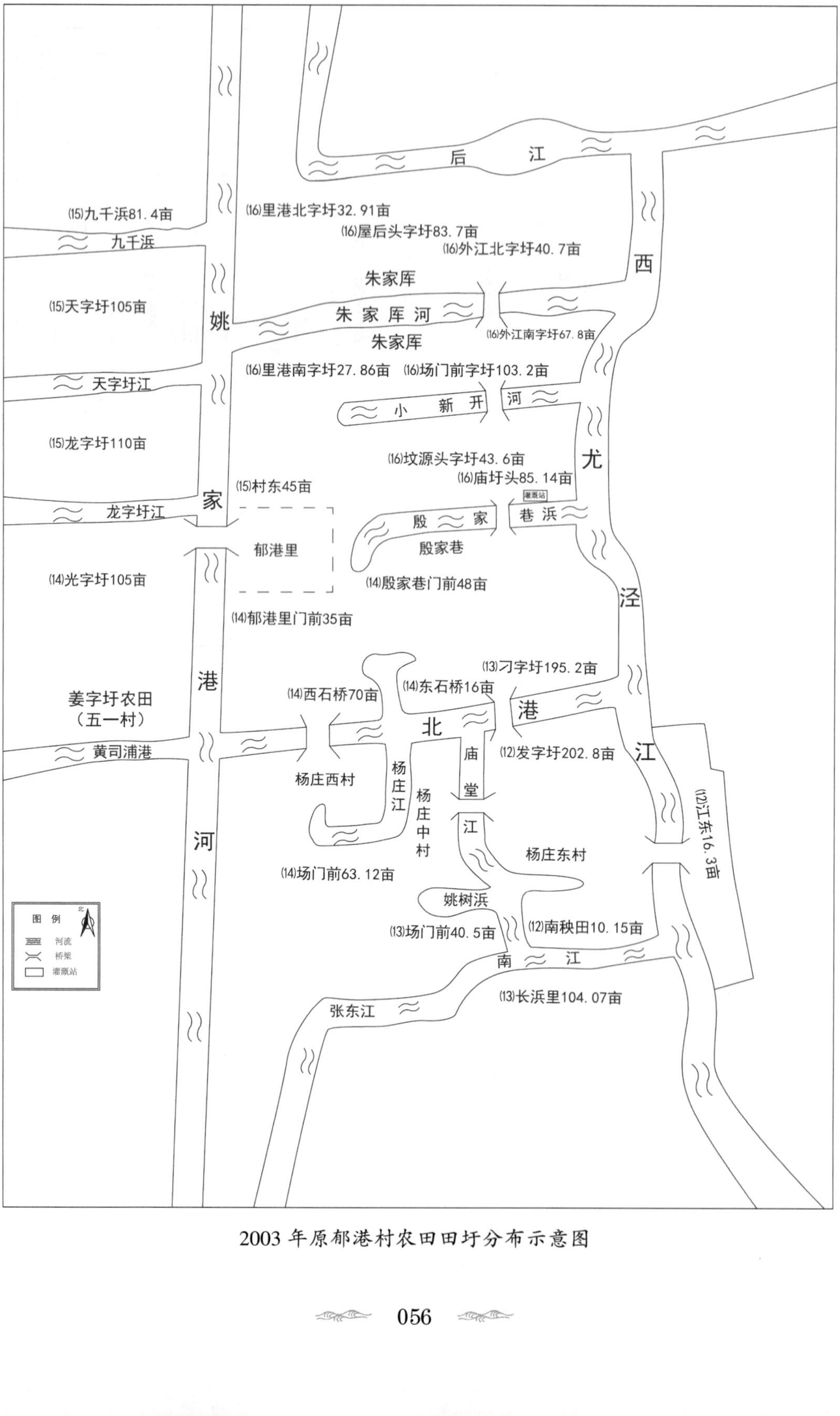

2003 年原郁港村农田田圩分布示意图

第三节　人口家庭

一、人口总量

1953 年，第一次全国人口普查显示，景村境域内的 5 个自然村共有 185 户，总人口为 1 016 人，其中男性 504 人、女性 512 人。

1964 年，第二次全国人口普查显示，五一大队总人口 1 118 人，其中男性 550 人、女性 568 人；前进大队总人口 724 人，其中男性 353 人、女性 371 人。

1982 年，第三次全国人口普查显示，五一大队总人口 1 535 人，其中男性 768 人、女性 767 人；前进大队总人口 955 人，其中男性 479 人、女性 476 人。

1990 年，第四次全国人口普查显示，五一村总人口 1 521 人，其中男性 753、女性 768 人。郁港村总人口 910 人，其中男性 466 人、女性 444 人。

2000 年，第五次全国人口普查显示，五一村总人口 1 540 人，其中男性 752 人、女性 788 人；郁港村总人口 915 人，其中男性 451 人、女性 464 人。

2010 年，第六次全国人口普查显示，景村村总人口为 2 221 人，其中男性 1 077 人、女性 1 144 人。

2019 年，景村村共 628 户，总人口 2 156 人，其中男性 1 074 人、女性 1 082 人。

二、人口结构

性别结构　景村村域的男女比例，除个别年份男性略高于女性，绝大多数年份是女性略高于男性，年老的男性少于女性。村域内的男女比例 1964 年为 100：103，2010 年为 100：106.2，2019 年为 100：100.7。

年龄结构 随着生活水平的提高、劳动强度的减弱及医疗事业的发展，村民生活质量越来越好，长寿老人越来越多，逐渐进入老龄化。2005 年，全村 18 周岁以下有 288 人，占全村人口的 13.57%，80 周岁及以上老人 86 人，占全村人口的 4.06%。2019 年，18 周岁以下有 234 人，占全村人口的 10.85%，80 周岁及以上的老人增至 133 人，占全村人口的比重升至 6.17%，90 周岁及以上的老人有 23 人，占全村人口的 1.01%，平均寿命有了大幅度的提升。详见表 1-4。

民族文化 村域内村民全部为汉族，省外迁入本村户籍人口约占总人口的 1.5%。本科以上学历人数约占总人数的 10%，其中研究生 9 人，博士生 3 人。

表 1-4　2005—2019 年景村村人口、性别、年龄构成一览表

年份	户数/户	总人口/人	男		女		80 周岁以上		18 周岁以下	
			人数/人	占比	人数/人	占比	人数/人	占比	人数/人	占比
2005	565	2 122	1 060	49.95%	1 062	50.05%	86	4.06%	288	13.57%
2006	560	2 175	1 085	49.86%	1 090	50.14%	98	4.51%	287	13.20%
2007	534	2 199	1 094	49.75%	1 105	50.25%	103	4.68%	282	12.82%
2008	625	2 201	1 074	48.80%	1 127	51.20%	105	4.77%	285	12.95%
2009	622	2 206	1 076	48.76%	1 130	51.24%	109	4.94%	286	12.96%
2010	618	2 221	1 077	48.50%	1 144	51.50%	110	4.95%	279	12.56%
2011	616	2 224	1 074	48.29%	1 150	51.71%	115	5.17%	276	12.41%
2012	614	2 213	1 064	48.80%	1 149	51.20%	116	5.24%	271	12.25%
2013	600	2 182	1 046	47.94%	1 136	52.06%	120	5.50%	259	11.87%
2014	591	2 144	1 029	47.99%	1 115	52.01%	124	5.78%	260	12.13%
2015	583	2 101	1 005	47.83%	1 096	52.17%	121	5.76%	249	11.85%
2016	575	2 066	992	48.02%	1 074	51.98%	127	6.15%	251	12.15%
2017	566	2 039	980	48.06%	1 059	51.94%	128	6.28%	237	11.62%
2018	619	2 123	1 026	48.33%	1 097	51.67%	130	6.12%	228	10.74%
2019	628	2 156	1 074	49.81%	1 082	50.19%	133	6.17%	234	10.85%

三、生育管理

中华人民共和国成立后的很长一段时期，人口数量增长比较快。景村境域内1953年的总人口为1 016人，1964年增至1 842人，增长81.3%。70年代后，国家大力实行计划生育政策，境域内人口出生率和自然增长率明显下降。1979年，实行一对夫妇只生一个孩子的计划，五一大队和前进大队为独生子女家庭父母发放计划生育补贴，有效控制人口数量增长过快的情况。当时五一大队第3生产队的景凤良和前进大队第6生产队的陆杞荣夫妇，率先响应计划生育政策，报名只生一个孩子，成为景村境域内第一个领到“独生子女光荣证”的家庭，并参加昆山县计划生育表彰大会。

2002年开始，景村村落实国家计划生育调整政策，允许“双独二孩”“单独二孩”，但不少夫妇依然只生一个孩子，人口自然增长率依然很低。2014年，全村人口2 144人，比1964年增加302人，50年增长16.4%。景村村被昆山市人民政府评为“人口与计划生育先进单位”。从2015年10月开始，景村村根据国家政策，全面放开生育二孩。

四、人口管理

户籍人口管理 1958年，按国家政策规定，景村境域内以农业合作社为单位，给农户发放户口本，开始实行农村户籍管理。家庭成员集中于一本户口本，户口本上登记家庭住址和每一个家庭成员的姓名、性别、民族、出生日期等，由合作社（大队）负责登记管理。村民凭户口本办理户口迁移、结婚登记等，在计划经济时期，村民还凭户口本领取各种票证及购买各类商品和生活用品。

1987年，域内年满18周岁的村民开始办理第一代身份证，有15位数字显示个人身份证号。2004年，办理发放第二代身份证，年龄提前至16周岁。第二代身份证的办理和发放均由所属乡镇派出所负责拍照、办理、发行，每个人都有18位数字的个人身份证号，1—2位为省、自治区、直辖市代码；3—4位为地级市、盟、自治州代码；5—6位为县、县级市、区代码；7—14位出生年月日；15—17位为顺序号，其中第17位即倒数第二位，男为单数，女为双数；18位为校验码。

1996 年，景村境域内开始启动出生证登记办理，新生婴儿必须由医院提供记录出生日期、性别等信息的出生证，凭出生证到当地派出所办理户口登记。

根据规定，死亡人员要及时进行户口注销。村民死亡以后，先由村委会开具证明，然后由区镇卫生服务中心（江浦社区）核实，最后到所属派出所注销户口。

进入 21 世纪后，景村村域内大批农户动迁安置到各个社区，打破了原来的管理格局。有一些村民虽然户口在村里，但长期在外务工经商，或在城市里购买了商品房，长期居住在外。针对这些情况，景村村采取与有关社区、派出所密切配合的方式，及时掌握外出村民的工作单位、联系电话、居住地址等相关信息，建立村委会、相关社区和派出所三方共管模式。

外来人口管理 改革开放以来，特别是进入 21 世纪后，大量企业进驻景村村域，大批外来务工人员进厂打工，他们中大部分人员租住在村内各农户家中。为了促进社会安定，做到对外来租住人员的可控可管，景村村“两委”与吴淞江派出所及租住人员所在工作单位实行联动、协调共管，要求每一位外来人员都要办理临时居住证明，登记个人信息（包括原户籍信息、通信号码、配偶子女、学历等）、工作单位和用工合同、居住地址和租房合同，并要求承租人在居室内配备手电筒、防烟面罩、报警哨、干粉灭火器和逃生软梯等逃生物品。村委会指定专人配合派出所专管警员实行定时或不定时的查访，确保对全村租住人员的长效管理。在加强管理的同时，村“两委”也对外来人员提供各方面的服务，让外来人员融入社区，共同建设和谐家园。

五、姓氏构成

1949 年，景村境域内各自然村的姓氏少则几个，多则十几个。其中，景村有姓氏 17 个，杨庄有姓氏 19 个，郁港里有姓氏 11 个，朱家厍有姓氏 10 个，殷家巷村有姓氏 1 个。景村景姓最多，占全村姓氏的 27%以上。殷家巷 4 户人家中没有一户姓殷，原来殷姓人家都搬离了。朱家厍唯一一名姓朱者也是从域外迁入。

80 年代以前，景村境域内的人口除婚嫁外很少流动，姓氏变动不大。80 年代以后，大量外地人员随着昆山的发展而流入，特别是景村村划入昆山高新区（玉山镇）以后，村域内建设步伐加快，使得人员流动性增大，姓氏增加。2019年，村域内共有姓氏39个，分别为王、沈、胡、徐、费、倪、顾、闵、陆、何、郁、翁、吴、陈、狄、毛、祝、郭、方、苏、周、汤、朱、杨、李、景、钱、唐、陶、凌、张、刁、金、姜、范、俞、彭、曹、刘。详见表1-5、表1-6、表1-7、表1-8。

表1-5　1949年、2019年景村自然村姓氏户数一览表

1949年				2019年			
序号	姓氏	户数/户	占比/%	序号	姓氏	户数/户	占比/%
1	景	25	33.78	1	景	76	19.90
2	钱	8	10.81	2	钱	82	21.47
3	陆	6	8.10	3	陆	33	8.64
4	金	5	6.76	4	金	49	12.83
5	凌	7	9.46	5	凌	46	12.04
6	王	7	9.46	6	王	34	8.90
7	张	2	2.71	7	张	5	1.30
8	姜	3	4.05	8	姜	17	4.45
9	李	2	2.71	9	李	15	3.93
10	杨	1	1.35	10	杨	6	1.57
11	唐	1	1.35	11	唐	3	0.79
12	陈	2	2.71	12	陈	8	2.09
13	徐	1	1.35	13	徐	1	0.26
14	周	1	1.35	14	周	2	0.52
15	吴	1	1.35	15	吴	1	0.26
16	朱	1	1.35	16	朱	3	0.79
17	方	1	1.35	17	刘	1	0.26

表 1-6　1949 年、2019 年杨庄姓氏户数一览表

1949 年				2019 年			
序号	姓氏	户数/户	占比/%	序号	姓氏	户数/户	占比/%
1	沈	7	12.07	1	曹	1	0.78
2	苏	1	1.72	2	陈	2	1.56
3	周	7	12.07	3	刁	2	1.56
4	汤	5	8.62	4	顾	11	8.60
5	朱	2	3.45	5	郭	2	1.56
6	杨	2	3.45	6	胡	1	0.78
7	吴	2	3.45	7	姜	3	2.34
8	李	2	3.45	8	金	2	1.56
9	顾	5	8.62	9	景	7	5.47
10	景	4	6.90	10	李	4	3.13
11	钱	2	3.45	11	凌	1	0.78
12	唐	4	6.90	12	陆	1	0.78
13	王	5	8.62	13	钱	3	2.34
14	陶	2	3.45	14	沈	23	17.97
15	凌	1	1.72	15	苏	3	2.34
16	张	3	5.17	16	汤	8	6.25
17	刁	2	3.45	17	唐	8	6.25
18	金	1	1.72	18	陶	4	3.13
19	郭	1	1.72	19	王	11	8.60
				20	翁	1	0.78
				21	吴	3	2.34
				22	张	4	3.13
				23	周	14	10.94
				24	朱	6	4.69
				25	杨	3	2.34

表 1-7　1949 年、2019 年郁港里（含殷家巷）姓氏户数一览表

1949 年				2019 年			
序号	姓氏	户数/户	占比/%	序号	姓氏	户数/户	占比/%
1	郁	7	28.00	1	郁	16	34.04
2	陆	1	4.00	2	翁	4	8.51
3	沈	2	8.00	3	陆	3	6.37
4	翁	3	12.00	4	沈	6	12.76
5	吴	2	8.00	5	吴	2	4.26
6	陈	1	4.00	6	陈	1	2.13
7	狄	2	8.00	7	狄	2	4.26
8	毛	1	4.00	8	俞	1	2.13
9	祝	1	4.00	9	顾	1	2.13
10	郭	1	4.00	10	毛	1	2.13
11	方	4	16.00	11	郭	2	4.26
				12	彭	1	2.13
				13	祝	2	4.26
				14	方	5	10.63

表 1-8　1949 年、2019 年朱家厍姓氏户数一览表

1949 年				2019 年			
序号	姓氏	户数/户	占比/%	序号	姓氏	户数/户	占比/%
1	王	6	21.43	1	王	28	39.43
2	沈	1	3.57	2	沈	2	2.81
3	胡	4	14.29	3	胡	6	8.45
4	徐	6	21.43	4	景	1	1.41
5	黄	4	14.29	5	张	3	4.23
6	倪	1	3.57	6	徐	13	18.32
7	顾	2	7.14	7	陆	2	2.81

续表

1949 年				2019 年			
序号	姓氏	户数/户	占比/%	序号	姓氏	户数/户	占比/%
8	闵	1	3.57	8	何	1	1.41
9	陆	2	7.14	9	范	1	1.41
10	何	1	3.57	10	顾	6	8.45
				11	费	6	8.45
				12	方	1	1.41
				13	朱	1	1.41

六、老人名录

2019 年，景村村 80 周岁及以上老人共有 133 名，其中男性 48 名、女性 85 名；90 周岁（含）以上老人有 23 名，其中男性 3 名、女性 20 名。详见表 1-9。

表 1-9　2019 年景村村 90 岁以上老人一览表

序号	姓名	性别	出生年月	序号	姓名	性别	出生年月
1	顾巧宝	女	1924 年 7 月	13	顾杏花	女	1928 年 6 月
2	钱爱大	女	1925 年 3 月	14	戴海宝	女	1928 年 8 月
3	郭桂大	女	1925 年 8 月	15	景阿花	女	1928 年 8 月
4	王根妹	女	1926 年 1 月	16	张桂秀	女	1928 年 9 月
5	李招林	男	1926 年 6 月	17	凌云花	女	1929 年 2 月
6	戴根生	男	1926 年 10 月	18	王根妹	女	1929 年 9 月
7	周大妹	女	1927 年 1 月	19	王凤花	女	1929 年 9 月
8	王水宝	女	1927 年 6 月	20	陆秀宝	女	1929 年 10 月
9	沈小宝	女	1927 年 6 月	21	钱金大	女	1929 年 11 月
10	金夫宝	女	1927 年 8 月	22	金巧花	女	1929 年 12 月
11	陆银秀	女	1927 年 8 月	23	毛金英	女	1929 年 12 月
12	郭泉根	男	1927 年 9 月				

第四节 村级组织

一、村党组织

中华人民共和国成立后，正仪乡成立党支部。1952 年，景村的陆巧生和杨庄的沈早金加入中国共产党，成为景村境域内第一批入党的人。

1956 年冬，景村境域内第一个党支部五星高级一社党支部成立，共有党员 12 人，景文明任五星高级一社党支部书记。同年，杨庄、郁港里、殷家巷和朱家厍组建的前进高级社也成立党支部，共有党员 9 人，沈早金任前进高级社党支部书记。

1958 年实行人民公社体制后，五星高级一社党支部和前进高级社党支部更名为五一大队党支部和前进大队党支部。五一大队党支部、前进大队党支部分别有党员 25 人、14 人，两党支部分别设立党小组。

“文化大革命”期间及之后的一段时间，五一大队和前进大队成立大队革命委员会（简称革委会）。革委会主任替代大队党支部书记。1980 年，撤销革委会，恢复党支部职权和生产管理委员会的职能。1983 年恢复乡村体制以后，大队党支部也都更名为村党支部。至 2001 年，五一村党支部有党员 45 人，郁港村党支部有党员 31 人。历届党组织人员情况详见表 1-10、表 1-11。

2001 年，五一村和郁港村合并组建为景村村，建立中共景村村党总支委员会（简称景村村党总支），景林男任景村村党总支书记，金林冬、景素龙、金瑞英、凌解放为党总支委员。

2019 年，景村村党总支有党员 87 人，其中男性 63 人，女性 24 人。卞晓平任景村村党总支书记，唐雪龙、凌志龙、钱青、景艳红为党总支委员。历届党总支成员情况详见表 1-12。

表 1-10　1956—1999 年五一大队、五一村历届党组织人员一览表

年份	书记	副书记	委员
1956—1961	景文明	—	景根元　金荣品　王凤花　唐泉根
1961—1963	景雪根	—	景根元　王二男　陆仁泉　王凤花
1963—1969	景水根	—	景根元　王二男　陆巧生　陈招英　唐泉根
1969—1974	唐泉根	王二男	景雪根　陈佰林　陈招英
1974—1976	王二男	—	姜金生　景雪根　陈佰林
1976—1983	姜水生	姜金生	王林根　金阿水　陈佰林
1984—1991	姜金生	—	王林根　钱密宝　金阿水　王社林　李和尚
1991—1994	金海明	—	王林根　王社林　钱密宝　王秀根　姜金生
1994—1999	王社林	—	金林冬　金瑞英　凌解放

表 1-11　1956—2001 年前进大队、郁港村历届党组织人员一览表

年份	书记	副书记	委员
1956—1957	沈早金	—	徐早狗　张惠生　顾金生　徐根水
1957—1965	徐早狗	—	张惠生　沈杏元　郁阿炳　方大宝
1965—1972	张惠生	—	郁阿炳　吴传根　徐根水
1972—1975	王林根	翁水元	陆玉生　徐根水　姜彩玲
1975—1977	翁水元	顾福良	陆玉生　徐根水　姜彩玲
1977—1979	姜彩英	—	顾福良　姜彩玲　陆玉生　徐根水
1980—1987	顾福良	陆玉生	徐根水　姜彩玲　汤火根
1987—1990	沈社明	—	汤火根　徐根水　陆玉生　景惠龙
1990—1993	汤火根	—	陆玉生　景惠龙　唐桂福
1993—1995	戴金男	—	汤火根　陆玉生　景惠龙
1995—2001	张荣福	—	方　良　刁翠花　陆玉生

表 1-12 1999 年至今景村村历届党总支成员一览表

年份	书记	委员
1999—2002	景林男	金林冬　金瑞英　景素龙　凌解放
2002—2009	金林冬	景素龙　刁翠花　金瑞英　钱方良
2009—2012	刘香元	景素龙　刁翠花　金瑞英　沈香荣
2013—2016	景素龙	金　龙　刁翠花　金瑞英
2016—2018	金　龙	钱　青　景艳红　唐雪龙
2018 至今	卞晓平	唐雪龙　钱　青　景艳红　凌志龙

二、自治组织

1956 年，景村境域内以初级社为基础建立高级生产合作社，分别组建成五星高级一社和前进高级社。每个高级社均建立管理委员会，设正副社长和会计，负责行使建制社的管理职能。

1958 年，五一大队和前进大队建立管理委员会，负责管理大队事务，设正副大队长、治保主任、会计等职。1965 年，防治血吸虫病是域内的一项重要工作，另外上级鼓励发展副业，五一大队和前进大队因工作需要，各增设 1 名血防大队长和 1 名副业主任。五一大队姜火根任血防大队长，金招夫任副业主任；前进大队姜彩玲任血防大队长，胡伯根任副业主任。大队下设生产小队（简称生产队），选举产生生产队正副队长、妇女队长和会计等，管理生产队事务。

1968 年的下半年，大队建立革命生产领导小组。翌年 4 月，大队建立革委会，革委会由 5—7 人组成，设正副主任和委员 3—5 人，行使大队行政管理职能。五一大队首任革委会主任为陆巧生，前进大队首任革委会主任为翁水元。

1983 年，景村境域内全面实行乡村体制改革，实行政社分设，大队管理委员会改村民委员会（简称村委会），行使村行政管理职能。村委会主任及组成人员由村民代表大会选举产生，村成立选举委员会，给年满 18 周岁的村民发放选民证，提出候选人名单，指定选举日期并确定若干个选举会场。对不能参会的人员设立流动票箱。经村民大会选举，陆永芳任五一村第一届村民委员会主任，陆士荣任郁港村第一届村民委员会主任。村里还另建经济合作社，设社长、副社长，由村主任或副主任兼任。生产队都改为村民小组，设组长 1 人。

2001 年，五一村和郁港村合建景村村后，进行村委会换届选举工作，此次选举以村民小组为选举会场，给每一位参选村民发放选民证，并在候选人名单上画圈。最后各会场的选票集中到村会议室进行唱票，并公示选举结果，选举钱方良为村委会主任，景素龙为村经济合作社社长，刁翠花为村委会会计，金瑞英为村妇女主任。

2018 年，景村村村委会进行换届选举，唐雪龙任村委会主任，凌志龙为村经济合作社社长，钱青为村委会会计，景艳红任村妇女主任。村委会按规范要求，承担了村域治安管理、计划生育、民政管理、便民服务、人社综合服务、益农信用社等职责，村委会成员分工负责，并聘用工作人员具体处理村域内的公共安全、生育保健、福利申请、劳动保障、社保医保、退休养老等众多方面的事务工作。

以上内容详见表 1-13、表 1-14、表 1-15、表 1-16、表 1-17、表 1-18、表 1-19、表 1-20。

表 1-13　1957—2001 年五一大队、五一村历届干部任职表

序号	任职时间	村/大队	主任/大队长		经济合作社社长		会计		妇女主任	
			姓名	任期	姓名	任期	姓名	任期	姓名	任期
1	1957 年 3 月—1960 年 2 月	五一大队	景阿元	2	—	—	陈培坤	3	王凤花	5
			金荣品	3	—	—	陈汉生	2		
2	1961 年 3 月—1963 年 3 月	五一大队	金荣品	3	—	—	李巧泉	3	王凤花	3
3	1963 年 4 月—1969 年 3 月	五一大队	唐泉根	7	—	—	李巧泉	5	王凤花	4
							凌林荣	2	金凤珍	3
4	1969 年 4 月—1974 年 12 月	五一大队	景雪根	6	—	—	姜水生	6	金凤珍	6
5	1974 年 12 月—1976 年 4 月	五一大队	景雪根	3	—	—	姜水生	3	金凤珍	3

续表

序号	任职时间	村/大队	主任/大队长		经济合作社社长		会计		妇女主任	
			姓名	任期	姓名	任期	姓名	任期	姓名	任期
6	1976年5月—1983年2月	五一大队	姜金生	7	—	—	王林根	7	钱密宝	7
7	1983年3月—1991年4月	五一村	陆永芳	7	—	—	王林根	7	钱密宝	7
8	1991年5月—1994年7月	五一村	唐冬良 王秀根	3	李和尚	2	唐冬良	3	钱密宝	1
9	1994年8月—1999年4月	五一村	王社林	5	凌解放	2	金林冬	5	金瑞英	5
10	1999年5月—2001年8月	五一村	景林男	2	凌解放 景素龙	2	金林冬	2	金瑞英	2

表 1-14 1956—2001 年前进大队、郁港村历届干部任职表

序号	任职时间	村/大队	主任/大队长		经济合作社社长		会计		妇女主任	
			姓名	任期	姓名	任期	姓名	任期	姓名	任期
1	1956年—1957年10月	前进大队	顾金生	1	—	—	沈杏元	1	方大宝	1
2	1957年11月—1965年4月	前进大队	张惠生	2	—	—	沈杏元	2	陶桃花	3
			郁阿炳	6	—	—	徐火根	5	王梅宝	4
							周学明	1	苏二宝	1
3	1965年5月—1972年3月	前进大队	郁阿炳	2	—	—	周学明	7	苏二宝	2
			吴传根	5	—	—			景宗宝	2
									陈小密	3
4	1972年3月—1975年1月	前进大队	翁水元	3	—	—	周学明	3	陈凤英	3
5	1975年11月—1978年12月	前进大队	顾福良	3	—	—	周学明	2	姜彩玲	3
							闵爱泉	1		
6	1979年1月—1980年1月	前进大队	—	—	—	—	闵爱泉	1	姜彩玲	1
7	1980年2月—1987年8月	前进大队	陆士荣	7	胡伯根	3	闵爱泉	7	姜彩玲	7

续表

序号	任职时间	村/大队	主任/大队长		经济合作社社长		会计		妇女主任	
			姓名	任期	姓名	任期	姓名	任期	姓名	任期
8	1987年9月—1989年3月	郁港村	陆士荣	3	陆玉生	3	闵爱泉	3	陆白妹	3
9	1989年3月—1992年6月	郁港村	景惠龙	4	陆玉生	4	闵爱泉	2	陆秀珍	4
							杨春荣	2		
10	1992年6月—1997年6月	郁港村	唐桂福	5	陆玉生	5	杨春荣	1	陆秀珍	1
							刁翠花	4	闵香珍	4
11	1997年6月—2001年8月	郁港村	唐桂福	4	陆玉生	4	刁翠花	4	闵香珍	4

表 1-15　2001 年至今景村村历届干部任职表

序号	任职时间	村	主任		经济合作社社长		会计		妇女主任	
			姓名	任期	姓名	任期	姓名	任期	姓名	任期
1	2001年8月—2002年4月	景村村	钱方良	1	景素龙	1	刁翠花	1	金瑞英	1
2	2002年4月—2009年6月	景村村	钱方良	7	景素龙	7	刁翠花	7	金瑞英	7
3	2009年6月—2012年12月	景村村	沈香荣	3	景素龙	3	刁翠花	3	金瑞英	3
4	2012年12月—2016年9月	景村村	金　龙	4	凌志龙	4	刁翠花	4	金瑞英	4
5	2016年10月至今	景村村	唐雪龙	7	凌志龙	7	钱　青	7	景艳红	7

表 1-16　1957—2019 年五一大队、五一村、景村村历届治保主任一览表

序号	姓名	任职时间	现状
1	王二男	1957—1975年	退休
2	王秀根	1976—1983年	退休
3	钱方良	1984—1991年	南星渎办事处副主任

续表

序号	姓名	任职时间	现状
4	金林冬	1992—2001 年	玉山镇经服中心党支部书记
5	金　龙	2002—2016 年	玉山镇新江村党支部书记
6	费震宇	2017—2019 年	景村村民兵营营长

表 1-17　1957—2001 年前进大队、郁港村历届治保主任一览表

序号	姓名	任职时间	现状
1	徐根水	1957—1958 年	已故
2	沈早金	1959—1961 年	已故
3	王白男	1962 年	退休
4	吴传根	1963—1965 年	已故
5	周海元	1966 年	已故
6	范水金	1967—1973 年	退休
7	沈林根	1973—1979 年	退休
8	陶进香	1980—1987 年	退休
9	张荣福	1987—1990 年	玉山镇拆迁办工作人员
10	钱方良	1990—2001 年	南星渎办事处副主任

表 1-18　1962—1976 年五一大队各生产队队长、妇女队长任职表

队别	正副队长	妇女队长
1	景根福　景坤泉　姜全生　景白男　李根元	张桂秀
2	景阿腊　景炳根　景夫林　景小弟　景林根　陆巧生　周阿荣　陆金环　景雪根	李巧宝　陈招英
3	陈阿水　景祥元　景根元　姜金生　钱花根　钱伯元　钱火根	钱阿密
4	景小根　方小男　钱祥林　景宗金　金荣品　景风元　姜祥生　钱林根	钱密宝　凌林风
5	王全根　陈佰林　金小弟　王林根　金志良　凌密根　景福林	景阿东　景金秀　钱密金

续表

队别	正副队长	妇女队长
6	陆金早　金火根　金宗梅　陆小关	金巧林　金阿宝
7	金雪根　金式明　金福根　景美梅　陆仁泉 凌根元　凌根泉　凌招弟　金永明	金四宝　王招仙
8	凌木林　杨金泉　凌根火　金阿水　凌木男 金道林　凌林生　凌如香	金阿雪　金夫英
9	李招林　金招林　钱阿二　钱阿水	景水宝　李招英
10	王全生　凌和尚　陆阿四　王云根	钱大妹　王凤花
11	凌福良　周海元　凌阿桂　金招夫	凌金翠　陈招英

表 1-19　1962—1976 年前进大队各生产队队长、妇女队长任职表

队别	正副队长	妇女队长
1	陶根生　唐罗生　金阿水　陶进泉	殷福英
2	顾风根　李小忠　周林福　沈早金　唐阿林	吴金仙
3	汤水泉　张惠生　姜福元　沈炳生　刁腊男	顾秀英
4	沈根香　苏水泉　汤小会　沈小黑　沈林泉	王小妹
5	徐菊生　费引根　徐菊林　徐根水	陆白妹
6	翁傲生　郁小坤　方伯林　郁文龙　郁黑男	吴小妹
7	王根水　王腊狗　顾伯福　王黑男　徐菊生	王梅宝

表 1-20　1976—1983 年五一大队、前进大队各生产队队长、妇女队长任职表

<table>
<tr><th colspan="3">五一大队</th><th colspan="3">前进大队</th></tr>
<tr><th>队别</th><th>正副队长</th><th>妇女队长</th><th>队别</th><th>正副队长</th><th>妇女队长</th></tr>
<tr><td>1</td><td>姜全生　钱金香</td><td>凌根花</td><td rowspan="2">1</td><td rowspan="2">陶根生　周阿关
唐罗生　唐阿二
陈小元　张火根</td><td rowspan="2">殷福英</td></tr>
<tr><td>2</td><td>景夫林　金阿龙</td><td>王社珍</td></tr>
<tr><td>3</td><td>钱金生</td><td>钱阿密</td><td rowspan="2">2</td><td rowspan="2">顾风根　李小忠
周林福　顾品良
金大弟</td><td rowspan="2">吴金仙</td></tr>
<tr><td>4</td><td>钱林根</td><td>王秀宝</td></tr>
</table>

续表

五一大队			前进大队		
队别	正副队长	妇女队长	队别	正副队长	妇女队长
5	王金根　钱小和	景水珍	3	汤水泉　姜福元 顾福良　沈炳生 刁腊男	顾秀英
6	陆金早	金巧英			
7	凌根元　景小男	景妹花	4	汤小会　沈小黑 沈菊生　朱小夫 苏雪根	顾云花
8	凌木泉　金　大 徐社荣	凌大林			
9	李和尚	凌秀英	5	徐菊生　费引根 徐菊林　徐良火	徐小水
10	陆阿四	钱大妹			
11	凌宗林	景银秀	6	郁小坤　郁黑男 郭阿三　翁傲生	狄水英
12	李根元　景坤泉	吴金花			
13	陆阿毛　陆金早	李巧宝	7	王根水　王腊狗 徐菊生	顾招妹
14	金社林　金士强	王招仙	8	周阿关　周惠良 陈小元	金密金
15	凌木林	李招英	9	沈小黑　沈菊生 沈林泉　沈惠明 苏雪根	卜莫英
16	陈伯林　金小弟	景阿冬 景花宝			
17	姜道生	钱抱妹	10	郁黑男　郭阿三 方伯林	—
18	方小男　景惠林	钱密宝	11	费引根　徐根水	徐小水
19	金阿二	杜金宝	12	王腊狗　王黑男 陆生宝	顾小花
20	凌如德	景秀花			
21	陈国强	唐小花			
22	凌小林　凌福明	凌白妹			

三、群团组织

农协和贫协 昆山解放后，废除保甲制度。1949 年年底，成立景村农民协会，推举金荣品担任第一任农民协会主任。杨庄、郁港里、殷家巷和朱家厍 4 个自然村联合组建农民协会，推举沈早金担任农民协会主任。村农协主要作用是带领村民进行土地改革，发动群众缴公粮，给贫困农民发放救济，解决民事纠纷等。1953 年，随着互助组的建立，村农协的作用逐步减弱消失。

1964 年，五一大队和前进大队都建立了贫下中农协会（简称贫协），设贫协主席 1 名和若干委员，陆巧生任五一大队贫协主席，王阿二任前进大队贫协主席。大队贫协的主要职责是配合村党支部做好村民管理工作，维护村民的知情权、参与权、管理权、监督权，以及参与阶级斗争、民主理财、发展经济等工作。“文化大革命”期间，贫协还参与学校的管理工作，指导帮助学生学习农业技能。1975 年以后，贫协的作用逐渐减弱。1984 年，随着乡村体制的恢复，贫协自行消失。

妇联 1956 年，五星高级一社和前进高级社分别成立妇女联合会，各设妇女主任 1 名，王凤花任五星高级一社妇女主任，方大宝任前进高级社妇女主任。妇联在党支部的领导下，负责组织妇女参加农业农村建设，鼓励和支持摆脱封建思想束缚，争取婚姻自由。进入 70 年代，五一大队金凤珍接任妇女主任，前进大队分别由苏二宝、景宗宝、陈凤英接任妇女主任。当时妇联的主要工作是计划生育。80 年代，五一大队妇联和前进大队妇联结合妇女工作自身特点，除抓好计划生育外，还注重关心妇女疾苦，在发展幼托事业等方面做了大量工作。1995 年开始，村妇联开展争创“五好家庭”活动，每年进行评选。

2001—2005 年，景村村妇联在全村先后组织开展平安家庭、绿色家庭、健康家庭和五好家庭评选表彰活动。2016 年，在昆山高新区“文明和谐家庭”和“最美家庭”评选活动中，景雪龙家庭被评为 2016 年昆山高新区“文明和谐家庭”。金菊明、钱全元、陶云花三户被评为 2017 年昆山高新区“文明和谐家庭”。陆大男、钱正贵、费友根三户被评为 2018 年昆山高新区“文明和谐家庭”。

2018 年 3 月 4 日，为纪念第 108 个“三八”国际劳动妇女节，景村村妇联会同高新区附近几个村的妇联组织开展主题为“庆‘三八’妇女节”传播家庭美德文艺汇演活动。2019 年，景村村妇联依托村“两委”于 3 月 7 日下午开展了“庆三八 · 做青团”活动，活动邀请了村女性党员代表、妇女群众代表、各行业女性代表等。

2019 年 5 月 18 日，景村村妇联组织开展以“大手牵小手 · 你我共成长”为主题的景村村妇儿文明实践活动。9 月 2 日，景村村妇联、团支部联合组织举办了“温馨家庭，和谐景村——景村村拥抱田园亲子采摘活动”，并向儿童宣传垃圾分类的相关知识。9 月 28 日，景村村妇联组织女党员开展“巾帼心向党，礼赞新中国”“不忘初心、牢记使命”主题教育学习活动。

共青团 1957 年 5 月，五星高级一社和前进高级社建立共青团支部。景雪根任五星高级一社团支部书记，翁水元任前进高级社团支部书记。详见表 1-21、表 1-22。团支部组织带领青年团员建设家乡，在农业生产、合作化发展和政治活动中发挥积极作用。人民公社时期，五一大队团支部和前进大队团支部建设都比较健全，青年团员成为农业生产、水利建设的骨干力量。“文化大革命”时期，大队团支部的活动基本处于瘫痪状态。

1970 年，按照上级要求，五一、前进两个大队恢复共青团组织活动。20 世纪 70—80 年代，两个大队的团支部组织带领青年团员开展学雷锋活动。这一时期，青年团员中树新风、做好事蔚然成风，许多青年团员不计报酬，起早摸黑义务为队里割野草、翻潭等。景村的金六宝和杨庄的王小妹成为“学雷锋，做好事”的杰出代表。团组织活动丰富多彩，围绕党的中心工作组织成立青年宣传队，排练样板戏和许多文艺节目，活跃了农村的文化生活。

90 年代，五一村团支部和郁港村团支部在青年团员中组织开展热爱党、热爱社会主义、热爱集体的“三热爱”主题教育和“祖国在我心中，党在我心中”等系列活动，激发广大青年团员热爱祖国、热爱家乡、热爱社会主义、热爱中国共产党的热情，为家乡建设做贡献。

2017 年 8 月，景村村团支部联合村妇联、家长和学校、关工委共同开展主题为“畅享仲夏阅读，领略自然奇妙”的亲子阅读活动。8 月 26 日，团支部在亭林公园组织开展以“增强体质，增进友谊”为主题的青年户外徒步健身活动。2019 年 5 月 5 日，团支部组织青年团员前往常熟市沙家浜红色基地，开展“青春心向党，建功新时代”的主题团日活动。

表 1-21　1957 年至今五一大队、五一村、景村村历届团支部书记任职表

序号	姓名	任职时间	现状
1	景雪根	1957 年 1 月—1959 年 5 月	退休
2	景夫林	1959 年 6 月—1963 年 3 月	已故
3	钱伯元	1963 年 4 月—1969 年 3 月	退休
4	李根元	1969 年 4 月—1976 年 4 月	已故
5	王社林	1976 年 5 月—1983 年 2 月	退休
6	钱勤仙	1983 年 3 月—1994 年 7 月	企业法人
7	金林冬	1994 年 8 月—2001 年 8 月	玉山镇经服中心党支部书记
8	金　龙	2001 年 9 月—2012 年 11 月	玉山镇新江村党支部书记
9	景艳红	2012 年 12 月—2019 年 5 月	玉山镇景村村妇女主任
10	盛叶强	2019 年 6 月至今	玉山镇景村村村主任助理

表 1-22　1957—2001 年前进大队、郁港村历届团支部书记任职表

序号	姓名	任职时间	现状
1	翁水元	1957 年 1 月—1968 年 12 月	已故
2	沈林根	1969 年 1 月—1973 年 10 月	退休
3	唐桂香	1973 年 11 月—1977 年 5 月	退休
4	陶进香	1977 年 6 月—1979 年 12 月	退休
5	张荣福	1980 年 1 月—1990 年 12 月	玉山镇拆迁办工作人员
6	钱方良	1991 年 1 月—2001 年 8 月	南星渎办事处副主任

老年协会　1989 年，五一村和郁港村分别成立老年协会。经村民委员会推举分别建立五一村老年协会理事会和郁港村老年协会理事会。经理事会选举，唐泉根任五一村老年协会会长，顾金生任郁港村老年协会会长。详见表 1-23。村老年协会积极协助村党支部开展一系列有益于老年人生活的工作。在村“两委”的关心支持下，给老年人安排固定活动场所，配置活动器材并配备 1 名专门的管理人员，负责管理器材、场所的卫生及茶水供应等。协会理事会按照

"活泼、节俭、健康、平安"的原则，组织开展适合老年人的活动。

2005 年，在景村村老年协会的协调下，老年门球队成立，并组织开展打门球训练，组织参加昆山高新区组织的队级比赛，并取得较好的成绩。2010 年后，村老年协会根据人口老龄化和村里老年人越来越多的实际，持续开展情暖夕阳敬老活动，中秋节给 70 周岁以上的老年人赠送礼品等，重阳节给 60 周岁以上的老年人发放慰问金，定期上门慰问一些行动不便的老年人；还请剧团到村演出，丰富老年人的文化娱乐生活。

表 1-23 1989—2019 年五一村、郁港村、景村村历届老年协会会长和委员任职表

村别	会长	委员	任职时间
五一村	唐泉根	景文明	1989—2003 年
		金招夫	
郁港村	顾金生	陶根生	1989—2001 年
		王小男	
景村村	景雪根	钱伯元	2004—2010 年
		凌根林	
		凌根元	
		王二男	
		王小男	
		张瑞根	
		沈炳生	
		沈惠明	
	姜金生	王二男	2011—2019 年
		钱伯元	
		凌根林	
		凌根元	
		景雪根	
		沈惠明	
		沈炳生	
		王小男	
		郁黑男	

残联 1988年，五一村和郁港村建立村残联组织，均由妇女主任兼任村残联负责人。村残联对本村的残疾人进行定期慰问，每年年底给每位残疾人发放数额不等的慰问金。

2009年，景村村残联为村域内90名残疾人全部办理残疾证，并根据各人的残疾等级发放不同标准的补贴。村残联工作人员为残疾人创造就业机会，组织残疾人参加茗景苑C区会所的手工培训和在昆山世博馆制作紫砂笔筒的培训。

2019年5月，景村村残联邀请文艺团队到村举办助残日文艺汇演，并给每位残疾人发放一份小礼品。是年，村残联会同附近几个村一起组成“西南虎”队，参加在玉湖公园举行的第二次助残日运动会，并获得团体第一名，每人收获一份奖品。

四、民兵组织

1956年，五星高级一社和前进高级社建立民兵分队。民兵分队的主要任务是维持治安，夜间值班开展安全巡防，维护村庄治安，定期为烈军属和困难户代耕等。

1958年8月，五一大队和前进大队成立民兵营，陆仁泉任五一大队民兵营营长，徐根水任前进大队民兵营营长，大队党支部书记任营教导员。详见表1-24、表1-25。各生产队组建民兵排或民兵班，年龄在17—25周岁的男性社员（退伍军人的年龄延迟到30周岁）和16—25周岁的女性社员为基干民兵，年龄在26—45周岁的男性社员和26—36周岁的女性社员为普通民兵。生产队每年对基干民兵和普通民兵登记造册并上报。大队民兵营定期组织民兵骨干进行训练，每年组织基干民兵进行军训，并组织基干民兵开展巡查、益民等有关活动。1973年，五一大队和前进大队的基干民兵在民兵营营长的带领下到黄泥山靶场进行实弹训练，取得了良好的效果。

1981年冬，男性基干民兵的年龄由原来的17—25周岁调至18—25周岁，男性普通民兵的年龄由原来的26—45周岁调至26—35周岁。

1988年始，在加强民兵连队建设的基础上，组织成立联防队、消防队，配备必要的器材，做到节假日和夜晚在村内巡逻，在维护全村安全稳定方面发挥作用。

2001年，五一村、郁港村合并组建景村村后，全村民兵队伍按照加强组织领导、提高质量的要求，配合党的中心工作积极开展活动。为配合做好每年一次的征兵工作，民兵连发动适龄青年积极报名，并做好适龄青年家属的动员等工作。

2019年，为庆祝建党98周年，进一步营造拥军优属、拥政爱民的良好氛围，景村村党总支组织部分基干民兵、退伍军人开展“心系优抚对象，关爱退伍军人”的主题党日活动，取得了良好的效果。

表1-24　1956年至今五一大队、五一村、景村村历届民兵营营长任职表

序号	姓名	任职时间	现状
1	陆仁泉	1956年3月—1961年3月	已故
2	王二男	1961年4月—1969年5月	退休
3	凌根林	1969年6月—1976年3月	退休
4	李和尚	1976年4月—1983年2月	已故
5	王秀根	1983年3月—1986年4月	退休
6	金海明	1986年5月—1991年4月	个体经营
7	王秀根	1991年5月—1995年12月	退休
8	钱方良	1996年1月—2001年7月	南星渎办事处副主任
9	金林冬	2001年8月—2002年4月	玉山镇经服中心党支部书记
10	金　龙	2002年5月—2016年9月	玉山镇新江村党支部书记
11	费震宇	2017年10月至今	景村村现任民兵营营长

表 1-25 1956—2001 年前进大队、郁港村历届民兵营营长任职表

序号	姓名	任职时间	现状
1	徐根水	1956 年 3 月—1958 年 12 月	已故
2	沈早金	1959 年 1 月—1961 年 12 月	已故
3	王白男	1962 年	退休
4	吴传根	1963 年 1 月—1965 年 12 月	已故
5	周海元	1966 年	已故
6	范水金	1967 年 1 月—1973 年 10 月	退休
7	沈林根	1973 年 11 月—1973 年 12 月	退休
8	张荣福	1980 年 1 月—1990 年 8 月	玉山镇拆迁办工作人员
9	钱方良	1990 年 9 月—2001 年 7 月	南星渎办事处副主任

第二章　乡村建设

中华人民共和国成立前，景村境域自然河道多、小桥多、泥路多，基础设施建设落后。中华人民共和国成立后，特别是改革开放以后，境域内的基础设施、村民住房和环境建设的力度不断加大，村庄建设发生了根本性的改变。境域内道路四通八达，村民出行方便，纵横成网的道路通向村外，极大地改善了境域投资环境。境域内供排水、供电、供气等基础设施建设全面发展，排灌能力不断提升，保障境域内汛期不受涝；境域内户户通电、通水、通气，彻底改变了村民的生活方式。村民住房建设经历三次大转变：20 世纪 70—80 年代，茅草房改建为砖瓦平房；20 世纪 80—90 年代，砖瓦平房改建为楼房；进入 21 世纪，村民通过动迁安置住进了多层、高层楼房。在乡村建设中，通过改水、改厕、改变生活习惯，村庄的污染源得到控制；通过河道清理、污水处理、垃圾分类处理，村庄和社区变得更加整洁、干净、卫生。

第一节　基础设施

一、道路

中华人民共和国成立前后的一段时期，景村境域内大道小路都是泥土路，景村自然村中的各条弄堂、河岸，除了张狗弄和金家弄铺上碎石，凌家弄铺上条石，其余的都是泥土路。村民去城镇，走的是田间小道。境域内的道路，20世纪50—60年代是泥土路面，70—80年代开始铺上碎砖石或黑钾子，90年代铺设水泥楼板，到2018年，村内道路全部是水泥路面。

1976年，姚家港河开通后，沿姚家港河岸筑成一条比较宽的道路，直通大洋桥（正仪铁路桥）。村民骑自行车可沿姚家港河岸到正仪或昆山。但这条路仍是泥土路，遇到雨天，泥泞不堪，难以骑车行走。

1978年，正仪公社为了连接镇与南片各大队的交通，从正仪集镇至五一大队修筑一条宽约12米的简易公路，总长度1 800米，以细石铺路面，路两边种上杉树，后又改铺水泥路面。是年，前进大队也筑了一条同样的分支公路，总长2 000米。五一大队也自筹资金，购道砟、碎石和黑钾子铺路，道路条件有所改善。

1983年前，前进大队的4个自然村之间，都有一段田埂路相通，因为都是泥土路，雨天十分难行。1986年，郁港村在4个自然村之间的便道铺筑一条宽6米的黑钾子简易公路，总长1 500多米。用黑钾子铺的路雨后即干，虽解决了村民雨天道路泥泞难以行走或骑车的问题，但承受不了重压，不久路面便破损。

1996年，五一村为改善村内道路状况，在村内各条沿河岸的道路和全部弄堂并排铺设两块水泥楼板，路面宽1米多，总长3 000米，改善村内的道路条件。此后，每年检查路况，发现损坏及时进行维修。

2003年至2015年，元丰路、晨丰路、古城路、新312国道等先后开始动工兴建，吴淞江大桥建成通车，彻底改善吴淞江"江南"与"江北"的交通状况。2015年，昆山中环高架投入使用，台虹路出口在景村村域内。2019年，途径村域的昆山连接苏州工业园区的快速道工程启动。景村村道路情况详见表2-1、表2-2、表2-3。

元丰路（2019年，罗英摄）

表2-1　1995—2008年景村村域村庄内连接道路一览表

序号	路名	走向	起止点		长度/千米		宽度/米	建成年份
			全路起止点	村域内起止点	总长度	村内长度		
1	张东江东路	南北	元丰路—钱火根家	景惠明家—钱火根家	12.0	6.5	2.5	1995
2	张东江西路	南北	元丰路—新北浜桥	陈大弟家—北浜桥	8.0	4.0	2.5	1996
4	北大江路	南北	元丰路—北大桥	全程	15.0	15.0	2.5	1996
5	南大江路	南北	南大桥—无界溇桥	全程	15.0	15.0	2.2	1998
6	村南路	东西	孟田桥—南大江	景风林家—南大江	35.0	20.0	2.2	1999
7	村中路	东西	景村路—钱家弄	全程	20.0	20.0	2.2	2001
8	前浜南路	东西	南溇西—南大桥	全程	30.0	30.0	2.2	2001
9	前浜北路	东西	南溇西—南大桥	全程	30.0	30.0	2.2	2001
10	后浜南路	东西	钱火根家—凌胜荣家	全程	15.0	15.0	2.2	2002
11	后浜北路	东西	东小桥—庙堂头	全程	40.0	40.0	2.2	2003

续表

序号	路名	走向	起止点		长度/千米		宽度/米	建成年份
			全路起止点	村域内起止点	总长度	村内长度		
12	新后浜路	东西	东北浜桥—西北浜桥	全程	35.0	35.0	2.2	2003
13	西方江路	东西	北大桥—古城路	全程	40.0	40.0	2.2	2004
14	村南新开河路	东西	南大桥—古城路	全程	25.0	25.0	2.2	2006
15	朱家库北路	东西	王正伟家—徐小腊家	全程	0.4	0.4	2.2	2006
16	朱家库南路	东西	陆惠明家—徐腊男家	全程	0.4	0.4	2.2	2006
17	郁港里路	东西	姚江港河—祝白男家	全程	0.3	0.3	2.2	2007
18	殷家巷路	东西	烧香桥—翁凤元家	方梅根家—方根发家	0.5	0.1	2.6	2007
19	杨庄路	东西	后石桥—角落里	朱建根家—景花根家	1.0	0.9	2.4	2008

表 2-2　1986—2005 年景村村村道一览表

序号	起点	终点	长度/米	宽度/米	路质	建筑年月	备注
1	郁港里	杨庄小学	390	2	黑钾子	1986 年 6 月	
2	朱家库	杨庄	1500	2	黑钾子	1986 年 7 月	
3	杨庄东村	郁港里	280	2	黑钾子	1986 年 8 月	
4	殷家巷	杨庄东村	300	2	黑钾子	1986 年 11 月	
5	养囡桥	古城路	1 200	6	石子	1987 年 4 月	2001 年改为水泥路
6	排涝站	姜字圩	800	3	黑钾子	1989 年 6 月	
7	养囡桥	切草场	500	7	石子	1992 年 4 月	2001 年改为水泥路
8	北大江	张东江	220	4	黑钾子	1998 年 3 月	
9	景林路	孟甸桥	300	4	水泥	2005 年 12 月	

表 2-3 1978—2015 年景村村域镇级以上公路一览表

序号	路名	起点	终点	长度/米	宽度/米	路质	建筑年月	级类
1	新南路	南星渎	新泾岸	600	8	水泥	1978 年 5 月	镇级
2	元丰路	江浦路	界浦河	6 000	60	沥青	2003 年 5 月	市级
3	晨丰路	山淞路	古城路	3 000	50	沥青	2004 年 12 月	市级
4	古城路	吴淞江大桥	朱家厍	3 000	80	沥青	2006 年 10 月	市级
5	新 312 国道	南星渎	朱家厍	700	50	沥青	2015 年 10 月	国道

二、桥梁

北大桥 又名兴隆桥，村民习惯称其为北大桥。桥梁建于清咸丰八年(1858)，位于景村自然村西北方，呈东西向横跨在北大江上，东靠时运庙，连接北村，西连西方港北岸，是村民到村西耕地劳作及同西北方各自然村联系的必经通道。桥梁形状为石质平桥，长约 25 米、宽 4 米，桥洞长 4.5 米、宽 1.8 米，呈长方形，上方略小，桥面离水面约 2.5 米，桥基为河底打上木桩，在木桩上用条石垒成桥堍，两桥堍各设十多层石级，每层石级都用整块条石铺成，桥面用三块大条石平铺，每块条石长 5.1 米、宽 0.58 米、高 0.28 米，重约 4 500 斤。桥堍和桥面两侧在建造时及以后相当长的时期均没有栏杆。1970 年后，水泥船的增多，船体吨位的增大，特别是有了机械动力的机动船后，行驶速度快、撞击力大，对石桥造成了损坏。2001 年，村委会对北大桥进行修缮，放低桥面，减小坡度，石级改成弧面，并在桥的两侧装上栏杆，可供小车通行。

南大桥 又名永丰桥，1923 年建成。位于景村自然村西南方，为石质平桥。据桥侧面石刻印记，桥名为永丰桥，但村民习惯称其为南大桥。桥梁为东西向，东连南村，西接河西村，桥的式样、用料、结构等与北大桥一样，因南大江河面宽，桥的东堍显得较长。1979 年，南大桥被船撞塌，村里组织筑坝干河翻建，东西两桥堍改用水泥管做桥墩，除了正桥洞外两边各加一个小桥洞外，还拉长了两个桥堍以减小桥的坡度。2001 年，村委会又对桥面进行修缮，用水泥砂浆进行铺面，并在桥的两侧都装上了栏杆，方便电瓶车等通行。此桥现在依然存在。

景村南大桥（永丰桥）（2018 年，罗英摄）

养囡桥　位于式庄和景村之间的一条小河上，清代建成（建造年份无记录），是村域内唯一一座石拱古桥。桥长约 4 米，宽约 1 米，拱券高度离水面不足 2 米。桥梁所用石料十分精致，整座桥小巧玲珑，桥堍垒石是花岗石，每一块石头表面都加工得很光滑。所用的拱石是石灰石，顶上一块盖石类似白玉石，盖石上还雕刻了精致的花纹和图案。20 世纪 50 年代，两桥堍的石阶遭人为损坏，到 80 年代只有拱门还保存完好。21 世纪，随着开发建设，桥梁被拆除。

东石桥和西石桥　建造年代及原桥名都无从考证，两桥坐落在杨庄后河上，南北方向，是杨庄连接村北田地的必经通道。两桥的式样、用料、结构等方面同南大桥、北大桥均相似，但体量略小一点。1984 年，东石桥完全坍塌后，郁港村把桥上的石头另作他用，在原桥址上建成一座新桥，取名环龙桥。20 世纪 80—90 年代，西石桥经过多次修缮，一直保持完好。2006 年，杨庄整体动迁，西石桥被拆除。

吴淞江大桥　2008 年，吴淞江大桥动工兴建，2010 年建成。吴淞江大桥南北向横卧在吴淞江江面上，连接古城路。大桥全长约 815 米，正桥长 278 米，宽 44.2 米，设 6 车道，两边为人行道。大桥建成后，吴淞江南北通行条件得到大大改善。

景村村域桥梁情况详见表 2-4。

表 2-4　2018 年景村村域桥梁情况表

序号	名称	走向	连接道路	横跨河流	长度/米	宽度/米	最大跨度/米	桥面	结构	类型	载重量/吨	建成时间
1	北大桥	东西	庙堂头—西方江	北大江	25	4.0	25	石条	石头桥	拱桥	15.0	1858 年
2	南大桥	东西	前浜—河西	南大江	21	3.3	21	石条	石头桥	拱桥	15.0	1923 年
3	后浜东桥	南北	后浜南—北岸	后　浜	12	2.0	12	水泥	砖石	拱桥	5.0	1930 年前
4	前浜东桥	南北	前浜南—北岸	前　浜	13	2.1	13	水泥	砖混	拱桥	5.0	1948 年
5	无界溇东桥	南北	无界溇南岸—北岸	无界溇	11	4.0	11	水泥	砖石	拱桥	2.0	1950 年前
6	后浜西桥	南北	后浜南—北岸	后　浜	12	2.0	12	水泥	砖混	拱桥	5.0	1970 年
7	西方江桥	南北	西方江南—北岸	西方江	10	2.0	10	水泥	砖混	拱桥	2.0	1970 年
8	河西新开河东桥	南北	新开河南—北岸	新开河	15	3.0	15	水泥	砖混	拱桥	3.0	1970 年
9	河西新开河西桥	东西	新开河东—西岸	新开河	8	2.0	8	水泥	砖混	拱桥	2.0	1970 年
10	无界溇西桥	东西	无界溇东—西岸	新开河	7	2.0	7	水泥	砖混	拱桥	2.0	1970 年
11	河北新开河桥东	南北	北浜南—北岸	新开河	10	2.0	10	水泥	砖混	拱桥	5.0	1975 年
12	河北新开河西桥	南北	新开河南—北岸	新开河	10	2.0	10	水泥	砖混	拱桥	5.0	1975 年
13	前浜西桥	南北	前浜南—北岸	前　浜	13	2.1	13	水泥	砖混	拱桥	5.0	1979 年
14	北大江机耕桥	东西	停车场—河东	姚家港河	20	3.2	20	水泥	水泥	拱桥	15.0	2002 年
15	吴淞江大桥	南北	古城路	吴淞江	815	44.2	274	沥青	水泥钢筋	拱桥	100 吨以上	2010 年

续表

序号	名称	走向	连接道路	横跨河流	长度/米	宽度/米	最大跨度/米	桥面	结构	类型	载重量/吨	建成时间
16	朱家厍东桥	南北	村南—村北	朱家厍河	15	6.0	16	水泥	水泥钢筋	拱桥	5.0	1980年
17	朱家厍西桥	南北	村南—村北	朱家厍河	10	1.0	12	水泥	楼板	平桥	1.0	1976年
18	9号桥	东西	镇级公路—郁港里村	姚家港河	25	4.0	26	水泥	水泥钢筋	拱桥	5.0	1977年
19	后石桥	南北	杨庄路—后塘圩	杨庄后港	16	3.0	16	石条	石头桥	平桥	3.0	1967年
20	杨庄东桥	南北	杨庄村—乌字圩	杨庄后港	22	5.0	23	水泥	水泥钢筋	拱桥	5.0	1982年
21	烧香桥	南北	殷家巷路—加工厂	殷家巷浜	15	2.2	17	楼板	石头桥	平桥	2.0	1972年
22	小新开河桥	南北	庙堂头—场门前	小新开河	8	1.5	9	水泥板	铁架水泥板	平桥	1.5	1973年
23	杨庄内桥	东西	杨庄村东—杨庄村西	杨庄前江	10	2.0	12	楼板	砖混	平桥	2.0	1971年

三、水利

排涝 景村村域内有众多河道，主要河道均直通吴淞江。中华人民共和国成立前，基本没有抗旱防涝的设施。

1957 年，中华人民共和国成立后的第一次大规模水利工程建设开展。五星高级一社和前进高级社党支部分别组织劳动力，参加吴淞江堤岸加固加高工程。通过加固加高吴淞江堤岸和南大江、北大江两岸，有效预防了洪水对村庄农户和庄稼的危害。

1960 年后，在景村的前浜出口处修筑一座水泥闸门，在景村的后浜筑坝，阻止洪水漫淹村落。80 年代后，各级政府投入资金，支持景村境域内排涝设施的建设，提升境域内的防灾抗灾能力。1982 年，南大江的吴淞江出口建造排涝站，初建时配置 2 台 95 千瓦的电动机水泵和 1 台大功率的柴油机（柴油机为预防停电时使用）。1997 年，在西尤泾江的吴淞江出口处建闸门。2001 年，对南大江排涝站房屋进行翻建，同时更换水泵。

2002 年，景村村划归昆山高新区（玉山镇）后，进一步加强辖区水利建设，提高整个辖区抗洪排涝能力。2010 年，投资建造西尤泾江排涝站。2015 年，投资重建南大江排涝站，电动机的功率加大到 135 千瓦。这两座排涝站成为村域内消除洪涝灾害的重要保障。

景村村南大江排涝站（2018 年，罗英摄）

灌溉 60年代以前，景村境域内的农田灌溉主要依靠人力牵车、脚踏的水车、畜力的牛盘车和利用风力的“甩车”。1961年，五一大队和前进大队各配置1台大功率柴油抽水机，把柴油抽水机安装在大型木船上，大队安排专职人员轮流到各生产队抽水灌溉。

1965年，各生产大队开始筹建电力灌溉站。五一大队在景村的西方江边建一座电灌站，配置20寸水泵和28千瓦的电动机。是年，昆山县水利站投资，在前进大队建一座电灌站。同时，五一大队和前进大队开工建设与电灌站配套的灌溉水渠工程。五一大队共筑大小灌溉水渠4 680米，倒洪蓄（过河道排水管）13条，灌溉面积近1 500亩。前进大队共筑大小灌溉水渠约1 800米，倒洪蓄6条，灌溉面积近800亩。

1974年，五一大队在南溇的东南方建一座村东电灌站，配置10寸水泵和14千瓦的电动机，灌溉面积1 100亩，解决村东水稻田灌溉问题。2006年，景村村投资9.7万元，对村东电灌站的房屋翻建，同时更换水泵和电动机。

河道工程 50年代初，景村发动河家溇四周有农田的农户，开挖一条河家溇向东接通南大江的河道，全长100多米。这条人工开挖的河道，解决了河家溇四周农田的排涝和灌溉的难题。

60—70年代，为解决排涝和灌溉问题，境域内继续组织开挖人工河工程。1967年，五一大队动员部分生产队社员开挖林池溇接通西方江段及南溇接通孟田江段，这两条新开挖的河流长约380米。1973年，前进大队组织朱家厍两个小队的劳力，在下高头开挖一条全长约750米的东西向的流水河，改善了下高头耕地的排灌条件和稻麦收获运载条件。1976年冬，境域内最大的水利工程——开挖姚家港河开始动工。五一大队和前进大队的各生产队出动全体男劳力集中吃住，历时近一个月，按时完成开挖任务，使姚家港河南接吴淞江，北通娄江。1977年，前进大队朱家厍的两个生产队在村西开挖一条长约300米的小河，使村河向西连通姚家港河。人工河的开挖、断头河的疏通，彻底改善了耕地的灌溉、排水等，也方便了船只航行。详见表2-5。

表 2-5　1959—2010 年景村村域水利灌排机械配置和设施建设一览表

年份	建设项目	功能	负责人
1959 年	前进大队购置 1 台大马力柴油机	灌溉 300 亩左右农田	公社统一管理
1960 年	五一大队购置 2 台大马力柴油机	灌溉 500 多亩农田	金银元、王云生
1965 年	前进大队建电灌站 1 座	灌溉面积 1 250 多亩	站长郁阿炳、电工徐良火
1967 年	五一大队建电灌站 1 座	灌溉面积 1 800 多亩	站长陆仁泉、电工金银元
1972 年	五一大队购置 1 台大马力柴油机	灌溉 250 亩农田	凌丙荣
1972 年	前进大队购置 1 台大马力柴油机	灌溉 250 亩左右农田	吴金荣
1974 年	五一大队建电灌站	灌溉面积 1 200 亩左右	站长王云生、电工景凤良
1976 年	五一大队、前进大队开挖姚家港河	使其北连娄江、南通吴淞江，便于排涝	姜水生、翁水元
1982 年	政府在南大江口新建排涝站 1 座	便于娄江以南 6 个村农田排涝	陆仁泉
2005 年	政府疏通西尤泾江	便于农田排涝	金林冬
2010 年	政府在西尤泾江口新建排涝站 1 座	使 6 个村排涝更通畅	张水根

供水排水　60 年代以前，村民都饮用河水，各个自然村的小河就是村民洗刷、吃喝等的水源。五一大队陆云宝家里有一口水井，是中华人民共和国成立以前就开挖的，附近村民每年夏天都到陆云宝家去挑井水，用来降温。70 年代初，有村民户开挖家用井，井深 4 米左右，底大，上口略小，上口直径约 80 厘米。到 80 年代，70%的村民户用上井水。1992 年，正仪镇在镇南片区建造新华水厂，主要向镇南片各自然村供应自来水。

1993 年，由镇政府投资，开始对新华水厂供水范围内的各自然村铺设自来水管道。五一村选派陆阿毛、郁港村选派陈金男担任村民家庭安装自来水的技术员，负责各村民户的水管铺设和水龙头安装。当时每户支付自来水初装费 640 元。村里集体出资负责把总管道通到各家各户，并安装一个水龙头。村民户家如要再装其他水龙头，所需水管、水龙头等材料由村民户自己购买。当年五一、郁港两个村共铺设村内管道 8 000 多米，共有 300 多个家庭通上自来水。至 1994 年年底，所有村民户都用上了自来水。村里负责安装的人员，继续负责后续的修缮及水费收取工作。

2004 年开始，景村村民动迁安置到茗景苑小区以后，都用昆山自来水公司输送过来的自来水。

2018 年开始，景村村域内动迁小区——茗景苑小区按标准化要求，全面进行下水管道的铺设，把雨水和污水分开，并接入高新区污水和排水管网，彻底解决生活污水的污染问题。

四、邮电广播

中华人民共和国成立前和成立初期，景村境域内没有邮电和通信设施。一般都是通过口头带信、传话的方式，给亲戚朋友传递信息。1950 年后，境域内有志愿军和义务兵应征入伍，家人开始用寄信的方式与在外当兵的亲人联系，如果遇到急事，就到乡镇邮电局去发电报。

1959 年开始，正仪公社陆续为各个大队安装手摇式有线电话机，电话机一般装在大队的小店或医务室。公社与大队的联系主要靠纸质通知，由邮电局送信员送达。

1965 年，五一大队和前进大队在村里安装有线高音喇叭，用于大队对各生产队的工作布置及各类通知的发布。后把小型广播喇叭安装到村民户。大队配置广播室，由专人负责。有了广播，村民可以收听新闻、欣赏文娱节目。大队利用广播来向村民传递各种信息。

1993 年，五一村的陆文法安装村中第一部家庭电话，当时装机费 3 600 元。此后，村民陆续安装家庭电话及有线电视。1994 年，朱家厍的徐征购买手机（当时俗称“大哥大”），成为境域内第一个拥有手机的人。由于当时的“大哥大”价格特别昂贵，属奢侈品，购买的人较少，很多人便配置寻呼机，俗称“BB 机”。后来，有一段时间用上地区信号的“小灵通”。

1996 年下半年，推行电话村，开通程控电话，每一户的装机费是 2 350 元。是年，整个境域共安装电话机 358 部，初步实现户户通电话。

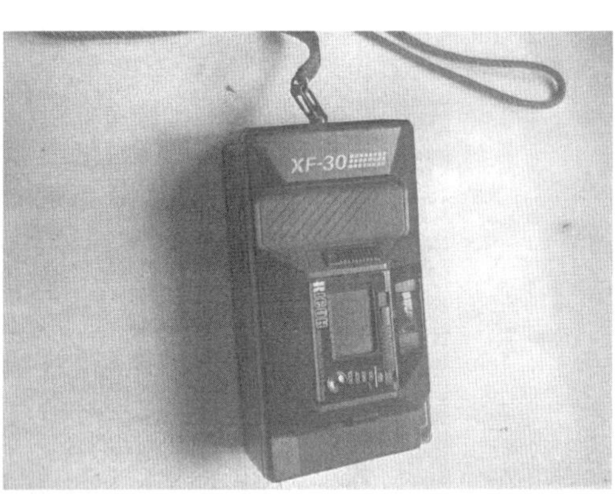

寻呼机（1983 年，景二男摄）

2003 年，村委办公室安装宽带，开始使用网络通讯。同时，部分村民也开始购置电脑，安装宽带。此后，网络通讯逐渐普及，大大方便了人们之间的交流和联系。随着无线通信技术的迅猛发展和手机功能的开发，大多数家庭告别固定电话，改用手机，不仅可以通话，还有支付、聊天、看新闻等功能，学生还可以用手机来上网课。

五、供电

1965 年，五一大队和前进大队筹建电力灌溉站，输电线路拉到电灌站，再拉到各自然村，电灌站安装变压器，经过变压器传输到各村。1973 年年初，五一大队和前进大队因用电需求大，增加了电力容量。两个大队各选送一名电工，到电力公司进行培训，培训结束后回到大队负责民用电的工作，并开始为各家各户布放电线，年底家家户户全部通电。当时因供电量不足，用电高峰时常常停电，用电极不正常，一般每天晚上 8 点，农户家里才能有电。

80 年代初期，对电力容量进行扩容，民用电逐渐正常，极少出现停电现象。1985 年，郁港村原有的变压器功率太小，向电力公司申请增装一台变压器得到批准，4 个自然村的农户家庭用电得到保证。

90 年代开始，五一村、郁港村域内进行农网改造，对低压线、高压线、进户线、变压器等全部进行大幅度改造，将各家各户的进线更换加粗，增大容量，把每一家的电表移至规定的地方，统一安装，统一管理。

2005 年，景村村域内的变压器增至 18 台。2015 年，再次对民用线路进行改造，将农户的电表改成程控的电度采集表，改变了过去人工抄表的方式。

2019年，景村村在集中居住小区内安装公共充电棚。

公共充电棚（2019年，罗英摄）

六、供气

90年代以前，村民所用燃料以稻麦秸秆为主，以煤炭为辅。60—70年代，因稻麦秸秆大量用于打草包和编草辫，燃料开始不够用，很多村民便外出砍野树、割野草，晒干当作燃料。

90年代开始，村民开始用瓶装液化气，农户烧煮饭菜以瓶装液化气为主，以电力为辅。2014年，茗景苑小区及后建成的义和苑等动迁小区，统一安装天然气管道，住户开通天然气，逐步由瓶装液化气过渡到天然气，初装费3 600元。至2019年，全村16个村民小组，共628户，有158户使用瓶装液化气，占25.16%；470户开通使用管道天然气，占74.84%。

2019年景村村动迁小区交通示意图

第二节　住房建设

一、自建民房

1949年以前，村民建造的房屋屋顶一般是四发戗，即四面是屋檐，只有客堂一间有屋脊。有钱人家建造的都是四山墙，即三间房子有四排五柱，东西山墙及后包檐用墙砖砌夹墙，客堂两边的五柱间用黄道砖砌单墙，三间房子中间的客堂大，东西两房略小，而且两房间都没有后窗，那时有“明堂暗房”之说。有的人家还外加廊棚，山墙中也有木柱落地。景村的几家大户都建造了圆堂，圆堂的形式是五间，前面一定要建廊棚，南北之间要比一般房子进深一点，东西两间是房间，中间三间连通，只有四根柱子落地，每一根柱子下都有一个圆柱形的石墩，大门的上下槛的宽厚度都有一定的尺寸标准，门上装配的是六扇或八扇落地格子门，门上雕有格子花纹，具有一定的威势。

20世纪50—60年代，村民建造的房屋一般都是三间正屋，少数人家因为人口多，也有造四间和五间的。一般两山墙用八五砖砌空心墙，客堂两边还是用木柱落地。正门朝南，正屋分东西两房，中间的是客堂。客堂的大门一分为四，设上槛和下槛，东西两面各有一屏风（俗称“批竖”），靠东屏风的是一扇大门，靠西屏风的是上下达。条件差一点的也有用砖砌成屏风的。除了正屋，一般都建有一个间头，且大多与西房间连接，一般用作厨房。家境较富裕而且宅基地也较大的农户还会在对着正屋的南面建下场屋，一般用作杂物的堆放和家畜的饲养，中间一间留作墙门，作进出之用。

1966年，景村陈姓人家在建造房屋时，四垛山墙全部采用八五砖砌空心墙，这样可以节省一些木材，从此开启了四垛山墙及前后墙都用八五砖造房的时代。

当时，造一幢三间平房加一点小屋须用八五砖 1.5 万—2 万块。造一幢房屋的时间也缩短，一般一天排宅脚，一天竖屋，一天圆屋，再加粉刷、装饰、搭建小屋等，10 天以内就可以完成。这段时期所造的房子在式样、用材等方面都大同小异，如此的建造方式延续到了 70 年代末。这段时期，境域内原来的草房全都改建成了瓦房。

1982 年，五一大队陆菊泉和前进大队张泉根家庭，率先建造楼房。陆菊泉家庭建的是两上三下的楼房，张泉根家庭建的是三上三下的楼房，楼板选用的都是五孔楼板。开始时，水泥楼板大多来自浙江。此后，将平房翻建为两层楼房的村民家庭开始增多。受经济条件和市场上建材供应的限制，初期楼房建造得较为简陋。随着市场上钢材、木材、水泥等建材的供应逐渐充足，后期建造的楼房结构更考究，原先的空心墙改为用砂浆砌实心墙，阳台用水泥砂浆预浇注等。建造楼房的过程跟建平房基本相同，就是多了搁楼板这一天。开始都是人力吊楼板，由 8 位男工把每一块楼板吊上去，后期有了简易吊机来吊楼板。因为建楼房比建平房的工程要大，所以用工量要多，生产队里有一家建房，其余各家都会去帮忙。到 90 年代末，5 个自然村共新建和翻建楼房 528 幢。

2000 年以后，基本没有村民自建民房。2004 年，村域内 11 户危房户动迁。2013 年开始，村域内大片土地被征用，原郁港村 4 个自然村整体动迁，景村自然村的村民户也逐渐开始动迁。随着村域内的工业企业迅速崛起，大量外来务工人员涌入，村域内兴起租房热，未动迁的村民户在自家院内建房间用于租赁。

原村民住房（2015 年，罗英摄）

二、动迁小区

2004年，根据昆山高新区建设规划，开始建设动迁小区——茗景苑。

2004—2010年，茗景苑先后建成A区、B区、C区3个小区，均为多层住宅楼，共212幢，计2 970套。因动迁户的不断增多，从2011年开始又分别在茗景苑的西面另建四个小区：仁心苑为多层住宅楼，共36幢，计1 108套；义和苑和礼和苑均为高层住宅楼，共48幢，计4 629套；美丰苑亦为高层住宅楼，共11幢，计1 384套。至2019年，还有高层住宅楼在建。茗景苑所有住宅小区建筑总面积约81万平方米，可居住12万人。

茗景苑动迁房（2019年，罗英摄）

动迁小区北靠沪宁高速公路（相距约100米），南近312国道和昆山市环城高架路，东到江浦路，西到古城中路。整个小区内筑道路4横4纵，4条横向道路从北往南依次为玉带北路、姜巷路、美丰路、南星渎路，4条纵向道路从东往西依次为锦淞路、大众路、山淞路、景村路。小区内还有东西向的青龙江、后巷港河和南北向的西尤泾江。

茗景苑开建后，便民服务设施同步开建，社区管理服务机构随着动迁村民入住而同步设立。在礼和苑小区建有昆山高新区南星渎办事处和便民服务中心。各社区都设立居委会。在礼和苑小区建有红客堂书场，在茗景苑C区、仁心苑小区和义和苑小区建居民会所，方便小区居民办理红白喜事。

茗景苑的居住环境好，东南方设有吴淞江派出所、吴淞江交警中队、吴淞江城管中队，北面靠近玉带北路处建有吴淞江客运站，设立多个公交站点，客运班车可直通昆山市区和其他乡镇。在姜巷路与美丰路中间建有南星渎小学、南星渎中学和两个幼儿园。跨过美丰路有万客隆超市和小吃广场。在山淞路与玉带北路的交叉口建有南星渎菜市场。美丰路与锦淞路交叉口西南方建有后巷港湿地公园。靠近茗景苑 A 区、B 区、C 区位置，沿美丰路配套建设店面房 198 间。这些店面房东西向铺开，分成三排，一排朝南面向美丰路，另两排面对面，中间形成一条商业街，设有饮食店、服装店、杂货店、购物超市、银行、邮政等。小区还设有门球场、体育锻炼活动中心、老年活动中心等群众文体设施。

后巷港湿地公园（2019 年，王秀根摄）

2004 年，村域内开始动迁入住茗景苑 A 区。最早动迁的是村域内的危房户，由本人提出动迁申请，经村里核实证明，昆山高新区批准同意后入住。当年批准动迁的有景村 3 户、杨庄 2 户、郁港里 4 户、朱家厍 2 户。2006 年，杨庄、郁港里、殷家巷、朱家厍 4 个自然村的土地被征用，村庄整体动迁，村民安置于茗景苑 A 区、B 区、C 区和义和苑等小区。2009 年，因古城路建设工程需要和昆山高新区规划建设征用，景村的农户逐步动迁，到 2016 年，有 101 户动迁入住茗景苑 C 区、义和苑、礼和苑。2018 年，景村的西村、北村的 67 户全部动迁，安置在义和苑与礼和苑小区。至 2019 年年底，景村剩有 50 余户没动迁。详见表 2-6。

表 2-6　2004—2019 年景村村域内各自然村村民户动迁表

单位：户

年份	景村	杨庄	郁港里（含殷家巷）	朱家厍	累计
2004 年	3	2	4	2	11
2006 年	—	126	43	19	188
2010 年	41	—	—	—	41
2012 年	—	—	—	17	17
2013 年	2	—	—	33	35
2016 年	55	—	—	—	55
2018 年	67	—	—	—	67
2019 年	124	—	—	—	124
合计	292	128	47	71	538

2019 年安置小区地理位置示意图

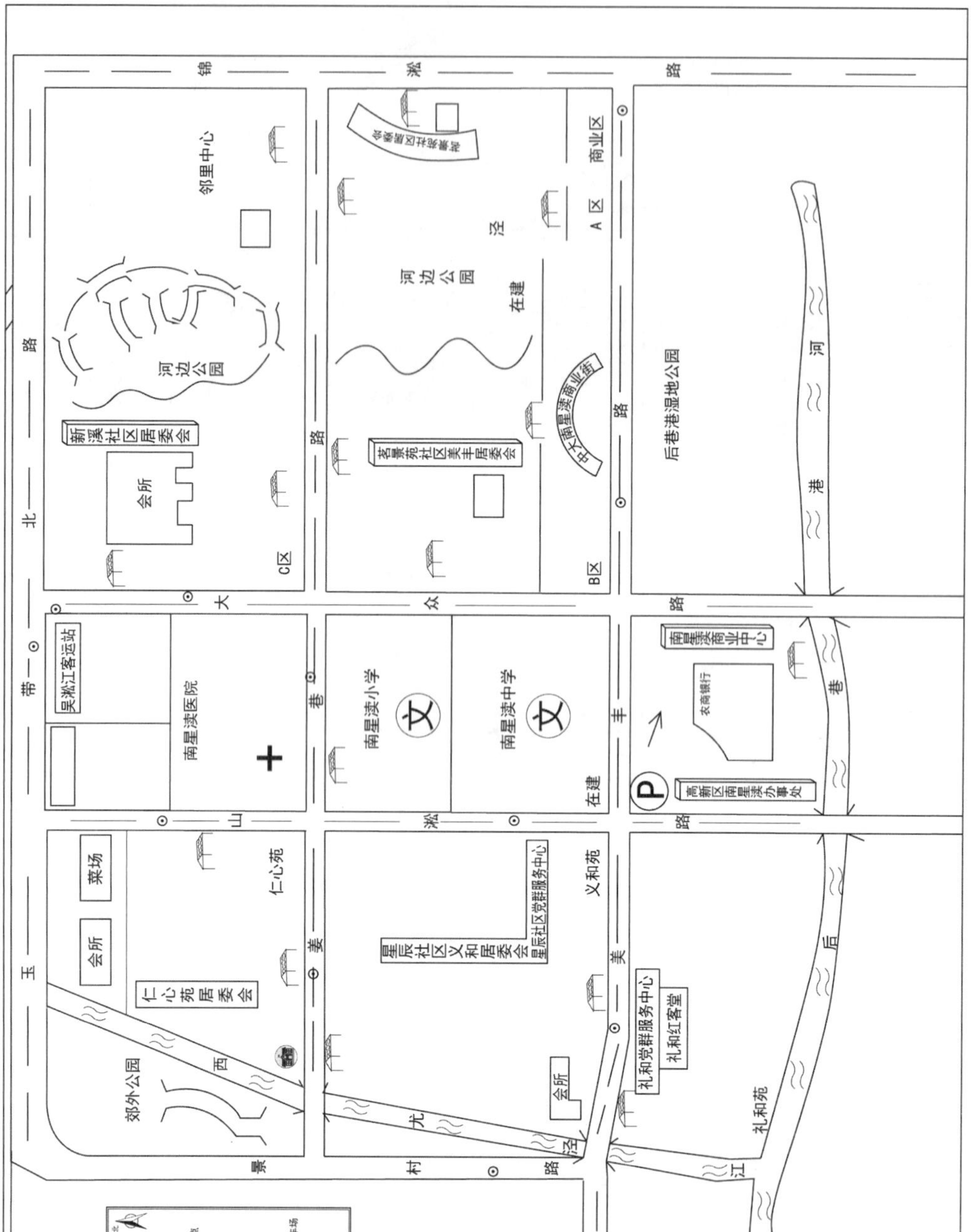

2010年安置小区公共服务设施示意图

第三节　环境治理

一、厕所改造

农家用马桶（2005 年，罗英摄）

20 世纪 60 年代以前，村民家庭使用马桶，每家都在户外埋一个粪缸，很多粪缸埋在路边或河道边，有的家庭则搭建简单的坑棚。村民用家用马桶将粪便倾倒在粪缸里，使其自然发酵成农肥，但到了夏天，蛆虫满缸、臭气熏天，很不卫生。在河里洗刷家用马桶，造成河水污染，为境域内血吸虫的生长繁殖提供了条件，造成血吸虫病传播。

60—70 年代，景村境域内各生产队按照上级要求，防治血吸虫病，加强粪便管理，开始将粪缸集中摆放，搭棚加盖，马桶由生产队指派专人集中洗刷。受当时经济条件所限，给粪缸搭的棚比较简陋，一般以草棚为主。这种草棚经受不起长期的风吹雨打，时间一长就会出现坑棚破损的现象，造成粪便外溢，污染环境。

80 年代，村民开始把平房改建成楼房，在楼房里建起卫生间，屋外挖化粪池。家庭改厕使村庄的环境卫生得到了有效改善。有自来水以后，村民开始改扩建家用卫生间，有的装上抽水马桶，有的装上沐浴设施。为便于废水排出，村民都在自家房屋边挖一个地坑，在上面盖上水泥板，下水管道直接通到地坑，污水排放进地坑里，渗透到地下，流入河道，加重了地表水的污染。

2002 年开始，村庄环境卫生整治得到重视，景村村域内各自然村分别建造 10 座标准公共厕所。每个厕所里都装有自动冲水设施，配有专人管理。粪池建造“三格式”，经入粪、稀释、沉淀达标后排放。村里还为没有安装马桶的家庭免费安装一只抽水马桶，从源头上管理好粪便。

公共厕所（2019 年，罗英摄）

到 2018 年年底，没动迁完的景村自然村已建有 11 座公共厕所，并安排 5 名专职人员进行管理。但化粪池的污水还会自然渗透到地下，难以从根本上解决村庄河道和地下水的污染问题。

二、河道清理

从 1999 年开始，村里自筹资金，对景村的前浜、后浜和朱家厍河进行河道清理，重点是清理河道里的污染物和污泥。

2001 年，景村村村委会再次出资对污染严重的河道进行清淤。2006—2008 年，市镇两级财政出资由水利部门实施对村域内的 14 条河道全部进行淤泥清理，清理出的淤泥全部排入低洼田或者田中的废弃潭里。3 年累计清理河道 11.18 千米。与此同时，村委会根据村庄环境建设要求，建立河道保洁机制，聘用 4 名河道保洁员，专门负责村域内的河道保洁工作。详见表 2-7。

表 2-7　2006—2008 年景村村河道清淤情况表

序号	河（浜溇）名	起点	止点	长度/米	面宽/米	河流域区	河流走向	清淤日期
1	西方塘	浜　底	南大江	449	14	域内	东西	2006 年 3 月
2	南大江	吴淞江	北大江	1 504	25	域内外	南北	2006 年 4 月
3	村北浜	南大江	后　浜	250	13	域内	东西	2006 年 4 月
4	村后浜	张东江	南大江	426	15	域内	东西	2006 年 4 月
5	河家溇	南大江	浜　底	332	13	域内	东西	2006 年 8 月
6	朱家厍河	西尤泾江	姚家港河	1 787	16	域内	东西	2007 年 3 月

续表

序号	河（浜溇）名	起点	止点	长度/米	面宽/米	河流域区	河流走向	清淤日期
7	下白溇	陆家港	南大江	1 038	22	域内	东西	2008 年 1 月
8	前　浜	南大江	浜　底	450	17	域内	东西	2008 年 2 月
9	陆家港	吴淞江	下白溇	640	15	域内	南北	2008 年 2 月
10	西尤泾江	青龙江	吴淞江	3 277	30	域内外	南北	2008 年 2 月
11	双浦江	浜　底	双浦坝	290	17	域内	南北	2008 年 3 月
12	孟田江	南大江	西尤泾江	735	25	域内	东西	2008 年 3 月

三、污水处理

2006 年以前，景村村域内没有专门的污水处理设施，生活污水和工厂企业产生的污水未经专门技术处理，自然排入河道，造成村庄环境污染。2006 年，景村村域在古城路与元丰路交叉处东南方建造了污水中转站，收集和处理周边工厂的污水。

2004 年，村民开始动迁安置到茗景苑小区后，小区污水接入污水管道。2018 年，茗景苑小区的污水处理工程全面动工，新建和改建污水管道，把污水送到污水处理厂集中处理，全面实行雨污分离。

景村剩余未动迁的村民户计划于 2020 年完成动迁。故截至 2019 年，自然村内的污水管道暂未铺设，仅对村民户的生活污水进行小范围处理。

四、垃圾处理

90 年代以前，景村境域内的村民家庭的生活垃圾一般都当作肥料填入猪圈。那时每个村民家庭都要养猪 1—2 头，猪圈就成为家中生活垃圾的填埋场。家中旧的书报纸张、旧塑料、废铜烂铁等都会卖到当时的供销社收购站。

90 年代开始，境域内村民户承包耕地，发展农业生产规模经营，家庭养猪积肥的需求下降，导致出现生活垃圾乱倒乱堆的现象。为了改变这种现象，各个自然村选址建成砖砌垃圾箱，进行集中收集。但因路途不便或村民习惯难改，乱倒乱扔的情况没有根本改变。

随着新农村的加快建设，农村环境卫生得到越加重视。2006 年，景村村村委会投入资金，集体购买小型垃圾桶，放置在每户门口，并安排专职人员负责定时收集垃圾并运送到垃圾中转站。景村自然村的北边建有1个垃圾中转站（杨庄等4个自然村开始整体动迁，未建垃圾中转站）。中转站集中的垃圾，由乡镇环卫所安排垃圾车运往垃圾处理厂，进行垃圾集中处理。这种办法大大改善了村庄环境。

垃圾分类（2019年，罗英摄）

2019年，景村村开始实施垃圾分类，分餐厨（易腐）垃圾、可回收垃圾、有害垃圾及其他垃圾。从每个家庭的垃圾收集开始到垃圾的投放运输和处理，整个过程实行分类收集、分类投放、分类处理。

五、村庄清洁

2006年，景村村村委会部署对村域内环境进行综合整治，组织8条农船和16名员工，用特制网兜打捞漂浮物，夏天用竹竿卷掉河底长出的水草，使河面没有漂浮物、水花生和水葫芦等水生植物；组织7名保洁员，对村内道路地面进行清扫和杂物清理，分地段清扫村内各路段；安排4名清洁员负责冲洗厕所，做到每天冲洗2次。另外，还安排专人负责铲除环境“牛皮癣”，确保村庄环境整洁美观。

2011年，村委会对全村（主要是景村自然村）没有动迁的360多户的房屋外墙进行粉刷涂料。粉刷一新的村庄，白墙黑瓦，变得更加美观。

2018年年末，村委会组织成立人居环境整治小组，村委会主任担任村环境整治小组组长。通过在村内挂宣传标语，开设宣传橱窗，加强宣传引导，改变影响农村人居环境的不良习惯；动员群众积极参与，彻底清理农村生活垃圾，清理村内河塘沟渠的杂草垃圾，清理畜禽养殖粪污及农业生产废弃物，对村中公共厕所及家庭厕所进行改造，建立环境长效管控机制。

2019年，景村村域内共安排地面清洁人员8人，垃圾运送人员2人，铲“牛皮癣”人员2人，厕所冲洗人员3人，河道清理人员16人。在村庄环境整治中，将违章搭建、路边及村庄周围种植蔬菜搭的架子等全部拆除。

第三章　农业生产

景村村历史上曾为纯农业村。中华人民共和国成立以前，受封建土地私有制约束，加之自然灾害多、抗灾能力差，境域内的农业生产落后，粮食产量低。中华人民共和国成立以后，土地改革使村民获得土地；农业合作化、人民公社使村民走上集体经济之路；家庭联产承包责任制的实行使村民获得生产自主权；土地流转促进了农业规模经营，推动了现代农业发展。境域内的农耕方式的根本性改变，化肥农药的广泛使用，优良品种的逐步推广，促进了增产增收；农田水利的建设，机电灌溉的升级，为农田灌溉和抗灾提供了保障；拖拉机、插秧机、植保机、联合收割机等机械设备的逐步发展，使村民从繁重的体力劳动中解放出来。此外，集体农场和种粮大户的出现促进了农业规模经营；新型农民科技培训学校的创办，使村民的农艺农技水平不断提升。虽然村域内的农业生产规模随着开发建设逐渐缩小，但村“两委”始终坚持农业经营管理体制的创新，原种培育和良种繁育硕果累累，原生态虾稻大米、“五一”牌大米获得市场充分肯定。

第一节　生产关系变革

一、土地私有制

中华人民共和国成立以前，景村境域内沿袭封建土地私有制。1951 年，境域内 5 个自然村有村民户 185 户，全部耕地面积 3 043. 30 亩。5 户地主占有耕地 1 105. 30 亩，户均耕地 221. 06 亩；地主户占农户总户数的 2. 70%，却占有全部耕地面积的 36. 31%。13 户富农占有耕地 971. 60 亩，富农户占农户总户数的 7. 03%，却占有全部耕地面积的 31. 93%。72 户中农户占有耕地 613. 20 亩，中农户占农户总户数的 38. 92%，占有全部耕地面积的 20. 15%。88 户贫农占有耕地 347. 10 亩，贫农户占农户总户数的 47. 57%，而只占全部耕地面积的 11. 41%。7 户雇农占有耕地 6. 10 亩，户均不到 1 亩地，雇农占农户总户数的 3. 78%，只占全部耕地面积的 0. 20%。详见表 3-1、表 3-2、表 3-3、表 3-4。

表 3-1　1951 年景村各成分占有耕地情况表

成分	户数/户	户占比/%	耕地面积/亩	耕地占比/%
地主	5	6. 76	1 105. 00	54. 88
富农	6	8. 11	532. 00	26. 42
中农	26	35. 13	241. 00	11. 97
贫农	31	41. 89	130. 20	6. 47
雇农	6	8. 11	5. 30	0. 26
合计	74	100. 00	2 013. 50	100. 00

说明：1. 非耕地面积未统计在内。
2. 总耕地面积 2 242. 00 亩，其中 228. 50 亩为外村户种植。

表 3-2 1951 年杨庄各成分占有耕地情况表

成分	户数/户	户占比/%	耕地面积/亩	耕地占比/%
富农	1	1.72	93.60	20.80
中农	26	44.83	228.80	50.82
贫农	30	51.73	127.00	28.21
雇农	1	1.72	0.80	0.17
合计	58	100.00	450.20	100.00

说明：1. 非耕地面积未统计在内。
2. 总耕地面积 758.10 亩，其中 307.90 亩为外村户种植。

表 3-3 1951 年朱家库各成分占有耕地情况表

成分	户数/户	户占比/%	耕地面积/亩	耕地占比/%
富农	3	10.71	203.40	59.67
中农	10	35.72	85.00	24.93
贫农	15	53.57	52.50	15.40
合计	28	100.00	340.90	100.00

说明：非耕地面积未统计在内。

表 3-4 1951 年郁港里和殷家巷各成分占有耕地情况表

成分	户数/户	户占比/%	耕地面积/亩	耕地占比/%
富农	3	12.00	142.60	59.74
中农	10	40.00	58.40	24.47
贫农	12	48.00	37.70	15.79
合计	25	100.00	238.70	100.00

说明：非耕地面积未统计在内。

二、土地改革

1950 年年初，景村境域内开始土地改革。正仪区式庄乡土地改革工作队驻村，村农民协会具体负责土地改革。先组织村民户自报耕地面积，摸清各村民户所占耕地及其他有关情况，进行详细的登记造册。至1951年年底，境域内的土改工作全面完成，划定地主5户、富农13户、中农72户、贫农88户、雇农7户。陆姓、金姓和王姓地主的所有房屋、田地等除留一小部分作自家用外，其余部分均被没收，分给贫苦农民。陆姓地主的一幢圆堂房子用作景村的集体公共用房，后成为景村开展扫盲、文娱宣传等活动的重要场所，村民称其为村里的“俱乐部”。

三、农业合作化

互助组 1952年3月，景村的金荣品、景文明、杨金泉、杨仲夫等带头，在村里组成9个互助组。杨庄、郁港里、殷家巷和朱家库的顾金生、翁傲生、王梅宝、徐根水等带头，组织成立8个互助组。初建时有两种形式：一种是由亲友和邻户组建，农忙时集中干活，农闲时各自干活，计酬方法是以工还工，是一种临时性或季节性的互助组织；另一种是常年互助组，作物种植品种由各家自定，他们的土地、农具及收获的粮食均归各户自有，各家的农具、耕畜、劳力协商安排、调剂使用，生产互助，组内有一名记工员，年终按亩均收益计酬用工，结算到户，现金找补。1953年，境域内的互助组逐渐增多，参加互助组的村民户达到了85%以上。

初级农业生产合作社 1953年冬，在互助组基础上，景村、杨庄、郁港里（含殷家巷）、朱家库分别成立初级农业生产合作社4个、2个、1个、1个。初级社坚持自愿报名、自愿结合和入社退社自由的原则，村民户耕地土质好坏评级入股，耕牛、农船等大型农具折价入社。生产统一经营，种植品种统一规划。劳动力划分生产小组，统一调度，采取定额包工或小段包工，实行田头评工记分。每一个初级社都配备社长和会计各1名，负责社内的生产和分配。社内按土地四成、劳力工分六成的比例进行分配。初级社除社长和会计外，还设立管理委员会，委员若干人，讨论、管理和决定社内的事务。

高级农业生产合作社 1955年下半年，以景村初级社为基础，组建成立五星农业高级合作一社（简称五星高级一社），景文明担任社长；以杨庄、郁港里（含殷家巷）、朱家库的初级社为基础，组建成立前进农业高级合作社（简称前进高级社），沈早金担任社长。每个高级社除有社长外，还设副社长、会计，建立管理委员会并设委员若干人，社内建有党支部及团支部、妇联、民兵组织、治保组织等。每个高级社下分若干个生产队，生产队设正、副队长，妇女队长和会计。高级社把农户的土地、大型农具、耕牛等折价入社，归集体所有；生产以社为单位统一经营，对生产队实行“四固定”（对劳力、土地、耕牛、大型农具固定）和“三包一惩”（包产量、包成本、包工分，增产降本则奖、减产增本则惩）责任制。高级社改变了初级社的分配方式，取消土地、大型农具、耕牛等参与年终分配的方案，实行按劳分配原则，全年收益除了提留少量公共积累和管理费以外，年终按合同结算到各生产队，生产队按各户所得的工分结算到户。

四、人民公社

1958 年 9 月，正仪撤乡建社，成立正仪人民公社，实行政社合一体制，境域内的高级社根据人民公社体制进行改革。五星高级一社改为五一大队，下辖 11 个生产队；前进高级社改为前进大队，下辖 7 个生产队。

人民公社化初期，大队、小队都归公社统一领导，经济由公社统一核算，生产资料归公社一级所有，物资、资金、粮食由公社统一调配；以公社为单位开展“大兵团作战”，实行军事化管理，五一、前进两个大队合编为第七营，设正副营长、教导员等；生活集体化，包括学校的学生也实行“四集体”（集体学习、集体劳动、集体用餐、集体住宿）。合并相邻的生产队，各生产队选定一幢大房子开办公共食堂，免费供应一日三餐，有时午餐和晚餐要送到田间地头。

1959 年，为了解决人民公社在实践中出现的问题，对人民公社体制进行调整，取消军事化管理，取消公共食堂，实行公社、大队两级管理，分级核算。五一大队、前进大队按照上级要求，强化经济管理职能，开始对生产队实行“三定”（定产、定工、定赔）的奖惩责任制，加强对生产队的经济管理。

1961 年 7 月，公社全面实行“三级核算，队为基础”，以生产队为核算单位，执行“按劳分配，多劳多得”的原则，并按生产队的现有人口划给社员一定的自留地，充分提高了社员的生产积极性。

“文化大革命”期间，开展“农业学大寨”运动，推行“大寨式评工”记分，取消定额记工，通过社员自报、公众评议和政治表现打分。农业生产从茬口布局到品种栽培，自上而下高度统一。1971 年，吃大锅饭、“大寨式”评记工等现象逐步得到纠正。在劳动管理上实施定额到人，评工记分。在生产计划管理上，恢复了在上级计划指导下种植各种农作物。为了尽快提高粮食总量，各生产队均开始种植双季稻。大队同时启动农业耕作机械化、灌溉机电化。每年添置大中型耕作机械，逐步完善机电灌溉设施。在财务管理上，各生产队对工分报酬、日常收支等账目定期公布。年终，各生产队做好分配方案，经大队、公社审批同意后给社员分红。

1978 年开始，五一大队、前进大队都实行大队统一核算，统一分配。各生产队开始逐步改变单一的农业经济结构，普遍建造蘑菇棚开始种植蘑菇，还利用江河养殖蚌珠，建办织席厂、豆制品加工厂等。一系列的结构调整，使得境域内的集体经济得到了极大的巩固和提升，村民的人均收入也有了大幅度提高。

五、家庭联产承包责任制

1983 年，五一村、郁港村域内全面实行家庭联产承包责任制。各村民小组先按各村民户的人数平均划分口粮田和自留田，剩余耕地按劳力平均分田（责任田），承包到户。当时，五一村第 11 村民小组共有土地 231.60 亩，人口 92 人，其中劳动力 62 人，口粮田每人 0.6 亩，计 55.20 亩，其中自留地每人 0.16 亩，计 14.72 亩；还有 176.4 亩按劳动力均分，每人 2.85 亩。

实行家庭联产承包责任制后，承包村民户在国家粮油种植计划指导下，由村民小组安排布局茬口，生产管理由村民户自行作主。村里负责施肥时间及数量、施农药时间及用法用量等农业生产技术指导，村里为此还办起了肥药站，负责计划供应各村民户的化肥和农药。各村民户承包土地的翻耕、水利排灌、收割脱粒都由村经营服务站提供服务，形成村民户承包经营、集体配套服务的双层经营机制。村民户收获的粮食在完成国家征购任务后，余下的可以自主支配。经济收入除了按承包责任规定交纳农业税等以外，剩余收入全部归村民户所有。

六、土地确权流转

土地流转 改革开放后，出现剩余劳动力，不少村民外出务工经商，承包地出现抛荒现象。而另外一些村民则因承包的土地有限，难以扩大种植规模。于是，在不改变土地承包权益基础上，土地（经营权）流转在境域内应运而生。1992 年，常熟的高姓人到五一村承包 400 多亩耕地，合同期 2 年。2 年合同到期后，土地（经营权）归还给村里，由村集体建办小农场。此后，土地流转在域内进一步发展。1993 年，郁港村的金大弟通过土地流转创办家庭农场，耕种面积 200 多亩；1994 年，五一村的钱伯元通过土地流转，转包经营五一村的双浦、东浦两个字圩共计 226 亩耕地，两户分别成为郁港村、五一村的第一位种田大户。

土地确权 1995 年，五一村、郁港村进行第二轮土地承包确权发证。根据当年农村在籍人口确权发证，但这次发证的村民户中大部分不再实际耕种，土地流转给种田大户；有的土地被开挖成鱼塘，给承包户养殖水产；有部分连片的土地被征用，成为民营企业、外资企业及其他用地。这一次确权发证实际成为土地流转中村民获得经营权收益和取得征地补偿的依据。

2000 年以后，五一村、郁港村域内的耕地虽逐年减少，但土地流转、规模经营进入高潮期，通过土地流转出现很多种田大户。为了支持种田大户，五一村、郁港村村委会为种田大户提供晒粮的水泥场和储粮的仓库，搭建临时住房和机械设备存放仓库，在田间修筑机耕道路、通行桥梁、灌溉渠道等，农忙时还提供农业机械及临时劳动力。详见表 3-5。

表 3-5 2003—2019 年景村村规模经营一览表

单位：亩

姓名	年份																
	2003	2004	2005	2006	2007	2008	2009	2010	2011	2012	2013	2014	2015	2016	2017	2018	2019
钱火林	208	155	155	154	151	170	75	75	71	70	70	67	67	30	80	58	33
钱菊林	77.8	—	75	73	73	112	37	37	37	37	37	37	37	22	22	22	22
钱全元	15	—	—	—	—	—	—	156	72	27	27	25	25	25	—	—	—
钱阿狗	64.5	—	—	—	—	—	—	60	40	40	40	40	40	43	36	—	—
陆花根	43	—	—	—	—	—	—	—	—	—	—	—	—	—	—	—	—
凌根福	100	—	85	44	42	65	65	65	65	65	65	60	60	64	64	58	58
陶能仙	65	—	—	—	—	—	—	—	—	—	—	—	—	—	—	—	
钱健林	30	—	—	—	—	—	—	—	—	—	—	—	—	—	—	—	—
钱阿毛	10	—	—	—	—	—	—	—	—	—	—	—	—	—	—	—	
周惠良	73	—	—	—	—	—	160	—	47	45	25	18	18	50	50	50	50
郁二男	67	—	—	—	—	—	—	—	—	—	—	—	—	—	—	—	—
胡雪龙	61	—	20	20	—	—	—	—	—	—	75	60	60	66	66	54	54
袁世昌	—	—	—	—	—	—	—	—	—	—	611	611	—	—	—	—	—
顾建红	—	—	—	—	—	—	—	—	—	—	85	—	—	50	50	50	50
刘延海	—	—	—	—	—	—	—	—	—	—	12	12	12	—	—	—	—

续表

姓名	年份																
	2003	2004	2005	2006	2007	2008	2009	2010	2011	2012	2013	2014	2015	2016	2017	2018	2019
钱凤根	—	—	—	—	—	—	—	—	—	—	50	50	56	56	56	—	38
金凤泉	—	—	—	—	—	—	—	—	—	—	60	60	68	53	53	—	53
周福明	—	—	—	—	—	—	—	—	—	—	—	451	332	—	—	—	—
朱仙生	—	—	—	—	—	—	—	—	—	—	—	—	—	153	113	91	91
周青山	—	—	—	—	—	—	—	—	—	—	—	—	—	105	105	105	105
李永春	—	—	—	—	—	—	—	—	—	—	—	—	—	—	332	53	53
刁洪明	25	—	—	—	—	—	—	—	—	—	—	—	—	—	—	—	—
陆玉生	14	—	—	—	—	—	—	—	—	—	—	—	—	—	—	—	—
凌坤祥	—	18	—	—	—	—	—	—	—	—	—	—	—	—	—	—	—
景香林	—	22	—	—	—	—	—	—	—	—	—	—	—	—	—	—	—
唐泉林	—	10	—	—	—	—	—	—	—	—	—	—	—	—	—	—	—
金凤英	—	14	—	—	—	—	—	—	—	—	—	—	—	—	—	—	—
陆花生	—	4	12	—	—	—	—	—	—	—	—	—	—	—	—	—	—
顾雪根	—	27	—	—	—	—	—	—	—	—	—	—	—	—	—	—	—
景香根	—	19.5	—	—	—	—	—	—	—	—	—	—	—	—	—	—	—
凌宗林	—	28	—	—	—	—	—	—	—	—	—	—	—	—	—	—	—
凌兴泉	—	22	—	—	—	—	—	—	—	—	—	—	—	—	—	—	—

续表

姓　名	年份																
	2003	2004	2005	2006	2007	2008	2009	2010	2011	2012	2013	2014	2015	2016	2017	2018	2019
金雪明	—	33.3	—	—	—	—	—	—	—	—	—	—	—	—	—	—	—
凌玉林	—	51.9	—	—	—	—	—	—	—	—	—	—	—	—	—	—	—
凌黑男	—	22	—	—	—	—	—	—	—	—	—	—	—	—	—	—	—
费友根	—	20	—	—	—	—	—	—	—	—	—	—	—	—	—	—	—
盛四龙	—	—	30	50	—	30	—	—	—	—	—	—	—	—	—	—	—
张水根	—	—	50	—	—	—	50	—	—	—	—	—	—	—	—	—	—
陆金生	—	—	43	43	43	—	—	—	—	—	—	—	—	—	—	—	—
张　明	—	—	75	—	—	—	—	—	—	—	—	—	—	—	—	—	—
龚守顺	—	—	—	—	—	—	30	30	35	35	35	32	32	35	35	35	35
牟华桂	—	—	—	—	—	—	—	90	—	—	—	—	—	—	—	—	—
景才元	—	—	—	21	—	—	—	—	—	—	—	—	—	—	—	—	—
张福寿	—	—	—	160	—	—	—	—	—	—	—	—	—	—	—	—	—
陆惠明	—	—	—	60	150	—	—	—	—	—	—	—	—	—	—	—	—
袁开连	—	—	—	110	60	—	—	70	—	—	—	—	—	—	—	—	—
陆海荣	—	—	—	14	—	—	—	—	—	—	—	—	—	—	—	—	—
徐花生	—	—	—	12	—	—	—	—	—	—	—	—	—	—	—	—	—
陈金男	—	—	—	—	—	—	46.6	—	—	—	—	—	—	—	—	—	—
姚国新	—	—	—	46	—	—	—	—	—	—	—	—	—	—	—	—	—

第二节　粮油作物种植

一、耕作管理

（一）水稻耕作管理

秧田秧板制作　20世纪50—60年代，生产队都要留一定的耕地用作秧田，一般都在留作秧田的地里种上“花草”（用作秧田的地不能种麦子）。对土地薄片浅翻，上水耙泥捣烂，开沟分塄，把塄面扒平整，再用木板把面推平。70年代后期起，提倡做透气式秧田，旱做秧板，挖沟整塄，再上水整平塄面等待落种。进入21世纪以后，为适应机器插秧的需要，不做秧板，改用塑料浅框来育秧。

浸种催芽　早期，村民采用清水浸种，把稻种装在草包里，扎紧袋口浸到河水里，两天后捞起，将它们堆在一起，上面盖上稻草，用水淋湿，保持经常潮湿。待稻谷开口露出白芽，即可落种。20世纪50年代末到60年代，改用水缸石灰水浸种，三天以后捞出稻种沥干，堆成一堆，盖上乱草，增温催芽。70—80年代，种植双季稻，因育苗时间早，气温低，一般采用热水增温催芽。90年代以后，普遍采用药剂浸种，再堆闷催芽。

落种　20世纪50年代至60年代初期，在前期做好的秧板上浇上一层薄泥浆，随即落种，接着撒上一层草木灰，以防晒死幼芽及鸟类吃掉种子。60年代末开始推广泥浆落种，在毛坯秧板上出现细裂缝后，将秧板沟里的泥浆划到秧板上，用窄门板把秧板推平。待秧板略干后再将沟里的泥浆浇在秧板上，继续用板推平，紧接着落谷。谷子要撒得均匀，每亩的播种量在50—60千克，落谷后在上面盖上草木灰，为促进秧苗粗壮，也有盖上一层薄薄的“营养土”的。

70年代，推广落谷后用轻木板在秧板上推一遍，把种子压进泥浆里，这样可保证种子出苗率高。80—90年代，推广种植杂交水稻，杂交水稻仍然采用泥浆落种的方式，播种量为每亩9—10千克，省下了许多种子。落谷后仍用木板把种子压进泥浆里，最后用喷雾机在秧板上喷上专用除草剂。

进入21世纪后，人工插秧改为机器插秧，落种时，稻种必须落在特制的秧盘里。具体做法是先准备好细土，细土一定要用筛子筛过。按老办法整好秧田，分塄做平，把秧盘排放在秧板上，秧盘里放好细土，刮平上水，在秧盘里落谷，每亩的落种量只有3千克。最后盖上塑料薄膜。由于落谷前的种子已经催芽，盖上薄膜后又保温、保湿，过4—5天就揭掉薄膜，秧龄可缩短为15—20天。

秧田管理 秧田的早期管理主要是上水和施肥。落谷后3天，开始给秧田上水，之后做到白天灌水，晚上排水，在移栽前的一星期要保证昼夜有水。20世纪60—70年代，提倡秧田管理科学化，在秧苗一心一叶前，要做到晴天满沟水、雨天半沟水，水不上秧板。一心一叶时要施“断奶肥”，留浅层水。秧苗长到三四叶时要施“接力肥”，过一星期左右要施“长粗肥”，移栽前3—5天施“起身肥”。90年代，推行根外追肥技术，即对瘦秧苗每亩用2千克浸出液加适量尿素喷洒叶面，促使秧苗早分蘖，早发棵。在对秧苗的灌水、施肥过程中，同时要注意病虫害的防治，并及时除去杂草，以确保壮秧。对于用秧盘培育的秧苗，由于前期用了“营养土”，加上苗期的合理补肥，也能确保壮秧，为插秧机在大田移栽提供有力保障。

水田翻耕 在秧苗移栽之前，大田要上水翻耕。60年代以前，水田的翻耕主要靠牛力，俗称“冲田”，确保把泥土搅烂，便于插秧。60年代开始，逐步用机械代替人力和牛力。90年代以后，基本实现机械作业。大田上水翻耕后，还要进行水田整平，留下薄薄的一层水在整平的田里。

大田插秧 秧龄满一个月，便可开始大田移栽，俗称莳秧。先到秧田里拔秧，每把秧有两叉合成，用一根稻柴扎紧，人称“一孝秧”。另有劳力用秧筐或土沃把拔好的秧运至大田。70年代以前，莳秧人自行踏出行距来，每行6棵，两脚中间2棵，左右两边各2棵。因为没有规定，因此行距有大有小，特别是行头容易弯曲。60年代末70年代初，开始用绳规定行距，称“经绳”。起先用草绳，在一根长竹竿上定好行距，扎上草绳把竹竿往后拉。但用草绳定行也有不足，一是草绳不宜长，每一行从头到尾需要拉动数次，这就容易弯曲；二是草绳浸水后太重，田块之间移动很不方便。后改用塑料线，它不吸水又轻巧，可以把整块田经出行距来。在莳秧前，先要定行距，制作一根秧尺，按秧尺经绳。经绳是为了保证行距，能使秧行垂直，让稻行通风透光，也便于后期的田间管理。莳秧人在两线中插上 6 棵秧，一般每棵 3—4 株，也有的品种只插单株秧。初学插秧往往 6 棵插不均匀，行距踩不准确，株距或大或小等。随着不断实践，莳出的秧又直又匀，而且莳秧的速度也会不断地加快。大田莳秧一般采用浅水莳秧，深水活棵。秧苗不能插得过深，深则不利于发棵；但也不能插得过浅，浅则容易氽棵。单季稻栽秧一般在夏至前一周开始，双季稻栽秧就要根据不同品种的秧龄来确定。

进入 21 世纪，手工弯腰莳秧逐步被机器插秧代替。这大大提高了移栽的速度，而且确保了行距株距及栽插的深浅度，更有利于秧苗的生长及水稻的后期管理。

田间管理 水稻移栽后要进行中耕管理，中耕管理主要体现在灌水、耘耥、除草、除虫、施肥等方面。

20 世纪 50—60 年代，水稻灌水主要靠人力、畜力和风力，一般采用“干干湿湿”的灌水方法，中间有 2—3 次搁田，每次搁田的程度以脚踩田面稍有印为宜。70 年代以后，灌水有了抽水机、电力灌溉站等，由各生产队的管水员负责掌握。适时灌水和排水是保证水稻正常生长的根本。

中耕管理的重头戏是做耘耥，移栽满 20 天后，就要为稻苗拔草，本地称为“走草”。对付与稻苗同时生长的稗草、三棱草、黄花草等长草，可采用直接拔掉的方式；对付鸭舌草这种短草就用耥来消灭，通过耥，田间的短草被抓起来，浮在面上，接着就要进行耘稻。耘稻有走耘和跪耘，用双手把草捏成草团塞在深土中，不让其生长繁殖，耘稻最地道的要耘 3 次，做到田面发白即无杂草。

70 年代以后，开始用除草剂。除草剂有粉剂和水剂。粉剂拌在化肥里，在大田移栽 5—7 天里撒下去，既是水稻苗的活棵肥，又施了稻田的除草剂，但一定要确保田间有一定的水量。水剂是用喷雾机喷洒，也是在移栽后的 5—7 天里喷洒，同样要确保田间有足够的水量。

50—60年代，对水稻除虫用土办法较多，对二化螟、三化螟采用夜间点灯的办法来引诱。方法是在几块田的田头搭一个三脚架，架子中间放一个盆，盆里加上大半盆水，再在架子上吊一个桅灯，用灯光引诱螟虫飞来掉在灯下的水盆里。对付稻飞虱，则将柴油装在竹管里，竹管上钻几个小眼，在灌满水的稻田里拖动竹管，让柴油漂浮在水面上，稻飞虱落下后就再也飞不起来了。自70年代以来，防治水稻病虫害主要靠农药，上级农技部门会定期布置用药的名称、用药的时间、用药的剂量及用药的方法等，有时喷雾，有时泼浇。

水稻的施肥方面，50—60年代主要用有机肥料，一般河泥用作基肥，追肥则用人粪、家禽粪、畜粪等。70年代以后，追肥开始使用化肥，5—7天施活棵肥，接着施长粗肥、分蘖肥，最后是孕穗肥。对特别瘦弱的稻苗可增加施肥，简称“捉黄堂”。80年代以后，农田的基肥和追肥都使用化肥，增加使用高效复合肥。

收割脱粒 单季晚稻在10月下旬至11月上旬收割。50—60年代，收割用镰刀，割下的稻子晾在田里，3天后捆起来，称为“捆稻”。然后用稻索（担绳）将捆稻挑上船或直接挑到场子上。那时脱粒用稻床，俗称“甩稻”。甩稻的过程是甩稻人双手抓住稻把使劲将稻子甩在稻床上，直至谷粒全部掉净为止。扬谷就得靠自然风，也有用木制风车的，木制风车主要靠人力摇动风叶来形成风力。60年代后期，有了脚踏双人脱粒机。2人各用一只脚踏来带动脱粒机的滚筒旋转，将稻把放在滚筒上使谷粒脱掉。70年代开始，采用柴油机带动2台超长大型脱粒机，每台可以4人一起脱粒。到了80年代，采用电动机带动脱粒机，还有电动扬谷机，没有自然风也能把脱粒下来的稻谷扬干净。90年代后期，开始有了联合收割机，机器开到田里，割稻、脱粒、扬谷、粉碎稻柴等一系列工作可以一起完成，大大减轻了劳动强度，提高了劳动效率。村民户只要把谷子晒干，就能出售或储存。

（二）三麦耕作管理

50—60年代，以牛犁翻地为主，人工用铁搭翻土为辅。用牛犁翻耕的地要整塄，俗称“做塄头”。塄宽1.5米左右，当时提倡窄塄浅沟。先把塄面做平，播上麦子，再用铁搭把泥块削细盖住麦子，俗称“削麦子”。到了来年的一月，先要用铁搭将麦塄沟里的泥土挖到麦塄上，俗称“压麦泥”。接着要用麦泥扒把麦塄上的泥块拍细，俗称“拍麦泥”。1958年，提倡深耕细作，土要翻一尺以上深，塄面上要消灭“鸡蛋块”。70年代以后，提倡每塄之间的沟要开30—50厘米深，做到横沟和竖沟相通，每一块田的主沟与河相通。其中处于田块中心位置的主沟的深度往往要深于其他沟。这样每块田都形成两头出水，三沟配套，雨停田干的排水效果。70年代后期至80年代，域内开始推行板田麦。在水稻成熟将要收割的前三天，把麦种均匀地撒到稻田里，待稻子收完后，先在稻板田里施上除草剂，接着施上化肥作基肥，再按塄宽开挖深沟，把挖出的沟泥铺在塄面上削细盖住麦子。小麦的施肥分别是施长粗肥、分蘖肥和拔节孕穗肥。最后是收割，小麦的收割期是在每年的5月底或6月初。在人工收割期间，小麦是随割随收，而且要及时脱粒。当地的一贯做法是“稻上场，麦上甏”，意思就是稻子可以在场地上堆起来，但小麦一定要立即脱粒并晒干进仓才不会霉烂变质。小麦脱粒经历的过程与水稻脱粒一样，也从甩麦、脚踏脱粒机脱粒、柴油机脱粒发展到电动机脱粒。进入21世纪，也全部由联合收割机来收割。

种植元麦和大麦的过程跟种植小麦差不多，一般没有像种植小麦那样重视。当地种植的元麦品种一般都是自留种，元麦的生长期短，一般在小麦收割前半个月收割。60—70年代，各生产队都要种植3—5亩不等的元麦，收获的元麦主要用作集体养殖的猪及牛的精饲料。本地种植大麦极少，因为大麦也用作精饲料，但不如元麦的质量好，再加上大麦的产量不如元麦，因此大麦逐渐被本地淘汰。

（三）油菜种植管理

20世纪50年代，境域内种植的油菜为本地油菜，即土白菜。先用菜籽播种培育菜秧苗，待秧苗长到20厘米高时移栽到大田里，称为“种菜籽”。方法是用菜花柱（用青石做成像心脏形的石器）撞出一个浅潭，在潭里浇上一点泥浆，把菜秧种在潭里，再拿一小块泥压在菜秧根上并压紧，一棵菜籽就这样种好了。这种油菜的菜籽粒小，出油率低，50年代后期被逐渐淘汰。

高级社时期，有了油菜新品种，境域内俗称为“朝鲜油菜”，即“胜利52”号油菜。这种油菜成为60年代以后境域内主要的油料作物。

种植油菜主要抓好以下几个环节：一是培育好壮苗。首先要把秧苗地整平、塄面碎细。每年9月中旬播种，出苗后要及时间苗、匀苗，合理使用好苗肥，保证每一株秧苗粗壮有力。二是合理密植。到了10月底就要开始移栽秧苗，70年代及以前，都是翻耕做塄种植油菜，移栽密度在每亩8 000—10 000株。三是加强田间管理。冬季中耕培土防冻，及时开沟防积水。施好抽薹肥、淋花肥，控制早衰，用好硼肥和多菌灵，提高结实率，及时防病治虫，及时收割。

80年代以后，推行种植板田菜。在稻板田上每两行为一塄，两塄之间留一条沟。在塄面上套肋，肋距40厘米左右，每肋种上油菜，株距栽30厘米左右。

50—60年代的油菜收割以连根拔起为主，根据“九成熟，十成收”的理念，在菜结发黄八成至九成时就要收割。时间一般在5月下旬。把拔下的油菜拿到场上，堆成跺，过一段时间再在稻床上“甩”。70年代以后，改用镰刀收割，割下来的油菜放在塄上晒3—4天，然后拿一块特大的布平摊在菜地中央，把晒枯的油菜拿到布上用木棍敲打或用脚踩踏，再把敲打出来的菜籽扬干净后集中晒存。80年代，实行土地承包责任制后，各村民户待油菜九成熟后就用镰刀割下散放在菜塄上，待日晒3—4天后就直接在田里平整一小块场地，铺上一大块布，把油菜把放在布上进行脱粒扬晒。

二、面积产量

1949年前，景村境域内种植的水稻产量很低，一般亩产在500斤左右，籼稻亩产更低，一般不足400斤。20世纪50年代以后，随着优良品种的引进改良，水稻亩产逐步提高。70年代达到800—900斤，80年代突破千斤大关。2019年，景村村承包耕地的大户，种植的优良稻种“南粳46”号亩产收获1 690斤，这是村域历史上的最高水稻单产。小麦的亩产同水稻亩产的增速差不多，从50年代的200多斤发展到21世纪的破千斤。油菜的产量也有很大的提升，50年代种植的油菜每亩收获的菜籽不足百斤，到80—90年代，油菜每亩收获的菜籽达400斤左右。详见表3-6、表3-7。

表 3-6　2009—2019 年景村村粮油种植面积及产量表

年份	水稻			小麦			油菜		
	亩数/亩	总产/吨	单产/斤	亩数	总产/吨	单产/斤	亩数/亩	总产/吨	单产/斤
2009	1 220	769	1 260	1 105	387	700	30	4.30	286
2010	1 070	669	1 250	1 070	460	859	—	—	—
2011	975	649	1 331	975	439	900	—	—	—
2012	875	547	1 250	875	356	813	—	—	—
2013	847	561	1 324	847	338	798	25	3.75	300
2014	642	400	1 246	642	233	725	—	—	—
2015	535	346	1 293	535	230	859	—	—	—
2016	535	343	1 282	535	228	852	30	4.40	293
2017	643	398	1 237	643	275	855	8	1.20	300
2018	642	399	1 242	642	276	859	—	—	—
2019	642	433	1 350	642	269	840	—	—	—

表 3-7　1960—2000 年五一大队（五一村）第 11 生产队（村民小组）农业种植表

时间	种植品种	种植面积/亩	亩产/斤
20 世纪 60—70 年代	水稻	125.2	792
	小麦	129.6	356
	油菜	95.2	248
	双季稻	121.1	1 198
	其他（花草）	21.5	—
1983 年以后	水稻	246.3	925
	小麦	135.2	485
1996 年以后	水稻	246.3	1 165
	小麦	138.5	582

第三节　农用肥料

一、有机肥料

农业有机肥料（村民称农家肥）种类多，主要有河里的淤泥、人粪、家禽牲畜粪便等。积农家肥、培育有机农肥是村民的传统农活之一。20 世纪 70 年代前，域内的农业生产不用化肥，只用农家肥。村民为给大田增添肥力，实现增产增收，总是利用农闲时节积造农家肥，千方百计增加农田有机肥料。70 年代后，域内虽开始使用化肥，但各生产队仍继承积造农家肥的传统，因地制宜开展积肥，培育农田有机肥料。

塘泥积肥　用一种特制的口袋，袋口装上大铁链，口袋上部用绳索连在船上，摇船前行使河底的口袋把浮泥“吃”（掩）进口袋里，适时把口袋拉起，把泥倒入船中，这称之为“掩泥”。在船上拿罱网把河底的浮泥罱进船里，这称之为“罱泥”。再把泥掏到或挑到专门挖好的潭里与柴草混合，俗称“塘泥”。经过一定时间，柴草发酵，便可增加潭里塘泥的肥力。70 年代，生产队还发动社员割野草，将潭里塘好的泥吊起来，把野草放进潭里与泥搅和，称之为“翻潭”，作用是使野草和泥混合后加快腐烂，以增加肥效。泥塘肥是水稻田的主要基肥。生产队还养殖水花生、水葫芦，用来塘泥。

放养绿萍　在水稻大田里放养绿萍，既能给土地增加肥力，又能阻止水底杂草生长，是一举两得的好事。60 年代末，境域内各生产队都开始大力培育放养绿萍。冬季因寒潮影响，绿萍经不起冰冻和霜打有可能会枯死，必须为绿萍保存一些种子。为此，先在田间开几个绿萍种子塘，塘里放上薄薄的一层水，把绿萍种子放进去，在塘上盖上塑料薄膜，把薄膜四周压紧。到来年春季天气转暖后，保存好的绿萍种子就会快速繁殖。一般在日最高气温 15 ℃以上时开始放养绿萍，先将其从小塘移放到大塘里，待大塘里繁殖满后再放养到大田里，一般把大塘里的绿萍捞起装在竹篓里挑到大田里放养。大田放养一般都在大田插秧前。绿萍在大田里迅速繁殖，在水面上结满厚厚的一层。半个月以后就可以杀灭绿萍，把部分绿萍塞入泥土里，绿萍腐烂后既能给水稻增添肥力，还能改良田块的土壤。

秸秆返田　70 年代以前，因人力翻耕土壤的原因，加之秸秆都要用作村民家庭生活的燃料，因此很少有用秸秆还田来增加土地肥力的。70 年代以后，村里有了手扶拖拉机翻耕土地，秸秆还田变得容易操作。秸秆还田最早是把油菜萁均匀地埋在大田的沟里，大田上水后不几天菜萁就腐烂了。菜萁还田使土壤板结的状况有所改善，增加了土壤的透气度。80 年代初，菜萁还田量达油菜种植面积的 80%以上。2000 年后，村里使用大型联合收割机，它能在脱粒扬谷的同时把稻麦柴草粉碎并均匀地洒落在大田里，再由大型拖拉机翻耕土地，使粉碎后的稻麦柴埋在翻耕后的土下，这样可促使柴草快速腐烂，也不妨碍田面上的耕种。秸秆还田可改良土壤，增加土壤肥力，促使农作物生长，能有效提高农作物的产量。

肥料田　70 年代中期，各生产队开辟肥料田，开展堆肥积肥。肥料田的制作过程是先选择一块大田，用人力或牛力把土层深翻，接着再在田里灌满水，然后不断地搅拌，把浮泥搅成泥浆，最后把稻柴、杂草等放进泥浆中制成沤肥，待其晾干后挑入田头挖好的潭里。开辟肥料田是在本地大江小河里的浮泥全部被挖干净的情况下产生的，它同属草塘泥，只是用田里的土（而不是江河里的浮泥）搅成泥浆来塘野草、柴草等。

河泥　又称黑泥。60—70 年代，村民还开船到上海、苏州去运河泥。那时，上海、苏州城里的河底有大量河泥，这些河泥肥力较高，既能当基肥，又能当追肥。其中尤以上海的河泥肥效最高，但上海路途远，来回运一船泥需两三天时间。苏州环城河里的河泥肥力稍差些，但来去时间短，一般三天能运两船泥，所以村民多选择去苏州运。后来，村民不仅到上海、苏州等地运河泥来做肥料，还去城里把居民的厨余垃圾等生活垃圾运回来用作小麦田的追肥，也可塘泥作水稻上的基肥。

粪便　60—70 年代，村民家家户户都散养着许多鸡，产生的鸡屎也多。为此生产队发动社员扫鸡屎，交给队里称重记工分。本地的有机肥料还有集体和个人圈养的猪产生的猪粪、社员产生的人粪、从城市里装运过来分配给各生产队的大粪、生产队自有的牛粪等。

二、无机肥料

70年代，各生产队开始使用化肥，即无机肥料。最早使用的无机肥料是实行计划供应的氨水。生产队派社员把氨水放在船里装回生产队，氨水有一股浓浓的气味，十分刺鼻，作追肥容易烧伤农作物，所以一般都用作基肥。70年代末，昆山在青阳港建起化肥厂，生产碳酸氢氨化肥，村民把碳氨俗称为“青阳港化肥”，碳酸氢氨的特点是肥效上力快，但肥效短。后来，化肥的品种越来越多，有硫酸铵、尿素、磷酸钙、钙镁磷肥、钾肥、复合肥等。90年代起，含氮、磷、钾元素的复合肥逐渐被村民户接受，复合肥生产从低效复合肥到高效复合肥，使用面比较广，既能作基肥，也能当追肥。

第四节　特色基地

一、丰产方

2002年，景村村创办占地面积880亩的集体农场，搞丰产实验，村民称之为丰产方。村集体农场安排5名专职管理人员，实行“二统一奖”（统一品种种植布局、统一核定农业成本、管理者报酬联产分成奖励）的管理模式。村集体农场推广水稻、小麦新品种种植，先后种植了“扬麦”系列11号、12号、13号、14号、16号和“镇麦10”号小麦新品种，以及“苏香粳1”号、“苏引201”、“武运粳”系列等水稻新品种。为推广杂交粳稻种植，2002年种植“申优1”号杂交粳稻300余亩，平均单产超过1 200斤。之后，又先后种植“常优1”号和“甬优”系列杂交粳稻新品种，使得水稻的品种更好，产量更高。

村集体农场的栽培技术和种植水平在本地区一直保持领先水平。2005年，294亩“扬麦12”号亩产获得852.9斤。2006年，180亩“扬麦13”号亩产获得848斤。2007年，102亩机条播种法种植的“扬麦16”号亩产超过千斤，其中有5.19亩高产攻关田，亩产高达563.4公斤，创苏州市小麦高产纪录，该纪录至今仍无人打破。丰产区种植的“扬麦16”号，亩产达926斤。丰产方历年水稻亩产都破千斤，2004年亩产达1 220斤；2005年在遭受稻飞虱严重危害的情况下仍获得亩产1 150斤；2006年种植的“常优1”号品种亩产超1 250斤，种植的“南粳46”和“武运粳30”号单产都超过1 400斤。丰产区在试行“人工撒直播改为机条直播栽培”模式的转换，机器插秧的推广，对稻、麦秸秆全量还田的试验等方面都取得了较好的成效，还示范带动种植杂交粳稻“常优”系列、“甬优”系列、“申优1”号等杂交粳稻品种，并参与了“常优”系列制种工作。

《苏州日报》2007.5.29 A01版

小麦攻关田

亩产563.4公斤

单产创历史纪录，是往年一般大田均产的近两倍

小麦攻关田报道（2007年，俞进康摄）

2014年，大量企业进驻和道路的建设，村域内的大批耕地被征用，丰产方被迫取消。

二、原种培育基地

1998年，景村境域内开始试行原种培育。2006年，景村村划出耕地80亩，作为专门培育水稻特优种子的原种基地。制种稻（培育的水稻种子）的秧苗培育及移栽方法等均在农技员的具体指导下完成。移栽时用线经出2棵雄稻、4棵雌稻，等两种稻都开始扬花时，2人用绳子在两边田埂上拖动稻穗，称为“赶花”，目的是让雄稻花与雌稻花结合配种。收割时先用人工割下雄稻，再用收割机收割雌稻。雄稻因每行只有2棵，因此亩产约200斤；雌稻脱粒下来就是种子，亩产300—400斤。在昆山市农技部门的具体指导下，制种田种植的“常优2”号获得亩产401.8斤的好效益。后原种培育基地扩大到300多亩良田，种植“常优5”号制种稻，获得亩产428.3斤。

三、良种繁殖基地

2007年下半年，景村村对全村1 863亩耕地建设一个以杂交粳稻制种生产、常规稻、麦良种繁育为主体，稻麦高产高效示范为辅助的良种繁殖基地，并在2006—2007年开设新型农民科技培训学校。学校由时任景村村农业合作社社长景素龙全面负责，玉山镇农技站的钱惠明任学校班主任兼辅导员，参加培训的40名村民填写培训登记表和培训卡。江苏省农业广播电视学校昆山分校负责培训，学校采取集中培训、现场指导和技术服务相结合的方式，开展集中培训15天，现场指导15次。培训结束后，合格的发给培训合格证书。详见表3-8。

表3-8 2006—2007年景村村新型农民科技培训集中授课表

培训日期		培训内容	培训老师
2006年	10月10日	水稻生产的发展	钱惠明
	10月20日	水稻优质新品种介绍	钱惠明
	11月10日	水稻栽培的生物学基础	金　龙
	12月10日	水稻肥床旱育育秧技术	钱惠明
	12月20日	水稻苗期管理技术	钱惠明
2007年	1月10日	水稻的分蘖特征及茎蘖调控技术	钱惠明
	1月20日	水稻搁田技术	金　龙
	2月10日	水稻一生的需肥特征及施肥技术	钱惠明
	3月10日	水稻主要病害的防治技术	钱惠明
	3月20日	水稻主要虫害的防治技术	钱惠明
	4月10日	直播草害全程化控技术	金　龙
	5月10日	水稻后期的水浆管理技术	钱惠明
	6月10日	直播稻机械播种技术	钱惠明
	7月10日	无公害优质大米的生产加工技术	季红芳
	8月10日	“常优2”号群体质量栽培技术	钱惠明

为使培育的良种能达到“优质、保纯、安全”的目的，良种生产实行专业化的“种、收、晒、储”，添置生产设备设施，包括种子低温干燥机2台（每台8吨），种子专用标准仓库500平方米，种子标准化水泥晒场100平方米，“洋马”和“久保田”稻麦两用联合收割机2台。同时，加强农田基础设施建设，新建（硬化）机耕路长500米、宽4米，改造机耕路3 000米，增添水利设施及建造机耕桥1座，建造机械库房、生产用房计250平方米，合计投资171万元。

2008年，村域内的良种繁育工作全面铺开，落实到各承包大户，并配备专职农技员定期指导。基地总面积1 863亩，其中杂交粳稻制种生产面积常年稳定在574.7亩，常规水稻良种繁育面积591.85亩，常规小麦示范种植面积400亩，水稻丰产示范种植面积250.85亩，无公害优质大米种植面积445.6亩。根据历年生产实绩，基地产生的经济效益，杂交粳稻制种生产比常规水稻生产每亩增利450—500元，每年净增利29.25万—32.50万元；水稻良种繁育比常规水稻生产每亩增加效益80—120元，每年净增效益4万—6万元；小麦良种繁育比常规小麦生产每亩增加效益80—100元，每年增加效益3.2万—4万元；丰产示范种植稻麦比大面积生产的平均水平每亩增加效益100元左右，年增加效益6.5万—8万元。四项合计每年增加效益42.95万—50.50万元。

四、品牌大米基地

“五一”牌大米基地 2006年开始，在玉山镇农技站农技员的具体指导下，景村村选取300多亩良田作为“常优”系列制种稻的培育基地。雌稻脱粒下来就是种子，而雄稻脱粒下来后晒干送加工厂碾米。每年收获雄稻谷6万多斤，加工成大米后为3.6万多斤。这种雄稻米出米率较低，但是口感特别糯，深受当地食客的欢迎，成为当地的品牌大米，被誉为“五一”牌大米。这种大米每斤售价3元。2008年，“五一”牌大米送到南京农产品展销会上进行展销，受到观展人员的欢迎和抢购。2010年后，制种稻逐渐减少，“五一”牌大米也无货供应。

原生态虾稻大米基地 2014年开始，景村村经济合作社开展稻虾综合种养模式，生产全过程实现了无公害保优栽培技术和病虫害绿色防治技术，做到不施化肥，不打农药，无污染、无公害。种出来的虾稻大米外形饱满整齐，色泽白润透明，蒸煮后清香扑鼻，入口柔韧爽滑，营养价值高；养殖的小龙虾体大螯粗，肉多味美。虾稻大米生产实行统一品种、统一模式、统防病虫，确保产品绿色环保和高品质。2019 年，以凌志龙种植的 36 亩虾稻田块作统计，龙虾产量 4 200 斤，扣除成本后每亩获利 980 元，优质虾稻大米亩产 1 020 斤。

稻虾共（轮）作是稻田通过一定的田间工程改造，合理套养一定数量的小龙虾，发挥小龙虾除草和排泄物增肥等功效，实行水稻与小龙虾共生，以取得生态环保、高产高效的模式。这种模式可实现“田间种稻、水体养虾、虾粪肥田、稻虾共生”的效果，是一种把种植业和水产养殖业有机结合的立体生态生产新模式，符合资源节约、环境友好和循环高效的农业经济发展要求。

稻田四周挖 4 米宽、1.5 米深的环沟，并安装 0.4 米高的塑料防盗网。3 月初开始养，按每亩 60 斤虾苗放生，每天按虾苗总重量的 5%投放饲料，饲料中含 30%的蛋白质。5 月中旬，部分小龙虾即长到上市规格，村民开始在环沟中下地笼进行捕捉并出售。繁殖出的虾苗生长于稻田或环沟，成为了来年的虾种，如数量不足，则购买补足。

第五节　病虫害防治

一、病虫害种类

景村村域内水稻病害主要有纹枯病、稻瘟病、白叶枯病、条纹叶枯病、恶苗病、杆尖线虫病、基腐病、白雀茸等，虫害主要有稻蓟马、大螟、二化螟、三化螟、纵卷叶虫、稻苞虫、叶蝉、稻飞虱等。三麦病害有赤霉病、黑穗病、纹枯病、立枯病、白粉病等，虫害有黏虫、蚜虫、叶蝉等。油菜病虫害有菌核病、小地老虎等。

1949年以前，村民对病虫害缺乏防治知识。据旧志记载，在19世纪以前，境域内就遇到数十次蝗灾，有的年份竟然颗粒无收。明崇祯十四年（1641），秋季蝗虫肆虐，村民以榆树皮为食。清乾隆二十年（1755），8月份先遇水灾又遭虫害出现饥荒，米价飞涨。清咸丰十年（1860），飞蝗蔽天，集田伤禾，造成不少村民饥饿至死。

二、防病治害

20世纪50年代以前，景村境域内村民对病虫害无能为力，严重受灾的年份减产达五成至六成，有的田块几乎绝收。50年代初期，农民通过挖稻根、点灯诱蛾蚕、采卵块等方法防治螟虫，取得了一定的效果。60年代开始，人民公社成立防治螟虫科研攻关小组，与各生产大队的农技员一起，进行细致观察研究，基本掌握了螟虫的生活繁殖规律，开始从源头上进行防治，螟虫危害水稻的程度得到了有效控制。农科机构通过对种子的改良、病虫害的预报预测、灭杀虫害方法的指导等措施，收到了良好的防治效果。

70—80年代，大队农技员根据上级科研部门下达的预测及布置的防治方法，及时通知生产队及各家农户开展病虫害防治工作。乡镇农技站具体指导用药品类、施药时间、用药量、兑水量，以及施药的方法（喷雾或泼浇）等，保障了粮食产量持续提高。

80年代以后，村民常用的农药有主治黏虫、小地老虎、纵卷叶虫、稻飞虱、叶蝉的敌百虫，主治水稻、小麦、果蔬虫害的敌敌畏，主治稻蓟马、蚜虫及瓜果蔬菜类害虫的甲基1605，主治螟虫、稻飞虱、叶蝉等害虫的苏化203，主治黏虫、纵卷叶虫、稻蓟马、稻包虫等害虫的滴滴涕（“二二三”），主治螟虫、纵卷叶虫等害虫的杀虫脒，主治稻蓟马、稻飞虱、叶蝉、纵卷叶虫、螟虫等害虫的杀虫灵（甲胺磷），主治螟虫、叶蝉等害虫的杀螟灵，主治稻飞虱、叶蝉等害虫的西维因、混天威，主治稻蓟马、稻飞虱、叶蝉、螟虫等害虫的呋喃丹，主治赤霉病、白粉病、纹枯病、菌核病、腥黑穗及散黑穗病等病害的多菌灵，主治稻瘟病、可与有机磷混合兼治稻飞虱的稻瘟净，主治水稻纹枯病、小麦立枯病的稻脚青，主治水稻、小麦纹枯病的井冈霉素，主治稻麦白叶枯病的敌枯霜，主治稻瘟病、恶苗病的抗菌剂401。

第六节　农具农机

一、传统农具

大型农具　农船是景村境域内的大型农具之一。20 世纪 70 年代以前都为木船，70 年代以后有了水泥船。大船的载重量在 8 000—10 000 斤，小船的载重量在 1 000 斤以内。大船上配备桅杆、风帆等辅助用具，是出远门的主要交通工具，承担积肥、运肥、收粮、售粮等功能。中船主要用于塘泥积肥，以及小麦、水稻成熟后的收获等。小船一般用于上市镇买卖物品，求医看病，探亲访友等。

耕牛历来是重要的生产资料。70 年代以前，境域内的耕牛有水牛和黄牛两种。黄牛力气小，食量也小，村里不少小户人家养一头黄牛，用于水田的翻耕和牛车的打水。70 年代以后，黄牛基本消失，只有水牛。与牛配套的大型农具有牛盘车，靠牛拉动给水稻田灌溉。还有一种靠风力转动带动水车给水稻田灌溉的风车。牛车和风车的制作复杂，用料多，使用时装配也较麻烦。在有机灌、电灌设施以前，它们是境域内大部分农田（主要是水稻田）灌溉最重要的农具。80 年代实行家庭联产承包责任制后，随着电力灌溉站的建立，耕牛基本消失，水车和风车也就完成了历史使命。

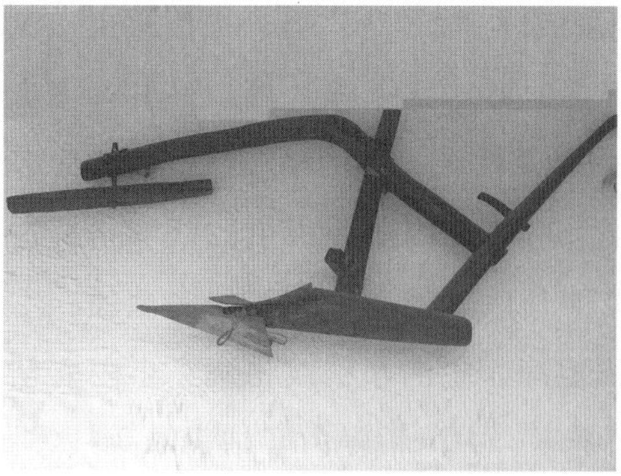
犁（2019 年，王秀根摄）

除此以外，村民的使用的传统农具还有用于耕地的犁和耙。犁分水犁和旱犁。水犁用来翻耕水田，在插秧前使用。旱犁用来翻耕稻板田、麦塄田等旱耕地。犁田时由人一手扶犁把一手牵牛绳，到田头一手拉起犁一手用牛绳唤牛转弯。耙有刀耙和刮草耙两种，耙也由牛来拉动，使耙时人跨在耙中间，一手牵牛绳唤牛前行。刀耙用于把大块的泥块碎细，刮草耙是在大田插秧前用于田面的平整。1958 年，为了适应深耕深翻的需要，又出现了双层双铧犁，用 2 头或 3 头水牛来拉。80 年代以后，犁和耙逐渐由拖拉机替代，进而逐渐消失。

小型农具 景村境域内的农业生产在私有制、合作化、人民公社时期和家庭联产承包时期，从田间耕作到田间管理、收割、脱粒、粮食加工等，许多都是手工操作完成的，这就需要使用许多小型农具。用作田间耕作的农具有铁搭（包括尖齿铁搭、阔齿铁搭、满锋铁搭、莳锢头铁搭）、锄头、镰刀、铁锹、铁铲、钉耙、麦泥扒、耥等；用作脱粒的农具有稻床、鞭盖、手摇风车、削柴棒、谷大、筛、竹匾、栈条、喇扒、铲扒等；船上用具有橹、桅杆、风帆、跳板、竹篙、缆绳、舵、枪板等；用于积肥的农具有罱网、拖袋、夹网、粪勺、粪桶、扁担、牵箬等。随着农业机械化的发展，一些传统的小型农具也随之慢慢消失。

铁搭、铁锹（2018 年，景二男摄）

铁耥板（2018 年，景二男摄）

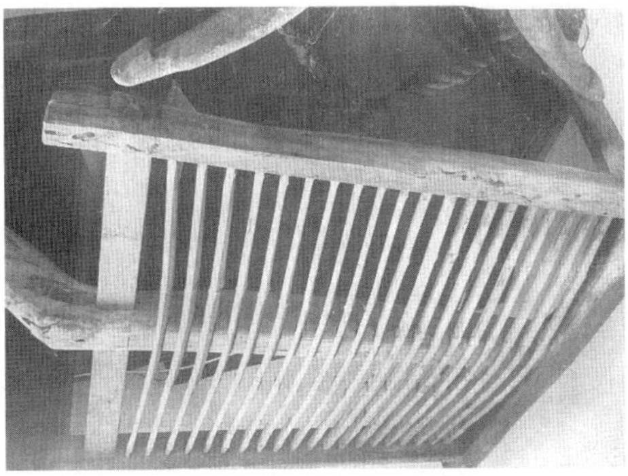

稻床（2010 年，景二男摄）

手摇风车（2010 年，景二男摄）

筛（2018年，景二男摄）

挽子（2018年，景二男摄）

二、现代农机

耕作机械 20世纪60年代末期，景村境域内开始有了手扶拖拉机。到70年代，手扶拖拉机成为主要的耕作机械。1992年，境域内开始推行农田规模经营，村集体购买了中型拖拉机、旋耕机、开沟机及收割机等，并建立了机房，配置了专职机匠负责驾驶、维修和保养等工作。

2009年，景村村成为玉山镇第一家机插秧基地。玉山镇农机服务站调派3台插秧机到景村村试验插秧，机插秧的面积350多亩。此后，村集体购置2台插秧机，机械转包给专人负责，种田大户开始普遍使用机器插秧，插秧机插秧率达95%以上。

排灌机械 景村村靠近吴淞江，因过去吴淞江堤岸低，遇上发大水，吴淞江的江水就会倒灌进村，导致村里常常遭遇洪涝灾害，大片农田被淹。村民抗洪主要是加高加固吴淞江堤岸或用人踏水车、牛拉水车来排水。

20世纪60年代初，五一、前进大队域内开始配置抽水机，由一台柴油机带动水泵给田块灌水，柴油机和水泵都装在一条船上，这样可以流动到各字圩给田块灌水。1965年，五一大队在景村西方江边建电力灌溉站，前进大队由昆山水利站投资建电力灌溉站，并相继配套灌溉渠道和流水过江的倒洪蓄。两座灌溉站的建成，能灌溉境域内80%的水稻田，剩余的水稻田灌溉就靠流动抽水机来完成。1974年，五一大队在村东南溇边建了灌溉东站，解决村东几个生产队近千亩农田的灌溉问题。

1982年8月，昆山市水利局投资在景村自然村南大江与吴淞江的出口处建造一座排涝站。站内安装两台80马力的电动机，并配备相应的排水泵。为防止发生停电现象，还配装了一台大功率的柴油机。2001年和2015年，水利站分别两次对南大江排涝站进行整修，更换大马力的电动机和排水泵。2010年10月，昆山市水利局又投资在西尤泾江到吴淞江出口处建成一座排涝站。这两座排涝站的建成，对境域及昆南地区大范围排涝工程起到了重要作用。

植保机械 20世纪50年代末至60年代初，生产队为了施农药，购买小型人力压缩式喷雾机等植保机具。60年代中期，每个生产队都拥有数台小型人力压缩式喷雾机，完成本生产队水稻、小麦和油菜等农作物的病虫害防治。70年代，每个生产队都配备一台肩背手压杠杆式喷雾机，还开始使用手摇药粉机。80年代，生产队使用远程机械喷雾机。

1983年实行家庭联产承包责任制后，境域内农户使用得比较多的是手动背包式喷雾机，基本上是各家一台。2000年以后，农业规模经营发展，手摇喷粉机、喷雾机逐步消失，取而代之的是机动植保机。手动背包式喷雾机只在种植蔬菜时使用。2006年起，植保使用全部机械化，不但施药全部机械化，甚至连施化肥、小麦播种也都是机械化。

收割机械 20世纪50年代及以前，景村境域内的水稻、小麦脱粒机具主要是稻床，用人力在稻床上甩稻、甩麦。甩过后的稻柴、麦柴还要用削柴棒来削，用以削下稻麦柴上剩余的颗粒。50年代后期及60年代初，每一个生产队都有了1—2台双人脚踏脱粒机。60年代中后期，生产大队有了装在船上的柴油机，各生产队购买四人用脱粒滚筒，再由柴油机拖动滚筒来脱粒。70年代中后期，各生产队的脱粒晒场从村里移到田头。每一块场地都通上电线，开始由电动机脱粒，由电动机扬谷。1983年，农村实行家庭联产承包责任制后，农户使用的脱粒方式仍基本保留原

知青朱惠芳正在给作物脱粒
（1976年，景二男摄）

集体时的状况。一般由3—4户组成一组，拥有1台电动机、1台电扇、1台脱粒滚筒，轮流完成脱粒工作。

90年代末，境域内开始使用联合收割机收割稻子和小麦，收割与脱粒一并完成。当时的联合收割机属私人所有，按收割的亩数来计算工钱。2000年以后，村集体自筹资金购买联合收割机，安排专人驾驶、管理、保养，村域内的作物田全部由联合收割机收割。联合收割机还能把稻麦柴粉碎还田。2005年起，全村农户机械收割与脱粒率达100%。详见表3-9。

表3-9　1960—2019年景村境域农业机械配置情况表

农机类型	农机名称	数量	单位	起用时间
耕作机械	手扶拖拉机	20	台	20世纪70年代
	中型拖拉机	3	台	20世纪80年代
	直播机	2	台	20世纪90年代
	插秧机	2	台	21世纪初
	开沟机	4	台	20世纪90年代
排灌机械	灌溉站	3	座	20世纪60年代
	排涝站	2	座	20世纪80年代
	灌溉机船	4	条	20世纪50年代
	灌溉座机	7	台	20世纪60年代
植保机械	肩背式喷雾机	72	台	20世纪70年代
	迷雾机	20	台	20世纪80年代
	植保机	3	台	2010年
收割机械	电动脱粒机	18	台	20世纪70年代
	割晒机	5	台	20世纪90年代
	联合收割机	4	台	20世纪90年代

第四章　村域经济

景村境域内的产业经济在中华人民共和国成立前和成立初期以种植业为主。人民公社建立后，境域内开始调整经济结构，发展林牧副渔业和工商业。20 世纪 50 年代末，生产队和村民家庭开始饲养家禽；60 年代末，新增纺毛等家庭副业，以增加收入，其间，景村一度成为昆山县村民致富的典型；进入 70 年代，开始兴办社队工业，先后办起了 11 家企业；80 年代实行家庭联产承包责任制后，随着村民生产、职业自主权的落实和市场经济的发展，村域产业经济结构进一步优化，农业产业规模化经营，村民承包水产养殖，兴办民营工商企业，呈现出产业兴旺的良好态势。2000 年以后，随着村域内开发建设步伐的加快，大量土地被征用，自然村整体动迁，耕地和水域面积逐渐缩小。在农业经济下降的同时，驻村企业大量增加。景村村建立股份合作社，通过建标准厂房和打工楼，开拓租赁业务。与此同时，村民利用闲置房屋出租，增加经济收入。至 2019 年，村域内形成了农林牧副渔经济、工业经济、商贸经济、物业租赁经济共同发展的新格局。

第一节 村级经济概况

中华人民共和国成立初期，景村境域内呈现出单一的农业经济。由于生产技术落后，农作物产量低，又几乎没有其他产业，集体经济基础薄弱，村民收入少，生活困难。中共十一届三中全会后，实施农村经济体制改革。景村境域内大量富余劳力发展多种经营，五一大队和前进大队以及后来的五一村、郁港村都先后办起了集体企业，但规模都不是很大。同时，村里开始种植一些经济作物，开展副业生产；并建起小型饲养场，培育母猪，饲养肉猪。有的生产队通过饲养家禽来增加集体收入，一些村民利用农闲时间，搞编织、纺毛、打草包、踏绳、养殖等家庭副业以增加家庭收入。1983 年实行家庭联产责任制后，境域内调整农业经济结构，有的农户在种好责任田、生产粮食的同时，自费开挖鱼塘，从事鱼、虾、蟹等水产养殖；有的农户购买机动船，从事货物运输、外出收旧物等。再后来，一些村民投资办企业，农业经济的比重逐渐下降，非农业经济比重逐步提升。

2000 年以后，随着村域开发建设，大量企业进驻景村村域，外来劳动力大量增加，村民将空闲房屋出租给外来人员以增加收入。村级集体经济也打破单一农副收益的格局，通过投资标准厂房、打工者集宿楼房、农机服务公司等扩大集体收入来源，村级经济总量逐年提升。

在经济发展中，景村村逐步积累村集体资产，推动村集体经济壮大。2009 年，村集体净资产实现 1 021.41 万元，村集体总收入实现 665.27 万元。到 2019 年，村集体净资产增至 4 406.91 万元，村集体总收入增至 900.23 万元。详见表 4-1。

表 4-1　2009—2019 年景村村集体收入和集体资产表

单位：万元

年份	总收入	总支出	净收益	总资产	净资产
2009	665.27	292.95	372.32	1 364.12	1 021.41
2010	283.27	189.61	93.66	1 530.50	1 181.99
2011	349.03	203.00	146.03	1 601.53	1 271.92
2012	396.79	330.10	66.69	1 757.11	1 296.28
2013	551.58	261.52	290.06	1 857.88	1 492.45
2014	951.20	190.24	760.96	2 596.18	2 229.17
2015	906.81	211.37	695.44	3 162.73	2 835.71
2016	677.60	250.90	286.20	4 406.48	3 260.85
2017	570.70	337.60	227.00	3 993.19	3 456.82
2018	507.65	308.29	198.86	4 621.35	4 084.14
2019	900.23	473.57	426.66	5 009.91	4 406.91

第二节　农业经济

一、粮油种植

从中华人民共和国成立到改革开放前，景村境域内以农业种植为主，但因生产力和农技水平低下，农作物产量低，经济总量上不去。以 1976 年为例，五一大队第 10 生产队有耕地 250.63 亩，夏熟收获小麦 61 560 斤，出售小麦收入 7 079.40 元；秋熟水稻亩产 880 斤，收获稻谷（总产量）220 554 斤，扣除生产队社员口粮外，出售稻谷收入 17 566.92 元；种植油菜籽，出售菜籽收入 5 566 元；生产队副业全年收入 1 158 元，此外还有其他收入 385 元。全年总收入 31 755.32 元，上缴大队统筹款（包括农业税等）14 536 元，整个生产队没有扣除农业成本的年收入为 17 219.32 元。如果扣除农业成本和生产队积累，真正能够用于村民（劳动力）分配的不到 5 000 元。若遇到自然灾害，生产队的收入则更少。20 世纪 70 年代后，通过种植双季稻、改良品种、增加化肥农药使用等措施，粮油产量得到逐步提高，农民收入同步上升。

二、树苗培植

2000 年以后，景村村的村民从苏州等地的苗圃场购买树苗，移植在房前屋后、田间杂边及承包农田中，开始树苗培植。树苗长大后，村民根据不同的规格进行售卖获得收入。村民王凤根家庭种植树苗 4.5 亩，2012 年出售树苗获得收入 40 万元。一段时期内，种植树苗成为景村村民增加收入的新来源。详见表 4-2。

表 4-2　2000—2012 年景村村村民树苗种植情况表

姓名	组别	面积/亩	姓名	组别	面积/亩
郭密根	12	1.0	陶进香	12	0.4
王阿三	12	1.0	周惠良	12	0.5
唐士良	12	1.5	王品泉	12	2.7
李大忠	13	0.8	苏雪根	14	0.5
汤雨元	14	3.3	沈根林	14	0.4
沈金林	14	0.4	沈金泉	14	0.1
杨坤荣	14	0.5	祝金生	15	0.5
祝白男	15	0.2	狄花良	15	0.2
沈志良	15	3.5	顾坤元	15	2.1
陆士荣	15	0.6	郁林荣	15	0.2
徐秋泉	15	0.2	沈福良	15	0.7
陆玉生	14	4.0	景素龙	9	15.0

续表

姓名	组别	面积/亩	姓名	组别	面积/亩
金林冬	11	3.0	钱方良	14	4.0
张荣福	12	2.8	景林香	1	5.0
盛四龙	外村	25.0	钱金根	1	3.0
钱火林	10	1.0	金瑞英	3	1.0
刁翠花	13	1.0	王夫根	16	2.0
王凤根	16	4.5	王黑龙	16	2.0
徐水良	16	3.0	费社林	16	0.5
王建国	16	1.0	费雨根	16	1.2
王惠国	16	0.5			

三、畜禽养殖

景村村域内的村民家庭传统饲养鸡、鸭、鹅和猪等。村民将鸡、鸭、鹅养大后，有的卖出，有的留作自家肉食，还有的留作下蛋。猪养大后，绝大部分卖出，但往往留一头用于年底宰杀食用。

1958年人民公社成立后，五一、前进大队域内各生产队都办起了养猪场，生产队选派专人进行饲养管理，规模一般在母猪2—3头，肉猪50头左右。养猪既可以出售肉猪增加收入，又可把猪粪作为粮食种植的肥料，还可以屠杀肉猪将猪肉分发给社员，改善村民生活，村民也开始进行家庭养猪。

喂猪食槽（2012年，王秀根摄）

1978年以前，养猪成为村民增加家庭收入的副业，每户一般养肉猪1—2头，既可出售，又可自食。有的生产队还办起了鸡、鸭、鹅养殖场，养殖场规模一般在300只左右。改革开放后，特别是家庭联产承包责任制实行后，畜禽养殖都以家庭为主，少数发展成家庭规模养殖。2000年以后，随着征地动迁，畜禽养殖自然消失。

四、水产养殖

鱼虾养殖 中华人民共和国成立以前，景村境域内的大部分河塘归私人所有，河塘所有者进行鱼虾水产养殖，主要是养鱼，除了自己食用外，有的也拿到集市售卖。20世纪50年代以后，随着农业合作化和人民公社的建立，河塘归集体所有，水产养殖一般都是集体进行。每到过春节前，生产队都要进行干河或进行捕捞，捕捞的水产一般会分给社员，很少有拿到集市去售卖的。

80年代，实行家庭联产承包责任制以后，河塘在保持集体所有的基础上，分包给村民进行水产养殖，五一村的徐花生和郁港村的汤火根、张水根，是村里第一批养鱼承包人。高峰期间，全村有20多人承包水面养殖水产，承包水面有400多亩。为鼓励村民承包水面进行水产养殖，当养殖户在经济上遇到困难时，政府给予政策扶持，银行发放养殖贷款。每亩水产养殖可获利1 000多元，好的年份每亩可获利约2 000元。

1984年，五一村村委会组织村民挖掘陆家港宅基地泥土，用农用船只将泥土运往吴淞江北岸的浅滩，再以全人工形式围堆成鱼塘50多亩。村里组织水产养殖队进行专业养鱼，当年收入约2.5万元。是年，五一村又把境域内的60多亩低洼田改造成鱼塘，划给村水产养殖队生产经营，养殖面积持续保持在100亩以上，并一直延续到90年代中期。这一时期，集体水产养殖成为了村级经济的重要支柱。

90年代末，村委会把适合养殖的天然河道进行重新发包，部分村民承租进行水产养殖。村委会根据河塘的不同环境和条件收取租金。同一时期，村水产养殖队进行改制，由水产养殖专业人员进行租赁经营，村集体每年收取租金。2002年，景村村的鱼塘出租收入40.07万元，为历年收入的峰值。2002年后，随着村域内开发建设步伐加快，河塘水面逐年减少，出租鱼塘水面减少，相应的收入也呈下降趋势。2003年鱼塘出租收入34.83万元，2004年为29.04万元，2005年为18.53万元，2006年为18.96万元，2007年为23.74万元，2008年为22.7万元，2009年为10.78万元，2010年为4.75万元。2010年后，鱼塘出租基本消失。详见表4-3。

表 4-3　2003 年景村村村民承包水产养殖表

承包人	起始年份	河塘类型	养殖面积/亩	承包年数
凌惠龙	2003	河道	31.00	6
凌根火	2003	鱼塘	13.00	6
张苗林	2003	鱼塘	30.80	5
唐泉林	2003	鱼塘	10.00	6
陆凤林	2003	鱼塘	15.00	6
陆海荣	2003	鱼塘	24.00	5
徐花生	2003	河道	136.00	6
凌坤祥	2003	河道、鱼塘	25.00	6
陈国强	2003	鱼塘	14.00	5
景香根	2003	鱼塘	19.50	6
杨林元	2003	鱼塘、河道	38.00	6
张苗龙	2003	鱼塘	14.00	6
钱根林	2003	鱼塘	18.75	6
景素龙	2003	鱼塘、河道	55.00	6
顾雪根	2003	鱼塘	27.00	5
景香林	2003	鱼塘	22.00	6
凌宗林	2003	鱼塘	28.00	6
凌兴泉	2003	鱼塘	21.90	6
金雪明	2003	鱼塘	33.30	6
张水根	2003	鱼塘、河道	35.00	6
凌玉林	2003	鱼塘	51.90	6
凌黑男	2003	鱼塘	22.00	6
景黑男	2003	鱼塘	15.00	—

河蚌养殖　1980 年，前进大队为了改变村级经济薄弱的现状，学习外来成功经验，利用域内水资源丰富的优势，成立由 6 人组成的育蚌管理小组，组长胡

伯根。育蚌管理小组在西尤泾江开始培育小蚌，是年养殖水面共计约80亩，河蚌约5万只。此外，还在河道内用毛竹搭起支架养蚌，来培养珍珠。1983年，育蚌组请来式庄、马庄的专业师傅到村指导做蚌手术。满12厘米的蚌，才可进行手术，蚌做完手术后挂在河道里养。两年后，育蚌组采集蚌珠24斤，出售后获得收入4.1万元，郁港村一跃成为正仪乡的富裕村，一时名誉四方。后来，集体扩大养蚌面积，全村村民户几乎都参与了养蚌育珠，村域内掀起了养蚌的高潮，全村养蚌水面最多达到200多亩，总收入达到10多万元。还带动了附近十几个村兴起养蚌副业。后因水质变化引起河蚌瘟疫而停止养殖。

五、手工编织

纺毛 20世纪60年代初，五一、前进大队域内掀起家庭纺毛热潮。村民利用农闲时间到纺毛加工厂设立的站点领取毛料，回家用纺车纺成毛线。各纺毛加工厂的站点根据毛线质量，按质论价进行回购，集中送往毛毯厂，织成毛毯后供市场销售。前进大队第5生产队的徐姓家庭有2台纺车，一年的纺毛收入接近一家四口在生产队劳动一年的报酬。后因毛毯用料的改变而停止。

编草辫 20世纪60年代中期，五一大队和前进大队的村民家庭几乎家家户户都开展编草辫的手工副业，男女老少利用空闲时间全员参与。三麦脱粒后，人们把麦秸的上部秆子截下，放在水中浸泡20多分钟，使麦秆软化，然后用7根麦秆编成草辫。再把草辫在钉子架上盘成椭圆形捆扎。供销社根据草辫质量收购。草辫主要用于制作草帽，供百姓遮挡雨雪阳光。五一大队第10生产队唐姓家庭有5个女儿，每人每天可编草辫6条左右，每条0.13元，大大超过在生产队劳动一天的报酬。后因草帽材质的变化，此副业停止。

踏绳 20世纪70年代初，五一、前进大队域内又兴起了踏绳的家庭副业。各农户请木工制作踏绳机，用踏绳机把稻草制成盘状绳子。因为家庭稻草有限，一部分还要用作家庭生活的燃料，所以不少村民外出收购稻草，来加工草绳。开始时，踏绳都是用脚踏作为动力，后逐步发展为用马达来牵引。村民制成的绳子打包后卖给供销社，供销社送往厂矿企业用于打包捆扎。五一大队第1生产队的景姓家庭有9个儿子，家里有多台踏绳机同时运转，成为当时全队的踏绳大户，他的儿子们成家立业的费用大多靠踏绳挣得。

踏绳机（2019 年，罗英摄）

打草包 20 世纪 70 年代，打草包成为五一大队、前进大队域内新的家庭副业。村民用打包机将稻草绳和稻草编织成草包，主要用于装运货物。开始时，打草包要同时由两人进行操作，后对打包机进行改进，一人就可以操作，村民称作“自动打包机”。自动打包机既节省劳力，速度又快，打草包的效率大大提高。五一大队的每家每户至少有 1 台打包机，少数人家有 2 台打包机。如 2 台同时工作一天，能生产草包 60 只左右（包括搓绳等配套工作）。按当时每只草包 0. 30 元计算，一天总收入可达 18 元，扣除成本，一天净收入在 14 元左右，这相当于一个劳动力在生产队劳动 20 天的收入。打草包这项家庭副业持续了约 20 年，是境域内所有家庭副业中持续时间最长的。后因产业转型而停止。

脚踏打包机（2019 年，罗英摄）

景村境域内的家庭副业除了纺毛、编草辫、踏绳、打草包外，还有用船搞运输、外出收废品等。相比其他村庄，景村境域内的村民搞家庭副业有“三项领先”：其一是时间领先，发展家庭副业的时间早于其他村。其二是项目领先，发展家庭副业在项目上有超前意识，总是先人一步，当一项家庭副业全面铺开时，目光又转向另一项家庭副业，先于别人开发新的项目。其三是供销领先，村民不拘泥于常规销售方式，其他村的村民把草包销售于农副产品收购站，而他们敢于自找销售渠道，把草包直接销售给厂矿企业；别人把废品销售给废品收购站，而他们直接联系浙江等地的收购商进行销售。这不仅增加了销售渠道，而且价格也卖得高，无论是产品的数量、销售的速度、销售的利润、资金的周转等都处于领先地位。景村境域内的村庄成为了昆山县（市）内“村不壮而民富”的典型。

第三节 工业经济

20世纪60年代，五一大队、前进大队域内开始创办工业。1967年，前进大队建办前进砖瓦厂，并利用砖瓦厂取土形成的低洼地块种植席草，兴办了制席厂。1971年，五一大队通电后，根据村民对电灯泡的需求，办起了五一灯泡厂。此后，五一大队、前进大队域内先后兴办了前进毛纺加工厂、豆制品加工厂、五一建筑机械厂、前进五金厂、五一麻袋厂、前进玩具厂、五一包装厂、五一五金配件厂、前进保安电子厂等企业。这些企业规模都很小，有些企业因为技术落后，产品质量不过关而关闭；有些因为市场变化、业务中断而歇业。

2003年，景村村域列入昆山开发区规划范围后，开发建设进程加快，村域内的自然村开始动迁，大批农田被征用，建成的新产业园成为了工业企业的聚集区。2004年，第一批企业入驻，至2019年，国资、外资、独资、合资等各类入驻企业37家，村域内的工业发展形成新格局。

一、村域企业简介

前进席厂 1967年，前进大队第6生产队因田少劳力多，建办了前进砖瓦厂，由于常年取土形成了很多低洼地块，不能进行粮食作物的种植，于是，前进大队在低洼地里种植了席草，办起了制席厂，由郁汉臣任厂长。利用农闲季节，由30多名妇女组成制席组进行织席，席子销遍全县各乡镇，弥补了队级经济的不足。3年后，制席厂因市场竞争失利而关闭。

五一灯泡厂 1971年，根据村民照明需要和装饰布置特点，五一大队建办了由姜火根任厂长的灯泡厂，工人10余名。灯泡厂曾一度兴旺，2年后因村民照明要求的提高和装饰观念的转变，逐步走下坡路而关闭。

前进毛纺加工厂 1971年，前进大队第5生产队开办了以费小狗为厂长的毛纺加工厂，生产队用农船把毛涤料运回，然后由各村民领取，村民用纺车加工成毛线，再送至毛毯厂制成毛毯。村民按质按量获取加工费，最多时从事人员超百人，大大增加了村民的家庭收入。5年后因毛毯材质的变化而停产。

豆制品加工厂 1972年，前进大队和五一大队分别办起了豆腐作坊，前进大队由翁傲生等3人组成，作坊位于大队部旁；五一大队由陈大弟等3人组成，作坊位于加工厂。工作人员每天半夜2点上班，把毛豆分别加工成豆腐、豆腐干、百叶等产品，在天明时用船只送至各自然村，村民用毛豆和加工费进行兑换。该业务持续10多年，后逐步转化为个体经营。

五一建筑机械厂 1984年，五一村在灌溉西站开办了建筑机械厂，主要生产混土搅拌机，由钱阿毛任厂长，工人5名。2年后因质检原因停止生产。

前进五金厂 1988年，郁港村支部书记沈社明联系上海包厢锁厂，在村礼堂开办了以生产包厢锁为主的前进五金厂，由唐桂良任厂长，工人6名。1年后因铜材紧缺和销售等原因而停办。

五一麻袋厂 1988年，五一村在村大礼堂开办了五一麻袋厂，由姜火根任厂长，工人10人。主要业务是收集有关单位的废旧麻袋，运回后由工人进行清洗修补，然后出售给苏州陆墓包装厂，历时3年左右。后因业务中断而歇业。

前进玩具厂 1989年，郁港村在村礼堂开办了生产儿童布娃娃玩具为主的玩具厂，厂长为周林荣，由20多名中老年妇女进行生产。2年后因销售不畅等原因而歇业。

五一包装厂 1992年，由五一初小校挂牌开办了五一包装厂，主要生产耐火砖包装箱，历时8年，由域外人员钟菊泉为厂长，工人20多名。后因业务中断而停产。

五一五金配件厂 1993年，五一村在村大礼堂开办了五金配件厂，由王秀根任厂长，工人8名，主要承担机械配件的代办工业务。2年后因业务量不足而转产。

前进保安电子厂 1993年，郁港村在娄江河畔开办了前进保安电子厂，主要生产报警器和电子监控探头，由谢春元任厂长，工人5名，经营时间约为3年。后因生产技术和产品质量原因而停产。

二、驻村企业名录

2004年，景村村域内的吴淞江工业园建成后，“美国工业村”首先入驻。此后，台虹科技（昆山）有限公司（今昆山瀚虹电子有限公司）、昆山丘钛微电子科技股份有限公司、昆山新易得光伏科技有限公司、国测检测、通力电梯有限公司等企业先后入驻。入驻企业既有国资企业、民营企业，也有外资企业和中外合资企业。至2019年年底，村域内共有驻村企业37家，这些企业多数为高精尖科技型企业，除2家企业在建，其他的企业都已经投入生产。详见表4-4。

表4-4 2019年景村村域入驻企业一览表

序号	厂名	厂址	2019年末状况
1	昆山瀚虹电子有限公司	台虹路	生产中
2	昆山丘钛微电子科技股份有限公司	台虹路	生产中
3	名高医疗器械（昆山）有限公司	台虹路	生产中
4	VOITH公司	晨丰路	生产中
5	昆山安瑞特医疗电子科技有限公司	台虹路	生产中
6	大震锅炉工业（昆山）有限公司	台虹路	生产中
7	昆山热映光电有限公司	台虹路	生产中

续表

序号	厂名	厂址	2019 年末状况
8	福斯罗扣件系统（中国）有限公司	山淞路	生产中
9	劳士领汽车配件（昆山）有限公司	山淞路	生产中
10	苏州弗尔赛能源科技股份有限公司	山淞路	生产中
11	昆山新易得光伏科技有限公司	台虹路	生产中
12	卓缤科技设备（昆山）有限公司	台虹路	生产中
13	昆山伊药包装材料公司科技有限公司	台虹路	生产中
14	金光加油站	新南路 G312	生产中
15	奥托昆普不锈钢（中国）有限公司	晨丰路	生产中
16	美国工业村	晨丰路	生产中
17	江苏国测检测技术有限公司	晨丰路	生产中
18	德比郡工业园	晨丰路	生产中
19	昆山艾可芬能源科技有限公司	晨丰路	生产中
20	苏州明益信智能设备有限公司	晨丰路	生产中
21	苏州泽璟生物制药股份有限公司	晨丰路	生产中
22	灰昌集团有限公司	元丰路	生产中
23	瑞钢钢板（中国）有限公司	元丰路	生产中
24	昆山和霖光电高科有限公司	元丰路	生产中
25	通力电梯有限公司	古城路	生产中
26	迅力光能（昆山）有限公司	古城路	生产中
27	昆山环正电子有限公司	晨丰路	生产中
28	上海电气国轩新能源科技（苏州）有限公司	元丰路	生产中
29	苏州华测生物技术有限公司	元丰路	生产中
30	中国昆山小核酸产业基地	元丰路	生产中
31	昆山橙果印刷科技有限公司	山淞路	生产中
32	九豪应用材料（昆山）有限公司	北甸路	在建
33	力福建材（昆山）有限公司	镇南支路	在建

续表

序号	厂名	厂址	2019 年末状况
34	晓奥工业智能装备（苏州）有限公司	北甸路	生产中
35	飞派物业有限公司	马庄路	生产中
36	加福建材有限公司	镇南支路	生产中
37	昆山博忆泰电子科技有限公司	山淞路	生产中

第四节　商服经济

从 20 世纪 50 年代开始，就有村民开始创办个体作坊，方便村民的生产和生活；70 年代末开始，有不少村民创办了商服企业。21 世纪，景村村建立股份合作社，通过建标准厂房和打工楼，开拓租赁业务。与此同时，村民利用闲置房屋出租，获得经济收入。至 2019 年，村域内形成了三产共同发展的新格局。

一、个体作坊

屠猪作坊　中华人民共和国成立后的很长一段时期内，景村境域内基本上家家户户都养猪。猪养大后除了出售给国家之外，很多就在当地村庄进行宰杀，售卖或留作自己食用。20 世纪 50 年代初，景村的景永梅开办屠猪作坊，主要为村民提供屠猪服务，并收取一定的费用。70 年代初，村民景凤元的屠猪作坊由五一大队集体购买销售服务，通过记工分核算报酬，免费为百姓屠猪。90 年代，村民金建勤的屠猪作坊通过收购本村和邻村农户的肉猪，自己宰杀后卖给村民。进入 21 世纪后，随着屠宰行业的企业化和村民居住城镇化，个体屠猪作坊逐渐被取消。

铁匠铺　20 世纪 70 年代初，从正仪公社铁业社下放到景村的制作农具的行家朱利生，办起铁匠铺，主要锻造镰刀、铁搭、铁锹等各种农具。起初全部由手工操作，后逐步发展为机械操作。他把制作的铁质农具，卖给村里及周边村庄的村民，有时村民的农具坏了，也可以拿到他的铁匠铺修理。由于他在燃料和原材料的选择上把关严格，又有精湛的手艺，他的铁匠铺在境域内几家铁匠铺中脱颖而出，产品供不应求，需要提前预订，几乎家家户户都使用他的产品，他也被村民誉为“神铁匠”。直至90年代，随着收割机等机械化设备的引进，铁匠铺关闭。

维修作坊 20世纪70年代后期，随着农业生产逐步由原始农具向机械化发展，脱粒机、灌溉机电、拖拉机等机械设备在生产中得到越来越广泛的使用，这些机械设备在生产过程中需要维修保养。前进大队的祝白男办起了个体小机械维修部，主要修理一些小型农业机械设备。由于他技术过硬，服务周到，方圆十里生产队的机械设备基本上都交给他维修保养，生意做得红红火火。后随着机械设备维修保养的企业化、规范化，维修部逐步被取代。

轧米作坊 1983年，五一村实行土地承包责任制后，村民凌水金、顾金火购买轧米机装在船上，巡回于附近各村，上门为百姓进行轧米服务，并收取一定的加工费。这比原来村民把稻谷装船运到加工厂轧米，要方便得多。后来随着农业生产规模化，轧米行业逐渐消失。

轧面条作坊 20世纪70年代前后，五一大队、前进大队村民制作面条，主要依靠手工捏制。五一大队王云根购买一台轧面机，村民把面粉送去请他加工成面条，他按重量收取一定的加工费。开始时，完全依靠人工产生动力进行操作，后改成用马达为动力，既降低了劳动强度，又提高了效率。后随着方便卷面的市场化，轧面条行业因无市场而停业。

二、商贸业

20世纪90年代，随着改革开放的深入和市场经济的发展，国家政策奖励个体私营企业发展，境域内的一批新型知识农民和原村镇的企业骨干投入商海，办起各类企业和商贸公司。至2019年，景村村村民兴办的公司有49家，其中钱勤仙、景华良、郁雪平、顾耀良等创办的商贸企业，都有一定的经营规模，在市场上有良好的口碑。详见表4-5、表4-6。

表 4-5　1979—2019 年景村村民投资创办生产型企业一览表

序号	姓名	性别	企业名称	家庭住址	起始年份
1	王建华	男	联合建筑公司	景村村 16 组	1979
2	李建华	男	昆山华艺纺织服饰有限公司	景村村 9 组	2001
3	王品泉	男	昆山市巴城品泉精密配件加工厂	景村村 10 组	2002
4	景建国	男	江苏绿利来股份有限公司	景村村 4 组	2002
5	钱志华	男	昆山美丰纸业有限公司	景村村 1 组	2005
6	费震宇	男	昆山跃兴纸箱包装有限公司	景村村 16 组	2006
7	沈雄	男	昆山佳圣斯包装材料有限公司	景村村 16 组	2006
8	张林荣	男	昆山城乡建筑公司	景村村 16 组	2007
9	钱健林	男	五一包装厂	景村村 1 组	2008
10	钱秋良	男	昆山佳茸包装材料有限公司	景村村 4 组	2008
11	郁雪平	男	善思康生物科技（苏州）有限公司	景村村 15 组	2012
12	王藕龙	男	华龙纺织机械有限公司	景村村 10 组	2012
13	张根荣	男	昆山佳睿晟服饰有限公司	景村村 16 组	2014
14	景华良	男	苏州翰宸芯电子科技有限公司	景村村 4 组	2017
15	钱华刚	男	昆山永岐包装材料有限公司	景村村 1 组	2019
16	景雪苹	男	昆山市巴城镇景鑫之旺建筑工程部	景村村 13 组	2019

表 4-6　1983—2018 年景村村民服务型企业一览表

序号	姓名	性别	企业名称	家庭住址	起始年份
1	姜建英	女	正仪 AB 集团（参股）	五一村 7 组	1983
2	钱桂泉	男	水泥黄沙码头	五一村 1 组	1995
3	钱建泉	男	水泥黄沙码头	五一村 1 组	1995
4	钱香泉	男	水泥黄沙码头	五一村 1 组	1995

续表

序号	姓名	性别	企业名称	家庭住址	起始年份
5	景金香	男	钢管出租	五一村 1 组	1996
6	陆大男	男	钢管出租	五一村 6 组	1996
7	陆海荣	男	钢管出租	五一村 6 组	1996
8	陆丙林	男	钢管出租	五一村 6 组	1996
9	王友良	男	钢管出租	五一村 7 组	1996
10	陈志刚	男	昆山市协达新型建材实业公司	五一村 2 组	1997
11	钱勤仙	女	昆山市前景商贸有限公司	五一村 3 组	1997
12	金雪刚	男	昆山日鑫空调机电有限公司	景村村 8 组	2001
13	顾永华	男	昆山市盛华房产有限公司	景村村 13 组	2001
14	沈志刚	男	昆山永惠货运代理有限公司	景村村 14 组	2003
15	王正伟	男	阿六自产自销大闸蟹批发部	景村村 16 组	2003
16	景华良	男	昆山昆鹏商贸有限公司	景村村 2 组	2005
17	张建华	男	昆山振凯建设安装工程有限公司	景村村 12 组	2007
18	费鸿剑	男	全家便利店（环城北路店）	景村村 16 组	2008
19	王建良	男	青竹林网吧	景村村 16 组	2009
20	顾耀良	男	昆山市元宸建筑设备租赁有限公司	景村村 16 组	2010
21	景玉明	男	昆山申才劳务服务有限公司	景村村 2 组	2010
22	凌晓艳	女	昆山南北物流有限公司	景村村 8 组	2010
23	钱冬林	男	昆山市巴城镇金润钢管出租站	景村村 3 组	2012
24	钱冬琴	女	昆山市玉山镇冬琴钢管出租站	景村村 11 组	2012
25	夏传芳	女	昆山盛世鑫空调电器贸易有限公司	景村村 15 组	2013
26	景银仙	女	昆山申信人力资源有限公司	景村村 2 组	2014
27	狄花根	男	昆山花根房产咨询有限公司	景村村 15 组	2017
28	翁永刚	男	苏州喜多多不动产经纪有限公司	景村村 15 组	2017
29	李翠良	男	昆山市禾鑫信机电安装工程有限公司	景村村 13 组	2017

续表

序号	姓名	性别	企业名称	家庭住址	起始年份
30	汤红良	男	昆山舜悦得消防工程有限公司	景村村 14 组	2018
31	王建康	男	昆山聚之盈建筑劳务有限公司	景村村 16 组	2018
32	沈文华	男	车天下驿站汽车经营部	景村村 15 组	2018
33	沈　龙	男	昆山市迈志装饰工程有限公司	景村村 13 组	2018

村民钱勤仙创办的昆山市前景商贸有限公司，经营产品多样化，业务覆盖昆山市、太仓市等，客户逐年增加，销售额逐年提高。她是村里为数不多的女性创业者，被村民誉为“景村女强人”。

村民景华良创办昆山昆鹏商贸有限公司，另创办苏州翰宸芯电子科技有限公司。他的公司都具有一定规模，经济实力较为雄厚。他被村里人誉为“景村人实力之家”。

村民郁雪平创办的善思康生物科技（苏州）有限公司，聘用高科技人才，研发高科技产品，生产高科技食品，是一家集研发、生产、销售于一体的创新型企业。他被村民誉为“优秀创业青年”。

村民顾耀良创办的昆山市元宸建筑设备租赁有限公司，从开始的只拥有 5 台吊塔发展为后来拥有 20 多台吊塔，固定资产超千万元，企业经营规模逐步扩大，经济效益不断提升。他被村民誉为“农民创业典范”。

三、房产租赁

集体房产租赁　2000 年后，景村村域一些集体房产开始出租给本村村民和外来人员从企经商，村里获得一定的租金收入。2003 年后，村域内征地动迁加快推进，村集体利用政策支持和集体积累的资金，发展股份合作经济，建造标准厂房、种子仓库和打工楼等房产设施，用于生产经营出租。村集体获得的租金收入，除用于村民股份分红外，还用于满足村级管理和集体资金积累的需要。集体房产租赁收入成为村集体收入的重要来源，收入从 2008 年的 4.3 万元发展到 2019 年的 107.312 万元。详见表 4-7。

表 4-7　2008—2019 景村村集体房产租赁收入一览表

年份	收入/元	年份	收入/元
2008	43 000	2014	80 000
2009	127 800	2015	548 240
2010	266 300	2016	673 540
2011	360 000	2017	737 180
2012	349 000	2018	1 006 680
2013	230 000	2019	1 073 120

个人房产租赁　2000 年后，随着动迁村民户的增加，村民获得安置房的数量也逐年增加。村民获得的安置房，除满足自己居住外，还有余房可供出租。同时，随着村域内开发建设规模扩大，驻村企业越来越多，用工量越来越大，大量打工者的到来，导致租房需求急剧上升。2005 年，村民租赁个人房产 10 套，共获得租金收入 12 万元；2010 年，村民租赁个人房产上升到 364 套，共获得租金收入 489 万元；到 2019 年，村民租赁房产和获得的租金收入又实现了翻番，789 套收入 1 439 万元。个人房产租赁收入成为村民增收的重要来源之一。详见表 4-8。

表 4-8　2005—2019 年村民房产租赁一览表

年份	出租套数	收入/元	年份	出租套数	收入/元
2005	10	120 000	2012	435	6 159 600
2006	338	4 258 800	2013	466	6 990 000
2007	340	4 324 800	2014	539	8 279 040
2008	342	4 391 280	2015	540	8 424 000
2009	345	4 512 600	2017	680	11 097 600
2010	364	4 892 160	2018	737	12 823 800
2011	432	5 961 600	2019	789	14 391 360

第五节　股份合作社

一、股权设置

2014年，景村村“两委”利用村集体资产和集体资金积累，建立景村村股份合作社。农村社区股份专业合作社进行股权固化后，以经昆山高新区经济服务中心组成的审计小组内部审计确认的2 282.43万元村级集体经营性资产净值为基准。根据清产核资结果和集体资产股份量化方案，2019年折股量化的股金总额为19 064 143.23元，设置总股份2 533股，每股7 526.31元。2 533股全部量化到在册村民个人，并按家庭（家庭成员合并计算股份）发放股权证书。村股份合作社的股权确认日期为2014年6月30日，在这个时间的在册村民（除公务员、事业编制员工外）可以享受股权，按每人1股确定在册村民的股份，之后出生的不再享受村股份合作社的股份；股份可以继承。

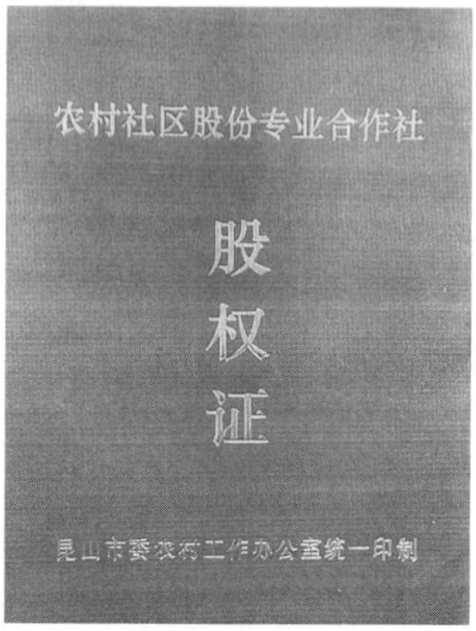

股份合作社股权证
（2019年，景二男摄）

二、收益分配

2015年，景村村股份合作社针对村域内大多土地被征用、村民收入和村级经济发展受到影响的情况，为发展壮大村集体经济，增加村民分红收入，投入资金建造标准厂房、打工楼等用于出租，来增加合作社收入，给村民进行股份分红。从 2015 年起，村股份合作社开始每年发放股份红利，股份红利随着村股份合作社创收的增长而逐年提升。是年，村股份合作社按每股（每人）150 元进行分红，2016 年为每股（每人）200 元，2017 年为每股（每人）250 元，2018 年为每股（每人）300 元，2019 年为每股（每人）350 元。

2019 年年底，村股份合作社集体资产总额 1 906.41 万元，集体经营性净资产为 1 861.28 万元。详见表 4-9。

表 4-9　2019 年村股份合作社股份构成及分红情况表

村民小组	入股户数/户	股份金额/元	股份数/股	每股分红/元	分得红利/元
1	60	1 618 156. 65	215	350	75 250
2	39	1 196 683. 29	159	350	55 650
3	24	737 578. 38	98	350	34 300
4	22	662 315. 28	88	350	30 800
5	32	1 008 525. 54	134	350	49 600
6	35	948 315. 06	126	350	44 100
7	42	1 399 893. 66	186	350	65 100
8	43	1 211 735. 91	161	350	56 350
9	41	1 241 841. 15	165	350	57 750
10	30	940 788. 75	125	350	43 750
11	28	873 051. 96	116	350	40 600
12	44	1 407 419. 97	187	350	65 450
13	44	1 264 420. 08	168	350	58 800
14	46	1 369 788. 42	182	350	63 700
15	48	1 279 472. 70	170	350	59 500
16	73	1 904 156. 43	253	350	89 950
合计	651	19 064 143. 23	2 533	350	887 950

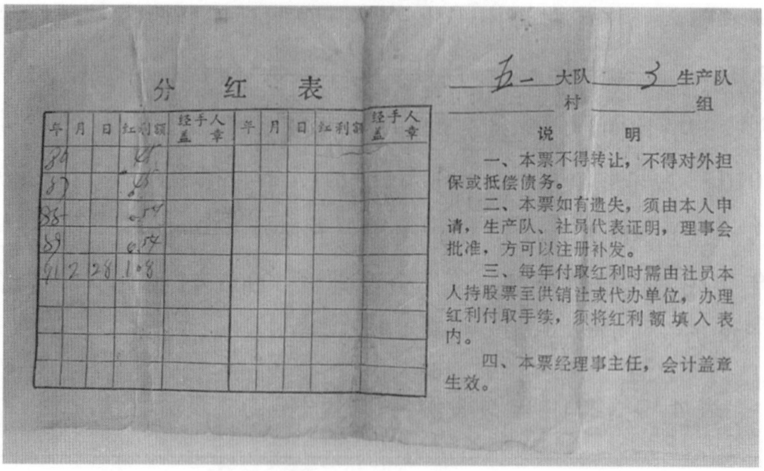

分红表

年	月	日	红利额	经手人盖章	年	月	日	红利额	经手人盖章
84			.45						
87			.45						
88			.54						
89			.54						
91	2	28	1.08						

五一 大队 3 生产队

村 组

说　明

一、本票不得转让，不得对外担保或抵偿债务。

二、本票如有遗失，须由本人申请，生产队、社员代表证明，理事会批准，方可以注册补发。

三、每年付取红利时需由社员本人持股票至供销社或代办单位，办理红利付取手续，须将红利额填入表内。

四、本票经理事主任，会计盖章生效。

股份合作社分红表

（2019 年，景二男摄）

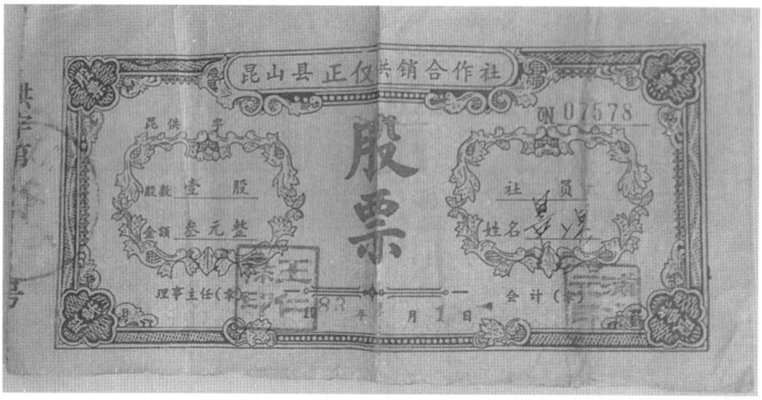

昆山县正仪供销合作社

№ 07578

昆供字

股票

股数 壹股

金额 叁元整

社员姓名

理事主任（章）

会计（章）

年 月 1 日

股票（2019 年，景二男摄）

第五章　社会事业

景村村的教育、体育、卫生等社会事业在中华人民共和国成立后的 70 年间，发生了翻天覆地的变化。中华人民共和国成立前，境域内虽有私塾，但村里绝大多数孩子没钱上学，98%左右的村民是文盲。同时，境域内缺医少药，传染病流行，常有村民因此而不治。

中华人民共和国成立后，境域内先后办起了五一幼儿园、前进幼儿园、景村小学、朱家厍小学、郁港里小学和杨庄小学。同时，各村办起扫盲班，很多村民通过扫盲班而脱盲。1964 年，村里培养出第一名大学生。20 世纪 50 年代起，境域内先后建起医务室和社区卫生服务中心。妇科病防治、儿童保健和流行疾病预防等全面推进，昔日血吸虫病的重灾区成为血防工作“双无村”。60 年代起，随着村民生活条件的改善，村民的文体活动也丰富起来，除一些传统的文体娱乐项目外，球类运动和器械类的现代体育运动也逐步兴起。进入 21 世纪后，村里文体活动更加丰富多彩，如组建文艺表演队、开设红客堂书场、搭建百姓舞台等。

第一节　文化教育

1949年，景村境域内办起景村小学、朱家厍小学；1951年，办起杨庄小学；1976年，办起郁港里小学。这几所学校是境域内的公办学校，最少时一所学校只有1名教师，学生起初也很少。20世纪50—60年代，域内还办起了耕读小学和“戴帽子”中学。景村小学开始时是初小校，后来办成了完小校，学校的办学规模也逐步扩大，教师多时有20余人，分公办、民办和代课教师，学生多时有近600人。景村村的教育从无到有、从私塾学校到公办学校，培养出一批批有用人才。至2019年，村域内先后拥有本科以上学历的有210人。

一、幼儿教育

五一大队（五一村）幼儿园　1958年，五一大队在时运庙开设一所幼儿园，幼儿30多名，园长为王凤花，教师为戴凤英。由于办园成绩出色，戴凤英获评“江苏省幼儿教育先进工作者”，并到南京参加表彰大会。幼儿园开办一年多，后因历史原因，于1960年停办。

1981年8月，五一大队在小学内再办幼儿园，招收幼儿42名，教师为金香妹。1983年，大队改为村以后，五一大队幼儿园更名为五一村幼儿园。1992年，金香妹调入正仪中心幼儿园任教，由周海英接任教师，学生人数保持在40人左右。1995年，周海英调入正仪中心幼儿园任教，王利勤接任。后因生源越来越少，幼儿园于2001年9月撤销，幼儿就近合并到马庄幼儿园就读，王利勤调入马庄幼儿园。

前进大队（郁港村）幼儿园　1958年，前进大队在殷家巷民房里办起幼儿园，集中所属4个自然村的幼儿入园学习，当年入园幼儿20余人，王阿根任幼儿园教师。1960 年，因历史原因而停办。

1984 年 9 月，郁港村在村小学内再办幼儿园，全村 25 名幼儿入园学习，郁秀琴任幼儿园教师。1990 年，郁港村把小学迁至烧香桥北，幼儿园也同时迁至该地，汤引媛接任幼儿园教师。之后，因幼儿人数逐渐减少，幼儿园于 2000 年撤销，村里的幼儿到南星渎幼儿园就读。

二、小学教育

景村（五一）小学 1914 年，景村办起一所初小校，张股球任教师（兼校长），一个班共 30 名学生，以复式教学形式上课。1929 年，景村在村东（南淎西北处）建办一所小学，只有一间教室，教师是张学界，以复式教学形式上课，学生有 6 人，村中的景文品等是第一届学生。到 1934 年，学生增至 10 余人。学生大多数是男生，景杏金是唯一的女学生。

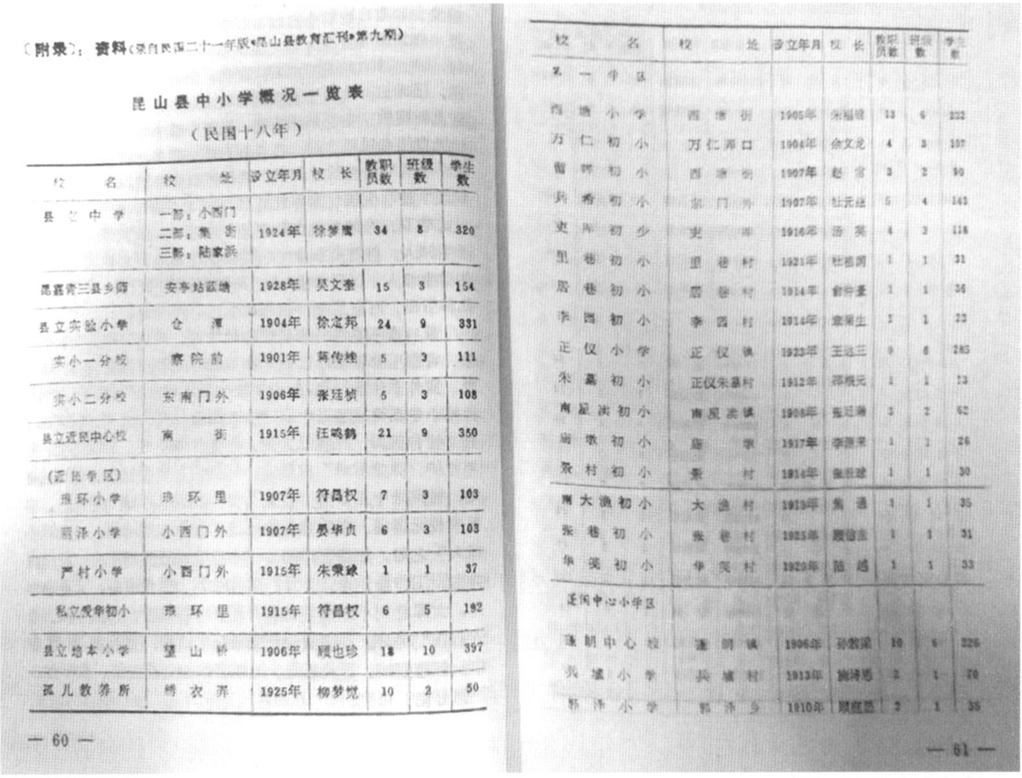

〔附录〕：资料（录自民国二十一年版《昆山县教育汇刊》第九期）

昆山县中小学概况一览表

（民国十八年）

校名	校址	设立年月	校长	教职员数	班级数	学生数
县立中学	一部：小西门 二部：集街 三部：陆家浜	1924年	徐梦鹰	34	8	320
昆嘉青三县乡师	安亭站蓝塘	1928年	吴文奎	15	3	154
县立实验小学	仓浜	1904年	徐定邦	24	9	331
实小一分校	察院前	1901年	蒋传桂	5	3	111
实小二分校	东南门外	1906年	张廷桢	5	3	108
县立近民中心校	南街	1915年	汪鸣鹤	21	9	350
（近民学区）						
珠环小学	珠环里	1907年	符昌权	7	3	103
丽泽小学	小西门外	1907年	晏华贞	6	3	103
严村小学	小西门外	1915年	朱秉球	1	1	37
私立爱华初小	珠环里	1915年	符昌权	6	5	192
县立培本小学	望山桥	1906年	顾也珍	18	10	397
孤儿教养所	绣衣弄	1925年	柳梦觉	10	2	50

— 60 —

校名	校址	设立年月	校长	教职员数	班级数	学生数
第一学区						
西塘小学	西塘街	1905年	宋福锴	13	6	232
万仁初小	万仁弄口	1904年	余文龙	4	3	197
留晖初小	西塘街	1907年	赵宫	3	2	90
兵希初小	东门外	1907年	杜元丝	5	4	141
史库初少	史库	1916年	汤英	4	3	118
里巷初小	里巷村	1921年	杜德润	1	1	31
居巷初小	居巷村	1914年	俞中奎	1	1	36
李西初小	李西村	1914年	金渠生	1	1	23
正仪小学	正仪镇	1923年	王达三	9	6	285
朱墓初小	正仪朱墓村	1912年	邵佩元	1	1	13
南星渎初小	南星渎镇	1908年	张廷湘	3	2	62
庙泾初小	庙泾	1917年	李荫棠	1	1	26
景村初小	景村	1914年	张股球	1	1	30
南大渔初小	大渔村	1919年	朱通	1	1	35
张巷初小	张巷村	1925年	顾俊生	1	1	31
华泾初小	华泾村	1920年	陆超	1	1	33
蓬阆中心小学区						
蓬朗中心校	蓬朗镇	1906年	孙敦梁	10	6	226
兵墟小学	兵墟村	1913年	施诗惠	2	1	70
郭泽小学	郭泽乡	1910年	顾庭恩	2	1	35

— 61 —

1929 年《昆山县中小学概况一览表》中记载了景村初小校概况（2019 年，王秀根摄）

1947 年，景村小学在原来的教室对面，增建一间教室，教室西边增添一间办公室。增派周祖生到校任教，学生增至 35 人，进行分班教学。

1949 年 9 月，乡政府把景村原来的学校正式命名为景村小学，当时只是一所初小校，四年级以上的学生要到南星渎学校就读。周祖生担任昆山解放后景村小学第一任校长，另有周雪珍、龚秀芳 2 名教师。当年，景村小学招收学生 40 余人。1951 年 2 月，上级派孙玉书接替周祖生担任景村小学校长。1951 年 9 月，龚之明接任景村小学校长，学生增至 60 人。

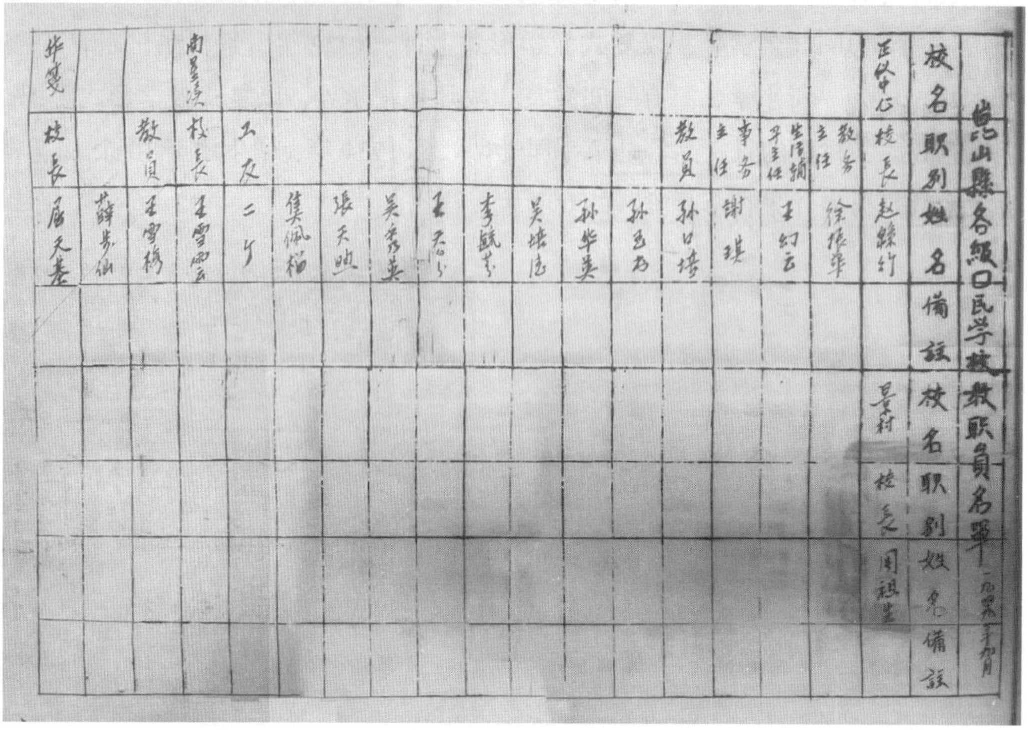
昆山县各级□民学校教职员名单 一九四九年九月

校名	职别	姓名	备註
景村	校長	周祖生	

1949 年 9 月，周祖生担任昆山解放后景村小学第一任校长（2019 年，王秀根摄）

1957 年，景村小学在原来两间教室的基础上，在东边又扩建一间教室，学校更名为景村完全小学校（简称景村完小校）。是年，顾关根接任景村完小校校长，教师有顾雪生、钱培年等 10 多位，学生人数发展到 300 多名。学校共有一到六年级 8 个班级，其中一、二年级借用村民景福祥家的民房，三、四年级因学生人数较少合并为复式班，五、六年级已有附近几个自然村的学生到校就读，开始设平行班。由于学校有 10 多位教师用餐，五一大队专门派第 3 生产队的景三宝为教师做饭。

1958 年，景村完小校实行“四集体”（集体上课、集体用餐、集体住宿、集体劳动）形式。是年，龚秀芳担任景村完小校校长，教师增至 20 人，学生增至 400 余人。除本村学生外，其余学生来自马庄、式庄、高家甸、杨家庄、杨庄、郁港里、殷家巷等 7 个自然村。因学生大量增加，导致师资缺乏，第 5 生产队的王林根等被聘做代课教师。学校专门请第 4 生产队的钱宗德等 3 位村民为师生们做饭。课堂和学生住宿借用学校周围金志明等 5 户人家的民房，任课教师陪学生一起住宿。农忙时教师带学生参加拾稻穗、拾麦穗等劳动。这种形式的教育共延续 3 个学期。

1959 年 6 月，附近村的三、四年级学生分别回各自然村就读，五、六年级学生仍然在景村完小校读书，龚秀芳继续担任景村完小校校长，教师减至 7 人，有胡文明、李兆明等。1963 年 9 月，李晓明任景村完小校校长，王雪梅、杜秀珍等 6 人担任教师，学生有 200 人左右。

1968 年，景村完小校改成五一小学，贫协主任金洪文负责管理学校，李晓明不再称校长，而称学校负责人。因公办教师师资不足，五一小学招收了景二男担任民办教师。按照规定，民办教师每年利用寒暑假要回生产队参加一个月的劳动，以平时记工分形式参加年底生产队分配，获取报酬。是年，五一小学有教师 6 名，除民办教师景二男外，还有李晓明等 5 名公办教师。学校分 6 个班级，学生 181 人。

1969 年，王雪梅、龚淑敏、徐华林调离五一小学。上级新派孙三省、江秀峰 2 位公办教师，增加王弟弟、金永全 2 位民办教师。1970 年，李晓明调离，金永全接任学校负责人。随着学生人数的上升，增加知青董静妍、徐务君、周建明 3 人担任民办教师。1972 年 9 月，公办教师陈阿宝到校任教，陈密林、凌花荣、陆招林等到校任民办教师。1972 年，周建明当兵入伍，又增加知青朱惠芳、朱敏英为民办教师。

1973 年下半年，五一大队革委会为改善办学条件，自筹资金拆除原东校址两间教室，在当时苏州下放的老干部时立德的帮助下，从苏州买来楼板、钢筋、水泥等建筑材料，由当时景村的瓦匠景文明、木匠陆巧生 2 人负责，在牛角尖浜底新建两上两下 4 间教室和 1 间办公室。这是正仪公社第一幢教学楼，实现了从平房到楼房、从杂乱桌椅到统一桌椅的变迁。教学楼于1974年9月1日投入使用。是年，小学实行五年制教育，学生人数减至144人。1975年，贫协主任不再管理学校，金永全任五一小学校长。1976年9月，五一小学开设初中班。

1979年9月，五一小学恢复六年制，撤去初中部，校名改为五一完全小学校（简称五一完小校），校长金永全。此后数年，附近几个自然村的五、六年级学生仍然到五一完小校就读，学生人数保持在240人左右。

原五一小学校舍（2018年，景二男摄）

20世纪80年代初，五一完小校的民办教师通过培训、函授或自学考试，均达到中师以上学历，1985年开始陆续转正为公办教师。1989—1999年，学生越来越少，五一完小校缩编成初小校，一至三年级的学生留在五一初小校就读，四至六年级的学生到南星渎小学就读。这期间，五一初小校的校长金永全改称负责人，学生人数在60—70人，教师只有4人，余下的教师由正仪中心校统一调配。

1999年7月，五一初小校被撤并，学生就近到姜巷小学和南星渎小学就读，教师也统一安排到姜巷小学和南星渎小学任教。

前进大队（郁港村）小学 前进大队有3个自然村在不同时期先后办过小学，包括朱家厍小学、杨庄小学和郁港里小学。

中华人民共和国成立后，朱家厍把原有的一所私塾改为公办小学，新招收5名学生，以一、二年级复式班形式进行教学，由王雪梅任教。1956年，王雪梅被评为“江苏省教育系统劳动模范”。该小学的学生到三年级时就近到南星渎小学上学。1965年，王雪梅调离后，何炳华担任民办教师，在他任教的12年间，学校的学生人数一直在11—12人。1976年，朱家厍小学合并到杨庄小学。

1951年5月26日，昆山县教育局派席瑞英到杨庄西庙办起一所小学，招收学生10人；1952年，又招学生6人，仍以复式班形式进行教学。1958年，实施“四集体”教育，杨庄三至六年级的学生都到景村完小校就读，杨庄小学只保留了一、二年级的学生。1959年，结束“四集体”教育，杨庄三、四年级的学生回杨庄小学就读。1964 年 9 月，席瑞英调离杨在小学后，民办教师沈惠明任教。此后，程惠荣、蔡桂珍、方巧福、王秀根先后到杨庄小学任教。学校由 1 个班扩展为 2 个班。1968 年，太仓籍的胡文明师范毕业后被公派到杨庄小学任教。是年，随着学生人数的增多，杨庄在集福庵（东庙）又办起了一所 2 个班的小学，陶引弟、何炳华、王秀根、方巧福、周国良先后在该校任教。

1976 年 9 月，前进大队集中杨庄、朱家厍、殷家巷和郁港里 4 个自然村的四年级学生，在郁港里村民郁水梅家里开办了一个班，由民办教师方巧福任教，学生 20 余人。1978 年，合并到杨庄西校。

1980 年，前进大队为把所辖 4 个自然村的学生集中到一个教育点上课，向苏州地区教育局争取到 3 000 元，在杨玉坟建造小学。前进小学有 3 间教室，1 间办公室，从分散办学发展到集中办学，并添置一些常规的教育设备，改善办学条件。办学第一年，王秀根为前进小学负责人，有教师 4 人，学生 120 人，为一到四年级的学生，其中二、三年级的学生为单式教育，一、四年级的学生为复式教育。后因生源减少缩为 2 个班，王秀根、周国良、徐学良、王秀珍等老师先后在该校任教。

1991 年，郁港村投资 2 万元在烧香桥北的坟地上新建一所小学，有 1 间办公室和 2 间教室，王秀根留校担任教师。其中一间教室用作一至三年级的复式班上课，共有约 30 名学生，另一间教室用作幼儿班教学。由于生源越来越少，1993 年 7 月，小学被撤，学生就近到五一初小校和南星渎小学就读。

五一耕读小学　1964 年，五一大队兴办五一耕读小学，专门招收没有进入全日制小学就读的儿童，共招收 100 多名。五一耕读小学的学生在时运庙上课，实行半耕半读，半天学习语文、数学等文化课程，每天上课 2—3 个小时，半天参加农耕。学生的休业年限不定，教师由大队管理，聘请民办教师，金凤土、凌惠明、周阿荣、徐惠明等先后任耕读小学教师，都是以记工分参加生产队年终分配形式取得报酬，教育部门每月补助几块钱学习费。1966 年“文化大革命”开始时，五一耕读小学停办。

扫盲教育　中华人民共和国成立前后，景村境域内的文盲率达到 98%以上。1952 年，境域内各初级社建立扫盲夜校，在村民中开展扫盲工作。扫盲夜校聘请小学教师龚之明、周雪珍、龚秀芳等担任教员，利用夜间教大家识字。经过扫盲夜校学习，景村有 60 人脱盲，其中男性 42 人、女性 18 人。其余 4 个自然村以自然村为单位，建立扫盲夜校，由教师王雪梅和有文化的村民任教，组织村民识字，共有 45 人脱盲，其中男性 31 人、女性 14 人。

1956 年，五星高级一社、前进高级社再次兴起扫盲高潮。村民夜校充分发挥小学教师的主导作用，同时以民教民的形式解决扫盲工作中师资不足问题。两个高级社党支部广泛动员村民入学，要求党员、干部和青年带头参加学习，凡是干部家属中有文盲的，要带头把家属送入扫盲班。扫盲班从每个人的名字学起，还学习土地名称、农活名称、农具和牲畜名称，以及记账的格式和简单的算术，使农民初步掌握记账、记工分的本领。高级社成立扫盲协会，加强对扫盲工作的组织管理。五星高级一社扫盲协会由金荣品担任会长，前进高级社由顾金生担任会长。经过扫盲，五星高级一社共有 87 人脱盲，其中男性 54 人、女性 33 人；前进高级社共有 62 人脱盲，其中男性 42 人、女性 20 人。

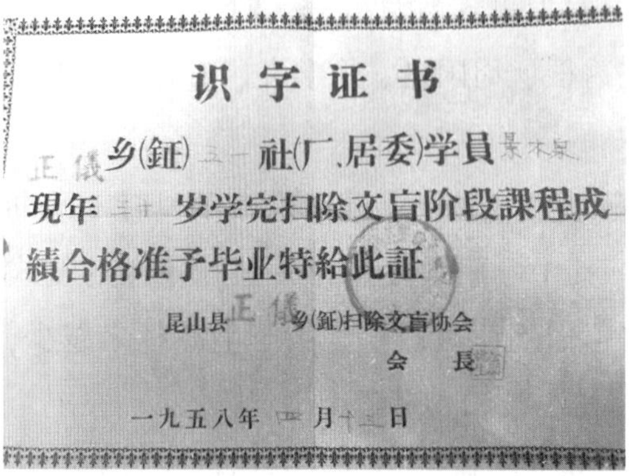
识字证书

正仪乡(鉦)五一社(厂、居委)学員景木泉

現年　岁学完扫除文盲阶段課程成績合格准予毕业特給此証

昆山县正仪乡(鉦)扫除文盲协会

会　長

一九五八年　月　日

1958 年识字证书（2019 年，景国林摄）

1958 年，五一大队、前进大队域内兴起第三次扫盲高潮，扫盲的重点是青壮年和妇女。当时提出，“要摘文化帽，赶快上学校，谁有文化谁来教”。还编了扫盲歌：“黑咕隆冬天上，出呀出星星。黑板上写字，放呀放光明，什么字？放光明。学习、学习二字我认得清。”无数人唱着这首歌走进了扫盲课堂。五一大队第 11 生产队的景木泉，从部队复员后积极参加扫盲学习，第一个领到由昆山县正仪乡扫除文盲协会颁发的识字证书。是年的扫盲工作中，五一大队有 143 人脱盲，其中男性 88 人、女性 55 人；前进大队有 88 人脱盲，其中男性 50 人、女性 38 人；五一大队被正仪乡扫除文盲协会评为先进单位。五一大队的王凤花、王林根，前进大队的姜彩玲等，都通过扫盲掌握一定的文化知识。

三、中学教育

1976 年，实行九年一贯制的教育体制，五一小学增开初中班，附近 7 个自然村的初中学生都到这里来读书，学生人数猛增到285人。教室不够用，就把附近几个生产队的办公室都改做了教室。这种“戴帽子”中学的形式延续到1979年9月结束。在这期间，1977年陆招林考上大学，增加王瑞根为民办教师，姜水根落实政策恢复为公办教师。

第二节 体育活动

中华人民共和国成立前，因受各种条件的限制，景村村域内的体育设施和体育项目很少，主要体育活动有游泳、拎石柱架、踢毽子、跳绳等传统体育活动。中华人民共和国成立后特别是改革开放后，随着物质条件的改善，村民的体育活动也逐渐丰富起来，增加了广场健身舞、球类比赛、器材健身等现代体育项目。

一、游泳

游泳是景村村男女老少都乐于参与的既能锻炼身体又可以掌握水性活动技巧的项目。每到夏天傍晚，在清澈的小河中、河滩边，都会有村民戏水游泳。游泳爱好者还会择时组织一些水中项目比赛，比赛项目有仰泳、蛙泳、钻猛子等，比赛地点一般选在河面宽阔、河底平坦、水流平缓、水质优良的南溇等地进行。

二、拎石柱架

拎石柱架是以男性村民为主的一种锻炼手劲和臂力的运动项目。景村村域内曾流传这样一个故事，1960年8月的一天晚上，在景村村东小桥头举办拎石柱架比赛，观赛的有上百人。比赛中一位景姓男士抢先进行，他把石柱架拎得很远，迎来观众热烈的掌声和称赞声。他退场时做了一个微妙的动作，偷偷地把沾了菜油的手指在石柱架的抓手处抹了一下，结果后面的参赛者总是没拎多远就脱手。在场的一位细心人，上前试摸检查，最终发现了其中的秘密，最后裁判取消了这次比赛的成绩。这个故事一度成为人们茶余饭后的聊天话题。

三、踢毽子

踢毽子是景村村域内老少皆宜的一项娱乐健身活动。活动时用手把毽子抛向空中，然后用脚接住，再次踢向空中，依次循环。依据各人的水平，分别有单脚踢、双脚踢、转身踢、双人踢等不同形式。在 20 世纪 60—70 年代，境域内青少年基本上人人都有自制毽子，餐前饭后，在院内路边随时可见踢毽子的身影。进入 21 世纪，村域内踢毽子的活动逐渐减少，但在校园内，这项活动仍然很受欢迎。

四、跳绳

跳绳是景村村域内村民十分喜欢的一项体育与娱乐相结合的活动，其场地和器材简单易得。跳绳的形式有单跳、双跳、组合跳、花样跳和组队跳等，它以人体过绳不碰绳为标准。村域内村民和学生经常进行跳绳比赛，后逐步发展为考核学生体育成绩的指标之一。

五、扔垒球

扔垒球是景村村域内小学生体育课训练的项目之一，比赛以扔得远近来定胜负。1989 年，在正仪中心辅导区学生运动会小学高年级组扔垒球比赛中，五一小学凌方荣同学取得了 49. 2 米的好成绩，创造了正仪中心辅导区扔垒球比赛的纪录，多年无人打破。

六、广场健身舞

20 世纪 90 年代末，广场健身舞开始兴起。每天晚上，很多中老年村民（大多数是女性）结伴来到比较宽阔的地方列队起舞。2002 年后，因村民动迁安置，广场健身舞就在小区广场进行。广场健身舞人数不限，多时上百人，参加者排成队形，站在队伍前面穿着特殊服装的领舞者，带着大家随着优美动听的音乐翩翩起舞，并根据不同的音乐变换舞步，呈现出不同的风格。

七、老年门球队

1999 年，村里投资 40 万元在原来的五一小学操场上建造标准门球场，组建中老年门球队，景雪根担任第一任门球队队长，队员从开始的 10 余人发展到 30 余人。门球队定期组织队员训练，经常参加村级联赛及区市的各类比赛，并多次获奖。2010 年，景村村门球队荣获苏州市“乐活银龄”门球比赛亚军。

八、其他项目

除了以上一些体育项目，20 世纪 80 年代前，村民还因地制宜开展人背跳马、跳橡皮筋、滚铜钿、拔河、掼角包、打铜板、滚铁环、扔凿子、打弹子、削水片、跳绷绷、打雪仗等体育娱乐活动。80 年代后，村民们经常利用空闲时间，到原学校的操场上打篮球、打乒乓球、打羽毛球等。在学校操场的南侧还安装了一套 12 件的成人健身锻炼器材，分别有双人太空漫步器、上肢牵引器、太极推手器等，深受广大村民的欢迎。早晨和傍晚，很多村民都会来这里利用器材进行健身。

小区里的锻炼器材（2019 年，罗英摄）

第三节　医疗卫生

一、医疗机构

五一大队（五一村）医务室　1961 年以前，村民生病都到角直、正仪或昆山看病，很不方便。1961 年，五一大队建立医务室，医生为赵立树。除在医务室坐诊外，他还经常上门为村民看病，大大方便了村民诊疗。1968 年，昆山知青徐友良为“赤脚”医生。1969 年，李关男为“赤脚”医生。此后，金玉元为“赤脚”医生。金玉元在医务室工作 10 多年，他刻苦钻研业务，热心为村民医病，用小小的银针为患有关节炎、腰腿痛、颈椎病的村民针灸，治愈了无数病患。村民陆黑妹的关节炎、姜二宝的腰腿痛、钱福仙的颈椎病，都是他用针灸治愈的。因为得到村民的一致好评，他于 1987 年被调往正仪卫生院工作，不久转正为有编制的全科医生。1980 年，姜火根为“赤脚”医生。20 世纪 90 年代，景玉英为“赤脚”医生，她是村里培养的最后一位“赤脚”医生。

20 世纪 60—70 年代，五一大队医务室的医疗设施设备简陋，配备药柜、药箱以及 1 张简单的检查床位和 2 张挂水床位。医务室经过 3 次搬迁，1975 年固定在时运庙内，随后大队（村）对医务室设备不断进行增置更新，形成了一个融门诊、治疗、护理为一体的村级医疗机构。村民所患的常见病不出村就能得到治疗。村里的“赤脚”医生通过培训，业务水平不断提高，医务室成了小型“全科医院”，全年接诊人数 6 800 多人次，其中夜间出诊 1 500 人次以上。2001 年，五一村医务室撤并。景玉英后来调任茗景苑社区卫生服务中心任职。

前进大队（郁港村）医务室　1961 年 2 月，前进大队在杨庄村东的集福庵建医务室，村民杨宝元为“赤脚”医生。前进大队医务室初办时条件简陋，只有药柜、药箱和一张检查、挂水合用的床位。由于前进大队有4个自然村，看病人数多，加上夜间还要出诊，杨宝元年龄较大，分身乏术，1979年增加景惠龙为“赤脚”医生。1980年，前进大队在4个自然村的中心地带杨玉坟新建大队办公室，医务室也迁至新大队部，随后医务室的设备也得以不断更新，形成一个融门诊、治疗、护理为一体的村级医疗机构。

杨宝元从医30年，从医务室创办到其退休，一直热心给村民治病。他每年接诊患者4 200人次左右，夜间共出诊900人次以上。1990年他退休后，村里又培养闵香珍为“赤脚”医生。闵香珍通过专业培训和医疗实践，业务水平不断提高。2001年，前进医务室撤并时，她被调到南星渎卫生服务站（后改为茗景苑社区卫生服务中心）任职，经过考试转正为编制医生。

茗景苑社区卫生服务中心 2001年，昆山高新区在南星渎成立南星渎卫生服务站，撤销各村的卫生室，各村的“赤脚”医生都集中到南星渎卫生服务站，另有上级下派的医科大学毕业生，先后共有10名医务人员。2006年，茗景苑动迁安置小区建成并有动迁户入住，南星渎卫生服务站迁到茗景苑，更名为茗景苑社区卫生服务中心，设有诊疗室3间；药房1间，观察室1间，医疗器材室1间；原有的医务人员全部留用。后因部分医务人员到龄退休和系统内人员调整，留有医生5人、护士2人，闵香珍担任负责人，后由季引接任。茗景苑社区卫生服务中心除提供常规医疗服务外，还提供高血压、糖尿病等定期检查服务。

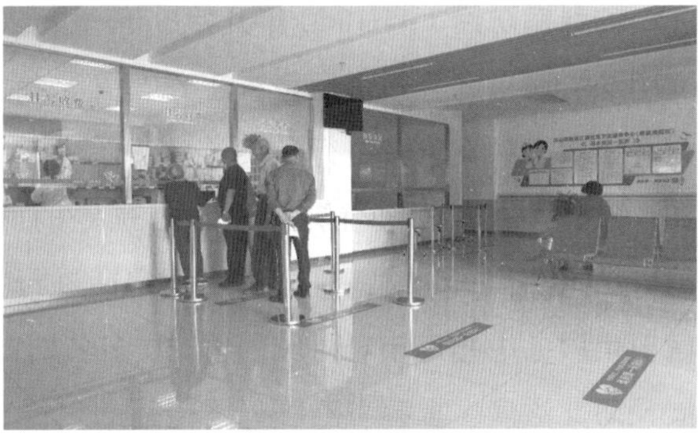

村民就医（2019年，罗英摄）

二、妇幼保健

孕产妇保健 中华人民共和国成立前，妇女生育往往由本地接生婆接生。1958年，五一大队和前进大队分别推选王小妹、王阿根到公社卫生院接受专业培训，回大队当接生员。接生员配置接生器具及消毒药材，接生时给新生儿开具出生证，村民凭出生证到派出所申报户口。按照规定，接生员每接生一个新生儿可收取 2 元钱。

1975 年，五一大队和前进大队分别推选王招仙、姜彩玲到昆山市第一人民医院接受新生儿接生和产期保健技术的专业培训。此后，大队里有了孕期孕情监测，产妇可以定期检查，按规定产前检查 6 次，检查率达到 90%以上，新法接生比例 100%。

1983 年，村里开始对产妇实行定期回访制度，定期上门了解产后的身体状况和婴儿的成长健康状况，并做好有关跟踪材料的登记工作。每人一份，记录在案。20 世纪 80 年代末，境域内取消居家分娩，住院分娩率 100%，高危孕妇管理率 100%，并全面启动产妇生殖道感染综合防治工作。2004—2019 年，景村村的孕产妇建卡率持续保持在 100%。

妇科病防治　自 1960 年开始，五一大队和前进大队组织开展子宫下垂、妇女闭经、滴虫病等妇科病普查工作，并坚持每年普查。1985 年，五一村和郁港村开始对宫颈炎患者进行免费治疗，治愈率 95%以上。1996 年，村妇联组织对 20—64 周岁的妇女进行乳腺癌和宫颈癌的两癌筛查。此后，每三年检查一次，检查结果存档。同时，对全村妇女定期进行 B 超检查。2001 年起，村妇联和社区卫生服务中心每年对村域内 1 150 多名妇女进行生殖道感染普查普治，同时开展预防艾滋病、霉菌、乙肝母婴传播的宣传工作，每年进行免费检测。

儿童保健　1952 年，五星高级一社和前进高级社开始给境域内的儿童接种牛痘。1959 年开始，接种麻疹疫苗、流行性乙型脑炎疫苗、脊髓灰质炎减毒活疫苗、霍乱疫苗、天花疫苗等工作相继展开。1981 年，正仪卫生院开设防疫保健科，各大队（村）定期给儿童开展健康检查和体格检查，并为新生儿童接种卡介苗、百白破疫苗、乙肝疫苗、麻疹疫苗等。1986 年，儿童保健工作由村妇联专人负责，儿童接种卡介苗、百白破疫苗、乙肝疫苗、麻疹疫苗覆盖率 100%。从 20 世纪 90 年代开始，医院在幼儿入园前都要对幼儿进行体格检查及评价，包括乙肝两对半、血常规、甲肝、胸透、心电图、血型等的全面检查，确保每位幼儿健康入园。2012 年年底，在对全村儿童进行的健康调查中，未发现传染性的儿童疾病。2015 年，景村村婚前医学检查率 98%以上，产前筛查率 98%以上，新生儿疾病筛查率 99%以上。每年免费发放《妇儿健康服务手册》1 000 多份。

三、卫生防疫

中华人民共和国成立前，景村境域内的各个村庄卫生环境差，导致瘟疫和各种传染病频发，特别是天花、霍乱和血吸虫病等病种，传染性强，传染范围广，死亡率高。

疫苗接种 1930年8月，景村暴发霍乱，村民景阿太感染急性霍乱后几个小时即死亡。有个村民的亲眷凌三三帮景阿太擦身、穿衣后被传染，几个小时后病情发作，第二天死亡。村里有不少村民也被传染上霍乱，因及时送医而保住性命。1931年，霍乱又在景村暴发，村民金阿泉不幸感染，在送医途中即死亡。村民景四宝、景惠根等，染病后及时送医得以挽回生命。

乙型脑炎、天花、疟疾等在景村境域内也时常流行，尤其是疟疾，几乎年年爆发。中华人民共和国成立后，政府进行防疫知识教育，组织开展防疫工作。1951年，政府开始发放防治疟疾药丸。1953年春，境域内开始给男女老少普遍接种牛痘，至此天花绝迹。1961年，境域内有了医务室，为村民接种卡介苗，注射霍乱疫苗、麻疹疫苗、流行脑炎疫苗、狂犬病疫苗等。1970年后，境域内的脑膜炎、麻疹、百日咳、霍乱、疟疾、白喉等流行性疾病得到有效控制，血吸虫病、麻风病、脊髓灰质炎（小儿麻痹症）等基本绝迹。1986年后，预防接种疫苗工作逐步向乡镇以上医院集中，村民接种率90%以上。1994年起，境域内的幼儿免疫接种率持续25年保持在100%。

血吸虫病防治 景村境域内各个自然村地势低洼，荒田、荒滩、坟滩多，其间有大片钉螺。血吸虫主要依托钉螺及人的粪便、牛的粪便而生存繁殖，这导致5个自然村成为血吸虫病流行的重灾区，几乎每家都有人患血吸虫病。人患上血吸虫病后会逐步丧失劳动能力，并危及生命。中华人民共和国成立后的很长一段时间，血吸虫病依然在景村境域内流行，严重影响到村民健康。

1952年12月，政府派医务人员到景村境域内5个自然村普查血吸虫病患者情况，对村民进行粪便化验。病情较轻的患者集中到村部，口服“锑-273”进行药物治疗。较为严重的患者集中到正仪乡南片血吸虫病人集中治疗点进行治疗。特别严重的病人安排到昆山第一人民医院住院治疗。1956年，村里派人到昆山血防站培训，培训人员回村后对境域内50多头牛的粪便进行化验，对患有血吸虫病的牛进行治疗。同时，政府对患血吸虫病的村民加大治疗力度，村民李招林、金伯林、李根等42名血吸虫病重症患者，被安排到正仪乡集中治疗点医治18天后得以康复。同年，境域内各自然村落在正仪区政府领导下，成立查灭钉螺领导小组，开展查灭钉螺和粪便管理工作。

1964年，昆山县被国务院列为全国血防十个重点县之一。1965—1977年，正仪乡成立血吸虫病防治中队，各大队对每个村民进行血吸虫病复查，发现一例治疗一例。每个青壮年都经过针剂或油剂的治疗。学生患者利用寒暑假集中治疗，学校派教师协同医务人员做好学生血吸虫病的治疗工作。

五一大队和前进大队是血吸虫病重灾区。1965年，五一大队姜火根、前进大队姜彩玲分别任血防大队长，成立查灭钉螺专业队伍，各生产队在自己管辖的河道边筑一条离水面5厘米高、50厘米宽的“反修带”，在这条带上撒上“五六粉”灭螺，还在人和动物（牛）必须下水的水域撒生石灰，每10平方米施用3公斤或喷洒10%—20%的“六六六”乳剂、氯硝柳胺溶剂等办法消灭钉螺。另用河岸“三面光”填埋河边坑洼等物理方法辅之。持续几十年的查灭钉螺工作，切断了血吸虫病传播的途径，到1976年，景村境域内再无感染血吸虫的阳性钉螺。1981年后，对人和牛用“血防846”和硝硫氰胺（“7505”）进行化学治疗。1983年，通过检查境域内已无阳性血吸虫病人，郁港村被昆山县人民政府评为“血防先进集体”；五一村被昆山县人民政府命名为血防工作“双无村”。

经过43年消灭血吸虫病的奋战，景村境域内在1994年后没有发现一例血吸虫病患者。但境域内始终没有放松查灭钉螺，每年春季都进行钉螺检查工作。

除“四害” 1960年，五一大队、前进大队域内以生产队为单位，组织开展除蚊子、苍蝇、老鼠、麻雀的除“四害”运动（后来把麻雀改为臭虫），做到户户参与、人人参加。消灭蚊子从手打、扇拍、烟熏发展到用蚊子油、蚊虫香、灭蚊灯、电蚊拍等；消灭苍蝇从拍打到用苍蝇粘纸、电蝇拍；消灭老鼠从养猫抓捕到用老鼠夹、老鼠粘纸、灭鼠灵；消灭臭虫和跳蚤同样使用多种方法。

改善村域卫生 1966年，五一大队、前进大队域内开展管水、管粪和改井、改厕所、改畜圈、改炉灶、改造环境的“两管五改”运动，重点放在改善每家每户的卫生条件上。1978年，两个大队组织开展“门前三包”和“四自一联”活动，要求每家每户包卫生、包秩序、包绿化，自修门前路、自通门前水、自搞门前卫生、自搞门前绿化和统一规划联合集资，使得每个自然村的卫生面貌大大改观。

1987 年，五一村、郁港村域内开展“五讲四美”活动，把卫生作为工作的重点，家庭设置卫生间，配备化粪池；集体建造公厕，安排专人冲洗。20 世纪 80 年代，村民户从喝河水转变为喝井水；1993 年，村民户全都用上自来水。

2001 年，景村村域内 5 个自然村又开展垃圾集中清理活动，每户发放垃圾桶，把垃圾收集到指定地点进行无害化处理。2019 年，开始进行垃圾分类工作，未完成动迁的景村自然村设 2 个投放点，茗景苑等小区各设有垃圾投放点，做到早晚两次投放，全村 16 位志愿者和 10 位管理员负责宣传监督，把可回收垃圾、厨余垃圾、有害垃圾和其他垃圾进行分类投放，然后由专车运到指定地点进行处理。

四、传统医技

治带状疱疹　景村村域内村民习惯将带状疱疹称为蛇窠疮、蛇缠腰。它是一种病毒性皮肤病，具有一定的传染性。它往往在人体免疫力下降时发生，多数出现在腰部，开始时皮肤表面会出现水泡。在医疗条件匮乏的年代，民间多使用一种针刺排毒法治疗带状疱疹。景村村民钱密英对该病的治疗颇有研究，治愈了不少患者。具体做法是将患者的两个大拇指洗净消毒，然后分别在两个大拇指关节凸出处的左右两侧用消过毒的针扎破皮肤，让每个针刺处都流出少量鲜血，这样每天两次，连续进行四五天治疗，一般都能痊愈。在治疗过程中，要注意做到空气消毒，保持患处清洁干燥，避免抓挠，忌食辛辣油腻食品，戒烟戒酒。进入 21 世纪后，患上带状疱疹须到正规医院进行治疗。

刮痧　刮痧是中医治疗的一种方法，主要通过刮痧器具和相应的手法，达到活血透痧的作用，因其简便、廉价、有效，所以在村域内被广泛使用。村民大多选用瓷碗作为刮痧的器具。刮痧时先用菜籽油均匀涂于背部或颈部，然后用瓷碗反复从上到下均匀刮，刮至皮肤鲜红，临近出血而止，然后用卫生物品擦干净，再涂上凡士林等。村民刮痧主要为消除身体疲劳，治疗感冒发烧，但孕妇、皮肤病患者和气血虚弱者不宜进行。

治蛇毒　村民在进行稻麦收割等生产劳动时，时常会发生被毒蛇（以蝮蛇为主）咬伤的事件，若治疗不及时、方法不正确，有的还会导致眼睛失明甚至中毒而亡。20 世纪 80 年代以前，医院很少有治疗蛇毒的专科，村民大多用民间土法进行治疗。村民王阿根对此颇有经验，每当遇到村民被毒蛇咬伤，她总会及时赶到，先凭积累的经验和熟练的手法检查伤口，判断是否为毒蛇所咬。如确诊为毒蛇所咬，就用线状物捆扎患处上方，避免毒液侵入心脏等部位，然后用锋利刀具或瓷片等划破患处皮肤，让其流血，排出毒液，最后喝几口高度白酒，嘴中充满酒精，用嘴对准患处，用劲反复多次吸出毒液并及时吐出。她用这种土办法，治好很多蛇毒患者。但此方法存在安全隐患，一般人切不可轻易效仿。20 世纪 80 年代后，医院开设治疗蛇毒的专科，土法治蛇毒的现象逐渐消失。

第六章　文明创建

中华人民共和国成立后，景村境域内的党组织始终把思想道德建设列为村民教育的首要任务，引导村民破除迷信，坚定爱国爱党信念。改革开放以后，村党组织不断推进精神文明建设，突出抓好思想道德教育，组织各类评选和创建工作。“五讲四美三热爱”“不忘初心、牢记使命”主题教育提高了村民的思想觉悟，促进了党员干部转变作风，强化了党员干部的使命担当。村“两委”充分发挥村妇联、村团支部等群团组织作用，共同推进新时代文明实践，涌现出一批热爱本职、一心为民、助人为乐、尊老爱幼的好党员、好干部、好村民，引领了全村文明新风，提升了全村文明程度，先后有551个家庭被评为卫生户，540个家庭被评为新风户，42名志愿者为各类公益事业提供志愿服务。景村村获得“江苏省生态村”“江苏省卫生村”“昆山市文明村”等诸多荣誉。

第一节　思想道德建设

一、主题教育

1963 年，五一大队党支部和前进大队党支部在共产党员、共青团员、在校学生中组织学习雷锋同志的先进事迹，弘扬雷锋精神，很多社员和学生利用晚间无报酬、不留名为生产队做好事。五一大队的金六宝和前进大队的王梅宝分别被评为所在县、公社的学雷锋积极分子，经常到有关单位介绍自己做好事的事迹和感想。

80 年代初，五一村、郁港村域内兴起“五讲四美三热爱”主题教育，倡导物质文明和精神文明一起抓，村民的素质得到很大提高，村容村貌焕然一新，涌现出一批精神文明建设的先进标兵。两村卫生户达标率超过 98%，两村 98% 左右的农户达到新风户标准，并评选出 5 户“五好家庭”。

1993 年开始，两村兴起中国特色社会主义理论的学习教育热潮，结合村里经济发展实际，推进乡村企业、民营经济、农业规模经营发展。在保证农业稳定发展的基础上，推动村民的土地流转，创办村办农场，鼓励支持家庭农场发展，全村涌现出一大批种田大户。此外，还积极鼓励支持大批村民外出务工或进行个体经营，促进村民开辟增收渠道。

2006 年，景村村域内开展践行社会主义荣辱观学教活动，组织全村党员群众开展以“知荣辱、除陋习、树新风、促和谐”为主题的道德实践活动和“讲文明话、办文明事、做文明人”的专题教育活动。2008 年，组织党员群众开展社会主义核心价值观的宣传教育活动和“迎奥运、讲文明、树新风”的礼仪知识竞赛活动。2013 年，组织开展党的群众路线教育实践活动，推动党员联系群众、服务群众，建立长效机制，改善党群关系、干群关系。2018 年，景村村党总支组织开展的“不忘初心、牢记使命”主题教育使党员干部进一步了解党的发展历程，深刻理解党的初心；并通过开展红色记忆，重温入党誓词，回顾自己的入党初心，进一步牢记使命，增强党员自身的责任感、使命感。2019 年，村党总支组织党员干部和村民群众开展新时代文明实践教育宣传活动。村“两委”开辟多个教育实践场所，并配置相应的设备设施，按照制订的教育课程计划实施，村领导带头宣讲，同时聘请有关宣讲员来村进行专题讲座。全年共发放宣传资料 28 500 份，举办各类专题讲座 75 场次，开展各项专题实践活动 23 次，参与各种新时代文明实践活动共 8.2 万人次。是年，村妇代会、团支部、民兵营等群团组织，从自身工作职能出发，结合景村村精神文明建设实际，开展系列主题活动。村妇代会组织“送温暖，献爱心”主题活动，给 10 多户贫困户捐款捐物；组织“庆三八・做青团”主题活动，丰富妇女同志的精神生活和业余生活，加强团队合作精神。

二、宣传阵地

家长学校　2015 年，景村村先后开展家庭教育研讨会、儿童各年龄阶段特征讲座、准妈妈新生儿喂养培训、如何与儿童沟通交流讨论等活动。2016 年，先后邀请教育专家作如何教育子女讲座，开展如何配合学校教育的讨论和经验交流活动，组织家长和学龄前儿童走进幼儿园体验学校生活，开展“好妈妈、乖宝宝”健康知识讲座等活动。2017 年，先后邀请社区医生作“关爱自己，关爱健康”的知识讲座，组织家长开展制作青团子比赛、端午节包粽子活动并举办科普知识讲座，律师为家长进行面对面法律咨询等活动。2018 年，先后开展维权宣传、安全知识讲座、培养学生正确审美观讲座、文化教育实践等活动。2019 年，先后开展退休教师谈阅读讲座、少年才艺比赛、儿童如何抵制不文明行为讨论、食品安全讲座、垃圾分类讲座、《未成年人保护法》宣讲、亭林公园游园等活动。

家长学校活动中的才艺表演（2018 年，景艳红摄）

道德讲坛 2012 年，景村村成立道德讲座领导小组，制订道德讲座的工作计划和准则。坚持定期组织开展道德讲座，通过宣传道德模范、道德故事，营造崇尚道德的良好氛围，弘扬文明新风，倡导从身边小事做起，共建文明环境。进入 21 世纪以来，先后组织开展以“静以修身，俭以养德”“谁知盘中餐，粒粒皆辛苦”“重莫如国，栋莫如德”“遵德守礼”“小信成则大信立”“人能克己身无患，事不欺心睡自安”“内睦者家道昌，外睦者人事济”“生态文明，美丽中国”“勿以善小而不为”“无私奉献富国强兵”“天下兴亡，匹夫有责”“不忘初心，牢记使命”“中国特色的社会主义”“新时代文明实践”，以及扫黑除恶、垃圾分类、远离家庭暴力等一系列专题讲座。

网络教育 2010 年开始，景村村“两委”在全体党员干部中建立 QQ 群、微信群，根据学习教育的要求，在 QQ 群、微信群中宣传党纪党规、法律法规、道德品质等，传递正能量信息，引导党员干部树立先锋模范的形象。

2011 年，景村村建立家庭网络系统，并利用这一系统，播放法制道德建设等方面的影视片，在村民中开展潜移默化的思想教育。2012 年，村委会又投入 10 万元，建设网络共享工程，建立一根宽带、一台电脑、一个投影仪、一个放映室的“四个一”教育服务点。其中，放映室面积 210 平方米。2013—2019 年，村里先后建立自然村村民、行业人员、亲朋好友、妇女等微信群，起到了“小微信、广传播、大教育”效应。

主题活动 2019 年 5 月 18 日，村妇联组织赴张浦镇海哥农场开展“大手牵小手，你我共成长”妇儿文明实践活动，不仅融洽了亲子关系，也使孩子感受到农民的辛苦和劳动的光荣。2017 年 8 月 26 日，村团支部在亭林公园开展以“增强体质，增进友谊”为主题的青年户外徒步健身活动，使参加活动的青年团员既锻炼了体力和毅力，也感受了大自然的无限风光，引发爱国之情。2019 年 5 月 5 日，村团支部组织青年团员前往常熟市沙家浜红色教育基地，开展“青春心向党，建功新时代”主题团日活动。此外，还有民兵营组成志愿者开展帮扶活动，帮助贫困农户干农活、做家务等；老年协会在每年重阳节和春节给老年人送重阳糕，组织志愿者定期上门给 80 岁以上老人和残疾人进行家政服务。

青年民兵帮扶农户（2017 年，景艳红摄）

第二节　村规民约

一、文明公约

《村规民约》　2014年，景村村村民委员会制定了《村规民约》，要求每一位村民都能坚持党的四项基本原则，拥护党的路线、方针、政策，遵守国家的法律、法规。提倡发展生产，勤劳致富的理念；提倡晚婚晚育，实行计划生育，杜绝无计划生育和非婚生育；号召村民自觉遵守社会公德和维护社会治安，做到不打人骂人，不扰乱社会秩序，尊老爱幼，孝敬赡养每一位老人，保证家庭和睦，邻里友好团结；要求村民不参与赌博，不搞迷信活动，爱护集体财产；还要搞好家庭卫生和房前屋后的绿化。

附1：景村村村规民约

一、坚持党的四项基本原则，拥护党的路线、方针、政策，遵守国家的法律、法规。

二、发展生产，勤劳致富，支持集体经济建设，积极完成国家规定的各项上交任务和本村规定的上交任务。

三、学习科学文化知识，实行科学种田。

四、加强土地管理，不私自出租、出卖和挖废抛荒土地，不违章占地建房。

五、实行计划生育，坚决杜绝无计划生育和非婚生育。

六、遵守社会公德，尊老爱幼，赡养老人，邻里团结，家庭和睦。

七、维护社会治安，不打架斗殴，不辱骂、诽谤他人，不扰乱社会秩序。

八、开创文明新风，严禁赌博，反对迷信，打击偷盗和流氓犯罪活动。

九、爱护集体财产，爱护公共设施。

十、搞好家前屋后绿化，美化环境，讲究卫生。

以上村规民约由村民委员会督促实施，模范执行以上规定的村民，将区别不同情况，进行表扬或奖励；对违反村规民约的，或教育制止，或取消村级福利待遇，或按有关法律、法规处理，情节严重的将送交司法部门。

《社区居民文明公约》 2008年，随着景村村村民动迁安置率的不断提高，村委会与安置小区的居委会联动合作，制定《社区居民文明公约》。《社区居民文明公约》以《公民道德建设实施纲要》为准则，从倡导爱国守法、明礼诚信、团结友善、勤俭自强、敬业奉献等基本道德规范入手，对社区居民作出了约定，具体从不乱扔垃圾、不高空抛物、规范停车、爱护花草树木等方面提出要求。《社区居民文明公约》正式出台后，村委会与小区居委会利用宣传画廊、黑板报、宣传资料图片、网络、实践活动、专题讲座等进行广泛宣传，教育引导村民自觉加强社会公德、职业道德、家庭美德、个人品德，并通过评先活动，激励村民加强文明实践。

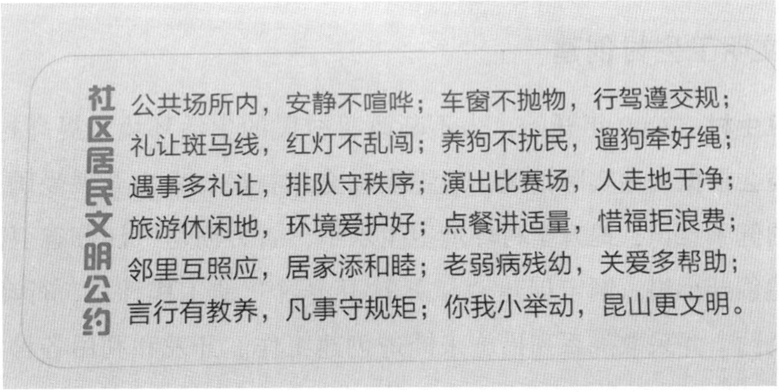

社区居民文明公约（2015年，王秀根摄）

二、卫生公约

2004年，景村村“两委”组织制定《景村村卫生公约》。村“两委”会先组织各村民小组酝酿讨论，再组织各村民小组组长集体讨论形成草案，然后再返回村民征求修改意见，形成广泛共识，最后由村“两委”汇总出台《景村村卫生公约》。公约要求村民在做好家庭卫生的同时，还要做好门前的“三包”：垃圾进垃圾箱，家庭建卫生间，村内建造公共厕所。村委会把《景村村卫生公约》印成宣传活页，发放到每家每户，使每一位村民都能把握卫生要求。同时，通过多种形式加强村民卫生教育，以讲卫生为荣，以不讲卫生为耻，引导村民形成良好的道德风范和卫生习惯。村委会组建督查队，加强对全村文明行为、卫生工作的督促检查。《景村村卫生公约》制定实施后，在改变村民卫生习惯、改善全村环境卫生状况、提升村民文明素养等方面都起到了积极作用。

第三节　文明示范

一、文明卫生村创建

创建卫生村　2000年开始，为不断改善村民的生活环境，提高村民的生活质量，村委会根据当地实际情况，组织发动全体村民，大力开展爱国卫生活动，提高村民的健康意识，提升全村环境卫生水平，着力创建“江苏省卫生村”。村里成立创建领导小组，制定创建“江苏省卫生村”的工作计划、行动方案，制定村卫生公约，并采取一系列措施来推进创建工作。开发和利用各种宣传阵地、宣传渠道，开展爱国卫生和防病防疫宣传，发放“全国亿万农民健康促进行动”宣传资料和昆山市农民健康促进读本，发放率100%，增强村民的健康卫生意识；加强健康知识培训与普及工作，发放疾病防治、家庭健康等卫生小知识资料，组织卫生知识讲座，开展健康教育测试，提高村民的健康知识知晓率。在机制建设方面，建立和健全组织管理制度，落实环境卫生工作责任制，明确责任主体，完善检查、考核制度。村委会与保洁员签订工作责任和劳务合同，明确保洁员工作职责，建立长效管理机制。村集体加大投入，加强基础设施建设力度，做好道路硬化，水泥路面通到家门口，修建停车场；先后投入近100万元，建造公厕21所；建造垃圾中转站，加强垃圾清运和水污染管理；杜绝村民私搭乱建，不断改善村容村貌。组织开展防病防疫工作，安排专人定期进行药物灭杀工作，降低“四害”密度，科学用药，合理配备和使用药械；通过改水改厕、环境整治等一系列活动，生活环境得到进一步优化。经过近20年的持续创建，村民的环境卫生观念普遍提升，全村的环境卫生建设和疫病防治工作取得显著成效。2000年，五一村（景村）被评为“江苏省卫生村”。

创建文明村　2010年，景村村成立以村党总支书记为组长、村主任为副组长的“创建文明村”领导小组，将责任落实到个人，制订文明村创建的具体计划、方案，加强监督管理，把各项工作落到实处。强化宣传，营造氛围，加强精神文明宣传阵地建设。以老年活动室、乡村舞台、门球场、篮球场、图书馆、放映厅、红客堂书场、文艺室、农家书屋、舞蹈室等为宣传平台，打造集文化、教育、娱乐、健康理念于一体的精神文明宣传中心，充分向村民、外界展示推广景村村的文明村风与积极进取的风采。组织村民成立文艺队、舞蹈队、门球队等，利用有关节日，开展精神文明建设的宣传演出。依托各种宣传载体，通过优选标语，制作宣传横幅，悬挂、张贴宣传精神文明建设的海报、发放宣传手册、编发网络信息等方式，向全村村民宣传精神文明建设的目的和意义，引导、鼓励村民积极参与创建。全面开展文明创建系列活动，每年组织10多次家长学校活动，通过知识讲座、亲子活动等形式，弘扬家庭文明建设的重要意义；每季度安排一次道德讲坛专题讲座，弘扬文明新风，传播道德力量。建立善行义举表彰制度，在村宣传栏设立善行义举榜，树立正能量标杆。开展村风文明志愿者活动，以党员干部为主体，建立志愿者队伍，通过志愿服务，为村民做实事、做好事。每月开展一次新时代文明实践站活动，丰富村民的精神文化生活。2018、2019年景村村连续两年被昆山市文明办评为文明村。

二、文明家庭评选

1986年，为推动“五讲四美”活动的深入开展，促进村庄环境卫生和村民家庭卫生水平的提升，五一村和郁港村按照乡政府的要求，组织开展村民家庭卫生创建。根据家庭环境、用水用厕卫生、厨房卫生、家禽家畜饲养、居室整洁、家庭人员健康卫生知识掌握等多方面情况，进行卫生户评比。两个村都建立了由村委会、村民小组长和村民代表组成的评选小组。村评选小组根据评选内容对每个家庭进行综合评估，两村共评选出卫生户 551 户。

1991 年，五一村和郁港村按照市镇的工作部署，组织新风户评比。新风户的评比依据是家庭成员道德品质情况、家庭移风易俗情况，以及在开展文明活动中发挥的作用等情况。评选工作由村委会、村民小组长和村民代表组成的评选小组进行综合评估，两村共评选出新风户 540 户。

1994 年，五一村和郁港村为巩固提升文明新风建设成果，在村域内开展文明家庭的评比活动。文明家庭的评比活动根据“爱国守法，热心公益好；学习进取，爱岗敬业好；男女平等，尊老爱幼好；移风易俗，优生优育好；勤俭持家，保护环境好”等方面情况，由村委会、村民小组长和村民代表组成的评选小组进行综合评估，两村共评选出文明家庭 533 户。

1996 年，五一村、郁港村域内进行五好文明家庭的评比活动。在文明家庭的基础上“增加夫妻和睦，邻里团结好”的评比内容，由村委会、村民小组长和村民代表组成的评选小组进行综合评估，两村共评选出五好文明家庭 5 户。

2017 年，景村村组织开展平安家庭的评比活动。根据家庭成员是否具有“学法懂法的守法意识、破除迷信的科学意识、公平正义的法治意识、健康卫生的文明意识、廉洁治家的自律意识、扶贫济困的助人意识”等方面情况，由村委会、村民小组长和村民代表组成的评选小组根据村民家庭现实情况进行综合评估，全村共评选出平安家庭 551 户。

2018 年，景村村组织开展最美家庭的评比活动。在五好文明家庭基本标准基础上，根据“夫妻关爱、孝老爱亲、教子有方、勤俭持家、邻里友善”等方面情况，由村委会、村民小组长和村民代表组成的评选小组进行综合评估，全村评选出最美家庭 8 户。

2019 年，景村村组织开展文明和谐家庭创建和评比活动。村“两委”在五好文明家庭基本标准基础上，突出家内外的和谐情况，由村委会、村民小组长和村民代表组成的评选小组进行综合评估，全村评选出文明和谐家庭 3 户。是年，村“两委”还组成以妇女主任为组长的评选班子，通过深入细致的寻访活动，全村评选出最美特色家庭3户。第6村民小组的陆大男家庭被评为“幸福之家”，第2村民小组的钱正贵家庭被评为“友善之家”，第16村民小组的费友根家庭被评为“礼仪之家”。

三、集体荣誉

改革开放后，景村村域的党支部（党总支）、村委会以中国特色社会主义理论为指导，坚持一手抓物质文明建设，推动村域经济结构调整，集体经济、民营经济、驻村企业不断发展壮大，村级经济规模不断跃上新台阶；一手抓精神文明建设，加强村民思想道德建设，不断提高村民的民主法治意识，推动全村民生事业发展和环境卫生水平提升，先后获得江苏省生态村、江苏省卫生村、苏州市社会治安综合治理先进单位、昆山市文明村、昆山市民主法治示范村、玉山镇先锋村等集体荣誉。

表6-1 1986—2019年五一村、郁港村、景村村获集体荣誉情况表

获奖单位	荣誉称号	授予单位	授予年份
五一村	综合治理先进集体	中共昆山县委	1986
五一村	“五有六统一”农业规模服务合格村	中共昆山市委	1994
郁港村	“五有六统一”农业规模服务合格村	中共昆山市委	1994
五一村	社会治安综合治理先进单位	苏州市委市政府	1995
五一村	先进基层党组织	中共昆山市委	1999
五一村	社会治安综合治理先进单位	昆山市委市政府	2000
五一村	村民自治模范村	昆山市民政局	2000
五一村	计划生育示范村	中共昆山市委	2000
五一村	江苏省卫生村	江苏省爱国卫生运动委员会	2000
景村村	社会治安综合治理先进单位	昆山市委市政府	2001
景村村	人口与计划生育工作先进集体	昆山市委市政府	2003
景村村	社会治安安全村	玉山镇党委政府	2003
景村村	安置帮教工作先进单位	昆山市司法局	2003
景村村	农村精神文明建设先进村	昆山市文明委	2004

续表

获奖单位	荣誉称号	授予单位	授予年份
景村村	村民自治模范村	昆山市委市政府	2004
景村村	老龄工作先进集体	昆山市老龄委人事局	2005
景村村	先进基层党组织	玉山镇党委	2006
景村村	先进人民调解委员会	昆山市司法局	2006
景村村	司法行政工作先进集体	玉山镇政法委	2006
景村村	先锋村	玉山镇党委政府	2006
景村村	民主法治示范村	昆山依法治市领导小组	2006
景村村	江苏省生态村	江苏省环境保护委员会	2007
景村村	“五有五好”先进单位	昆山市关心下一代工作委员会	2007
景村村	人口与计划生育工作先进单位	玉山镇人民政府	2008
景村村	“全国亿万农民健康促进行动”苏州市示范村	促进行动苏州市领导小组	2008
景村村	民主法治示范村	昆山市依法治市领导小组	2008
景村村	农村土地股份合作示范社	苏州市政府	2009
景村村	农民专业合作示范社	苏州市政府	2009
景村村	“乐活银龄”门球三甲亚军	玉山镇人民政府	2010
景村村	基层建设先进单位	昆山市人民武装部	2011
景村村	人口与计划生育先进单位	玉山镇人民政府	2011
景村村	档案工作二星级单位	江苏省档案馆	2011
景村村	民兵预备役工作先进单位	玉山镇人民武装部	2012
景村村	优秀服务窗口	昆山高新区人力资源和社会保障局	2015
景村村	学习型党组织	中共昆山市委	2017
景村村	文明村	昆山市精神文明建设委员会	2018
景村村	高新区文艺汇演三等奖	昆山高新区残联	2019
景村村	高新区“助残日”活动团队一等奖	昆山高新区残联	2019
景村村	高新区第三届体育运动会垂钓比赛第六名	昆山高新区体育运动组委会	2019

第四节 文明新风

一、文明操办红白喜事

2019年，景村村组建由党员、干部、军人、教师、村民代表组成的红白喜事理事会，具体负责宣传和督促。要求主办方做到：喜事提前一星期预约，丧事及时预约；开车不喝酒，喝酒不开车；文明用餐，不铺张浪费；食材新鲜，讲究卫生，确保食品安全；节约水电，安全用气；事毕清场，桌椅摆放整齐，庭室干净明亮。管理方面做到：保证设备设施完好无损，确保使用；有操办制度和记载；有专用停车场等配套设施；倡导文明简易，不搞迷信活动；特事特办，合理调节；保持场所卫生整洁。经过村“两委会”和红白理事会的宣传教育督促检查，村民逐步形成婚事新办、丧事简办的好习惯，形成文明操办的社会风气。

二、垃圾分类处理

2019年年初，景村村根据昆山市创建全国文明城市的总体要求，在村域内全面推动垃圾分类。村“两委会”召开垃圾分类动员大会，宣传垃圾分类的意义目的；安装垃圾分类房3处（不包括动迁安置小区），组织村民现场示范观摩；由垃圾处理专业队伍具体负责，同时由各组村民代表组成志愿者队伍，协助配合管理员进行检查督促；由垃圾清运队负责运送至指定处理回收堆放地点。

三、文明参赛观赛

景村村域内民间活动主要有康乐球、象棋、羽毛球、广场舞、打连厢、门球等。其中，康乐球、象棋、羽毛球从20世纪90年代开始在域内流行，广场舞、打连厢、门球则从21世纪初开始在域内广受欢迎。这些活动虽是民间组队，但村“两委会”也经常联系组织与其他单位的联赛活动，并给参赛队提供场地设施、交通工具等。尤其从近些年开始，村“两委”提倡文明的文体娱乐活动，倡导文明参赛和文明观赛，要求参赛队员既要发扬拼搏精神，争得好成绩，也要奉行“友谊第一，比赛第二”的体育道德风尚；观赛村民要文明高尚、整洁有序，不要不讲卫生、起哄惹事。其中门球队的活动较多，村门球队每月参加一次联谊赛，每年参加两次分会赛，每年参加一次文体友谊赛等，在比赛中不仅取得好成绩，而且还体现好风格，被评为“精神文明队”。

四、文明出行

2019年，景村村561户村民户中，私家车的普及率超90%，有不少家庭拥有2辆私家车或更多。为了使村民驾车做到遵守交通法规，对社会、对家庭的生命财产安全负责，村“两委”组织开展文明出行专题宣传教育活动，通过多种途径宣传文明出行、规范停车、不闯红灯、车辆卫生、按时验车验身和保养维修等知识，增强村民文明安全行车的意识。

五、文明办公

2019年，在新时代文明实践行动中，景村村“两委”倡导文明办公，党总支、村委会，以及村便民服务中心、退役军人服务站、妇女儿童之家、人力资源和社会保障服务站、农村综合服务社、居家养老服务中心和老年协会等机构的工作人员，对待村民群众态度热情、有问必答、有事必究，真正做到为百姓多做实事，为村民排忧解难。村“两委”建立督促检查制度，加强对村工作人员文明办公督促，发现问题，及时解决，使村“两委”工作人员成为全村新文明实践的表率。

六、志愿服务

2015 年，景村村建立以党员干部、青年团员、民兵、老年协会和爱心人士为骨干的各类志愿者服务队，开展各项志愿服务，切实帮助经济困难户、生活自理困难者等弱势群体解决实际问题，在社会治安、家庭和谐、交通安全、环境保护等方面起到良好的引导和促进作用。从 2015 年开始至今，每年进行志愿者服务活动 10 多次，40 余人参加。详见表 6-2。

路人护送残疾老人过马路
（2019 年，王秀根摄）

表 6-2　2019 年景村村志愿服务及志愿者一览表

服务项目	志愿者人数	志愿者姓名
老年人服务	5	姜金生　景雪根　景艳红　费震宇　景素龙
人民调解	7	沈香荣　凌解放　景雪龙　金瑞英　陆玉生　金　龙　姚　晨
矫正安邦	4	金　龙　景素龙　王社林　陆永芳
法律援助	7	景素龙　刁翠花　金　龙　金瑞英　凌解放　景雪龙　姚　晨
关爱残疾人	5	钱　青　景艳红　景素龙　唐雪龙　盛叶强
文明交通	5	凌志龙　唐雪龙　费震宇　景艳红　陈飞鸿
公共治安	5	费震宇　唐雪龙　景雪龙　钱　青　金　龙
关爱未成年人	4	景素龙　姜金生　盛叶强　卞晓平
环境保护	5	卞晓平　凌志龙　唐雪龙　凌秋生　钱　青
便民服务	5	陈飞鸿　盛叶强　卞晓平　费震宇　凌志龙
爱心助学	6	卞晓平　唐雪龙　凌志龙　景艳红　钱　青　费震宇

第五节　凡人善举

唐泉根　唐泉根生于1927年，8岁上私塾，11岁参加农业劳动，24岁参加抗美援朝，25岁担任景村西村初级合作社社长，27岁加入中国共产党，30岁调任五三村任高级社社长，一年后任五三村书记。当时的五三村是有名的落后村，他为方便工作，举家迁至五三村，带领班子人员和全体村民白天大搞农业生产，晚上组织开会学习，是年五三村就被评为“农业生产红旗村”。34岁调回五一大队，先后任大队队长和书记，他在带领大家开展农业学大寨和村庄建设的同时，积极发展副业生产，一度被戏称为“草包司令”，短短几年，五一大队就成为小有名气的民富村。46岁调任正仪公社第二砖瓦厂筹建组负责人。为了发展工业和满足农户的建房需要，他带头去广西、上海等地参观学习，采购建厂的各种物资，组织工人夜以继日施工。一年半后，第二砖瓦厂就正式投入生产，建厂后任厂长兼书记。由于产品质量上乘，深受大家的欢迎，砖瓦供不应求，二砖厂成了正仪公社的盈利大户。48岁调任正仪公社工业公司生产科直至退休。由于他工作认真，大公无私，关爱群众，成绩显著，成为大家公认的好领导。

范秀英　范秀英是村民公认的好嫂子。她善良淳朴，20多岁时嫁给景村第5村民小组的景惠明，她的小叔子景雪明从小因病瘫痪在床。景雪明32岁时父母双亡，而哥哥景惠明为了家业，常年在外收废品。这样，景惠明家的农活和对小叔子的照料任务，全部落在范秀英的肩上。每天天不亮她就起床，做完日常家务后，要给小叔子穿衣，将他抱到座椅上，端上刷牙和洗脸水、送上早餐。中午从田间回来做好饭菜端给小叔子吃后，再给他敲背按腿，傍晚还要给小叔子洗脚、擦身和翻身，每遇到小叔子大小便，她总是不厌其烦扶持洗护。每当小叔子生病时，她除了送医买药之外，会整日整夜地陪床。在她28年的悉心照料下，小叔子拖着瘫痪的病体度过整整60个春秋。《昆山日报》和昆山电视台相继报道范秀英悉心照料小叔子的动人故事，村民们夸她是好嫂子。

唐桂福　唐桂福是村民们的好总管。他原来是郁港村第1村民小组的普通村民。在江苏AB集团公司供应科工作时，经手的成衣的进出数量和账目清楚，20多年无差错。在郁港村担任村委会主任时，村里的大事小事，在他心里都有一本账，做到既管村又管家。退休后他又当起了民间管家，每逢本组村民家有红白喜事，都请他一起筹划并担任现场总管。他热心而富有经验，会提前做好各项准备工作，本着文明简办的原则，列出需要购置的物品和数量，统计出席人数乃至男女人数，分配各项工作的人数及人员名单，安排办事的先后顺序，做到秩序井然，有了他这个总管，主人轻松，客人满意，事事圆满。他乐于帮助别人的精神和出色的办事能力，得到了村民的充分肯定，不少其他村民小组或其他村的村民家里办事时，也常常邀请他去担任总管。

景水根　景水根是值得村民称赞的好干部。他是景村村第5村民小组的普通村民。他从小好学上进，参加工作后经组织培养，于1958年8月至1963年3月担任正仪乡副乡长，后因五一大队自然条件恶劣、群众基础差、工作难度大等原因，他主动回村兼任大队党支部书记。担任书记以后，他深入农户家庭，走遍村头地尾，掌握农业生产情况，了解家庭困难的村民情况。他不计个人得失，带领党支部一班人，为积极发展农业、解决村民疾苦、改善生产生活条件尽心尽力，为减轻劳动强度，解决灌溉难的问题，集资兴建村里第一座电灌站；为更好地服务群众、方便老百姓生活，办起粮饲加工厂，建起大礼堂。短短几年内，五一大队一跃成为正仪乡的先进单位。后上级调派他到外乡和有关企业工作，他服从组织安排，在新岗位上兢兢业业，迎难而上开创工作新局面。同时，他始终热爱家乡，力所能及帮助村民，赢得了村民信赖，大家都夸他是群众的好干部，村民的贴心人。

王小男　20世纪70年代，为发展农业和副业，每个生产队都办起了养猪场，每户村民都饲养肉猪。前进大队的王小男因工作踏实，责任心强，被挑选当上村里的兼职兽医。当时集体报酬全年才300元，个人出诊每次仅2元。他坚持参加农业生产劳动，当需要就诊时，千方百计利用午间休息或傍晚收工时间，从不以公谋私，一年中无数次夜间出诊，不厌其烦，不斤斤计较，收费公正。他在业务上精益求精，从只掌握基本的医技逐步发展到掌握生猪阉割和疾病预防，甚至还当起了牛、羊、狗等动物的医生，很多外村村民都邀请他给家畜治病，他成为方圆数十里的兽类名医。他不仅医技好，还乐于帮助别人，一些牲畜饲养场邀请他去做预防知识讲座，他能结合自己的经验把预防知识传播给千家万户。他良好的医德和精湛的医技，得到村民的充分肯定和上级的表扬，他被评为正仪乡优秀兽医。1981 年，他当选为昆山市人大代表。

钱群仙　钱群仙是域内家喻户晓的企业家。她从昆山正仪高中毕业后回村务农，因工作表现突出，不久就担任五一村团支部书记，并加入中国共产党。1999 年，风华正茂的她毅然下海经商，自筹资金创办了昆山市前景商贸有限公司。她坚定“有一种成功叫努力”的信念，奉行“诚信为本，服务至上，快速配送，后勤保障，团结友爱，协同配合，不分你我，尽心尽责”的企业理念。在她的带领下，公司不断壮大，注册资金 800 万元，员工 76 人，办公面积 500 多平方米，仓库存储面积 4 500 平方米，拥有自己的销售及配送团队，成了昆太地区食品经销商行的品牌企业。成功后的她没有忘记一个共产党员的责任。在历次抗灾捐赠活动中，她都慷慨解囊，给灾区人民捐款捐物。2004 年，她与安徽省金寨县南溪镇的一年级学生王某某结对爱心助学，每年捐赠人民币 2 000 元（超协议标准）及衣物、学习用品等，当王某某考上大学后，她捐赠的款额增至每年 6 000 元。2014 年，她还与安徽省金寨县南溪镇的一年级学生刘某结对帮扶。她一直把景村村的父老乡亲放在心上，2019 年年底，她给景村村义送含豆奶、酱油、肉松、芝麻糊、腰果、薯片、瓜子、葵花籽油的“年味”礼品 405 份，慰问村里 70 周岁以上的老人。村民都夸她保持了共产党人的本质，是新时代的好党员。

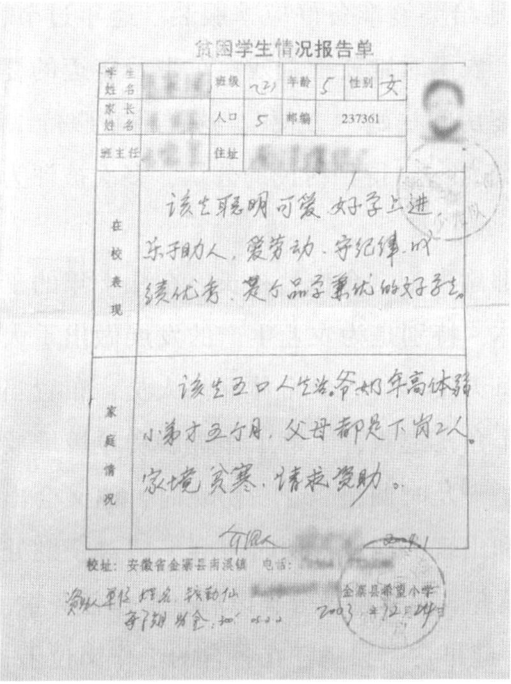

贫困学生情况报告单

学生姓名		班级		年龄	5	性别 女
家长姓名		人口	5	邮编	237361	
班主任		住址				
在校表现	该生聪明可爱，好学上进，乐于助人，爱劳动，守纪律，成绩优秀，是个品学兼优的好学生。					
家庭情况	该生五口人生活，爷奶年高体弱，小弟才五个月，父母都是下岗工人，家境贫寒，请求资助。					

校址：安徽省金寨县南溪镇 电话：

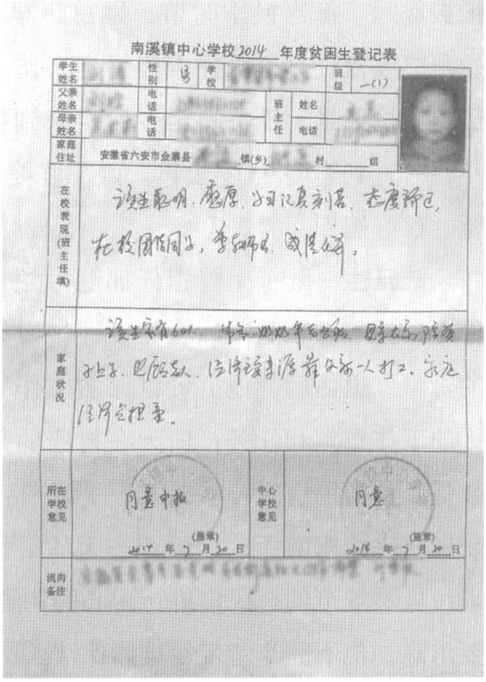

南溪镇中心学校2014 年度贫困生登记表

学生姓名		性别		学校	班级
父亲姓名		电话		班主任 姓名	
母亲姓名		电话		电话	
家庭住址	安徽省六安市金寨县 镇(乡) 村 组				
在校表现（班主任填）					
家庭状况					
所在学校意见	同意申报 （盖章） 年 月 日		中心学校意见	同意 （盖章） 年 月 日	
流向备注					

钱群仙爱心助学登记表（2019 年，王秀根摄）

钱桂泉 钱桂泉出身于景村第 1 村民小组的农民家庭，他家世代以种田为生。80 年代，实行土地承包责任制后，他家劳动力充裕，他就带领两兄弟筹集资金在正仪乡娄江河边办起了沙石码头。他讲究信用，价格合理，获得客户的信赖，生意做得红红火火，三兄弟的生活条件逐步好起来。他自己富裕了，依然不忘村里的父老乡亲。为了村民出行方便，他毅然决定个人投资筑路，用了一个多月，把一条长 200 米、宽 20 米的泥泞路修成了水泥道，大大方便了村民的生产和生活。每当村民走在这条村道上时，都会情不自禁地想到他的好，钱桂泉的“好村民”声誉随之而来。

徐桂花 徐桂花是域内有名的好儿媳。1957 年，徐桂花出生于朱家厍，20 多岁时成了同村陈小宝、费伯琴的儿媳。这时的她，在外是生产队的劳动能手，在内是家庭的治家好手。她的公公 1999 年因病去世，照顾年迈多病的婆婆的担子就落在了她的肩上。在婆婆卧床不起的两年时间里，她总是把一日三餐端到床前，甚至亲手喂给婆婆吃。早上出工前，她给婆婆穿衣、洗刷、送上早点；午饭和晚饭时，先给婆婆洗手，然后扶到饭桌前用餐；晚间给婆婆洗脚擦身、铺被送睡。每当换季时节，她总是早早地给婆婆准备好应季服装。逢年过节，她帮婆婆梳洗打扮后推着婆婆走亲访友，农闲时她就推着残疾车带着年迈的婆婆出去逛风景。她每晚至少两次来到婆婆房间扶她“方便”。这样精心服侍13年，一直到婆婆94岁去世。她待婆婆始终如一，得到村民的公认，多次被评为镇、村好媳妇。

陆玉生 陆玉生曾担任郁港村党支部副书记、合作社社长。在几十年的工作中，他不计私利，一心为百姓、为集体，特别是为农业生产的发展做出重大的贡献。退休后，他负责村保洁工作，每天很早就召集全体保洁人员，布置当天的工作重点和任务；白天在村庄的每个角落巡查，了解工作进展和垃圾堆放数量、种类等情况，掌握第一手资料，便于及时调整工作；傍晚时，他又会出现在村庄的东南西北，检查一天的工作和出现的问题，还时常会上门对个别处理垃圾不规范的村民户进行耐心的沟通教育。实行垃圾分类以后，工作任务重，要求高，他不辞辛劳带领全体保洁人员，起早贪黑，坚守在各自的工作岗位上。正是由于这一班人的努力工作，村庄的卫生工作日新月异，村民的卫生意识逐渐提高，他在平凡的工作中做出了不平凡的业绩。

翁凤金 “世上只有妈妈好”这首歌，感动了很多人，而翁凤金用她的行为做出了诠释。翁凤金在60多年为人母的生活中，不辞辛劳地抚育关怀子女。60年代初，农村实行“五两三钱”配给制，她不顾自身劳动强度大，强忍饥饿，吃糠咽菜，把本来就很少的配粮省给子女吃，曾几次因饥饿而昏厥于田间。70年代，有4个子女的她，由于家庭人口多而劳动力少，一直成为生产队的老牌“透支户”，常年基本无经济收入，仅靠卖鸡蛋、搞副业来维持生活。即使在这样的艰苦环境下，她仍然坚决支持、鼓励子女们读书上学，四个子女均初中毕业，其中大儿子成为朱家库的第一个高中毕业生。80年代，村里实行土地承包责任制后，她积极支持家人外出务工，自己挑起田间耕作的重担，起早贪黑，从无怨言，自己能做的事尽可能不叫家人做。有一次水稻收割时，她挑不动稻子，就在夜间连续三个多小时，硬是用背的方法把一亩多田的稻子运到脱粒场上。二儿媳常年患病，不能从事田间劳动，插秧、割稻麦等农活都由翁金凤承担。翁金凤平凡中隐含着伟大，她勤劳爱子，是村民公认的慈母，是儿女心中的好母亲。

第七章　村落文化

景村村域内的自然村落历史悠久，积累了较为深厚的文化底蕴，民间流传的很多动人的故事传说，充满了神秘色彩。村里还有广为流传的民间传统文化和带有一定宗教色彩的传统活动。村民在文化传承中不断消除文化糟粕，推陈出新，村民景文品的宣卷深受百姓喜欢，村民周金生编纂了村中第一部家谱。村域内还有多位掌握民间传统技艺的能工巧匠，他们掌握了做草编、扎灯笼、雕木刻、制竹席、写对联等多种传统技艺，为景村村留下了许多珍贵的非物质文化遗产。

第一节　乡土文娱

景村村村民大多是土生土长的本地人，他们依据家乡的特点，创造了一系列具有浓厚乡土乡味的文娱活动，有摇快船、滚铜钿等娱乐活动，也有宣卷、双台戏、庙会等文艺活动。1999 年以来，村委会陆续投资建设了一批文娱硬件设施。现拥有影视室和播放室，内有投影仪、电脑、立体音响、DVD 播放机及戏剧类影视碟片；另建有农家书屋，内有藏书和报纸杂志，为村民读书看报提供良好环境；还在景村村服务大楼里设置一间排练厅，用于村舞蹈队排练。这些硬件设施的投入，促进和方便了村民文娱活动的开展。

一、宣卷

宣卷是宣讲宝卷的简称，在景村村域流传甚久。宣卷形式较简单，一般在主家原供，寿星的长台前放 1 张方桌，4 把或 6 把靠椅，桌上放宣卷本、1 个木鱼、1 个摇铃、1 块醒木。宣卷本上盖有一块红色绸缎，演讲开始时揭开。宣卷旨在弘扬因果报应，劝人止恶向善，尽孝道。景村的景文品在昆山一带宣卷很有名气。他 15 岁时，景村小学的老师张学界成为他从事宣卷的启蒙老师，虚心好学的他用 5 年时间通读 48 本宣卷书，其中有名的卷本有《杨家将》《劈山救母》等。1934 年，21 岁的景文品和搭档凌步青正式开始宣卷职业生涯。他们口齿清楚，角色分明，艺术感染力强，口才好，深得周围村庄老百姓的喜爱，因此生意十分红火。每逢人家竖寿材、入宅、庙会、剃胎头或富贵人家逢年过节，时常要请他们前去宣卷，东到上海青浦，南到甪直一带，西到外跨塘，北到阳澄湖、傀儡湖，方圆上百里都有他们的足迹。由于景文品口音清晰响亮，人们给他起了个“阿喊”的尊称。

二、双台戏

中华人民共和国成立前，民间娱乐最流行的是搭台做戏，较富裕的村民家办喜事，有的也会请戏班子来演戏，偶尔村里一些名门望族，还会组织演双台戏。双台戏，顾名思义，就是在同一地点面对面同时搭台做戏。1947 年夏天的某日，在景村金文俊的组织下，小阿根戏班子和大阿嫂戏班子受邀来村里演双台戏。附近村民得知信息，从四面八方涌入景村看戏，这边演《双推磨》，那边演《庵堂相会》；这边掌声起，那边呼声高，众多观众，川流不息，场面十分壮观。这场戏在白天和晚上共演了 2 场，男女老少数千人观看，村民们看得津津有味，迟迟不愿离去。

三、弹堂名

民国时期，景村流行一种村民称之为弹堂名的仪式，它主要在新生儿过满月、青年男女成婚、长辈做寿或长者竖寿材时进行。弹堂名有一套 3 人左右组成的班子，主要以唱中兼说的形式表演。弹堂名大多在黄昏时进行，先搭一个长约 3 米、宽约 2 米、高约 2 米的棚台，棚台内放鼓、木琴、铜锣、铜铃、木鱼、唢呐、笛子等多种乐器，根据说唱的内容适时而用。说唱人一般由男女 2 人组合，另有 1 人在后台使用乐器。新生儿过满月时，主要表演《赵氏孤儿》《白雪公主与七个小矮人》等戏剧；青年男女成婚时，主要表演《西厢记》《梁山伯与祝英台》等戏剧；长者竖寿材时，主要表演《封神榜》《倩女离魂》等戏剧。弹堂名进行时，村里的男女老少都会聚集在一起，有序端坐倾听。

四、庙会

景村的庙会在每年农历四月及九月十九观音出家日举行。旧时庙会上要向佛祖进献供品、烧香拜佛，请人念诵佛经、宣卷等。久而久之，庙会的内容逐渐丰富，现代庙会增加了烧香塔、搭台做戏等内容。庙会是景村传统民俗文化活动的一种，在景村流传了几百年，“文化大革命”时曾一度停止，如今已恢复。

五、写对联

从古到今，对联在景村村域内广为使用。对联在乔迁、开业、春节等不同的场合有不同的内容和风格。20 世纪 60—70 年代，村民的文化程度普遍较低，写对联往往要请“老法先生”。朱家厍的何炳华在当时算得上首屈一指的文化人，不但有学问，还写得一手好字，常有人请他施墨。到了春节，他总是忙得应接不暇。他会根据不同的需求，运用不同的内容和字体写就对联，如乔迁对联“新厦落成增瑞气，华门安居进财源”，横批“门迎百福”；生意对联“百般货色财源广，满面春风顾客多”等。现在，随着人们文化水平和经济水平的提升，对联一般由家人施墨或到文化商店购买，对联的内容变得更丰富，字体也更多样。

六、打连厢

打连厢是以女性村民为主的一项传统舞蹈和健身项目，相传在景村境域内有 100 多年的历史。参加者必备一根长约 70 厘米、用细竹筒做成的连厢杆，竹筒每节都分别雕空，两端镂成三个圆孔，每个孔中各串数个铁钱或铜钱，涂上彩色油漆，两端饰花穗彩绸。打连厢时可由一人手拍竹板为唱，其他人手摇连厢和之，舞时可由数十人乃至上百人同时参与。表演者根据节拍持连厢杆做出各种舞蹈动作，从头打到脚，从前打到后，边打边唱，边唱边跳，唱词多据民间唱本，也可现编现唱，形式有单打、双打和群打。舞姿有前进、停留、后退、蹲跨等多种步伐，形成舞、蹲、跳、跃的连续动作。队形可呈“十”字、“一”字和“井”字等形式。舞时节奏鲜明、起落分明，在敲击肩、

连厢队（2019 年，罗英摄）

背、头、脚、臂、腰、腿时，不断变换快慢节奏，发出清脆的响声，处处充盈着飞舞之美，呈现出轻松活泼的风格，被当地誉为“民间舞的瑰宝”。

七、滚铜钿

滚铜钿是一项适宜儿童的、竞技性很高的民间体育娱乐活动。滚铜钿可用铜钿滚，也可用铜板滚。铜钿中间有一个正方形的孔，体量轻而薄，滚时容易走偏方向和侧翻，所以往往滚的距离较短；而铜板则实心无孔质重，滚的距离较长。滚的方法是：先在地上斜支一块砖，在砖前方 8—10 米处设一道障碍物，然后用大拇指和食指扣着铜钿或铜板，在砖上一磕，铜钿叮的一声落在砖上滚弹出去。谁滚的铜钿或者铜板离障碍物近，谁就是赢家。若用力过猛，铜钿或铜板从障碍物上反弹回来，所滚的距离反而近，离障碍物反而远了。因此，滚的时候要把握好方向和力度。

八、摇快船

20 世纪 40—70 年代，景村境域内每年都会利用农闲时间开展摇快船比赛。赛前各自然村或生产队挑选最好的摇船能手和最好摇的农船，组队进行训练。比赛地点每次都在吴淞江，各船的男女选手人数相等，比赛距离一般为 3 000 米，先到达终点者为赢家。比赛开始后，选手们可以随时替换摇船，最多时 20 多条船同时参赛，号子声和呐喊声响成一片，场面十分壮观。

九、放风筝

放风筝是由劳动人民发明的一种传统娱乐活动，最早出现时单纯为了消遣。风筝是在竹篾等骨架上糊上纸或绢，组成蝴蝶、蜈蚣、蜻蜓等各种形状。放飞

放风筝（2019 年，罗英摄）

时拉着系在上面的长线逆风而跑，趁着风势风筝就可以飞上天空。放风筝时要动用手、腕、肘、臂、腰、腿、足等各个部位。风筝上升倾斜时，需要奔跑、拉线、左右摆动肢体等，全身都能够得到锻炼。放风筝是一项有益于身心健康的活动。放风筝的最佳时间是在每年春季 4 月，每逢此季，景村村的天空中都会出现形状不同的风筝。

十、老鹰抓小鸡

老鹰抓小鸡是一项融体育与娱乐为一体的活动。活动人数宜在 10 人左右，开始前先要选择其中 1 人扮演老鹰、1 人扮演老母鸡。每次活动时间为 5—8 分钟。活动时，小鸡们按前后顺序站在老母鸡身后，小鸡要依次拉着前者身上的带子或衣服，老鹰不能抓保护小鸡的老母鸡，只能逐次抓老母鸡身后的最后一只小鸡。游戏过程中，老母鸡要张开双臂挡住老鹰，全力保护好身后的小鸡，不能让老鹰抓走小鸡；老鹰则左右打转快步扑向老母鸡身后的小鸡；小鸡也要配合老母鸡快步躲避老鹰的追捕。在规定的时间内，若老鹰没有抓完小鸡，则老鹰输。该项活动不但能锻炼体能，提高灵活性，也能培养团队合作精神。

百姓舞台演出（2018 年，景艳红摄）

十一、红客堂书场

2018 年，景村村村委会和社区居委会为了丰富村民的娱乐生活，在礼和苑小区联合设立红客堂书场，定期邀请苏州评弹团前来演出。至 2019 年年底，红客堂书场共演出评弹《玉蜻蜓》等 8 篇，计 120 场，观众 8 400 多人次。

十二、百姓舞台

2005 年，为适应村民文体娱乐的需要，景村村村委会在村庙旁新建 60 平方米的舞台及 800 平方米的露天表演场地，并联系外单位文艺队前来演出。2018 年，又建立百姓戏台，组建村文艺表演队，支持民间戏曲文艺队、老年人文体表演队，利用老年活动室、排练厅、室外文化广场、露天舞台等场所，在重大节日进行“文明百村”“构建和谐景村”“文明新农村”和“中老年健身风采”等表演。除村文艺表演队和各类民间表演团体外，还邀请其他单位的表演队来景村村表演，为村民提供丰富多彩的节目。有的表演团队根据村里的典型故事、典型人物自编剧本，贴近村民生活，极富感染力，为村民提供精神动力。2018—2019 年，村文艺表演队、民间表演团体和其他单位的表演队利用百姓戏台，共进行文艺演出 21 场次，观看人数超过 4 600 人次。

十三、露天电影

除了各种演出，景村村（社区）还不定期请正仪电影队放映露天电影。2018—2019 年，共放映露天电影 13 场次，观看总人数 2 200 多人次。

十四、老年活动

20 世纪 90 年代初，境域内老年人的数量逐年增多。为丰富老年活动，五一村、郁港村村委会除组织老年文艺表演队、安排评弹书场、添置影视设备、组织观看影视等外，还建立阅览室、老年活动室，逐步添置各种健身器材，为老年人开展活动、锻炼身体创造条件。1999 年 9 月，五一村在五一小学原来的校舍内开办老年活动室，设棋牌室 2 间，每间 4 张方桌；影视室 1 间，座位 50 余个；室内健身房 1 间，健身器材 10 余种；茶水间 1 间，座位 20 余个。1999 年 10 月，郁港村在原来的前进小学的教室内开办老年活动室，设棋牌室 2 间，每间 4 张方桌；影视室 1 间，座位 40 余个；茶水间 1 间，座位 20 余个。每天早上 6 点多，村里的老年人就到活动室喝茶聊天，村里安排专人供应开水。下午，老年人会在活动室打麻将、打扑克、看影视等。2001 年，五一村和郁港村合并后，又在景村村村委会大楼内开设 40 平方米的图书阅览室，藏书 2 600 套，主要供老年人阅览或借阅。

第二节　特色技艺

地处江南水乡的景村村，拥有不少民间能工巧匠，他们用勤劳的双手和智慧的头脑把生活编织得丰富多彩，也为村域内人们的生活增光添彩。

一、草编

昆山是草编事业发达地区。20 世纪 50—60 年代，景村境域内草编事业盛行，村民充分利用当地资源，编制草鞋、草帽和草包等草编品，既为自己生活之用，也可用来出售增加家庭收入。

草鞋以稻草编就，编织时先打出鞋底，再在脚头用草绳扭结，脚跟连底兜起后用草绳套住打结即成。草鞋价廉物美，走路轻快，尤其夏天穿着格外凉快。因红军长征时常穿此类鞋，故村民也把它称为“红军鞋”。

草帽（2013 年，景二男摄）

草帽以麦柴编织成七股辫（俗称辫子），用手工打螺形底，打底后再用草帽机钉成草编的帽子。最后用七股辫在帽檐上圈边，夏天戴这种草帽，既能遮阳又通风透气，十分凉爽。

草包大多以稻草编织而成，编织时先把稻草绳均匀地竖着分布在固定的包机架上，然后一人用竹片做成的简易梳子把稻草送入稻草绳的夹缝中，另一人用“筘”把稻草下压加实，最后再在两边用“引针”穿上草绳，缝制成口袋形的草包。后来，聪明的木工设计制造出自动草包机，由 2 人操作变成 1 人操作，工效大大提高，一天可编织草包50只左右。

二、兔子灯

兔子灯是一种古老的中国传统手工艺品，制作简单，景村村域内村民都会制作。村域内村民把兔子视为吉祥之物，兔子灯到哪就意味着把吉祥和好运送到哪。元宵节，景村村的村民家家户户都扎兔子灯，晚饭后，老老少少拖着兔子灯跑遍村庄和田间主道。兔子灯的寓意是迎神接福，祈求神灵保佑，期盼来年五谷丰登，人畜兴旺。制作兔子灯时，先用竹条扎成兔子形状的骨架，用木头做成轮子固定安装在骨架上，然后在外面糊上高度透明的面筋纸，最后在兔子内部点上蜡烛或小油灯。这样制作的在夜间闪闪发光，非常漂亮。20世纪80年代，兔子灯逐渐消失。现市场上出现的兔子灯，大多作为工艺品而存在。

兔子灯（2018年，景二男摄）

三、雕刻

景村村的雕刻历史悠久，种类繁多，主要是木雕，木工大多都会此技艺。木雕选择的木材主要有楝树、黄杨树等，这些木种质硬光滑而又不易出现裂缝。木雕主要适用于飘檐床、梳妆台、衣橱等家具，上面刻花木、飞鸟等图案以示吉祥温馨；其次是各类建筑，上面多刻龙凤、雄狮虎豹、麒麟等图案；还会出现在桥栏等很多地方。雕刻时，木工主要的工具有线锯、锉刀、砂纸、刻刀、木工铅笔和钳台等。雕刻前先选材，再在木材上绘画图案，最后进行精雕细刻和磨光装配。木雕是一项精细活，村民景林香是木雕高手，他的作品遍及昆山市内外。

四、制竹席

制竹席，也称制篾席。炎热的夏夜，村民习惯睡于竹席上，因为竹席凉快不吸水，睡过了用洁布蘸水一擦，就洁净如初。竹席中的上品是水竹凉席，中品是丝竹凉席，下品是楠竹凉席。村民陆宗泉是远近闻名的制作凉席的高手。制作前，要根据客户对竹席的大小、价位等各方面的要求，选择适当的竹材。制作时，先根据所需长度，把竹子锯成段；再用竹刀把竹子劈成篾，根据竹材的厚度和质量劈成数层，然后把所劈成的篾呈斜形编制，最后在席的四周打结并用布片包裹。比较讲究的家庭还要根据使用的对象，要求篾匠在篾片上染色，在篾席上编出龙、凤、麒麟等图案。原始制席都由手工完成，现代制席用机械劈篾机替代了竹刀，染色和编制同样也由机械完成。

第八章　方言俗语

景村村的村民在日常生活交流中形成了具有鲜明地域特色的方言俗语。中华人民共和国成立前，受吴文化的影响，村民习惯使用带有吴地文化的方言土语，这种方言土语极富吴地特色。中华人民共和国成立后，国家倡导学习普通话，并在学校教育中推行标准的普通话，尽管如此，各类日常乡语、歇后语、谚语、山歌民谣等方言土语以其独特的影响力，仍然在村民日常生活中广泛使用和流传。很多走出景村村的村民依然乡音未改，而走入景村村的外地人依然能感受到景村村方言土语的魅力。

第一节 方 言

一、称谓类

阿爹：也叫“好公”，祖父。亦是对其他非亲属老人的尊称。

好婆：祖母。亦是对其他非亲属老人的尊称。

姆妈：母亲。面称时为“姆妈”，背称时叫“娘”。

慢爷：继父。

慢娘：继母。

寄爹：也叫“好爹”“干爹”，背称“过房爷”。

寄娘：也叫“好娘”“干妈”，背称“过房娘”。

老阿公：公公。面称时随丈夫叫“爹爹”。

婆阿妈：婆婆。面称时随丈夫叫“姆妈”。

老丈人：妻子的父亲。面称时随妻子叫“爹爹”。

丈母娘：妻子的母亲。面称时随妻子叫“姆妈”。

伯伯或老伯伯：父亲的哥哥。

姆嫚或嫚嫚：伯伯的妻子。

爷叔：父亲的弟弟。

婶婶或婶娘：爷叔的妻子。

娘舅：母亲的兄弟。“娘舅”在长辈亲眷中地位特殊，象征着公平公正，兄弟分家一般由娘舅来主持，故社会上的调解矛盾者，称为“老娘舅”。

舅妈：娘舅的配偶。

姑父：父亲姐姐或妹妹的丈夫。

姨父：也叫姨爹，母亲的姐姐或妹妹的丈夫。“姑父”“姨父”亦可称为“夫夫”。

小官人：丈夫。

娘子：妻子。

兄弟娘子或弟媳妇：弟弟的妻子。

姐夫：姐姐的配偶。

姐妹婿：妹妹的配偶。

大伯：丈夫的哥哥。

阿叔：丈夫的弟弟。

阿舅：妻子的哥或弟。

阿姨：妻子的姐或妹。

老末拖：最小的子女。

媳妇：儿媳妇。

女婿：女儿的配偶。

阿侄：哥哥或弟弟的儿子。其配偶则叫阿侄新妇。

侄囡：哥哥或弟弟的女儿。其配偶则叫阿侄女婿。

外甥：姐姐或妹妹的儿子。其配偶则叫外甥新妇。

外甥囡：姐姐或妹妹的女儿。其配偶则叫外甥女婿。

孙子：儿子的儿子。其配偶叫孙媳妇。

孙囡：儿子的女儿。其配偶叫孙女婿。

外孙：女儿的儿子。其配偶叫外孙新妇。

外孙囡：女儿的女儿。其配偶叫外孙女婿。

毛脚：尚未结婚的“准女婿”“准儿媳”。

养新妇：旧社会的童养媳。

徒细：小辈的统称。

私囡：非婚生子。

亲眷：亲戚。

二、人物类

老头子：对父亲的背称。又泛指老年男性，带有贬义；或指旧社会对帮会老大的尊称。

老老头：老年男性。

老太婆：老年女性。带贬义。夫妻之间互称时，则不带贬义，相反变得亲切。

老娘家：老人家，泛指老年人，不分性别。

小娘头：女孩子。年轻女性。也叫“小细娘”。

小白脸：长得漂亮的年轻男性，往往带有贬义。

小投卵：指行为举止不稳重的年轻人。

小乖人头：精于打小算盘，不愿出头，不肯吃亏，老想占点便宜的人。

老小姐：大龄而尚未出嫁的女性。即如今所谓“剩女”。

喜买婆：媒婆。

有喜娘娘：孕妇。

遗腹子：父亲死后才出生的子女。

二婚头：再婚男女。

拖油瓶：寡妇改嫁后带到男家去的孩子。

自家人：家庭人员。也指“圈子里”人或情同手足的朋友。

郎中：医生。

东家：旧时被雇用者对雇主的背称。也指办事人家的主人。

匠人：手艺人、手工业者。

师娘：老师的夫人。巫婆。

嫩头：缺乏经验的人。

滑头：处事圆滑滴水不漏的人。对成年人是贬称，对聪明灵巧小孩则是昵称。

洋盘：门外汉，对某个方面一窍不通所以容易吃亏上当的人。

黄伯伯：说话做事不负责任的人。

赖皮：不守信用，不讲道理，占着位子不拉屎，又死不肯让的人。

老百晓：消息灵通的人。

煨灶猫：情绪低落、无精打采、昏昏沉沉的人。

贼铁嘴：能说会道，善于狡辩的人。

雌老虎：凶悍蛮横的女人。

酒甏头：酒量很大的人。

脱底棺材：形容只顾享受，吃光用光不留积蓄，今朝有酒今朝醉的人。

好囡徒细：老实巴交者，一般指年轻人。

三、人体类

身坯：身躯的总体形态。

眼乌珠：角膜。有时也作眼睛。

馋唾水：唾液。

夹肝：胰脏。

腰子：肾脏。

老拇节头：大拇指。

小拇节头：小拇指。

脚馒头：膝盖。

脚弯弯：膝盖反面，小腿弯曲处。

脚背头：脚面。

脚节头：脚趾。

四、疾病类

病歪歪：体质不佳常年有病。“歪”作“哇”音。

眯觑眼：近视眼。

齉鼻头：感冒鼻炎或别的原因引起的鼻塞造成语言异常。

乳蛾胀：扁桃体炎。

寒热：发烧。

盲肠炎：阑尾炎。

小肠气：疝气。

猪狗臭：狐臭。

死血：冻疮。

羊头风：癫痫。

发痴：精神病。

蒸笼头：头面部容易出汗。

塌鼻头：鼻梁凹陷。

吊嘴：说话口齿不清。

野耳朵：听力弱且分散不集中。

直脚：腿部有残疾。

五、环境类

场化：地方、场所。

村窠：自然村落。

街上：镇上。

河浜：指小的河流。

浜兜：一端不与其他河流相通的小河，也叫“断头浜”。

篓潭：小池塘。

田横头：田间。

田岸头：田间小路。

秧沟：田里开挖的水沟。

河滩头：河埠，也指河边洗衣服的场所。

坟墩头：堆起的坟墓。

坟窠箩：乱坟岗子，也指公墓。

六、生活类

衣着

鸭舌帽：前面有帽檐的帽子。

嘴套：口罩。

御巾：围巾。

加衫：穿在外面的衣服。

头绳衫：毛线衣。

抱裙：用来包裹新生儿的布料制品，一般呈四方形，有夹的也有棉的。

作裙：农民或手工业者劳作时围在腰里的防护裙，男女都用。

饭单头：围裙，因大多在厨房用，故名“饭单”。

老开皮鞋：看上去显得很重的皮鞋。

风凉皮鞋：皮质的凉鞋。

蒲鞋：四边不镂空的草鞋。

纽子：纽扣。

褡襻：衣服上用以固定的扣件。

食物

杜米：粳米。

鸭血糯：深紫红色的糯米。

烊粉粥：加进米粉增加黏度的粥。

饭糍：做米饭时锅底结成的饭粒物，即锅巴。

菜饭：大米和青菜加入肉丁烧成的饭。

面衣：将糊状面粉放进油锅做成的薄薄的烙饼状食品。

鱼腥虾蟹：水产荤食的统称。

荷包蛋：去壳放在油锅里煎熟的蛋。

雪里蕻：芥菜的一种，不吃鲜菜，需腌制后食用。

番麦：玉米。

小寒：豌豆。

山芋：红薯。

番茄：西红柿。

长生果：花生。

嗦粉：粉丝。

铰链棒：用面粉团铰成条形，油锅里炸，有甜、咸两种。

酒酿饼：用面粉和酒酿为主要原料，有馅的饼。

厨具

两眼灶、三眼灶：两只或三只铁镬子的大灶头。

广勺：灶台上舀水的工具，一般用黄铜铸成。

铜勺：比广勺小，用途同广勺。

铲刀：炒菜及从铁镬子里盛饭的工具。

碗盏家生：盛菜饭及进食用具的统称。

火钳：在土灶头上烧饭菜时用来夹柴草的铁制工具。

米窠：放米的工具。旧时一般用稻草扎成。

八仙桌：正方形，四周能坐八个人的桌子。

住舍

墙门间：大宅院的大门里的第一间，一般用于轿夫、跟班、门房等人休息之处。

天井：四面房屋中间的一方空地。

客堂间：客厅。

夹弄：两座房屋或两堵墙壁中间很窄的弄堂。

石鼓墩：木柱子下面的鼓状的石头。

枪篱笆：细竹子编的篱笆。因有向上的竹尖，故曰“枪”。

小瓦：手工制作呈弧形的青灰色土瓦。

洋瓦：机制的西式瓦，有红色和青灰色两种。

望砖：搁置在椽子上的青砖，上面盖瓦。

搭钮：门上用于上锁的铁制零部件。

门闩：木门里边的横木条，拴上后外面即不可开门。

家生：家具及其他用具的统称。

踏板：老式床前放鞋子的板。

竹榻：竹头做的凉床。床垫子也是竹制的，两端搁凳子用作床铺也叫竹榻。

出行

癞团汽车：最早的小轿车形似癞蛤蟆，故名。

黄包车：人力拉动前行的载重车辆。

脚踏车：自行车。

机器脚踏车：摩托车。

啪啪车：机动三轮车。

黄鱼车：人力货运三轮车。

扯篷船：帆船。

机帆船：机动、风动都可以使用的木船。

坐车：婴幼儿坐的木、竹制的童车。说是“车”其实下面不一定有轮子。

七、工具类

泥刀：泥瓦匠用来劈砖或抄石灰、水泥、纸筋的工具。

木蟹：泥水匠工具，木制，用以抹平灰沙或水泥。

铁搭：一种用来翻土垦地的农具，四个齿、头部扁平。

橛子：镰刀。

挽子：藤制品，圆形大口、箩筐状容器，用来盛放或搬运粮食。

缠条：用竹篾编成的席子状物品，很长，盘旋着围起来盛放粮食。

八、文艺类

木人头戏：木偶戏。

出戏法：魔术。

猢狲出把戏：猴戏。

白相干：泛指玩具。

梭哈牌：扑克。

贱骨头：陀螺，用绳子抽打旋转。

鹞子：风筝。

洋泡泡：气球。

绢踢：毽子。

枚枚子：猜谜语。

蟠野猫：捉迷藏。

调龙灯：舞龙。

调狮子：舞狮。

虎脸子：小孩子戴着玩的面具。

九、动物类

众牲：动物的总称。

猪猡：猪。

羊妈妈：山羊绵羊的总称。

老孵鸡：老母鸡。

鸭连连：鸭子。

白乌鸡：鹅。

麻将：麻雀。

老虫：老鼠。

偷瓜獾：刺猬。

胖头鱼：鲢鱼。

柴虾：河虾。

田鸡：青蛙。

癞团：蟾蜍。

百脚：蜈蚣。

曲蟮：蚯蚓。

蚕宝宝：蚕。

结蛛：蜘蛛。

鳑鲏鱼：本地产的小型鱼，银灰色的身体上镶嵌着橘黄色和蓝绿色的斑纹。

十、植物类

灵眼树：银杏树。

扇子树：棕榈树。

木樨花：桂花。

喇叭花：牵牛花。

酱板头草：马齿苋。

奶奶头草：蒲公英。

稻瑟头：稻穗。

麦瑟头：麦穗。

十一、天文气象类

日头：太阳。

扫帚星：彗星。

阴湿天：阴天。

雷响：打雷。

迷露：雾。

落雨：下雨。

空阵头：阴云密布电闪雷鸣，但不下雨。

还潮天：空气湿度高的天。

拗春冷：倒春寒。

秋拉洒：秋雨绵绵。

热天色：夏天。

冷天色：冬天。

十二、动词类

咪：喝一小口。例：老酒咪咪日脚真好过。

嗦：吸食。例：风凉笃笃，螺蛳嗦嗦。

吼：发火、生气。例：提起小囡勿好好读书心里就发吼。

作：哭闹。例：小孩勒浪作，要出去白相。又指无理取闹无事生非。例：伊格家主婆又勒浪作哉。

犟：挣扎。在形容词里则是“倔”的意思。

拌：争论。例：两个人拌仔半日还不肯停。

拎：用手提物品。也指明白、理解或心领神会。例：伊倒蛮拎得清。

斩：用刀往下剁。例：斩肉。又指用软硬或欺诈手段迫使别人多交钱。例：斩客。

眼热：羡慕。

白相：玩。

卖老：用年龄阅历作资本压人。

搭洋：趾高气扬，摆臭架子。

坍台：出洋相，丢面子。

发格：使小性子，耍脾气。例：一点点小事体发啥个格。又指骄傲。例：做点小成绩勿要发格。

揩油：通过不正当手段占有公私财物。又指调戏妇女。

献世：惹人耻笑。

把家：勤俭持家不铺张浪费。

十三、俗语类

勿受用：身体不舒服。

勿连牵：指做人或做事一塌糊涂。

勿上路：说话做事不合规矩让人看不惯。

勿壳张：想不到意料之外。例：勿壳张小王居然会得奖。

打野鸡：空余时间外出寻活干以增加收入。

打圆场：劝解双方，平息矛盾。

响勿落：没话可说，无可奈何。

半吊子：说话做事只说了，做了一半。也指一知半解。

吃搁头：遭遇非议、挫折甚至打击。

吃夹档气：夹在中间两头不讨好。

掼浪头：吹牛，说大话。

扳错头：有意寻找别人的小过失或口误，程度上比“板隙丝”略低。

捞横堂：利用职务之便捞取不该得的财物。

劈硬柴：费用均摊，AA 制。

喇叭腔：事情做错了搞砸了，造成不良后果。

隔手账：不是当事人直接处理的事情。

葛说话：拌嘴舌，闹矛盾。

敲竹杠：利用他人的弱点找借口勒索财物。

戳壁脚：背地里说坏话进行挑拨，或向上打小报告。

一天世界：把空间搞得乱糟糟的状态。

一戳一跳：形容人的脾气很急躁，常为一件小事发火。

一和细丝：看上去很细腻很整齐，摸上去很柔软很和顺。

七知八搭：说话毫无根据或不合逻辑。

七荤八素：形容心里很乱，晕头转向。例：本来蛮太平，拨伊弄得七荤八素。

大约码账：差不多的样子，粗略地估计。

牛皮吊筋：慢吞吞，不爽快的样子。也指软磨硬缠。

豆腐肩胛：肩胛像豆腐，不能承重，意指不能或不肯负责任。

笃定泰山：有所准备，内心不慌，稳如泰山。

贼忒兮兮：嬉皮笑脸，油腔滑调，很不正经的样子。

冤枉孽障：受到冤屈，受到曲解，受到误会。

透叉袋底：什么都说出来。也指所有的都拿出来了。

敲钉转脚：钉子钉进木头里，钉尖还要敲弯过来，这样就再也出不来了。形容办事牢靠，反复落实。

嬉皮笑脸：态度很不严肃，甚至有点轻浮。

犟头别脑：固执倔强，不听话，不听劝，不服从。

五劲狠六劲：发脾气耍态度，也指嗓门大或过分用力。

钉头碰铁头：比喻遇到强硬对手，互不相让。

家眼不见野眼见：做了不好的事情总会被人发现。

船头浪相骂船艄浪白话：意指有了矛盾各退一步很快就会和解。

鳑鲏鱼也要留三分肚肠：再困难也得留一点积蓄，以防万一。

爷有娘有勿如自有：即使父母富有，要想过幸福生活还得靠自己努力。

十四、其他类

乖：听话，不任性。又指有心计。例：小李乖，对领导有意见自家勿提叫别人提。

犟：脾气暴躁，往往不听人劝。

噁：价格便宜。例：今年橘子丰收，噁卖。

像心：称心。例：格件衣裳买得蛮像心。

登样：长得好看、神气。也指穿着打扮合体、服帖。

煞渴：很解渴。例：热天吃冰汽水煞渴。又指很满足，很过瘾。

上路：讲道理、讲诚信、有人情味。

邋遢：肮脏，不干净。又指下雨天。例：干净冬至邋遢年。

搭浆：做人差劲，做事敷衍马虎。又指东西质量不好。

推板：不好、差劲。例：伊做人蛮推板格。又指相差。例：这个小囡只推板两分没有考上重点高中。

坍台：丢脸，不光彩，没面子。也说成“坍冲”或“坍招势”。

活络：善于交际。例：小姑娘做人蛮活络格。又指思维敏捷。例：小张的脑子比小李活络。还指有点钱。例：伊近来手里蛮活络。

苦恼：生活困难。又指遭遇磨难或病痛折磨。

着肉：亲近、亲密，通常指子女和父母的关系。

强横：蛮横不讲道理。

笃定：很坦然，不急不忙。又指胸有成竹。

辣豁豁：味道比较辣。又指阳光强烈。还指感觉疼痛。

献格格：腌腊食品变质发出的气味。又形容好参与，好表现，好出风头。

老嘎嘎：爱插嘴，不懂礼貌。一般指小孩子或年轻人在长辈或陌生人面前不知谦逊。

灰拓拓：带有点灰色。又指垂头丧气的样子。

紧邦邦：有点紧，也形容经济不宽裕。

清汤寡水：汤里没有或很少固态食物，形容没有什么实质性的东西。

弹眼落睛：色彩鲜明。又指吹胡子瞪眼睛凶巴巴的样子。

刮啦松脆：东西很脆。又指人的性格爽快，说话做事丝毫不拖泥带水。

第二节　歇后语

一、形容类歇后语

挑着磨盘卖豆腐——负担重

嫚娘的拳头——早晚一顿

媳妇动用公公钞票——挪用公款

蚂蟥叮螺蛳——紧叮不放

猢狲戴帽子——像煞有介事

蚂蚁打喷嚏——小气

头爿骨浪挂秤砣——额外负担

买布不带尺——瞎扯

六指头帮忙——越帮越忙

捏鼻子做梦——胡思乱想

剃头师傅带徒弟——从头做起

泥瓦匠出生——和稀泥

泥瓦匠砌墙——两面三刀

泥菩萨过江——自身难保

阿巧碰着阿巧娘——巧上加巧

八寸的脚穿七寸鞋——别扭

眯觑眼望太湖——一片白

粪坑里的石头——又臭又硬

大水缸里捞芝麻——难找

王小二过年——一年勿如一年

猫嘴里的老鼠——逃勿脱

陌生人吊孝——死人肚里得知

破篓里装泥鳅——溜光

受潮的自来火——有火发不出

麦柴秆当令箭——当真的

弄堂里拔木头——直来直去

额角头上搁扁担——头挑

汤罐里摸田螺——十拿九稳

鹅卵石砌墙头——勿稳当

屋檐下挂猪胆——苦水嘀嗒

花轿里的新娘——不露脸

拿着鞋子当帽子——上下勿分

箬帽旼没边——顶好

驼子跌跟斗——两头勿着实

米筛里面困觉——满身是眼

牛嘴浪套篾篓——有口难开

聋膨的耳朵——装样

黄连树上挂猪胆——苦上加苦

公鸡飞勒尾顶上——唱高调
皮球掉勒油缸里——又圆又滑
豁嘴流鼻涕——顺路
草鞋头上一笃泥——踢来踢去
六月里格债——还得快
秃子头上的虱子——明摆着
钥匙挂在胸口头——开心
掉勒油缸里的老鼠——油头滑脑
猫头鹰唱歌——怪声怪调
造屋请着箍桶匠——勿对路数
门缝里看人——把人看扁
癞蛤蟆想吃天鹅肉——痴心妄想
乌龟吃秤砣——铁了心
蚊子叮鸡蛋——无缝可钻
药材店里格揩台布——浑身是苦
蚊子找蜘蛛——自投罗网
木匠推刨子——直来直去
木头人摇船——勿推板
歪嘴吹喇叭——一股邪气
黄鼠狼给鸡拜年——不安好心
蜗牛壳里困觉——难翻身
石头上掼乌龟——硬碰硬
螺蛳壳里做道场——兜勿转
石驳岸上罱泥——硬撑
六月里吃薄荷——笃凉
芦席上爬到地浪——勿相上下
瞎猫拖着死老鼠——碰巧
脚踏车格气门芯——里外受气
盲人吃馄饨——肚里有数
一跤跌进白米囤——交好运
舌头舔鼻头——够勿着
八月里格黄瓜棚——空架子
叫花子吃死蟹——只只好
脚炉盖当镜子——看穿
六月间喝凉水——寒心
飞机上吹喇叭——唱高调
丢了西瓜捡芝麻——因小失大
额角头上长眼睛——眼界高
床底下放风筝——飞勿高
背心浪弹琵琶——弹勿着
养媳妇做媒人——自身难保
大姑娘坐花轿——头一趟
牯牛身上拔根毛——无伤大体
牯牛掉勒泥潭里——进退两难
老鼠钻勒风箱里——两头受气
麻袋里背钉——外触出
公要馄饨婆要面——众口难调
橄榄核垫台脚——活里活路
顶着石臼做戏——吃力勿讨好
青竹头捣屎坑——越捣越臭
热锅上的蚂蚁——急得团团转
骑勒牛背上看书——走着瞧
叫花子欺难民——穷人欺穷人
光打雷勿落雨——虚张声势
棺材铺的生意——赚死人的钱
叫花子吃豆腐——一穷二白
池塘里格泥鳅——翻不起大浪
老太太吃黄连——苦口婆心

床底下吹喇叭——低声下气
腊月里扇扇子——火气太大
稻田里拉犁耙——拖泥带水
头顶生疮脚底流脓——坏透了
斧头吃榔头，榔头吃凿子——一码吃一码
木匠打家婆——一斧头（比喻一次性）
三只节头捏个田螺——稳笃笃
八十老人学吹打——上气不接下气
敲脱牙齿往肚里咽——有苦说勿出
老母鸡生疮——毛里有病

二、谐音类歇后语

瘌痢头撑伞——无法（发）无天
朝天放炮——空想（空响）
矮子挑罐头——平常（瓶长）
和尚分家——多事（寺）
蛤蟆跳井——不懂（扑通）
米店卖盐——多管闲（咸）事
江西人钉碗——自顾自（发出“嗞咕嗞”的声响）
船艄浪抛锚——笃定（停）
肚子里撑船——内行（航）
外甥提灯笼——照旧（舅）
肉骨头敲鼓——昏（荤）咚咚
老鼠偷秤砣——倒贴（盗铁）

第三节 谚语

一、育人谚语

要学好人，须寻好友。
人争一口气，佛受一支香。
欺人是祸，饶人是福。
百病从口入，百祸从口出。

妻贤夫患少，子孝父宽心。
树要皮，人要脸。
三个臭皮匠，抵个诸葛亮。
做贼偷葱起。
小时偷针，大了偷金。
人老心不老，人穷志不穷。
耳听为虚，眼见为实。
在家靠父母，出门靠朋友。
浇花要浇根，育人要育心。
日里不做亏心事，半夜敲门心勿惊。
白米饭好吃，田难种；新衣裳好看，布难织。

二、治家谚语

相骂呒好口，相打呒好拳。
冻死闲人，饿死懒人。
兄弟一条心，黄土变成金。
一只碗不响，两只碗叮当。
家贫出孝子，惯养不成龙。
金窠银窠，不及屋里狗窠。
邻里和睦一家亲，东家西舍照顾勤。
儿女在外难使劲，互相帮助显真情。
上梁不正下梁歪，中梁不正塌下来。
着衣裳，新三年，旧三年，缝缝补补又三年。
亲兄弟明算账。
一家不知一家事，家家都有一本难念的经。
若要好，老做小。
远亲不如近邻。

三、天气谚语

上半月看初二三，下半月看十六七。

麻雀滚土洗个澡，下雨日子远不了。

西南方黑笃笃，不是风便是雨。

雷声像拉磨，狂风夹冰雹。

热在三伏，冷在四九。

冬至无雨一冬晴。

干净冬至邋遢年。

三朝迷露发西风。

蚂蚁搬家蛇过道，大雨不久就来到。

燕子低飞蛇过道，鸡不回笼喜鹊叫，大雨不久就来到。

半夜东风起，明日好天气。

久雨刮南风，天气将转晴。

蜘蛛张网天气好，蜘蛛收网天落雨。

喜鹊搭窝高，当年雨水涝。

立夏日下雨，夏至少雨。

冬至强北风，注意防霜冻。

春打六九头，种田勿用愁。

农历三月沟底白，莎草变成麦。

农历三月雨水少，夏熟会丰收。

清明断雪，谷雨断霜。

谷雨西风没小桥。

小麦不怕神和鬼，只怕七日八夜雨。

春雨落满田，夏雨隔爿田。

六月风潮是个宝，七月风潮要坏稻。

九月南风当日雨，十月南风干到底。

腊雪勿烊，种田人饭量。

春雪勿烊，饿断肚肠。

四、耕种谚语

一分肥，一分粮；十分肥，粮满仓。

庄稼一枝花，全靠肥当家。

春肥满筐，秋谷满仓。

种地不上粪，等于瞎胡混。

白地不下种，白水不栽秧。

腊肥一滴，春肥一勺。

看田选种，看种种田。

什么样的葫芦什么样的瓢，什么样的种子什么样的苗。

种子粒闰圆，禾苗根根壮。

种子年年选，产量年年高。

人靠血养，苗靠水活。

水是庄稼血。

人少不了血，田少不了水。

人靠饭养，稻靠水养。

水是铁，肥是钢，少了一样田着慌。

栽秧误一时，收成误一季。

八成割稻十成收，十成割稻三成丢。

稻子怕干，麦子怕淹。

稻熟要养，麦熟要抢。

五、其他谚语

吹牛只怕上真账。

铜锣听声，闲话听音。

好货勿强，强货勿好。

人急喊娘，狗急跳墙。

人在做，天在看。

吃一回亏，学一回乖。

爷来爷好，娘来娘好。

当家才知盐米贵，出门才晓路难行。

让人一寸，得利一尺。

猫吃饭，狗做主。

劈柴看纹理，说话凭道理。

大河有水，小河满。

人勤地长苗，人懒地长草。

人是实的好，姜是老的辣。

衣服不洗要脏，种田不犁要荒。

有个好习惯，事事都不难。

人心换人心，八两换半斤。

第四节　山歌民谣

景村村乡村气息浓厚，村民勤劳质朴，往往以山歌民谣的形式，用朴素真挚的方言、流畅优美的曲调，来反映劳动者的喜怒哀乐，抒发对生活的真情实感。境域内流传下来的山歌民谣，都与人们的生活息息相关，具有浓郁的生活气息。

一、闹元宵

正月正，闹元宵。二月二，撑腰糕。三月三，眼亮糕。四月四，神仙糕。五月五，粽子箬叶包。六月六，西瓜满地抛。七月七，巧果两头跷。八月八，月饼小纸包。九月九，重阳糕。十月十，晒团子末盐荠包。十一月，雪花飘。十二月，杀猪过年要蒸糕。

二、隔壁大姐

杠铃杠铃马来了，隔壁大姐转来了。买个啥个小菜，茭白炒虾，田鸡踏杀老鸹，老鸹告状，告不（给）和尚，和尚念经，念不（给）观音，观音嚓（放）屁，嚓不乌龟吃。

三、卖糖粥

笃笃笃，卖糖粥，三斤核桃四斤壳，吃仔倷个肉，还仔倷个壳。

四、外婆桥

摇啊摇，摇到外婆桥，外婆叫我好宝宝。一只馒头一块糕，宝宝闭眼要困觉，醒了以后吃糕糕。

五、吃绿豆汤

一记腻光，拷到里床，里床一只缸，缸里一只蛋，蛋里一只黄，黄里一个小和尚，嗯啊嗯啊要吃绿豆汤。

六、煨灶猫

一只老虎一只猫，一个跟仔一个跳。跳过是只大老虎，跌倒是只煨灶猫。

七、小山歌

小人要唱小山歌，蚌壳里摇船出太湖，燕子衔泥哆断海，鳑鲏鱼跳过潼灵山。

八、拍大麦

一箩麦，两箩麦，三手拍大麦，噼噼啪，大麦熟，大麦香，磨面做馒头，馒头熟，馒头香，雪白的馒头清光光。

九、新官上任

点点脚板，跳过南山，南山勿倒，水龙掼掼。新官上任，旧官请出，莫做贪官，百姓称赞。

十、采枇杷

麻子麻，采枇杷，枇杷树上有条蛇，吓得麻子顶倒爬。

十一、出把戏

老太婆，吃酱瓜。酱瓜甜，买包盐；盐末咸，买只篮；篮末漏，买粒豆；豆末香，买块姜；姜末辣，买只鸭；鸭会飞，买只鸡；鸡会啼，买面旗；旗末插在老太婆的嘴巴里，咪哩吗啦出把戏。

十二、姐妹双双

姐妹双双，坐勒门口，一道唱歌，大家听听：啥个弯弯在天边，月亮弯弯在天边；啥个弯弯在眼前，眉毛弯弯在眼前；啥个弯弯头上过，木梳弯弯头上过；啥个弯弯在水边，小船弯弯在水边。

十三、踏水车

嗯啊嗯啊踏水车，水车里厢有条蛇，游来游去捉青蛙，青蛙蟠勒青草里。青草开花结牡丹，牡丹娘娘要嫁人，石榴姐姐做媒人，桃花园里铺行嫁。梅花园里结成亲，爹爹喊我水红菱，姆妈喊我响铃铃。长手巾，揩房门；短手巾，揩茶盆，揩得房门茶盆亮晶晶勒格亮晶晶。

十四、一年十二个子

正月十五吃圆子，二月里响放鹞子，三月清明吃青团子，四月蚕宝宝上山结茧子，五月端午吃粽子，六月热煞摇扇子，七月里蒲扇拍蚊子，八月半剥剥西瓜子，九月登高打梧桐子，十月里剥开小橘子，十一月日头里踢毽子，十二月牵磨做团子。

第九章　习俗礼仪

景村村形成的岁时习俗、生产习俗、生活习俗中，婚嫁习俗、丧葬习俗等从不同的侧面反映了村民向往平平安安、健健康康、避害消灾、过美满日子的美好愿望，体现了村民勤劳淳朴、互敬互爱、努力进取的精神风貌。这些习俗礼仪是景村村域内广泛流行、百姓普遍认可的风俗习惯，亦是景村村民俗文化的重要组成部分。村域内的这些习俗礼仪，具有深厚的村落文化底蕴和乡土气息特质，也有强大的生命力，很多习俗礼仪都得到了传承。同时，随着改革开放以来科学知识的普及，村民的思想观念不断转变，一些传统习俗在内容和形式上也不断与时俱进，一些陋习逐渐被村民摒弃。

第一节 岁时习俗

景村村的村民在长期的生活中，针对一些节日逐渐养成了一定的行为处事习惯，进而逐渐形成了独特的岁时习俗。

一、除夕

除夕，即大年三十，是中国民间世代相传的最隆重的节日。在景村村，这天晚饭前要先进行祭祀（过节）。祭祀时放的酒盅要根据五代男的祖宗数定，村民认为数量少了会给后代带来不幸。因很多农户没有家谱，不知五代男的祖宗有多少位，一般都用一个公酒盅敬上酒，让老祖宗共同饮用。祭祀时一般要摆6—8道菜，其中鸡、肉、鲫鱼、百叶是必备的，还要摆上水果、糕点、香烟等。当天，村里家家户户贴春联、贴倒福、挂年画，只为讨个口彩。晚上，全家人围坐一桌吃年夜饭。年夜饭的菜肴是一年中最为丰盛的，饭后长辈要给晚辈发压岁钱。之后全家人围坐在一起，回忆过去，计划来年，并安排好明天开启户门放鞭炮、到庙里烧头香、给长辈拜年等事项，往往要到深夜才入睡。

景村村春节文艺演出（2018 年，景艳红摄）

二、元宵节

农历正月十五，村民称“正月半”或“元宵节”。这天，景村村家家户户都要吃烊粉粥。村民们一般用米粉、青菜、豆制品、慈姑、荸荠、香菇、红枣、腊肉丝、什锦糕等作原料，再配上适量的调料，这样做成的烊粉粥可口鲜美、别有风味，村里人称它为“糖炒泥”。吃完“糖炒泥”，儿童要走马灯，拉着点上蜡烛的纸糊的“兔子灯”在院子、弄堂、河岸等地方自由拉跑。接着，小朋友要跟男女青年一起“走三桥”。村间流传的说法是：“小朋友走三桥，聪明伶俐读书好；小伙走三桥，事业兴旺步步高；姑娘走三桥，青春靓丽更苗条。”天黑后，村里人家都要接灶君，在灶台上摆上酒菜，焚香烧纸钱后把一尊“灶君公公”（纸佛像）竖坐在灶台的供龛内。村间流传的说法是：年年有个家家忙，正月十五接灶王，炉内焚上一炷香，盼望灶王降吉祥。入夜要放鞭炮（高升），向春节告别。元宵节这天，村里最隆重的是臭田角落。

三、寒食节

清明节前一两天，冬至后105天为寒食节。寒食节这一天，景村村的村民都要为当年仙逝的亲人祭祀（过节）。祭祀时，除了平时用的8个菜，必须加上寒食粽子。此外，人们要吃用杏仁、大米煮的粥和寒食面，还要吃用枣仁做的面饼，不吃米饭。这一天，家家户户还要在屋檐下插上柳枝。

四、清明节

清明节是重大的春祭节日。这一天，景村村的村民要在家祭祀（过节）。祭祀结束后，子女到坟上扫墓，也称上坟。上坟时要修整坟头草，孕妇和身体欠佳的人避免扫墓，忌穿大红大紫的衣服，不可在墓地照相，外人不要参与扫墓；扫墓时，忌头发遮额，忌嬉骂、非议已故亲人。回家时，可在坟上摘些树叶、小草带着，且最好到人多的地方转一圈，不直接回家。

五、立夏日

立夏当天中午，长辈把煮熟的囫囵鸡蛋，装在网兜里挂在孩子的颈上，孩子们往往要比鸡蛋的大小，玩斗蛋游戏。村里还流传着这样的说法："立夏吃蛋，石头砸烂"，意思是立夏吃了蛋，身体好、干劲足。立夏当天禁止坐大门槛，否则夏天会多病、疲倦。立夏还有秤人的习惯，秤人时要说吉利的话。

六、端午节

农历五月初五是端午节，这一天，家家户户裹粽子、吃粽子。出嫁的女儿带上粽子回娘家，分发给家人和邻居。长辈到田野里找新鲜的艾草、菖蒲、大蒜头，把三种植物扎在一起挂在进户门上，用于驱赶蚊蝇、虫蚁；还要给小孩佩戴用艾草做的香囊。这些习俗一直流传至今。

七、夏至日

夏至日是全年白昼最长的一天。这一天，农户要举行祭祀仪式，庆祝夏粮丰收，祭祀祖先，祈求消灾年丰。每家还要吃夏至面，村里俗语称："冬至馄饨夏至面"。民谚称："夏至有雷六月旱，夏至逢雨三伏热"，农家靠天吃饭，希望在夏至这天别打雷，别下雨。这些习俗一直流传至今。

八、七夕节

七夕节，又称乞巧节、七姐节、女儿节，是中国民间传统节日。因拜祭"七姐"活动都在农历七月初七晚上举行，故名"七夕"。七夕节这一天，景村村的情侣有的一起逛街，男方给女方买鲜花、化妆品、首饰等礼物；有的一起看电影，然后去饭店用餐；还有的提着礼品一起去看望双方父母。商家们抓住这一良机，大搞商业促销。对情侣来说，七月初七是最浪漫的一天，能够增进情侣之间及双方父母之间的感情。

九、中秋节

农历八月十五是中秋节，也叫团圆节。这一天，景村村的老百姓都要到庙堂祭拜。到了晚上，每家每户都要祭月，全家人一起赏月、吃月饼、饮桂花酒，共享团圆乐趣。现在，买月饼、送月饼、吃月饼，乃至做月饼，已成为景村村人中秋节必备事宜。

十、重阳节

每年的农历九月初九，景村村的很多村民都会登高、野游、赏菊、饮菊花酒，以求全家人能避瘟疫、得平安。这一天，人们还要插茱萸、吃重阳糕。重阳糕又叫菊糕、花糕，有“步步高升”的寓意。年轻人要请长辈吃饭，以示尊老。每逢重阳节，景村村村委会都会对村里90岁以上的老年人进行走访慰问。

景村村村委会重阳节慰问老人（2019年，罗英摄）

第二节　生产习俗

景村村的村民在长期的生产生活中，出于美好愿望而形成的一些做法，慢慢地演变成为约定俗成的习惯，从而形成了具有地域特色的农耕习俗和生产习俗。

一、炱田角落

炱田角落，也叫打田财。元宵之夜，景村村的村民都会在自己家的猪圈、鸡棚等地，用稻草点燃火把，烘烤院子每一个角落，再背一捆稻草走到自己耕种的田的角落，燃烧稻草，一边烧一边大声喊："炱炱田角落，圈里养起大猪猡，牵砻要牵白米三石六"。炱田角落时还要看火焰的颜色，火焰色白，来年可能会有水灾；火焰色红，来年可能会有旱灾；火焰色黄最好，预示来年又是一个丰收年。炱田角落完毕后，要把冷却的灰烬带一些回家，包好放置于床头，因为灰烬象征着财富。炱田角落是善良的村民祈求来年丰收的重要习俗，在村里有百年历史。

炱田角落时要用到火种，如果防火不慎，会引起火灾。1969 年的元宵节，五一大队第 11 生产队的景全根家，在炱鸡棚时因疏忽引发火灾，三间下场屋全被烧毁。随着村民认识水平的提高和农村土地的流转，炱田角落这一习俗也慢慢消失。

二、开秧园和了秧园

村民称每年的第一天插秧日为"开秧园"。为了求得好收成，在开秧园这一天，村民都会做菜花头烧肉。菜花头不能用刀切断，越长越好，寓意开秧园莳的秧稻在成熟时稻穗会长得长而大，预示能获得丰收。

村民称每年秧苗全部插完的那天为"了秧园"。了秧园这天，村民往往不做其他农活，而是选择早点回家休息，宣告莳秧结束。人民公社时期，生产队集体劳动，农活由生产队长安排，这一习俗也就慢慢消失了。

三、开禁

中华人民共和国成立前，景村境域内的村民种田不用化肥，除了用村民自家养的家禽、家畜和人的粪便作为肥料外，还用河道里的淤泥与稻草、杂草、水草等拌和浸泡发酵后来沤田。河里的淤泥成了村民的抢手货。为了公平起见，村里制定村规民约，每年农历正月十六起到农历五月中旬的芒种日止，村民可以在本村的河沟、河浜里捻罱泥，其余时间禁止捻罱泥。正月十六那天清晨，村民们各就各位，准备好罱泥的船只、罱网，等待村主任（旧时称保长）在村里鸣锣后方可动手罱泥，场面十分热闹，俗称“开禁”。到了芒种那天村民会自觉停止罱泥。另外，村民会在河的交界处立好石碑，禁止外村村民过境罱泥、捞水草。那个时候，河里的淤泥和水草对村民来说是很珍贵的宝贝。

四、相帮

景村村历来都有相帮的传统。在建房子或红白喜事时，亲眷、朋友、邻居都要去相帮。相帮的人只吃饭，不拿工钱。

建房前，大多数农户都会请“先生”帮忙选择黄道吉日，定房屋朝向、开工日期等。排石脚（地基）那天，房东要请泥水木匠、作头师傅吃“开工酒”。开工后，亲眷、朋友、邻居都会来帮忙。相帮人要听从小工头吩咐，早上要早于泥水木匠到现场，把当天要用的材料准备好，然后分工配合泥水木匠的工作。上梁那天要举行仪式，在正梁中间贴上红纸，两头用铜钿嵌上红布，上好正梁后要放鞭炮，作头师傅要把东家准备好的馒头、糖果、红包抛向东南西北各个方向，相帮人要把抛下的东西接住，作头师傅边抛东西边说吉利话，景村村民称之为“抛梁”。到了晚上，东家要加酒加菜请大家吃“竖屋酒”。等到房子盖好屋面，粉刷、装饰完毕，房东还要举行入宅仪式，请作头师傅、亲眷、朋友、相帮人吃“进屋酒”。在整个建房过程中，东家都会以鱼肉酒菜款待泥水木匠及相帮人，每次用餐，作头师傅的座位都是固定朝南正位，寓意所造的房子坚不可摧。

家有喜事时，也要请邻居朋友帮忙。特别是旧时结婚，相帮人要帮忙拣菜、端菜，搭棚、借桌椅，或听从东家安排处理杂活，放鞭炮、摇船娶亲（讨娘子）等。家遇丧事时，亲眷朋友也会来相帮，有的协助厨师做好后勤工作，有的帮助处理丧葬事宜。有了生产队后，相帮的人延伸到了整个生产队，该传统一直延续至今。

五、开业酒

在景村村域内，不管开厂、开公司，还是开店，主人都会在开张前几天发出请柬，请大家喝“开业酒”。收到请柬的单位、领导、亲朋好友都会买花篮、匾、鞭炮、礼花等前去祝贺。开业仪式先由主人致欢迎词，接着请有关领导或有声望的人致贺词。欢迎词和贺词都是吉利话，如祝生意兴隆、财源广进等。开业仪式结束后，会请嘉宾共进晚餐，为答谢来宾，开业酒最后一般都要给大家发礼品。

第三节 生活习俗

村民在长期的日常生活中所形成的一些行为活动慢慢演变为生活习俗，体现了村民之间团结友爱、助人为乐、尊敬师长、乐观生活的朴实情感。有些随着时代变迁和村民思想观念的转变而改变。

一、定亲

旧时，景村人定亲必须请媒人（俗称媒婆、介绍人）。男方到了定亲年纪，家长就会央求媒婆给自己儿子物色对象。对象物色到了，媒婆向女方家长要来姑娘的庚帖，即姑娘的出生时辰、属相，也称“生辰八字”，用毛笔写于红纸上，送至男方家，男方把它供在灶公龛前，再请算命先生推算合字，俗称“论八字”。如有冲克、不合则把女方八字退还，如果没有冲克，即由媒婆告知女方，女方父母同意后商定聘礼。男方择日备好礼金，由媒婆带领送往女方家，俗称“担小盘”，也叫“攀亲”“定亲”。旧时聘礼一般以大米为主，附金银首饰。定亲后男方选定黄道吉日结婚，结婚之前男方还要送重礼，俗称“担大盘”。女方收下后表示同意结婚，俗称“话着实”。“担大盘”的礼，主要是用来报答女方父母的养育之恩，女方可以讨价还价。中华人民共和国成立后，逐渐以人民币为礼。收到“担大盘”礼后，女方父母就要给女儿准备嫁妆成亲，这一习俗一直延续至今。20 世纪 50 年代开始，托媒婆逐步被自由恋爱取代。独生子女增多后，婚姻大多是“两家合一”的形式，彩礼也就可有可无。

二、迎亲拜堂

迎亲拜堂，即结婚。结婚之日，男女双方各自宴请亲朋好友，旧时村民家结婚一般要开场 3 天。第一天“开厨”，村民也称为“落桌”；第二天正日；第三天叫“荡厨”（消除斑、吃刮档）。

开厨当天，邻居、朋友都会去相帮，因为这一天男女双方家都要杀猪、杀鱼、杀鸡等，为正日准备好菜肴。新娘家要将嫁妆全部准备好，请好摇行嫁船的相帮人，分配好端行嫁货物的人。行嫁中的“子孙桶”由喜婆端给新郎的母亲；被子、枕头要成双成对，被子内也要放红蛋、喜糖；淘米箩俗称“金饭箩”，里面要有一身新衣服、一双新鞋子，并且要用红方巾包扎，俗称“子孙包”；在“子孙包”上放上一颗用红纸包扎好的万年青的植物，俗称“鸿运”。男方要准备好正日娶亲用的花轿、船只，娶亲船要扎彩，请好吹拉弹唱的丝竹班；挑选好 6 个身强力壮的小伙子摇船、抬花轿；准备好娶亲用的“上头盘”，一桌酒菜，一腿猪肉，一条活鲤鱼表示“鲤鱼跳龙门”，猪腿和鲤鱼要分别放在糯米糕上，俗称“肚皮痛盘”。

正日，新郎家要在家中布置新房，挑选一对已婚而且有男孩的夫妇和一对男女童（俗称“仙童仙女”）参与铺床。铺床时在新被子上放两盘米糕、两根扁担、两根甘蔗、一杆秤。正日那天，男女双方家都要请“账房先生”记人情账，旧时记账喜簿都用红纸自制而成，用毛笔书写。喜簿的第一页要先记舅舅、姑夫等重要长辈，后记其他直系至亲，第一号改为“元号”，第七号改为“巧号”，第十号改为“全号”。

娶亲那天的正午时分，准备好双橹的娶亲船，递上六大盘，带上鞭炮，丝竹班人员和新郎坐在停放花轿的船舱里，在鞭炮和丝竹声中出发去“讨新娘子”，这时撑篙手要一篙子把船撑离河滩，不准拖泥带水撑第二篙。娶亲船摇至新娘村庄时，先放鞭炮，船上丝竹声响起，娶亲船要在村头至村尾的河道里来回摇四五圈，俗称“打出势”，村里的男女老少站在河两岸观看喝彩，这时摇双橹的小伙子用尽全力把船摇得越快越好。娶亲船要停靠在新娘家河滩头上用红纸包好的两根竹子的中间，不准停靠在别家河滩上。船停稳后，轿夫抬轿上岸，丝竹班吹拉弹唱喜庆乐曲，花轿停放在新娘家门口。新娘在上花轿前头上要蒙上红盖头，上花轿时要哭，俗称“哭嫁”。由新娘的哥哥或堂兄将新娘抱上花轿，在鞭炮和丝竹声中，抬花轿的人把花轿抬上娶亲船。娶亲船要离开时，必须有新娘长辈来推开船头，篙子不准拖泥带水，意为不能把新娘家财气带走。娶亲船在离开新娘村庄时必须在村庄的河道里再摇几个来回，方可离去。娶亲船行驶时，迎面来的船只都会避让，如果遇到另一艘娶亲船，往往各放鞭炮，相互谦让而过。

旧时娶亲轿子（1975年，景二男摄）

娶亲船摇到新郎村庄时，也要伴着鞭炮声和丝竹声，在河里来回摇上几回，待新郎母亲用两个提桶在自己河滩上舀满水提到水缸里，一边走一边喊“水满喽，水满喽”，厨房的厨师回话“水潽喽，水潽喽”，话音停落后，娶亲船方可靠岸。轿夫把新娘抬至新郎大门外，新郎的母亲接过喜婆的“子孙桶”，接着新娘在喜婆的搀扶下下花轿，新娘第一声叫应新郎的母亲，俗称“开金口”。新娘走到大门槛时双脚踩在麻袋上，有人不断传递两只麻袋，新娘在麻袋上缓慢行走，寓意“新娘来传宗接代”。新娘身后安排两名童男童女拉着新娘的衣带，在新郎姆妈的引领下步入新房，等候拜堂成亲。

拜堂成亲前，先要把煮熟的“结亲团子”供大家分享。旧时婚礼仪式都在客厅举行，客厅中央放一张铺了红布的八仙桌，点燃大红蜡烛，香炉里点燃香，俗称“结亲台”。四周摆好桌椅，亲朋好友坐在两旁。先有持婚人大声宣布：新郎新娘拜堂成亲开始。场外鸣炮，场内奏乐。持婚人宣喊：请主婚人（新郎家长），证婚人（有名望的人），介绍人（媒婆）入席。又请新郎新娘入席，新娘在喜婆和新郎的搀扶下从新房里走出，踏着红地毯走到结亲台前站在红地毯上，这时红烛高烧，乐声不断。主婚人宣布：“新郎新娘拜堂。”此时为婚礼高潮，接着，新郎新娘拉着红绿“鸳鸯巾”在手持大红烛的迎光员的引领下步入婚房。

拜堂结束，新郎家要祭拜祖宗，俗称“拜家堂”。开宴时新娘要在喜婆和婆妈陪同下，逐一向长辈行礼、叫应、敬酒。晚饭后闹新房，不分男女老少，大家都可以说笑戏闹。新娘的行嫁船上有6个相帮人（称“萝卜头”）和新娘的2个哥哥或弟弟（称“新阿舅”，也可为堂哥、堂弟），“新阿舅”到新娘家“吃汤罐水”，“萝卜头”将嫁妆、被囊直接扔到新房的床上，传说被囊朝上朝下，决定生男生女。行嫁船上“吃汤罐水”的“新阿舅”必须等新郎来请进新郎家。晚饭开席时“新阿舅”必须朝南坐正在客厅最东北角一桌，饭后要给厨师、茶担送红包，表示菜好茶好。“新阿舅”回家时要放高升（鞭炮）欢送。因摇行嫁的6位“萝卜头”搬运货物辛苦，吃晚饭时必须6人一桌，临走时男方还要给他们送香烟、小费，表示谢意。

荡厨那天一大早，新郎要在父亲的陪同下，肩挑一桌酒菜到新娘的娘舅家去祭祖宗，俗称“做花衣”。结束后，小夫妻俩就要去新娘娘家“回门”，备礼回望新娘父母，直至天黑才回新郎家；这些礼节行至现在。晚饭后，相帮人要去还桌椅、拆棚等。

中华人民共和国成立后，提倡自由恋爱，移风易俗，很多旧时的礼节被取消。随着人们生活水平的不断提高，婚车替代了婚船，婚礼大多由婚庆公司主持，酒席也大多订在小区会所或饭店。

三、招女婿

招女婿是男方落户女方家成立家庭的婚姻形式，村民称之为“倒插门”。男方倒插门的原因很多，有因为家庭经济困难娶不起老婆而到女方家做女婿的；有家里弟兄多出去做女婿的；还有女方家因为无儿子，为继承香火而招女婿的。男方到女方家入赘后，有的改姓女方姓，有的保留原姓，但所生育儿女必须姓女方姓，为的是替女方传宗接代。90年代后，景村境域内招女婿的现象很少，逐步改为“两家并一家”，男女结婚后所生子女姓谁的姓，由男女双方协商而定。

四、过房亲

过房亲有两种情况。第一种是指兄弟几人中有一位娶不到老婆，或娶了老婆没有儿子而收养同宗之子为后嗣（后代子孙），是传统宗族观念中的一种行为，大多数是为了维持香火，延续男性继承人的一种亲子关系，村民称这种过房亲关系叫“开门头”。这种过房亲属于族中大事，一定要举行仪式，请双方父母和族长到场，立下过继文书，写明抚养权、遗产继承权，约定财产分配，并宴请邻里、族老。自过房亲协议成立日起，继子要称呼养父母为爸妈。

第二种是一种特殊的过继方式，20 世纪 50—70 年代在村里盛行。大多数过房亲在过房爹妈结婚前约定，在过房爹妈新婚那天过继，要过继的孩子跟随父母带上两盘面条、鞭炮等礼物，在过房爹妈婚礼时举行简单的仪式就可以了。事后，过房爹妈要连续三年请过继的儿子或女儿吃年夜饭。过继的孩子叫过房爹妈为“寄爷”“寄娘”，即干爹、干妈。随着社会进步，这种过房亲的形式逐渐淡化，形式相对简单。

五、催生

旧时出嫁的女儿怀孕满 9 个月，娘家就要选择吉日到女儿家“催生”。催生的包裹里除了有婴儿出生后穿的衣服、用的尿布，还有孕妇产后用的食品，其中必有红糖和“苦草”（中草药），因为用红糖和“苦草”煮的苦草汤，有排毒和催奶的作用；再有染色的红蛋、花生、红枣等食品。最重要的是送去催生面（面条配上用红烧肉做成的浇头），第一碗面条加上浇头一定要给孕妇吃，讨个顺产的口彩，然后再把催生面分发给村里的亲眷、邻居。至今，“催生”这一习俗在村域内依然延续着，为了方便，面条和浇头已被方便面和香肠替代。

六、满月

满月，俗称“下摇篮”。旧时，婴儿出生 30 天内，吃到催生面的亲眷、朋友、邻居都要去贺喜，送上 2 斤猪肉、2 斤糖和云片糕。待婴儿满月那天，外婆家要给外甥送去一只木制或竹编的摇篮，放上婴儿用品，如小帐子、小枕头、抱裙、衣服，还有金或银的镯子和刻有“长命百岁”的项片等吉祥物品。晚上，主家要请前来贺喜的亲眷、朋友、邻居喝满月酒，饭后要把外婆家准备好的红蛋分发给大家。后来，也有村民把满月改为“双满月”（出生 60 天）或“百日”，请客地点也从农家改为小区会所或饭店，贺喜礼也从礼物改为礼金。

七、周岁

村里的新生儿到周岁那天，孩子父母家要宴请亲眷、朋友，村民把这叫作“搭纪”，即“过周岁”的意思，亲朋好友要送衣服、喜面、压岁钱等。给孩子过周岁时，在新生儿面前要放些书、笔、尺子、人民币、钥匙、计算器、木制小刀、福袋、笛子、字典等，让他任意抓，以预测其将来的前途与命运，俗称“抓周”。孩子周岁时要穿绣老虎头的鞋子，以辟邪。随着时代的发展，现在的“搭纪”宴请，一般都在饭店里举行，参加的人员以家庭成员为主。

八、受头

村里男孩满 10 虚岁、女孩满 13 虚岁，都要请亲眷、朋友为孩子的发型出主意，村民称之为“受头”，作为孩子的成人礼。“受头”当天，主家要宴请亲朋好友。亲朋好友去吃饭时，会给孩子送衣服、鞋帽等礼物。随着村民生活条件的改善，“受头”的规模越来越大，酒席都在小区会所或饭店举行，客人也以送礼金为主。

九、生日

中华人民共和国成立后，域内家长会在自家孩子 2—18 岁时，每年为其操办生日。生日那天，有的父母会准备好美食、蛋糕，以及文具、书籍、棋类、积木等礼物，邀请孩子的小伙伴们一起玩；有的父母会带孩子到游乐场、公园或动物园玩耍，给孩子量身高、称体重。孩子 18 岁以后，就很少有家长给孩子操办生日了，大多是孩子自己操办，但相对简单。他们一般会买个生日蛋糕，吃碗长寿面，或召集一些亲朋好友一起小聚。

十、做寿

父母双方只要有一人满 59 周岁，子女就要为其做寿，祈求其健康长寿。做寿前三天就要发请柬给亲友，收到请柬的亲眷、朋友要给老人送祝寿的对联、礼品等。出嫁的女儿要给父母送寿衣、寿鞋、寿帽、寿桃、寿糕、寿面，还必须有一方条肉。做寿开始时，儿孙们要给老人穿上寿衣、寿鞋、戴上寿帽，坐在竖起的寿材前接受子女的叩拜，称之为“上寿”。先由儿子、儿媳妇叩拜，再由女儿、女婿叩拜，最后由孙子、孙囡、外甥叩拜。做寿当晚，子女和亲眷、朋友要陪老人一起吃寿面、寿糕、寿桃。59岁做寿称之“六十大寿”，仪式最为隆重，以后每逢69、79、89、99周岁，都要给老人做寿。进入21世纪后，做寿在域内逐渐消失。

十一、升学酒

升学酒也叫“谢师宴”。家里有孩子升学了，家长要感谢老师，就请老师和亲朋一起就餐庆祝。20世纪70年代恢复高考后，本村孩子考上大学后，都要请所任学科的老师、亲朋好友喝升学酒。参加升学酒的亲朋好友除了带有送祝福语的封包，写上“鹏程万里”“前程似锦”“金榜题名”“登科之喜”等字样，有的还要送上红包，恭祝孩子学业有成。

十二、摆喜酒

摆喜酒是在景村村域内流传很久的习俗。村民家房子落成，请了进屋酒的第二天，要摆喜酒供拜祖宗；家中有小孩满月、过周岁、子女结婚等喜事，也都要提前一天摆喜酒。摆喜酒不同于祭祖（过节），虽然同样是八个菜，但筷子和酒盅的摆放是不相同的，另外桌面上要摆满喜糖、水果、糕点，再有一碗公用的老酒，意在前来喝喜酒的祖先人数不确定。摆喜酒也是一种纪念祖先的礼节，表示对祖先的崇拜和纪念。

十三、丧葬

丧葬在村民的生活中十分重要。家人离世时，在场的亲属要放声大哭，以哭声惊动左邻右舍，表示其家里有人去世了，人们闻声后会前来相帮。相帮人要做的第一件事就是帮着点提灯蜡烛，化掉纸轿子，待亲生子女给逝者擦身、沐浴、换上新的内衣内裤后，相帮人要把逝者转移到客厅的门板上，俗称“转尸”，这时的客厅称之为“孝堂”。

给逝者穿寿衣是有讲究的，必须是亲生子女在专业人士的协助下进行。寿衣要称一称，寿衣一定是单数，一般为5件、7件或9件，忌讳“祸不单行”。

寿衣材质不能是缎子，因“缎子”与“断子”谐音。为逝者穿好寿衣后，要在逝者身上盖上干净的被子，为其穿上新鞋后，要把一个笆斗夹在两脚中间，意思是“巴得”逝者不要回来找家人的麻烦。在逝者头前立一张“孝台”，点上香烛，放上祭品，“孝台”旁放一个铁锅，用于焚化锡箔纸和黄纸钱。

报丧，就是通知逝者的亲朋好友前来奔丧。村民守灵讲究的是停尸 3 天出殡，这期间要请“佛婆”念佛 3 天，请道士做“专典”；女儿女婿要为逝者点灯 24 盏，亲生子女要披麻戴孝，穿白衣、白鞋，腰系白带；一般亲眷系白带，称之“戴孝”。亲属昼夜守灵恸哭称“守夜”，其他亲眷朋友称“伴夜”。恸哭也是有讲究的，与逝者是夫妻关系的称“哭亲人”，与逝者是子女关系的称“哭爷娘”，儿媳妇称“哭大人”。

逝者去世后第三天上午，要入殓，旧时要在“寿材”上写上字，男性为“福”，女性为“寿”。入殓时除了扛棺材的相帮人外，其他人最好回避。村域内还有这样的说法，入殓时人的影子不能关进棺材，否则不吉利。出殡前要请专人记录好亲朋好友的吊唁钱，记录簿称丧簿。出殡时间须在中午 12 点前进行，直系亲属要依次序在棺材前跪拜作揖，子女扶着棺材抬出客厅时，相帮人立马摔碗、盏，用大扫帚扫地，如果逝者正好是 81 岁，还要摔一把算盘，寓意“九九八十一，财运被算尽”。摔算盘、碗、盏表示怨恨被算尽。出殡回来，子女还要到村里讨不同姓的 7 家人家的饭，最好讨到姓“万”“范”的人家，意为讨到万家饭，表示苦尽甘来，子女以后日子会好过。在汽车问世前，出殡都是用船运送棺材，农船的船艄必须坐艄停靠在河滩上，棺材头要对着船头，子女要跪在船头上一直把棺材送至墓地。一路上要安排好专人撒锡箔钱或黄纸钱，特别是过桥时一定要撒。大户人家要请“先生”选择良辰吉日再下葬，把棺材运至墓地后，有的用稻草“搭屋”遮盖起来，有的用砖、瓦砌起来；平常人家都是直接挖坑深埋，入土为安。这种土葬形式延续到 1971 年 7 月。

是年 8 月，五一大队景云泉病故，经过大队干部反复做其家属思想工作，最后家属同意将遗体火化。景云泉是五一大队第一个火葬者，方二观是前进大队第一个火葬者。当时火化完后骨灰盒要带回家中，放在灵台上等到端灵台时再土埋在自家的自留地里。2006 年后，大多数人家直接当天就把骨灰盒安放至公墓。

不管是土葬还是火葬，送葬回来的子女、亲属都要在逝者家门口点燃的火堆上用脚撩一下，俗称“焚晦气”；子女要在客堂西北角设好的灵台上点香烛，立牌位，俗称“坐台脚”。当晚，家属要宴请吊唁的人吃晚饭，俗称“回丧夜饭”。现在，丧葬形式虽有变化，但习俗一直延续至今。

十四、拜师和谢师

旧时，村民要学做木匠、瓦匠、漆匠、圆匠（箍桶匠）、裁缝等，都要举行拜师和谢师的仪式，表示对师傅的敬重和对从业的虔诚。拜师前，要先请中间人同师傅说合，再选择吉日设宴，写好拜师帖。设宴当天，徒弟要请师傅、师母坐上座，目视师傅行三叩礼，跪献红包；师徒互换拜师帖子（即拜师协议），然后师傅进行“训话”，宣布门规。仪式结束，要请中间人一起吃“拜师酒”。3年满师时，徒弟选定良辰吉日举行谢师仪式，请师傅、师母及师兄参加。谢师仪式开始时，要先放鞭炮，请恩师、师母、亲朋好友、师兄就位，徒弟要向师傅行三叩礼，说感恩的话，递上香烟、老酒、水果、红烧蹄髈及2套衣服（冬装和春秋装）。师傅要对徒弟的表现进行总结，并宣布出师。不过，域内也出现过逃师的现象（未出师而自立门户）。改革开放后，拜师谢师习俗被废弃。

第十章　村民生活

中华人民共和国成立后的 70 年间，景村村的村民生活水平和生活质量有了前所未有的提升。中华人民共和国成立前，大多数农户住的是茅草房，不少人家食不果腹、缺衣少穿，生活非常贫苦。中华人民共和国成立后，村民的生活随着经济发展而逐步改善，人均年纯收入由 20 世纪 50 年代的 20—30 元，增至 2019 年的 4.35 万元。村民的衣食住行也都发生了根本性变化，住经历从茅草房、砖瓦平房、多层楼房到高层楼的变迁；吃从解决温饱到讲究营养卫生和绿色健康；穿从缝缝补补到漂亮品牌；行从徒步、行船到自行车、摩托车、电瓶车、汽车，如今 95%的村民家庭都有汽车。村民的消费结构也有了新变化，吃的消费比重下降，用的消费比重上升；物质消费比重下降，文化消费比重上升，教育、健身、娱乐、旅游等消费逐步增加。通过先后实施村民最低生活保障制度、社会养老保障制度和医疗保障制度，村民的保障与福利水平逐步提升，实现社会化养老、村民普惠补助、家庭困难帮助、老年人生活津贴、五保户定额补助等。

第一节　收入支出

一、村民收入

旧社会，景村境域内70%以上为贫雇农，靠租种田地来维持生计，有的靠打短工来换取一点米面养活全家，日常生活得不到保障。

中华人民共和国成立后，经过土地改革，村民在分得的土地上耕种农作物，留下口粮后，把多余的粮食卖了换钱，这就是全家一年的收入。如果遇到灾年不但没有余粮，可能连口粮也不足。合作化时期，生产力低下，耕种粗放，粮食产量很低，扣除生产成本和公粮，村民得到的收入也不多。高级社时期，人均收入在20—30元，个别村民户人均不足20元，村民中还有不少家庭成为透支户。

人民公社时期，生产队将收获的粮食按规定留足种子和社员口粮后，其余卖给国家。年终各生产队会对粮款、副业等收入进行结算，在扣除生产成本后，再按劳动日设计分配方案分配到户，村民按出勤日所得总分获取报酬。各生产队因为人均耕地、劳动力多少及农作物收成等不同，人均收入也不相同。60—70年代，五一大队第10生产队每年年终分配，一个工分值在0.09—0.12元不等，一般成年男劳力一年所得工分在每人3 500分，一个成年女劳力一年所得工分是每人3 000分，每个成年劳动力的年毛收入在300—400元。夫妻两个正劳力（成年劳动力）一年毛收益在700元左右，如果有2个孩子再加赡养1位老人，扣除所有人的口粮、柴草、食油款项等支出，年终能分配到手的现金（净收入）在120—150元，按照家庭5个人计，人均年净收入为20—30元。如果家庭孩子多或赡养老人多，夫妻两人的毛收入扣除口粮、柴草、食油款项等支出后，只能是持平，甚至出现收入抵不上支出的情况，这户家庭就成了透支户。60年代末到70年代，境域内各生产队年终都会做出分配方案，人均净收入在20—50元之间，约85%的村民家庭都能分到数量不等的现金，15%左右的透支户在春节之前也能得到公社、大队的集体补助。

1983年，境域内开始实行家庭联产承包责任制，村民开始利用农闲时间做工程、跑运输、收废品，年轻人进工厂企业打工。1996年后，村民中开工厂、经商办企业的人逐渐增多。2005年后，村民把空余房屋对外出租，增加资产收入。村民增加收入的渠道不断拓展，全村的人均收入从80年代初的约150元，增至2019年的3.56万元。其中，农业收入的比重逐年下降，而非农业收入逐年提升，且物业收入成为村民增收的重要方面。全村从2005年出租住房10套，年总收入12万元，发展到2019年共出租房屋789套，年总收入1 439万元。同时，村民的日收入也不断提升，特别是从事一些技术工种的劳动力，日收入增长得更快。70年代末到80年代初，从事瓦工、木工的村民，日收入2—3元，90年代提高到12元，2000年前后为40—50元，2010年前后为150—200元，2019年则为350—400元。即使从事临时小工（为瓦匠、木匠作下手的人）的村民，日收入也有200元左右。详见表10-1、表10-2、表10-3、表10-4。

表 10-1　1949—2019 年景村村域内村民家庭收入和生活变化抽样调查情况表

户主	村组	年份	人数	收入		住房			家电/台					交通工具/辆			
				年总收入/元	人均收入/元	平房/平方米	自建楼房/平方米	商品房或者拆迁房/平方米	电视机	冰箱	洗衣机	空调	电脑	自行车	电瓶车	摩托车	汽车
钱桂泉	景村村1组	1949	4	32	8	40	—	—	—	—	—	—	—	—	—	—	—
		1979	3	270	90	63	—	—	—	—	—	—	—	1	—	—	—
		2019	6	500 000	83 333	—	—	538	3	1	2	3	1	—	1	—	1
姜金生	景村村3组	1949	8	72	9	42	—	—	—	—	—	—	—	—	—	—	—
		1979	6	540	90	70	—	—	—	—	—	—	—	—	—	—	—
		2019	5	300 000	60 000	—	256	237	3	2	2	4	1	—	2	—	2
景二男	景村村3组	1949	5	25	5	60	—	—	—	—	—	—	—	—	—	—	—
		1979	6	540	90	80	—	—	—	—	—	—	—	—	—	—	—
		2019	5	250 000	50 000		250	120	3	2	2	3	1		3	1	—
景凤元	景村村4组	1949	6	54	9	48	—	—	—	—	—	—	—	—	—	—	—
		1979	6	660	110	61	—	—	—	—	—	—	—	—	—	—	—
		2019	7	240 000	34 286	—	—	565	3	2	2	3	1	—	1	—	1
景香元	景村村4组	1949	6	60	10	53	—	—	—	—	—	—	—	—	—	—	—
		1979	6	480	80	62	—	—	—	—	—	—	—	1	—	—	—
		2019	5	150 000	30 000	—	240	121	3	2	2	3	1	—	1	—	2

续表

户主	村组	年份	人数	收入		住房			家电/台					交通工具/辆			
				年总收入/元	人均收入/元	平房/平方米	自建楼房/平方米	商品房或者拆迁房/平方米	电视机	冰箱	洗衣机	空调	电脑	自行车	电瓶车	摩托车	汽车
金银元	景村村6组	1949	2	10	5	35	—	—	—	—	—	—	—	—	—	—	—
		1979	8	800	100	80	—	—	—	—	—	—	—	—	—	—	—
		2019	7	300 000	42 857	—	—	490	5	2	2	7	2	—	2	—	2
顾金虎	景村村6组	1949	2	10	5	60	—	—	—	—	—	—	—	—	—	—	—
		1979	7	700	100	85	—	—	—	—	—	—	—	—	—	—	—
		2019	6	180 000	30 000	—	—	460	5	2	2	5	2	—	3	—	2
金玉明	景村村7组	1949	4	20	5	50	—	—	—	—	—	—	—	—	—	—	—
		1979	5	410	82	80	—	—	—	—	—	—	—	—	—	—	—
		2019	6	260 000	43 300	—	250	120	3	2	3	6	1	2	2	1	1
景素龙	景村村9组	1949	5	70	14	50	—	—	—	—	—	—	—	—	—	—	—
		1979	9	810	90	90	—	—	—	—	—	—	—	—	—	—	—
		2019	7	350 000	50 000	—	—	860	3	3	2	8	2	—	2	—	3
王密男	景村村10组	1949	5	45	9	42	—	—	—	—	—	—	—	—	—	—	—
		1979	5	650	130	68	—	—	—	—	—	—	—	—	—	—	—
		2019	6	186 000	31 000	—	—	376	2	2	2	4	1	—	2	—	1

续表

户主	村组	年份	人数	收入		住房			家电/台					交通工具/辆			
				年总收入/元	人均收入/元	平房/平方米	自建楼房/平方米	商品房或者拆迁房/平方米	电视机	冰箱	洗衣机	空调	电脑	自行车	电瓶车	摩托车	汽车
景香林	景村村11组	1949	5	40	8	60	—	—	—	—	—	—	—	—	—	—	—
		1979	5	400	80	80	—	—	—	—	—	—	—	—	—	—	—
		2019	6	144 000	24 000	—	—	330	3	2	—	—	—	—	—	—	—
曹阿三	景村村13组	1949	3	27	9	50	—	—	—	—	—	—	—	—	—	—	—
		1979	3	300	100	75	—	—	—	—	—	—	—	—	—	—	—
		2019	5	200 000	40 000	—	—	350	3	2	2	6	—	—	4	1	1
郁金元	景村村15组	1949	3	27	9	50	—	—	—	—	—	—	—	—	—	—	—
		1979	5	550	110	80	—	—	—	—	—	—	—	2	—	—	—
		2019	5	200 000	40 000	—	—	500	3	2	3	5	2	—	1	—	2
王小男	景村村16组	1949	4	56	14	45	—	—	—	—	—	—	—	—	—	—	
		1979	4	440	110	80	—	—	—	—	—	—	1	—	—	—	
		2019	3	150 000	50 000	46	—	320	2	2	3	1	1	2	—	1	
徐菊林	景村村16组	1949	3	27	9	40	—	—	—	—	—	—	—	—	—	—	
		1979	5	450	90	80	—	—	—	—	—	—	—	—	—	—	
		2019	7	320 000	45 714	—	—	575	8	3	1	3	1	—	4	—	1

表 10-2　2009—2019 年景村村村民就业情况表

年份	户数/户	人数/人	劳动力/人	就业劳动力/人	就业类型		
					第一产业/人	第二产业/人	第三产业/人
2009	622	2 206	1 142	1 128	75	615	438
2010	618	2 221	1 146	1 135	85	620	430
2011	616	2 224	1 143	1 132	80	615	437
2012	614	2 213	1 138	1 130	71	613	446
2013	600	2 182	1 132	1 127	69	615	444
2014	591	2 144	1 130	1 128	70	620	438
2015	583	2 101	1 136	1 130	65	620	445
2016	575	2 066	1 138	1 132	67	622	443
2017	566	2 320	1 150	1 149	68	625	456
2018	619	2 324	1 164	1 148	60	625	463
2019	628	2 325	1 187	1 179	64	643	472

表 10-3　2009—2019 年景村村村民物业收入情况表

年份	总户数/户	房屋出租户数/户	占比/%	户平均年收入/元
2009	622	281	45.18	10 560
2010	618	322	52.10	11 040
2011	616	324	52.60	12 000
2012	614	345	56.19	13 920
2013	600	386	64.33	14 400
2014	591	388	65.65	16 320
2015	583	391	67.07	18 720
2016	575	443	77.04	21 120
2017	566	445	78.62	23 520
2018	619	521	84.17	28 800
2019	628	603	96.02	34 800

表 10-4　2002—2019 年景村村村民年人均纯收入情况表

年份	年人均纯收入/元	年份	年人均纯收入/元
2002	5 810	2011	19 280
2003	6 620	2012	20 212
2004	7 580	2013	21 120
2005	8 147	2014	23 518
2006	10 635	2015	24 280
2007	11 675	2016	25 460
2008	14 128	2017	37 892
2009	15 856	2018	40 865
2010	17 900	2019	43 527

二、村民消费

中华人民共和国成立前至 20 世纪 50 年代，村民的收入和消费支出都比较低，吃成为最主要的消费。村民大多穿的是破旧衣服，一件衣服往往从老大穿到老末（最小的孩子），村里流传着“老大新，老二旧，老三、老四布条经”的说法。大多村民家庭的房屋十分简陋，建不起新房，有的还是茅草房。

50 年代末至 70 年代，村民的收入虽有增长，但增长缓慢，消费支出也增长缓慢。这一时期，国家实行日常生活用品定量供给制，许多生产生活用品都是计划供应，按人均或户均分配，例如口粮、食油、布票按人口分配，煤油、火柴等生活必需品都按户供应。由于那时社员的收入极低，所以也有不少人家特别是小孩多的家庭连人均 1 丈 6 尺的布票也用不完。许多食品、副食品也都是凭票供应。

1978 年，中共十一届三中全会后，随着农业体制的改革，市场经济的发展，集体企业的兴办，村民就业的自由选择，村民收入逐渐增加，加之产品也日益丰富，因此很多商品逐渐取消了凭票供应，这一方面促进了村民吃、穿、住的消费，另一方面也使手表、自行车、缝纫机、收音机等生活娱乐用品逐渐进入村民家庭。80 年代末到 90 年代，村民都住上了楼房，购置了摩托车、录音录像机、电视机、电冰箱及空调等。2000 年后，吃讲营养，穿讲漂亮，住讲宽敞，私家车成为村民消费追求的时尚，村民购置的汽车由 2001 年的 264 辆增至 2019 年的 921 辆，有 95%左右的家庭购置了私家车。详见表 10-5。

表 10-5 2001—2019 年景村村村民拥有消费品情况表

年份	手机/部	电脑/台	空调/台	冰箱/台	电视机/台	洗衣机/台	沐浴器/台	自来水/户	燃气/户	摩托、电瓶车/辆	汽车/辆
2001	1 718	13	8	4	126	311	24	581	326	289	264
2002	1 732	20	15	12	139	328	31	592	337	326	289
2003	1 765	45	35	27	201	378	40	600	349	387	303
2004	1 780	63	80	46	243	401	63	601	358	434	316
2005	1 794	78	128	58	281	416	87	604	379	517	365
2006	1 801	85	181	94	312	457	124	606	401	562	411
2007	1 812	88	322	151	354	460	157	607	434	580	512
2008	1 857	91	531	186	416	487	216	609	459	612	564
2009	1 879	96	610	202	500	512	358	611	487	624	617
2010	1 885	98	865	264	537	577	392	613	512	655	662
2011	1 911	102	910	314	589	591	427	617	532	701	714
2012	1 934	107	1 004	388	622	592	482	618	566	712	764
2013	1 998	112	1 091	421	647	611	524	620	578	732	801
2014	2 102	119	1 115	493	681	621	549	626	599	747	818
2015	2 117	124	1 202	517	702	637	537	632	601	761	842
2016	2 189	126	1 289	546	755	645	601	638	624	784	867
2017	2 213	129	1 301	583	781	652	635	645	637	802	902
2018	2 242	130	1 324	599	817	624	654	647	642	816	910
2019	2 246	162	1 350	617	835	660	678	651	651	845	921

第二节 衣食住行用

一、住房

20世纪60年代以前，景村境域内村民家庭住房都相当拥挤，人均居住面积不足12平方米。有10%左右的农户住茅草房，个别农户甚至没有住房，常年租住或借住他人房舍；有40%左右的农户是2—3家合住三间平房，把一间房隔成两个半间，前半间用作厨房，后半间用作卧室，这在本地称为“灶屋连房”。每到夏天，许多人家都要把床铺搭在院子里。

60—70年代，境域内的集体经济有了一定的发展，村民家庭收入有所增加，原来合住的农户开始自建新房。政府给住房特别困难的农户配置一些水泥梁、水泥门框、水泥窗框、砖瓦、什木椽子、树干和毛竹梢等建筑材料，但主要还是用杂木。村民建造房屋前先要向大队的建房领导小组提出申请，大队再向公社书面申请，得到大队和公社批准后，由大队建房领导小组的专职干部划定建房宅基地。因为对占用耕地控制得特别严，所以扩展的宅基地都是村边的低洼地，每户的面积在200平方米以内。这时期村民建造的房子，绝大多数是三间七路头加一个转间，也有的是五路头。至70年代末，境域内所有的草房全部翻建成砖瓦房，所用小瓦大多是土砖窑烧制的，也有少量是大型砖瓦厂生产的红色或黑色平瓦（俗称“洋瓦”）。那时建造的房子大多比较简陋，但都是独门独户，人均住房面积增至35平方米。

80年代，大多数村民家庭又把平房翻建成楼房，人均居住面积又比平房多了近一倍。1987年，郁港村村民方金官购买商品房，成为域内购买商品房第一人。是年，正仪乡的木匠戴林根在昆山城区成立古典园林建筑工程公司，职工中不少是域内的工匠，其中郁港村人居多。公司在昆山城北建起第一个居民小区——海丰花园，小区的房子除一小部分出售外，大部分按成本价卖给本公司的职工，房屋产权归职工所有。

21 世纪初，房地产开发速度加快。同时，随着昆山经济发展综合实力增强，收入增加的农民具有了一定的经济实力，银行也开办了购房贷款业务，村民购买商品房的意愿显著增强，村域内出现在市镇购买商品房的热潮。据统计，到 2019 年年底，全村 628 户中有约 89%的农户在不同地区购买商品房。有的村民甚至购有几套房，还有一些有较强经济实力的家庭购买别墅，或到上海、苏州等地购买商品房。

2004 年开始，村域内的村民户陆续动迁到茗景苑小区，一般家庭都有 2—3 套安置房，每套房子都有卧室、客厅、厨房和卫生间等。在搬家入住之前，村民都要进行装修，购买家具和家用电器。小区具有各方面配套设施，村民过上和城市居民一样的生活。

茗景苑小区夜景（2019 年，罗英摄）

二、饮食

中华人民共和国成立前，绝大多数村民靠种租田维持生活，遇到丰年还能维持温饱，碰上灾年家中常常断粮，吃了上顿无下顿，有的只能吃糠咽菜，有的甚至被饿死。中华人民共和国成立后，穷苦农民分得土地。但由于当时的生产技术落后，粮食产量非常低，所以大多数农户也只能勉强维持温饱。

随着互助组、初级社、高级社、人民公社的成立，景村境域内集体经济不断壮大，粮食产量有所提高，村民生活条件有所好转，温饱问题基本得到解决。但在60年代初，境域内村民最少的时候每天粮食定量只有5两3钱（当时以16两为1斤）。1962年后，农业生产逐渐恢复，粮食产量逐步提高，粮食供应有所改善。生产的粮食按人口分配，温饱问题基本得到保障，日常早饭、晚饭一般都是吃粥，午饭吃米饭。大多数家庭在粥和米饭中会加些代食品，还有的家庭把小麦粉作为主食，困难家庭还要补充吃一些青糠、豆饼、菜饼等，也有的把黄萝卜、大头菜、芋头等副食品作为主食。

1963年，各生产队按人口划分自留地，村民可以在自留地上自由种植，分配的人均口粮也逐步提高，缺粮户逐渐减少，生产队对极少数困难户给予一定的粮食补助。1965年以后，人均年口粮由60年代初的380斤逐渐增至520斤（稻谷和小麦），菜油年人均3.6斤。进入70年代，粮食供给得到进一步缓解，集体把加工好的大米按人口分配到每一家，但当时的农民劳动强度特别大，所以全劳力的家庭吃粮还是比较紧张，有的家庭到第二年夏季后还有可能断粮。对于那些孩子多的家庭，因大人小孩的口粮差距不大，每年都能积攒下一些大米。

1983年实行家庭联产承包责任制后，村民收获的粮食除交足国家的（公粮）、留足集体的（公益金），剩下的口粮绰绰有余，也有把余粮卖给国家的。随着收入的提高，村民不但能吃饱，还逐步追求吃好并开始注重食物营养。

腌鸡（2018年，王秀根摄）

村民吃的菜肴也有一个变迁过程。旧社会只有条件好的家庭（地主、富农等）能经常吃上鱼、肉等荤菜，平时还腌制咸肉、咸鱼等。一般村民家庭只能在过年时吃到一些荤菜，也有的家庭甚至在过年也吃不起荤菜。60年代，国家经济好转后，各种副食品方面的供应也有所好转，特别是到了春节，烟、火柴、酒、糖等食品及日用品都按户定量供应，村民拿上户口本到村里的代销点就能买到。荤菜中，肉类一般都是在节日才上餐桌，水产品偶尔在渔民处买一点；平日吃的素菜都是村民自己种的。村民家庭自己都腌制咸菜，最好的是腌雪里蕻。70 年代，供销社下派到村里的“下伸店”开始有猪肉供应，每斤 0.75—0.80 元。每年夏季的 7—8 月份有低价肉供应，每斤 0.50 元。那时村民家家养猪，因为猪饲料以稻草粉碎的草糠为主，配以极少的精饲料，所以猪的生长时间极长，一般要养 8—10 个月甚至 1 年，猪毛重一般在 120 斤左右。大多数家庭都把猪卖给供销社，但也有一些经济条件较好的家庭在年底会自己杀一头猪，然后把猪肉腌制成咸肉。这一时期，村民家禽养殖渐多，鸡蛋或鸭蛋成为家庭平时主要的荤菜。村民家庭大多都有腌鸡、腌鸭、腌鹅，这些腌制的食品晒干后保存好，主要用来招待客人或办事时使用。

2000 年后，村民饮食结构发生根本性改变，从解决温饱转变为注重营养、注重卫生保健。主食还是以大米为主，有的村民为了养生在主食中加些粗粮，还有的村民用糕点、杂粮当早餐和晚餐。居住小区都配备菜市场，方便村民购买新鲜的菜肴。村民用餐不但配置不同品种的荤菜，还注重荤素搭配，营养均衡。饮食结构从原来的米、面、瓜、菜之类发展到配备牛奶、咖啡、水果等，也有的开始享受高档酒类和各类滋补品等。此外，越来越多的家庭逢节假日或亲朋聚会时去餐馆吃上一顿。

三、服饰

50—60 年代，村民的穿着还延续过去的传统和特色，除了家底厚的家庭每年买新布做新衣，大多数家庭很难做到每年添置新衣。有的人家会进城买旧衣服换个面改做成“新衣”。村民做新衣全都手工完成，每个家庭都备有针线材料，就连女儿出嫁都得配一个针线团匾作陪嫁。那时大多数人平时穿的衣裤都打有补丁，特别是夏季干农活时汗水多，穿的衣服容易坏，有的就把一件衣服的后背整个换下来，俗称“拐肩头”。村域内也流传着“新三年，旧三年，缝缝补补又三年”的说法。

旧时，未成年的女孩都梳有两条辫子；成年女性头上都梳头发团，扎上“包头”。包头的缝制很有讲究，中间是一块 25 厘米×40 厘米的长方形黑布，再用一块相同尺寸的花布（年纪大一点的用士林布），把花布剪成平行四边形，再一分为二剪开，分别与黑布的两端缝接上，还要在两端缝上有带子的红梳头，戴包头前先要戴上“扎头”。扎头是狭长的，在正中央钉上一颗珠子，戴上后正好在额中。扎头戴在包头上后用带子扎住头发团，红梳头在头发团的两边，再给额上正中的包头布掐尖，让扎头上的珠子突出来。

旧时，男女村民上身的衣服均是大襟，纽扣用布料手工制作，衣料以棉布为主；裤子是直通裤管，在裤腰的两侧各钉上一根布带，用来拴住裤子。成年男女都要在外套上拴一条布裙，男用的较长，女用的略短。春秋季穿的一般是夹袄、夹裤，冬季穿的是棉袄、棉裤，中老年男性也有的穿长衫。有钱的人家不管男女都有皮袄穿，这种皮袄一般都以山羊皮或绵羊皮为主。有钱人家夏季穿的短袖、短裤是用丝绸做的，而一般人家用的衣料是“生布”，即用树麻接成丝线，再用土织布机织成的布。未出嫁的姑娘只能穿布衫，里面系上肚兜（那时乡下人根本没见过胸罩）。

旧时，村民穿的鞋子只有布棉鞋，也有用稻草和棉布条合编织成的草鞋。下雨天出门，少数家庭穿雨靴（棉布浸桐油干后制作）；大多数家庭出门就只能穿“木套”（一块木板上面钉一条硬带，套住脚背，木板下面横架两条木条子）。中华人民共和国成立后，鞋袜的变化日新月异，从单一的布棉鞋到海绵鞋、塑料鞋、凉鞋、运动鞋、皮鞋、保暖鞋等，还有专门为老年人设计的健身鞋。雨天行走有低筒雨鞋、中筒雨鞋、高筒雨鞋等。袜子有长筒袜、短筒袜、丝袜、厚棉袜、尼龙袜、棉纶袜等。旧时，人们雨天劳作穿的是用蓑草编织成的蓑衣（不种蓑草后改用稻草编织），头上戴的是斗笠。中华人民共和国成立后，蓑衣改为橡胶制作的雨衣，后又有了塑料雨衣。骑车人有雨披，泥路上行走有防滑雨鞋。雨伞最早是用竹子做成伞骨架，上面糊上油纸，后来改为油布；现在伞的骨架改成钢丝，油纸、油布也已改成防水的布料。

70 年代初，缝纫机开始进入普通家庭。纯手工制作新衣服转变为由缝纫机来制作，那时的衣服绝大多数是买来布料请人加工而成。70 年代后期，境域内专业裁缝师傅多了起来，制衣方式从把布料拿到裁缝家加工变为请裁缝师傅来家做衣服，最快的师傅一天能做好 10 多件衣服。机缝衣服的兴起，带动着人们的衣着也发生一些变化，从原本大襟的式样向对襟转变，男人的外套有青年装、中山装、西装等。

2000 年以后，随着村民收入的提高和生活条件的改善，人们的穿着从内到外都发生了根本改变，从过去买布料请人加工成衣，逐渐变成到商店购买成品衣裤。各式新潮服饰进入百姓家庭，衣服款式有西装、牛仔衣、风衣、夹克、棉衣、羽绒衫、皮衣等，材质有化纤、棉、真丝、皮草、羊毛、羽绒等。村民的穿着观念随着时代潮流而变化。

四、出行

70 年代以前，村民出行通常是步行和摇船两种方式，从村里走到正仪镇要 1 个多小时，还要从娄江上摆渡过去；走到昆山城区要 2 个多小时。若是负重或送病人去医院看病，那得摇船去，摇船速度慢，到正仪镇要 2 个多小时，到昆山需 3 个多小时。

70 年代，境域内开始有村民购买自行车，其中最有名的是上海生产的凤凰牌和永久牌。这两种自行车都要凭票购买，一般的村民很难买到，所以村民买苏州、无锡、常州等地区生产的自行车的比较多。

70 年代，村里的道路都是泥路，“晴天人骑车，雨天车骑人”（有时雨天人须扛车前行）。70 年代末，境域内的生产队都添置了挂桨机动船，给生活和生产带来了方便。

80 年代，一条正仪向南通到马庄的简易公路修筑完成，路基用碎石铺成，用细砂石铺路面。自从有了这条简易公路，境域内的村民出行方便多了。此时，自行车在境域内普及。实行家庭联产承包责任制后，五一村约 90% 的家庭购买机动船，用机动船搞运输、收旧货和购物。

90 年代，镇南公路（今新城南路）筑成，娄江上建起了新城大桥，境域内的年轻人开始把自行车换成摩托车。1991 年，杨庄的汤文明成为全村第一个购买摩托车的人。此后，随着乡镇公路加速建设，购买摩托车的村民逐渐增多，特别是上班族，都将自行车换成摩托车。90 年代后期，因为乡镇公路的完善，购买私家车的家庭也逐渐多起来，有了汽车，人们的出行更方便了。

2000 年以后，村民喜欢用电瓶车作为代步工具。电瓶车速度比自行车快，比摩托车慢，充电也方便，购买价格和使用成本也比摩托车便宜，所以逐渐替代了摩托车。2003 年，村域内东西向的元丰路开建；2004 年，村域内东西向的晨丰路和南北向的山淞路动工；2006 年，村域内古城路开工建设；2010 年，吴淞江大桥通车，村域内的交通条件大大改善。

2010 年以后，村域内的交通条件进一步提升，昆山环城高架路在村域内设有出口。昆山公交 30 路、58 路、59 路、202 路、204 路等在村域内建有公交站台，可到达南星渎的各动迁小区、昆山汽车客运南站、昆山市区、阳澄湖高铁站、昆山体育馆等地。小区建有客运公交总站，多条公交线路可直达昆山城区和周边乡镇，还有 201 路、203 路、302 路等多条线路穿行于村域内的各大厂区和周围的村庄。

昆山中环西线台虹路出口处（2019 年，罗英摄）

共享自行车（2019 年，罗英摄）

五、日用品

50—60年代，村民家庭的日常生活用品绝大部分是竹制品和木制品。竹制品有竹椅、竹榻、竹橱等；木制品有木盆、木桶、木勺、台凳桌椅、床橱衣柜等。村民家庭客堂的摆设也很简单，一般都是一张八仙桌，几条长凳。生活用品的种类也不多，条件较好的家庭有铜面盆、铜广勺、铜勺等铜制品，取暖用的有脚锣、汤婆子。

70年代以前，村民家庭的家具有床、棕垫、搁铺、两门衣橱、柜台（俗称“棋台”）和大小不一的木箱、套桶、马桶等。厨房里有灶头、碗橱和一些简单的餐具，还备有一口水缸。卧室里，夏天挂蚊帐，冬天盖的只有棉胎缝制的被子。初生婴儿白天睡的是稻草编扎成的草窝，待孩子三四个月后，条件好一点的家庭用“立桶”和摇篮。冬天时，在草窝、“立桶”和摇篮下面放上一个火盆，为孩子保暖。孩子七八个月时，有条件的人家就用木制的“坐车”。

飘檐床（1962年，景二男摄）

木制床有多种，最高档的是飘檐床。飘檐床三面有屏风围住，上面有床顶盖着，正面床沿的两边都装饰着刻有图案的花板，床前有80多厘米宽的踏板，踏板两头分别放置马桶和搁置衣服的套桶。踏板的周围也用刻有各种图案的花板装饰，上床的进出口上方悬挂着绣有虫草花鸟等各种不同图案的帐幔。这种飘檐床一般是村里的地主、富农和上中农家里才有。差一点的床是半屏风，正面床沿和床前的踏板没有装饰。再差一点的家庭就只有一张床本体，最穷苦的人家甚至没有床而只有铺（即用两条长凳搁一块门板）。床上一般都铺床板，冬天铺稻柴和草席，高档家庭也有用棕绷垫的。

70年代以后，境域内村民的生活用品发生悄然变化，当时流行乔门床，新婚家庭一般都要请木匠师傅做这样的床。这种床为高低片，头横头是高片，脚横头是低片，床垫子可脱落，也有人买席梦思床垫。家具也改做三门衣橱、五斗橱、被橱、镜台等。多数家庭还做一个长柜，放置在客堂靠后窗墙边，既显示家庭的气派，也为春节祭祀之用。1976年，村里开始有人购买电视机。

80年代后，村民家庭的客堂里开始添置沙发，有的人家请木匠制作靠背椅。在厨房里用砖砌成灶头，安两口铁锅为两眼灶，安三口铁锅为三眼灶。锅盖是用木板做成的。在两锅之间安上一个“汤罐”，汤罐里放水，利用烧锅时的余热来加热。灶头的烟墙上画上不同的图案，灶头上还有广勺、铜勺、铲刀等。条件较好的家庭在厨房里配置有一面碗橱，以及吃饭用的桌子、凳子。特别困难的家庭因房屋少而不能砌灶，就只能使用用泥糊成的或是用缸敲制成的“行灶”来煮饭烧菜。

90年代以后，有做家具需求的村民逐渐变少，村民大多到商店购买实体家具和日常生活用品。收音机、收录机、电视机等生活电器也逐步进入村民家庭。过去婴儿用的“立桶”、摇篮、“坐车”等也都成为历史，各式各样的婴儿车开始普及。

2010年开始，大部分家庭开始对厨房进行改造，拆除传统灶头，用上液化灶和电饭锅、电水壶、微波炉、冰箱、电磁炉等电器。家庭原用的木制品逐渐被塑料制品和钢铝等制品代替。许多新颖的日常生活用品进入村域内家庭，冬天，床上用品从单一的棉胎向丝织品、蚕丝制品等高品质材料发展，取暖器、空调、地暖等取暖设备也逐步走进寻常家庭。

第三节 社会保障

一、土地补偿和动迁安置

景村村域内各自然村从 2004 年开始动迁安置。镇政府拆迁办会同村委会对动迁户进行评估，按动迁户原有房屋的面积、结构等情况分配安置房的套数和面积。2004 年，村域内共有 11 户平危房家庭动迁至茗景苑 A 区，共安置多层房 18 套。2006 年，杨庄、郁港里、朱家厍共 188 户家庭动迁至茗景苑 B 区，共安置多层房 536 套。2010 年，景村 41 户家庭动迁至茗景苑 B、C 区，安置多层房 119 套。2012—2013 年，朱家厍 50 户家庭动迁至义和苑、礼和苑，安置高层房 148 套。2016—2019 年，景村 246 户家庭动迁至义和苑、礼和苑，安置高层房 742 套。

因村域内各村民小组的土地征用时间的先后和面积大小不等，所以给予村民的补偿数额也不尽相同。各家庭根据所在村民小组的土地征用时间和数量，以及所承包的土地面积获得相应的经济补偿。村域内的土地补偿金从 2004 年开始发放，至 2015 年结束发放，共计发放土地补偿金额 6 180.45 万元。详见表 10-6。

表 10-6 2004—2015 年景村村土地补偿情况表

年份	金额/万元	年份	金额/万元
2004	138.32	2007	163.71
2005	399.79	2008	163.04
2006	341.14	2009	1 482.76

续表

年份	金额/万元	年份	金额/万元
2010	987.01	2013	1 183.69
2011	960.50	2014	113.67
2012	132.47	2015	114.35

二、最低生活保障

21 世纪，景村村村“两委”根据昆山市政府的统一要求，在全村建立最低生活保障制度，为低于最低生活保障线的村民提供扶持。村委会每年都对村域内的村民户进行逐一排查，把因残、因病等原因造成贫困，家庭人均收入低于最低生活保障线的村民户，确立为低保户或低保边缘户，由村委会上报乡镇政府，经乡镇政府核实后报市政府确认。最低生活保障水平根据昆山市经济发展水平和全市城乡居民人均收入水平等确定，并不断提升。2018 年，低保户标准为家庭人均年纯收入不足 945 元；2019 年，低保户标准为家庭人均年纯收入不足 995 元。全村低保和低保边缘户由 2010 年的 41 户减少至 2019 年的 24 户。详见表 10-7。

表 10-7　2010—2019 年景村村低保户和低保边缘户情况表

年份	总户数/户	低保户数/户	低保户率/%	低保边缘户数/户	低保边缘户率/%
2010	618	18	2.91	23	3.72
2011	616	19	3.08	26	4.22
2012	614	19	3.09	26	4.23
2013	600	18	3.00	44	7.33
2014	591	8	1.35	56	9.48
2015	583	8	1.37	30	5.15
2016	575	4	0.70	31	5.39
2017	566	5	0.88	27	4.77
2018	619	5	0.81	24	3.88
2019	628	2	0.32	22	3.50

三、养老保险

职工养老保障制度 90年代以前，村民养老都是靠传统的子女赡养。90年代开始，国家实施社会养老保障制度，企业（后来包括事业单位和国家政府机关）单位和职工个人各交一部分养老基金，社保机构为每一位职工建立社会养老保障账户，退休以后，职工按月领取相应的养老金。这一时期，在企业工作的村民开始购买社会养老保险，至2012年，全村在企业事业单位累计参加社会养老保险的有846人。

农民养老保障制度 2003年，实施农民养老保障制度（简称农保）。年满60周岁的老年人可享受每月100多元的福利津贴，不满60周岁的男性、不满55周岁的女性每月要交纳数量不等的农保基金，有工作单位的由所在单位负责缴纳。待年满60周岁后就可以享受农保待遇，每月领取定额养老福利津贴。

农民养老保障转为社会养老保障 2006年，村域内开始推行和实施农保转社保，对参加农保的村民，按照社保基金数额，自己出钱一次性购买本人的社保和医保，购买后可享受社保待遇和政府的医保福利待遇。2012年，全村参加各类社会养老保险的共2 008人。其中，在企事业单位参加社会养老保险的有846人，占42.13%；由农保转为社保的有688人，占34.26%；参加纯农保的有474人，占23.61%。2019年，社保人数有1 501人，占78.10%，农保人数有421人，占21.90%。养老保险的实施，改变了传统养老模式。

四、医疗保险

基本医疗保险 60年代末，五一、前进两个大队域内都建立合作医疗制度，设立合作医疗室，配置“赤脚”医生。每一个村民参加合作医疗，每年需个人缴纳合作医疗基金2元，由村医疗室统筹使用，并明确医疗可支出范围。村民看病只要在合作医疗统筹基金列支范围，可以免费。村民患重病要转公社卫生院或城市大医院，发生的医药费可按比例报销。

70年代后，合作医疗实行队办社管，全乡统一基金标准，统一报销手续。村民在大队合作医疗室看病和在公社卫生院门诊看病的医疗费可以在大队基金中报销，在公社卫生院住院治疗和转入上一级医院治疗的医药费用可以在公社统一基金中报销。80 年代，随着村民收入的提高和对医疗服务要求的提高，村民参加合作医疗需要缴纳的基金金额也有所增加。

1995 年，五一村、郁港村域内开始推行和实施福利风险型合作医疗制度，镇设立大病风险基金，对全镇范围内发生的重病、大病患者全年医药费用超过规定的部分给予补偿。这部分基金全镇统筹，以镇为单位核算。1995 年，对参加大病风险合作医疗的基金统筹，每人每年收费 200 元，按市财政出资 40%、镇集体出资 35%、个人自负 25%的比例收取，对参保人员的收费标准有所提高。

2007 年以后，加快推动医疗保障制度的城乡一体化，对景村村域内没有职工医保的人员全部纳入昆山市居民医疗保险（分为医保和农保，就医报销比例不同）。村民同城市居民一样用医疗卡看病，可以按规定报销医药费。社区医疗中心的医生对域内的高血压、糖尿病患者，用网络进行统计，定时进行检查回访，对这些慢性病患者的病情变化及时跟踪服务。

重残病种补助 90 年代前，境域内对重残病人家庭实行经济补助，村委会根据村民小组的具体情况确定补助标准，补助资金向上一级民政部门申请，一般为每年补助一次。2009 年，景村村村委会给 40 多位残疾人分别确定残疾类别，由相关单位来鉴定残疾等级，领取残疾证。每年确定补助标准并按残疾等级给予发放。2019 年，全村有 5 位残疾人，分别获得每月 390—990 元不等的政府补助金。

五、村民福利

村民普惠补助 2018 年，景村村制定了医疗普惠补助实施方案，获得普惠补助的对象是本村户籍人员及享受本村土地补偿人员。方案规定，对普惠补助对象根据相应的医疗内容进行相应的补助，除了医疗补助外，还可享受住院护工补贴。另外，对过世村民发放丧葬补助费。是年，全村有 139 人获得普惠补助，补助金额共计 29. 96 万元。2019 年，全村有 115 人获得普惠补助，补助金额共计 29. 77 万元。补助对象有劳动模范、困难党员、重点优抚对象、80 周岁以上老人、失独父母、低保户、低保边缘户和残疾人等。

五保户补助 60 年代开始，境域内就已实行对五保户的补助，并一直延续至今，补助标准根据经济发展和人均收入的提高而有所提升。2019 年，全村有五保户 2 户，一户是景村村第 1 村民小组的张仁福，因他终身未婚，成为五保对象，长期居住在村老年活动室；另一户是原郁港村第 15 村民小组的郁小弟，从小患有智力障碍，长期住在玉山镇敬老院。对五保户的补助，由村委会向镇政府上报五保户材料，镇政府核准后按一定标准，每月给五保户发放生活补助。2019 年，五保户的补助金额为每月 1 393 元。

困难户补助 60—70 年代，各生产队设立公益金，在年终分红时对透支户给予一定的经济补助。改革开放以后，村委会对生活困难家庭每年进行走访慰问，安排一定数量的资金对困难户进行补助。2000 年后，分别设立低保户补助、低保边缘户补助和党员关爱基金、重点优抚对象等补助政策。2018 年，给村内低保户和低保边缘户共补助 11. 8 万元，给一户困难党员户补助金额 1 500 元。2019 年，给村内低保户和低保边缘户共补助 13. 88 万元，给一户困难党员户补助金额 3 000 元。

老年人福利 2010 年，村“两委”制定老年人福利制度，60 周岁以上的村民可享受老年人福利，年龄越大享受的福利待遇就越高。有节日慰问、每月生活津贴，还有志愿者上门服务，帮助老年人整理房间、洗衣服、料理家务等。详见表 10-8。

表 10-8　2019 年景村村 60 周岁以上老年人福利一览表

节日福利	年龄			
	60 周岁	70 周岁	80 周岁	90 周岁
重阳节节日费/元	100	100	150	150
春节节日费/元	—	150	200	200
每月发放费用/元	—	—	80	200
每月上门服务次数/次	—	—	2	2

爱心助学 2014 年开始，景村村实施“爱心助学”的福利措施。村委会将贫困学生名单上报镇民政办，镇民政办根据家庭情况及学生的学业情况等确定各人的补助金额，将补助资金发放到村里，村里再发放到有关家庭。2014—2019 年，全村有 74 名学生受益，共计补助 17. 50 万元。详见表 10-9。

景村村分类福利发放情况详见表10-10。

表10-9　2014—2019年景村村爱心助学一览表

年份	受助人员/人			总金额/元
	总数	男	女	
2014	17	9	8	41 500
2015	17	7	10	41 500
2016	13	6	7	31 000
2017	10	4	6	21 500
2018	8	2	6	16 000
2019	9	3	6	19 000

表10-10　2009—2019年景村村分类福利发放一览表

单位：万元

年份	福利费用	五保户供养	困难户补助	医疗卫生补助	拥军优扶补助	计划生育补助	老年人补助	三老干部补助	老年协会费用	其他福利费用
2009	34.94	0.28	—	4.94	0.17	1.96	4.82	14.81	3.32	4.64
2010	36.36	0.18	0.25	4.36	0.08	1.73	6.84	13.25	2.76	6.91
2011	48.77	—	3.11	1.87	0.16	2.41	9.93	22.71	2.56	6.02
2012	42.01	0.27	4.2	1.93	—	1.34	8.37	20.16	2.60	3.14
2013	42.65	0.37	6.03	1.12	—	1.61	11.07	19.33	3.12	—
2014	35.31	0.74	2.76	2.08	—	1.00	16.64	9.04	3.05	—
2015	35.28	0.29	4.56	2.47	0.20	1.00	17.15	6.58	3.03	—
2016	36.48	0.53	5.43	0.54	—	0.60	17.77	6.29	5.32	—
2017	40.74	1.07	7.10	1.47	—	1.06	18.68	5.24	6.12	—
2018	48.97	0.71	6.58	14.85	0.09	1.36	19.55	1.97	0.01	3.85
2019	52.01	1.86	4.01	15.11	1.46	0.99	20.34	2.00	1.54	4.70

第十一章　物产美食

景村村地处江南鱼米之乡，物产丰富，主产的粮食有粳米、籼米、糯米和小麦、大麦、元麦等；主产的辅助性食物有南瓜、红薯、玉米、豆类等；主产的油料作物有菜籽、芝麻、花生等；主产的纤维作物有棉花、苎麻等。村民长期种植各类时令蔬菜，养殖牛、羊、猪和鱼、虾、蟹。在饮食方面，除了米饭、面条等传统主食，还有粽子、米糕、酒酿、青团子、馄饨、南瓜饼、萝卜丝饼、面疙瘩等传统小吃。村民利用特产食材烹饪或制作的百叶包、油泡、臭豆腐、腌菜苋、洋生姜、菜瓜条、腌腊肉、咸鸭蛋、酥炸鳑鲏鱼等农家土菜，绿色健康，鲜香味美，让村民们享受到舌尖上的快乐。

第一节　粮食类产品

景村村域内主产的粮食产品为稻米和麦面，村民把稻米称为细粮，包括粳米、籼米和糯米。村域内还产南瓜、红薯、玉米和各种豆类，村民们将这些物产作为辅助性食物，习惯将其称作粗粮。

一、稻米类

粳米　村民最主要的食粮。粳稻在村域内种植历史最长，种植面积最多，不仅品种多，而且产量最高。粳稻生长期较长，一般每年 4 月落谷，10 月收割，村民习惯称秋收。在很长一段时期内，粳稻收获后除分配给村民外，余粮都卖给国家。粳稻加工成的粳米，黏性、胀性都介于糯米和籼米之间，主要用于做米饭，也可碾成米粉做团子。

籼米　一段时间内也是当地主粮之一。籼稻生长期短，一般在 4 月初落谷，单季在 9 月收割。籼稻加工成的籼米，虽黏性差，但胀性足，所以旧时贫穷人家都会选择种籼稻，用籼米作为主粮，用来做米饭。中华人民共和国成立后，有一个阶段国家要求多打粮食，村里按上级计划种植双季稻，第一季种植的都为籼稻，一般 4 月落谷，7 月下旬就可以收割，接着再种第二季。但籼稻的单产量低，煮成的米饭口感差，到 70 年代末，就很少种植了。不过，仍有少量的籼稻种植，籼稻谷卖给国家的多，村民吃的少。

糯米　黏性强，一般不用它作主食，偶尔加上红豆做成红糯米饭，还可以包粽子、做糯米团子等，糯米磨成粉可以做成各式精美的糕点。中华人民共和国成立初期，有少数村民种植糯稻。人民公社时期，因为糯稻产量低，每个生产队只种上几亩，收获后按队里社员人数分发。实行家庭联产承包责任制以后，种植糯稻的村民更少，需要时都到市场上购买。

特色大米 2006年，景村村生产一种有特色的“五一”牌大米，亩产只有200多斤，因口感特别好，又香又糯，成为当地的品牌大米，还在南京农产品展销会上进行展销。2014年，开始种植虾稻大米。经过田间工程改造，在稻田里同时放养小龙虾，定时给小龙虾喂食，依靠龙虾灭害虫及增肥，水稻不施化肥或少施化肥，确保稻谷的绿色环保。这种稻谷加工成的大米，米粒色泽白润透明，清香柔韧，是当地的又一特色大米，也受到食客们的欢迎。

二、麦面类

麦面 麦子是村民种植的主粮之一。麦面分小麦面、大麦面、元麦面，景村村域内种植小麦较多，种植大麦、元麦较少。大麦和元麦多用于喂养牲口，特别是到了农忙季节，为了增强耕牛的体力，往往将大麦或元麦浸泡煮熟后给牲口食用。有时村民通过加工厂把大麦、元麦加工成麦片等，供人食用，营养价值极高。小麦的用途广，除了加工成麦片食用外，一般都是磨成面粉，做成面包、面疙瘩、麦串条、手擀面、油条、麻花、烧饼等来食用。60年代前，面粉主要靠人工石磨加工而成，缺粮人家一般面粉、麸皮混合吃，自从有了面粉加工厂以后，域内村民就开始食用纯面粉。用面粉制作的食物品种繁多，景村村民往往把它们作为点心食用。

手工石磨（1974年，景二男摄）

三、粗粮类

南瓜 又名番瓜，是村民长期种植的辅助性食物之一。南瓜的种类比较多，长出的果实形状颜色不同，口感的差异也很大。南瓜是一种藤蔓植物，可以在地质较差的荒滩、荒地、砖瓦堆、树荫下生长，每年4月中旬育苗，8—9月收获。嫩的南瓜可以做菜，老的南瓜存放时间较长。南瓜可以单独蒸或者煮来吃，也可以同大米、米粉、面粉混合着吃，还可以做成南瓜粥、南瓜饼、南瓜糕等。

红薯 村民称之为山芋，有红心、黄心和紫心等不同品种。村民把红薯作为辅助性食物，每家每户都要种一些，过了农历八月就可以挖出食用。晾晒好了的山芋放在干燥透风的地方，保存的时间比较长，到春节也不会坏。村民一般都把山芋蒸、烤或和大米混合做成粥食用，红薯的叶子和茎也可以做菜吃。

豆类 村民种植的豆类品种主要有蚕豆、黄豆、红豆、绿豆、黑豆、乌豇豆。村民往往利用河边、沟边、田岸边的边角地进行种植，一般在每年农历九月收获。蚕豆在冬季播种，来年立夏时节采摘。黄豆因品种不同，种植的时间有早有晚，从农历六月到十一月都有收获。各种豆子可以有不同的食用方法，可烧汤、煮粥，也可以做各种饼、团子的馅，味道极佳。嫩的黄豆、蚕豆可以做菜，枯熟的黄豆是豆腐、豆浆、豆干等豆制品的主要原料。枯熟的蚕豆也可以炒着吃或做成兰花豆。

玉米 同样是村民的辅食之一，本地人称为“番麦”。50 年代以前，村民根据自己的食用喜好，种植一些玉米，但规模都很小。人民公社时期，集体不种玉米，有的社员会利用自留地种植一些，那时玉米的种子靠自己选留，结出来的玉米棒很小，产量极低。80 年代以后，村民购买优良品种，玉米产量也有所提高。村民种植玉米一般都留作自家食用，很少有出售的。村民主要用玉米做辅食，也有做菜肴的，还有用作家禽家畜饲料的。

第二节 经济类产品

一、油料类

油菜 俗称菜籽，是食用油的主要原料。景村村域内村民种植油菜有着悠久的历史。中华人民共和国成立前后，种植的本地油菜，抗病抗倒伏能力差，产量和出油率都很低。50年代末期，引进“胜利52”号油菜，这种油菜分枝多、抗病抗倒伏能力强，结荚多而且籽粒饱满，产量和出油率高。从60年代开始，每个生产队都要按总面积的约30%种植这种油菜，收获的油菜籽绝大部分出售给粮管所，一部分按人口分发给农户作为一年的食用油；少量油菜籽由小作坊代加工成食用油。

芝麻 可以作为油料，也可以食用。芝麻必须要旱地耕种，在农业合作化特别是人民公社时期，基本没有生产队集体种植芝麻的，只有农户在自留地或杂边地种植一部分自用。村民收获芝麻后，大部分加工成芝麻油。芝麻油香味足，营养价值高，在做菜做汤时放一些可提升口感。芝麻还可磨成粉用作糕饼的馅，口感极佳。

花生 又名长生果，可以作为油料，也可以食用。因为花生营养价值远远超过其他油料作物，长期以来，村民都会利用圩堤、自留地种植一些，用它榨油、做花生糕、花生糖等，花生米是下酒的理想菜肴。

二、纤维类

棉花 景村村水网密布，地势低洼，不利于棉花种植。60—70年代，部分生产队利用防洪圩堤、坟地等旱地种植少量棉花，收获后把棉花分给农户家用。部分农户利用自留地、杂边地也种植一些，收获的棉花主要用于加工棉胎和做棉袄、棉裤、棉鞋，还有的为新生儿做抱裙用。改革开放后，随着市场产品越来越丰富，棉花、棉布在市场上都可以买到，农户也就不再种植棉花。

树麻 中华人民共和国成立前，域内多数农户家庭都种树麻，收获后用作织生布的原料。村民把成熟的树麻割下，剥下麻皮，把它放在清水中浸泡两天，洗净杂质，漂白再晾干。用时，把它放到水里浸泡后，由家中的老妇把它分成细丝再连接起来，村民称之为“接挤”；接好的细丝通过“经丝”“上浆”后装到织布机上织成“生布”。这种布主要用于制作蚊帐，染色后也可以做夏天穿的衣裤。50年代末，村民还有种植树麻和织“生布”的传统。60年代以后，这个传统逐步消失。

苎麻 俗称活剥皮。苎麻是村民修理农用木船和制作有关农具的必需品。

中华人民共和国成立前后，家家户户都要种上一些。60 年代，各生产队也都要种植一部分苎麻。收割后在水里浸泡 3 天以上，它的皮就会自动脱落，再把这些脱落的麻皮整理晾干。那时的运输工具主要是木船，每年夏天都要把木船拉上岸进行修理、上油。木船两块木板之间的缝隙，就要用这种麻皮丝和油灰混合物塞缝；也可以把麻皮丝搓成麻绳，用在帆船风帆上或做成捆扎稻、麦的绳索；还可以用它修理罾网、拖袋（旧时积肥用的工具）等。后来，木船被水泥船和钢铁船代替了，传统农具也被现代农机具代替，村民也就不种植苎麻了。

三、药用类

曼陀罗 又名喇叭花、狗核桃。景村村域内的曼陀罗大部分为野生。曼陀罗有毒，但加工后可药用。村民常用曼陀罗的茎、叶来泡脚，以治疗风湿、脚气等。

荨麻 又名火麻草、蜇人草。村域内有野生荨麻，种植的不多。荨麻有毒，民间大多作药用。荨麻也可以作蔬菜食用，村民常常用来煮汤或与鸡蛋混炒，味道鲜美，但不宜多食。

棕榈 又名棕树。村域内的棕树有野生的，也有村民种植的。棕树的棕毛、花和根均可入药。棕榈果可压榨成棕榈油。村民也常常把棕榈皮剥下，绞成绳子或细线，用来制作有关农具和棕绷床垫。

车前草 又名猪耳菜、蛤蟆叶。村域内所产车前草都为野生，主要作为药材，车前草有大叶小叶之分，小叶效用更佳。

蒲公英 又名地丁草、尿床草，是一种很好的药材。村域内到处可见野生蒲公英，村民常常采割晒干后卖给药房。

马兰 又名马兰头，一种常见的野菜。马兰头食用价值很高，可作为一种营养保健型蔬菜食用，同时它又具有很高的药用价值。

荠菜 村域内常见的一种野菜，既可炒食、凉拌，又可作饺子馅。村民称其“药用全草，浑身是宝”。

狗尾巴草 一种野生植物，形状似狗的尾巴。药用价值很高，村民经常用它治疗一些常见病。

牵牛花 又名喇叭花，一种野生植物。村域内到处可见，除观赏价值极高外，牵牛花的种子是临床上常用的中药，域内村民常用它治疗水肿等疾病。

一串红 一种野生植物，除用来观赏外，它味甘性平，具有清热凉血、消肿的作用。村民用它治疗疔疮有很好的功效，将适量的一串红茎叶捣烂涂于疔疮患处，肿痛很快就会减轻。

鸭舌草 又名苦荬菜，一种野生植物。全草可入药，村民用它治疗贫血等多种疾病。

凤眼兰 又名水葫芦。凤眼兰有一定的药用价值，可全草入药，洗净晒干煎汤服用，对中暑等有较好的疗效。20 世纪 70 年代，村民培育水葫芦，把它作为积肥造肥的重要原料。

第三节 养殖类产品

一、家畜类

景村村的村民素有饲养家畜的历史传统。中华人民共和国成立后，村民家庭和生产队集体普遍养殖家畜，主要饲养的是牛、猪和羊。

景村村域内饲养的牛，主要有水牛和黄牛。水牛主要用于田地耕种和车盘的牵水（把水从河里牵引到农田），黄牛则单纯用于牵水。也有养牛用来食用的。实行家庭联产承包责任制后，村民就不再养牛了。

中华人民共和国成立前后，域内几乎家家户户养猪。村民养猪有的为了自家食用，也有的为了出售获得收入。60—70 年代，生产队养肉猪主要为了积肥，肉猪出售后也可以增加集体收入。实行家庭联产承包责任制后，村民家庭养猪造肥，用于农作物种植。村民家庭养的肉猪一般自己留一头，在春节时屠宰自家食用，其余出售给国家，后来也有屠宰户上门收购的。90 年代后，村民家里养猪逐渐减少。

羊在村域内也有养殖，但并不是家家都养。村域内山羊养得比较多，养大后宰杀食用。也有养绵羊的，但相对少些，绵羊用于剪羊毛出售。羊肉营养价值比较高，有暖身的效果，村民习惯冬天吃羊肉。

村民除了饲养牛、猪和羊外，还有养兔的，有一个阶段生产队也集体养兔。虽然兔肉可以食用，但无论是村民还是集体，养兔主要是为了剪兔毛出售，以此增加收入。2004 年起，村庄开始动迁，村民基本不再养羊、养猪、养兔。

二、家禽类

养殖家禽在村域内也有悠久历史，村民饲养鸡、鸭、鹅，主要用于肉食或者下蛋食用。中华人民共和国成立前后至 20 世纪 70 年代，村民收入少，很少上街买荤菜吃，自己家里养的家禽一度成为村民食用荤菜的主要来源。人民公社时期，有的生产队也集体养殖家禽，主要用于出售增加集体收入。2004 年以后，村庄整体动迁，村民入住安置小区，没有了饲养家禽的条件。

三、水产类

景村村域内水域面积大，水产品丰富，鱼类以鲢鱼、草鱼、鳊鱼、鲫鱼居多，还有虾、蟹、田螺、河蚌、甲鱼等。改革开放以前，生产队的水产养殖主要在天然河塘里，主要是为分给社员过年过节用，余下的拿到市场上出售。改革开放后，村民除了在天然河塘里养鱼，还利用低洼的农田开挖鱼塘（精养塘），养殖品种从鲢鱼、青鱼、草鱼等大宗品种，发展到鳊鱼、鲫鱼、河虾、螃蟹、河鳗、甲鱼等特种水产。村里的水产养殖逐步实现专业化、产业化，村民承包集体水面和精养塘，水产养殖通过销售获取收入。2001 年后，村域内进行开发建设和环境整治，逐渐停止水产养殖。

第四节　蔬菜类产品

种植蔬菜是景村村域内村民长久以来的传统。在2000年之前，村民吃的蔬菜一直是自家种植的，很少去市场购买。村民根据季节种植适宜生长的蔬菜，且品种极为丰富，基本做到一年四季都有蔬菜吃。

一、叶菜类

村域内种植的叶菜主要有韭菜、菠菜、荠菜、青菜、卷心菜、苦菊、茼蒿、菜苋、木耳菜、空心菜、生菜、小白菜（鸡毛菜）、香菜、雪里蕻、大白菜、油麦菜、苏州青、上海青、蓬蒿菜、马齿苋等。

二、根茎类

村域内种植的根茎类蔬菜主要有莴笋、春笋、胡萝卜、芦笋、洋葱、茭白、香葱、大葱、大蒜、红薯、芋头、莲藕、蒜苗、马铃薯（土豆）、冬笋、慈菇、洋生姜（南京芋头）、荸荠、芹菜等。

三、鲜豆类

村域内种植的鲜豆类蔬菜主要有豇豆、蚕豆、大豆（毛豆）、扁豆、四季豆等。

四、瓜果类

村域内种植的瓜果主要有黄瓜、丝瓜、苦瓜、冬瓜、南瓜、甜瓜（菜瓜）、西葫芦、菱角等。

五、茄果类

村域内种植的茄果类蔬菜主要有辣椒、茄子、西红柿（番茄）、枸杞等。

第五节　传统小吃

一、粽子

粽子是端午节的传统小吃。每到端午时节，家家户户都会包糯米粽子。包裹粽子用的粽叶可以用竹叶、芦苇叶。村域内主要粽子种类有排骨粽子、红枣粽子、莲子糯米粽子、黑豆粽子和芝麻粽子等。

包粽子（2002 年，罗英摄）

二、米糕

逢年过节、乔迁入宅、做寿、婚庆喜事，村民都要蒸上几盘米糕，寓意步步高（糕）升。米糕的制作方法比较简单，所用的主料有粳米粉、糯米粉、糖，辅料按自己喜爱的味道添加，有红豆、葡萄干、南瓜、猪油等。粳米粉、糯米粉比例一般是2∶1（也可根据自己的喜好适当调整），加糖适量，用35 ℃温水拌匀到用手抓一把捏紧不散即可。在粉装蒸笼时可加上喜爱的辅料，等蒸锅里的水烧开后，把蒸笼放到锅里蒸30分钟，焖5分钟即可脱模、出笼。点上自己喜欢的色材装饰一下，更为美观。待放凉后，用刀切片，即可食用；也可放置一星期左右，等晾干了进行油炸吃更佳。

三、酒酿

每年春暖花开时节或秋冬季节，村民都会自制酒酿，主料用糯米，不用粳米；辅料用甜酒曲，即酒酿药。制作时须将糯米浸泡12小时，让糯米吸足水分。然后将糯米洗净上锅蒸25分钟后倒出，待糯米凉到30 ℃左右，按说明撒上甜酒曲拌匀，再加入30 ℃左右的凉白开。最后将其装入无水无油的容器按实，再在中间挖个小眼，盖上盖子，静置一边。根据室温，发酵2天左右后，再加30 ℃左右的凉白开，继续静置24小时后取出，这时的酒酿甜甜糯糯，非常可口。

四、青团子

青团子是域内村民在清明时节经常食用的传统小吃。村民在清明时节去扫墓、祭祖、踏青等，都有吃青团子的习俗。青团子是用一种叫浆麦草的野生植物捣烂后挤压出来的汁，加上适量的生石灰发酵24小时后，再和糯米粉拌匀揉和制作而成。馅可选用豆沙、百果、糖及猪油等做成。青团子蒸煮15分钟即可出笼，出笼后在上面刷上一层熟菜油。这时的青团子油绿如玉、糯韧绵软、清香扑鼻，吃起来甜而不腻、肥而不腴，口感非常好。

五、大团子

每年农历腊月二十四，家家户户都要吃大团子，寓意新年将至，家里团团圆圆。域内还流传着这样的民谣："廿四团子廿五饭，长工吃了要滚蛋"，就是说二十四吃了团子，地主家的长工也要歇工准备过年了。在域内，大年初一早上，村民们除了吃年糕，还会吃大团子，象征着来年团圆高升。大团子的制作比较简单，将糯米粉揉成团，再加上猪肉等馅即可做成。

六、馄饨

域内村民不仅喜欢吃馄饨，也喜欢在家里包馄饨，这样才有家的味道。馄饨的精髓，不仅在于馄饨皮的制作和包制的方法，还在于馄饨馅的做法。域内馄饨馅料种类众多，随心搭配，可用虾仁、鲜肉、荠菜、牛肉、香菇、鸡腿等主料和香葱、香菜、蒜苗、姜末等辅料，加上料酒、生抽、鸡精、胡椒粉、醋、香油、辣油等调味料制成。主料剁烂成糊状后加上辅料、调味料调和，馄饨馅就做成了。皮薄馅少的叫小馄饨，皮厚馅多的叫大馄饨。馄饨包好后可做下汤馄饨，先把水烧开再把馄饨下入水里，煮熟捞起即可食用；也可以在油锅里煎着吃，味道鲜香。

七、南瓜饼

南瓜饼主要以南瓜为原料。在制作时，先将南瓜去皮洗净，切块装入容器蒸熟，用工具压成糊状，加上糯米粉不停地揉成光滑的粉团，并分成小团压扁。喜欢放馅的可以包上红豆、百果馅。然后把南瓜饼放到蒸笼里蒸熟，再在油锅里煎至金黄即可。在南瓜糊里加些山药泥，这样做出的南瓜饼更加可口，营养更丰富。

八、萝卜丝饼

做萝卜丝饼的食材一般包括面粉和萝卜（最好是红萝卜），另外准备虾皮、鸡蛋、香葱、胡椒粉、鸡精、食盐、菜籽油等备用。先将萝卜刨丝加盐，腌制半小时出水拧干；再在面粉中加入水、虾皮、鸡蛋液等辅料和鸡精、食盐等调味料，调成面糊，一般为摊饼的稠度，把萝卜丝加入面糊中搅匀；最后将萝卜丝面糊装入萝卜丝饼模具，使其薄薄地摊在模具里，凝固后倒出再放在油锅里煎至熟透，脆香可口的萝卜丝饼就做好了。

九、面疙瘩

村民称其为“麦串条”。面疙瘩做法简单，先准备好当季蔬菜，把蔬菜洗净，放入油锅爆炒后加水煮熟；再在面粉中加入水、鸡蛋液，揉成面团；最后把面团切成条状放入菜汤里煮沸，加上调料，如喜欢河鲜味的，可以在菜汤里加上河虾、银鱼、虾米等，味道更佳。

十、爆米花

爆米花，也称“爆炒米”。爆米花主要是用大米、玉米、高粱等加入糖一起放进爆米锅里做成的一种膨化食品。爆米锅通过在火炉上的不断转动而均匀受热，锅内的温度不断升高，锅内气体的压强也不断增大，使锅内食物膨胀。当突然打开爆米锅的顶盖时，锅内的气体迅速膨胀，压强很快减小，这使得米粒内外压强差变大，导致米粒内高压水蒸气也急剧膨胀，米粒瞬间爆开，即成了爆米花。70 年代，景村的王多生、钱春荣常年起早贪黑，挑着爆米机奔波在附近几十个村庄。每到一个村庄，先加煤生火，再绕全村吆喝“爆炒米喽”。大人、小孩听到“爆炒米喽”的吆喝声，就会拿着爆米花原料前来排队。随着一声声“嘭”的声音，香甜可口的爆米花就做好了。

第六节　农家土菜

一、百叶包

百叶是很多人喜欢的豆制品，把百叶里塞上肉裹包成百叶包，味道更佳。百叶包做法简单，先把肉剁成肉糜，加上荠菜、芹菜、韭菜、香葱等配菜，再加入适量的调味品。然后把做好的馅放到百叶上包起来，用线扎牢。再把包好的百叶包放到锅中大火蒸煮15分钟即可。村民喜欢加上腊肉片一起蒸煮，味道更鲜美。

二、油泡

“豆腐家族”之一，也称为油豆泡，是域内村民都喜爱的一种自制土菜。外形呈正方体，内部呈蜂窝状，外筋内虚，用手一挤有气体感，压扁后可以自动复原。把它塞上肉馅，上蒸笼蒸熟食用，别有一番风味。

三、臭豆腐

臭豆腐是一种闻着臭、吃着香的传统农家土菜。臭豆腐制作方法简单，夏季，村民到野外挑选新鲜的野苋菜，去污洗净，放进缸坛里撒上适量的盐，压上重物。待苋菜在缸坛里发酵约两个星期直至发臭后，用筛子把渣沥尽，然后把臭汁盛放在容器里，将切成小块的老豆腐浸泡在臭汁里，72小时后捞出老豆腐晾干，再将其放到油锅中煎至发黄，捞出撒上葱花、调料即可。

四、腌菜苋

腌菜苋是景村村域内颇有名气的农家菜。每到春天，家家户户开始腌菜苋。这道菜的精心之处在于制作过程，摘取菜苋的嫩芽，先用清水将其洗净，在阳光下晾晒成半干，然后放到缸里加盐压实，过半个月捞出，在阳光下继续晒干，装入甏里密封保存。两个星期后打开甏口，一股清香扑鼻而来，尝一口显然比雪里蕻得味，比梅干菜鲜嫩。腌菜苋可以生食，亦可炒菜、做汤；还有一种做法是加糖，浇上麻油拌食，口感极爽利。

五、泡洋生姜

洋生姜，又叫南京芋头，是村民腌制的一种土菜。在腌制过程中，先用清水把嫩姜冲洗干净，浸泡一段时间，然后继续清洗，待无泥沙后，把水分控干。之后，在清水里加上食盐、花椒、八角、香叶、桂皮，水烧开放凉，再把切成片状的嫩姜装进容器内，浇上凉好的调料水，使其淹没嫩姜。最后密封起来，半个月后就可以食用了。这样泡制的洋生姜，味道甚佳。

六、菜瓜条

菜瓜条，也称为甜瓜条。村民常把菜瓜腌制成风味独特、极为爽口的吃粥菜。在腌制过程中，先把嫩的菜瓜对半切开、去囊洗净晒干，等瓜皮肉收缩至七成干，再在菜瓜的内外壁均匀地涂抹一层盐，然后将菜瓜条放入容器压实密封。第二天捞出晒干，再放回容器腌制，第三天再晒干。此时晒干的菜瓜条质脆肉嫩，口味清爽，凉拌、炒食、酱腌均可。菜瓜条适宜天气炎热、心烦气躁、闷热不舒、热病口干、小便不利的人群食用；脾胃气虚、腹泻、胃寒疼痛之人忌用。

七、腌腊肉

中华人民共和国成立前，只有大户人家到了腊月才杀猪腌制腊肉。中华人民共和国成立后，村里大多数村民户都养猪，每到腊月都会杀猪腌腊肉。后来村民自己不养猪，也还会买猪肉回来腌腊肉。腌腊肉要选皮薄脚细、腿心丰满、血清毛净、肉质新鲜且重量在5—6公斤的猪后腿，经凉透、去油、去肥膘后，上盐腌制。腌肉的缸要大，以缸底可平摊猪腿为宜，缸底要平放数条干净的竹片，在缸底撒上一些盐，把上好盐的猪腿皮朝下，肉面朝上，腿皮与缸底用竹片隔离。放的盐与肉之比为1∶10，分3次上盐。第一次上总盐量的一半，2天后将肉取出，沥干水再上剩下盐的一半，6天后将肉取出，沥干水后把剩下的盐全部用完。上盐时膘厚的地方和骨头外露处、带皮的地方要多上盐，反复揉搓。最后把肉放入缸里，上面要重压上石头或石子。肉腌满30天后，可以把肉在盐水里洗净拿出，悬挂在太阳下晾晒，晒到腿肉上渗油、精肉呈玫瑰红色时收起。最后，晒干的腿肉要悬挂在通风干燥的地方。随着春天气温的升高，腿肉表面会自然发酵，长出一些绿色或灰绿色的菌，这是腊肉良好的表现。这时候整个腿肉就会散发出甘醇清香的味道。

八、咸鸭蛋

村民腌制咸鸭蛋的方法有两种。一种是食盐水腌制法，先按比例准备鸭蛋、清水、食盐和高度白酒，然后把鸭蛋洗净擦干或晾干水分，清水烧开后加入盐煮化（喜欢五香味的可以放 3 粒八角、1 块桂皮一起煮），把开水晾凉并倒入白酒，最后把晾干的鸭蛋放入坛中，倒入盐水压上竹帘或盘子，让鸭蛋全部浸泡在盐水中，盖上盖密封，腌制 30—45 天。30 天时，鸭蛋微有咸味，45 天时，鸭蛋黄会有很多油。水腌鸭蛋和温度有关系，夏天温度高，腌制时间可以短些，其他季节腌制时间则要长些。觉得咸味正好时可以放到冰箱冷藏，随吃随煮。另一种是黄泥露腌鸭蛋，先按比例准备好鸭蛋、盐、精油、黄酒等，然后把黄泥和水搅拌成糊状，再将泥糊均匀涂于鸭蛋壳上，放入坛中，再把剩余的泥糊均匀地倒入坛中，让鸭蛋全部浸泡在泥糊里，然后密封。一个月后试吃，若味道适中则可把泥糊洗净，存放冰箱冷藏，随吃随煮，味道极佳，营养丰富。

九、酥炸鳑鲏鱼

鳑鲏鱼是江南水乡特产，每年农历一月和九月鳑鲏鱼上市的时候，村民都会酥炸鳑鲏鱼。它的做法是，取适量盐、胡椒粉、菜籽油备用，先把鳑鲏鱼破腹去内脏洗净，装入盘中加盐、料酒拌匀，腌上一小时后捞起晾干。把菜籽油放入锅中，烧至八成热，把晾干的鳑鲏鱼分批放入油锅炸至发黄捞出，最后再把它们全部倒入油锅大火炸至金黄，捞出装盘，撒上适量的胡椒粉。这道菜酥脆爽口，老少都爱吃。

烹饪操作

（2018 年，王秀根摄）

酥炸鳑鲏鱼

（2019 年，王秀根摄）

第十二章　人物荣誉

景村村人坚持勤劳朴实的本色，发扬艰苦奋斗的传统，为家乡建设尽心尽力，为国家建设发展贡献力量。全村有 85 人参军入伍，有 210 名大学毕业生，60 位人民教师，31 名医务工作者；有的在企业、单位和党政机关工作，其中 22 人担任了科级以上领导职务。全村有 145 人学了手艺，在乡村建设、服务村民生产生活中辛勤劳动。还有 47 名到村域内插队落户的知识青年和 4 名来村工作的域外大学生。无论是留在景村村的景村村人，还是走出景村村的景村村人，以及域外来景村村工作的新景村村人，他们都在各自的工作岗位上做出了优异业绩，有的成为全国条线能手，有的成为劳动模范，还有的获得“优秀党员”“先进工作者”“三八红旗手”等称号，他们为景村村争得了荣誉，他们是景村村的骄傲。

第一节　人物简介

本节收录12位村民的简历及工作情况，他们用各自的专长技艺，为个人和集体创造了财富，在各自的岗位上做出了重要的贡献。

王云根　1934年生，景村自然村人。1951年4月，不足17周岁的王云根响应国家号召，成为一名抗美援朝志愿军。他在炮火连天的战场上，冒着被敌人飞机大炮轰炸的危险，驾车奔驰在物资运输线上，多次立功受奖，被评为连队先进标兵。他于1953年回国，并于1955年加入中国共产党。1957年光荣退伍后，他先后在苏州运输公司、昆山市正仪公社五一大队、昆山化工二厂（昆宝集团）做驾驶员。他安全行车50年，行程达300多万千米，先后被评为“昆山交通局先进驾驶员”“昆山市总工会‘双十佳’标兵”“昆山市先进复员军人”和“苏州市劳动模范”。

王云根1956年旧照
（2019年，景林男摄）

王云根
（2019年，景林男摄）

王云根所获勋章（2019 年，景林男摄）

徐良虎 1950年生，昆山城南乡新丰自然村人。1968年，刚满18周岁的徐良虎进入农业生产行列，他吃苦耐劳，农技过硬，不久就担任了生产队队长。几年后，前进大队建立电灌站，他担任电灌站电工。他做一行、爱一行，只有初中文化的他阅读大量的电工和灌溉设备相关的书籍，把理论知识和实际操作相结合，长期进行潜心研究。尤其是在水泵的维修保养方面，积累了丰富的经验，他从一名“单料”电工逐步转变为电工、机修工相结合的“双料王牌”。电灌站的维修保养有他，电灌站疑难杂症的排除有他，县市级灌溉设备维修保养大比武有他。经过长期不断地磨炼，他能通过蒙眼触摸就知道灌溉设备中每个零件的名称、安装位置和功能等，技术到了出神入化的程度。后来他调入正仪公社农机站，常年从事各电灌站、排涝站的维修保养工作，被大家誉为排灌设备的“神医”。退休后，他又被昆山市水利局返聘为修理工，长期奔波在全市各镇，继续发挥余热。

顾坤元 1953年生，朱家厍自然村人，养猪专业能人。他自小身体残疾，7岁父亡，8岁母亡。穷人家的孩子早当家，他18岁学会缝纫手艺，隔年开起夫妻缝纫店。他手艺好，生意兴隆，缝纫店一开就是20年。同时他还开了五金店，经营了5年。1992年，他利用开店积累的资金，自筹资金60万元，租地开办了饲养场，建造公猪舍、母猪舍、保胎房和产房，以及饲养场生产用房和生活用房，建筑总面积达3 160平方米。饲养场实现“自繁、自育、自配”，每年出售千头以上的肉猪。1995年，他在正仪镇政府的支持帮助下，扩大养殖规模，建造了占地面积40亩的“顾坤元饲养场”，年繁殖苗猪2 000多头，年饲养肉猪5 000多头。在当时养猪业十分凋萎、养猪户纷纷改行的情况下，他却丢掉缝衣针，搭起养猪棚，拎起猪食桶，成了养猪专业户。政府支持他，记者采访他，他的事迹被《昆山报》（今《昆山日报》）和昆山电视台报道，他成为远近闻名的能人，先后获得昆山市自强模范、昆山市“百家科技兴农示范户”、苏州市农业科技致富带头人、苏州市自强模范、苏州市农民专家、苏州市先进工作者和江苏省“十佳”养殖能手等称号。

景林香 1953年生，景村自然村人。17岁时拜苏州唯亭的沈姓师傅为师，学习木工手艺，由于他勤学苦练、笃志好学，3年满师后，手艺水平已高于一般木匠。出师后，他先在乡村从事家具制作，他做的飘檐床雕刻精致、形象逼真，八仙桌密不渗水、四棱方正。由于手艺好，他很受村民的青睐和欣赏，生意应接不暇。后来，他被昆山市古建队（昆山古典园林建筑有限公司）聘为古典建筑工程队队长，负责古亭、古桥、景观等方面的工作，先后承担昆山、常熟、太仓、苏州及上海、安徽等地项目的施工，多个项目获评省优、市优工程，他也因此被誉为“满意古典建筑师”。2019 年，早已退休的他被聘担任项目工程师，常年奔波全国各地，把更多的古建杰作修复留传下来。

郁大林 1957 年生，郁港里自然村人。1975 年 7 月，他从正仪中学高中毕业后回村务农；1976 年 3 月，在正仪镇第二砖瓦厂亦工亦农；1976 年 12 月，入伍；1979 年 6 月，入党；1980 年 9 月，在解放军南京政治学校学习；1981 年 5 月至 1994 年 5 月，先后任济南军区后勤部训练大队教员、后勤部政治部干事、后勤司令部直属政治处干事、房地产管理局助理员；1994 年 6 月，任济南军区后勤部基建营房部直属工作处副处长；1996 年 8 月，转业，后任昆山经济技术开发区党群工作部部长；1998 年 12 月，任蓬朗镇党委副书记兼镇长；2001 年 7 月，任昆山市委组织部副部长；2004 年 1 月，任昆山市委组织部副部长、市人事局局长、市编办主任；2007 年 6 月，兼任昆山市人力资源市场管委会主任；2010 年 10 月，任昆山市委组织部副部长、市编办主任、市人力资源和社会保障局党委书记。他为部队建设和地方建设做出辉煌成绩，先后被评为双拥模范、“拥政爱民先进个人”“助工先进工作者”、优秀共产党员和全国机构编制工作先进工作者等。

景素龙 1961 年生，景村自然村人，景村村原党总支书记。他中学毕业后，种过田、养过鱼，担任过村里的社长和党支部书记。他长期从事农村工作，在他的带领下，全村农业生产取得可喜成果，复耕面积 200 多亩，列全镇第一；培植水稻良种“常优”号，在江苏省推广种植，获大面积丰收；“五一”牌大米在南京农产品展销会上展销，深受大家的青睐；小麦攻关田亩产 563.4 公斤，被《苏州日报》报道；2010 年水稻亩产超 700 公斤，创景村村历史新高。景村村的农业发展成为昆山市的标杆。他的工作成绩得到村民的赞誉和上级的肯定，他于 2002 年被评为“昆山市劳动模范”，2006 年被评为“苏州市农民专家”，2008 年获得江苏省小麦攻关一等奖，2010 年被评为“昆山市兴农富民工程先进个人”，2016 年被评为“昆山高新区优秀共产党员”。

周海荣 1963年生，景村自然村人，广东晟典律师事务所高级合伙人。他小学、初中和高中阶段学习都出类拔萃，1987年以优异成绩考入武汉大学国际法专业，并先后获学士、硕士和博士学位。参加工作后，他从一名普通律师做起，在工作中不断摸索总结，把所学的法律知识和事实案件相结合，不断提高自己的工作能力，成为有名的国际律师。他先后担任深圳深华集团公司审计监察部副部长、法律部部长，深圳华业律师事务所合伙人、律师、主任，广东晟典律师事务所高级合伙人、深圳市政府法制办公室专家咨询委员会委员、中国国际私法学会理事、深圳仲裁委员会仲裁员、金溢科技监事会主席。

AB通讯
企业文化
2007年1月5日第101期
Tel:8008286209 0512-57896788
E-mail:abtongxun@chinaab.com
叁
先进风采
记柬埔寨工厂厂长凌菊花

凌菊花事迹报道（2019年，王二男摄）

凌菊花 1964年生，景村自然村人，江苏AB集团越南分公司总经理。她1984年进入江苏AB集团公司工作，由一名普通的操作工，成长为业务员、科长、车间主任、经理、总经理、厂长，成为AB集团和全国制衣行业有名的生产能手、管理行家。2005年，她受集团委派，接受了赴柬埔寨筹备开设AB集团分公司的重任。从招聘工人到培训上岗和企业管理，她呕心沥血、不分昼夜，使得柬埔寨分公司在最短的时间内培养出一大批熟练工人，企业很快进入盈利状态，受到中外同行高度赞誉。2019年11月，她又接受赴越南筹办分公司的重任，开始新一轮的攻坚战。在35年的工作中，她为企业发展做出重要贡献，先后获评集团公司“劳动模范”“昆山市新长征突击手”“昆山市十大优秀青年”“全国纺织工业劳动模范”等。

金巧良 1965年生，景村自然村人，昆山文峰高级中学校长。他自小爱学习，1981年9月以优异的成绩考入南京师范大学，大学毕业后在昆山正仪中学任教，历任教导主任、副校长、校长等职。2000年，他响应上级大力发展民办教育的号召，毅然报名到昆山市文峰高级中学（民办）工作并任校长。在多年的民办教育工作中，他勇于创新、勇开先河，培养了大批优秀人才，成为昆山市民办教育的领跑者，先后获评“全国素质教育先进个人”“江苏省民办学校最具创新力校长”等，为昆山的教育事业做出卓越的贡献。

钱玉林 1966年生，景村自然村人，华东政法大学经济法学院副院长（主持工作）、教授、博士生导师，中国商法学研究会常务理事，江苏省商法学研究会副会长。他1992年清华大学本科毕业，1996年南京大学法学硕士研究生毕业，2003年清华大学法学博士研究生毕业，2006年10月华东政法大学博士后流动站出站，先后赴我国台北大学法学院、德国慕尼黑大学法学院，以及我国香港中文大学法律学院、俄罗斯莫斯科大学法学院、加拿大UBC大学法学院、美国加州州立大学富勒顿分校做短期研究或学术交流。他先后在《中国法学》《法学评论》《法律科学》《现代法学》等杂志发表论文50余篇，有多篇论文被《中国人民大学复印报刊资料》《高等学校文科学报文摘》和张文显教授主编的《中国民法学精粹》《中国商法学精粹》全文转载，参编中宣部、司法部主编的《全国“四五”普法干部法律知识读本》和罗豪才主编的《与时俱进的中国法学》，出版专著《股东大学决议瑕疵研究》，主持或参与国家级、省部级科研项目9项。他先后获得清华大学优秀博士毕业生、清华大学优秀博士论文二等奖、江苏省第九届哲学社会科学优秀成果三等奖、中国法学会优秀论文一等奖等，获评江苏省“青蓝工程”优秀青年骨干教师。

李华 1973年生，景村自然村人。上海江南长兴造船有限公司质量保证部党总支书记兼副部长。他从小刻苦学习，学习成绩优异，1991年考入华东船舶工业学院，大学毕业后先后任江南造船厂（集团）有限责任公司监造员、工程师、造船事业部副部长、配套部副部长、上海外高桥造船集团有限公司上海江南长兴造船厂有限责任公司配套部部长、质量保证部党总支书记兼副部长。他长期致力于大型船舶制造的管理工作，先后在多家大型国有造船企业任职，熟悉船舶建造过程的全流程管理，先后参与多型散货轮、超大型集装箱船和代表世界先进水平的LNG船舶等船型的建造管理工作，对中国的造船工业做出重大贡献。先后获国家企业现代化管理创新工作二等奖、上海市科学技术进步一等奖，获评“上海市新长征突击手”。

郁雪平 1981年生，郁港里自然村人。他2007年毕业于华东理工大学生物工程学院生物化工专业，硕士研究生学历，后就职于昆山市安全生产监督管理局，担任职业健康科副科长。2014 年辞职下海创业。2016 年在张浦镇创办善恩康生物科技（苏州）有限公司，2017 年建立国内第一条食品级耐高温益生菌凝结芽孢杆菌生产线，拥有年产 10 吨益生菌冻干粉原料及 2 亿条益生菌固体饮料成品的生产能力。同时，公司建立昆山第一个益生菌食品研发中心，拥有博士、硕士组成的研发人员 7 人，致力于“益生菌+健康食品”的应用解决方案。他的公司还与江南大学、华东理工大学开展产学研合作，与江南大学共同建立联合实验室，开展益生菌的高通量筛选、功效测试、高密度发酵工艺及冷冻干燥制备方法研发，生产解决人体健康功能性食品，2018 年销售额 1 500 余万元。2019 年，他的公司投资 7 000 万元，在安徽宿州市筹建安徽善和生物科技有限公司。截至 2019 年年末，他的公司和相关联合实验室共获得国家专利 30 余项，其中国家发明专利 7 项，并获评“昆山市双创人才企业”“科技研发中心”“苏州市示范智能车间”，他本人成为景村村青年创业的成功典型。

第二节　人物名录

一、进村大学生名录

为了让大学生在乡村基层得到锻炼，并促使大学生的知识应用，更好地推动和服务乡村建设，从 2007 年开始，共有 4 名村外大学生来景村村任职，分别担任村主任助理。详见表 12-1。

表 12-1 2007—2019 年景村村进村大学生任职情况一览表

姓名	性别	毕业院校	学历	在村时间	职务
谈相如	男	苏州大学	本科	2007 年 7 月—2008 年 7 月	村主任助理
姚　晨	男	淮阴师范学院	本科	2008 年 8 月—2010 年 4 月	村主任助理
朱　蔚	男	苏州科技大学	本科	2011 年 11 月—2012 年 11 月	村主任助理
盛叶强	男	江南大学	本科	2012 年 12 月至今	村主任助理

二、党龄五十周年以上党员名录

中华人民共和国成立后，域内很多村民向党组织靠拢，为党、为国家、为人民努力工作，涌现出了一批党龄超过 50 周年的党员，他们为景村村的发展做出杰出贡献。详见表 12-2。

表 12-2 2019 年景村村党龄满五十周年党员一览表

序号	姓名	性别	出生年月	入党年月	颁发纪念章时间	组别
1	李招林	男	1926 年 6 月	1966 年 2 月	2021 年 7 月	景村村 9 组
2	王凤花	女	1929 年 9 月	1954 年 9 月	2021 年 7 月	景村村 10 组
3	景水宝	女	1930 年 7 月	1960 年 4 月	2021 年 7 月	景村村 9 组
4	王坤泉	男	1930 年 8 月	1956 年 7 月	2021 年 7 月	景村村 10 组
5	陈招英	女	1932 年 11 月	1960 年 4 月	2021 年 7 月	景村村 11 组
6	陆云宝	女	1933 年 4 月	1960 年 4 月	2021 年 7 月	景村村 2 组
7	景阿元	男	1933 年 6 月	1954 年 11 月	2021 年 7 月	景村村 2 组
8	王云根	男	1934 年 8 月	1955 年 10 月	2021 年 7 月	景村村 10 组
9	王二男	男	1935 年 9 月	1960 年 3 月	2021 年 7 月	景村村 10 组
10	景雪根	男	1936 年 11 月	1955 年 12 月	2021 年 7 月	景村村 2 组
11	沈小黑	男	1937 年 10 月	1966 年 3 月	2021 年 7 月	景村村 14 组
12	汤小惠	男	1938 年 4 月	1966 年 3 月	2021 年 7 月	景村村 14 组
13	姜彩林	女	1942 年 7 月	1960 年 4 月	2021 年 7 月	景村村 13 组
14	姜火根	男	1944 年 9 月	1966 年 2 月	2021 年 7 月	景村村 1 组
15	凌根林	男	1945 年 12 月	1968 年 10 月	2021 年 7 月	景村村 8 组
16	姜金生	男	1948 年 2 月	1967 年 2 月	2021 年 7 月	景村村 3 组

三、村籍大学生名录

1964年，村里出现第一名大学生。此后，随着国家教育事业的发展，村民生活条件的改善，以及家长对子女教育的愈加重视，考入大学的人越来越多。特别是改革开放以后，由之前的几年出一名大学生，发展到一年出十几名、几十名大学生。截至2019年，全村的大学毕业生（不包括在校生）210人，其中包括本科生、硕士研究生和博士研究生。详见表12-3。

表12-3 2019年景村村大学（本科以上）毕业生一览表

序号	姓名	性别	出生年月	毕业院校	学历	组别
1	陶金水	男	1946年7月	唐山铁道学院	本科	景村村12组
2	陶引弟	男	1947年12月	江苏师范学院	本科	景村村12组
3	陈向荣	男	1962年6月	南京师范大学	本科	景村村2组
4	周海荣	男	1963年6月	武汉大学	博士研究生	景村村2组
5	景道元	男	1965年4月	西安工业大学	本科	景村村4组
6	张惠琴	女	1965年6月	苏州大学	本科	景村村9组
7	金巧良	男	1965年8月	南京师范大学	本科	景村村4组
8	凌福明	男	1966年8月	南通水产大学	硕士研究生	景村村9组
9	陆翠琴	女	1966年9月	江苏教育学院	本科	景村村8组
10	钱玉林	男	1966年11月	清华大学	博士研究生	景村村3组
11	周春花	女	1967年2月	苏州医学院	本科	景村村2组
12	钱学明	男	1967年8月	吉林农业大学	本科	景村村3组
13	沈红英	女	1968年4月	江南大学	本科	景村村2组
14	张根荣	男	1968年5月	扬州工学院	本科	景村村16组
15	陈炜嵘	男	1968年11月	南京师范大学	本科	景村村2组
16	陈志刚	男	1969年7月	青岛化工学院	本科	景村村2组
17	钱健龙	男	1969年8月	江苏教育学院	本科	景村村1组
18	祝月华	女	1970年1月	苏州医学院	本科	景村村15组
19	钱学良	男	1970年1月	南京审计学院	本科	景村村3组

续表

序号	姓名	性别	出生年月	毕业院校	学历	组别
20	翁宝龙	男	1970年10月	苏州大学	本科	景村村15组
21	沈文雅	女	1971年2月	江苏教育学院	本科	景村村10组
22	李建华	男	1971年5月	西北纺织工学院	本科	景村村9组
23	景建国	男	1971年7月	扬州大学	本科	景村村4组
24	金　星	男	1971年10月	苏州大学	本科	景村村7组
25	陈志红	女	1971年12月	北京中医药大学	本科	景村村2组
26	陶耀华	男	1972年1月	上海交通大学	本科	景村村12组
27	凌　龙	男	1972年1月	南京邮电大学	本科	景村村8组
28	顾小芹	女	1972年6月	扬州大学	本科	景村村4组
29	周　刚	男	1972年10月	上海财经大学	硕士研究生	景村村14组
30	金卫星	男	1972年11月	东南大学	本科	景村村6组
31	陈学明	男	1972年12月	上海师范大学	本科	景村村10组
32	陶子寒	男	1972年12月	扬州大学	本科	景村村12组
33	景学良	男	1973年3月	苏州大学	本科	景村村1组
34	王利刚	男	1973年3月	中国科技大学	本科	景村村10组
35	凌兴元	男	1973年4月	西北纺织学院	本科	景村村8组
36	李　华	男	1973年6月	华东船舶工业学院	本科	景村村1组
37	凌卫红	女	1974年5月	扬州大学	本科	景村村11组
38	李　坚	男	1975年1月	江西洪侨大学	本科	景村村9组
39	凌　玲	女	1975年3月	苏州医学院	本科	景村村8组
40	陆正东	男	1975年12月	南京工业大学	本科	景村村6组
41	陈学英	女	1976年1月	同济大学	本科	景村村6组
42	景秀兰	女	1976年1月	江苏教育学院	本科	景村村3组
43	吴文炳	男	1977年7月	苏州大学	本科	景村村14组
44	景欢庆	男	1977年10月	苏州医学院	本科	景村村4组
45	王志强	男	1978年12月	北京航空航天大学	本科	景村村11组

续表

序号	姓名	性别	出生年月	毕业院校	学历	组别
46	陆　琦	男	1979 年 2 月	南京医科大学	本科	景村村 15 组
47	凌春龙	男	1979 年 4 月	北京理工大学	本科	景村村 8 组
48	景峰龙	男	1979 年 9 月	西安交通大学	本科	景村村 5 组
49	王　建	男	1980 年 1 月	徐州师范学院	本科	景村村 16 组
50	顾利良	男	1980 年 2 月	南京理工大学	本科	景村村 13 组
51	景雪东	男	1980 年 3 月	淮海工学院	本科	景村村 13 组
52	凌晓燕	女	1981 年 2 月	西安科技大学	本科	景村村 8 组
53	陆志华	男	1981 年 2 月	清华大学	本科	景村村 2 组
54	王翠芳	女	1981 年 2 月	江苏大学	本科	景村村 16 组
55	景艳红	女	1981 年 3 月	昆山广播电视大学	本科	景村村 1 组
56	金美娟	女	1981 年 5 月	苏州大学	本科	景村村 6 组
57	唐华林	男	1981 年 6 月	武汉大学	本科	景村村 12 组
58	凌丽静	女	1981 年 7 月	苏州大学	本科	景村村 9 组
59	陈建林	男	1981 年 9 月	南京陆军指挥学院	本科	景村村 13 组
60	王　瑛	女	1981 年 10 月	武汉理工大学	硕士研究生	景村村 16 组
61	王晓楹	女	1981 年 10 月	苏州大学	本科	景村村 16 组
62	郁雪平	男	1981 年 12 月	华东理工大学	硕士研究生	景村村 15 组
63	陆　燕	女	1982 年 1 月	南京邮电大学	本科	景村村 6 组
64	顾亚萍	女	1982 年 2 月	南京师范大学	本科	景村村 16 组
65	赵晓东	男	1982 年 2 月	南京理工大学	本科	景村村 13 组
66	周建明	男	1982 年 6 月	河南科技大学	本科	景村村 12 组
67	金樱芳	女	1982 年 7 月	南京陆军指挥学院	本科	景村村 13 组
68	金翁明	男	1982 年 9 月	东华大学	本科	景村村 9 组
69	凌振静	男	1982 年 12 月	复旦大学	硕士研究生	景村村 9 组
70	周　强	男	1983 年 1 月	中国农业大学	本科	景村村 12 组
71	朱美芳	女	1983 年 5 月	华中农业大学	本科	景村村 14 组

续表

序号	姓名	性别	出生年月	毕业院校	学历	组别
72	王建成	男	1983 年 10 月	桂林理工大学	本科	景村村 12 组
73	王秋英	女	1983 年 10 月	南京中医药大学	本科	景村村 16 组
74	沈　琴	女	1984 年 6 月	华东政法大学	本科	景村村 15 组
75	金琳玮	男	1984 年 12 月	合肥工业大学	本科	景村村 7 组
76	钱红怡	女	1985 年 2 月	江苏教育学院	本科	景村村 3 组
77	王敏海	男	1985 年 5 月	南京理工大学	本科	景村村 12 组
78	凌智平	男	1985 年 6 月	南京医科大学	本科	景村村 11 组
79	王　景	男	1985 年 6 月	南京工业大学	本科	景村村 10 组
80	金　龙	男	1985 年 8 月	苏州科技大学	本科	景村村 5 组
81	凌　叶	女	1985 年 10 月	中国农业大学	本科	景村村 10 组
82	陆文娟	女	1985 年 11 月	淮阴师范学院	本科	景村村 9 组
83	施愫娟	女	1985 年 12 月	南京医科大学	本科	景村村 10 组
84	苏丽皎	女	1985 年 12 月	江南大学	本科	景村村 14 组
85	景志豪	男	1986 年 1 月	苏州大学	本科	景村村 2 组
86	凌芳良	男	1986 年 4 月	天津工业大学	本科	景村村 8 组
87	陆春燕	女	1986 年 4 月	南京大学	本科	景村村 9 组
88	景剑荣	男	1986 年 5 月	常州大学	本科	景村村 11 组
89	唐国华	男	1986 年 7 月	淮阴工学院	本科	景村村 12 组
90	金华良	男	1986 年 8 月	苏州医学院	本科	景村村 7 组
91	钱亚萍	女	1986 年 8 月	南京财经大学	本科	景村村 3 组
92	钱　伟	男	1986 年 9 月	四川大学	本科	景村村 3 组
93	王　强	男	1986 年 9 月	昆山信息工程大学	本科	景村村 10 组
94	姜燕青	女	1986 年 11 月	江苏海洋大学	本科	景村村 3 组
95	金婵娟	女	1986 年 11 月	扬州大学	本科	景村村 6 组
96	金　烨	男	1986 年 12 月	南京审计大学	本科	景村村 8 组
97	徐　俊	男	1986 年 12 月	江苏大学	本科	景村村 16 组

续表

序号	姓名	性别	出生年月	毕业院校	学历	组别
98	景子玮	女	1987 年 2 月	江苏大学	本科	景村村 4 组
99	唐丽娜	女	1987 年 4 月	南京航天航空学院	本科	景村村 10 组
100	金翠婷	女	1987 年 5 月	江苏工业学院	本科	景村村 6 组
101	何金金	男	1987 年 6 月	盐城工学院	本科	景村村 16 组
102	蒋淳纯	男	1987 年 6 月	烟台海军航空工程学院	本科	景村村 16 组
103	景鹰英	女	1987 年 6 月	南京三江学院	本科	景村村 12 组
104	凌敏雅	女	1987 年 7 月	南京炮兵学院	本科	景村村 10 组
105	钱伊丽	女	1987 年 7 月	甘肃大学	本科	景村村 9 组
106	陈　洁	女	1987 年 8 月	常州工学院	本科	景村村 16 组
107	钱晓红	女	1987 年 9 月	扬州大学	本科	景村村 3 组
108	荆宇杰	男	1987 年 9 月	扬州大学	硕士研究生	景村村 3 组
109	景　仰	男	1987 年 9 月	中国矿业大学徐海学院	本科	景村村 2 组
110	凌　娟	女	1987 年 9 月	扬州大学	本科	景村村 8 组
111	钱晓峰	男	1987 年 9 月	吉林大学	本科	景村村 4 组
112	景利宏	女	1987 年 10 月	南京航天航空大学	本科	景村村 4 组
113	王叶青	女	1987 年 10 月	日本名古屋产业大学	本科	景村村 10 组
114	张　英	女	1987 年 10 月	江苏第二师范学院	本科	景村村 8 组
115	周　丽	女	1987 年 10 月	南京师范大学（泰州学院）	本科	景村村 14 组
116	周裕兰	女	1987 年 10 月	南京信息工程大学	本科	景村村 14 组
117	金　颖	女	1987 年 11 月	新加坡国立大学	本科	景村村 6 组
118	金少华	男	1987 年 11 月	西安交通大学	本科	景村村 6 组
119	陆凌晨	男	1987 年 12 月	南京医科大学	本科	景村村 10 组
120	陆晓峰	男	1987 年 12 月	江苏大学京江学院	本科	景村村 1 组
121	杨礼宾	男	1987 年 12 月	南京审计大学	本科	景村村 1 组
122	顾文娟	女	1988 年 1 月	苏州大学	本科	景村村 13 组
123	景迤春	女	1988 年 1 月	天津医科大学	本科	景村村 4 组

续表

序号	姓名	性别	出生年月	毕业院校	学历	组别
124	沈　虹	女	1988 年 1 月	常州师范学院	本科	景村村 14 组
125	凌　超	男	1988 年 2 月	南京中医药大学	本科	景村村 11 组
126	钱　青	女	1988 年 6 月	江苏大学京江学院	本科	景村村 1 组
127	金　晗	男	1988 年 7 月	美国纽约州立大学	硕士研究生	景村村 4 组
128	金玉燕	女	1988 年 7 月	江苏教育学院	本科	景村村 6 组
129	陆　强	男	1988 年 11 月	南京中山科技大学	本科	景村村 1 组
130	景文炎	女	1988 年 11 月	淮海工学院	本科	景村村 2 组
131	景　超	男	1988 年 12 月	沈阳理工大学	本科	景村村 12 组
132	钱叶萍	女	1989 年 1 月	海南医学院	本科	景村村 3 组
133	凌　薇	女	1989 年 2 月	扬州大学广陵学院	本科	景村村 6 组
134	陆春晓	女	1989 年 2 月	沈阳农业大学	本科	景村村 6 组
135	金琳彬	男	1989 年 3 月	江苏大学	本科	景村村 7 组
136	凌春芳	女	1989 年 3 月	河南理工大学	本科	景村村 8 组
137	景少雄	男	1989 年 7 月	西南科技大学	本科	景村村 4 组
138	王通文	男	1989 年 7 月	安庆师范大学	本科	景村村 13 组
139	张　勋	男	1989 年 7 月	南京财经大学	本科	景村村 16 组
140	周　亮	男	1989 年 9 月	河海大学	硕士研究生	景村村 14 组
141	景梦莉	女	1989 年 10 月	淮阴师范学院	本科	景村村 4 组
142	费晨虹	女	1989 年 11 月	南京航空航天大学	本科	景村村 16 组
143	陆　叶	男	1989 年 11 月	宿迁学院	本科	景村村 2 组
144	陆佳情	女	1990 年 1 月	江苏大学	本科	景村村 2 组
145	钱正亚	女	1990 年 2 月	西安培华学院	本科	景村村 10 组
146	周钇廷	女	1990 年 4 月	南京财经大学	本科	景村村 12 组
147	朱春芳	女	1990 年 5 月	盐城师范学院	本科	景村村 14 组
148	景宇超	男	1990 年 6 月	苏州科技大学	本科	景村村 2 组
149	金孙伟	男	1990 年 7 月	江苏大学	本科	景村村 7 组

续表

序号	姓名	性别	出生年月	毕业院校	学历	组别
150	刁顺强	男	1990年8月	盐城师范学院	本科	景村村13组
151	王晓萍	女	1990年8月	江苏大学	本科	景村村16组
152	陆　剑	男	1990年9月	淮阴工学院	本科	景村村9组
153	景美洁	女	1990年11月	扬州大学广陵学院	本科	景村村5组
154	凌　佳	女	1990年11月	盐城师范学院	本科	景村村8组
155	顾庭铱	女	1990年12月	江苏师范大学	本科	景村村13组
156	景寒伟	男	1990年12月	苏州大学	本科	景村村3组
157	沈重金	男	1990年12月	华东理工大学	博士研究生	景村村15组
158	金絮飞	女	1991年2月	北京理工大学	本科	景村村8组
159	金益一	男	1991年2月	扬州大学	本科	景村村4组
160	钱凯翔	男	1991年4月	南京工业大学	本科	景村村5组
161	王亚珍	女	1991年4月	江苏理工大学	本科	景村村16组
162	金月华	女	1991年8月	中国传媒大学	本科	景村村7组
163	景怡峰	男	1991年8月	盐城工学院	本科	景村村4组
164	钱云华	女	1991年8月	江苏大学	本科	景村村2组
165	钱文芳	女	1991年9月	南京财经大学	本科	景村村1组
166	金建伟	男	1991年10月	安徽建筑大学	本科	景村村5组
167	王　巍	男	1991年10月	南京师范大学泰州学院	本科	景村村12组
168	姜　敏	男	1991年11月	南京陆军指挥学院	本科	景村村13组
169	凌艺珈	女	1991年12月	江苏第二师范学院	本科	景村村8组
170	顾铭原	男	1992年7月	英国谢菲尔德哈勒姆大学	本科	景村村13组
171	金　傲	女	1992年8月	苏州大学	本科	景村村8组
172	景利峰	男	1992年9月	江苏大学徐州校区	本科	景村村4组
173	徐晓成	男	1992年9月	盐城师范学院	本科	景村村16组
174	张婷婷	女	1992年10月	苏州大学	本科	景村村12组
175	赵佳琪	女	1992年10月	南京陆军指挥学院	本科	景村村13组

续表

序号	姓名	性别	出生年月	毕业院校	学历	组别
176	金梦艳	女	1993 年 1 月	南通大学	本科	景村村 6 组
177	陆晓慧	女	1993 年 1 月	南京晓庄学院	本科	景村村 8 组
178	唐丽雅	女	1993 年 3 月	北京邮电大学	硕士研究生	景村村 10 组
179	陈晓文	男	1993 年 5 月	南京航空航天大学	本科	景村村 10 组
180	景晓雷	男	1993 年 5 月	扬州大学	本科	景村村 3 组
181	钱　程	女	1993 年 8 月	华东师范大学	本科	景村村 5 组
182	陆　燕	女	1993 年 9 月	南京传媒学院	本科	景村村 2 组
183	景晓挺	女	1993 年 12 月	苏州科技大学	本科	景村村 2 组
184	钱佳虹	女	1993 年 12 月	南京大学	本科	景村村 9 组
185	景思敏	男	1994 年 1 月	苏州大学	本科	景村村 1 组
186	周　倩	女	1994 年 2 月	苏州大学	本科	景村村 2 组
187	凌　丽	女	1994 年 3 月	盐城师范学院	本科	景村村 8 组
188	陈志灏	男	1994 年 4 月	扬州大学	本科	景村村 3 组
189	陆佳艺	女	1994 年 4 月	南京财经大学	本科	景村村 2 组
190	钱聪艳	女	1994 年 6 月	江南大学	本科	景村村 3 组
191	王　安	男	1994 年 7 月	武汉科技大学	本科	景村村 10 组
192	闵　欢	男	1994 年 8 月	东北师范大学	本科	景村村 16 组
193	景美虹	女	1994 年 9 月	江苏师范大学	本科	景村村 5 组
194	姜　昊	男	1994 年 10 月	江苏师范大学	本科	景村村 1 组
195	王晨祎	男	1994 年 11 月	江苏师范大学（连云港校区）	本科	景村村 12 组
196	凌晓雄	男	1995 年 1 月	苏州大学财经学院	本科	景村村 8 组
197	徐夕夕	女	1995 年 1 月	常州大学	本科	景村村 16 组
198	陈小宇	女	1995 年 4 月	盐城师范学院	本科	景村村 2 组
199	景　雯	女	1995 年 4 月	南京艺术学院	本科	景村村 3 组
200	金　依	女	1995 年 8 月	江南大学	本科	景村村 9 组

续表

序号	姓名	性别	出生年月	毕业院校	学历	组别
201	钱　程	男	1995 年 9 月	南京医科大学	本科	景村村 3 组
202	景阳阳	女	1995 年 11 月	淮阴师范学院	本科	景村村 5 组
203	凌旭斌	男	1996 年 1 月	淮阴师范学院	本科	景村村 8 组
204	金　斌	男	1996 年 2 月	南通师范学院	本科	景村村 11 组
205	景思成	男	1996 年 4 月	江苏师范大学	本科	景村村 9 组
206	陈子晏	男	1996 年 7 月	淮海工学院	本科	景村村 10 组
207	景　怡	女	1996 年 10 月	南京师范大学	本科	景村村 4 组
208	凌思语	女	1997 年 3 月	南京大学	本科	景村村 7 组
209	钱俞岚	女	1997 年 8 月	淮阴师范学院	本科	景村村 5 组
210	凌　斐	女	1998 年 6 月	苏州大学	本科	景村村 9 组

四、退伍军人名录

1950 年，村民王云根、徐腊子等参加中国人民志愿军，此后，村里的青年踊跃报名参军。至 2019 年，全村共有 85 名退役军人，他们中有的勇敢参战，有的在部队立了功、提了干，有的加入了中国共产党。退伍回乡后，他们又为建设家乡做出贡献。详见表 12-4。

表 12-4　2019 年景村村退伍军人一览表

序号	姓名	性别	出生年月	组别	入伍时间	退伍时间
1	钱祥林	男	1921 年 6 月	景村村 3 组	1951	1953
2	徐早狗	男	1929 年 12 月	景村村 16 组	1953	1956
3	王坤泉	男	1930 年 8 月	景村村 10 组	1951	1956
4	景木泉	男	1933 年 5 月	景村村 11 组	1953	1955
5	王云根	男	1934 年 8 月	景村村 10 组	1950	1953
6	陆仁泉	男	1935 年 6 月	景村村 7 组	1950	1956
7	钱士生	男	1935 年 8 月	景村村 1 组	1955	1959
8	凌夫根	男	1935 年 11 月	景村村 11 组	1952	1956

续表

序号	姓名	性别	出生年月	组别	入伍时间	退伍时间
9	徐腊子	男	1938 年 6 月	景村村 8 组	1950	1956
10	钱凤生	男	1938 年 7 月	景村村 3 组	1955	1958
11	周金生	男	1938 年 12 月	景村村 2 组	1959	1966
12	陈大弟	男	1939 年 8 月	景村村 2 组	1959	1962
13	凌金寿	男	1939 年 8 月	景村村 8 组	1951	1952
14	钱文元	男	1941 年 7 月	景村村 9 组	1964	1969
15	陆生林	男	1944 年 10 月	景村村 16 组	1965	1982
16	杨凤元	男	1945 年 5 月	景村村 1 组	1965	1971
17	王三男	男	1945 年 6 月	景村村 10 组	1966	1969
18	凌根林	男	1945 年 12 月	景村村 8 组	1964	1969
19	金永泉	男	1946 年 1 月	景村村 7 组	1964	1968
20	景根泉	男	1946 年 4 月	景村村 1 组	1965	1971
21	张水根	男	1949 年 8 月	景村村 12 组	1970	1975
22	姜福明	男	1949 年 12 月	景村村 1 组	1971	1975
23	周泉元	男	1950 年 10 月	景村村 12 组	1970	1977
24	凌根水	男	1951 年 3 月	景村村 11 组	1971	1975
25	周根法	男	1952 年 2 月	景村村 12 组	1970	1975
26	凌林泉	男	1952 年 3 月	景村村 2 组	1971	1975
27	金玉勤	男	1953 年 6 月	景村村 7 组	1972	1976
28	郁林元	男	1954 年 6 月	景村村 15 组	1975	1978
29	钱社林	男	1954 年 8 月	景村村 3 组	1974	1996
30	王秀根	男	1954 年 11 月	景村村 11 组	1973	1976
31	陆永芳	男	1955 年 4 月	景村村 2 组	1974	1977
32	狄花根	男	1956 年 6 月	景村村 15 组	1976	1981
33	金凤香	男	1957 年 4 月	景村村 7 组	1976	1980
34	沈社明	男	1957 年 12 月	景村村 16 组	1976	1981

续表

序号	姓名	性别	出生年月	组别	入伍时间	退伍时间
35	凌金香	男	1958 年 1 月	景村村 8 组	1978	1981
36	金大弟	男	1958 年 4 月	景村村 13 组	1979	1982
37	凌小男	男	1958 年 8 月	景村村 5 组	1978	1981
38	景玉林	男	1959 年 5 月	景村村 2 组	1977	1980
39	苏小弟	男	1962 年 2 月	景村村 14 组	1981	1983
40	凌林男	男	1962 年 5 月	景村村 10 组	1979	1983
41	金海明	男	1963 年 5 月	景村村 8 组	1984	1987
42	王振秋	男	1963 年 7 月	景村村 16 组	1981	1995
43	陈勤良	男	1963 年 8 月	景村村 12 组	1981	1986
44	陆正芳	男	1964 年 2 月	景村村 2 组	1984	1989
45	金凤男	男	1964 年 3 月	景村村 11 组	1981	1986
46	钱建明	男	1964 年 3 月	景村村 3 组	1984	1989
47	景道元	男	1965 年 4 月	景村村 4 组	1985	1990
48	姜友良	男	1966 年 9 月	景村村 4 组	1985	1989
49	金　刚	男	1969 年 1 月	景村村 7 组	1989	2002
50	唐雪龙	男	1969 年 3 月	景村村 10 组	1987	1991
51	郁秀良	男	1970 年 1 月	景村村 15 组	1990	2004
52	景林东	男	1971 年 11 月	景村村 2 组	1991	1996
53	钱方良	男	1971 年 12 月	景村村 14 组	1990	1992
54	凌冬林	男	1972 年 1 月	景村村 8 组	1992	1996
55	凌林刚	男	1972 年 3 月	景村村 9 组	1990	1992
56	王雪刚	男	1972 年 3 月	景村村 12 组	1990	1992
57	王素良	男	1975 年 9 月	景村村 14 组	1993	1996
58	陆建龙	男	1976 年 12 月	景村村 2 组	1997	2000
59	金卫国	男	1977 年 11 月	景村村 2 组	1997	2000
60	钱冬刚	男	1977 年 12 月	景村村 9 组	1996	1998

续表

序号	姓名	性别	出生年月	组别	入伍时间	退伍时间
61	凌志龙	男	1978 年 8 月	景村村 11 组	1999	2001
62	李翠良	男	1978 年 11 月	景村村 13 组	1996	2000
63	凌大荣	男	1979 年 1 月	景村村 9 组	1997	2000
64	陈大丰	男	1979 年 2 月	景村村 5 组	1998	2000
65	钱木刚	男	1979 年 5 月	景村村 1 组	1998	2000
66	王　建	男	1979 年 6 月	景村村 16 组	1999	2001
67	凌　克	男	1980 年 4 月	景村村 11 组	2001	2003
68	金　龙	男	1980 年 6 月	景村村 7 组	2000	2002
69	徐学华	男	1981 年 1 月	景村村 16 组	1999	2001
70	景秋强	男	1981 年 8 月	景村村 11 组	2004	2006
71	景喜清	男	1981 年 12 月	景村村 1 组	2000	2002
72	沈　良	男	1981 年 12 月	景村村 14 组	1999	2001
73	王　峰	男	1981 年 12 月	景村村 8 组	2001	2004
74	钱东华	男	1983 年 10 月	景村村 2 组	2005	2007
75	王国艳	男	1984 年 7 月	景村村 10 组	2003	2005
76	费冬剑	男	1985 年 1 月	景村村 16 组	2003	2005
77	金永剑	男	1985 年 2 月	景村村 6 组	2005	2007
78	徐　敏	男	1985 年 12 月	景村村 16 组	2003	2005
79	金　刚	男	1987 年 5 月	景村村 5 组	2006	2008
80	陆　叶	男	1989 年 11 月	景村村 2 组	2009	2012
81	金永军	男	1990 年 12 月	景村村 6 组	2008	2010
82	凌耀明	男	1993 年 7 月	景村村 8 组	2013	2015
83	钱晓琦	男	1995 年 9 月	景村村 1 组	2013	2015
84	金旭东	男	1996 年 6 月	景村村 7 组	2015	2017
85	凌晨杰	男	1997 年 6 月	景村村 8 组	2016	2018

五、教师名录

景村村域内村民世代尊师重教，鼓励子女报考师范院校，支持子女从事教育工作。截至2019年，在教育岗位工作的教师有60人，他们中大多数在昆山的中学、小学和幼儿园担任教师，也有的在苏州等地任教，都在为教育事业做贡献。详见表12-5。

表12-5　2019年景村村教师一览表

序号	姓名	性别	出生年月	毕业院校	学历	参加工作时间	工作单位
1	姜水根	男	1943年2月	昆山师范	中师	1980年9月	昆山正仪中心校
2	凌根林	男	1945年12月	洛社师范	中师	1972年12月	昆山南星渎小学
3	金永泉	男	1946年1月	洛社师范	中师	1968年9月	昆山南星渎小学
4	陶金水	男	1946年7月	唐山铁道学院	本科	1980年9月	昆山正仪中学
5	陶引弟	男	1947年12月	江苏师范学院	大专	1968年9月	昆山正仪中学
6	王弟弟	男	1949年10月	洛社师范	中师	1969年3月	昆山正仪中心校
7	景二男	男	1951年12月	洛社师范	中师	1968年9月	昆山正仪中心校
8	王秀根	男	1957年8月	江苏教育学院	大专	1978年9月	昆山新城域小学
9	周国良	男	1958年5月	洛社师范	中师	1977年9月	昆山南星渎小学
10	陈密林	男	1959年5月	江苏教育学院	大专	1977年9月	昆山正仪中心校
11	王瑞根	男	1960年6月	昆山教师进修学校	大专	1978年9月	昆山正仪中心校
12	凌花荣	男	1960年7月	昆山师范	中师	1979年9月	昆山正仪中心校
13	金香妹	女	1961年10月	江苏教育学院	大专	1981年9月	昆山正仪幼儿园
14	陈向荣	男	1962年6月	南京师范大学	本科	1985年9月	昆山南星渎中学
15	金巧良	男	1965年8月	南京师范大学	本科	1990年9月	昆山文峰高级中学
16	王秀珍	女	1965年8月	洛社师范	中师	1986年9月	昆山新城域小学
17	周海英	女	1966年2月	昆山教师进修学校	幼师	1987年9月	昆山正仪幼儿园
18	王利华	女	1966年5月	苏州教育学院	大专	1988年9月	昆山新镇中学

续表

序号	姓名	性别	出生年月	毕业院校	学历	参加工作时间	工作单位
19	陆翠琴	女	1966 年 9 月	江苏教育学院	本科	1987 年 9 月	昆山市娄江实验学校
20	沈红英	女	1968 年 4 月	江南大学	本科	1991 年 9 月	昆山市一中
21	陈炜嵘	男	1968 年 11 月	南京师范大学	本科	1991 年 9 月	昆山城北中学
22	钱健龙	男	1969 年 8 月	江苏教育学院	本科	1992 年 9 月	昆山正仪中学
24	沈文雅	女	1971 年 2 月	江苏教育学院	本科	1994 年 9 月	昆山正仪中学
23	金　星	男	1971 年 10 月	苏州大学	本科	1994 年 9 月	昆山正仪中学
25	陈学明	男	1972 年 12 月	上海师范大学	本科	1994 年 9 月	昆山正仪中学
26	景学良	男	1973 年 3 月	苏州大学	本科	1995 年 9 月	昆山正仪中学
27	景华丽	女	1975 年 12 月	昆山幼师	大专	1996 年 9 月	昆山正仪幼儿园
28	景秀兰	女	1976 年 1 月	江苏教育学院	本科	1997 年 9 月	昆山娄江实验学校
29	王　建	男	1980 年 1 月	徐州师范大学	本科	2013 年 9 月	昆山正仪中学
30	秦红梅	女	1981 年 6 月	合肥幼儿师范高等专科学校	大专	2005 年 9 月	昆山东方巴城幼儿园
31	顾亚萍	女	1982 年 2 月	南京师范大学	本科	2004 年 9 月	昆山教师进修学校
32	景红娟	女	1982 年 11 月	苏州市艺术学校	大专	2005 年 9 月	昆山正仪幼儿园
33	景晓红	女	1983 年 1 月	镇江市高等专科学校	大专	2005 年 9 月	昆山吴淞江学校
34	王亚英	女	1983 年 12 月	吴江师范学校	大专	2005 年 9 月	昆山司徒街小学
35	姜静芳	女	1985 年 1 月	江苏畜牧兽医职业学校	大专	2010 年 9 月	昆山圣欣幼儿园
36	钱红怡	女	1986 年 11 月	江苏教育学院	本科	2011 年 9 月	昆山菉溪小学
37	姜燕青	女	1986 年 11 月	江苏海洋大学	本科	2008 年 9 月	昆山张浦中心校
38	景　丽	女	1987 年 9 月	扬州职业技术学院	本科	2010 年 9 月	昆山鹿城幼儿园
39	张　英	女	1987 年 10 月	江苏第二师范学院	本科	2013 年 9 月	昆山正仪中心校
40	周　丽	女	1987 年 10 月	南京师范大学泰州学院	本科	2012 年 9 月	昆山新镇中心小学校

续表

序号	姓名	性别	出生年月	毕业院校	学历	参加工作时间	工作单位
41	金玉燕	女	1988 年 7 月	江苏教育学院	本科	2008 年 9 月	昆山西塘实验小学
42	王道文	男	1989 年 7 月	安庆师范学院	本科	2012 年 9 月	苏州北美国际学校
43	姜丽君	女	1989 年 8 月	太仓师范学校	大专	2009 年 9 月	昆山西湾幼儿园
44	费晨虹	女	1989 年 11 月	南京航空航天大学	本科	2012 年 9 月	昆山第一职业高级中学
45	陆　叶	男	1989 年 11 月	宿迁学院	本科	2014 年 9 月	昆山正仪中心校
46	王晓萍	女	1990 年 8 月	江苏大学	本科	2013 年 9 月	昆山西塘实验小学
47	凌　佳	女	1990 年 11 月	盐城师范学院	本科	2014 年 9 月	昆山城北中心小学
48	凌艺珈	女	1991 年 12 月	江苏第二师范学院	本科	2015 年 9 月	昆山正仪幼儿园
49	钱　程	女	1993 年 8 月	华东师范大学	本科	2015 年 9 月	昆山印象花园幼儿园
50	凌　丽	女	1994 年 3 月	盐城师范学院	本科	2016 年 9 月	昆山石浦中心小学
51	陈志灏	男	1994 年 4 月	扬州大学	本科	2018 年 9 月	昆山培本小学
52	钱聪艳	女	1994 年 6 月	江南大学	本科	2018 年 9 月	昆山菉溪幼儿园
53	景美虹	女	1994 年 9 月	江苏师范大学	本科	2019 年 9 月	昆山培本小学
54	姜紫娟	女	1994 年 11 月	昆山第一中等专科学校	大专	2014 年 9 月	昆山江南春晓幼儿园
55	陈小宇	女	1995 年 4 月	盐城师范学院	本科	2017 年 9 月	苏州星汇学校
56	景阳阳	女	1995 年 11 月	淮阴师范学院	本科	2010 年 9 月	昆山新镇中学
57	金　怡	女	1996 年 1 月	南京师范大学	本科	2019 年 9 月	昆山城北中学
58	金　斌	男	1996 年 2 月	南通师范学院	本科	2019 年 9 月	昆山九方城幼儿园
59	凌思语	女	1997 年 3 月	南京大学	本科	2019 年 9 月	苏州吴中实验小学
60	钱俞岚	女	1997 年 8 月	淮阴师范学院	本科	2018 年 9 月	昆山第二中学

六、医务人员名录

中华人民共和国成立后，景村村域内先后有 31 人从事医务工作。他们中有的长期在域内为村民服务，成为村民离不开的贴心医生；有的在昆山、苏州等其他地方工作，服务大众，治病救人。详见表 12-6。

表 12-6　2019 年景村村医务人员一览表

序号	姓名	性别	出生年月	毕业院校	学历	参加工作时间	工作单位
1	杨宝元	男	1937 年 6 月	昆山一中	初中	1957 年 12 月	前进大队医务室
2	姜火根	男	1944 年 9 月	昆山市一中	初中	1967 年 2 月	五一大队医务室
3	李关男	男	1945 年 3 月	陈墓中学	初中	1968 年 5 月	五一大队医务室
4	周友良	男	1945 年 7 月	昆山一中	初中	1966 年 2 月	五一大队医务室
5	金玉元	男	1946 年 8 月	苏州兽医学校	本科	1969 年 9 月	昆山正仪卫生院
6	景玉英	女	1955 年 6 月	淮安卫校	中专	1973 年 3 月	五一大队医务室
7	景惠龙	男	1958 年 2	昆山正仪中学	高中	1995 年 12	郁港村医务室
8	张雪狗	男	1964 年 1 月	镇江医学院	大专	1984 年 9 月	苏州监狱医院
9	张惠琴	女	1965 年 5 月	苏州大学	本科	1986 年 9 月	昆山第一人民医院
10	周春花	女	1967 年 2 月	苏州医学院	本科	1989 年 9 月	昆山中医院
11	祝月华	女	1970 年 1 月	苏州医学院	本科	1993 年 9 月	苏州市立医院
12	陈志红	女	1971 年 12 月	北京中医药大学	本科	1992 年 9 月	昆山中医院
13	闵香珍	女	1973 年 12 月	淮安卫校	中专	1984 年 9 月	昆山南星渎卫生服务站
14	凌卫红	女	1974 年 5 月	扬州大学	本科	1993 年 9 月	昆山中医院
15	凌　玲	女	1975 年 3 月	苏州医学院	本科	1998 年 9 月	昆山第一人民医院
16	景欢庆	男	1977 年 10 月	苏州医学院	本科	1998 年 9 月	昆山正仪卫生院
17	钱红芳	女	1977 年 11 月	苏州医学院	本科	1997 年 9 月	昆山正仪卫生院
18	陆　琦	男	1979 年 2 月	南京医科大学	本科	2003 年 9 月	昆山中医院

续表

序号	姓名	性别	出生年月	毕业院校	学历	参加工作时间	工作单位
19	凌丽静	女	1981 年 7 月	苏州大学	本科	2012 年 9 月	昆山第一人民医院
20	陈翠娟	女	1983 年 4 月	泰州医学院	本科	2005 年 9 月	昆山第一人民医院
21	王秋英	女	1983 年 10 月	南京中医药大学	本科	2005 年 9 月	昆山中医院
22	苏丽皎	女	1985 年 12 月	江南大学	本科	2008 年 9 月	昆山一中心小学校医
23	金华良	男	1986 年 8 月	苏州医学院	本科	2006 年 9 月	昆山第一人民医院
24	景迤春	女	1988 年 1 月	天津医科大学	本科	2010 年 9 月	昆山第三人民医院
25	金益一	男	1991 年 2 月	扬州大学	本科	2014 年 9 月	昆山第三人民医院
26	钱云华	女	1991 年 8 月	江苏大学	本科	2014 年 9 月	昆山第一人民医院
27	张婷婷	女	1992 年 10 月	苏州大学	本科	2013 年 9 月	昆山中医院
28	赵佳琪	女	1992 年 10 月	南京陆军指挥学院	本科	2015 年 9 月	昆山中医院
29	景思敏	男	1994 年 1 月	苏州大学	本科	2017 年 9 月	昆山新城幼儿园
30	周　倩	女	1994 年 2 月	苏州大学	本科	2017 年 9 月	昆山南星渎小学
31	张鸿懿	女	1995 年 2 月	连云港卫校	大专	2016 年 9 月	昆山第三人民医院

七、工匠名录

景村村域内村民虽大多世代务农，但学一门手艺也是很多人的追求。20 世纪，有手艺的村民利用农闲时间做点工匠活，增加收入，补贴家用。进入 21 世纪，很多人走出景村，走向社会，做技工、搞建设。据统计，2019 年，全村包括瓦匠、木匠、油漆工、厨师、电焊工、电工、理发师、圆匠（箍桶匠）、竹匠、缝纫师、水电工在内的各类工匠共有 145 人。详见表 12-7。

表 12-7 2019 年景村村工匠一览表

序号	姓名	性别	出生年月	组别	从职类别	从职时间
1	钱小弟	男	1912 年 1 月	景村村 5 组	缝纫师	1943
2	陈友祥	男	1916 年 8 月	景村村 10 组	理发师	1947
3	刘想英	女	1921 年 3 月	景村村 10 组	缝纫师	1948
4	陆寿宗	男	1922 年 8 月	景村村 1 组	缝纫师	1944
5	翁雪生	男	1931 年 1 月	景村村 15 组	理发师	1955
6	钱春荣	男	1932 年 1 月	景村村 5 组	缝纫师	1948
7	李福生	男	1935 年 6 月	景村村 8 组	理发师	1954
8	凌小弟	男	1936 年 6 月	景村村 2 组	木匠	1958
9	李多泉	男	1938 年 11 月	景村村 13 组	理发师	1958
10	钱夫根	男	1941 年 3 月	景村村 1 组	木匠	1962
11	沈杏元	男	1941 年 11 月	景村村 14 组	瓦匠	1995
12	徐玉媛	女	1941 年 12 月	景村村 1 组	缝纫师	1959
13	王小男	男	1942 年 5 月	景村村 16 组	木匠	1960
14	顾品良	男	1943 年 8 月	景村村 13 组	木匠	1962
15	钱火根	男	1945 年 3 月	景村村 3 组	瓦匠	1963
16	唐小林	男	1947 年 3 月	景村村 5 组	木匠	1962
17	沈根法	男	1947 年 7 月	景村村 14 组	木匠	1969
18	王友良	男	1948 年 1 月	景村村 7 组	瓦匠	1966
19	陈金男	男	1948 年 1 月	景村村 13 组	水电工	1994
20	刘兴根	男	1949 年 4 月	景村村 16 组	竹匠	1968
21	郭黑男	男	1949 年 8 月	景村村 15 组	厨师	1967
22	周三男	男	1949 年 11 月	景村村 14 组	木匠	1969
23	景金香	男	1949 年 12 月	景村村 1 组	木匠	1965
24	陆永明	男	1950 年 1 月	景村村 2 组	水电工	1994
25	金泉生	男	1950 年 3 月	景村村 6 组	木匠	1966

续表

序号	姓名	性别	出生年月	组别	从职类别	从职时间
26	陈国才	男	1950 年 11 月	景村村 10 组	理发师	1968
27	李福元	男	1950 年 11 月	景村村 1 组	瓦匠	1967
28	谢冬英	女	1951 年 1 月	景村村 2 组	缝纫师	1969
29	凌考生	男	1951 年 4 月	景村村 8 组	木匠	1967
30	周裕良	男	1952 年 1 月	景村村 12 组	木匠	1988
31	汤火根	男	1952 年 3 月	景村村 13 组	圆匠	1971
32	顾根泉	男	1952 年 7 月	景村村 16 组	理发师	1980
33	郭阿三	男	1952 年 7 月	景村村 15 组	厨师	1970
34	凌惠生	男	1952 年 8 月	景村村 9 组	瓦匠	1969
35	顾坤元	男	1953 年 1 月	景村村 16 组	缝纫师	1969
36	顾凤林	男	1954 年 3 月	景村村 13 组	瓦匠	1985
37	景林香	男	1954 年 3 月	景村村 1 组	木匠	1972
38	凌兴生	男	1954 年 3 月	景村村 9 组	瓦匠	1971
39	徐官生	男	1954 年 6 月	景村村 6 组	电焊工	1993
40	王金法	男	1954 年 9 月	景村村 10 组	瓦匠	1971
41	王社良	男	1954 年 12 月	景村村 12 组	瓦匠	1976
42	唐桂良	男	1957 年 8 月	景村村 12 组	电工	1990
43	金立新	男	1961 年 9 月	景村村 6 组	瓦匠	1980
44	陆花根	男	1961 年 9 月	景村村 1 组	瓦匠	1983
45	王秀男	男	1961 年 9 月	景村村 16 组	瓦匠	1982
46	景才元	男	1961 年 10 月	景村村 4 组	瓦匠	1979
47	陆福男	男	1961 年 11 月	景村村 9 组	木匠	1978
48	凌白男	男	1962 年 2 月	景村村 11 组	电工	1992
49	凌卫东	男	1962 年 3 月	景村村 8 组	瓦匠	1979
50	陆米元	男	1962 年 6 月	景村村 9 组	木匠	1979
51	王凤男	男	1962 年 7 月	景村村 10 组	瓦匠	1979

续表

序号	姓名	性别	出生年月	组别	从职类别	从职时间
52	陆秀珍	女	1962 年 12 月	景村村 12 组	缝纫师	1985
53	景玉元	男	1963 年 4 月	景村村 2 组	木匠	1979
54	张惠元	男	1963 年 5 月	景村村 12 组	木匠	1985
55	徐惠良	男	1963 年 5 月	景村村 16 组	木匠	1981
56	景福香	男	1963 年 6 月	景村村 1 组	木匠	1980
57	钱建华	男	1963 年 8 月	景村村 3 组	油漆工	1993
58	费正良	男	1963 年 9 月	景村村 16 组	木匠	1981
59	钱建林	男	1963 年 9 月	景村村 3 组	瓦匠	1982
60	陆花生	男	1963 年 11 月	景村村 1 组	瓦匠	1977
61	王金荣	男	1963 年 11 月	景村村 10 组	瓦匠	1980
62	李花根	男	1964 年 1 月	景村村 6 组	木匠	1983
63	凌道泉	男	1964 年 2 月	景村村 8 组	缝纫师	1980
64	沈士荣	男	1964 年 3 月	景村村 14 组	木匠	1984
65	凌米龙	男	1964 年 4 月	景村村 9 组	瓦匠	1984
66	李国平	男	1964 年 7 月	景村村 8 组	理发师	1980
67	凌林男	男	1964 年 7 月	景村村 5 组	水电工	1991
68	唐栋良	男	1964 年 7 月	景村村 10 组	木匠	1984
69	王密男	男	1964 年 7 月	景村村 10 组	厨师	1997
70	金小龙	男	1964 年 9 月	景村村 5 组	木匠	1982
71	金建中	男	1964 年 9 月	景村村 6 组	木匠	1980
72	凌根荣	男	1964 年 9 月	景村村 4 组	木匠	1980
73	王夫根	男	1964 年 10 月	景村村 16 组	油漆工	1984
74	顾耀良	男	1964 年 11 月	景村村 16 组	木匠	1980
75	凌玉男	男	1964 年 12 月	景村村 10 组	木匠	1981
76	沈又良	男	1964 年 12 月	景村村 14 组	木匠	1989
77	王进福	男	1964 年 12 月	景村村 12 组	木匠	1980

续表

序号	姓名	性别	出生年月	组别	从职类别	从职时间
78	张苗林	男	1964 年 12 月	景村村 8 组	木匠	1981
79	陈文明	男	1965 年 1 月	景村村 3 组	瓦匠	1988
80	陆　涛	男	1965 年 1 月	景村村 7 组	木匠	1983
81	唐雪良	男	1965 年 1 月	景村村 10 组	木匠	1982
82	凌瑞法	男	1965 年 2 月	景村村 7 组	木匠	1983
83	陆花林	男	1965 年 5 月	景村村 1 组	瓦匠	1983
84	凌胜法	男	1965 年 6 月	景村村 6 组	木匠	1981
85	陆翠根	男	1965 年 6 月	景村村 8 组	木匠	1982
86	王建国	男	1965 年 7 月	景村村 16 组	瓦匠	1995
87	王正伟	男	1965 年 9 月	景村村 16 组	瓦匠	1998
88	王建华	男	1965 年 10 月	景村村 16 组	瓦匠	1982
89	王惠国	男	1965 年 10 月	景村村 16 组	木匠	1983
90	景永生	男	1965 年 10 月	景村村 12 组	木匠	1980
91	凌雪荣	男	1965 年 10 月	景村村 8 组	木匠	1982
92	景法良	男	1966 年 1 月	景村村 1 组	木匠	1984
93	王金良	男	1966 年 1 月	景村村 10 组	缝纫师	1984
94	王菊明	男	1966 年 1 月	景村村 12 组	瓦匠	1980
95	姜培龙	男	1966 年 4 月	景村村 1 组	瓦匠	1984
96	景凤男	男	1966 年 9 月	景村村 4 组	木匠	1982
97	凌建林	男	1966 年 9 月	景村村 8 组	木匠	1983
98	王根福	男	1966 年 11 月	景村村 12 组	瓦匠	1982
99	陆菊林	男	1967 年 1 月	景村村 2 组	瓦匠	1985
100	景花根	男	1967 年 2 月	景村村 7 组	瓦匠	1984
101	李花林	男	1967 年 2 月	景村村 6 组	瓦匠	1986
102	钱才林	男	1967 年 2 月	景村村 5 组	木匠	1984
103	陆明良	男	1967 年 3 月	景村村 10 组	瓦匠	1984

续表

序号	姓名	性别	出生年月	组别	从职类别	从职时间
104	方国良	男	1967 年 6 月	景村村 15 组	厨师	1990
105	凌秋生	男	1967 年 6 月	景村村 6 组	瓦匠	1989
106	吴侯龙	男	1967 年 8 月	景村村 13 组	瓦匠	1987
107	宋三香	男	1967 年 9 月	景村村 1 组	瓦匠	1982
108	钱学明	男	1967 年 10 月	景村村 9 组	瓦匠	1984
109	顾建明	男	1968 年 1 月	景村村 13 组	瓦匠	1993
110	钱正良	男	1968 年 8 月	景村村 2 组	油漆工	1987
111	王建良	男	1968 年 9 月	景村村 16 组	瓦匠	1986
112	王菊良	男	1968 年 10 月	景村村 12 组	瓦匠	1983
113	姜宗良	男	1968 年 11 月	景村村 4 组	瓦匠	1984
114	金　龙	男	1968 年 11 月	景村村 12 组	瓦匠	1986
115	徐学明	男	1968 年 11 月	景村村 16 组	瓦匠	1987
116	凌建良	男	1968 年 12 月	景村村 5 组	瓦匠	1986
117	景香泉	男	1969 年 1 月	景村村 3 组	瓦匠	1985
118	顾明华	男	1969 年 4 月	景村村 13 组	瓦匠	1985
119	陆惠明	男	1970 年 2 月	景村村 16 组	瓦匠	1987
120	凌学刚	男	1970 年 3 月	景村村 8 组	木匠	1998
121	王玉林	男	1970 年 3 月	景村村 12 组	瓦匠	1986
122	凌学忠	男	1970 年 4 月	景村村 9 组	瓦匠	1986
123	徐学伟	男	1970 年 5 月	景村村 16 组	木匠	1984
124	王玉明	男	1970 年 8 月	景村村 10 组	瓦匠	1991
125	王健康	男	1970 年 1 月	景村村 16 组	瓦匠	1989
126	钱冬明	男	1971 年 1 月	景村村 3 组	木匠	1988
127	赵雪刚	男	1971 年 1 月	景村村 1 组	瓦匠	1989
128	钱学峰	男	1971 年 4 月	景村村 3 组	油漆工	1989
129	朱建根	男	1971 年 7 月	景村村 14 组	理发师	1988

续表

序号	姓名	性别	出生年月	组别	从职类别	从职时间
130	景桃良	男	1971 年 11 月	景村村 9 组	瓦匠	1991
131	刘建元	男	1971 年 11 月	景村村 1 组	木匠	1989
132	吴利龙	男	1971 年 12 月	景村村 13 组	水电工	2008
133	狄正华	男	1972 年 6 月	景村村 15 组	缝纫师	1987
134	景花元	男	1972 年 6 月	景村村 1 组	瓦匠	1990
135	景勤龙	男	1972 年 9 月	景村村 5 组	瓦匠	1988
136	姜志荣	男	1972 年 11 月	景村村 7 组	木匠	1988
137	刘卫平	男	1972 年 11 月	景村村 1 组	水电工	1987
138	景雪龙	男	1973 年 1 月	景村村 4 组	水电工	2007
139	金　华	男	1973 年 11 月	景村村 5 组	厨师	1995
140	钱勤刚	男	1973 年 12 月	景村村 2 组	木匠	1993
141	钱国红	男	1974 年 2 月	景村村 9 组	电工	1992
142	景雪平	男	1974 年 3 月	景村村 13 组	水电工	1991
143	沈　龙	男	1975 年 1 月	景村村 13 组	水电工	1991
144	张　鹰	男	1975 年 1 月	景村村 12 组	厨师	2010
145	李刚强	男	1986 年 1 月	景村村 13 组	水电工	2004

八、在外任职人员名录

随着社会的发展进步，景村村域内村民不再拘泥于村域的小天地，不再满足于面朝黄土背朝天的农耕生活，他们参军、上大学、经商办企业，越来越多的人走出村域，走向更加广阔的天地。据统计，截至 2019 年，在外工作的景村村人中，担任科级及以上公职人员的有 22 位，他们分别在国有企业、学校、政府机关和事业单位工作。详见表 12-8。

表 12-8 2019 年景村村在外工作人员一览表

序号	姓名	性别	出生年月	家庭住址	离村时间	主要工作单位
1	陆生林	男	1944 年 10 月	景村村 16 组	1965	昆山市司法局
2	顾福良	男	1947 年 7 月	景村村 13 组	1987	昆山正仪劳动保障所
3	姜水生	男	1949 年 1 月	景村村 1 组	1983	昆山市正仪经管办
4	郁大林	男	1957 年 8 月	景村村 15 组	1978	昆山市委组织部
5	凌林男	男	1962 年 5 月	景村村 10 组	1986	昆山渔政
6	陈向荣	男	1962 年 6 月	景村村 2 组	1989	昆山市委组织部
7	景林男	男	1962 年 11 月	景村村 10 组	2002	昆山市社会保障局
8	周海荣	男	1963 年 6 月	景村村 2 组	1990	深圳市政府法制办
9	陈勤良	男	1963 年 8 月	景村村 12 组	1986	昆山市公安局交警大队
10	景根元	男	1966 年 3 月	景村村 12 组	1977	重庆市政府
11	钱玉林	男	1966 年 11 月	景村村 3 组	2000	华东政法大学
12	景兴良	男	1968 年 4 月	景村村 1 组	1995	昆山高新区社会事业局
13	金　刚	男	1969 年 1 月	景村村 7 组	2002	昆山市人民法院
14	翁宝龙	男	1970 年 10 月	景村村 15 组	1995	昆山市财政局
15	郁秀良	男	1970 年 1 月	景村村 15 组	1986	昆山市税务局
16	凌　龙	男	1972 年 1 月	景村村 8 组	1994	昆山电信局
17	周　刚	男	1972 年 10 月	景村村 14 组	1998	苏州工业园区农行
18	金卫星	男	1972 年 11 月	景村村 6 组	1995	昆山经济技术开发区规划建设局
19	李　华	男	1973 年 6 月	景村村 1 组	1995	上海江南造船厂
20	陆正东	男	1975 年 12 月	景村村 6 组	1999	昆山市规划建设局
21	凌振静	男	1982 年 12 月	景村村 9 组	2006	昆山高新区纪委
22	金琳玮	男	1984 年 12 月	景村村 7 组	2007	上海江南造船厂

九、知青名录

60 年代，广大城市知识青年上山下乡，来到农村插队落户。1966—1968 年，共有47位苏州市和昆山县玉山镇的知识青年插队落户到五一大队和前进大队，其中五一大队有40人，前进大队7人。详见表12-9。

表12-9　1964—1968年五一大队、前进大队知青一览表

序号	姓名	性别	籍贯	插队地址	插队时间	返城时间
1	徐惠明	男	苏州市昆山县	五一大队第7小队	1964年6月	1976年6月
2	徐永泉	男	苏州市昆山县	五一大队第4小队	1964年6月	1976年6月
3	程惠荣	男	昆山县玉山镇	前进大队第6小队	1966年1月	1979年8月
4	徐兴根	男	昆山县玉山镇	前进大队第7小队	1966年1月	未返城
5	徐惠明	男	昆山县玉山镇	五一大队第7小队	1966年8月	1969年1月
6	徐永全	男	昆山县玉山镇	五一大队第4小队	1966年8月	1969年1月
7	周友良	男	昆山县玉山镇	五一大队第4小队	1966年8月	1967年8月（入伍）
8	包圣红	女	江苏省苏州市	五一大队第3小队	1968年1月	1976年8月
9	蔡桂珍	女	江苏省苏州市	前进大队第2小队	1968年1月	1976年2月
10	董静娴	女	江苏省苏州市	五一大队第11小队	1968年1月	1979年7月
11	高伟民	男	江苏省苏州市	五一大队第2小队	1968年1月	1976年8月
12	顾惠英	女	江苏省苏州市	前进大队第5小队	1968年1月	1976年2月
13	顾家炎	男	江苏省苏州市	五一大队第6小队	1968年1月	1976年2月
14	过惠妹	女	江苏省苏州市	五一大队第6小队	1968年1月	1976年5月
15	季力行	女	江苏省苏州市	前进大队第4小队	1968年1月	1976年8月
16	刘德才	男	江苏省苏州市	五一大队第10小队	1968年1月	1976年7月
17	刘惠珍	女	江苏省苏州市	前进大队第5小队	1968年1月	1976年9月
18	柳素珍	女	江苏省苏州市	五一大队第3小队	1968年1月	1976年1月
19	潘来娣	女	江苏省苏州市	五一大队第8小队	1968年1月	1976年9月
20	庞迈英	女	江苏省苏州市	五一大队第11小队	1968年1月	1979年7月
21	钱勤华	男	江苏省苏州市	五一大队第2小队	1968年1月	1976年7月
22	时　李	男	江苏省苏州市	五一大队第6小队	1968年1月	1976年5月
23	孙跃增	男	江苏省苏州市	五一大队第2小队	1968年1月	1976年6月

续表

序号	姓名	性别	籍贯	插队地址	插队时间	返城时间
24	王丽芬	女	江苏省苏州市	五一大队第 7 小队	1968 年 1 月	1976 年 5 月
25	王太昌	男	江苏省苏州市	前进大队第 4 小队	1968 年 1 月	1976 年 5 月
26	吴小英	女	江苏省苏州市	五一大队第 5 小队	1968 年 1 月	1976 年 3 月
27	谢明杰	男	江苏省苏州市	五一大队第 9 小队	1968 年 1 月	1976 年 6 月
28	谢玉珍	女	江苏省苏州市	五一大队第 9 小队	1968 年 1 月	1976 年 5 月
29	叶茹林	男	江苏省苏州市	五一大队第 1 小队	1968 年 1 月	1976 年 5 月
30	张　勤	女	江苏省苏州市	五一大队第 9 小队	1968 年 1 月	1976 年 7 月
31	赵小敏	女	江苏省苏州市	五一大队第 8 小队	1968 年 1 月	1976 年 8 月
32	周建明	男	江苏省苏州市	五一大队第 1 小队	1968 年 1 月	1976 年 6 月
33	朱惠芳	女	江苏省苏州市	五一大队第 7 小队	1968 年 1 月	1979 年 5 月
34	朱忠良	男	江苏省苏州市	五一大队第 1 小队	1968 年 1 月	1976 年 5 月
35	洪苏健	女	江苏省苏州市	五一大队第 2 小队	1968 年 12 月	1976 年 3 月
36	林学蕾	女	江苏省苏州市	五一大队第 2 小队	1968 年 12 月	1976 年 2 月
37	石　磊	男	江苏省苏州市	五一大队第 8 小队	1968 年 12 月	1976 年 5 月
38	石　瑜	女	江苏省苏州市	五一大队第 8 小队	1968 年 12 月	1976 年 3 月
39	王静竹	女	江苏省苏州市	五一大队第 6 小队	1968 年 12 月	1976 年 12 月
40	吴金林	男	江苏省苏州市	五一大队第 4 小队	1968 年 12 月	1976 年 8 月
41	徐务君	男	江苏省苏州市	五一大队第 5 小队	1968 年 12 月	1976 年 7 月
42	许　浩	女	江苏省苏州市	五一大队第 4 小队	1968 年 12 月	1976 年 11 月
43	袁鸣华	女	江苏省苏州市	五一大队第 8 小队	1968 年 12 月	1976 年 1 月
44	章　全	男	江苏省苏州市	五一大队第 5 小队	1968 年 12 月	1976 年 1 月
45	朱家政	男	江苏省苏州市	五一大队第 4 小队	1968 年 12 月	1976 年 4 月
46	朱梅英	女	江苏省苏州市	五一大队第 6 小队	1968 年 12 月	1976 年 1 月
47	邹保成	男	江苏省苏州市	五一大队第 5 小队	1968 年 12 月	1976 年 8 月

第三节　个人先进荣誉

中华人民共和国成立后，景村境域内党员干部和村民群众积极响应党和政府号召，积极投身土地改革、农业合作化和社会主义建设高潮，在自己的工作岗位上勤奋工作，取得优异成绩。改革开放以后，全村的党员干部和村民群众解放思想、实事求是、开拓创新、艰苦创业，在推进物质文明建设的同时，也在精神文明建设中不断进取，在宣传教育、文明创建、志愿服务、卫生创建等工作中做出重要贡献，为景村村争得了荣誉。有的获评“全国纺织工业劳动模范”“中央企业知识型先进职工”，有的获评“江苏省幼教先进工作者”“江苏省农村财会先进工作者”，有的获评“苏州市劳动模范”“苏州市优秀教育工作者”“苏州市农业科技致富带头人”“苏州市农民专家”，还有的获评“昆山市新长征突击手”“昆山市青年科技兴农带头人”“昆山市现代化农业先进个人”“昆山市优秀教师”“昆山市十大优秀青年”。详见表 12–10。

表 12–10　1953—2019 年景村村个人先进荣誉一览表

姓名	荣誉称号	授予单位	年份
王云根	部队先进标兵	某部队	1953
王雪梅	江苏省教育系统积极分子	江苏省教育厅	1956
戴凤英	江苏省幼教先进工作者	江苏省教育厅	1958
凌根林	昆山市优秀教师	昆山市人事局	1975
钱社林	个人三等功	某部队	1986
王云根	昆山市先进驾驶员	昆山市交运局	1986

续表

姓名	荣誉称号	授予单位	年份
王云根	苏州市劳动模范	苏州市人民政府	1988
郁大林	拥政爱民先进个人	济南军区	1989
王云根	昆山县双十届标兵	昆山县总工会	1990
王云根	昆山县先进复员军人	昆山县人民政府	1990
郁大林	双拥模范	济南市委市政府	1991
王秀根	苏州市教坛新秀	苏州市教育局	1991
王振秋	个人三等功	海军某部队政治处	1993
陶引弟	优秀教育工作者	苏州市教委	1993
王品泉	市食用菌生产科技先进工作者	昆山市多种经营管理局	1994
顾福良	个人三等功	昆山市政府	1995
姜金生	先进工作者	昆山市农业局	1996
景二男	嘉奖	昆山市人事局	1996
姜水生	江苏省农村财会先进工作者	江苏省委农工部	1997
姜水生	全国第三次工业普查先进工作者	苏州市人事局	1997
景二男	个人三等功	昆山市人民政府	1998
景林男	昆山市“青年科技兴农带头人”	昆山市人民政府	1998
张荣福	优秀民兵	昆山市人民政府	1998
顾坤元	先进工作者	苏州市人民政府	1998
郁大林	助工先进工作者	昆山市组织部	1998
凌菊花	集团公司劳动模范	江苏 AB 集团	1998
金巧良	全国素质教育先进个人	江苏科学技术委员会	1998
郁秀良	嘉奖	联勤第某分部司令部	1999
陆生林	苏州司法系统先进个人	苏州市司法局	2000
凌卫东	昆山市劳动模范	昆山市人民政府	2000
李　华	上海市优秀产品成果奖	上海市经济和信息化委员会	2000
顾坤元	自强模范	昆山市人民政府	2000

续表

姓名	荣誉称号	授予单位	年份
金瑞英	计划生育先进个人	昆山市委	2000
景林男	优秀党员	昆山市委党校	2001
沈香荣	见义勇为	苏州市见义勇为基金会	2001
徐震	致富带头人	昆山市人事局	2001
顾坤元	十届养殖能手	昆山市残疾人联合会	2002
景素龙	昆山市劳动模范	昆山市人民政府	2002
凌卫东	昆山市劳动模范	昆山市人民政府	2002
凌菊花	第九届“昆山市十大优秀青年”昆山市新长征突击手	昆山市团委宣传部人事局文广局青联	2003
张荣福	“四有”民兵	昆山市人民政府	2003
李　华	上海市新长征突击手	共青团上海市委员会	2003
顾坤元	百家科技兴农示范户	昆山市科学技术局	2003
顾坤元	农业科技致富带头人	苏州市人民政府	2003
顾坤元	自强模范	昆山市人民政府	2003
凌花荣	个人三等功	昆山市人民政府	2003
王　建	优秀学员	昆山市公安局	2004
凌白男	昆山供电局优秀共产党员	昆山市供电局	2005
李　华	上海市科学技术进步一等奖	上海市人民政府	2006
李　华	中央企业知识型先进职工	国务院国资委	2006
李　华	中国船舶工业集团公司科学技术进步三等奖	中国船舶工业集团公司	2006
李　华	国防科学技术进步三等奖	国家国防科学技术工业委员会	2006
郁大林	优秀共产党员	昆山市委组织部	2006
景素龙	苏州市农民专家	苏州市农林局、人事局、科技局	2006
顾坤元	苏州市农民专家	苏州市农林局	2006
郁秀良	嘉奖	苏州市人事局	2008

续表

姓名	荣誉称号	授予单位	年份
景素龙	小麦攻关一等奖	江苏省农林局	2008
李　华	年度优秀党务工作者	江南造船工业集团有限责任有限公司	2009
景素龙	兴农富民工程先进个人	昆山市委组织部、农业委员会、科技局	2010
凌菊花	全国纺织工业劳动模范	中华人民共和国人力资源和社会保障部等	2010
郁秀良	个人三等功	苏州市税务局	2010
李　华	企业管理现代化创新工作一等奖	上海市人民政府	2010
景林男	个人三等功	昆山市人民政府	2011
王晓楹	昆山市优秀新闻工作者	昆山市宣传部、人力资源和社会保障部	2011
郁大林	全国机构编制工作先进工作者	中华人民共和国人力资源和社会保障部、中央编制委员会	2012
李　华	科技进步二等奖	上海市人民政府	2012
李　华	企业管理创新成果三等奖	上海市人民政府	2012
李　华	年度优秀党务工作者	上海市人民政府	2012
王振秋	优秀共产党员	昆山市卫生局	2012
张　鹰	中国烹饪大师	中国饭店协会	2014
凌福明	苏州市劳动模范	苏州市人民政府	2015
张　英	苏州市红十字工作先进个人	苏州市红十字会	2015
景晓红	昆山市优秀班主任	昆山市教育局	2015
李　华	第 23 届国家企业现代化管理创新工作二等奖	全国企业管理现代化新成果审定委员会	2016
李　华	年度优秀党务工作者	上海市人民政府	2016
景素龙	优秀共产党员	昆山高新区党工会	2016
王晓楹	苏州市广播新闻一等奖	苏州市文化广电新闻出版局等	2016
金巧良	江苏省民办学校最具创新力校长	江苏省教育专业委员会	2017

续表

姓名	荣誉称号	授予单位	年份
景林男	春运工作先进个人	昆山市人民政府	2017
景二男	关心下一代突出贡献奖	昆山市教育局	2018
张　英	昆山市优秀班主任	昆山市教育局	2018
景晓红	援疆支教工作先进个人	昆山市教育局	2018
景晓红	昆山市最美人民教师	昆山市人民政府	2018
王利华	昆山市最美人民教师	昆山市人民政府	2019
凌志龙	昆山市现代化农业先进个人	昆山市人民政府	2019

第十三章　村民忆事

景村村从2个大队（村）到1个建制村，从5个自然村到1个居住小区，在村域的变迁过程中，留下许多难以忘怀的情景和生动感人的故事。有留下些许遗憾的陆家港的消亡、王记茶馆铺，以及时运庙、十八弄等故事；有记述村民家国情怀，成为美谈的村民摇船送军上前线、一家三代从军记；有记述村民创业艰辛的收废品、烧砖窑、制木船等；还有记述村民历史回忆的土地改革、学雷锋、学大寨、知识青年下乡插队等。村民们在这一件件国事家事之中，都曾有过热烈的响应，积极的参与，并留下了难忘的经历，喜悦的收获。此外，记述景村村第一的往事及传说，让村民们在回顾以往岁月时，眼前浮现出一幅幅生动的历史画面。

第一节　村事记忆

一、陆家港的消亡

很久以前，在景村南大江西约500米处，南距吴淞江300米的地方，有一条东西向的河流，名叫“下白溇”。下白溇东出口接南大江，西接南北向的陆家港，两河的接口形成了一个“7”字形。在两江的拐弯处及陆家港口两岸，有座100多户人家的村庄。村中的房屋依港而建，在村南和村北分别有一座黑庙和一座红庙，村周边是大片的农田，这个美丽的村庄名为陆家港。

村庄的富饶与繁荣在附近有名，这也引起外界的关注。村庄距离吴淞江很近，而且有一条江直通村内。在旧社会，吴淞江常是强盗出没的主要水路，强盗盯上这个村庄后，富裕一点的家庭经常被洗劫一空。村民觉得在此居住无安全感，就开始向别的村迁徙，还有的去外地投靠亲朋好友。

村庄内的一些村民户搬离后，强盗对陆家港村的抢劫并没有减少，贫困家庭转而成为被抢对象，抢劫的次数也越来越多，从一年几次到一个月几次。强盗不但抢劫村民的财物，还危及村民的生命安全。村民陆火荣的父亲陆金生，因实在拿不出财物，而被强盗烧死，陆火荣的母亲就因说了句“弟弟，我认识你的”而惨遭杀害。村民越来越恐惧，凡是能找到落脚点的村民户都逃离了村庄。数年后，村庄里的常住户只剩下10多户。但强盗的抢劫依然没有停止，还有驾网船的“渔民”结伙入村抢劫，有时甚至白天也要进村抢劫。

1947年，陆家港所有村民户都被迫搬走。据当事人回忆，陆家港的村民共搬迁到8个村庄，其中陆稻香和陆静香两户搬到景村。1949年，陆家港成了一片废墟，村民记忆中的“大陆家港村”早已不复存在。而原来的“小景村”变成了“大景村”，村庄范围涵盖了已消亡的陆家港。

二、打供醮

打供醮是旧时庙会中一种有代表性的祭祀活动，目的是感谢神灵带来收获，祈求来年风调雨顺、五谷丰登，给家庭求得平安、消灾免难。打供醮开始时，先要在庙堂供奉各路神仙，然后派一部分村民到田野里每个字圩上插上幡子(一种直挂在竹竿上的长条旗帜)，其他村民排着长长的队伍，举着佛像和幡子，敲着锣，随着道士念着的佛经在村子的每条弄堂慢慢行走，每到弄堂口都要点燃香烛。最后回到庙堂围着每个佛堂转三圈，待到田野里插幡子的村民也回来了，打供醮活动才宣告结束。打供醮一般由几个村庄联合组织，景村经常与杨庄、式庄、马庄、杨家庄、高家甸等联合，6 个村庄轮流举行。每年农历的三月初三、四月初八、九月初九这三个吉祥日都会举行打供醮，一般一天安排两个村，分上午、下午举行。轮到哪个村组织，这个村的每个村民户必须派人参加，其他的村派代表参加。打供醮活动结束后，幡子被交给下次组织活动的村的村民代表。打供醮这项民俗活动，在 1966 年“破四旧”时被作为“四旧”而取缔，之后再没恢复。

三、王记茶馆铺

过去，在景村自然村的村中心有一幢三间草房，住户名叫王小弟。从 40 年代开始，王小弟就在此房的客堂开设王记茶馆铺。

王记茶馆铺面积不大，放置了几个小方桌和 10 多条长凳。每天清晨，店主王小弟和妻子起床开炉生火，待茶客来时茶水已开，茶具已备。来喝茶的大都是村里上了年纪的人，也有少量茶客来自邻村。茶客陆续进店，他们以熟悉者、投机者、商议者各聚桌而坐，有的高谈阔论，有的窃窃私语，店内显得热闹非凡。

夫妻俩分工明确，王小弟负责烧水出吊，妻子负责送水上桌，因此，村民们给他们分别起了“出吊”和“送嫂”的雅号。茶客们谈论着小到家庭琐事，大到社会大事。农闲时，大多数人都要在此“泡”上一上午，他们喝茶闲聊，时不时品尝着从小贩处买来的小吃。50 年代后期，集体生产出现，王记茶馆铺关门停业。

四、时运庙

清同治三年（1864），当时的政府筹资并选址在景村自然村的西北角，南大江、北大江与后浜的交汇处，建起一座庙，即时运庙。整座建筑呈三进，每一进呈现“井”字型，坐北朝南，大门是两扇厚重的木门。进入大门，第一进是大雄宝殿；第二进左侧为城隍堂，右侧为孟将堂，中间安放着大型香炉，院内种植银杏等树木；第三进为太太堂，两侧分别是佛堂。庙中的佛像有大有小，大多数佛像都用木头雕成。

时运庙建起来后，每逢农历的初一、十五，本村的村民及邻村的百姓都会到庙里烧香拜佛，且每年还要开展一次“打供醮”活动。当时的地方政府划拨农田 3 亩，指定专人代耕，所获得的收益作为守庙人的生活费用和庙宇的修缮费用。至中华人民共和国成立初期，景村村民凌阿和仍然是该庙的守护人。60 年代初，庙内的佛像已被基本清除，但庙宇建筑还在。到 60 年代中期，时运庙被拆除，庙宇的建筑材料被五一大队利用在庙址上建了 480 平方米的大礼堂。时运庙从此在景村这一块土地上销声匿迹。

五、民间武装遭袭

1937 年，景村的时运庙里住着一队来自太湖地区的民间武装。这个武装队伍有 10 余人，为首的叫王仁珠。他们声称是保护村民，平时主要靠为村里的富户武装押运而赚钱生存，但手头拮据时也要去做一些偷鸡摸狗的坏事。

1942 年 5 月的某天夜里，这伙人去偷盗驻扎在县城里的日军的物资。几天后，日军查到了偷盗人的驻扎地点，确定这伙人就住在景村的时运庙中。有天凌晨，一队日本兵突然包围时运庙，以王仁珠为首的武装人员，除有 1 人因早起上厕所发现情况不妙而涉水逃走外，其余人员全部被抓，同时被抓的还有村民张阿宗、张阿虎等。之后，日军叫村里的长者辨认是否有本村人，经确认后村民张阿宗、张阿虎等被释放而幸免于难，其余人员全部被带走并被枪杀。这支民间武装从此消失。

六、日机轰炸吴淞江

1937 年 8 月 13 日，淞沪会战爆发。国民政府组织民工支前，大量的物资都要通过吴淞江运往上海，吴淞江因此成为日军空袭的重要目标。而景村最靠近吴淞江，当时村民不了解情况，纷纷摇船逃难进入吴淞江，在芦苇荒草滩避难。

1937 年 8 月 18 日上午，吴淞江中有一队支前船队经过，并与景村的逃难船只相遇，江中的船只立即引起了日机的注意，于是日机对船只进行狂轰滥炸。当时的江面上爆炸声不断，火光四起，哭喊声令人心颤。轰炸持续数十分钟，支前船队中一条运输食糖的大船被炸毁，景村的逃难船队也被炸毁多条，炸死炸伤多人，陆凤清家的一儿一女、杨台家的儿子不幸遇难，景美梅的一个亲属被炸得尸骨无存，还有杨金泉的妈妈炸伤了大腿，谢招大的左手也被炸伤。

这一悲惨事件印证了日军侵略中国犯下的滔天罪行，景村人永远不会忘记。

七、摇船送军上前线

1949 年 5 月 11 日，驻扎在正仪镇的解放军接到命令，要解放昆山。当时国民党军队在正仪到昆山的陆路通道上都设有重兵防守，为最小限度减少解放军部队的伤亡，经部队首长和正仪的中共地下党组织讨论，决定组织景村村民组成船队，沿吴淞江送解放军到陆家浜的龙王庙登岸，从西、南两面攻击昆山守敌。

景村村民在中共地下党组织的动员鼓励下踊跃报名，很快组成一支以陈小春带头的 130 多人的送军队伍，其中有一位叫凌招大的孕妇也积极参与。当日夜间，60 多条农船组成的支前船队，满载着解放军战士，趁着夜色，连夜摇船把解放军战士送到陆家浜龙王庙。

解放昆山的战斗打响后，支前的民工又积极参加担架队。5 月 13 日，昆山解放，景村的支前民工也满怀胜利的喜悦摇船回村。在回村途中，孕妇凌招大在船上产下一名男婴。为纪念解放昆山的这一送军行动，该男孩被取名为“解放”。

八、芦墟血案

1975 年 1 月 22 日，农历新年将至，郁港里的村民方巧福、张瑞根、颜素民三人驾着帆船去吴江芦墟镇购买旧木料做家具。

船停靠在芦墟镇观音桥的石驳岸旁，三人睡在船艄，船艄用油布遮盖。23日凌晨2时左右，方巧福听见船艄里有声音，随口问是谁。只见有个人站在他的左边，那人听见声音，随即用右手握的刀，对着方巧福的咽喉刺过来。方巧福一边躲避，一边大声呼救。凶手第一刀刺中了他的咽喉，划破了气管，接着第二刀又朝太阳穴刺来，因躲避迅速，这一刀只是在他头皮上划开一个口子。紧接着凶手的第三刀对着方巧福的胸口刺来，因在船艄里难以避开，方巧福只能用双手抓住尖刀推开凶手，方巧福右手被划破，血流如注。这时，张瑞根钻出船艄跳到岸上大声呼救，睡在方巧福脚边的颜素民也闻声抬起头来，惊吓地发出“喔唷”的叫声，凶手听见叫声，立即放开方巧福，刺向颜素民，刀子刺进他的右眼刺坏了大脑神经，凶手拔出刀子拔腿逃走。

在岸上的张瑞根把方巧福拉上岸，并扶着他去敲芦墟镇革委会的大门。镇领导闻讯立即来到现场，安排民兵送方巧福到镇卫生院。民兵到船中为方巧福取衣服时发现颜素民晕倒在船艄里，立即也把他送到镇卫生院抢救，因二人病危都被转送至苏州第一人民医院救治。方巧福治疗1个月后痊愈，颜素民因伤势过重，经10天抢救无效后去世。

九、收废品

80年代初，农村实行家庭联产承包责任制后，景村的不少村民在做好农事的同时，开始外出收废品，开拓了一条新的增收致富之路。

1983年下半年，村民金银根父女利用农闲时间，摇着小木船到甪直、张浦等乡镇，低价收购各种废金属、废塑料、废纸品等，返村后把废品卖给浙江的收购商，从中获取差价，取得了可观的收入。

金银根父女收废品赚钱的事，让景村的其他村民颇为动心，于是很多村民都推着板车、骑着三轮车、摇着农船到邻近的各个乡镇、县城，甚至到苏州、上海收废品。收废品队伍将整车、整船的废品源源不断地运回景村，待浙江商贩的大船装满后运往炼铁厂、塑料制品厂、造纸厂。收废品的生意变成整个景村的集体行动。

景村人收废品的生意越做越大，除了走街串巷收买的小生意外，还承包了工厂、商场、单位的废料，只要有废品的地方都有景村人的身影。收购工具从小秤改用地磅，手摇船改成机动船，小船换成大船，甚至换成上百吨的大铁船、载重货车。收废品成为80年代景村村民最重要的产业，全村近400户人家，超90%的农户从事过收废品行业。至2019年，依然有不少景村村民穿梭在大街小巷、厂区、商贸区收购废品。

十、张蟹

80年代，自然繁殖的螃蟹在景村境域内的河浚田沟里经常可见。每到金秋十月，村民用扎、钓、挖、张等不同的方法进行捕捉。其中“张蟹”的方法更为普遍，不仅捕捉量大，而且不损伤螃蟹的肢体。

张蟹前要做准备，用丝线或棉线编织成长10—15米，高0.8—1米的网，网格为正方形，边长约6—8厘米。在网的上边和下边分别设置总纲。在上纲上每间隔10—15厘米捆扎一个用海绵泡沫制成的浮头；在下纲上每间隔8—10厘米捆扎一个用金属制成的沉头。浮头和沉头的标准是确保蟹网在水中能张开直立。根据蟹网的长度，选一根长于蟹网1米多的较牢固并且有柔性的竹竿，在竹竿的顶端开一个口子。

张蟹要选择河道相对平坦的地方，在河岸上挖2—3个阶梯，称为蟹滩，用于脚踩、存网、蹲坐和放置灯火，并把蟹滩四周铲平清除干净，同时下网位置河道中的水草杂物也要清除干净。

每年的农历九月下旬，“西风响，蟹脚痒”，河中的螃蟹会顺水漂流，张网捕蟹的季节来临，月明风微是最佳的张蟹日子，每晚的太阳落山时到晚9点这一时段为高峰。做好点灯、拆网等准备工作后，把蟹网的上纲插挂在竹竿顶端的口子中，用竹竿向水流上游方向呈80°左右向对岸伸送蟹网，也可同时张2道网。蟹网沉入河底后，拉住下纲轻拉轻放3次，以使蟹网完全下沉河底，避免螃蟹从网底钻过漏网。接着把网的上纲轻扎在用细柳枝做成的标杆上（标杆竖插在土中）。当螃蟹撞碰蟹网时，柳枝标杆就来回摆动，到标杆直线下拉时，捕手先拉下纲一把，再上纲、下纲同时拉，蟹网就形成一个网兜，螃蟹就被裹在网中，有时收一网可捕到很多螃蟹。

十一、三代从军

朱家厍有一徐姓家庭，先前所生的两个子女都因病早夭，后又生一子，取名“旱狗”，用畜名取名，以求平安长寿。1953年春天，徐旱狗成年娶妻。受当时国际环境影响，他抱着保家卫国的信念毅然报名从军，离开新婚的妻子，奔赴朝鲜战场。他作战勇敢，受过伤，立过功，并在战场上加入中国共产党。是年，他随部队胜利归国，于1956年7月退伍回乡，先后担任前进大队的队长和大队党支部书记。

徐旱狗的长女与杨庄的沈社明订婚的那年冬天，沈社明体检合格，被推荐为入伍对象，在双方家属的支持下，他离开了热恋中的未婚妻，于1976年2月参加了中国人民解放军。由于他在部队表现积极，很快便加入中国共产党。1981年退伍后，沈社明先后任正仪水泥厂中层领导和郁港村党支部书记。

沈社明之子徐学华，中学毕业后，继承爷爷和父亲的衣钵，于1999年参加中国人民解放军。

半个世纪内，一家三代相继从军，在景村村域内成为佳话。

十二、土窑烧砖

60年代的郁港里和殷家巷，共有农户28家，人口159人，而农田面积只有238亩，是个僧多粥少、人均收入全县最低的有名的贫困村。“男的难找妻，女的往外飞”成为当时这两个村庄的突出现象。

穷则思变。郁港里和殷家巷的村民不甘现状，大家集思广益，商讨决定建个土窑来烧砖瓦。他们的想法得到昆山县委的大力支持，县委批复贷款资金3 000元，作为办窑的启动资金。

1967年，村民们从陈墓镇请来几个师傅指导建窑，同时派人到陈墓镇卫星大队学习烧窑技术。土窑厂建成后，一年烧制12窑，每窑烧砖7万块及少量瓦片。附近的村民都来购买，有的也用稻麦草等燃料折价调换。

土窑厂的工作非常辛苦，因当时没有水泵抽水，需要由人力挑水到窑顶，把水灌注到窑内。出窑时，烧窑人员冒着窑内高温把砖瓦搬到窑场上，烟灰把人们涂成了“黑人”。但是，功夫不负有心人，村民们的艰辛换来了郁港里和殷家巷面貌的改变，村里的人均收入提高了，村民普遍盖起新房，两个村也脱掉了贫困村的帽子。

从1967年到1984年，郁港里和殷家巷的土窑厂共开办17年。之后，土窑厂因村里劳力外出务工和大型砖瓦厂的崛起而停办。

土窑厂旧址（1976年，王秀根摄）

十三、木制农船

景村村域内过去的运输工具主要是木制农船，大船用于庄稼收获、售粮和到远处运肥等，载重量一般在4—5吨。中小船主要用于就近积肥和上街购物等。农船的动力除了靠摇橹，还有的靠风帆，村民称之为“驶篷船”。

1938年，景村戴姓木匠召集几个同行开了一家船厂，为村内及周边的村民定制木船。

20世纪70年代，村民划木制农船去售粮（1978年，景二男摄）

造船主要的材料是杉木，还要用到一些硬质的木料，如柏树木、榆树木等。且木质越老越好。一条船从船头到船艄，由许多部件组成，每一个部件都有特定的名称，单一支橹就可分橹头、橹苏、橹床、橹板、橹叶、橹箍等。木船的船体是用长木板拼装起来的，船底是由五块木板拼装成的，俗称“五底”。从五底往上圈起来的是“旁板”，两边旁板要对称。旁板上口装上“肋石”“扁欠”“小子口”，两旁还要装上“肋木”。整个船体呈弧形，船头和船艄略翘。船体中间部分为船舱，船艄与船舱部分还有“隔节”。船头和船艄都要装上“龙骨”

“水传”“平基”，水传和平基是活络的，这样，人们可以站在船面上干活，而且河水、雨水再也不会流进船头和船艄里了。

一般船的船头和船舱用来装货物，船艄用来住人。船艄里面铺好地屏，有行灶架子，放置煮食物的行灶，还有放置食物和碗筷的小橱等，适合在船上较长时间的生活。

驶篷船行驶时先是竖桅杆（俗称樯子）。樯子是整根圆木杆，长一般超船体约50厘米，根部直径约25—30厘米。在顶端固定一个滑轮，穿好麻索用作升降风帆之用。樯子的根部做成正方形，行驶前，把樯子插入帆潭，在梁面上用樯夹板固定住樯子，樯夹板由樯销撑开。然后是升风帆（俗称篷），风帆是用棉布缝成，用竹竿制成十几叶，一端用绳索连着套住樯子，另一端制成撩脚，用以控制风帆的角度。行驶时还要用到戗板和舵（俗称水关），作用是保持船能直线前进，用以控制帆船的方向。

木船需要维修和保养。每到夏季，人们就在水中给木船翻个身，把船底的青苔等杂物清除干净，然后把船拖到岸上。待船干后请木匠进行修理，把腐烂的木板换掉，漏水的缝隙重新用麻丝和油灰填满填实。修好的船，在烈日下暴晒，当船板上出现细麻缝时用熬制到70 ℃的桐油刷一遍，待稍干后再刷，一般要刷3遍，等油全部干透后把船放下水。除突然意外损坏要立即修理外，木船一般都是每年维修和保养一次。

十四、换糖

60年代末至80年代初，景村的小弄堂里时常会出现“抱大”（换糖做生意人的别名）的身影。他肩挑担子，口吹笛子，做着换糖的生意。在挑担的前后箩筐中，一个放着“敲糖”的糖块、小丸糖、山楂片等零食，以及女性头戴的发夹、头绳及小日用品；另一个盛放用货换来的破布、废铜烂铁等。那时能换糖的废品种类很多，有牙膏壳、鸡鸭鹅的毛、各种跑鞋雨鞋、鸡里黄、肉骨头等。“抱大”根据废品质量和数量来决定换取食品或用品的数量，在交换的过程中时常会听到“饶一点”（加一点）的说法。“敲糖”是用饴糖做成的一块直径约40厘米的圆薄块。“抱大”左手持刀片，右手持敲棒，敲出一个个小糖块。那时候，一听到吹笛声，就知道换糖的“抱大”来了，小孩或大人都开始在家里寻找能换的废品，等待着换取食品或小用品。

十五、宅基地合同

景村是苏州地区闻名的村庄大、人口密度高、宅基地紧的自然村，其中宅基地是寸土寸金。因此，前后左右邻居在建房时，都要签订一份关于宅基地分配的合同书，其中涉及的内容包括房屋前后左右的长度，房屋类型、高度等方面。合同除了协议人签字外，还需要有大队领导和生产队领导见证签字。

十六、分家书

分家书是在没有公证机关和缺乏公证意识的年代里，一户家庭中多个子女均成家立业时采用的一种家产分配的民间协议，它在一定程度上具有法律效力。由于当时的经济条件差，分家的财产很有限，主要涉及住房、钱币、家具、生活用品及长辈赡养等方面。其中除了分配条款外，需要有分拨合同人（受分配人）和中人（证明人）签字。

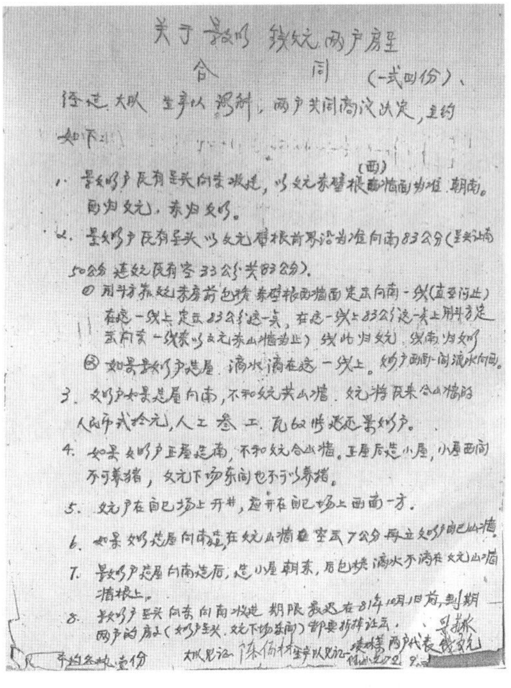

邻居间的宅基地合同（2019 年，景素龙摄）

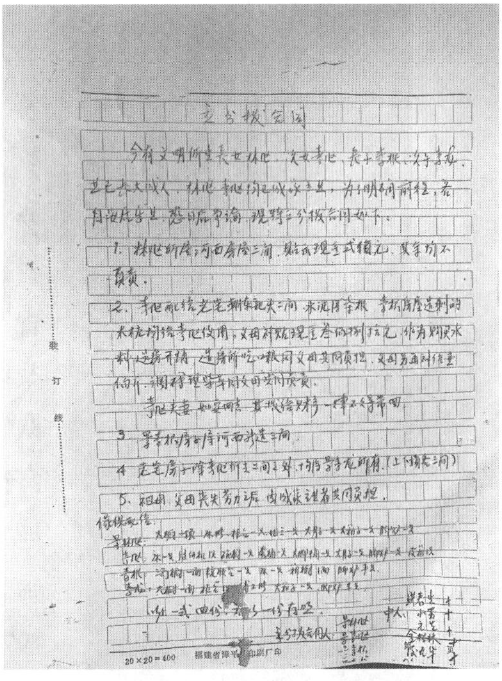

分家书（2019 年，景素龙摄）

第二节　历史印记

一、土地改革

中华人民共和国成立初的土地改革，使景村境域内的贫苦农民有了自己的土地。土地改革时，经调查核评，景村有地主 5 户，富农 6 户，中农 26 户，贫农 31 户，雇农 6 户；杨庄有富农 1 户，中农 26 户，贫农 30 户，雇农 1 户；朱家厍有富农 3 户，中农 10 户，贫农 15 户；郁港里（含殷家巷）有富农 3 户，中农 10 户，贫农 12 户。

二、上山下乡

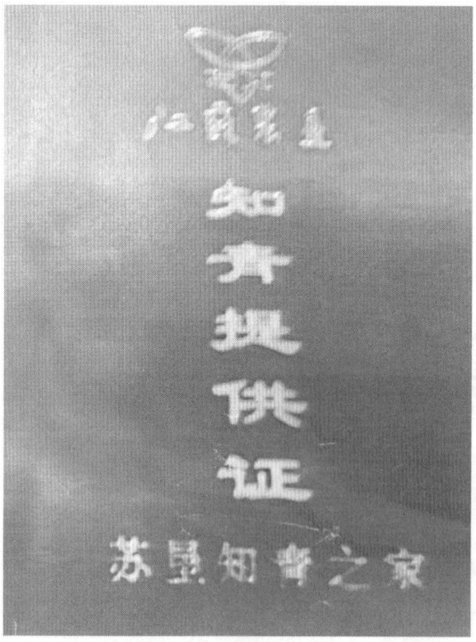

知青提供证（2019 年，景二男摄）

1968 年 12 月，大批来自城镇的初高中毕业生响应号召，踊跃报名上山下乡，到农村插队落户。五一大队有 2 批共 40 名插队知青，分别被安排到 11 个生产队。前进大队共接收 7 名插队知青，分别安排到 7 个生产队。插队知青与社员同吃、同住、同劳动。2 个生产大队为了照顾这些知青，以及更好地发挥知青的长处，便安排他们做民办教师、“赤脚”医生、代销店营业员等。从 1978 年开始，根据中央的指示精神，这些知青被逐步上调回城。至 1979 年，除已在本村成家立业者外，其余知青全部离村。

三、安家落户

60年代初开始，为精简城镇职工，压缩城镇人口，一批城镇居民携全家到农村安家落户。昆山的李福生、正仪的姜腊子分别落户到五一大队和前进大队。他们与生产队社员同工同酬同生活。80年代中期，姜腊子按照“农转非”政策返回正仪镇。而李福生一直扎根在景村，其子女在景村成家立业，他本人于1992年在景村病逝。

四、学雷锋活动

1962年8月15日，年仅22岁的解放军战士雷锋因公殉职。1963年3月5日，毛主席向全国发出“向雷锋同志学习”的号召。此后，全国掀起学习雷锋活动。男女老少都学雷锋做好事不留名。那时，社员做好事主要是在夜间为生产队干农活。每当夜幕降临，时常会有人结伴，拿着农具悄悄出村，给生产队割青草、翻潭、拍麦泥等，一干就是两三个小时。几乎每天都会发现有一些农活被无名人士完成，而且社员做了好事，相互之间会保密。有的小学生也跟着父母一起去做好事。此后的几十年中，学雷锋活动在村里持续开展，发扬雷锋精神成为精神文明建设的重要内容。

五、农业学大寨

1964年，“农业学大寨”运动在全国开展。五一大队和前进大队响应号召，积极投入到学大寨的运动中，学习大寨自力更生、艰苦奋斗的精神，组织大批劳力，用箩筐扛、用簸箕挑，开展平整土地和农田基本建设；推行田块方正化，做到每块农田统一大小和方向，分别挖筑进水沟和排水沟；组织进行大寨式评工，采取个人自报、社员互评方式，工分不仅与工作量挂钩，还与思想表现挂钩。

六、灭钉螺

五一大队和前进大队地处江南水乡，民国时期和中华人民共和国成立初期，因环境和医疗等原因，很多村民都患上血吸虫病。这些患者面黄肌瘦，甚至失去劳动能力。1958 年 7 月，全国范围内开展持久的灭钉螺工作。各大队有专门的灭钉螺领导班子和专职的灭螺队伍。

五一大队和前进大队在60年代中期，掀起消灭钉螺、消灭血吸虫病的高潮，通过翻土覆盖、药物喷洒、手工捕捉等方法消灭钉螺，并通过对血吸虫病患者进行针剂、油剂治疗，使患者恢复健康。经过 20 多年的努力奋战，境域内终于在 80 年代末彻底消灭了血吸虫病。至今，景村村仍有查螺小组，每年定期进行查螺工作，防止血吸虫病死灰复燃。

第三节　景村村第一

景村村虽远离城镇，无经商、交通等方面的优势，但村民们勇于创新，大胆创业，从编草辫、搓绳、打草包、纺毛到买船运输，从收废品、水产养殖到大农户种植，其间涌现出一批批先行者，他们成为村域经济发展的开拓者。详见表 13-1。

表 13-1　1934—2004 年景村村第一一览表

序号	类　名	年份	姓　名	村（大队、社）
1	第一位小学校长	1934	张学界	景村自然村
2	第一位加入共产党	1952	陆巧生	景村自然村
3	第一位大学生	1964	陶金水	前进大队
4	第一位电工	1965	金银元	五一大队
5	第一位“赤脚”医生	1968	徐友良	五一大队
			杨宝元	前进大队

续表

序号	类　名	年份	姓　名	村（大队、社）
6	第一位民办教师	1968	景二男	五一大队
7	第一台缝纫机购买者	1970	顾坤元	前进大队
8	第一位火化者	1971	景云泉	五一大队
			方二观	前进大队
9	第一台电视机购买者	1976	景二男	五一大队
10	第一个领取独生子女证	1979	景凤良	五一大队
			陆杞荣	前进大队
11	第一位造楼房	1982	陆菊泉	五一大队
			张泉根	前进大队
12	第一位购买运输船	1984	景宗生	五一村
			汤义元	郁港村
13	第一位广播线路员	1985	姜祥生	五一村
14	第一位水产养殖户	1985	徐花生	五一村
15	第一位老年协会会长	1989	唐泉根	五一村
			顾金生	郁港村
16	第一位入住敬老院	1990	郁小弟	郁港村
17	第一辆摩托车购买者	1991	汤文明	郁港村
18	第一位安装固定电话	1993	陆文法	五一村
19	第一位种田大农户	1994	钱伯元	五一村
20	第一部手机购买者	1994	徐　征	郁港村
21	第一辆汽车购买者	1994	景凤男	五一村
22	第一个动迁户	2004	周云根	景村村

第四节　故事传说

历史上，景村村域内留下了许多故事传说，如“养囡桥”显爱心、“杨百万”现兴衰、“屈家坟”展孝心、“九千浜”露神秘等。这些故事传说世代相传，流传至今。

一、养囡桥

传说乾隆年间，景村境域内外缺桥少路，通行不便。式庄与景村之间有一条无名河，村民来往须用船摆渡。当时有一金姓村民在此搭建草棚，靠摆渡赚钱为生。

有一天，一景姓孕妇外出回景村，行至摆渡口时突发腹痛，临近分娩，无法回村。好心的摆渡人金某见状赶紧把她扶进草棚，并叫来“老娘”（民间接生者）帮忙，孕妇顺利生下一男孩。男孩长大后，勤奋好学，考上状元，被聘为一方官员。他为官期间，注重建桥修路，方便百姓出行。他筹集资金，选用上好的石料，在自己出生的地方建造了一座石拱桥，取名养囡桥，无名河也因此得名养囡河。

养囡桥东西走向，桥面宽约 2 米，桥面两侧分别由斜置的巨石构成护栏；桥洞宽约 3 米，桥洞两侧刻有文字；桥顶刻有牡丹花状的图案。养囡桥历经 200 多年仍完好无损，直至 2000 年，因该地被征用而被拆除。

二、杨百万

传说古时一挑货郎在苏州上方山附近遇到一道士，道士告诉他要想发财就应朝东南方向去，到一个杨姓人家较多的地方定居。挑货郎听后牢记在心，挑着担子一路往东南方向走。他来到一处村庄，探问得知这地方有许多姓杨的人家，村名叫杨庄。挑货郎听后大喜，杨庄谐音“羊壮”，羊壮就是羊肥，肥有富贵之意，于是决定在此定居。

他选择一块风水宝地——杨家坟，开始破土造房。在开挖房基时，果然挖到很多金银财宝。有了本钱，他又拓地造房，共计建造正房 548 间，东到庙堂江，南到瑶池浜（姚树浜），西到周家浜，北到北港，面积达 20 多亩，被称为杨家宅基。凭借雄厚的经济实力和当地发达的水路，他的生意也越做越大，逐渐成为方圆百里的首富，人称“杨百万”。后来，杨百万在瑶池浜修建一座荷花池。传说天宫王母娘娘听说人间有瑶池，便每年带仙女们下界到瑶池浜游玩，并在荷花池洗澡戏水。杨百万为人善良，大家都愿意给他打工，并推荐他为庄主。村庄兴旺、百姓富裕、生活安定，杨庄成为远近闻名的富乐庄园。随着家业的不断壮大，杨百万感到还缺少一些下场屋来作杂货间。于是他在东南角建起杂房几十间。杨百万的家业进入鼎盛时期。

时隔几年后的一天，杨家宅基突发火灾，大火连续烧了三天三夜，十几里外都能望见火光冲天。这场火把杨家基业烧了个精光，杨家从此败落。杨家宅基后来被称为火烧宅基。70 年代，一些村民在杨家宅基建造民房，除挖到了一些古币外，还挖到一些破碎的缸、钵、碗等，以及各种建房材料，证实了当年杨家宅基的存在和兴旺。

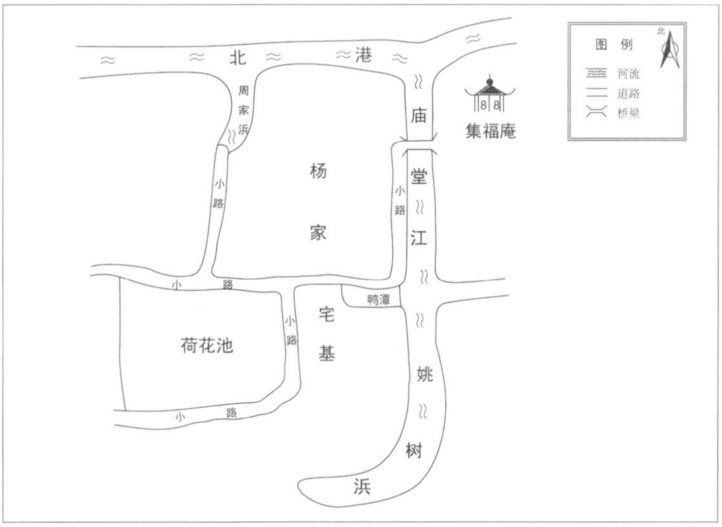

杨家宅基遗址示意图

三、屈家坟

传说在殷家巷东侧有一片3亩多的墓地，墓地地势较高，坐北朝南，东、西、北三面环水，南面是一望无垠的平地，视野十分开阔。

清咸丰年间，上海有一屈姓富豪，房地无数，家产万贯。为给祖先找一块安葬入土的风水宝地，他踏遍方圆几百里，最终选中该地并买了下来。屈姓富豪请劳工把该地进一步堆土增高，并在四周开挖护坟沟，择日把所有祖先的坟墓全部移至该地，并按祖先辈分依次排列，竖上墓碑。最后又在四周护坟沟边缘种上带刺的苟菊莲（树），意为抵御外姓亡人入侵，此坟取名“屈家坟”。

四、张狗弄

清光绪年间，有一位名叫金少卓的壮士为躲避战乱，携父母、妻子逃难来到景村并在此定居，夫妻俩共生育4个儿子。数年后，4个儿子长大成人，大儿子先婚，娶的是吴淞江南面唐村西北湾一家姓季的富裕人家的女儿。随同季小姐嫁来的有一船财物和三亩良田的田契，同时还有一船“水”，寓意有财有水（势）。季小姐的嫁入确实给金家带来了好运，此后数年，金家给另外3个儿子娶上媳妇，购买田产，添置大型农具，还在弄堂的两边建造了很多房屋。为了让小脚的季小姐行走方便，弄堂的路也用碎石铺成了石子街。为了农船进出方便，金家还专门出资把前浜西出口的小桥翻高拓宽，并且在南大江边金家的田里筑造一个大坟，坟中设有13个墓穴。但金家大坟冲撞了荷包村的风水，荷包村的村民请来一位阴阳大师破法，大师指点村民在金家大坟上偷偷打上3个石桩。从此以后，金家逐渐开始衰落，金家的后代染上赌博等恶习，先是变卖田地，后又变卖房产。靠北面的圆堂卖给了金姓大地主，他为了将圆堂和其他房子隔断，就在其间砌了一堵墙。从此，这条金家的弄堂成了景村独一无二的断头弄，不知何时有人给取了一个“张狗弄”的名称，由此“张狗弄”名流传至今。

五、九千浜

传说景村村域内有一区域，东连东尤泾江，南连吴淞江，西连界浦河，北连娄江，因河流纵横交叉，水网密布，尤其是位于殷家巷西侧的河浜更为密集，此处被大家誉为“九千浜”。在没有公路、铁路的年代，水路船运是主要的运输方式，九千浜成为远近闻名的水陆交通枢纽。当地有一殷姓商人，因靠船队运输发迹而成为名门望族，殷家巷也因此得名。

抗日战争时期，日军曾由水路进攻殷家巷。当日军船队驶近殷家巷西侧河浜时，迷雾突起，日军迷失方向，遂抓来附近村民询问，得知船队正处于九千浜。但翻译官把九千浜误译成“九千帮”，日军指挥官听后恐有埋伏，于是连忙命令船队撤退，后日军不敢再路经九千浜。

六、空城计退强盗

景村自然村位于水上交通要道——吴淞江北侧，在兵荒马乱的年代，此地理应成为强盗经常光顾之地，但实际情况并非如此。中华人民共和国成立前的几百年里，景村遭强盗抢劫的事件寥寥无几，原因是强盗行船从吴淞江进入景村有 3 条河道，其中孟田江和双蒲港两条河道是“死浜兜”，还有一条河是南大江。南大江的显著出口通向式庄，所以通向景村的进出口往往被忽略。此外，景村的财主还拥有枪械。

传说在民国时期一个夜黑风高的深夜，一伙强盗悄悄摸进景村，但被巡更人发觉，巡更人立即告知村里的首富金文俊。金文俊等人立马登上岗楼观察情况，发现强盗众多，仅凭几个家丁和几杆老爷枪是根本无法抵御的。金文俊灵机一动，一边吩咐鸣枪，一边大声喊着“快把机枪和子弹抬上来”（事实上他根本没有机枪），同时叫上所有家丁大喊“捉强盗”。强盗们听其呼声，看其架势，深感大势不妙，遂落荒而逃。此事传出后，强盗们再也不敢来景村“做客”了。也因为如此，前来景村定居的老百姓越来越多，景村逐渐壮大成为苏州地区人口最多的村庄。

七、唐泾桥

景村自然村东邻西尤泾江，河的东西两面还分布着不少村庄，而整条河上却没有一座桥，人们走亲访友、外出办事要过河时，只能依靠小木船摆渡。后来，一位唐姓有识之士筹集资金，在景村正东方的西尤泾江上建造一座石桥，取名唐泾桥。该桥有一个奇怪现象，行人踩在桥面上时石板总会发出“咯咯”的声音，据说是故意为之。过去村庄晚上无照明设施，人、畜走在桥上容易相撞。通过设计使桥发出“咯咯”的响声，一方面有示警的作用，另一方面也能为走夜路的村民壮胆，这种桥还被称为“响板桥”。

八、殷家巷的衰落

殷家巷周围是良土肥田，非常适宜粮食种植。传说民国时期，殷姓、方姓两家来此定居生活，其中殷姓占绝大多数。殷姓人家依靠水路运输赚钱，比较富裕；而方姓大多数比较贫穷，依靠长年外出做长工生存。村庄后取名殷家巷。

殷家巷村民日常生活用水的唯一来源是殷家巷浜，该河的东入口是西尤泾江，西面是长约2 000米的“死浜兜”，河道长期处于不流通的状态，水质极差。久而久之，村里人经常患上伤寒、霍乱、细菌性痢疾、甲型肝炎、血吸虫病等疾病。殷姓人家因常年饮用此河水，得病率高，加上殷姓人家中吸食鸦片者较多，且当时的医疗条件差，死亡率也高，这就导致殷姓人口急剧减少；而方姓村民因常年在外，得病率很低。在那个年代，人们不懂科学，相信迷信，殷姓人家得病者多、人口剧降的现象被说成是殷姓人不宜在此居住，因此殷姓人家后来纷纷迁走，使得殷家巷再无“殷”姓，只有方姓。

九、景家坟

传说民国时期，亡人的木质棺材一般都安葬在本家的田地或房前屋后，但景村大姓景氏却有一块安葬景氏亡人的坟地——景家坟。非景氏亡人，一律不得入内安葬，但唯有外村外姓人阿流入土于此。当时，在吴县钱单起一带有一支队伍，领头叫赵根元，这支队伍行走在界浦河以西，靠收保护费为生。1942年秋，该队伍中的阿流跨越界浦河，带着武器来到景村，他找到时任保长金火生，威逼其一天内交出保护费6 000元。面对枪支，金火生无奈组织甲长们筹款交付。隔日，金火生找到赵根元，对阿流越界强行收保护费进行告状。事情调查清楚后，赵根元亲自押解阿流来到景家坟当众把他枪毙，并以跪姿裸体入葬，以示向景村人认罪。1947年，以阿星堂为首的一帮人，盗墓景家坟，据说没有盗到有价值的物品，但景家坟却因此被毁而不复存在。

十、宋树坟

在景村西的藏西江与徐家溇、杨树溇三条河的中间，有一大坟叫“宋树坟”，因坟上松树茂密，村民都管它叫松树坟。此坟东西走向，呈长方形，堆土高出地面2米有余，坟四周平坦，中间略低，呈“凹”字状，占地面积约3亩。

据说，此坟属苏州一大户人家“宋阁老”。他去世后，后代用黄金熔铸了他的头颅，并在江南一带买田筑了相同的72座坟，都取名叫“宋树坟”，还把金头颅埋在其中一个坟中，这让“宋树坟”具有了神秘色彩。景村的“宋树坟”十分豪华，坟的南端有一个石牌楼，牌楼上的石条上有精雕细刻的花纹，坟的四周还有许多石刻的大小石人、石马、石兽等。50年代，此坟划入五一大队第11生产队耕作区。后来，坟上的牌楼完全坍塌，条石被拿作他用，坟上的石物也都流失，坟地开始为农户旱地耕种。2000年后，此地建起大型物流中转站。

十一、库段里神话

朱家厍呈东西走向，中间为朱家厍河，河的两侧为村民居住区，河的中段特别宽阔，被村民称为库段里。传说民国时期，每到夏天时常有小孩在此溺水身亡。有的家长为了不让子女在此戏水，哄吓说库段里有河神，甚至有人传言曾于夜间看见河神在水面上跳跃。后来越传越离谱，迷信的村民误以为河神要挑选少男少女下水，为此，每当大人外出时，都把小孩关在家里。

随着科学知识的普及和村民认识水平的提高，这一传说终于被攻破。由于库段里河面宽，水位深，并有旋涡，小孩游泳戏水时往往受水流裹挟体力不支而被淹。所谓的河神其实是河中的大鱼因水底闷热而蹦出水面活动。中华人民共和国成立后，由于村民加强安全防范，孩子从三四岁起便学习游泳，因此库段里再没有出现小孩溺水事件。

十二、营家潭抗日阵地

吴淞江北侧原有陆家港村，村的东西两侧分别有红庙和黑庙。1937 年 8 月，日本侵略者入侵上海后，又沿吴淞江向西进犯，沿途军民节节抵抗，其中有一支抗日武装在陆家港的营家潭驻扎，部队分别宿营在红庙和黑庙。部队日夜构筑工事，开挖战壕和炮兵、机枪阵地。某日清晨，日本侵略者前来进犯，观察发现有严阵以待的抗日部队，不敢冒进，准备调整作战步骤明日再犯。当晚，抗日部队获悉第二天日本侵略者将进行水陆联合进攻，但敌我力量悬殊，上级命令该部队连夜撤退。次日天明，日本侵略者前来，只见残壕，抗日部队早已不见踪影。

十三、景村十八弄

景村自然村是苏州地区自然村中居住人口最多、人口密度最高、每户宅基地最小的村庄。这也造成此地弄堂特别多，有“景村十八弄”之称。

景村中心东西走向有一条总弄堂，全长 380 米，宽 2. 2 米，它是全村最长最宽的弄堂，贯穿起南北向的 8 条弄堂。其余弄堂分别分布在村中心的南、北和河西面几个方向。这些弄堂中最短的仅有 40 米，最窄的仅有 1. 45 米，大多以弄堂内居住村民的姓氏命名。中华人民共和国成立前，景村虽地处吴淞江边，又有几家远近闻名的富户，对强盗帮有很强的吸引力，但因景村地貌复杂，强盗们也不敢贸然进村盗抢，景村成为乱世中的安逸村，居住人口也越来越多。外村人到景村访亲走友，也往往会迷失方向。

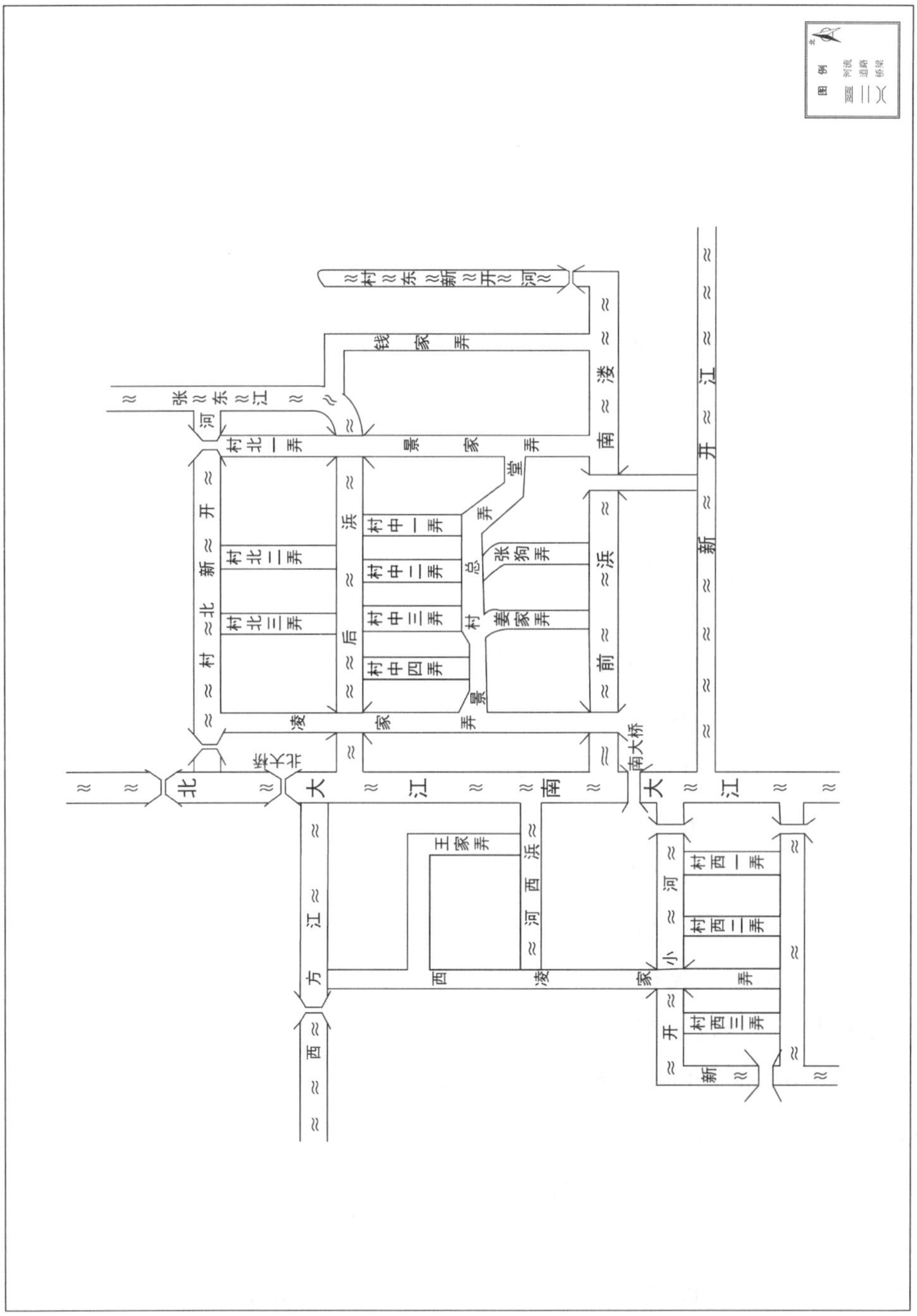

"景村十八弄"示意图（2003年）

跋

家乡的村落随着开发建设整体动迁，其原有的物理空间形态已悄然谢幕，取而代之的是高新技术产业基地的蓬勃崛起，这对昆山的高质量发展无疑是件幸事。适逢《景村村志》行将付梓，这对故乡村民来说是一份永恒慰藉，让“记得住乡愁”不仅仅存在于村民的记忆里，还留存在村志的字里行间。村志内容纵贯古今，真实生动地记录了家乡变化的历史轨迹和家乡人的生命底色，内容丰富，史料翔实。

抚读村志，倍感亲切，也打开了我们的记忆闸门。曾记得，景村是苏州地区人均住宅面积最小、人口密度最高的自然村；曾记得，在党和政府的领导下，景村村人齐心协力彻底扫除血吸虫病这一村域内无处不在的“瘟神”；曾记得，村民们为发展经济筚路蓝缕，小小的河蚌珍珠让村级经济大放异彩；曾记得，“嘭嘭”之声此起彼伏、不绝于耳，人人参与、户户加入的“打草包同致富”为景村赢得昆山“草包第一村”之称；曾记得，远道而来的城里老师和插队知青带来文明新风，潜移默化影响着古老的村俗；曾记得，地处一隅的家乡在深化改革开放中化身高新技术产业区，实现了由村庄变社区的历史性转换……这片土地，深深烙下了时代巨变的鲜明印记。

读志明事理，难忘故乡情。我们忘不了，乡村的河桥田塘，温馨的风土人情，可口的家乡饭菜，淳厚可亲的村风；忘不了，村民的朴实善良、勤劳节俭、尚文重教、勇于奋进。《景村村志》保存了家乡的“烟火”，丰盈了家乡的“情怀”，绵延了家乡的“根魂”，它的编纂出版，是村落文脉传承的丰碑，相信会让家乡人更加记住乡里乡亲，更加坚守邻里互助，更加增强文化自信，更加自觉爱国爱乡，更加助力乡村振兴，助力昆山高质量发展和现代化建设。

在此，真诚感谢编撰人员的辛勤付出，衷心祝愿家乡明天更美好，家乡人明天更幸福！

中共昆山市委组织部原常务副部长兼人事局局长　郁大林

中共昆山市委组织部原副部长　陈向荣

昆山市就业促进中心原副主任　景林男

2022 年 11 月 18 日

编后记

《景村村志》历经三年编纂，几易其稿，其间所遇困难，不待多言，但在昆山高新区、管委会（玉山镇党委、政府）和景村村党总支、村委会等的领导下，在全体编纂人员的共同努力和精雕细刻下，现在终于问世了。

2019年6月初，在昆山高新区（玉山镇）村志系列丛书编纂委员会的组织下，《景村村志》编纂领导小组正式成立，由景村村党总支书记卞晓平任组长，老书记景素龙任副组长，他们卓有见地、把握方向，给编纂工作提供了大力支持。经认真选调人员，《景村村志》编纂领导小组下设由4人组成的资料征集组和由3人组成的志稿撰写组，实现了人员、设施、经费的三落实。

为使村志编写更加科学有序，2019年6月中旬，昆山高新区（玉山镇）村志系列丛书编纂办公室组织全体工作人员赴张家港市唐桥镇向先行村志编纂单位学习取经，获得其悉心指导。村志编纂过程中，还得到了昆山市地方志办公室、昆山高新区（玉山镇）村志系列丛书编纂办公室的大力支持，特别是昆山市地方志办公室和邬才生等专家的悉心指导、认真审核，使村志得以完善。此外，村志的编纂还得到了摄影师罗英和广告设计师陆勤芳的大力帮助。在此，向他们表示诚挚的感谢！

《景村村志》编纂人员充分发挥团队合作的精神，经常冒着严寒酷暑，走机关单位，访家庭个人，收集各类资料，挖掘景村人文；经常夜以继日，选典型素材，集村民亮点，记录热土历史，展示景村风采。编纂人员对把握不准、史料不清、记载模糊的内容，不辞辛劳地进行考证，先后走访了昆山电视台、昆山市档案馆、昆山日报社、昆山市教育局、昆山高新区规划建设局、昆山高新区经管办、昆山高新区水利站、昆山市正仪中心校等几十家单位和景村村的俞进康、方巧福等几十位村民，还查阅了《昆山县志》《昆山市志》《正仪镇志》《玉山镇志》《昆山统计年鉴》等资料，力求做到资料权威、数据翔实，客观真实地反映景村村的历史。最终，《景村村志》实现了图文并茂、通俗易懂，既展示了景村村深厚的历史文化，又呈现了景村村村民的生活新气象。

《景村村志》涵盖内容多、时间跨度大，加之编纂人员经验和水平有限，难免存在不当之处，敬请广大读者指教、匡正！

《景村村志》编纂组

2022 年 12 月 11 日